Die betriebliche Altersversorgung im Betriebsübergang bei konkurrierenden Versorgungszusagen

Schriften zum Deutschen und Europäischen Arbeits- und Sozialrecht

Herausgegeben von Ulrich Preis

Band 3

PETER LANG

Frankfurt am Main · Berlin · Bern · Bruxelles · New York · Oxford · Wien

Klaus Tenbrock

Die betriebliche Altersversorgung im Betriebsübergang bei konkurrierenden Versorgungszusagen

PETER LANG
Europäischer Verlag der Wissenschaften

Bibliografische Information Der Deutschen Bibliothek
Die Deutsche Bibliothek verzeichnet diese Publikation in der Deutschen Nationalbibliografie; detaillierte bibliografische Daten sind im Internet über <http://dnb.ddb.de> abrufbar.

Zugl.: Köln, Univ., Diss., 2005

D 38
ISSN 1861-4582
ISBN 3-631-54890-7

www.peterlang.de

Für Anja

Vorwort

Diese Arbeit hat im Sommersemester 2005 der Rechtswissenschaftlichen Fakultät der Universität zu Köln als Dissertation vorgelegen. Für die Veröffentlichung konnten Rechtsprechung und Literatur bis einschließlich Dezember 2005 berücksichtigt werden.

Mein besonderer Dank gilt Herrn Prof. Dr. Ulrich Preis, der mich nicht nur die Ressourcen des Forschungsinstituts für Deutsches und Europäisches Sozialrecht ausgiebig nutzen ließ, sondern diese Arbeit durch seine stets wohlwollende wissenschaftliche Begleitung gefördert und in diese Schriftenreihe aufgenommen hat. Danken möchte ich auch Herrn Prof. Dr. Dres. Peter Hanau für die zügige Erstellung des Zweitgutachtens.

Frau Elsgin Hocke und Herrn Dr. Sebastian Roloff danke ich für die zahlreichen Gespräche, die wertvollen Hinweise und die mühevolle Arbeit der Korrektur.

Dank gebührt meinen Eltern, die mich während meiner Ausbildung stets großzügig unterstützt haben. Nicht zuletzt möchte ich mich bei meiner Frau Anja Tenbrock bedanken, die durch ihre Geduld und liebevolle Zuwendung maßgeblichen Anteil an der Fertigstellung dieser Arbeit hatte. Ihr widme ich die Arbeit.

Köln, im Februar 2006

Inhaltsverzeichnis

Einleitung

A. Bedeutung der betrieblichen Altersversorgung für die Umstrukturierung von Unternehmen und Betrieben

Zusagen aus betrieblicher Altersversorgung sind von der Belegschaft gern gesehene Zusatzleistungen und haben für den Arbeitgeber den Vorteil, einen Arbeitnehmer langfristig an das Unternehmen zu binden. Gleichzeitig erweist sich eine betriebliche Altersversorgung durch die lange Laufzeit der Versorgungszusage, die das Unternehmen je nach Lebensalter und Betriebszugehörigkeit des Begünstigten leicht mehr als 50 Jahre verpflichten kann, als schwer überschaubarer und regelmäßig auch hoher Kostenfaktor. So betrugen im Jahr 2002 die Deckungsmittel der betrieblichen Altersversorgung in Deutschland insgesamt 353,8 Mrd. €, davon fast 60 % in Form von unmittelbaren Direktzusagen.[1]

Wenn die Unternehmensentwicklung den Belastungen durch betriebliche Versorgungszusagen, die zu einem für die wirtschaftliche Lage des Unternehmens günstigeren Zeitpunkt abgegeben wurden, nicht standhält, kann dies sogar existenzbedrohend wirken. Dies zeigt sich auch an aktuellen Beispielen: So haben die *Commerzbank AG* und der Versicherungskonzern *Gerling* im Jahr 2004 aus Kostengründen die Betriebsrenten ihrer Mitarbeiter reduziert.[2] Die hohen Pensionsverpflichtungen wurden als ein Haupthindernis bei der Sanierung des angeschlagenen Elektronikherstellers *Grundig* bewertet und führten letztlich dazu, dass das traditionsreiche Unternehmen im April 2003 einen Insolvenzantrag gestellt hat.[3] Auch bei der Ausgliederung und Übertragung von Betrieben oder Betriebsteilen im Rahmen der Umstrukturierung von Unternehmen haben betriebliche Versorgungslasten regelmäßig eine zentrale Bedeutung und können die Veräußerung von Betrieben und Betriebsteilen erschweren.[4] So ist die Eingrenzung der Haftung für Verpflichtungen aus einer betrieblichen Altersversorgung oftmals *„conditio sine qua non"* für die Übernahmebereitschaft eines möglichen Betriebserwerbers und damit für den Erfolg der Unternehmensumstrukturierung insgesamt.[5] Aber auch für die betroffenen Arbeitnehmer ist die Frage, in welchem Ausmaß eine

---

[1] Dabei entfallen auf die einzelnen Versorgungswege im einzelnen: Direktzusagen 209,6 Mrd. €, Unterstützungskassen 24,5 Mrd. €, Direktversicherungen 45 Mrd. €, Pensionskassen 74,5 Mrd. € und Pensionsfonds 0,2 Mrd. €. Vgl. Schwind, BetrAV 2002, S. 469.

[2] Vgl. *Der Spiegel*, 3/2004.

[3] *Süddeutsche Zeitung* vom 15.4.2003; *Die Zeit* 18/2003.

[4] *Kort*, GS Blomeyer, S. 199; *Kemper* BB 1990, S. 785; Willemsen-*Doetsch/Rühmann*, Umstrukturierung, Rn. J 100; *Junker*, RdA 1993, S. 203.

[5] Vgl. *Henssler*, NZA 1994, S. 913, 918.

Altersversorgung weiterbesteht, angesichts der Auswirkungen auf ihre langfristige persönliche Finanzplanung von großer Bedeutung.

Dabei nimmt die betriebliche Altersversorgung innerhalb des „Drei-Säulen-Systems" der Alterssicherung im Vergleich zur gesetzlichen Rentenversicherung und zur privaten Altersvorsorge nur eine untergeordnete Stellung ein. Nach einer Untersuchung der Arbeitsgemeinschaft für betriebliche Altersversorgung e.V. (aba) stammt beim Alterseinkommen eines Zwei-Personen-Rentnerhaushalts nur ein Anteil von 5 % aus einer Betriebsrente.[6] Damit liegt der Verbreitungsgrad betrieblicher Versorgungsleistungen in Deutschland auch im internationalen Vergleich weit hinten.[7] Auf Grund ihrer geringen Verbreitung hat die betriebliche Altersversorgung aber bei der Ausgestaltung eines zukunftsfähigen Alterssicherungssystems noch ein großes Entwicklungspotential. Das sieht auch der Gesetzgeber so und hat zur Förderung betrieblicher Versorgungssysteme den Arbeitnehmern durch das Altersvermögensgesetz mit Wirkung zum 1.1.2002 einen Anspruch auf Entgeltumwandlung zum Aufbau einer arbeitnehmerfinanzierten betrieblichen Altersversorgung eingeräumt. Die gesetzlichen Rahmenbedingungen der Entgeltumwandlung wurden durch das Alterseinkünftegesetz, das im Wesentlichen am 1.1.2005 in Kraft getreten ist, erneut reformiert und verbessert. Mit einem Ansteigen des Verbreitungsgrads der betrieblichen Altersversorgung ist daher zu rechnen. Die Problembereiche, die sich aus der Zusage betrieblicher Versorgungsleistungen für Betriebsumstrukturierungen ergeben, werden sich damit für die Zukunft zwar möglicherweise verschieben, aber an Bedeutung nicht verlieren.

B. Rechtsentwicklung und Gang der Untersuchung

Wie große Teile des legislativen Arbeitsrechts auch sind die grundlegenden gesetzlichen Regelungen im Bereich der betrieblichen Altersversorgung und des Betriebsübergangs relativ jung: Das Gesetz zur Verbesserung der betrieblichen Altersversorgung (BetrAVG), mittlerweile auch vom Gesetzgeber als Betriebsrentengesetz bezeichnet[8], stammt aus dem Jahr 1974, die für die be-

[6] Auf die gesetzliche Rentenversicherung entfällt ein Anteil von 85 %, auf die Privatvorsorge ein Anteil von 10 %, vgl. H-BetrAV-*Uebelhack*, Teil 10, Rn. 62.

[7] Zum Vergleich: In den Niederlanden beträgt der Anteil der betrieblichen Altersversorgung am Alterseinkommen 40 %, in der Schweiz 32 %, in Großbritannien 25 % und in den USA 13 %, Quelle: Arbeitsgemeinschaft für betriebliche Altersversorgung e.V., www.aba-online.de/seiten/laender.html.

[8] Vgl. Art. 6 Gesetz zur Neuordnung der einkommenssteuerrechtlichen Behandlung von Altersvorsorgeaufwendungen und Altersbezügen (Alterseinkünftegesetz – AltEinkG) vom 5.7.2004, BGBl. I, S. 1427, 1444., der diese Bezeichnung in die amtliche Überschrift des Gesetzes aufnimmt.

triebliche Altersversorgung relevanten Mitbestimmungstatbestände sind mit der Reform des Betriebsverfassungsgesetzes (BetrVG) 1972 geschaffen worden und § 613a BGB als zentrale Norm zur Regelung des Betriebsübergangs wurde 1980 verabschiedet. Insbesondere das BetrAVG übernimmt dabei eine Reihe von Grundsätzen, die die Rechtsprechung zu wesentlichen Problembereichen wie etwa der Unverfallbarkeit von Versorgungsanwartschaften aufgestellt hat.[9] Dies verdeutlicht auch die Tragweite der Rechtsprechung des BAG, die dem Gesetzgeber regelmäßig ein gutes Stück vorausgeeilt ist. Diese Entwicklung wurde freilich durch die Normierung der einschlägigen Regelungen nicht beendet. Im Gegenteil sind viele zentrale Streitfragen im Bereich der betrieblichen Altersversorgung und des Betriebsübergangs durch die Rechtsprechung geprägt. In grundlegenden Entscheidungen hat das BAG daher etwa zum Umfang des persönlichen Geltungsbereiches von Betriebsvereinbarungen über betriebliche Altersversorgung,[10] zu den mitbestimmungsfreien Grundentscheidungen des Arbeitgebers bei der Einführung einer Altersversorgung,[11] zur Ersetzung individualrechtlicher Regelungen von Sozialleistungen durch eine Betriebsvereinbarung,[12] zur Fortgeltung einer Betriebsvereinbarung über eine betriebliche Altersversorgung bei ihrer Kündigung,[13] zur Wahrung des Versorgungsbesitzstandes bei nachfolgenden Betriebsvereinbarungen[14] oder zur Auflösung der Normenkonkurrenz zweier infolge eines Betriebsübergangs entgegenstehender kollektiver Versorgungsregelungen über betriebliche Altersversorgung[15] Stellung bezogen.

Die vorliegende Arbeit orientiert sich an den von der Rechtsprechung vorgegebenen Grundsätzen und den Reaktionen, die diese in der arbeitsrechtlichen Literatur hervorgerufen haben. Untersucht wird, ob und wie durch die bestehenden gesetzlichen und richterrechtlichen Rahmenbedingungen ein praktikables Verfahren zur Übertragung von Betrieben bzw. Betriebsteilen und der zugehörigen betrieblichen Versorgungssysteme gewährleistet ist, das die Interessen der betroffenen Arbeitnehmer sowie des Veräußerers und des Erwerbers als Parteien des der Übertragung zu Grunde liegenden Rechts-

---

9 Vgl. *Höfer*, BetrAVG, ART Rn. 1.

10 BAG GS, Beschluss vom 16.3.1956, AP Nr. 1 zu § 57 BetrVG 1952 = DB 1956, S. 573.

11 BAG, Beschlüsse vom 12.6.1975, AP Nr. 1-3 zu § 87 BetrVG 1972 Altersversorgung = BB 1975, S. 1062.

12 BAG GS, Beschluss vom 16.9.1986, AP Nr. 17 zu § 77 BetrVG 1972 = NZA 1987, S. 168.

13 BAG, Urteil vom 18.4.1989, AP Nr. 2 zu § 1 BetrAVG = NZA 1990, S. 67 f.;

14 BAG, Urteil vom 17.4.1985, AP Nr. 4 zu § 1 BetrAVG Unterstützungskassen = NZA 1986, S. 57.

15 BAG, Urteil vom 24.7.2001, AP Nr. 18 zu § 1 BetrAVG Betriebsveräußerung = NZA 2002, S. 520.

geschäfts angemessen wahren kann. Ein Schwerpunkt liegt dabei auf der Problematik unterschiedlicher Versorgungsbedingungen im übertragenen Betrieb des Veräußerers und im aufnehmenden Unternehmen des Erwerbers und den Möglichkeiten, diese beim Erwerber zusammenzuführen und zu vereinheitlichen. Dazu werden zunächst die Rechtsgrundlagen zur Begründung betrieblicher Versorgungszusagen dargestellt. Dabei wird dem Regelungsinstrument der Betriebsvereinbarung als der wohl häufigsten Verbreitungsform zur Durchführung einer betrieblichen Altersversorgung zentrale Bedeutung eingeräumt (Erster Teil). Im Anschluss werden die Voraussetzungen eines Betriebsübergangs umrissen und seine Rechtsfolgen für einzelvertragliche und kollektivrechtliche Versorgungszusagen ausgeführt (Zweiter Teil). Schließlich wird die Problematik der Kollision sich auf Grund ihrer Rechtsqualität und ihrer Ausgestaltung unterscheidender Versorgungszusagen und die rechtlichen Konzeptionen, mit denen diese Normenkonkurrenz aufgelöst werden kann, erörtert. Dabei werden auch die Änderungsmittel vorgestellt, mit denen ggf. abweichende Versorgungsbedingungen im Betrieb oder Unternehmen des Erwerbers vereinheitlicht werden können (Dritter Teil).

Erster Teil – Begründung von Versorgungszusagen

A. Betriebsrentenrechtliche Rahmenbedingungen

Da es sich bei der betrieblichen Altersversorgung regelmäßig um eine freiwillige Zusatzleistung des Arbeitgebers handelt, kann ein Arbeitnehmer diese nur beanspruchen, wenn hierfür eine besondere rechtliche Grundlage besteht. Auf das Arbeitsverhältnis und der ihm immanenten Fürsorgepflicht des Arbeitgebers kann sich ein solcher Anspruch nicht stützen, da reine Billigkeitserwägungen in der Regel keine selbstständige Grundlage eines Ruhegeldanspruchs sein können.[1] Ebenso wenig besteht – mit Ausnahme der vom Arbeitnehmer finanzierten Altersversorgung durch Entgeltumwandlung aus § 1a Abs. 1 S. 1 BetrAVG – ein gesetzlicher Anspruch auf die Gewährung einer Versorgungsleistung. Das BetrAVG setzt vielmehr eine im Betrieb des Arbeitgebers bestehende Altersversorgung voraus und regelt die rechtlichen Rahmenbedingungen für ihre Durchführung, von denen eine Abweichung nur eingeschränkt möglich ist. Eine Leistungspflicht des Arbeitgebers kann damit nur begründet werden, wenn hierfür auf individual- oder kollektivvertraglicher Ebene eine anspruchsbegründende Versorgungszusage des Arbeitgebers abgegeben wurde bzw. sich aus allgemeinen arbeitsrechtlichen Rechtsgrundsätzen wie dem Gleichbehandlungsgrundsatz oder der betrieblichen Übung ein Versorgungsanspruch des Arbeitnehmers begründen lässt.[2]

Im Bereich einer betrieblichen Altersversorgung ist der Arbeitgeber an die Regelungen des BetrAVG gebunden, § 17 S. 3 BetrAVG. Verstöße gegen dieses zwingende Gesetzesrecht sind grundsätzlich nach § 134 BGB unwirksam. Eine betriebliche Altersversorgung liegt gemäß § 1 Abs. 1 BetrAVG vor, wenn die Leistung einem Versorgungszweck nachkommt, indem sie mindestens eines der Risiken von Alter, Invalidität oder Tod absichert, und aus Anlass eines Arbeitsverhältnisses vom Arbeitgeber zugesagt wurde.[3] Letzteres erfordert einen Kausalzusammenhang zwischen Zusage und Arbeitsverhältnis. Dadurch werden solche Zusagen, die aus familiären oder anderen Gründen abgegeben werden, sowie die private Eigenvorsorge des Arbeitnehmers dem Anwendungsbereich des BetrAVG entzogen.[4] Abgren-

---

[1] BGH, Urteil vom 18.12.1954, Nr. 1 zu § 242 BGB Ruhegehalt = DB 1955, S. 118; BAG, Urteil vom 13.7.1956, AP Nr. 15 zu § 242 BGB Ruhegehalt, Bl. 4.

[2] *Langohr-Plato*, BetrAV, Rn. 170; *Blomeyer/Otto*, BetrAVG, Anh § 1 Rn. 1.

[3] BAG, Urteil vom 8.5.1990, AP Nr. 58 zu § 7 BetrAVG = NZA 1990, S. 931 f.; Urteil vom 26.4.1988, AP Nr. 45 zu § 7 BetrAVG = NZA 1989, S. 182.

[4] BAG, Urteil vom 8.5.1990, AP Nr. 58 zu § 7 BetrAVG = NZA 1990, S. 931, 932; BGH, Urteil vom 28.9.1981, AP Nr. 12 zu § 7 BetrAVG = DB 1982, S. 126 f.; ErfK-*Steinmeyer*, § 1 BetrAVG Rn. 9; *Blomeyer/Otto*, BetrAVG, § 1 Rn. 29. Um Missbrauch zu ver-

zungsprobleme zur privaten Eigenvorsorge können sich ergeben, wenn der Arbeitnehmer ein privates Versorgungsverhältnis mit einem Versorgungsträger begründet, der gleichzeitig Versorgungsverpflichtungen des Arbeitgebers erfüllt, wie z.B. eine für Arbeitnehmer offen stehende Pensionskasse.[5] Hier ist anhand der Rechtsbeziehungen zwischen den Beteiligten zu ermitteln, ob eine betriebliche Altersversorgung oder Privatvorsorge vorliegt. Werden rechtliche Pflichten nur zwischen dem Arbeitnehmer und der Versorgungseinrichtung begründet, handelt es sich um reine Privatvorsorge des Arbeitnehmers. Besteht zu Gunsten des Arbeitnehmers ein Versorgungsversprechen des Arbeitgebers, dann ist ein Fall der betrieblichen Altersversorgung gegeben. Als weiteres Abgrenzungskriterium dient die Rechtsbeziehung zwischen Versorgungsträger und Arbeitgeber: Wenn der Arbeitgeber bei einer Direktversicherung Versicherungsnehmer oder bei einer Pensionskasse Mitglied ist, spricht dies für das Vorliegen einer betrieblichen Altersversorgung.[6] Zudem behält der Arbeitnehmer bei der Privatvorsorge grundsätzlich die Dispositionsbefugnis über die von ihm geleisteten Vermögensmittel, z.B. durch Rückkauf eines privaten Lebensversicherungsvertrages. Bei der betrieblichen Altersversorgung sind die aufgewendeten Mittel zweckgebunden und stehen dem Arbeitnehmer erst im Versorgungsfall zur Verfügung.[7]

B. Kollektivrechtliche Begründungstatbestände

I. Tarifvertrag

Zu den zentralen kollektivrechtlichen Regelungsinstrumenten zur Gestaltung von Arbeits- und Entgeltbedingungen zählen Tarifverträge. Auch die Einrichtung und Durchführung einer betrieblichen Altersversorgung fällt gemäß § 1 Abs. 1 TVG im Rahmen von tariflichen Inhalts- und Betriebsnormen in den möglichen Regelungsbereich der Tarifvertragsparteien. Dabei kann ein Tarifvertrag gemäß § 17 Abs. 3 S. 1 BetrAVG in Teilbereichen der betrieblichen

---

hindern, ist bei mitarbeitenden Familienmitgliedern, denen eine Versorgungszusage zur Honorierung der arbeitsvertraglichen Tätigkeit und damit nicht vorrangig auf Grund der familiären Bindung abgegeben wurde, der schriftliche Abschluss des Versorgungsversprechens erforderlich, BAG, Urteil vom 20.7.1993, AP Nr. 4 zu § 1 BetrAVG Unverfallbarkeit = NZA 1994, S. 121, 122 f.

[5] Verschärft werden diese Abgrenzungsschwierigkeiten im Bereich der Entgeltumwandlung, wenn der Arbeitnehmer den Arbeitgeber aufgrund einer Lohnverwendungsabrede anweist, Lohnbestandteile als Beitragszahlung an den Versorgungsträger abzuführen und sich so private und betriebliche Altersvorsorge in tatsächlicher Hinsicht nicht mehr voneinander unterscheiden, vgl. *Klemm*, NZA 2002, S. 1123, 1124 ff.; *Hopfner*, DB 2002, S. 1050, 1051; *Griebeling/Griebeling*, BetrAV, Rn. 30.

[6] *Hopfner*, DB 2002, S. 1050, 1051.

[7] *Klemm*, NZA 2002, S. 1123, 1124; *Griebeling/Griebeling*, BetrAV, Rn. 41.

Altersversorgung auch zu Lasten der Arbeitnehmer von den gesetzlichen Vorgaben abweichen. So sind beispielweise abweichende Regelungen zur Abfindung von Versorgungsanwartschaften, § 4 BetrAVG, oder zur Anpassungsprüfung von Versorgungsleistungen, § 16 BetrAVG, zulässig. Begrenzt ist dieser Tarifvorrang durch das zwingende Gesetzesrecht: die Abänderung einer tarifdispositiven Norm, die mittelbar gleichzeitig zwingendes Recht modifiziert, ist unzulässig. So kann beispielsweise eine Regelung, die abweichend von § 2 BetrAVG Berechnungsmodalitäten von Versorgungsanwartschaften festlegt, nicht die gesetzlichen Mindestvoraussetzungen der Unverfallbarkeit von Versorgungsanwartschaften nach § 1b BetrAVG unterschreiten.[8] Der Inhalt von Tarifverträgen unterliegt einer eingeschränkten Rechtskontrolle durch die Arbeitsgerichte: neben der Vereinbarkeit mit zwingendem Gesetzesrecht werden Tarifverträge auf Verstöße gegen das Grundgesetz, die guten Sitten und die tragenden Grundsätze des Arbeitsrechts überprüft. Eine Billigkeitskontrolle findet nicht statt, da auf Grund der Gleichgewichtigkeit der Tarifvertragsparteien den von ihnen ausgehandelten Regelungen die Vermutung immanent ist, dass sie die Interessen beider Seiten angemessen berücksichtigen und keiner Seite ein unzumutbares Übergewicht vermitteln (sog. materielle Richtigkeitsgewähr).[9]

Für die betriebliche Altersversorgung haben Tarifverträge eine eher untergeordnete Bedeutung. Im Bereich der Privatwirtschaft waren sie zumindest in Gestalt von Verbandstarifverträgen bis lang kaum verbreitet, da eine tarifliche Einheitsregelung den jeweiligen Gegebenheiten auf der betrieblichen Ebene nur eingeschränkt Rechnung tragen kann. Als Mittel zur Gestaltung einer betriebsindividuellen Versorgungsordnung bietet sich der Abschluss eines Haus- oder Firmentarifvertrages an und findet sich regelmäßig vor allen in Großunternehmen wieder.[10] Mit der Einführung des Altersvermögensgesetzes zum 1.1.2002 und der Normierung eines gesetzlichen Anspruchs auf betriebliche Altersversorgung, die vom Arbeitnehmer durch Umwandlung von Bruttolohnbestandteilen finanziert wird, sind auch in diesem Bereich vermehrt Flächentarifverträge abgeschlossen worden, die Rahmenbedingungen für diese Art der Altersvorsorge festlegen. Da die Tarifvertragsparteien so der tariflichen Altersvorsorge einen immer größer werdenden Stellenwert einräu-

[8] *Blomeyer/Otto*, BetrAVG, § 17 Rn. 176.

[9] BAG, Urteil vom 7.3.1995, AP Nr. 26 zu § 1 BetrAVG Gleichbehandlung = NZA 1996, S. 48, 50; Urteil vom 4.9.1985, AP Nr. 123 zu § 611 BGB Gratifikation = NZA 1986, S. 225,226; *Blomeyer/Otto*, BetrAVG, Anh § 1 Rn. 149 f.; *Wiedemann*, TVG, § 1 Rn. 192 ff.

[10] *Blomeyer/Otto*, BetrAVG, Anh § 1 Rn. 119; *Höfer*, BetrAVG, ART Rn. 279. Flächentarifverträge finden sich so beispielsweise in der Bauwirtschaft, der Presse, dem Bäckergewerbe oder dem Lackiergewerbe, vgl. H-BetrAV-*Griebeling*, Teil I 30 Rn. 144.

men, bestehen nunmehr bereits eine Vielzahl von Tarifverträgen, die Regelungen zur Entgeltumwandlung treffen, wie z.B. in der Chemischen Industrie, in der Metall- und Elektroindustrie, im Einzelhandel oder in der Süßwarenindustrie.[11]

II. Betriebsvereinbarung

1. Regelungskompetenz der Betriebspartner

Die Betriebsverfassung bietet dem Arbeitgeber und dem Betriebsrat als Betriebspartnern das Regelungsinstrument der Betriebsvereinbarung zur Gestaltung der betrieblichen Ordnung an. Obschon die maßgebliche Regelung des § 77 Abs. 2 – 6 BetrVG das Recht der Betriebsvereinbarung nicht vollständig regelt und daher Raum für vielfache Streitfragen lässt[12], erweist sich die Betriebsvereinbarung als das “klassische Mittel”[13], die “wichtigste Form der Einigung”[14] und das “genuine und in der Praxis am häufigsten verbreitete ... Regelungsinstrument”[15] zur Festlegung der betrieblichen Arbeitsbedingungen. Auf Grund der normativen Wirkung der Betriebsvereinbarung können jedoch nur Gegenstände zum Regelungsinhalt gemacht werden, die nach dem Gesetz der Zuständigkeit und der Regelungsbefugnis der Betriebspartner unterliegen.[16] Diese – gesetzlich legitimierte und begrenzte – Regelungsmacht von Betriebsrat und Arbeitgeber wird als Betriebsautonomie bezeichnet.[17] Der konkrete Umfang der Betriebsautonomie ist in Literatur und Rechtsprechung jedoch stark umstritten. Der zulässige Gestaltungsspielraum der Betriebspartner sowohl für zwingende als auch für freiwillige Betriebsvereinbarungen wird jedenfalls durch den Vorrang von zwingendem Gesetzesrecht[18] und tariflichen Regelungen[19] eingeschränkt.

---

[11] Vgl. *Schwind/Jürgens*, BetrAV 2001, S. 741, und die Übersicht in BetrAV 2001, 771. Im Bereich der Entgeltumwandlung ist dabei der Umfang der tariflichen Regelungsbefugnis im Hinblick auf die Dispositivität des gesetzlichen Umwandlungsanspruchs nach § 17 Abs. 3 BetrAVG sowie der Tarifvorbehalt hinsichtlich der Entgeltumwandlung von Tariflohn nach § 17 Abs. 5 BetrAVG sehr umstritten, ausführlich hierzu: Preis-*Tenbrock*, Innovative Arbeitsformen, S. 427 ff.

[12] Vgl. GK-*Kreutz*, BetrVG, § 77 Rn. 32.

[13] *Richardi*, Kollektivgewalt, S. 277; GK-*Kreutz*, BetrVG, § 77 Rn. 30.

[14] FESTL, BetrVG, § 77 Rn. 11.

[15] Jaeger/Röder/Heckelmann-*Lambrich*, Kapitel 7, Rn. 1.

[16] *Richardi*, BetrVG, § 77 Rn. 66; ErfK-*Kania*, § 77 BetrVG Rn. 3.

[17] GK-*Kreutz*, BetrVG, § 77 Rn. 30; *Richardi*, BetrVG, § 77 Rn. 64 ff.; *Waltermann*, Rechtsetzung, S. 135.

[18] Vgl. zum Gesetzesvorrang, *Höfer*, BetrAVG, ART Rn.1018 ff.; FESTL, BetrVG, § 77 Rn. 53 f.; *Schaub*, AuR 1992, S. 193 f.

[19] Nach der vom Großen Senat des Bundesarbeitsgerichts, Beschluss vom 3.12.1991,

a. Sachliche Reichweite der Betriebsautonomie

Die Betriebsautonomie erstreckt sich in sachlicher Hinsicht auf den zu regelnden Gegenstand, der zum Inhalt einer Betriebsvereinbarung gemacht werden kann. Durch die sachliche Betriebsautonomie wird der äußere Rahmen, innerhalb dessen die Sachmaterie einer Regelung durch Betriebsvereinbarung zugänglich ist, festgelegt.[20] Daneben betrifft die sachliche Betriebsautonomie das Regelungsobjekt, auf das die Betriebsvereinbarung einwirkt, also regelmäßig das Arbeitsverhältnis und das betriebliche Rechtsverhältnis.[21]

Das Bundesarbeitsgericht räumt den Betriebspartnern insbesondere im Bereich sozialer Angelegenheiten eine umfassende Regelungskompetenz ein.[22] Nach Ansicht des Gerichtes ergebe sich diese Regelungskompetenz aus § 88 BetrVG und werde gestützt von § 77 Abs. 3 BetrVG.[23] Diese Entscheidung korrespondiert mit der überwiegenden Ansicht im Schrifttum.[24] Die in § 88 BetrVG enthaltene Aufzählung von Regelungstatbeständen sei nicht abschließend, wie sich aus dem Wortlaut ‚insbesondere' ergebe. Insoweit handele es sich bei § 88 BetrVG um eine Auffangnorm, die den Betriebspartnern weitere Regelungsgegenstände zuweise.[25] Dabei sei ihr Anwendungsbereich nicht auf soziale Angelegenheiten beschränkt, sondern umfasse auch den Bereich personeller und wirtschaftlicher Angelegenheiten, da die Grenzen zwischen diesen Bereichen fließend seien.[26] Zudem ergebe sich diese Regelungsbefugnis auch aus einem Umkehrschluss aus dem für jede Form der Betriebs-

---

AP Nr. 51 zu § 87 BetrVG 1972 Lohngestaltung = NZA 1992, S. 749, bevorzugten *Vorrangtheorie* sind zwingende Betriebsvereinbarung bei einer bestehenden tariflichen Regelung (§ 87 Abs. 1 Eingangssatz BetrVG), freiwillige Betriebsvereinbarung bereits bei reiner Tarifüblichkeit (§ 77 Abs. 3 BetrVG) ausgeschlossen, vgl. FESTL, BetrVG, § 77 Rn. 109 ff. Dies dient der Sicherung der grundgesetzlich geschützten Tarifautonomie, so dass im Übrigen auch das Günstigkeitsprinzip im Verhältnis von Betriebsvereinbarung zum Tarifvertrag nicht zur Anwendung kommt.

[20] *Waltermann*, Rechtsetzung, S. 187 ff.; GK-*Kreutz*, BetrVG, § 77 Rn. 74 ff., der insoweit von den Außenschranken der Betriebsautonomie spricht.

[21] Vgl. *Richardi*, BetrVG, § 77 Rn. 81.

[22] BAG GS, Beschluss vom 16.3.1956, AP Nr. 1 zu § 57 BetrVG 1952 = DB 1956, S. 573; Beschluss vom 7.11.1989, AP Nr. 46 zu § 77 BetrVG 1972 = NZA 1990, S. 816; BAG, Beschluss vom 19.5.1978, AP Nr. 1 zu § 88 BetrVG 1972 = BB 1978, S. 1518.

[23] BAG GS, Beschluss vom 7.11.1989, AP Nr. 46 zu § 77 BetrVG 1972 = NZA 1990, S. 816.

[24] DKK-*Berg*, BetrVG, § 88 Rn. 1; FESTL, BetrVG, § 88 Rn. 1; ErfK-Kania, § 77 BetrVG Rn. 3; *Preis*, Kollektivarbeitsrecht, S. 552 f; *Andresen/Förster/Rößler/Rühmann*, Teil 8 A, Rn. 1.

[25] DKK-*Berg*, BetrVG, § 88 Rn. 2; FESTL, BetrVG, § 88 Rn. 1; ErfK-*Kania*, § 77 BetrVG Rn. 3.

[26] BAG GS, Beschluss vom 7.11.1989, AP Nr. 46 zu § 77 BetrVG 1972 = NZA 1990, S. 816, 818; FESTL, BetrVG, § 88 Rn. 2.

vereinbarung geltenden § 77 Abs. 3 BetrVG.[27] Danach können "Arbeitsentgelte und sonstige Arbeitsbedingungen" dann nicht durch Betriebsvereinbarung getroffen werden, wenn bereits eine Regelung dieser Inhalte in einem Tarifvertrag besteht oder tarifüblich ist. Damit wird den Betriebspartnern für alle Angelegenheiten, die Gegenstand eines Tarifvertrages sein können, also gemäß § 1 Abs. 1 TVG Normen über Inhalt, Abschluss und Beendigung von Arbeitsverhältnissen sowie betriebliche und betriebsverfassungsrechtliche Fragen, Regelungsmacht eingeräumt. Ergänzend wird der Wille des Gesetzgebers herangezogen: Dieser ging bei Normierung des Tarifvorrangs von einem identischen Regelungsbereich von Tarifvertrag und Betriebsvereinbarung aus.[28] Des Weiteren bestehe auch in praktischer Hinsicht ein Bedürfnis für ein weitgehendes Verständnis der Betriebsautonomie. Gerade soweit Arbeitsbedingungen entsprechend der jeweiligen betrieblichen Bedürfnisse gestaltet werden sollen, wie z.B. Arbeitszeit- und Entlohnungsmodelle, können diese notwendigerweise nur gesamtheitlich geregelt werden, um auf der einen Seite sämtliche Arbeitnehmer in das Regelwerk einzubinden und auf der anderen Seite eine Ansammlung vielfältiger einzelvertraglicher Regelungen zu vermeiden. Außerdem werde durch eine Vereinbarung auf betrieblicher Ebene die Zufriedenheit der Belegschaft und die Funktionsfähigkeit interner Arbeitsabläufe gestärkt.[29]

Dem wird entgegengehalten, dass eine umfassende Regelung von Arbeitsbedingungen nicht nur den Bereich der sozialen Angelegenheiten betreffe, sondern auch in die Regelungsbereiche von personellen und wirtschaftlichen Angelegenheiten sowie der Arbeitsplatzgestaltung einwirken könne. Diese Bereiche sind in verschiedenen Abschnitten des Vierten Teiles des BetrVG geregelt und ihnen ist ein allgemeiner Abschnitt vorangestellt. Eine kompetenzbegründende Norm, deren Standort aus systematischen Gründen im unmittelbaren Zusammenhang mit den allgemeinen Regelungen zu erwarten sei, könne daher in § 88 BetrVG nicht gesehen werden, da allgemeine Regelungsmacht sich nicht aus einer Spezialvorschrift herleiten lasse.[30] Schließlich könne § 88 BetrVG – selbst wenn es sich bei dem zu regelnden Gegenstand um eine rein soziale Angelegenheit handelt – keine Regelungsgrundlage für belastende Be-

---

[27] *Preis*, Kollektivarbeitsrecht, S. 552 f..

[28] BAG GS, Beschluss vom 7.11.1989, AP Nr. 46 zu § 77 BetrVG 1972 = NZA 1990, S. 816, 818, mit Verweis auf Bundestags-Drucksache Nr. 6/1786, S. 47.

[29] Vgl. *Lambrich/Trappehl*, Tarifflucht, S. 78 f.

[30] *Waltermann*, NZA 1996, S. 357, 360; so auch GK-*Kreutz*, BetrVG, § 77 Rn. 86, und *Kreutz*, Betriebsautonomie, S. 207 f., der daher eine Regelungskompetenz allein auf § 77 Abs. 3 BetrVG stützt. Wegen der unmittelbaren Wirkung der Betriebsvereinbarung auf die Arbeitsverhältnisse bestehe Allgemeinkompetenz nur für Rechte und Pflichten der Arbeitsvertragsparteien, d.h. grundsätzlich nicht für Regelungen von betrieblichen oder betriebsverfassungsrechtlichen Angelegenheiten; ebenso MünchHb-*Matthes*, § 327 Rn. 51.

triebsvereinbarungen schaffen, da die genannten Regelbeispiele allesamt den Arbeitnehmer begünstigen.[31] Auch § 77 Abs. 3 BetrVG lasse sich eine umfassende Regelungsbefugnis der Betriebspartner nicht entnehmen, da Sinn und Zweck der Vorschrift die Absicherung der Tarifautonomie und die Auflösung des Konkurrenzverhältnisses zwischen betrieblicher und tariflicher Kollektivregelung sei.[32] Diese Norm lege lediglich den Zuständigkeitsbereich der Betriebspartner im Verhältnis zu den Tarifvertragsparteien fest und erteile keine originäre Regelungsmacht. Vielmehr setze diese zuständigkeitsbegrenzende Funktion des § 77 Abs. 3 BetrVG zunächst voraus, dass Kompetenzbereiche der Betriebs- und Tarifpartner überhaupt bestehen. Denn wenn ein Gegenstand von vorneherein der Regelungsmacht der Betriebspartner entzogen ist, kann auch eine fehlende tarifliche Regelung nicht die Betriebsautonomie erweitern.[33] Auch aus systematischen Gründen lasse sich dieser Umkehrschluss nicht treffen: Wenn § 77 Abs. 3 BetrVG eine allgemeine Befugnisnorm darstelle, wären konkrete Regelungen des BetrVG, die den Betriebspartnern Gestaltungsrechte einräumen, überflüssig.[34]

Daher wird vielfach eine Einschränkung des Umfangs der sachlichen Betriebsautonomie gefordert. Vor allem *Richardi* räumt den Betriebspartnern nur dort Regelungsbefugnis zu Lasten der Arbeitnehmer ein, wo dies positiv gesetzlich angeordnet wird.[35] Anders als für die Tarifautonomie, der sich der einzelne Arbeitnehmer durch freiwilligen Verbandseintritt unterwirft, bestehe für die Betriebsautonomie kein solcher Legitimationsakt. Insoweit handele es sich bei der Betriebsvereinbarung um eine Fremdbestimmungsordnung. Eine Regelung der Arbeitsbedingungen, die vom Individualvertrag abweicht, könne so zu Eingriffen in die Privatautonomie der einzelnen Arbeitnehmer führen und daher nur auf Grund einer konkreten gesetzlichen Kompetenznorm erfolgen.[36] Ausgehend von der Betriebsvereinbarung als Normenvertrag, der rechtsgeschäftlich vereinbart und dessen normative Wirkung kraft

---

[31] *Veit*, Zuständigkeit, S. 273 ff.; *Waltermann*, NZA 1996, S. 357, 360.

[32] *Richardi*, BetrVG, § 77 Rn. 67; *Veit*, Zuständigkeit, S. 209; *Waltermann*, NZA 1996, S. 357, 360; *Merten*, Regelungsbefugnisse, S. 108 ff.

[33] *Veit*, Zuständigkeit, S. 209; *Merten*, Regelungsbefugnisse, S. 108 ff.

[34] Ausführlich *Veit*, Zuständigkeit, S. 211, die insbesondere auf die Norm des § 112 Abs. 1 S. 4 BetrVG abstellt. Da sich die Regelungskompetenz der Betriebspartner zur Aufstellung eines Sozialplanes schon aus § 112 Abs. 1 S. 2 BetrVG ergebe, betreffe § 112 Abs. 1 S. 4 BetrVG, der § 77 Abs. 3 BetrVG ausschließt, allein das Konkurrenzverhältnis zwischen Tarifvertrag und Betriebsvereinbarung. Daher sei der Rückschluss zulässig, dass auch § 77 Abs. 3 BetrVG allein dieses Konkurrenzverhältnis betreffe.

[35] *Richardi*, BetrVG, § 77 Rn. 64; MünchHb-*Richardi*, § 12 Rn. 23 ff.; *Herrmann*, NZA 2000, Beilage zu Heft 3, S. 14; *Waltermann*, Rechtsetzung, S. 151 ff., 155.

[36] MünchHb-*Richardi*, § 12 Rn. 25; ebenso *Waltermann*, NZA 1996, S. 357, 362; *ders.*, Rechtsetzung, S. 154 f.

Gesetz gemäß § 77 Abs. 4 BetrVG angeordnet wird, nimmt *Waltermann* in vergleichbarer Weise eine Einschränkung der Betriebsautonomie auf Grund der gesetzesgleichen Wirkung der Betriebsvereinbarung vor. Die normative Wirkung der Betriebsvereinbarung beruhe auf staatlicher Anordnung, die den Betriebsparteien so Rechtssetzungsbefugnis einräume. Da der Gesetzgeber dem verfassungsrechtlichen Vorbehalt des Gesetzes unterliegt, sei es zweifelhaft, ob durch die pauschale Regelung des § 77 Abs. 4 BetrVG jede Art von betrieblicher Regelung umfasst wird. Insbesondere bei möglichen Eingriffen in den Grundrechtsbereich von Arbeitgeber und Arbeitnehmer bedürfe es einer ausdrücklichen gesetzlichen Regelung. Daher müsse das zulässige Maß eines Eingriffs nach Maßgabe der Wesentlichkeitstheorie um so deutlicher in einer gesetzlichen Ermächtigung bestimmt sein, je empfindlicher die Grundrechtsposition berührt wird. Daher umfasse die Betriebsautonomie keineswegs belastende Betriebsvereinbarungen, für die eine hinreichende Rechtsgrundlage fehle.[37]

Obwohl gerade in praktischer Hinsicht die Möglichkeit der Betriebsvereinbarung als sachnächstes Regelungsinstrument zur Gestaltung der betrieblichen Ordnung eine weitreichende Betriebsautonomie voraussetzt, begegnen der Ansicht von herrschender Meinung und Rechtsprechung schwerwiegende dogmatische Bedenken. Gemeinsam ist den dargestellten Ansichten der Ansatz, die Grundlage der Betriebsautonomie im geschriebenen Recht zu suchen. Allein schon auf Grund der aufgezeigten systematischen Bedenken kann aber weder aus § 77 Abs. 3 BetrVG noch aus § 88 BetrVG eine allgemeine Regelungskompetenz der Betriebspartner überzeugend hergeleitet werden.

Mit Blickrichtung auf den Bereich der betrieblichen Altersversorgung lässt sich aber – unabhängig von der methodischen Grundlage – jedenfalls ein übereinstimmender Mindestgehalt der sachlichen Regelungsbefugnis der Betriebspartner feststellen. Zunächst können Betriebsrat und Arbeitgeber für alle Sachmaterien Betriebsvereinbarungen abschließen, die ihnen nach dem Gesetz zugewiesen sind. Insoweit wird durch die Aufgaben zuweisende Norm gleichzeitig die funktionelle Zuständigkeit des Betriebsrats begründet. Des Weiteren stützen die eine Regelungsbefugnis der Betriebspartner einschränkenden Ansichten dies auf unzulässige Eingriffe in die Privatautonomie des Arbeitnehmers, wenn ohne ausdrückliche gesetzliche Grundlage der Pflichtenkreis des einzelnen Arbeitnehmers bestimmt wird. Dies beinhaltet aber gleichzeitig die Regelungszuständigkeit für den Abschluss von den Arbeitnehmer lediglich begünstigenden Regelungen, da insofern ein fremdbestimmter Eingriff in die Privatautonomie, der einer besonderen Legitima-

---

[37] *Waltermann*, NZA 1996, S. 357, 362.

tion bedarf, nicht vorliegt. Danach umfasst die Regelungsbefugnis der Betriebspartner in sachlicher Hinsicht jedenfalls den Abschluss von Betriebsvereinbarungen im Rahmen

- jeder ihnen durch Gesetz positiv zugewiesenen Aufgabe und

- der Regelung einer den Arbeitnehmer nur begünstigenden Arbeitsbedingung.

Für die Einführung und Durchführung der betrieblichen Altersversorgung lässt sich eine Regelungskompetenz der Betriebspartner unmittelbar dem Gesetz aus §§ 87 Abs. 1 Nr. 8, 88 Nr. 2 BetrVG entnehmen, soweit die Altersversorgung auf eine betriebliche Sozialeinrichtung wie eine Unterstützungs- oder Pensionskasse übertragen ist.[38] Daneben kann auch für andere Durchführungsformen, die sich nicht einer Sozialeinrichtung bedienen, eine Regelungsbefugnis angenommen werden, da mit der Durchführung einer betrieblichen Altersversorgung dem Arbeitnehmer eine Leistung gewährt wird, so dass eine solche Betriebsvereinbarung den Arbeitnehmer ausschließlich begünstigt. Auf Grund der regelmäßig betriebsbezogenen Einrichtung eines Versorgungswerkes ist die Gewährung einer betrieblichen Altersversorgung ein klassischer Regelungsinhalt von Betriebsvereinbarungen und damit dem Kernbereich der sachlichen Betriebsautonomie zugehörig.[39] Die sachliche Regelungsbefugnis der Betriebspartner wird so auch von den Befürwortern einer eingeschränkten Betriebsautonomie nicht in Frage gestellt, da in diesem Bereich eine Regelungskompetenz des Betriebsrates auch ohne Rückgriff auf § 77 Abs. 3 BetrVG bzw. § 88 Nr. 2 BetrVG angenommen werden kann.[40]

b. Personelle Reichweite der Betriebsautonomie

Auch hinsichtlich seiner personellen Reichweite ist eine ausdrückliche Festlegung des Umfangs der Betriebsautonomie dem BetrVG nicht zu entnehmen, die jedoch zur Bestimmung des persönlichen Geltungsbereiches einer Betriebsvereinbarung wesentlich ist. Jedenfalls ist anerkannt, dass Betriebsvereinbarungen unmittelbar und zwingend auf individuelle Arbeitsverhältnisse zwischen dem Arbeitgeber als Partei der Betriebsvereinbarung und dem betriebsangehörigen Arbeitnehmer im Sinne von § 5 Abs. 1 BetrVG einwirken.[41] Im Bereich der betrieblichen Altersversorgung ist jedoch die durch ein

---

[38] *Ahrend/Förster/Rühmann*, BetrAVG, § 1 Rn. 55. Zum Begriff der betrieblichen Sozialeinrichtung siehe unten S. 56 ff.

[39] Vgl. *Schoden*, BetrAVG, Arbeitsrechtliche Einführung Rn. 64; *Langohr-Plato*, BetrAV, Rn. 177.

[40] Vgl. etwa *Richardi*, BetrVG, § 87 Rn. 837 ff.

[41] FESTL, BetrVG, § 77 Rn. 35; DKK-*Berg*, § 77 Rn. 35.

laufendes Arbeitsverhältnis begründete Bindung an den Arbeitgeber beim Versorgungsberechtigten – dem mit unverfallbarer Anwartschaft ausgeschiedenen Arbeitnehmer oder dem Betriebsrentner – regelmäßig nicht mehr vorhanden. Fraglich ist, ob in diesem Bereich zwischen Betriebsrat und Arbeitgeber ausgehandelte Betriebsvereinbarungen noch Normwirkung für Personengruppen, die nicht mehr dem Betrieb angehören, entfalten können und ob den Betriebspartnern für diese Personengruppen noch eine Normsetzungsbefugnis zukommt.

aa. Auffassung des Bundesarbeitsgerichtes

Ausgehend von einer Grundsatzentscheidung des Großen Senats vom 16.3.1956[42] nimmt das Bundesarbeitsgericht in ständiger Rechtsprechung an, dass die Betriebspartner keine normativen Regelung bezüglich bereits ausgeschiedener Betriebsrentner oder Anwartschaftsberechtigter treffen können.[43]

Der Große Senat führt zur Begründung seiner Auffassung aus, dass sich die normative Wirkung einer Betriebsvereinbarung nur auf solche Personen erstrecke, die in einem Arbeitsverhältnis zum Arbeitnehmer stehen. Daher betreffe die Betriebsautonomie ausschließlich aktive Arbeitnehmer. Bei Betriebspensionären fehlt das die Betriebszugehörigkeit vermittelnde Arbeitsverhältnis. Die Versorgungsleistung des Arbeitgebers beruht vielmehr auf dem vom Arbeitsverhältnis zu unterscheidenden Ruhestandsverhältnis zwischen Arbeitgeber und Ruhegeldempfänger.[44] Der Betriebsrat ist nicht zur Interessenvertretung ausgeschiedener Arbeitnehmer legitimiert, da er nur von den Mitgliedern der aktiven Belegschaft gewählt wird. Außerdem kann der ausgeschiedene Arbeitnehmer, da ihm das Wahlrecht zum Betriebsrat nicht mehr zusteht, nicht das in § 23 BetrVG vorgesehene Ausschluss- bzw. Auflösungs-

---

[42] BAG GS, Beschluss vom 16.3.1956, AP Nr. 1 zu § 57 BetrVG 1952 = DB 1956, S. 573.

[43] BAG, Urteil vom 19.6.1956, AP Nr. 2 zu § 57 BetrVG; Urteil vom 17.12.1958, AP Nr. 42 zu § 242 BGB Ruhegehalt = RdA 1959, S. 399; Urteil vom 7.4.1959, AP Nr. 46 zu § 242 BGB Ruhegehalt = DB 1959, S. 682; Urteil vom 30.1.1970, AP Nr. 142 zu § 242 BGB Ruhegehalt = DB 1970, S. 1393; Urteil vom 28.4.1977, AP Nr. 7 zu § 242 BGB Ruhegehalt-Unterstützungskassen = DB 1977, S. 1656; Urteil vom 18.5.1977 AP Nr. 175 zu § 242 BGB Ruhegehalt = DB 1977, S. 1655; Urteil vom 10.11.1977, AP Nr. 8 zu § 242 BGB Ruhegehalt-Unterstützungskassen = DB 1978, S. 939; Urteil vom 17.1.1980, AP Nr. 185 zu § 242 BGB Ruhegehalt = DB 1980, S. 1399; Urteil vom 25.10.1988, AP Nr. 1 zu § 1 BetrAVG Betriebsvereinbarung = NZA 1989, 522; Urteil vom 13.5.1997, AP Nr. 65 zu § 77 BetrVG 1972 = NZA 1998, S. 160; ebenso LAG Saarbrücken, Urteil vom 2.2.1966, NJW 1966, S. 2139; LAG Baden-Württemberg, Kammer Freiburg, Urteil vom 27.4.1977, DB 1977, S. 1706; LAG Hamm, Urteil vom 20.11.1984, EzA Nr. 33 zu § 1 BetrAVG = DB 1985, S. 396.

[44] BAG GS, Beschluss vom 16.3.1956, AP Nr. 1 zu § 57 BetrVG 1952 = DB 1956, S. 573.

verfahren gegen den Betriebsrat und seine Mitglieder einleiten. Auch in praktischer Hinsicht kann der Betriebsrat die Interessen der ausgeschiedenen Arbeitnehmer nicht adäquat vertreten, da ein "persönliche Konnex" zwischen Betriebsrat und Pensionären fehlt und so dem Betriebsrat die Interessen der Belegschaftsmitglieder näher stehen als die der Betriebsrentner.[45]

Soweit der Arbeitnehmer während der Geltungsdauer einer Ruhegeldvereinbarung aus dem Betrieb ausscheidet, erwirbt er damit einen Ruhegeldanspruch. Damit können die entsprechenden Bestimmungen nicht mehr gegen seinen Willen geändert werden. Insoweit entsteht ein individueller Einzelanspruch, der seine Grundlage zwar in der Betriebsvereinbarung hat, nunmehr jedoch als selbstständiger schuldrechtlicher Anspruch unabhängig von Geltungsdauer und Inhalt der Betriebsvereinbarung fortbesteht. Daher haben die Betriebspartner grundsätzlich keine kollektivrechtliche Regelungskompetenz mehr. Ausnahmsweise kann sich dies aber aus dem "unzweideutigen Wortlaut" oder dem Sinn der Betriebsvereinbarung selbst ergeben, wenn etwa die Versorgungsleistung befristet erbracht wird. Keineswegs kann jedoch ein allgemeiner Änderungsvorbehalt in der Betriebsvereinbarung oder eine Vereinbarung der Rückwirkung auf einen Zeitpunkt, zu dem der Betriebspensionär noch betriebsangehörig war, eine kollektive Regelungsbefugnis begründen.[46] Allenfalls kommt eine Änderung des Ruhestandsverhältnisses auf einzelvertraglicher Grundlage in Betracht. So kann sich eine Verbesserung der Altersversorgung auf Grund Betriebsvereinbarung als Vertrag zu Gunsten Dritter gemäß § 328 BGB oder als Angebot des Arbeitgebers mit Annahme nach § 151 BGB[47] auf den Ruhegeldanspruch auswirken. Eine Verschlechterung von Versorgungsleistungen kommt nach den Grundsätzen des Wegfalls der Geschäftsgrundlage in Betracht.[48]

In jüngeren Entscheidungen hat das BAG die Möglichkeit, auf kollektivrechtlicher Ebene auf ein Ruhestandsverhältnis einzuwirken, ausgeweitet: Im Zusammenhang mit dem Abbau von Unterstützungsansprüchen, d.h. zusätzlichen, von der Altersversorgung verschiedenen Sozialleistungen wie beispielsweise Beihilfen im Krankheitsfall, nimmt das BAG eine sog. Jeweilig-

---

[45] BAG GS, Beschluss vom 16.3.1956, AP Nr. 1 zu § 57 BetrVG 1952 = DB 1956, S. 573.

[46] BAG GS, Beschluss vom 16.3.1956, AP Nr. 1 zu § 57 BetrVG 1952 = DB 1956, S. 573.

[47] So der 1. Senat in BAG, Urteil vom 13.5.1997, AP Nr. 65 zu § 77 BetrVG 1972 = NZA 1998, S. 160, 162.

[48] BAG GS, Beschluss vom 16.3.1956, AP Nr. 1 zu § 57 BetrVG, Bl. 6 = DB 1956, S. 573; BAG, Urteil vom 28. Juli 1998, AP Nr. 4 zu § 1 BetrAVG Überversorgung = NZA 1999, S. 444.

keitsklausel an.[49] Der nunmehr auf individualrechtliche Ebene umgewandelte Unterstützungsanspruch des Betriebsrentners sei "mit dem Vorbehalt einer späteren Änderung der entsprechenden kollektivrechtlichen Regelung für die aktive Belegschaft belastet". Mittels dieser (stillschweigenden) Jeweiligkeitsklausel kann ausnahmsweise noch durch Änderung der Betriebsvereinbarung in das Ruhestandsverhältnis eingegriffen werden. Eine Kürzung ist jedoch nur in dem Maße zulässig, wie auch die aktive Belegschaft Kürzungen hinnehmen muss.[50] Des Weiteren können auch Versorgungsansprüche über das Ende des Arbeitsverhältnisses hinaus im Rahmen einer einzelvertraglichen Jeweiligkeitsklausel, die als dynamische Verweisung auf die jeweils geltende kollektivrechtliche Versorgungsordnung Bezug nimmt, geändert werden.[51] Diese Verweisung kann konkludent vereinbart werden, wenn der Versorgungsberechtigte bereits im laufenden Arbeitsverhältnis Änderungen der Versorgungsordnung widerspruchslos hingenommen hat. Angesichts der individualrechtlichen Gestaltung der Jeweiligkeitsklausel stellt das BAG jedoch klar, dass hier keine Fragen der tariflichen oder betrieblichen Regelungskompetenz betroffen sind.[52]

bb. Zustimmende Literatur

Die Entscheidung des Großen Senates stieß zunächst in der arbeitsrechtlichen Literatur auf breite Zustimmung.[53] In der jüngeren Literatur aber folgt nur noch ein Teil dem BAG uneingeschränkt.[54] Vereinzelt wird eine kollektive

---

[49] Insbesondere BAG, Urteil vom 13.5.1997, AP Nr. 65 zu § 77 BetrVG 1972 = NZA 1998, S. 160. In seinem Urteil vom 28.7.1998, AP Nr. 4 zu § 1 BetrAVG Überversorgung = NZA 1999, S. 444, 446, setzte sich das BAG kritisch mit seiner Rechtsprechung zur Betriebsautonomie auseinander, ohne jedoch die Frage zu beantworten, "ob an der bisherigen Rechtsprechung festzuhalten ist oder die Gegenansicht den Vorzug verdient." Dies schürte die Hoffnung der Literatur auf einen Rechtsprechungswechsel, vgl. *Heither*, FS Förster, S. 149, 155 f., *Rüthers/Bakker*, EzA Nr. 26 zu § 77 BetrVG 1972, S. 9, 36; *Kreutz*, FS Kraft, S. 323, 330, sowie *Konzen/Jacobs*, FS Dieterich, S. 297, 299, der aber bislang ausgeblieben ist.

[50] BAG, Urteil vom 13.5.1997, AP Nr. 65 zu § 77 BetrVG 1972 = NZA 1998, S. 160.

[51] BAG, Urteil vom 24.8.1993, AP Nr. 19 zu § 1 BetrAVG Ablösung = NZA 1994, S. 807 (Verweis auf Tarifvertrag); Urteil vom 23.9.1997, AP Nr. 23 zu § 1 BetrAVG Ablösung = NZA 1998, S. 541 (Verweis auf Betriebsvereinbarung).

[52] BAG, Urteil vom 24.8.1993, AP Nr. 19 zu § 1 BetrAVG Ablösung = NZA 1994, S. 807, 808; Urteil vom 23.9.1997, AP Nr. 23 zu § 1 BetrAVG Ablösung = NZA 1998, S. 541, 542.

[53] Vgl. etwa *Fitting/Kraegeloh/Auffarth*, 9. Aufl. 1970, § 52 BetrVG 1952 Anm. 27; *Hueck-Nipperdey*, Arbeitsrechts, Bd. II/2, § 65 C II 1 und 2, jeweils mit weiteren Nachweisen; darüber hinaus: *von Hoyningen-Huene*, RdA 1983, 225; *ders.*, BB 1992, S. 1640, 1644; *Richardi*, Kollektivgewalt, S. 437 f.; *Kraft*, FS Pleyer, S. 383, 397 f.

[54] ErfK-*Kania*, § 77 BetrVG Rn. 34; Küttner-*Kreitner*, Betriebsvereinbarung Rn. 6, *Wlotzke*, BetrVG, § 77 Anm. II.6.b.cc); Kittner/Zwanziger-*Kittner*, § 12 Rn. 27; *Etzel*, Be-

Regelungsbefugnis der Betriebspartner auch für ausgeschiedene Arbeitnehmer und Betriebsrentner angenommen, soweit die Versorgungsleistung verbessert wird.[55]

Insbesondere *von Hoyningen-Huene* vertieft dabei den Standpunkt der Rechtsprechung: Der persönliche Geltungsbereich einer Betriebsvereinbarung kann nicht ehemalige Mitarbeiter und Pensionäre umfassen, da das BetrVG an die aktive Arbeitnehmerstellung anknüpft. Mit dem Ausscheiden aus dem Betrieb entfällt das Erfordernis einer Regelungsbefugnis des Betriebsrates, da das besondere Schutzbedürfnis des aktiven Arbeitnehmers, das dieser auf Grund der persönlichen Abhängigkeit und Weisungsgebundenheit gegenüber dem Arbeitgeber genießt und auf das die Idee der Interessenvertretung durch den Betriebsrat beruht, nicht mehr vorhanden ist.[56] Außerdem besteht zwischen Arbeitgeber und ausgeschiedenem Arbeitnehmer kein Arbeitsverhältnis mehr, was jedoch unerlässliche Voraussetzung für die normative Wirkung einer Betriebsvereinbarung nach § 77 Abs. 1 u. 4 BetrVG ist.[57] Zudem enthält die Regelung des § 16 BetrAVG, die die Anpassungsprüfung von Betriebsrenten dem Pflichtenkreis des Arbeitgebers zuordnet, eine Wertung des Gesetzgebers, nach der der Betriebsrat nicht bei der Gestaltung eines Ruhestandsverhältnisses mitwirken kann.[58] Daher besteht kein Bedürfnis für eine Rechtsfortbildung, die zur Ausweitung der persönlichen Regelungsmacht der Betriebspartner führen würde. Nur im Einzelfall kann etwas anderes gelten, wenn sich die Regelungskompetenz einer konkreten betriebsverfassungsrechtlichen Norm entnehmen lässt. So können im Rahmen einer Betriebsänderung Sozialpläne auch mit kollektivrechtlicher Wirkung für bereits ausgeschiedene Arbeitnehmer aufgestellt werden. Da für den Sozialplan als "echte Betriebsvereinbarung besonderer Art" gemäß § 112 Abs. 1 S. 3 BetrVG eigenständige Wirksamkeitsvoraussetzungen bestehen, kommt es auf die allgemeinen Voraussetzungen der normativen Wirkung – Betriebszugehörigkeit und Arbeitnehmereigenschaft – nicht an. Die Möglichkeit einer nachwirkenden Re-

---

triebsverfassungsrecht, Rn. 1102; *von Hoyningen-Huene*, Betriebsverfassungsrecht, S. 221; Jaeger/Röder/Heckelmann-*Lambrich*, Kapitel 7, Rn. 128; *Romanovsky*, BV, Gr. 1 S. 134 f., DLW-*Wildschütz*, Kapitel I, Rn. 1192; *Langohr-Plato*, BetrAV, Rn. 1497.

[55] DKK-*Berg*, BetrVG, § 77 Rn. 36. Gegen diese Auffassung sprechen sich *Rüthers/Bakker*, EzA Nr. 26 zu § 77 BetrVG 1972, S. 9, 21, aus: Diese Form des "Kompetenz-Splittings" führe zu einer "Schönwetterautonomie", die es den Betriebspartnern nicht ermöglicht, auf Krisensituationen angemessen zu reagieren.

[56] *Von Hoyningen-Huene*, RdA 1983, S. 225, 226; ähnlich *Romanovsky*, BV, Gr. 1 S. 134 f., die vom Arbeitnehmerbegriff des § 5 BetrVG ausgehen, unter den sich Betriebspensionäre nicht subsumieren lassen.

[57] *Kraft*, FS Pleyer, S. 383, 397 f.

[58] *Von Hoyningen-Huene*, RdA 1983, S. 225, 226.

gelungsbefugnis beschränkt sich jedoch nur auf diesen Fall.[59] Dies ergibt sich bereits daraus, dass dem Arbeitgeber einzelvertragliche Instrumente zur Verfügung stehen, um auf die Versorgungsordnung einwirken zu können.[60]

Die Transformation des in der Betriebsvereinbarung wurzelnden Versorgungsanspruchs in einen Individualanspruch lässt sich mit dem Rechtsgedanken der § 77 Abs. 6 BetrVG und § 613a Abs. 1 S. 2 BGB begründen. Beide Normen betreffen Sachverhalte, die eine Änderung der äußeren Umstände – Ablauf einer Betriebsvereinbarung und rechtsgeschäftlicher Betriebsübergang – beschreiben, und ordnen als Rechtsfolge die Änderung der Wirkungsweise einer Betriebsvereinbarung an. Da sich auch durch das Ausscheiden eines Arbeitnehmers die tatsächlichen Rahmenbedingungen wesentlich verändern, kann die in diesen Normen enthaltene Transformationswirkung auf eine Betriebsvereinbarung, die einen Versorgungsanspruch zu Gunsten ausgeschiedener Betriebsrentner gewährt, übertragen werden.[61] Damit kann eine Betriebsvereinbarung, die nachträglich Versorgungsansprüche bereits ausgeschiedener Arbeitnehmer abändert, nur im Wege der Umdeutung in eine Gesamtzusage oder einen Vertrag zwischen Betriebsrat und Arbeitgeber zu Gunsten Dritter[62] (bei Verbesserungen der Versorgungsordnung) bzw. einen individualrechtlichen Widerruf (bei Verschlechterungen) Wirkung gegenüber dem Versorgungsberechtigten entfalten.[63] Ebenso wenig kann durch einen in der ursprünglichen Betriebsvereinbarung enthaltenen Änderungsvorbehalt oder eine Jeweiligkeitsklausel in die Versorgungsordnung eingegriffen werden. Die dem Betriebrat für eine spätere Betriebsvereinbarung fehlende Regelungskompetenz kann sich dieser nicht selber durch einen vorherigen Eingriffsvorbehalt zusprechen. Auch hier kommt eine Änderungsmöglichkeit allenfalls auf einzelvertraglicher Grundlage in Betracht.[64]

cc. Kritische Literatur

Die Auffassung des Großen Senates des BAG wird von einem Großteil der Literatur kritisiert.[65] Grundlegend spricht sich *Säcker* bereits 1972 für eine

---

[59] *Von Hoyningen-Huene*, RdA 1983, S. 225, 227 f.

[60] *Von Hoyningen-Huene*, RdA 1983, S. 225, 227.

[61] *Von Hoyningen-Huene*, RdA 1983, S. 225, 229.

[62] So DLW-*Wildschütz*, Kapitel I, Rn. 1193, mit Verweis auf BAG, Urteil vom 31.1.1979, AP Nr. 8 zu § 112 BetrVG 1972 = DB 1979, S. 1039, nach dem Betriebsrat und Arbeitgeber leitende Angestellte im Rahmen eines Vertrags zu Gunsten Dritter in den Kreis der aus einem Sozialplan Abfindungsberechtigten einbeziehen können.

[63] *Von Hoyningen-Huene*, RdA 1983, S. 225, 229 f.

[64] *Von Hoyningen-Huene*, RdA 1983, S. 225, 227, 230 f.

[65] *Andresen/Förster/Rößler/Rühmann*, Teil 8 B, Rn. 84; *Blomeyer*, AP Nr. 9 zu § 79 LPVG Baden-Württemberg, Bl. 7, 14; *Blomeyer/Otto*, BetrAVG, Anh § 1 Rn. 103 f.;

persönliche Regelungskompetenz für ausgeschiedene Arbeitnehmer aus.[66] In der Folgezeit haben sich eine Vielzahl von Stimmen dieser Auffassung angeschlossen, die so vereinzelt als die mittlerweile "wohl herrschende Meinung" bezeichnet wird.[67] Stets wiederkehrende Ansätze der Kritik beziehen sich dabei auf die beiden tragenden Argumente der Entscheidung des Großen Senates, die fehlende Legitimation des Betriebsrates sowie die Transformation des Versorgungsanspruchs in einen schuldrechtlichen Einzelanspruch.

(1) Legitimation des Betriebsrates

Die Annahme, der Betriebsrat sei nicht zur Vertretung bereits ausgeschiedener Arbeitnehmer legitimiert, da diese nicht mehr an der Betriebsratswahl teilnehmen, geht von einem fehlerhaften Verständnis der Stellung des Betriebsrates aus. Ihr liegt die Vorstellung zu Grunde, dass der Betriebsrat auf Grund einer Bevollmächtigung durch die Belegschaft deren Interessen wahrnehme und diese repräsentiere. Der Betriebsrat hat jedoch keine "mandatarische Stellung" und erfüllt nicht die Funktion einer Repräsentationskörperschaft. Vielmehr ist er als kollektives Beschlussgremium nicht nur zur Wahrung der Interessen der ihn wählenden Arbeitnehmer, sondern der des ganzen Betriebes verpflichtet.[68] Der Betriebsrat erfährt seine Legitimation zur Wahrnehmung betriebsverfassungsrechtlicher Aufgaben bereits aus der Betriebsverfassung selbst und nicht erst mit der Wahl durch die wahlberechtigten Arbeitnehmer.[69] Die mit der Aufgabenbefugnis verbundene Kompetenz zur Schaffung objektiven Rechts beruht auf einer Ermächtigung von Seiten des Gesetzgebers. Bei

---

Brune, AR-Blattei-SD, 520 Betriebsvereinbarung, Rn. 373 ff.; *Dieterich*, NZA 1984, S. 273, 278; FESTL, BetrVG, § 77 Rn. 38 f.; *Galperin/Löwisch*, BetrVG § 77 Rn. 33; H-BetrAV-*Griebeling*, Teil I 30, Rn. 526; *Griebeling/Griebeling*, BetrAV, Rn. 889; *Hanau*, ZfA 1974, S. 89, 107 f.; *Heither*, FS Förster, S. 149; *Herschel*, FS Hilger/ Stumpf, S. 311, 312 ff.; *Höfer*, BetrAVG, ART Rn. 378; *Konzen/Jacobs*, FS Dieterich, S. 298; GK-*Kreutz*, BetrVG, § 77 Rn. 178 ff.; *ders.*, FS Kraft, S. 323, 327 f.; *Lieb*, Arbeitsrecht, Rn. 712; HaKo-*Lorenz*, BetrVG, § 77 Rn. 9; *Löwisch*, DB 1983, S. 1709, 1713; MünchHb-*Matthes*, § 327 Rn. 12; *Reichold*, SAE 1998, S. 44, 49; *Rieble/Gutzeit*, NZA 2003, S. 233, 234 f.; *Rüthers/Bakker*, EzA Nr. 26 zu § 77 BetrVG 1972, S. 9; *Schulin*, ZfA 1981, S. 577, 701 f.; *Schwerdtner*, ZfA 1975, S. 171; *Waltermann*, NZA 1996, S. 357; *ders.*, NZA 1998, S. 505; *Weber/Ehrich/Hörchens/ Oberthür*, Teil F, Rn. 46; HSWG-*Worzalla*, BetrVG, § 77 Rn. 10a; *Richardi*, BetrVG, § 77 Rn. 77.

66 *Säcker*, Gruppenautonomie, S. 363 ff.; siehe auch *Säcker*, AR-Blattei (1977), Betriebsvereinbarung, C.II.2.

67 GK-*Kreutz*, BetrVG, § 77 Rn. 178. Auf der anderen Seite bezeichnen Schaub-*Koch*, ArbR-Hb, § 231 Rn. 30a, und *Weber/Ehrich/Hörchens/Oberthür*, Teil F, Rn. 46, die Gegenmeinung noch 2002 bzw. 2003 als herrschende Meinung.

68 *Herschel*, FS Hilger/Stumpf, S. 311, 312 f.; *Waltermann*, Rechtsetzung, S. 205 f.

69 GK-*Kreutz*, BetrVG, § 77 Rn. 180; *ders.*, FS Kraft, S. 323, 326; *Waltermann*, NZA 1996, S. 357, 365; *ders.*, NZA 1998, S. 505, 506 f., 508 f.; *Konzen/Jacobs*, FS Dieterich, S. 297, 304; *Reichold*, SAE 1998, S. 44, 49.

der Betriebsratwahl handelt es sich nur um eine binnendemokratische Legitimation, die eine "demokratische Selbstverständlichkeit" ist.[70] Im Rahmen der gesetzlichen Ausgestaltung dieses binnendemokratischen Legitimationsaktes ist es dem Gesetzgeber unbenommen, aus sachlichen Gründen bestimmten Gruppen, wie etwa Betriebsrentnern, keine Wahlberechtigung einzuräumen.[71]

Daneben hat der Betriebsrat in einer Vielzahl von Fällen die Möglichkeit, Regelungen mit Wirkung für und gegen Arbeitnehmer und andere Personen zu treffen, ohne dass diese an der Wahl zum Betriebsrat teilgenommen haben bzw. zum Regelungszeitpunkt betriebsangehörig waren. Aus diesem Grund ist es widersprüchlich, bereits ausgeschiedene Arbeitnehmer mit betrieblichen Versorgungsansprüchen oder -anwartschaften abweichend zu behandeln und eine Regelungskompetenz der Betriebspartner zu verneinen.[72] So findet eine Betriebsvereinbarung auch für diejenigen Arbeitnehmer eines Betriebes Anwendung, die erst nach der Betriebsratswahl oder dem Inkrafttreten der Betriebsvereinbarung in den Betrieb eingetreten sind.[73] Auch auf Jugendliche unter 18 Jahren, die gemäß § 7 BetrVG mangels Volljährigkeit nicht wahlberechtigt sind, erstreckt sich unstreitig die Wirkung von Betriebsvereinbarungen.[74] Außerdem kann davon ausgegangen werden, dass regelmäßig einige Betriebsrentner vor dem Ausscheiden noch an Betriebsratswahlen teilgenommen haben, so dass insoweit nach der Ansicht des BAG konsequenterweise eine Legitimation des Betriebsrates zur Repräsentation dieser Betriebsrentner angenommen werden müsste.[75]

Zudem beschränkt sich die Regelungskompetenz des Betriebsrates nicht nur auf die bestehenden Arbeitsverhältnisse zwischen dem Arbeitgeber als Partei

---

70 *Waltermann*, NZA 1996, S. 357, 365; *ders.*, NZA 1998, S. 505, 508; *ders.*, Rechtsetzung, S. 203 ff.; *Konzen/Jacobs*, FS Dieterich, S. 297, 304.

71 *Waltermann*, NZA 1996, S. 357, 365; *ders.*, NZA 1998, S. 505, 508.

72 GK-*Kreutz*, BetrVG, § 77 Rn. 180; *ders.*, FS Kraft, S. 323, 326 f.; *Rüthers/Bakker*, EzA Nr. 26 zu § 77 BetrVG 1972, S. 9, 16; *Konzen/Jacobs*, FS Dieterich, S. 297, 316 f; *Waltermann*, NZA 1996, S. 357, 364; *ders.*, NZA 1998, S. 505, 506 ff; *Brune*, AR-Blattei-SD, 520 Betriebsvereinbarung, Rn. 373; *Herschel*, FS Hilger/Stumpf, S. 311, 312; *Wiese*, Ruhestandsverhältnis, S. 196 f.

73 GK-*Kreutz*, BetrVG, § 77 Rn. 180; *ders.*, FS Kraft, S. 323, 326 f.; *Brune*, AR-Blattei-SD, 520 Betriebsvereinbarung, Rn. 373; *Rüthers/Bakker*, EzA Nr. 26 zu § 77 BetrVG 1972, S. 9, 16; *Andresen/Förster/Rößler/Rühmann*, Teil 8 B, Rn. 84; *Waltermann*, NZA 1998, S. 505, 508; *Schwerdtner*, ZfA 1975, S. 171, 181; *Griebeling/Griebeling*, BetrAV, Rn. 889; *Blomeyer/Otto*, BetrAVG, Anh. § 1 Rn. 103.

74 GK-*Kreutz*, BetrVG, § 77 Rn. 180; *Rüthers/Bakker*, EzA Nr. 26 zu § 77 BetrVG 1972, S. 9, 16; *Waltermann*, NZA 1998, S. 505, 508; *Schwerdtner*, ZfA 1975, S. 171, 181; *Wiese*, Ruhestandsverhältnis, S. 196.

75 *Kreutz*, FS Kraft, S. 323, 326 f.; *Rüthers/Bakker*, EzA Nr. 26 zu § 77 BetrVG 1972, S. 9, 19.

der Betriebsvereinbarung und den betriebszugehörigen Arbeitnehmern, sondern kann auch Drittrechtsverhältnisse umfassen. Zu diesen zählen zunächst Arbeitsverhältnisse im Rahmen der Arbeitnehmerüberlassung.[76] Zwar besteht die betriebsverfassungsrechtliche Betriebszugehörigkeit von Leiharbeitnehmern gemäß § 14 Abs. 1 AÜG zum Verleiherbetrieb, Regelungsbefugnisse bezüglich der Leiharbeitsverhältnisse stehen aber auch dem Betriebsrat des Entleiherbetriebes vor allem im Bereich der Mitbestimmung in sozialen Angelegenheiten zu.[77] Dementsprechend kann sich die normative Wirkung einer Betriebsvereinbarung des Entleiherbetriebes auch auf die Arbeitsverhältnisse der Leiharbeitnehmer erstrecken.[78] Des Weiteren hat der Betriebsrat bei der Mitbestimmung hinsichtlich der Verwaltung von Sozialeinrichtungen nach § 87 Abs. 1 Nr. 8 BetrVG und der Vermietung von Werkmietwohnungen nach § 87 Abs. 1 Nr. 9 BetrVG Mitwirkungsrechte, der auch Außenseiter wie Familienangehörige von Arbeitnehmern oder ehemalige Arbeitnehmer unterworfen sind.[79] Dies verdeutlicht, dass Regelungskompetenz nicht notwendigerweise an die Betriebszugehörigkeit anknüpft.[80] Außerdem ist im Zusammenhang mit Sozialplänen eine umfassende nachwirkende Regelungskompetenz für bereits ausgeschiedene Arbeitnehmer in Rechtsprechung und Literatur allgemein anerkannt.[81] Da diese Regelungszuständig-

---

[76] *Konzen/Jacobs*, FS Dieterich, S. 297, 317 f.; GK-*Kreuz*, BetrVG, § 77 Rn. 182; *Waltermann*, NZA 1996, S. 357, 364 f.

[77] Vgl. BAG, Beschluss vom 15.12.1992, AP Nr. 7 zu § 14 AÜG = NZA 1993, S. 513, 514 f.; Beschluss vom 19.6.2001, AP Nr. 1 zu § 87 BetrVG 1972 Leiharbeitnehmer = NZA 2001, S. 2163, 2165; FESTL, BetrVG, § 87 Rn. 12; DKK-*Klebe*, BetrVG, § 87 Rn. 6.

[78] FESTL, BetrVG, § 77 Rn. 35; *Richardi*, BetrVG, § 77 Rn. 80. Nach Ansicht von *Kraft*, FS Pleyer, S. 383, 397 ff., kann eine Betriebsvereinbarung des Entleiherbetriebes nicht normativ für Leiharbeitsverhältnisse wirken, da ein Arbeitsverhältnis zwischen Entleiher nicht besteht. Dieser Ansicht ist aber entgegen zu halten, dass eine normative Wirkung zur Verwirklichung der – auch von *Kraft* bejahten – Mitbestimmungsrechte des Entleiherbetriebsrats in Bezug auf Leiharbeitnehmer erforderlich ist.

[79] Vgl für Sozialeinrichtungen: BAG, Urteil vom 21.6.1979, AP Nr. 1 zu § 87 BetrVG 1972 Sozialeinrichtungen = DB 1979, S. 2039; für Werkmietwohnungen: BAG, Urteil vom 30.4.1974, AP Nr. 2 zu § 87 BetrVG 1972 Werkmietwohnung = DB 1974, S. 1627; Urteil vom 28.7.1992, AP Nr. 7 zu § 87 BetrVG 1972 Werkmietwohnung = NZA 1993, S. 272.

[80] GK-*Kreutz*, BetrVG, § 77 Rn. 183; *Rüthers/Bakker*, EzA Nr. 26 zu § 77 BetrVG 1972, S. 9, 17; *Waltermann*, NZA 1998, S. 505, 506; *Wiese*, Ruhestandsverhältnis, S. 196 f.; bzgl. Werkmietwohnungen vgl. *Reichold*, SAE 1998, S. 44, 49 und *Galperin/Löwisch*, BetrVG, § 77 Rn. 33. Nach Ansicht *von Hoyningen-Huenes*, RdA 1983, S. 225, 227 f., bestehe auch bei der Verwaltung von Werkmietwohnungen auf Grund der fehlenden Legitimation des Betriebsrates kein Mitbestimmungsrecht bzgl. nicht betriebsangehöriger Personen. Die Regelung des Nutzungsverhältnisses von Werkmietwohnung könne bei Außenseitern nur auf einzelvertraglicher Grundlage erfolgen.

[81] GK-*Kreutz*, BetrVG, § 77 Rn. 179 mit Verweis auf BAG, Urteil vom 24.3.1981, AP Nr. 12 zu § 112 BetrVG 1972 = DB 1981, S. 2178, und Urteil vom 5.10. 2000, AP Nr. 141 zu § 112 BetrVG 1972 = NZA 2001, S. 849; *ders.*, FS Kraft, S. 323, 326 f. mit Verweis auf

keit des Betriebsrates kollektivrechtlich begründete Leistungsansprüche betrifft, die das Arbeitsverhältnis überdauern, besteht insoweit eine mit der Frage nach der Regelungszuständigkeit für Betriebsrentner vergleichbare Sach- und Interessenlage.[82] Überdies bezieht sich die Rechtsnatur des Sozialplans als Betriebsvereinbarungen besonderer Art nicht, wie insbesondere *von Hoyningen-Huene* zur Ablehnung einer nachwirkenden Regelungskompetenz für Betriebsrentner ausführt[83], auf die Wirksamkeitsvoraussetzungen, sondern allein auf das in § 112 Abs. 1 S. 4 BetrVG normierte besondere Verhältnis des Sozialplanes zu konkurrierenden tariflichen Regelungen.[84]

Schließlich wird hinsichtlich der Legitimation des Betriebsrates grundlegend ausgeführt, dass der entscheidende Anknüpfungspunkt für die normative Wirkung einer Betriebsvereinbarung das Arbeitsverhältnis und nicht eine den Betriebsrat legitimierende Wahl sei. Damit finden Betriebsvereinbarungen unabhängig von einem Legitimationsakt Anwendung. Warum das BAG hingegen für die Ansprüche der Betriebsrentner vornehmlich auf diese Legitimation abstellt, ist zumindest erläuterungsbedürftig.[85] Vielmehr wird eine Betriebsvereinbarung zur Gewährung betrieblicher Versorgungsansprüche gerade für die Zeit des Ruhestandes des Arbeitnehmers abgeschlossen. Damit ist der Austritt aus dem Arbeitsverhältnis – und damit nach der Rechtsprechung des BAG der Verlust der Regelungskompetenz – Voraussetzung ("unverzichtbare Bedingung") für das Entstehen des Versorgungsanspruchs. Damit würde die Betriebsvereinbarung eine Regelung schaffen, die erst zu einem Zeitpunkt Wirkung entfaltet, an dem der persönliche Geltungsbereich der Betriebsvereinbarung die Betroffenen nicht mehr umfasst.[86]

(2) Transformation in schuldrechtlichen Individualanspruch

In ähnlicher Weise wird auch die vom Bundesarbeitsgericht entwickelte Umwandlung des auf der normativ wirkenden Betriebsvereinbarung beruhenden Versorgungsanspruchs in einen schuldrechtlichen Individualanspruch als

---

BAG, Urteil vom 10.8.1994, AP Nr. 86 zu § 112 BetrVG 1972 = NZA 1995, S. 314, und Urteil vom 11.2.1998, AP Nr. 121 zu § 112 BetrVG 1972 = NZA 1998, S. 895; *Brune*, AR-Blattei-SD, 520 Betriebsvereinbarung, Rn. 373; *Rüthers/Bakker*, EzA Nr. 26 zu § 77 BetrVG 1972, S. 9, 17 ff.; *Konzen/Jacobs*, FS Dieterich, S. 297, 316 f.; *Galperin/Löwisch*, BetrVG, § 77 Rn. 33.

[82] *Rüthers/Bakker*, EzA Nr. 26 zu § 77 BetrVG 1972, S. 9, 17 f.

[83] *Von Hoyningen-Huene*, RdA 1983, S. 225, 228. Siehe auch oben S. 17.

[84] *Rüthers/Bakker*, EzA Nr. 26 zu § 77 BetrVG, S. 9, 18.

[85] *Konzen/Jacobs*, FS Dieterich, S. 297, 303 f.

[86] *Griebeling/Griebeling*, BetrAV, Rn. 889; *Waltermann*, NZA 1998, S. 505, 506 f.; *ders.*, NZA 1996, S. 357, 365.

dogmatisch nicht begründbar kritisiert.[87] Die Transformation der Anspruchsgrundlage führt zu nicht hinnehmbaren Widersprüchen im Recht der Betriebsvereinbarungen: Einerseits gehören betriebliche Ruhegeldleistungen als Arbeitsbedingungen zum sachlichen Regelungsbereich von Betriebsvereinbarungen[88], andererseits würden sie von der in § 77 Abs. 4 BetrVG angeordneten unmittelbaren und zwingenden Wirkung der Betriebsvereinbarung niemals erfasst, wenn – wie nach der Ansicht des Großen Senates – mit Ausscheiden des Arbeitnehmers aus dem Arbeitsverhältnis ein Wechsel der Rechtsgrundlage einhergehen würde. Eine Versorgungsregelung ist ihrem Sinn und Zweck nach darauf angelegt, gerade erst nach dem Ausscheiden des betroffenen Arbeitnehmers ihre volle Gestaltungswirkung zu entfalten, da regelmäßig erst nach diesem Zeitpunkt Versorgungsleistungen gewährt werden. Der Zweck einer derartigen Betriebsvereinbarung kann nur dann erreicht werden, wenn sie über das Ausscheiden das Arbeitnehmers hinaus Bestand hat.[89]

Außerdem findet sich keine gesetzliche Grundlage für die Transformation. Diese kann auch nicht im Rechtsgedanken der §§ 613a Abs. 1 S. 2 BGB, 77 Abs. 6 BetrVG gesehen werden.[90] Der von § 613a BGB umfasste Übergang eines Betriebs auf einen neuen Inhaber ist nicht mit dem Übergang eines Arbeitnehmers vom Arbeits- in das Ruhestandsverhältnis vergleichbar. Beim Ausscheiden eines Arbeitnehmers aus dem Arbeitsverhältnis findet anders als beim Betriebsübergang ein Schuldnerwechsel nicht statt. Schließlich sprechen auch die "flankierenden Begleitregelungen" in § 613a BGB gegen eine isolierte Anwendung des Abs. 1 S. 2 auf einen vom Betriebsübergang verschiedenen Tatbestand.[91] Ebenso wenig kann § 77 Abs. 6 BetrVG, der die Nach-

---

[87] *Waltermann*, NZA 1998, S. 505, 507; *Konzen/Jacobs*, FS Dieterich, S. 297, 304; GK-*Kreutz*, BetrVG, § 77 Rn. 180; *ders.*, FS Kraft, S. 323, 324 f.; *Rüthers/Bakker*, EzA Nr. 26 zu § 77 BetrVG 1972, S. 9, 23; *Andresen/Förster/Rößler/Rühmann*, Teil 8 B, Rn. 84; *Griebeling/Griebeling*, BetrAV, Rn. 889; *Schwerdtner*, ZfA 1975, S. 171, 186 ff.; *Heither*, FS Förster, S. 149, 159. Insoweit nehmen *Hanau/Preis*, NZA 1991, S. 81, 88 f., und *Preis/Richter*, ZIP 2004, S. 925, 939, – freilich jeweils in anderem Zusammenhang – an, dass Betriebsvereinbarungen über Regelungsgegenstände, die auch zum Inhalt einer einzelvertraglichen Vereinbarung gemacht werden können, einen "individualrechtlichen Kern" und damit einen schuldrechtlichen Anspruch enthalten. Nach dieser Ansicht würde sich konsequenterweise eine Transformation erübrigen und der Entscheidung des BAG nachträglich so eine dogmatische Grundlage zugeführt.

[88] Siehe oben S. 9 ff.

[89] *Höfer*, BetrAVG, ART Rn. 378; *Kreutz*, FS Kraft, S. 323, 326, *Konzen/Jacobs*, FS Dieterich, S. 297, 304; *Waltermann*, Rechtsetzung, S. 212.

[90] *Rüthers/Bakker*, EzA Nr. 26 zu § 77 BetrVG 1972, S. 9, 23 ff.; *Konzen/Jacobs*, FS Dieterich, S. 297, 304 ff.; *Heither*, FS Förster, S. 149, 159.

[91] *Konzen/Jacobs*, FS Dieterich, S. 297, 305; *Rüthers/Bakker*, EzA Nr. 26 zu § 77 BetrVG, S. 9, 24.

wirkung zwingender Betriebsvereinbarungen bei deren Beendigung anordnet, zur Begründung der Anspruchsumwandlung herangezogen werden: Bei der Nachwirkung entfällt nur die zwingende, nicht aber die unmittelbare, gesetzesgleiche Wirkung der normativen Betriebsvereinbarung. Die nachwirkende Betriebsvereinbarung gilt damit kollektivrechtlich und so gerade nicht einzelvertraglich weiter.[92] Allenfalls kann die Anspruchsumwandlung durch eine einzelvertragliche Schuldersetzung oder Novation in Betracht kommen. Dies erfordert jedoch einen im Rahmen einer rechtsgeschäftlichen Einigung zu erklärenden, ausdrücklichen Parteiwillen. Dieser kann eine Transformation im Einzelfall erklären, dürfte aber angesichts der weitreichenden Rechtsfolgen und der Vielzahl von Einzelruhestandsverhältnissen regelmäßig nicht vorliegen.[93]

Die "Transformationslehre"[94] des Großen Senates ist nur im Zusammenhang mit der ebenfalls vom Großen Senat erörterten Frage der eingeschränkten personellen Regelungsbefugnis des Betriebsrats auf Grund der fehlenden Legitimation durch die Betriebsrentner zu verstehen: Da der Betriebsrat keine Regelungskompetenz mehr hat, könnte eine fortgeltende Betriebsvereinbarung nicht mehr abgeändert werden. Daher ist die Transformation in einen Individualanspruch notwendig, damit der Versorgungsanspruch zumindest auf einzelvertraglicher Ebene zwischen Arbeitgeber und Ruheständler Änderungen zugänglich ist.[95] Zudem ist Konsequenz der Rechtsprechung des BAG, dass mit dem Ausscheiden des Arbeitnehmers aus dem Arbeitsverhältnis die normative Wirkung der Betriebsvereinbarung enden würde. Der Betriebsrentner könnte so bei Eintritt des Versorgungsfalls keinerlei Ansprüche aus der Betriebsvereinbarung ableiten. Auch um dieser misslichen Situation entgegen zu wirken, ist nach der Rechtsprechung des BAG eine Transformation des Versorgungsanspruchs auf individualrechtliche Grundlage erforderlich.[96] Dabei besteht aber keine Notwendigkeit, die Rechtsgrundlage des Versorgungsanspruches zu wechseln. Vielmehr kann die Betriebsvereinbarung auch nach dem Ausscheiden des Arbeitnehmers weiter gelten. Insoweit besteht eine Parallele zu gesetzlichen Ansprüchen, die – soweit sie zur Entstehung gekommen sind – bei nachträglichem Wegfall des Gesetzes nicht erlöschen.[97]. Auch vor dem Hintergrund der Entscheidung des Bundesarbeits-

[92] *Konzen/Jacobs*, FS Dieterich, S. 297, 305; *Rüthers/Bakker*, EzA Nr. 26 zu § 77 BetrVG, S. 9, 24.

[93] *Konzen/Jacobs*, FS Dieterich, S. 297, 305 f.; *Rüthers/Bakker*, EzA Nr. 26 zu § 77 BetrVG, S. 9, 24 f.

[94] *Kreutz*, FS Kraft, S. 323, 327.

[95] *Kreutz*, FS Kraft, S. 323, 326 ("Sachzwänge zur Lösung einer Normenkollision").

[96] *Konzen/Jacobs*, FS Dieterich, S. 297, 304.

[97] *Heither*, FS Förster, S. 149, 159, mit Verweis auf BAG, Urteil vom 11.5.1999, AP Nr. 6 zu § 1 BetrAVG Betriebsvereinbarung = NZA 2000, S. 323; Urteil vom 17.8.1999,

gerichtes vom 13.5.1997[98] zeigt sich, dass die Anspruchsumwandlung einen "völlig überflüssigen Umweg"[99] darstellt. Da nach dieser Rechtsprechung zumindest bei ergänzenden Unterstützungsansprüchen der umgewandelte Individualanspruch des ausgeschiedenen Arbeitnehmers ebenso wie der auf kollektivrechtlicher Grundlage gewährte Anspruch eines aktiven Arbeitnehmers gleichermaßen durch eine ablösende Betriebsvereinbarung geändert werden kann, erübrigt sich eine vorherige Anspruchsumwandlung.[100] Außerdem begegnet die Konstruktion der Umwandlung von Kollektiv- in Individualanspruch mit anschließender einzelvertraglich wirkender, aber kollektivrechtlich begründeter Änderungsmöglichkeit dogmatischen Bedenken. Die stillschweigende Annahme einer arbeitsvertraglichen Jeweiligkeitsklausel als "Belastung eines Anspruchs" ist rechtsmethodisch nicht zu begründen. Eine solche Klausel kann auch nicht aus der Betriebsvereinbarung abgeleitet werden, da sich die Betriebspartner nicht im Wege der Vorausermächtigung Regelungsmacht für die Ruhestandsverhältnisse verschaffen können.[101]

Die Änderung der Rechtsnatur der Anspruchsgrundlage führt auch zu rechtlichen und tatsächlichen Schwierigkeiten, wenn dem sich bereits im Ruhestand befindlichen Betriebspensionär durch eine Betriebsvereinbarung Versorgungsleistungen zugesagt werden sollen. Diese Betriebsvereinbarung könnte nach der Konzeption des BAG die ausgeschiedenen Arbeitnehmer mangels Regelungskompetenz nicht mehr erfassen. Die vom BAG angebotenen einzelvertraglichen Instrumente sind allerdings kaum geeignet, die Regelungen dieser Betriebsvereinbarung für die Ruhestandverhältnisse zur Anwendung zu bringen. Vor allem wegen der auf Grund der Kündigungsmöglichkeit nach § 77 Abs. 5 BetrVG unterschiedlichen Bindungswirkung kann eine Betriebsvereinbarung nicht in ein Angebot auf einzelvertragliche Leistungsgewährung mit stillschweigender Annahme umgedeutet werden. Bei Annahme eines Vertrags zu Gunsten Dritter zwischen Arbeitgeber und Betriebsrat, ist fraglich, ob dem Betriebsrat außerhalb seiner betriebsverfassungsrechtlichen Rechte und Pflichten Rechtsfähigkeit eingeräumt werden kann.[102]

AP Nr. 79 zu § 77 BetrVG 1972 = NZA 2000, S. 498, in denen das BAG eine (teilweise) kollektivrechtliche Fortgeltung der Betriebsvereinbarung nach Beendigung durch Kündigung angenommen hat. Ähnlich *Blomeyer/Huep*, SAE 1999, S. 75, 77.

[98] BAG, Urteil vom 13.5.1997, AP Nr. 65 zu § 77 BetrVG 1972 = NZA 1998, S. 160, in dem eine konkludente Jeweiligkeitsklausel für Beihilfeansprüche angenommen wurde, vgl. oben S. 15.

[99] *Kreutz*, FS Kraft, S. 323, 329.

[100] *Kreutz*, FS Kraft, S. 323, 329.

[101] *Konzen/Jacobs*, FS Dieterich, S. 297, 310 ff.

[102] *Konzen/Jacobs*, FS Dieterich, S. 297, 306 ff; *Andresen/Förster/Rößler/Rühmann*, Teil 8 B, Rn. 85. *Blomeyer*, AP Nr. 9 zu § 79 LPVG Baden-Württemberg, Bl. 7, 14, trägt

(3) Weitere Kritikpunkte

An der vom Großen Senat begründeten Rechtsprechung zur Begrenzung der Regelungsbefugnis des Betriebsrates in Fragen der betrieblichen Altersversorgung wird weiterhin kritisiert, dass sie sich angesichts der Entwicklung der arbeitsgerichtlichen Rechtskontrolle von Betriebsvereinbarungen überholt habe. Als Beweggrund der Entscheidung des Großen Senates muss der Schutz der Betriebspensionäre vor der nachträglichen Verschlechterung ihrer Versorgungsansprüche durch ablösende Betriebvereinbarungen gesehen werden. Nunmehr ist aber die Konstruktion einer eingeschränkten personellen Betriebsautonomie nicht mehr erforderlich, da angesichts der Möglichkeit der Rechtskontrolle ablösender Betriebsvereinbarungen Eingriffe in erdiente Besitzstände regelmäßig nicht zulässig und so Betriebsrentner oder Anwartschaftsberechtigte nicht schutzlos gestellt sind.[103]

Darüber hinaus ist auch aus praktischen Gesichtspunkten eine einheitliche Regelungskompetenz der Betriebspartner für Fragen der betrieblichen Altersversorgung geboten. Nur so kann eine betriebseinheitliche Versorgungsordnung geschaffen werden. Dies dient der Gleichbehandlung aktiver Arbeitnehmer und Betriebsrentner und ermöglicht so eine innerbetriebliche Verteilungsgerechtigkeit.[104] Andernfalls wäre der Arbeitgeber gezwungen, anstelle einer Betriebsvereinbarung eine Vielzahl von einzelvertraglichen Vereinbarungen zu treffen.[105] Zudem besteht ein erhöhter Verwaltungsaufwand, wenn für jeden Pensionär gerade die Ruhegeldordnung zur Anwendung gebracht werden müsste, die zum Zeitpunkt seines Ausscheidens Anwendung findet.[106]

---

diesen dogmatischen Bedenken Rechnung, führt jedoch überzeugend aus, dass sich Verbesserungen der Versorgungszusagen letztlich unabhängig von der zu Grunde liegenden rechtlichen Konzeption realisieren lassen werden.

[103] *Andresen/Förster/Rößler/Rühmann*, Teil 8 B, Rn. 84; *Brune*, AR-Blattei-SD, 520 Betriebsvereinbarung, Rn. 374 f.; *Dieterich*, NZA 1984, S. 273, 278; *Heither*, FS Förster, S. 149, 158; *Höfer*, BetrAVG, ART Rn. 379; *Konzen/Jacobs*, FS Dieterich, S. 297, 322 f.; GK-*Kreutz*, BetrVG, § 77 Rn. 180 u. 185; *ders.*, FS Kraft, S. 323, 328; *Rüthers/Bakker*, EzA Nr. 26 zu § 77 BetrVG 1972, S. 9, 26; *Schwerdtner*, ZfA 1975, S. 171, 182; *Waltermann*, NZA 1996, S. 357, 365; *ders.*, NZA 1998, S. 505, 509; *ders.*, Rechtsetzung, S. 196 ff.; *Löwisch*, DB 1983, S. 1709; 1713; *Säcker*, Gruppenautonomie, S. 365 f; *Galperin/Löwisch*, BetrVG, § 77 Rn. 33; *Wiese*, Ruhestandsverhältnis, S. 200 f. Zum Umfang der Rechtskontrolle vgl. unten S. 256 ff.

[104] *Kreutz*, FS Kraft, S. 323, 329 f.; *Rüthers/Bakker*, EzA Nr. 26 zu § 77 BetrVG 1972, S. 9, 20; *Schwerdtner*, ZfA 1975, S. 171, 177; *Brune*, AR-Blattei-SD, 520 Betriebsvereinbarung, Rn. 377; *Schulin*, ZfA 1981, S. 577, 702; *Blomeyer*, AP Nr. 9 zu § 79 LPVG Baden-Württemberg, Bl. 7, 15; *Wiese*, Ruhestandsverhältnis, S. 205.

[105] *Schwerdtner*, ZfA 1975, S. 171, 177.

[106] *Rüthers/Bakker*, EzA Nr. 26 zu § 77 BetrVG, S. 9, 20.

Überdies können die Interessen von Arbeitgeber und Betriebsrentner angemessen nur im Wege der kollektiven Verhandlungen im Rahmen einer Betriebsvereinbarung berücksichtigt werden. Soweit die Versorgungsordnung lediglich auf einzelvertraglicher Grundlage abgeändert werden kann, wird es dem Arbeitgeber ermöglicht, sich zum "Herrn des Ruhestandsverhältnisses" zu machen. Durch die Verlagerung der Regelungskompetenz auf die kollektivrechtliche Ebene wird die sinnvolle Ordnung der Arbeits- und Wirtschaftsbedingungen begünstigt, wenn der Betriebsrat als „Schutzinstanz der Arbeitnehmer" Entscheidungen in Bezug auf Ruheständler mitverantwortet.[107] Den Bedenken der Gegner einer Regelungskompetenz, der Betriebsrat würde die Interessen der Aktivbelegschaft über die der Betriebsrentner stellen, begegnet *Dieterich* mit dem Argument, dass auch den bereits ausgeschiedenen Betriebsrentner keine bessere Interessenvertretung zur Verfügung stehe als der Betriebsrat. Ein Pensionär wird sich sehr viel vertrauensvoller an den Betriebsrat wenden als an die Personalabteilung. Außerdem steht einer einseitigen Interessenvertretung zu Gunsten der noch aktiven Arbeitnehmer entgegen, dass auch diese einmal aus dem Arbeitsleben ausscheiden und in den Ruhestand eintreten. Überdies schützt das in § 75 BetrVG normierte betriebsverfassungsrechtliche Diskriminierungsverbot die Rentner vor willkürlichen Ungleichbehandlungen durch den Betriebsrat.[108]

dd. Lösungsansätze

Zur Lösung des aufgezeigten Streits um den Umfang der persönlichen Betriebsautonomie nehmen die kritischen Stimmen in der arbeitsrechtlichen Literatur im Gegensatz zum BAG eine Regelungsmacht der Betriebspartner für die Ruhestandsverhältnisse der ausgeschiedenen Arbeitnehmer an. Umstritten ist jedoch die rechtliche Grundlage, auf die sich eine solche Kompetenz stützen lässt. Einigkeit besteht, dass sich dem BetrVG eine gesetzliche Regelung der persönlichen Betriebsautonomie in Bezug auf ausgeschiedene Arbeitnehmer direkt nicht – auch nicht aus § 5 BetrVG – entnehmen lässt.[109]

(1) Rechtsfortbildung

Säcker spricht sich für die Annahme einer nachwirkenden betriebsverfassungsrechtlichen Normsetzungsbefugnis im Wege richterlicher Rechtsfortbil-

---

[107] *Säcker*, Gruppenautonomie, S. 365; *Schwerdtner*, ZfA, 1975, S. 171, 180 ff.; ähnlich *Herschel*, FS Hilger/Stumpf, S. 311, 314 f.

[108] *Dieterich*, NZA 1984, S. 273, 278; *Rüthers/Bakker*, EzA Nr. 26 zu § 77 BetrVG, S. 20 f.; *Wiese*, Ruhestandsverhältnis, S. 204

[109] *Heither*, FS Förster, S. 149, 158; *Rüther/Bakker*, EzA Nr. 26 zu § 77 BetrVG, S. 22; *Säcker*, Gruppenautonomie, S. 364; *Blomeyer/Huep*, SAE 1999, S. 75; *Waltermann*, NZA 1998, S. 505, 507; *ders.*, Rechtsetzung, S. 201.

dung aus. Der Gesetzgeber hat die durch das Ruhestandsverhältnis aufgeworfenen Sachprobleme offensichtlich nicht erkannt. Eine normative Wertungsgrundlage, dass bestehende Ruhegeldordnungen insbesondere zu Gunsten der Betriebsrentner nicht mehr durch Betriebsvereinbarung verändert werden können, ist nicht ersichtlich. Auch stehen allgemeine verfassungsrechtliche und rechtsstaatliche Gesichtspunkte der Anerkennung einer nachwirkenden Regelungsbefugnis nicht im Wege.[110] Eine nachwirkende Normsetzungsbefugnis entspreche dem Sinn und Zweck der Betriebsverfassung und sei damit im Rahmen einer "telelogischen Extension" geboten. Auch Betriebsrentner haben ein der Arbeitnehmerschaft vergleichbares Schutzbedürfnis, da zum einen dem Betriebspensionär durch das BetrAVG eine schützenswerte Rechtsposition eingeräumt wird, zum anderen das Arbeitsrecht als Instrument der Sozialpolitik der sozialen Sicherung des einzelnen dient.[111]

(2) Auslegung

Ein Teil der Literatur stützt eine nachwirkende Regelungsbefugnis insbesondere auf eine am Regelungsgegenstand der Mitbestimmung orientierten Auslegung der Normen des BetrVG. So ist nach der Auffassung von *Waltermann* die Normsetzungsbefugnis des Betriebsrates in personeller Hinsicht für jeden Einzelfall unter Berücksichtigung des sachlichen Regelungsobjektes durch Auslegung der Mitbestimmungstatbestände des BetrVG zu ermitteln. Insoweit besteht kein Bedürfnis für eine Rechtsfortbildung, da die Betriebsverfassung keineswegs lückenhaft ist: Das Betriebsverfassungsrecht bezieht sich auf den Betrieb und orientiert sich dabei an Sachkomplexen, wie die einzelnen Tatbestände der Mitbestimmung in sozialen, personellen oder wirtschaftlichen Angelegenheiten zeigen. Im Gegensatz dazu tritt das einzelne Arbeitsverhältnis und die "personale Orientierung" des BetrVG in den Hintergrund. Die Bestimmung des persönlichen Geltungsbereiches erfordert nach dieser Auffassung zunächst, dass der betreffende Gegenstand der sachlichen Betriebsautonomie unterfällt. Daraufhin ist zu prüfen, ob die betreffende Person zu dem Betrieb als Lebensbereich und zu dem geregelten Sachkomplex in einer rechtlichen oder tatsächlichen Beziehung steht.[112]

---

[110] *Säcker*, Gruppenautonomie, S. 364 f.; vgl. *Wiese*, Ruhestandsverhältnis, S. 206; *Lieb*, Arbeitsrecht, Rn. 712.

[111] *Wiese*, Ruhestandsverhältnis, S. 203 ff.

[112] *Waltermann*, NZA 1996, S. 357, 364 f.; *ders.*, NZA 1998, S. 505, 507 ff.; *ders.*, Rechtsetzung, S. 208 ff.; ähnlich *Reichold*, SAE 1998, S. 44, 49, der ebenfalls die personelle Regelungskompetenz an den einschlägigen Mitbestimmungstatbestand anknüpft. Kritisch zur Auffassung *Waltermanns* äußern sich *Konzen* und *Jacobs*, FS Dieterich, S. 297, 315 f. Die an Sachkomplexen ausgerichtete Auslegung zur Annahme einer Normsetzungsbefugnis verkenne, dass maßgeblicher Anknüpfungspunkt für die normative Wir-

Ähnlich äußert sich *Kreutz*, der den persönlichen Geltungsbereich einer Betriebsvereinbarung "aufgaben- bzw. gegenstandsbezogen" bestimmt. Dem liegt die Überlegung zu Grunde, dass durch Betriebsvereinbarungen Arbeitsbedingungen im weitesten Sinne geregelt werden können, die sich jedoch nicht notwendigerweise nur auf die bestehenden Arbeitsverhältnisse im Betrieb beziehen. Wenn die Regelung für den Arbeitgeber noch eine Arbeitsbedingung darstellt, kann sie auch Dritte, die einen hinreichenden Bezug zu gegenwärtigen oder bestehenden Arbeitsverhältnissen haben, erfassen.[113] Auch *Rüthers* und *Bakker* leiten eine Regelungskompetenz aus dem besonderen Regelungsgegenstand und Regelungszweck der betrieblichen Altersversorgung ab. Wie beim nachwirkenden Regelungsgegenstand des Sozialplanes begründet und begrenzt der Regelungsgegenstand der Altersversorgung die Zulässigkeit einer nachwirkenden Gestaltung des Ruhestandsverhältnisses durch die Betriebspartner. Zudem lässt sich die Normsetzungsbefugnis positivrechtlich an § 2 Abs. 1 BetrVG anbinden. Das Gebot der vertrauensvollen Zusammenarbeit von Betriebsrat und Arbeitgeber zum Wohl des Betriebes kann – etwa beim Abbau von Überversorgung zur Sicherung der wirtschaftlichen Existenz des Betriebes – eine Änderung der Versorgungsregeln erfordern.[114]

Heither gelangt zur Annahme einer Normsetzungskompetenz durch eine teleologische Auslegung des § 77 BetrVG. Wie sich aus §§ 77 Abs. 3, 88 BetrVG ergebe, sei Sinn und Zweck der Regelung, durch die Betriebsvereinbarung als Normenvertrag Arbeitsbedingungen im weitesten Sinne zu regeln. Dabei sei die sachliche Regelungskompetenz sehr weit gefasst und nicht aus Sachgründen, sondern allein zur Sicherung der Tarifautonomie eingeschränkt. Daher können auch andere Personen als nur Arbeitnehmer des Betriebes in den Geltungsbereich einer Betriebsvereinbarung einbezogen werden.[115]

---

kung von Betriebsvereinbarungen gemäß § 77 Abs. 4 BetrVG das Arbeitsverhältnis sei. Darüber hinaus erweise sich das Modell *Waltermanns* als zu unbestimmt ("fehlende Trennschärfe"), um den von der Betriebsautonomie betroffenen Personenkreis festzulegen: So können Dritte in rechtlicher oder tatsächlicher Hinsicht zum geregelten Sachbereich und zum Betrieb in Beziehung stehen, ohne dass hierdurch ihre Einbeziehung in den Geltungsbereich der Betriebsvereinbarung geboten ist. Beispielhaft werden hier Lieferanten oder Besucher des Arbeitgebers genannt, die auch von betrieblichen Regelungen wie Rauchverboten oder Sicherheitsbestimmungen betroffen werden können.

[113] GK-*Kreutz*, BetrVG, § 77 Rn. 181; *ders.*, FS Kraft, S. 323, 327.

[114] *Rüthers/Bakker*, EzA Nr. 26 zu § 77 BetrVG 1972, S. 9, 22 f. Den Hinweis auf die Generalklausel des § 2 Abs. 1 BetrVG halten *Konzen/Jacobs*, FS Dieterich, S. 297, 320, für "nicht besonders hilfreich".

[115] *Heither*, FS Förster, S. 149, 158.

(3) Ruhestandsverhältnis als "nachwirkendes" Arbeitsverhältnis

Eine weitere Ansicht – insbesondere *Blomeyer*[116] - nimmt an, dass hinsichtlich der Versorgungsverpflichtungen das Arbeitsverhältnis noch nicht beendet ist. Vielmehr befindet sich das Arbeitsverhältnis "in Liquidation" oder "in Auflösung" und dauert so lange fort, bis alle Verpflichtungen daraus erfüllt sind.[117] Das Arbeitsverhältnis endet nicht, wenn die Arbeitsvertragsparteien die Hauptleistungspflichten des Arbeitsverhältnisses – Arbeitsleistung und Entgeltzahlung – einstellen. Dies zeigt auch der Wortlaut der vom Gesetzgeber geschaffenen Regelungen der §§ 7 Abs. 1, 16 Abs. 1 BetrAVG, die ausschließlich das Ruhestandsverhältnis betreffen, aber vom "Arbeitgeber" und nicht von einem Versorgungsverpflichteten sprechen. Darüber hinaus überdauern auch andere Pflichten der Arbeitsvertragsparteien wie Treue- und Fürsorgepflichten sowie der Zeugnisanspruch des Arbeitnehmers die bestimmenden Arbeitsvertragspflichten. Damit besteht, wenn auf Grund der eingeschränkten Fortführung des Arbeitsverhältnisses noch Entlohnungsansprüche des Arbeitnehmers erfüllt werden, ein Mitbestimmungsrecht des Betriebsrats hinsichtlich der Aufstellung von Entlohnungsgrundsätzen nach § 87 Abs. 1 Nr. 10 BetrVG und damit insoweit noch eine personelle Regelungsbefugnis in Bezug auf die Betriebsrentner.[118]

(4) Analoge Anwendung der §§ 77 Abs. 4, 88 BetrVG

Konzen und *Jacobs* stützen eine nachwirkende Regelungskompetenz auf eine Analogie zu §§ 88, 77 Abs. 4 S. 1 BetrVG.[119] Die Mitbestimmungstatbestände des § 87 Abs. 1 Nr. 8 BetrVG (Betriebliche Sozialeinrichtung) und Nr. 10 (Betriebliche Lohngestaltung) zeigen, dass der Gesetzgeber von einer grund-

---

[116] *Blomeyer*, AP Nr. 9 zu § 79 LPVG Baden-Württemberg, Bl. 7, 15 f.; *Blomeyer/Otto*, BetrAVG, Anh § 1 Rn. 104. Der Wandel der Auffassung von *Blomeyer*, der in RdA 1977, S. 1, 7, und *Blomeyer/Otto*², BetrAVG, Einl. Rn. 246, noch eine Regelungsbefugnis ablehnt, dieses – zusammen mit *Huep* – in SAE 1999, S. 75, offen lässt und sich nunmehr dafür ausspricht, ist insoweit kennzeichnend für die Entwicklung der arbeitsrechtlichen Literatur zu dieser Thematik.

[117] *Blomeyer*, AP Nr. 9 zu § 79 LPVG Baden-Württemberg, Bl. 7, 15 f.; *Schwerdtner*, ZfA 1975, S. 171, 183 f.; *Birk*, Mitbestimmung, S. 56 ff.; *Travlos-Tzanetatos*, Regelungsbefugnis, S. 119 ff. *Herschel*, FS Hilger/Stumpf, S. 311, 314, spricht von einem dem Arbeitsverhältnis adäquaten Rechtsverhältnis.

[118] *Blomeyer*, AP Nr. 9 zu § 79 LPVG Baden-Württemberg, Bl. 7, 15 f.; *Birk*, Mitbestimmung, S. 56 ff. Gegen diese Auffassung wird vorgebracht, dass sich das Ruhestandsverhältnis zu sehr vom laufenden Arbeitsverhältnis unterscheide, als dass eine Gleichstellung angenommen werden könnte. Ein Zusammenhang besteht nur insofern, als dass die für das Ruhegeldverhältnis maßgebliche Leistungszusage aus Anlass eines bestehenden Arbeitsverhältnisses abgegeben wird, vgl. *Wiese*, Ruhestandsverhältnis, S. 193 f.

[119] *Konzen/Jacobs*, FS Dieterich, S. 297, 320.

sätzlichen Zuständigkeit des Betriebsrates für Fragen der betrieblichen Altersversorgung ausgeht. Da Betriebsvereinbarungen jedoch normative Wirkung nur für bestehende Arbeitsverhältnisse und gerade nicht für Ruhestandsverhältnisse entwickeln, spricht einiges dafür, dass der Gesetzgeber diese Problematik nicht bedacht hat und insoweit eine Gesetzeslücke besteht. Dies Lücke kann mittels analoger Anwendung der §§ 88, 77 Abs. 4 S. 1 BetrVG geschlossen werden. Die normative Wirkung der Betriebsvereinbarung ist so auf das Ruhestandsverhältnis zu erstrecken, das sich stets und zwingend an das Arbeitsverhältnis anschließt.[120]

(5) Stillschweigende Jeweiligkeitsklausel

Zum Teil wird die Regelungsbefugnis des Betriebsrates auf eine stillschweigende Jeweiligkeitsklausel gestützt, die regelmäßig in der ursprünglichen Betriebsvereinbarung enthalten ist.[121] Zur Begründung wird auf das Urteil des Bundesarbeitsgerichtes vom 13.5.1997[122] verwiesen, das eine solche Jeweiligkeitsklausel außerhalb der betrieblichen Altersversorgung für Unterstützungsansprüche angenommen hat. Konsequent und sachgerecht ist es jedoch, die Geltung einer solchen Klausel auch auf Betriebsvereinbarungen im Bereich der betrieblichen Altersversorgung auszudehnen. Da sich Versorgungszusagen regelmäßig über einen sehr langen Zeitraum erstrecken, haben sie einen hohen Änderungsbedarf, für den die Möglichkeit einer ablösenden Betriebsvereinbarung als Regelungsinstrument zur Verfügung stehen muss.[123] *Löwisch* und *Kaiser* nehmen dabei eine Regelungsbefugnis nur dann an, wenn Gegenstände betroffen sind, die sich der Natur der Sache nach ebenso auf die Zeit nach Beendigung des Arbeitsverhältnisses erstrecken. Somit umfasst die Normsetzungskompetenz gerade auch die Ruhestandsverhältnisse der ausgeschiedenen Arbeitnehmer.[124] Schließlich ist die personelle Regelungskompetenz der Betriebspartner auch noch nach der Beendigung des Arbeitsverhältnisses gegeben und wirkt nunmehr gleichermaßen auf das schuldrechtliche Ruhestandsverhältnis ein, da dieses während des laufenden Arbeitsverhältnisses begründet wurde. Die Betriebsvereinbarung sei daher als „Quelle des Schuldverhältnisses“ weiterhin für den Inhalt dieses Schuldverhältnisses maßgeblich, so dass sich nachträgliche Änderungen der Betriebsvereinbarung

---

[120] *Konzen/Jacobs*, FS Dieterich, S. 297, 319 ff.

[121] *Höfer*, BetrAVG, ART Rn. 378; Schaub-*Koch*, ArbR-Hb, § 231 Rn. 30a; *Löwisch/Kaiser*, BetrVG, § 77 Rn. 22; wohl auch HSWG-*Worzalla*, BetrVG, § 77 Rn. 10a; Tschöpe-*Schumann*, Teil 2 E, Rn. 143; *Ahrend/Förster/Rühmann*, BetrAVG, § 1 Rn. 110.

[122] BAG, Urteil vom 13.5.1997, AP Nr. 65 zu § 77 BetrVG 1972 = NZA 1998, S. 160.

[123] *Höfer*, BetrAVG, ART Rn. 378; ähnlich Schaub-*Koch*, ArbR-Hb, § 231 Rn. 30a.

[124] *Löwisch/Kaiser*, BetrVG, § 77 Rn. 22; vgl. auch *Galperin/Löwisch*, BetrVG, § 77 Rn. 33, und *Löwisch*, DB 1983, S. 1709, 1713.

auch auf das bestehende Rechtsverhältnis zwischen Arbeitgeber und Arbeitnehmer auswirken können.[125]

ee. Stellungnahme

Die Feststellung von *Kreutz*[126], das Recht der Betriebsvereinbarung sei „durch eine Fülle überkommener Streitstände überfrachtet", kann anhand dieses Beispiels der personellen Regelungsbefugnis des Betriebsrats für bereits ausgeschiedene Betriebsrentner bestätigt werden. So führt die mangelnde Regelungstiefe des BetrVG hier zu einem breiten Meinungsspektrum mit einer Vielzahl divergierender Ansätze. Ausgangspunkt dieser Kontroverse ist dabei nach wie vor die Fragestellung nach der personellen Reichweite der Betriebsautonomie: Inwieweit haben die Betriebspartner Normsetzungsbefugnis für aus dem Betrieb ausgeschiedene Versorgungsberechtigte, d.h. Betriebsrentner und Anwartschaftsberechtigte? Wie bemisst sich somit der Umfang des persönlichen Geltungsbereiches einer Betriebsvereinbarung als Anknüpfungspunkt der normativen Wirkung?

Dabei begegnet die vom BAG entwickelte Antwort auf diese Fragen zumindest in den zentralen Punkten berechtigter Kritik: Dass kollektivrechtliche Regelungen unabhängig von einer "Legitimation" durch den betroffenen Arbeitnehmer auf das einzelne Arbeitsverhältnis Anwendung finden können, zeigt nicht nur die allgemein anerkannte Geltung bestehender Betriebsvereinbarungen für neu in den Betrieb eintretende Arbeitnehmer, sondern im tariflichen Bereich auch die Norm des § 3 Abs. 2 TVG, nach der betriebliche und betriebsverfassungsrechtliche Normen eines Tarifvertrages im gesamten Betrieb des Arbeitgebers Anwendung finden, unabhängig davon, ob der Arbeitnehmer tarifgebundenes Mitglied der tarifschließenden Gewerkschaft ist.[127] Ebenso wenig vermag die Umwandlung des normativ begründeten Versorgungsanspruchs in einen schuldrechtlichen Einzelanspruch konzeptionell zu überzeugen, da eine rechtliche Grundlage für die Transformation fehlt. Vor dem Hintergrund des Schutzes der Betriebsrentner wird nachvollziehbar, dass angesichts einer wenig entwickelten Inhaltskontrolle von Betriebsvereinbarungen zum Zeitpunkt des grundlegenden Beschlusses des Großen Senates im Jahre 1956 die Einschränkung von Änderungsmöglichkeiten der erworbenen Versorgungsansprüche durch den Arbeitgeber geboten war. Nunmehr besteht das Erfordernis einer "Individualisierung" der Versorgungsansprüche, um sie dem Zugriff des Arbeitgebers zu entziehen, nur noch eingeschränkt, da

---

[125] HSWG-*Worzalla*, BetrVG, § 77 Rn. 10 ff., insb. 10a.

[126] So GK-*Kreutz*, BetrVG, § 77 Rn. 32.

[127] Insoweit setzt § 3 Abs. 2 TVG nur die alleinige Tarifgebundenheit des Arbeitgebers voraus, vgl. Wiedemann-*Oetker*, TVG, § 3 Rn. 128.

bei einer Änderung der Versorgungsordnung die vom BAG entwickelten Grundsätze zur Rechtskontrolle berücksichtigt werden müssen.

Damit verliert jedoch auch die Frage nach der Rechtsgrundlage, wie schon *Blomeyer* und *Huep* zutreffend ausführen[128], an Bedeutung: Dass Ruhegeldansprüche auf Grund der im arbeitsvertraglichen Austauschverhältnis vom Arbeitnehmer bereits erbrachten Arbeitsleistung bestehen, ist allgemein anerkannt. Ob sie unmittelbar auf dem Arbeitsvertrag oder – vermittelt durch den Arbeitsvertrag – auf der Betriebsvereinbarung beruhen, ist insoweit unerheblich, als dass für beide Rechtsgrundlagen ein hinreichender Bestandsschutz der Versorgungsanwartschaften gegeben ist. Für die Einräumung einer nachwirkenden Regelungskompetenz sprechen aber gerade auch praktische Gesichtspunkte. In großen Unternehmen dürfte sich eine Verhandlung über eine betriebseinheitliche Kollektivregelung mit dem Betriebsrat für den Arbeitgeber als praktikabler und ggf. kostengünstiger erweisen als individuell mit jedem Betriebsrentner einen Konsens zu finden. Zudem kann es auch dem Interesse des Betriebsrentners entsprechen, die Verhandlungsführung auf den Betriebrat zu übertragen und so damit verbundenen Aufwand und Kosten gering zu halten. Durch die kollektive Bündelung der Einzelinteressen kann überdies die Verhandlungsposition der Betriebsrentner gestärkt werden.

Ob und ggf. wie sich das Erfordernis einer nachwirkenden Normsetzungsbefugnis aus der Betriebsverfassung dogmatisch herleiten lässt, ist Gegenstand der folgenden Ausführungen. Dabei bilden trotz geringer Regelungstiefe an erster Stelle die relevanten betriebsverfassungsrechtlichen Normen Anhaltspunkte für die Bestimmung der personellen Reichweite der Betriebsautonomie. Anhand dieser ist zunächst mittels der klassischen juristischen Auslegungsgrundsätze der im Gesetzeswortlaut objektivierte Wille des Gesetzgebers zu ermitteln und ggf. aus diesem der Umfang der personellen Betriebsautonomie abzuleiten.

Fernliegend ist es jedenfalls, auf eine kollektivrechtlich in der Betriebsvereinbarung konkludent enthaltene Jeweiligkeitsklausel[129] abzustellen: Entweder lässt sich dem Gesetz eine Normsetzungsbefugnis entnehmen und es bedarf keiner Jeweiligkeitsklausel. Oder aber die Betriebspartner können Ruhe

---

[128] *Blomeyer/Huep*, SAE 1999, S. 75, 77 (Streit "um des Kaisers Bart"). Bereits 1977 relativiert *Blomeyer*, RdA 1977, S. 1, 7, die Bedeutung dieser Streitfrage: "Da die Änderung der Ruhegeldleistungen ohnehin nur in den engen Grenzen möglich ist, in denen auch dem Arbeitgeber die einseitige individualrechtliche Änderung zusteht, ist es unerheblich, ob die Erklärung des Arbeitgebers auf Individualakt oder Betriebsvereinbarung geschieht."

[129] So aber *Höfer*, BetrAVG, ART Rn. 378; *Löwisch/Kaiser*, BetrVG, § 77 Rn. 22; vgl. oben S. 31.

standsverhältnisse nicht mit normativer Wirkung erfassen, dann können sie sich auch nicht vorab zur Normsetzung legitimieren.[130]

(1) Wortsinn als Ausgangspunkt und Grenze der Auslegung

Ausgangspunkt und zugleich Grenze der juristischen Auslegung ist der Wortsinn.[131] Dieser ist unter Berücksichtigung des allgemeinen Sprachgebrauchs sowie ggf. dem jeweils als maßgeblich zu erachtenden Sprachgebrauchs des Gesetzgebers zu bestimmen. Dabei ist eine Bedeutung, die außerhalb des Bereichs des möglichen Wortsinnes liegt, nicht mehr Gesetzesauslegung, sondern bereits Rechtsfortbildung.[132] Im Einzelfall sind jedoch die Grenzen zwischen Textverständnis als Auslegung "im engeren Sinne" und Rechtsfortbildung als Auslegung "im weiteren Sinne" fließend und werden auch vom Rechtsanwender nicht immer streng beachtet. Hinzu tritt, dass sich diese Verfahren auch methodisch annähern, da bei Auslegung und Lückenfüllung vergleichbare Kriterien – maßgeblich der Regelungszweck des Gesetzes – herangezogen werden.[133] Dennoch ist aus zweierlei Gründen eine strikte Trennung von Auslegung im engeren Sinne und Rechtsfortbildung geboten: Zunächst lässt sich rein praktisch ein Großteil der Fälle eindeutig einer der beiden Kategorien zuordnen[134]. Des Weiteren sind in methodischer Hinsicht an die jeweiligen Instrumente der Rechtsfindung unterschiedliche Voraussetzungen geknüpft.[135]

Als grundlegende Normen, die den Wirkbereich einer Betriebsvereinbarung beschreiben, können §§ 77 Abs. 3 S. 1, Abs. 4 S. 1, 88 BetrVG herangezogen werden. Aus ihnen ist ersichtlich, dass durch Betriebsvereinbarungen mit unmittelbarer und zwingender Wirkung umfassende Regelungen der betriebli-

---

[130] So auch zutreffend *von Hoyningen-Huene*, RdA 1983, S. 225, 227: „Denn wer kein Recht zur Normsetzung hat, kann es sich auch nicht durch Eingriffsvorbehalte selbst zusprechen."

[131] *Larenz*, Methodenlehre, S. 322 f.; *Kramer*, Methodenlehre, S. 39; *Canaris*, Feststellung von Lücke, S. 22; Palandt-*Heinrichs*, BGB, Einl. Rn. 40; BGH, Urteil vom 30.6.1966, BGHZ 46, S. 74, 76 f. = NJW 1967, S. 343; Urteil vom 4.5.1988, AP Nr. 1 zu § 56 HGB = NJW 1988, S. 2109; andere Auffassung: *Wank*, Auslegung, § 5, S. 50 f., nach der die Auslegung von Gesetzen durch ihren Sinn und Zweck begrenzt ist.

[132] *Larenz*, Methodenlehre, S. 322 f.; *Kramer*, Methodenlehre, S. 39, unterscheidet zwischen der Auslegung als Interpretation "*intra verba legis*" und der Rechtsfortbildung als Interpretation "*praeter verba legis*" bzw. "*contra verba legis*".

[133] Staudinger-*Coing*, Einl. zum BGB Rn. 125; Palandt-*Heinrichs*, BGB, Einl. Rn. 40; *Larenz*, Methodenlehre; S. 322, 366 f.; *Kramer*, Methodenlehre, S. 39 f., 132; *Canaris*, Feststellung von Lücken, S. 23.

[134] *Larenz/Canaris*, Methodenlehre, S. 143 f.

[135] *Kramer*, Methodenlehre, S. 39 ff.; *Canaris*, Feststellung von Lücken, S. 23; *Larenz*, Methodenlehre, S. 322 f., 366 f.; Staudinger-*Coing*, Einl. Rn. 125.

chen Arbeitsbedingungen vorgenommen werden können.[136] Die Rechtssätze betreffen so den sachlichen Gegenstandsbereich einer Betriebsvereinbarung. Eine Aussage über ihren personellen Gegenstandsbereich wird indes nicht getroffen. So beschreibt § 77 Abs. 4 S. 1 BetrVG lediglich die Rechtswirkungen einer Betriebsvereinbarung, ohne ihren Geltungsbereich festzulegen. §§ 77 Abs. 3 S. 1, 88 BetrVG benennen "Arbeitsentgelte und sonstige Arbeitsbedingungen" bzw. besondere Tatbestände wie Unfallschutzmaßnahmen und Sozialeinrichtungen, über die eine Regelung durch Betriebsvereinbarung grundsätzlich möglich ist. Hierdurch wird zwar zum Ausdruck gebracht, dass eine Vielzahl von Arbeitsbedingungen zum Gegenstand von Betriebsvereinbarungen gemacht werden kann und so der sachliche Geltungsbereich einer Betriebsvereinbarung festgelegt wird, ohne jedoch den persönlichen Geltungsbereich zu bestimmen. Einen personellen Bezug zwischen Betriebsvereinbarung und dem einzelnen Arbeitnehmer stellt hingegen allein § 77 Abs. 4 S. 2 BetrVG her: Diese Vorschrift kommt zur Anwendung, soweit den Arbeitnehmern Rechte durch eine Betriebsvereinbarung eingeräumt werden. Aber auch durch diese Regelung wird der personelle Geltungsbereich einer Betriebsvereinbarung nicht ausschließlich auf aktive Arbeitnehmer beschränkt. Ob eine Betriebsvereinbarung daneben auch anderen Personengruppen Rechte einräumen kann, lässt § 77 Abs. 4 S. 2 BetrVG offen. Damit bestätigen sich die von einem Teil der Literatur[137] bereits getroffenen Feststellungen: Die Reichweite der personellen Betriebsautonomie erschließt sich nicht aus dem Wortlaut der einschlägigen betriebsverfassungsrechtlichen Vorschriften. Umgekehrt wird die personelle Regelungsbefugnis der Betriebspartner durch das Gesetz aber auch nicht lediglich auf dem Betrieb gegenwärtig angehörende Arbeitnehmer beschränkt. Hierfür bietet der Gesetzeswortlaut keine Anhaltspunkte. Damit kann dem Wortlaut der Betriebsverfassung eine Regelung zum persönlichen Geltungsbereich und damit über die Reichweite der personellen Betriebsautonomie nicht entnommen werden.[138]

Gleiches gilt im Übrigen auch für die normative Wirkung einer Betriebsvereinbarung. § 77 Abs. 4 S. 1 BetrVG beschreibt nur die Rechtsfolgen ("... gelten unmittelbar und zwingend."), ohne dass auf der Tatbestandsebene eine Anknüpfung ausschließlich an ein bestehendes Arbeitsverhältnis erfolgt. Zwar ist dies aus systematischen Gründen regelmäßig der Fall, wie bereits ein Blick auf die Überschrift des Vierten Teils des BetrVG ("Mitwirkung und Mitbestimmung der Arbeitnehmer") nahe legt.[139] Auch zeigt ein Vergleich mit dem

---

[136] Vgl. zum Umfang der sachlichen Regelungsbefugnis oben S. 9 ff.

[137] Vgl. S. 27, Fn. 109.

[138] So auch *Waltermann*, NZA 1998, S. 505, 507; *Wiese*, Ruhestandsverhältnis, S. 190 f. *Heither*, FS Förster, S. 149, 158, spricht von einem "offenen Wortlaut".

[139] Vgl. *Konzen/Jacobs*, FS Dieterich, S. 297, 302 f., mit Verweis auf die Vorschriften

Tarifvertragsrecht, das grundsätzlich keine Erstreckung der normativen Wirkung des Tarifvertrages auf Drittrechtsverhältnisse vorsieht[140], dass die Normwirkung arbeitsrechtlicher Kollektivregelungen in der Regel auf Arbeitsverhältnisse beschränkt ist. Dennoch steht der Wortlaut der Betriebsverfassung einer Erstreckung der Wirkung einer Betriebsvereinbarung auf weitere, vom Arbeitsverhältnis verschiedene Rechtsverhältnisse nicht entgegen.[141] Damit kann allein aus dem Wortsinn der Anwendungsbereich für die normative Wirkung der Betriebsvereinbarung nicht bestimmt werden.

Das methodische Instrument der Auslegung geht hier ins Leere, da sich der Umfang der personellen Betriebsautonomie nicht aus dem Wortlaut des Gesetzes erschließt. Eine Beschränkung auf Arbeitsverhältnisse ist ebenso wenig feststellbar wie die Ausweitung auf bereits mit Versorgungsansprüchen oder –anwartschaften ausgeschiedene ehemalige Arbeitnehmer, so dass insoweit von einem Schweigen der Betriebsverfassung ausgegangen werden kann. Da der Wortlaut des Gesetzes damit keine Regelung enthält, bedeutet dies gleichzeitig, dass die Grenze des Wortsinnes, die die möglichen Bedeutungsvarianten des Gesetzestextes beinhaltet und so nach herkömmlicher Ansicht den Bereich festlegt, innerhalb dessen eine Auslegungstätigkeit zulässig ist, überschritten wird. Durch den fehlenden Wortlaut, der einer Auslegung zugänglich sein könnte, wird die Wortsinngrenze auf eine inhaltslose Schranke reduziert.

Aus diesem Grunde bedarf es auch zur Annahme einer Normsetzungsbefugnis nicht des Rückgriffes auf ein Arbeitsverhältnis "in Liquidation" oder "in Auflösung".[142] Da die normative Wirkung zwar regelmäßig, aber nicht ausschließlich auf Arbeitsverhältnisse beschränkt ist, ist die Anwendung des § 77 Abs. 4 S. 1 BetrVG für das Ruhestandsverhältnis nicht grundsätzlich ausgeschlossen. Wenn somit aus rechtsmethodischen Gründen, die noch zu erörtern sind, eine Ausweitung der Wirkung einer Betriebsvereinbarung und damit verbunden der betriebsverfassungsrechtlichen Rechtssetzungsbefugnis auf

---

der §§ 77 Abs. 3 S. 1, Abs. 4 S. 2, 112 Abs. 1 S. 2 BetrVG, die allesamt Bezug nehmen auf den "Arbeitnehmer" und damit die Normwirkung der Betriebsvereinbarung an ein bestehendes Arbeitsverhältnis anbinden.

[140] BAG, Urteil vom 28.11.1990 AP Nr. 137 zu § 1 TVG Tarifverträge Bau = NZA 1991, S. 382, 383; Urteil vom 10.4.1991 AP Nr. 54 zu § 611 BGB Abhängigkeit = NZA 1991, 856, 857.

[141] Vgl. auch *Kreutz*, Betriebsautonomie, S. 48 f., der die allgemeinen personellen Grenzen der Betriebsautonomie auch auf Drittrechtsverhältnisse erstreckt, soweit ein hinreichender Bezug zum Arbeitsverhältnis besteht, so dass noch von Arbeitsbedingungen im weiteren Sinne gesprochen werden kann.

[142] Anders jedoch *Blomeyer*, AP Nr. 9 zu § 79 LPVG Baden-Württemberg, Bl. 7, 15 f.; *Schwerdtner*, ZfA 1975, S. 171, 183 f.; *Birk*, Mitbestimmung, S. 56 ff.; *Travlos-Tzanetatos*, Regelungsbefugnis, S. 119 ff., vgl. oben S. 30.

Betriebsrentner geboten ist, kann dies unabhängig von der Charakterisierung des Rechtsverhältnisses zwischen Arbeitgeber und Betriebsrentner erfolgen.

(2) Gesetzesimmanente Rechtsfortbildung

Da durch Gesetzesauslegung der personelle Rahmen der Betriebsautonomie nicht ermittelt werden kann, schließen sich methodisch die Instrumentarien der Rechtsfortbildung[143] an, die funktionell von der Rechtsprechung ausgeübt werden. Solange sich der Richter dabei noch im Rahmen der ursprünglichen gesetzlichen Zielsetzung bewegt und Wertungen berücksichtigen kann, die im geltenden Recht eine konkrete Stütze gefunden haben, wird von "gebundenem" oder "gesetzesimmanenten" Richterrecht oder von Rechtsfindung "praeter legem" gesprochen.[144]

(a) Gesetzeslücke als Voraussetzung gesetzesimmanenter Rechtsfortbildung

Voraussetzung der gesetzesimmanenten Rechtsfortbildung ist die Lückenhaftigkeit des Gesetzes.[145] Eine Gesetzeslücke liegt vor, wenn sich aus dem Wortsinn des Gesetzes eine positive Regelung nicht entnehmen lässt, obwohl die Gesamtheit der Rechtsordnung eine solche fordert.[146] Ob vom Standpunkt des Gesetzes eine derartige Regelung erforderlich und damit eine entsprechende Lücke gegeben ist, muss unter Berücksichtigung des gesetzgeberischen Planes und der Zwecksetzung des Gesetzes ermittelt werden. Der dem Gesetz zu Grunde liegende Regelungsplan ist durch historische und teleologische Auslegung zu ermitteln.[147]

Positiv-rechtlich lässt sich dem BetrVG eine Regelung der personellen Betriebsautonomie insgesamt und daher insbesondere auch für die hier in Rede stehende Problematik der aus dem Betrieb ausgeschiedenen Versorgungsberechtigten nicht entnehmen.[148] Dass der Plan des Gesetzgebers

---

[143] Rechtsfortbildung als Auslegung im weiteren Sinne, vgl. oben S. 34.

[144] *Kramer*, Methodenlehre, S. 131 f.; *Larenz*, Methodenlehre, S. 366 f, 370; *Canaris*, Feststellung von Lücken, S. 33. Soweit die richterliche Rechtssetzung den Bereich der gesetzesimmanenten Rechtsfortbildung verlässt und neben dem Gesetz neue Rechtsgedanken ausbildet, die im geltenden Recht noch keine oder keine Orientierungspunkte finden, wird von gesetzesübersteigender Rechtsfortbildung oder Rechtsfortbildung *contra legem* gesprochen, vgl. hierzu *Larenz*, Methodenlehre, S. 413; *Kramer*, Methodenlehre, S. 173.

[145] *Larenz*, Methodenlehre, S. 366 f.; *Kramer*, Methodenlehre, S. 134.

[146] *Kramer*, Methodenlehre, S. 137; *Canaris*, Feststellung von Lücken, S. 39, *Larenz*, Methodenlehre, S. 372. Dabei kann sowohl die einzelne Gesetzesnorm lückenhaft sein (sog. "Normlücke"), als auch sich eine bestimmte Regelung in ihrer Gesamtheit als unvollständig erweisen (sog. "Regelungslücke").

[147] *Larenz*, Methodenlehre, S. 372.

[148] Vgl. oben S. 34 f.

eine Bestimmbarkeit des Adressatenkreises einer Betriebsvereinbarung umfasst, liegt auf der Hand, da er ansonsten ein sinnentleertes Regelungsinstrument ohne Anwendungsmöglichkeit geschaffen hätte. Ebenso erschließt sich aus systematischen Erwägungen die grundsätzliche Beschränkung der personellen Betriebsautonomie auf die betriebsangehörigen Arbeitnehmer. Fraglich ist jedoch, ob die dem Gesetz "immanente Teleologie"[149] eine erweiternde Regelung gerade für die fragliche Personengruppe der Betriebsrentner und mit einer unverfallbaren Anwartschaft aus dem Betrieb ausgeschiedenen Arbeitnehmer fordert. Denn wenn die Ablehnung einer Regelungsbefugnis dem Plan des Gesetzgebers entspricht, liegt schon keine ausfüllungsbedürftige Regelungslücke vor.

(b) Historisch-teleologische Ermittlung des Regelungszweckes

Dem historischen Zusammenhang lässt sich ein derartiger Regelungsplan des Gesetzgebers aber nicht entnehmen. Vielmehr dürfte der Gesetzgeber die Problematik der nachwirkenden Regelungskompetenz schlichtweg übersehen haben. Damit ist davon auszugehen, dass diese Lücke nicht bewusst offen gelassen wurde, um eine nachwirkende Normsetzungsbefugnis auszuschließen.[150]

Im Rahmen der am Gesetzeszweck orientierten teleologischen Auslegung ist unter Berücksichtigung der dem Gesetz zu Grunde liegenden Strukturen des geregelten Sachbereiches und des gesetzesimmanenten rechtsethischen Prinzips nach dem Sinn und Zweck der Betriebsverfassung und des Regelungsinstrumentes der Betriebsvereinbarung zu fragen.[151] Wesentlicher Zweck der Betriebsverfassung ist zunächst der Schutz des Arbeitnehmers.[152] Ursache hierfür ist das traditionelle Verständnis der Betriebsverfassung, nach dem die betriebliche Mitbestimmung der Beseitigung der strukturellen Ungleichheit zwischen Arbeitnehmerschaft und Arbeitgeber dient. Diese beruht auf der Einordnung des Arbeitnehmers in einen fremden Arbeits- und Lebensbereich,

---

[149] Vgl. *Canaris*, Feststellung von Lücken, S. 34; *Larenz*, Methodenlehre, S. 374 f.

[150] *Konzen/Jacobs*, FS Dieterich, S. 297, 319 f.; *Säcker*, Gruppenautonomie, S. 364; *Wiese*, Ruhestandsverhältnis, S. 155.

[151] Vgl. *Larenz*, Methodenlehre, S. 377 f.; Palandt-*Heinrichs*, BGB, Einleitung Rn. 56; *Wank*, Auslegung, § 8, S. 79 ff.

[152] ErfK-*Eisemann*, § 1 BetrVG Rn. 1; DKK-*Däubler*, BetrVG, Einl. Rn. 66; *Wiese*, ZfA 2000, S. 117; FESTL, § 1 Rn. 1; *Travlos-Tsanetatos*, Regelungsbefugnis, S. 49 ff.; *Kreutz*, Betriebsautonomie, S. 154 ff.; *Canaris*, AuR 1966, S. 129 f.; BAG, Urteil vom 5.3.1959, AP Nr. 26 zu § 611 BGB Fürsorgepflicht = NJW 1959, S. 1555, 1557; Beschluss vom 13.3.1973, AP Nr. 1 zu § 87 BetrVG 1972 Werkmietwohnungen = DB 1973, S. 1458, 1469; Beschluss vom 22.1.1980, AP Nr. 3 zu § 87 BetrVG 1972 Lohngestaltung = DB 1980, S. 1895, 1897; Urteil vom 17.12.1980, AP Nr. 4 zu § 87 BetrVG 1972 Lohngestaltung = DB 1981, S. 1045, 1046; Beschluss vom 4.3.1986, AP Nr. 1 zu § 87 BetrVG 1972 Kurzarbeit = NZA 1986, S. 432, 433 f.

auf dessen Gestaltung dieser regelmäßig keinen Einfluss hat.[153] Dieser organisatorischen Abhängigkeit, die regelmäßig mit einer rechtlichen und sozialen einhergeht, soll durch die Betriebsverfassung entgegengewirkt werden. Nach dem Bericht der Mitbestimmungskommission, der im Vorfeld der Novellierung des BetrVG 1972 der Bundesregierung vorgelegen hat, betreffe die Betriebsverfassung die "Grundsätze der Selbstbestimmung, der Achtung vor der Würde des Menschen und den Ausgleich oder den Abbau einseitiger Machtstellungen durch Kooperation der Beteiligten und die Mitwirkung an Entscheidungen durch die von der Entscheidung Betroffenen."[154]

In der jüngeren arbeitsrechtlichen Literatur wird als Gesetzeszweck des BetrVG immer mehr der Gedanke der gleichberechtigten Teilhabe der Arbeitnehmerschaft an der Gestaltung betrieblicher Angelegenheiten in den Vordergrund gerückt. Der Arbeitnehmer ist weniger schutzbedürftiges Objekt als vielmehr mitwirkendes Subjekt.[155] Dieses Verständnis kommt auch dem geforderten Ausgleich der Fremdbestimmung durch den Arbeitgeber und die Förderung der Selbstbestimmung des Arbeitnehmers – beides im Übrigen Leitmotive für die Annahme der besonderen Arbeitnehmerschutzwirkung der Betriebsverfassung – entgegen.[156] Selbst wenn wie im Rahmen der Mitbestimmung in sozialen Angelegenheiten ein kollektivrechtlicher Bezug hergestellt wird, dient die Beteiligung der Arbeitnehmervertretung nicht einem abstrakten Kollektiv, sondern den Interessen der in ihm vereinten Personen.[157]

Hierzu korreliert ein weiterer Aspekt des Teilhabezwecks, nämlich seine Ausgleichsfunktion. Die Einzelinteressen der Arbeitnehmer, die naturgemäß nicht notwendigerweise übereinstimmen, müssen bei der Bildung einer kollektiven Position, die der Betriebsrat gegenüber dem Arbeitgeber vertritt, zu einem Ausgleich gebracht werden.[158] Der Teilhabezweck wird auch von der Rechtsprechung des BAG als Grundlage der Betriebsverfassung anerkannt.[159]

[153] Vgl. ErfK-*Eisemann*, § 1 BetrVG Rn. 1; DKK-*Däubler*, BetrVG, Einl. Rn. 38.

[154] Bundestags-Drucksache Nr. 6/334, S. 65; GK-Wiese, BetrVG, Einleitung Rn. 76; *Wiese*, FS Kissel, S. 1269, 1277 f. Dabei hat der Schutzgedanke verschiedene Ausprägungen in der Betriebsverfassung gefunden: So verwirklichen einzelne Tatbestände der Mitbestimmung diesen Arbeitnehmerschutz, z.B. § 87 Abs. 1 Nr. 7 BetrVG (betrieblicher Unfall- und Gesundheitsschutz) den Schutz von Leben und Gesundheit des Arbeitnehmers oder § 87 Abs. 1 Nr. 10 BetrVG (betriebliche Lohngestaltung) den Schutz der wirtschaftlichen Interessen des Arbeitnehmers.

[155] MünchHb-*von Hoyningen-Huene*, § 297 Rn. 12; GK-*Wiese*, BetrVG, Einl. Rn. 78 ff.; ErfK-*Eisemann*, § 77 BetrVG Rn. 1; *Richardi*, BetrVG, § 87 Rn. 8 f.

[156] GK-*Wiese*, BetrVG, Einl. Rn. 78.

[157] *Wiese*, FS Kissel, S. 1269, 1277.

[158] GK-*Wiese*, BetrVG, § 87 Rn. 96, 127; *ders.*, ZfA 2000, S. 117, 122; *Blomeyer*, GS Dietz, S. 147, 158; *Veit*, Zuständigkeit, S. 307 f.

[159] BAG GS, Beschluss vom 3.12.1991, AP Nr. 51 zu § 87 BetrVG 1972 Lohngestal-

Darüber hinaus korrespondiert er mit dem Partnerschaftsgedanken, der neben der gleichberechtigten Beteiligung der Arbeitnehmerschaft bei der Regelung betrieblicher Belange zusätzlich das Gebot der vertrauensvollen Zusammenarbeit umfasst.[160]

Daneben wird dem Regelungsinstrument der Betriebsvereinbarung vereinzelt noch eine Ordnungswirkung zugeschrieben. Die Betriebsvereinbarung ermöglicht die gleichmäßige Regelung von Arbeitsbedingungen und schafft so eine betriebseinheitliche Gestaltung der Individualrechtsverhältnisse. Der Ordnungszweck beinhaltet einen Rationalisierungseffekt, da eine betriebseinheitliche Ordnung errichtet werden kann, ohne dass der Arbeitgeber bezüglich jedes einzelnen Arbeitnehmers des Betriebes einzelvertragliche Maßnahmen ergreifen muss.[161]

(c) Vereinbarkeit von nachwirkender Normsetzungsbefugnis und Regelungszweck

In Hinblick auf die Schutzfunktion der Betriebsverfassung erscheint es zunächst zweifelhaft, dass sich aus dem Gesetzeszweck eine nachwirkende Normsetzungsbefugnis der Betriebspartner für ausgeschiedene Arbeitnehmer ergibt. Da der Betriebsrentner nicht mehr in den Betrieb des Arbeitgebers eingegliedert ist und so nicht mehr dem Direktionsrecht des Arbeitgebers untersteht, entfällt das Abhängigkeitsverhältnis, das überhaupt erst das Bedürfnis für einen besonderen Arbeitnehmerschutz schafft. Außerdem ist im Ruhestandsverhältnis zwischen Arbeitgeber und Ruheständler ein Missverhältnis der Verhandlungspositionen, wie es im Arbeitsverhältnis zu Gunsten des Arbeitgebers auf Grund seines wirtschaftlichen und sozialen Übergewichts regelmäßig enthalten ist, weit weniger ausgeprägt.[162] Zu berücksichtigen ist jedoch, dass der betrieblichen Ruhegeldleistung neben ihrem Versorgungscharakter auch ein Entgeltcharakter zukommt.[163] Betriebsrenten werden dem

---

tung = NZA 1992, S. 749, 754; BAG, Beschluss vom 14.12.1993, AP Nr. 65 zu § 87 BetrVG 1972 Lohngestaltung = NZA 1994, S. 809, 810; Beschluss vom 11.6.2002, AP Nr. 38 zu § 87 BetrVG 1972 Ordnung des Betriebes = NZA 2002, S. 1299.

[160] GK-*Wiese*, BetrVG, Einl. Rn. 82. Auch der Begriff der "Betriebspartner" zeugt von dem Teilhabeverständnis in der Betriebsverfassung.

[161] Vgl. *Wiese*, Ruhestandsverhältnis, S. 203; *Canaris*, AuR 1966, S. 129, 130 ff.; BAG, Urteil vom 12.12.1962, AP Nr. 11 zu § 4 TVG Ordnungsprinzip = DB 1963, 485 f. Dagegen wenden sich insbesondere *Kreutz*, Betriebsautonomie, S. 225 ff., und *Wiese*, FS Kissel, S. 1269, 1274 f. Die Herstellung einer betriebseinheitlichen Ordnung sei vielmehr ein Resultat der Betriebsvereinbarung und nicht der ihr zu Grunde liegende Zweck.

[162] So auch *Wiese*, Ruhestandsverhältnis, S. 203.

[163] Vgl. Tschöpe-*Schumann*, Teil 2 E, Rn. 14; MünchHb-*Förster/Rühmann*, § 104 Rn. 13; *Schaub*, ArbR-Hb, § 81 Rn. 9; ErfK-*Steinmeyer*, Vorbem. BetrAVG Rn. 7; BAG, Urteil vom 18.4.1989, AP Nr. 23 zu § 1 BetrAVG Unterstützungskassen = NZA 1989,

ehemaligen Arbeitnehmer nicht nur zur Ergänzung der gesetzlichen Rente und der Privatvorsorge als freiwillige Fürsorgeleistung des Arbeitnehmers erbracht, sondern stellen daneben eine Vergütung der Betriebstreue des Arbeitnehmers dar. Der Arbeitgeber bezweckt mit dieser betrieblichen Sozialleistung eine dauerhafte Bindung der Arbeitnehmer an seinen Betrieb. Gleichzeitig soll diese zusätzliche Leistung einer Kosten auslösenden Fluktuation der Belegschaft entgegenwirken. Damit stellt die Betriebsrente Gegenleistung zur Betriebstreue und so Arbeitsentgelt im weitesten Sinne dar.[164] Der Anspruch auf die Versorgungsleistung wurzelt also nicht nur formal in der Betriebsvereinbarung, sondern der Arbeitnehmer hat vielmehr durch die Betriebstreue den Anspruch auf die Versorgungsleistung grundsätzlich bereits während des Arbeitsverhältnisses erdient, so dass die das Ruhestandsverhältnis bestimmende Versorgungsleistung einen unverzichtbaren Bezug zum vorangegangenen Arbeitsverhältnis aufweist. Da der einzelne Versorgungsberechtigte so gegebenenfalls in erheblichem Maße im Verhältnis zum Arbeitgeber in Vorleistung getreten ist, besteht so – zumindest in wirtschaftlicher Hinsicht – ein einem noch aktiven Arbeitnehmer vergleichbares Schutzbedürfnis. Zudem verschlechtert die durch den Ruheständler bereits erbrachte Leistung seine Verhandlungsposition hinsichtlich der vom Arbeitgeber noch zu erbringenden Leistung. Dem Schutz dieser Rechtsposition des Betriebsrentners dienen bereits die Vorschriften des BetrAVG insbesondere zur Unverfallbarkeit von Anwartschaften und zur Insolenzsicherung. Fraglich ist damit, ob jenseits dieses schon originär bestehenden gesetzlichen Schutzes die Notwendigkeit besteht, die Rechtsstellung des Betriebsrentners durch weitere Maßnahmen wie die Zuordnung in den Regelungsbereich des Betriebsrates zu verfestigen.

Zur Beantwortung dieser Frage ist entscheidend, dass der Gesetzgeber dem kollektiven Interessenvertretungsorgan der Arbeitnehmerschaft in sachlicher Hinsicht Befugnisse eingeräumt hat, die dem Arbeitnehmerschutz dienen, indem sie bestimmte materielle und ideelle Interessen der Arbeitnehmerseite schützen.[165] Diese Mitwirkungsrechte bestehen mitunter auch für die betrieb-

---

S. 845, 846; Urteil vom 8.5.1990, AP Nr. 58 zu § 7 BetrAVG = NZA 1990, S. 931, 932; Urteil vom 22.11.1994, AP Nr. 24 zu § 1 BetrAVG Gleichbehandlung = NZA 1995, S. 733, 734 f.; BVerfG, Urteil vom 19.10.1983, AP Nr. 2 zu § 1 BetrAVG Unterstützungskassen = NJW 1984, S. 476, 477 f.

[164] MünchHb-*Förster/Rühmann*, § 104 Rn. 13; *Schaub*, ArbR-Hb, § 81 Rn. 9; BAG, Urteil vom 18.4.1989, AP Nr. 23 zu § 1 BetrAVG Unterstützungskassen = NZA 1989, S. 845, 846; Urteil vom 22.11.1994, AP Nr. 24 zu § 1 BetrAVG Gleichbehandlung = NZA 1995, S. 733, 734 f.; BVerfG, Urteil vom 19.10.1983, AP Nr. 2 zu § 1 BetrAVG Unterstützungskassen = NJW 1984, S. 476, 477 f.

[165] Vgl. *Wiese*, FS Kissel, S. 1269, 1277 f.

liche Altersversorgung.[166] Die insoweit einschlägigen Mitbestimmungstatbestände der § 87 Abs. 1 Nr. 8 (betriebliche Sozialeinrichtung) und Nr. 10 (betriebliche Lohngestaltung) BetrVG bezwecken so u.a. die innerbetriebliche Verteilungsgerechtigkeit.[167] Soweit der Mitbestimmungstatbestand Regelungsbereiche enthält, in denen sich Arbeitgeber und Arbeitnehmer in einem sonstigen Rechtsverhältnis gegenüberstehen und dennoch hinreichend Bezug zum Arbeitsverhältnis besteht, kann die Betriebsautonomie sich auch auf Drittrechtsverhältnisse erstrecken.[168] Der Bereich der betrieblichen Altersversorgung weist die Besonderheit auf, dass die Zusage während des laufenden Arbeitsverhältnisses begründet und erdient, die Leistung jedoch erst nach seiner Beendigung erbracht wird.[169] Lückenlos kann damit der in den betreffenden Mitbestimmungstatbeständen intendierte Arbeitnehmerschutz nur gewährleistet werden, wenn der Betriebsrat auch noch in der Leistungsgewährungsphase, die sich an die Beendigung des Arbeitsverhältnisses des Betriebsrentners anschließt, Einfluss auf die Versorgungsordnung nehmen kann. Zur Verwirklichung des Arbeitnehmerschutzes ist es damit erforderlich, die Reichweite der personellen Betriebsautonomie an die der sachlichen anzupassen. Wenn so eine betriebliche Versorgungseinrichtung einer umfassenden Regelung durch die Betriebspartner offen steht, müssen auch die Versorgungsberechtigten als unmittelbar betroffene Personen unabhängig vom Bestand des Arbeitsverhältnisses in die Regelungsbefugnis einbezogen werden. Zu berücksichtigen ist hier des Weiteren in besonderem Maße, dass sich der Schutzzweck nicht nur einseitig auf die Betriebsrentner bezieht, sondern gerade auch die noch aktive Arbeitnehmerschaft einschließt. Diese hat etwa aus Gründen der Verteilungsgerechtigkeit ein erhebliches Interesse an der Gestaltung einer betriebseinheitlichen – d.h. einer alle Versorgungsberechtigten einschließenden – Versorgungsordnung. Auf diese Weise kann so dem Schutzzweck der Betriebsverfassung eine Ausdehnung der personellen Betriebsautonomie auf versorgungsberechtigte ehemalige Arbeitnehmer entnommen werden.

Hinsichtlich der Teilhabefunktion ist nicht von der Hand zu weisen, dass der Betriebsrat – gerade in wirtschaftlichen Notlagen – geneigt sein könnte, die Interessen der aktiven Belegschaft denen der Betriebsrentner vorzuziehen.[170]

---

[166] Vgl. zu den Mitwirkungsrechten des Betriebsrates unten S. 46 ff.

[167] BAG, Urteil vom 26.4.1988, AP Nr. 16 zu § 87 BetrVG 1972 Altersversorgung = NZA 1989, S. 219, 220; FESTL, BetrVG, § 87 Rn. 333; ErfK-*Kania*, § 87 BetrVG Rn. 96; GK-*Wiese*, BetrVG, § 87 Rn. 805.

[168] Vgl. *Kreutz*, Betriebsautonomie, S. 48 f.

[169] Vgl. *Säcker*, Gruppenautonomie, S. 364 f.

[170] Das zeigt auch der vom BAG, Urteil vom 13.5.1997, AP Nr. 65 zu § 77 BetrVG 1972 = NZA 1998, S. 160, zu entscheidende Fall. Hier hatten der Betriebsrat und Arbeitgeber nach Kündigung einer Betriebsvereinbarung über Unterstützungsleistungen zur Ergän-

Außerdem besteht die Gefahr, dass sich der Arbeitgeber des Betriebsrates bedient, um gegen Zugeständnisse für die Belegschaft Einschnitte in den Versorgungsordnungen vorzunehmen. Darüber hinaus hat die Gruppe der ausgeschiedenen Betriebsrentner regelmäßig keinen Einfluss auf die Zusammensetzung des Betriebsrates und ist insbesondere nicht in ihm vertreten.[171] Bei der Bildung eines kollektiven Standpunktes durch Ausgleich der kollidierenden Einzelinteressen ist dies ein nicht zu vernachlässigendes Defizit und steht der Verwirklichung einer gleichberechtigten Teilhabe der ausgeschiedenen Arbeitnehmer auf betrieblicher Ebene entgegen. Dennoch erweist sich der Betriebsrat letztlich als das einzige kollektive Vertretungsorgan, dessen sich die Betriebsrentner bedienen können.[172] Eine Interessenvertretung durch den Betriebsrat hat so für die Gruppe der Betriebsrentner den entscheidenden Effekt, dass ihre Einzelinteressen überhaupt kollektiv wahrgenommen werden und so zumindest die Ausgleichsfunktion des Teilhabezwecks verwirklicht wird. Zudem kommt eine Interessenwahrnehmung dem Betriebsrentner entgegen, wenn er auf Grund persönlicher Umstände wie Alter und Krankheit in der Verhandlungsführung eingeschränkt ist. Die Einbeziehung der ausgeschiedenen Arbeitnehmer in den Zuständigkeitsbereich des Betriebsrates kommt damit einer Realisierung des Gesichtspunktes einer gleichberechtigten Teilhabe auf betrieblicher Ebene so nahe, wie dies angesichts der zur Verfügung stehenden gesetzlichen Mittel möglich ist.

Insbesondere in Bezug auf die Verwirklichung eines umfassenden Arbeitnehmerschutzes ist die in der Betriebsverfassung nur unvollständig geregelte personelle Betriebsautonomie damit im Hinblick auf bereits aus einem Arbeitsverhältnis zum Betriebsinhaber ausgeschiedene Versorgungsberechtigte auszuweiten. Das Schweigen des Gesetzes in diesem Punkt ist so als ausfüllungsbedürftige Regelungslücke zu qualifizieren. Kennzeichnend für die Lückenfüllung im Wege der gesetzesimmanenten Rechtsfortbildung ist ihre Begrenzung durch das geltende Recht, die sich aus der verfassungsrechtlichen Bindung des Richters an Gesetz und Recht aus Art. 20 Abs. 3 GG ergibt. Daher muss die Ausfüllung der Regelungslücke entsprechend den allgemeinen

---

zung von Krankenversicherungsleistungen, der ursprünglich sowohl Aktivbelegschaft als auch ausgeschiedenen Beziehern von Versorgungsbezügen zustand, nunmehr die Betriebsrentner von diesen Unterstützungsleistungen ausgeschlossen, siehe auch *Heither*, FS Förster, S. 149, 158.

[171] So erlischt gemäß § 24 Nr. 3 BetrVG die Mitgliedschaft im Betriebsrat mit Beendigung des Arbeitsverhältnisses.

[172] So grundlegend *Dieterich*, NZA 1984, S. 273, 278: "Vor allem aber steht dem Pensionär keine bessere Interessenvertretung [als der Betriebsrat] zur Verfügung."

Gerechtigkeitsvorstellungen in möglichst enger Anlehnung an Anordnungen und Wertvorstellungen des geltenden Recht vorgenommen werden.[173]

Im Wege der Analogie lässt sich eine Regelungsbefugnis jedoch nicht begründen: Zwar liegt eine analoge Anwendung von §§ 77 Abs. 4, 88 BetrVG dergestalt, dass sich die normative Wirkung einer Betriebsvereinbarung für Arbeitsverhältnisse auf Ruhestandsverhältnisse erstreckt, nahe.[174] Da sich das Ruhestandsverhältnis stets und zwingend an das Arbeitsverhältnis anschließt und so aus diesem hervorgeht, sind diese Rechtsverhältnisse auch vergleichbar. Der Wortlaut der genannten Vorschriften legt aber den Umfang der normativen Wirkung einer Betriebsvereinbarung nicht fest. Dieser erschließt sich erst aus dem systematischen Zusammenhang.[175] Damit fehlt aber eine verallgemeinerbare Regelung fehlt, die auf einen vergleichbaren Sachverhalt übertragen werden kann. Wenn sich aber schon für den Grundtatbestand eine Rechtsfolge nicht unmittelbar aus der Norm entnehmen lässt, besteht für eine Einzelanalogie als Übertragung der Rechtsfolge auf einen vergleichbaren Sachverhalt kein Raum. Da aber eine Regelung der personellen Betriebsautonomie in Bezug auf Versorgungsberechtigte einer betrieblichen Altersversorgung nach dem Sinn und Zweck der Betriebsverfassung geboten ist, muss der eingeschränkte Wortlaut der Betriebsverfassung ausgeweitet werden. Eine erweiternde Korrektur des Gesetzes, die sich nach dem in ihm enthaltenen Sinn und Zweck richtet, kann im Wege einer teleologischen Extension erfolgen.[176] Die personelle Betriebsautonomie wird so auf versorgungsberechtigte Arbeitnehmer, deren Arbeitsverhältnisse bereits beendigt sind, ausgedehnt.

ff. Ergebnis

Die personelle Betriebsautonomie erstreckt sich damit auch auf ausgeschiedene Arbeitnehmer, die einen Versorgungsanspruch bzw. eine Versorgungsanwartschaft gegen den Arbeitgeber haben. Damit sind die Betriebspartner befugt, Betriebsvereinbarungen mit Wirkung für und gegen diese Personengruppe abzuschließen. Dieses Ergebnis beruht auf einer teleologischen Extension insbesondere der §§ 77 Abs. 4 S. 1, 88 BetrVG, wonach die normative Wirkung einer Betriebsvereinbarung als Grundlage der personellen Betriebsautonomie auf Ruhestandsverhältnisse mit ausgeschiedenen Arbeitnehmern erstreckt wird.

---

[173] *Canaris*, Feststellung von Lücken, S. 38; Palandt-*Heinrichs*, BGB, Einleitung Rn. 48.

[174] So *Konzen/Jacobs*, FS Dieterich, S. 297, 320 f., die eine Lückenfüllung durch Analogie nur "vorbehaltlich einer methodischen Präzisierung" annehmen.

[175] Vgl. oben S. 35, ausführlich *Konzen/Jacobs*, FS Dieterich, S. 297, 302 f., 315 f.

[176] So auch *Wiese*, Ruhestandsverhältnis, S. 206; allgemein zur teleologischen Extension: *Larenz*, Methodenlehre, S. 397; *Canaris*, Feststellung von Lücken, S. 89 f.

c. Instanzielle Zuständigkeit

Sind mehrere Betriebe in einem Konzern oder Unternehmen verbunden, besteht neben den Betriebsräten der einzelnen Betriebe mit dem Konzern- bzw. Gesamtbetriebsrat regelmäßig noch eine weitere Arbeitnehmervertretung, die kollektivrechtliche Belange gegenüber dem Arbeitgeber auf überbetrieblicher Ebene wahrnimmt. Die Zuständigkeitsverteilung zwischen diesen Organen richtet sich dabei für den Gesamtbetriebsrat nach § 50 BetrVG, für den Konzernbetriebsrat nach § 58 BetrVG. Grundsätzlich besteht dabei eine originäre Zuständigkeit des jeweiligen Organs, wenn die zu regelnde Angelegenheit seinen Vertretungsbereich betrifft und eine Regelung von den Vertretungsorganen der nachfolgenden Ebene nicht für den von ihnen repräsentierten Bereich getroffen werden kann. Eine Regelungszuständigkeit wird dabei insbesondere angenommen, wenn ein zwingendes Erfordernis für eine betriebs- bzw. unternehmensübergreifende Regelung besteht.[177] Daneben besteht gemäß § 50 Abs. 2 BetrVG bzw. § 58 Abs. 2 BetrVG eine abgeleitete Regelungsbefugnis, wenn ein Einzel- oder Gesamtbetriebsrat eine eigentlich in seinen Zuständigkeitsbereich fallende Angelegenheit dem übergeordneten Vertretungsorgan überträgt.

Im Bereich der betrieblichen Altersversorgung bestimmt der Arbeitgeber dabei zunächst durch seine mitbestimmungsfreie Entscheidung über den Wirkungsbereich der betrieblichen Altersversorgung auch über die betriebsverfassungsrechtliche Regelungsebene: Wird so beispielsweise eine Altersversorgung betrieblich differenziert und nicht unternehmenseinheitlich gewährt, ist so nur der Zuständigkeitsbereich der betroffenen Betriebsräte eröffnet.[178] Wenn hingegen der Arbeitgeber eine Versorgungsordnung unternehmens- bzw. konzerneinheitlich durchführt, ist regelmäßig der Gesamt- bzw. Konzernbetriebsrat zuständig. Allein auf Grund der finanziellen, steuerlichen und sozialen Bedeutung der betrieblichen Altersversorgung kann dann die Ausgestaltung durch Betriebsvereinbarung nur einheitlich mit dem entsprechenden Vertretungsorgan erfolgen.[179] Noch deutlicher wird dieses

---

[177] Für den Gesamtbetriebsrat: BAG, Beschluss vom 21.1.2003, EzA Nr. 2 zu § 50 BetrVG Nr. 2 = NZA 2003, S. 992; Beschluss vom 30.8.1995, AP Nr. 29 zu § 87 BetrVG 1972 Überwachung = NZA 1996, S. 218. Für den Konzernbetriebsrat: BAG, Beschluss vom 20.12.1985, AP Nr. 1 zu § 58 BetrVG 1972 = NZA 1996, S. 945.

[178] BAG, Beschluss vom 5.5.1977, AP Nr. 3 zu § 50 BetrVG 1972 = DB 1977, S. 1610; Beschluss vom 21.1.2003, EzA Nr. 2 zu § 50 BetrVG 2001 = NZA 2003, S. 992.

[179] BAG, Beschluss vom 5.5.1977, AP Nr. 3 zu § 50 BetrVG 1972 = DB 1977, S. 1610; Beschluss vom 19.3.1981, AP Nr. 14 zu § 80 BetrVG 1972 = DB 1981, S. 2181; Beschluss vom 8.12.1981, AP Nr. 1 zu § 1 BetrAVG Ablösung = DB 1982, S. 46, 47; Beschluss vom 25.7.2000, BetrAV 2003, S. 466, 467; Beschluss vom 21.1.2003, EzA Nr. 2 zu § 50 BetrVG 2001 = DB 2003, S. 992; *Blomeyer/Otto*, BetrAVG, Anh § 1 Rn. 95; *Andresen/*

Erfordernis, wenn sich der Unternehmer eines betriebs- oder unternehmensübergreifenden Versorgungsträgers, wie einer Gruppenpensions- oder Gruppenunterstützungskasse, bedient. Dann kann eine Regelung nur auf der entsprechenden Organisationsebene erfolgen, da eine Vielzahl von Einzelregelungen auf der nachfolgenden Ebene die Durchführung der Altersversorgung in praktischer Hinsicht unmöglich macht.[180]

2. Betriebliche Mitbestimmung

Bei der betrieblichen Altersversorgung handelt es sich grundsätzlich um eine freiwillige Sozialleistung des Arbeitgebers. Damit trifft den Arbeitgeber keine Pflicht, eine betriebliche Versorgungsordnung aufzubauen und durchzuführen.[181]

Aus diesem Grund bestehen nach Rechtsprechung des Bundesarbeitsgerichtes bei Einrichtung einer betrieblichen Altersversorgung grundsätzlich vier Bereiche, in denen auf jeden Fall eine Entscheidung des Arbeitgebers mitbestimmungsfrei ist.[182] Diese betreffen die Entscheidung des Arbeitgebers über

- die Einführung der betrieblichen Altersversorgung,
- den Umfang der betrieblichen Altersversorgung,
- die Versorgungsform,
- den begünstigten Arbeitnehmerkreis.[183]

Förster/Rößler/Rühmann, Teil 8 B, Rn. 107.

[180] BAG, Beschluss vom 8.12.1981, AP Nr. 1 zu § 1 BetrAVG Unterstützungskassen = DB 1982, S. 50, 51; *Höfer*, BetrAVG, ART Rn. 1129; FESTL, BetrVG, § 50 Rn. 43.

[181] Eine Ausnahme zur Freiwilligkeit von Leistungen der betrieblichen Altersversorgung bildet der im Rahmen des AVmG zum 1.1.2001 eingefügte und in § 1a Abs. 1 BetrAVG geregelte Anspruch auf Entgeltumwandlung. Danach kann der Arbeitnehmer vom Arbeitgeber verlangen, dass der Arbeitgeber bis zu 4 % der Beitragsbemessungsgrenze der gesetzlichen Rentenversicherung (derzeit – 2005 – 2.496 € jährlich) des Arbeitslohns des Arbeitnehmers einbehält und zweckgebunden für die betriebliche Altersversorgung des Arbeitnehmers verwendet, vgl. zur Entgeltumwandlung Preis-*Tenbrock*, Innovative Arbeitsformen, S. 407 ff.

[182] BAG, Beschlüsse vom 12.6.1975, AP Nr. 1-3 zu § 87 BetrVG 1972 Altersversorgung = BB 1975, S. 1062 ff.; Beschluss vom 18.3.1976, AP Nr. 4 zu § 87 BetrVG 1972 Altersversorgung = DB 1976, S. 1632; Urteil vom 26.4.1988, AP Nr. 16 zu § 87 BetrVG 1972 Unterstützungskassen = NZA 1989, S. 219, 220; Urteil vom 26.9.2000, DB 2000, S. 2075; Beschluss vom 29.7.2003, AP Nr. 18 zu § 87 BetrVG 1972 Sozialeinrichtung = DB 2004, 883.

[183] Auch hier besteht eine Besonderheit, soweit die betriebliche Altersversorgung auf

Außerhalb des mitbestimmungsfreien Entscheidungsspielraums des Arbeitgebers richtet sich eine Mitbestimmung des Betriebsrates nach den allgemeinen Regeln der Betriebsverfassung. So sind insbesondere die zwingenden Beteiligungsrechte des Betriebsrates in sozialen Angelegenheiten gemäß § 87 Abs. 1 BetrVG zu berücksichtigen, die im Rahmen der betrieblichen Altersversorgung unter den Gesichtspunkten der betrieblichen Sozialeinrichtung, Nr. 8, und der betrieblichen Lohngestaltung, Nr. 10, relevant werden können.[184] Unabhängig davon steht es dem Arbeitgeber natürlich frei, mit dem Betriebsrat freiwillige Betriebsvereinbarungen abzuschließen, wie sich für Sozialeinrichtungen ausdrücklich aus § 88 Nr. 2 BetrVG ergibt.

a. Mitbestimmungsfreier Gestaltungsraum des Arbeitgebers

bb. Einführung der betrieblichen Altersversorgung

Erst einmal hat der Arbeitgeber bei der grundlegenden Überlegung, ob er überhaupt finanzielle Mittel für den Zweck der betrieblichen Altersversorgung zur Verfügung stellt, uneingeschränkte Entscheidungsfreiheit. Diese Freiheit äußert sich jedoch lediglich dahingehend, dass der Betriebsrat die Einführung einer betrieblichen Versorgungsordnung nicht gegen den Willen des Arbeitgebers verlangen kann. Da bei der Einführung von freiwilligen Versorgungsleistungen in der Regel Fragen der betrieblichen Lohngestaltung nach § 87 Abs. 1 Nr. 10 BetrVG betroffen sind, bestehen zu Gunsten des Betriebsrates zwingende Mitbestimmungsrechte,[185] so dass der Arbeitgeber ebenso wenig den Aufbau einer betrieblichen Altersversorgung gegen den Willen des Betriebsrates durchsetzen kann.[186] Der Betriebsrat hat insoweit ein Zustimmungs-, aber kein Initiativrecht.[187] Genauso wie die

---

Grund des Anspruchs auf Entgeltumwandlung nach § 1a Abs. 1 BetrAVG durchgeführt wird. Hier wird der freie Entscheidungsspielraum des Arbeitgebers erheblich durch die gesetzlichen Vorgaben eingeschränkt, da der Umwandlungsanspruch dem Grunde und der Höhe nach wie auch der berechtigte Personenkreis gesetzlich festgelegt ist. Darüber hinaus wird durch § 1a Abs. 1 S. 3 BetrAVG die Auswahl des Durchführungsweges durch den Arbeitgeber auf die Versorgungsformen der Pensionskasse, des Pensionsfonds und der Direktversicherung beschränkt. Zur Konsequenz für die Mitbestimmungsrechte des Betriebsrates vgl. *Schnitker/Grau*, BB 2003, S. 1061, und *Kemper*, FS Förster, S. 207.

[184] Einzelheiten zu den zwingenden Mitbestimmungsrechten des Betriebsrates unten S. 56 ff.

[185] Siehe dazu im einzelnen unten S. 74 ff.

[186] Vgl. insoweit BAG, Urteil vom 4.5.1982, AP Nr. 6 zu § 87 BetrVG 1972 Altersversorgung = DB 1982, S. 2579, 2580. In diesem Fall wollte der Arbeitnehmer seinen Versorgungsanspruch auf eine Versorgungsregelung stützen, zu der der Betriebsrat noch nicht zugestimmt hatte. Mitbestimmungspflichtige Fragen können im Wege von Einzelarbeitsverträgen aber nicht geregelt werden, solange die Zustimmung des Betriebsrates fehlt.

[187] MünchHb-*Matthes*, § 341 Rn. 22; GK-*Wiese*, BetrVG, § 87 Rn. 838. Fraglich ist jedoch, ob die ohne die Zustimmung des Betriebsrates erbrachte Versorgungsleistung be-

grundlegende Einführung der betrieblichen Altersversorgung mitbestimmungsfrei ist, steht es dem Arbeitgeber grundsätzlich zu, freiwillige Leistungen an die Versorgungseinrichtung zu kürzen oder diese ganz oder teilweise zu schließen.[188] Inwieweit diese Einschränkungen der bereits zugesagten Versorgungsleistungen in rechtlich zulässiger Weise vorgenommen werden können, ist keine Frage der kollektivrechtlichen Mitbestimmung, sondern muss grundsätzlich unter Berücksichtigung der allgemeinen Regeln auf individualrechtlicher Ebene beurteilt werden.[189]

Vereinzelt wird vertreten, dass dem Betriebsrat jedenfalls bei der Abschaffung von Versorgungsleistungen ein Mitbestimmungsrecht zustehen soll. Der Arbeitgeber habe durch die freiwillige Gewährung einen Vertrauenstatbestand geschaffen, auf den sich der Arbeitnehmer bereits eingestellt habe.[190] Überdies könne so durch eine Entscheidung im mitbestimmungsfreien Bereich die im Mitbestimmungsverfahren bei der Ausgestaltung der Versorgungsleistung erzielte Einigung zunichte gemacht werden, was gegen das Gebot der vertrauensvollen Zusammenarbeit verstoße.[191] Da der Aufbau einer

---

triebsverfassungsrechtlich überhaupt sanktioniert werden kann und die Leistung auf einzelvertraglicher Ebene unwirksam ist. Überdies ist der Arbeitgeber regelmäßig individualrechtlich gebunden, wenn er die Leistung gleichzeitig arbeitsvertraglich den einzelnen Arbeitnehmern zugesagt hat, vgl. *Hanau*, AP Nr. 5 zu § 87 BetrVG 1972 Altersversorgung, Bl. 4, 5; *Molkenbur/Roßmanith*, AuR 1990, S. 333, 335. Vgl. zu den Rechtsfolgen eines Mitbestimmungsverstoßes unten S. 77 ff.

[188] BAG, Urteil vom 26.4.1988, AP Nr. 16 zu § 87 BetrVG 1972 = NZA 1989, S. 219, 220. *Andresen/Förster/Rößler/Rühmann*, Teil 8 C, Rn. 28, sehen in dieser Entscheidung, in der das BAG ein Mitbestimmungsrecht des Betriebsrats bei der Verteilung der gekürzten Mittel im Rahmen der Aufstellung eines neuen Leistungsplans nach § 87 Abs. 1 Nr. 10 BetrVG annimmt, eine „Tendenz des BAG, auch eine bloße Schließung des Versorgungswerkes der Mitbestimmung des Betriebsrates zu unterwerfen." Die Kritik ist jedoch vor dem Hintergrund, dass das BAG in erwähnter Entscheidung zwischen mitbestimmungsfreiem Entscheidungsspielraum des Arbeitgebers und daneben bestehenden Mitbestimmungsrechten differenziert, unberechtigt.

[189] BAG, Beschlüsse vom 12.6.1975, AP Nr. 1-3 zu § 87 BetrVG 1972 Altersversorgung = BB 1975, S. 1063, 1064; Beschluss vom 13.7.1978, AP Nr. 5 zu § 87 BetrVG 1972 Altersversorgung = DB 1978, S. 2129, 2139; GK-*Wiese*, BetrVG, § 87 Rn. 841 f.; ErfK-*Kania*, § 87 BetrVG Rn. 111; *Andresen/Förster/Rößler/Rühmann*, Teil 8 C, Rn. 26; Jaeger/Röder/Heckelmann-*Hesse*, Kapitel 17, Rn. 15.

[190] *Birk*, Mitbestimmung, S. 144 ff.; DKK-*Klebe*, BetrVG, § 87 Rn. 259; bezüglich der freiwilligen Gewährung von Zulagen: *Schirge/Trittin*, AiB 1990, S. 227, 241; *Herbst*, DB 1987, S. 738, 740; ähnlich *Herbst/Scholl*, AiB 1990, S. 119, 120, für die Mitbestimmung des Betriebsrats bei der Schließung einer Betriebskantine.

[191] *Herbst*, DB 1987, S. 738, 740; DKK-*Klebe*, BetrVG, § 87 Rn. 259, mit Verweis auf die Rechtsprechung zum Widerruf von übertariflichen Zulagen. Nach dieser wird ein Mitbestimmungsrecht dann ausgelöst, wenn Kürzung und Neuverteilung der Zulage auf einer einheitlichen Konzeption des Arbeitgebers beruht, vgl. BAG, Urteil vom 21.1.2003, AP Nr. 118 zu § 87 BetrVG 1972 Lohngestaltung, unter II.2.a) der Gründe = NZA 2003, S. 1056; Beschluss vom 14.2.1995, AP Nr. 72 zu § 87 BetrVG 1972 Lohngestaltung =

betrieblichen Altersversorgung jedoch in den Bereich der unternehmerischen Entscheidungsfreiheit fällt, ist diese Ansicht abzulehnen. Insbesondere auf Grund konjunkturbedingt schwankender Unternehmenserträge wird diese Freiheit in ihrem Kernbereich eingeschränkt, da die Ausübung von Beteiligungsrechten des Betriebsrates in letzter Konsequenz dazu führen kann, dass der Arbeitgeber durch die Aufrechterhaltung von freiwilligen Versorgungsleistungen gehalten wird, den Betrieb ggf. vollständig einzustellen. Soweit bereits Vertrauen in die Versorgungsleistung begründet wurde, besteht für die betroffenen Arbeitnehmer insbesondere durch die Vorschriften des BetrAVG und die Rechtsprechung des Bundesarbeitsgerichtes hinreichender kollektivrechtlicher Schutz. So kann die Schließung der betrieblichen Altersversorgung in der Regel nur dergestalt erfolgen, dass neu eintretenden Arbeitnehmern keine Versorgungszusage mehr erteilt wird.[192] Soweit Abschaffung und Neueinrichtung eines betrieblichen Versorgungswerkes in einem engen Zusammenhang stehen, kann ausnahmsweise auch bei der Abschaffung von Versorgungsleistungen ein Mitbestimmungsrecht angenommen werden, wenn andernfalls zwingende Beteiligungsrechte des Betriebsrates umgangen würden. Bei der Beurteilung, ob ein solcher Zusammenhang besteht, können die vom BAG entwickelten Grundsätze zum Mitbestimmungsrecht bei der Anrechnung und Neugewährung übertariflicher Zulagen herangezogen werden.[193] Danach wird ein das Mitbestimmungserfordernis auslösender unmittelbarer Zusammenhang zwischen Einstellung und Neuzusage der Leistung angenommen, wenn der Arbeitgeber im Rahmen eines einheitlichen Konzeptes bereits bei der Schließung plant, hierdurch eingesparte Mittel als neue Versorgungsleistung an die Arbeitnehmer auszuschütten.[194]

Teilweise wird dem Betriebsrat zugestanden, dass er sich für das jeweilige Geschäftsjahr auf die Weitergewährung der Mittel durch den Arbeitgeber verlassen kann, wenn der Arbeitgeber die beabsichtigte Schließung des Versorgungswerkes oder eine Reduzierung der dafür zur Verfügung gestellten Mittel nicht innerhalb einer angemessenen Frist im Vorfeld ankündigt.[195] Diese zeitliche Beschränkung lässt sich jedoch nicht dem Gesichtspunkt des Vertrauensschutzes entnehmen, wie dies insbesondere *Moll* folgert. Soweit durch die Leistungsgewährung durch den Arbeitgeber ein schutzwürdiges

---

NZA 1995, S. 795 f.; Beschluss vom 22.10.1985, AP Nr. 18 zu § 87 BetrVG 1972 Lohngestaltung = NZA 1986, S. 299, 300.

[192] Vgl. *Griebeling/Griebeling*, BetrAV, Rn. 890.

[193] So auch DKK-*Klebe*, BetrVG, § 87 Rn. 259.

[194] Vgl. BAG, Beschluss vom 17.1.1995, AP Nr. 71 zu § 87 BetrVG 1972 Lohngestaltung = NZA 1995, S. 792, 793 f.

[195] *Moll*, Mitbestimmung, S. 105 f.; *Hanau*, BB 1973, S. 1274, 1275; *Herbst/Scholl*, AiB 1990, S. 119, 120 (bezüglich einer Betriebskantine).

Vertrauen geschaffen wurde, kann dies für die betroffenen Arbeitnehmer nur nach allgemeinen Grundsätzen berücksichtigt werden.[196] Einschränkungen der Entscheidungsfreiheit des Arbeitgebers über die Schließung der Sozialeinrichtung können sich in kollektivrechtlicher Hinsicht allenfalls bei Vorliegen besonderer Umstände ergeben. So kann der Arbeitgeber an eine freiwillige Betriebsvereinbarung gebunden sein, die die Voraussetzung für die Auflösung der Sozialeinrichtung festlegt. Soweit die Arbeitnehmer Eigenleistungen zur Sozialeinrichtung erbringen, kann der Arbeitgeber die Sozialeinrichtung nicht einseitig schließen, sondern muss den Arbeitnehmern die Möglichkeit einräumen, durch eigene Beitragsleistungen das Versorgungswerk fortzuführen.[197]

cc. Dotierungsrahmen

Mit der Entscheidung über den Gesamtumfang der Versorgungsleistung legt der Arbeitgeber den sog. Dotierungsrahmen fest.[198] Dabei kann er nicht nur frei darüber entscheiden, in welcher Höhe er Mittel für die betriebliche Altersversorgung zur Verfügung stellt, sondern auch in welcher Form er die Finanzierung vornimmt, etwa durch monatliche Leistung oder durch zur Verfügung Stellung eines ausreichenden Grundkapitals.[199] Ebenso wenig unterliegt die Verringerung des Dotierungsrahmens einem Mitbestimmungsrecht des Betriebsrates.[200] Der Dotierungsrahmen ist entscheidendes Kriterium zur Abgrenzung des mitbestimmungsfreien Entscheidungsspielraums des Arbeitgebers zum Regelungsbereich, der der erzwingbaren Mitbestimmung des Betriebsrats unterliegt. Eine Entscheidung, die im Rahmen der Durchführung einer betrieblichen Altersversorgung getroffen wird, wie beispielsweise die Aufstellung eines Leistungsplans, unterliegt nur dann einem möglichen Mitbestimmungsrecht des Betriebsrates, wenn sie im Ergebnis die Höhe des Dotierungsrahmens unverändert lässt.[201]

---

[196] GK-*Wiese*, BetrVG, § 87 Rn. 713.

[197] So *Richardi*, BetrVG, § 87 Rn. 672; *Moll*, Mitbestimmung, S. 105.

[198] Vgl. BAG, Beschlüsse vom 12.6.1975, AP Nr. 1-3 zu § 87 BetrVG 1972 Altersversorgung = BB 1975, S. 1063, 1064. Der 3. Senat des Bundesarbeitsgerichtes übernimmt hier einen Begriff, der vom 1. Senat bzgl. der Mitbestimmung bei der Einrichtung von Werkmietwohnungen (BAG, Beschluss vom 13.3.1973, AP Nr. 1 zu § 87 BetrVG 1972 Werkmietwohnungen) geprägt wurde.

[199] BAG, Beschluss vom 13.7.1978, AP Nr. 5 zu § 87 BetrVG 1972 = DB 1978, S. 2129, 2130; *Richardi*, BetrVG, § 87 Rn. 630; *Preis*, Individualarbeitsrecht, § 30 I.

[200] BAG, Beschluss vom 13.7.1978, AP Nr. 5 zu § 87 BetrVG 1972 = DB 1978, S. 2129, 2130; Urteil vom 11.12.2001, AP Nr. 43 zu § 1 BetrAVG Ablösung = NZA 2003, S. 1407, 1413.

[201] Vgl. BAG, Beschlüsse vom 12.6.1975, AP Nr. 1-3 zu § 87 BetrVG 1972 Altersversorgung = BB 1975, S. 1062, 1064; *Heubeck*, BetrAV 1985, S. 189 f.; *Sieber*, BB 1976,

Offen gelassen hat die Rechtsprechung die Frage, wie der Umfang des Dotierungsrahmens zu bestimmen ist. Unter diesem Begriff ist die Gesamtheit der finanziellen Aufwendungen, die der Arbeitgeber im Rahmen der betrieblichen Altersversorgung zu erbringen hat, zu verstehen.[202] Zum Zeitpunkt der Versorgungszusage kann seine Höhe aber nur im Rahmen einer Prognose ermittelt werden, da er von einer Vielzahl ungewisser Faktoren, wie etwa Lohndynamik, Erlebenswahrscheinlichkeit oder Lebenshaltungsindex als Maßstab der Anpassung von Rentenleistungen, abhängig ist.[203] In Praxis und Literatur haben sich unter Berücksichtigung dieser Besonderheit einige Berechnungsmethoden herausgebildet, die zur Bestimmung des zu erwartenden künftigen Versorgungsaufwandes einer betrieblichen Altersversorgung geeignet sind: Nach der sog. Barwertmethode wird der Umfang der künftigen Versorgungszahlungen durch eine versicherungsmathematische Berechnung ermittelt, bei der die maßgeblichen Einflussgrößen, wie Erlebenswahrscheinlichkeit, Lohndynamik, unter Zugrundelegung statistischer Beobachtungen berücksichtigt werden.[204] In der Regel wird dabei auf einen zu einem bestimmten Stichtag vorhandenen Kreis versorgungsberechtigter Personen abgestellt („geschlossener Bestand"), da es dem Arbeitgeber jederzeit frei steht, das Versorgungswerk mitbestimmungsfrei zu schließen.[205]. Vereinzelt werden für bestimmte Durchführungswege auch andere Berechnungsmethoden empfohlen. So kann bei einer Direktversicherung, einer Pensionskasse oder einem Pensionsfonds auch die dem Arbeitgeber in einem bestimmten Zeitraum obliegende Bei-

---

S. 367, 368. Daneben ist die Bestimmung des Dotierungsrahmens bei der Abänderung von Versorgungszusagen, die auf Betriebsvereinbarungen, Gesamtzusagen oder anderen vertraglichen Einheitsregelungen beruhen, relevant, da insoweit auf einen kollektiven Günstigkeitsvergleich abgestellt wird, vgl. *Andresen/Förster/ Rößler/Rühmann*, Teil 8 C, Rn. 52; *Ahrend/Dernberger/Rößler*, BB 1988, S. 333; *Höfer/Kisters-Kölkes/Küpper*, DB 1987, S. 1585, 1587, hierzu ausführlich unten S. 221 f.

[202] *Heubeck*, BetrAV 1989, S. 189, 190; *Höfer/Küpper*, BB 1982, S. 565, 574.

[203] *Blomeyer/Otto*, BetrAVG, Anh § 1 Rn. 389; *Sieber*, BB 1976, S. 367, 368; *Heubeck*, BetrAV 1989, S. 189, 190 f.

[204] *Andresen/Förster/Rößler/Rühmann*, Teil 8 C, Rn. 66; *Blomeyer/Otto*, BetrAVG, Anh § 1 Rn. 390; *Höfer/Kisters-Kölkes/Küpper*, DB 1987, S. 1585, 1587; *Höfer/Küpper*, BB 1982, S. 565, 574 f. Soweit der Arbeitgeber eine Leistungszusage über eine konkrete Versorgungszahlung abgibt, muss, um den Lastwert dieser Zahlungen, die aufgrund der verschiedenen Renteneintrittszeitpunkte der Bezugsberechtigten zu unterschiedlichen Zeitpunkten fällig werden, zu ermitteln, die einzelne Versorgungsleistung jeweils auf den für die Barwertberechnung maßgeblichen Stichtag abgezinst werden, *Höfer/Küpper*, BB 1982, S. 565, 574 f.;

[205] *Höfer*, BetrAVG, ART Rn. 1047; *Andresen/Förster/Rößler/Rühmann*, Teil 8 C, Rn. 90; *Höfer/Küpper*, BB 1982, S. 565, 574 f.; *Ahrend/Dernberger/Rößler*, BB 1988, S. 333, 334. Daneben enthält die Bestimmung des Dotierungsrahmens bei „offenem Bestand" weitere Unsicherheiten, da die Berücksichtigung der Personalfluktuation eine nur sehr schwer zu prognostizierende Größe darstellt.

tragslast berücksichtigt werden.[206] Nur bedingt geeignet ist die Soll-Rückstellungsmethode; die im Rahmen einer unmittelbaren Versorgungszusage zur Bestimmung des Dotierungsrahmen die zum Bilanzstichtag höchstzulässigen Pensionsrückstellungen des Unternehmens heran zieht. Diese berücksichtigen zunächst den künftigen Versorgungsaufwand des Arbeitgebers nur unvollständig, da etwa Versorgungsverpflichtungen gegenüber unter 28-jährigen Anwärtern nicht in die Berechnung einfließen.[207] Außerdem wirken sich Veränderungen künftiger Versorgungsleistungen nicht in dem Maße auf die Höhe der zulässigen Pensionsrückstellungen aus wie sie im Auszahlungszeitpunkt den finanziellen Versorgungsaufwand des Arbeitgebers betreffen.[208] Letztlich kann – zumindest hinsichtlich eines Vergleichs von Dotierungsrahmen – die Methode zurückstehen, wenn sie geeignet ist, den künftigen Finanzierungsaufwand des Arbeitgebers verlässlich einzuschränken, und einheitlich auf die geplanten Versorgungsmodelle angewandt wird.[209]

dd. Wahl des Durchführungsweges

Die Entscheidungsfreiheit des Arbeitgebers, mittels welchem der fünf im BetrAVG vorgesehenen Durchführungswege er die betriebliche Altersversorgung realisieren möchte,[210] ergibt sich aus der freien Wahl des Dotierungsrahmens. Der vom Arbeitgeber gewählte Durchführungsweg bestimmt den finanziellen Aufwand, der für die Altersversorgung erforderlich ist.[211] So ergibt sich je nach Durchführungsweg auf Grund der unterschiedlichen Beitragsbesteuerung ein unterschiedlicher Finanzierungsaufwand des Arbeitgebers, um eine bestimmte zugesagte Versorgungsleistung zu erzielen. Ebenso fallen etwa bei Versorgung mittels einer Direktversicherung oder einer Pensionskasse grundsätzlich keine Insolvenzsicherungsprämien an, so dass dies die Versorgungsaufwendungen des Arbeitgebers im Vergleich zu den übrigen Durchführungswegen reduziert. Mit der Wahl des Durchführungsweges legt der Arbeiter auch das abgesicherte Versorgungsrisiko –

---

[206] *Höfer*, BetrAVG, ART Rn. 1050. Diese Methode dürfte, da sie ebenfalls den finanziellen Versorgungsaufwand des Arbeitgebers beschreibt, aber kaum Abweichungen von der Barwertmethode mit sich bringen, vgl. *Andresen/Förster/Rößler/Rühmann*, Teil 8 C, Rn. 50; *Blomeyer/Otto*, BetrAVG, Anh § 1 Rn. 390.

[207] *Höfer*, BetrAVG, ART Rn. 1049.

[208] *Andresen/Förster/Rößler/Rühmann*, Teil 8 C, Rn. 56; *Ahrend/Dernberger/Rößler*, BB 1983, S. 333, 336; *Blomeyer/Otto*, BetrAVG, Anh § 1 Rn. 391.

[209] *Blomeyer/Otto*, BetrAVG, Anh § 1 Rn. 389.

[210] Im Rahmen des Anspruchs auf Entgeltumwandlung beschränkt sich der Entscheidungsspielraum des Arbeitgebers gemäß § 1a Abs. 3 BetrAVG auf die Durchführungswege der Pensionskasse, des Pensionsfonds und der Direktversicherung.

[211] *Andresen/Förster/Rößler/Rühmann*, Teil 8 C, Rn. 123; *Blomeyer/Otto*, BetrAVG, Anh § 1 Rn. 394.

Alter, Invalidität, oder Tod – und damit letztlich seine mögliche Einstandspflicht fest.[212] Des Weiteren unterscheiden sich die einzelnen Versorgungsarten auch hinsichtlich ihrer steuer- und haftungsrechtlichen Behandlung und bieten – wie etwa der Durchführungsweg der Direktzusage[213] – unter betriebswirtschaftlichen Gesichtspunkten Liquiditätsvorteile. Unterstützungskasse verbunden mit Darlehensgewährung aus dem Kassenvermögen. Auch unter diesem Aspekt erklärt sich die Mitbestimmungsfreiheit der Wahl des Durchführungsweges, da es der unternehmerischen Entscheidung vorbehalten bleiben muss, denjenigen Durchführungsweg auszuwählen, der am ehesten den Anforderungen des Unternehmens, die etwa nach Größe, Vermögen und Struktur des jeweiligen Unternehmens variieren können, entspricht.[214] Dies folgt bereits allein aus der unterschiedlichen steuerrechtlichen Behandlung des Versorgungsaufwandes des Arbeitgebers.[215] Hinzu treten weitere Faktoren, wie z.B. Beitragspflicht zur gesetzlichen Insolvenzsicherung[216], Haftung für Versorgungsleistungen[217], durch die sich die einzelnen Durchführungswege auch in tatsächlich bedeutsamer Weise unterscheiden. Da so der finanzielle Aufwand des Arbeitgebers und damit die Höhe des – mitbestimmungsfreien – Dotierungsrahmens bestimmt wird, sind vereinzelte An-

---

[212] BAG, Beschluss vom 29.7.2003, AP Nr. 18 zu § 87 BetrVG 1972 Sozialeinrichtung, unter B.II.1. der Gründe = DB 2004, S. 883.

[213] Da der Versorgungsaufwand für die Direktzusagen zunächst als Pensionsrückstellung gewinnmindernd berücksichtigt werden kann und sich der Gewinn so erst bei Auszahlung der Betriebsrente realisiert, profitiert der Arbeitgeber im Ergebnis von einer Steuerstundung. Dadurch können Liquiditäts- und Zinsvorteile erzielt werden, vgl. Küttner-*Macher*, Betriebliche Altersversorgung Rn. 169; *Andresen/Förster/Rößler/ Rühmann*, Teil 3, Rn. 46 ff.

[214] Vgl. BAG, Beschlüsse vom 12.6.1975, AP Nr. 1-3 zu § 87 BetrVG 1972 Altersversorgung = DB 1975, S. 1063, 1064; *Molkenbur/Roßmanith*, AuR 1990, S. 333, 334; *Höfer*, BetrAVG, ART Rn. 1056.

[215] Im Grundsatz können Vorsorgebeiträge an eine Direktversicherung, einen Pensionsfonds oder eine Pensionskasse vollumfänglich als Betriebsausgabe geltend gemacht werden, soweit die Zahlung des Arbeitgebers betrieblich veranlasst ist, und ermöglichen so eine voll steuerlich zu berücksichtigende Anwartschaftsfinanzierung. Bei einer Durchführung über eine Direktzusage können Pensionsrückstellungen nach Maßgabe von § 6a EStG gebildet werden. Bei der Durchführung über eine Unterstützungskasse kann in der Anwartschaftsphase nur ein sog. Reservepolster gebildet werden und erst in der Leistungsphase der Versorgungsaufwand vollständig als Betriebsausgabe berücksichtigt werden, vgl. Küttner-*Macher*, Betriebliche Altersversorgung, Rn. 120 f.; *Blomeyer/Otto*, BetrAVG, StR Rn. 28 ff.

[216] Gemäß § 7 Abs. 1 S. 1 und 2 BetrAVG muss der Arbeitgeber bei Durchführung der betrieblichen Altersversorgung über eine Direktzusagen, eine Unterstützungskasse oder einen Pensionsfonds Beiträge zur Insolvenzsicherung zahlen. Beitragsfreiheit besteht hingegen bei Pensionskassen und Direktversicherungen mit unwiderruflichem Bezugsrecht.

[217] Im Gegensatz zur Direktzusage, für die der Arbeitgeber grundsätzlich mit dem Betriebsvermögen einstehen muss, kommen bei den übrigen Durchführungswegen die eingeschalteten Versorgungsträger neben dem Arbeitgeber für die Versorgungsleistungen auf.

sichten, die dem Betriebsrat bei der Wahl des Durchführungsweges ein Mitbestimmungsrecht einräumen[218], abzulehnen.

Die freie Wahl des Durchführungsweges eröffnet dem Arbeitgeber des Weiteren die Möglichkeit, innerhalb eines Durchführungsweges den Versorgungsträger zu bestimmen. So kann er z.B. bei Durchführung über eine Direktversicherung das Versicherungsunternehmen auswählen.[219] Diese Grundsätze zur Auswahl des Versorgungsträgers gelten auch bei einem Wechsel des Durchführungsweges, der ebenfalls regelmäßig nicht einem Mitbestimmungsrecht des Betriebsrates unterliegt.[220] So kann der Arbeitgeber, der Versorgungsleistungen mittels einer Direktversicherung finanziert, mitbestimmungsfrei den Versicherungsträger wechseln.[221] Des Weiteren steht es dem Arbeitgeber frei, mehrere Durchführungswege zu verbinden oder im Rahmen einer Direktzusage oder der Versorgung durch eine Unterstützungskasse eine Rückdeckungsversicherung abzuschließen.[222]

ee. Begünstigter Personenkreis

Schließlich ist der Arbeitgeber frei, den begünstigten Arbeitnehmerkreis der betrieblichen Altersversorgung in abstrakter Form zu bestimmen. Dieser Gesichtspunkt ist eng verbunden mit dem besonderen Zweck der Versorgungsleistung, den der Arbeitgeber festsetzt und der im Rahmen der Gewährung

---

[218] *Birk*, Mitbestimmung, S. 180 ff.; *Moll*, Mitbestimmung, S. 106. *Furier*, AiB 1999, S. 197, 200, räumt dem Arbeitgeber diese Entscheidungsfreiheit nur ein, wenn die unterschiedlichen Versorgungsformen auch tatsächlich voneinander abweichende Auswirkungen auf die Unternehmenssituation haben oder der Arbeitgeber andere sachlich erhebliche Gründe für seine Auswahl vorweisen kann.

[219] BAG, Beschluss vom 16.2.1993, AP Nr. 19 zu § 87 BetrVG 1972 Altersversorgung = NZA 1993, S. 953; Beschluss vom 29.7.2003, AP Nr. 18 zu § 87 BetrVG 1972 Sozialeinrichtung = DB 2004, S. 883.

[220] FESTL, BetrVG, § 87 Rn. 457; GK-*Wiese*, BetrVG, § 87 Rn. 852; *Langohr-Plato*, BetrAV, Rn. 1489. Zu berücksichtigen ist in diesem Zusammenhang jedoch, dass auf individualrechtlicher Ebene ein Wechsel des Durchführungsweges ohne die Zustimmung des Arbeitnehmers praktisch nicht möglich ist, vgl. *Andresen/Förster/Rößler/ Rühmann*, Teil 12, Rn. 21 ff. Daneben kann der Durchführungsweg ohne die Mitbestimmung des Betriebsrates nur gewechselt werden, wenn der ursprüngliche Leistungsplan bzw. Dotierungsrahmen dabei erhalten bleibt, vgl. *Höfer*, BetrAVG, ART 1058. Der Wechsel des Durchführungswegs wird dabei in praktischer Hinsicht erschwert, wenn zwischen Durchführungswegen gewechselt wird, die auf Grund abweichender rechtlicher Grundlagen bei der Bestimmung des Dotierungsrahmens von unterschiedlichen Bemessungsgrundsätzen ausgehen, vgl. oben S. 50 ff.

[221] BAG, Beschluss vom 16.2.1993, AP Nr. 19 zu § 87 BetrVG 1972 Altersversorgung = NZA 1993, S. 953, 954. *Otto*, EwiR 1993, S. 949, 950, bezeichnet diesen Punkt als "notwendigen Annex" der Entscheidungsfreiheit über den Durchführungsweg.

[222] *Andresen/Förster/Rößler/Rühmann*, Teil 8 C, Rn. 124.

von freiwilligen Leistungen regelmäßig ebenso mitbestimmungsfrei ist.[223] So kann der Arbeitgeber z.B. ein besonderes Berufsrisiko[224] oder besondere Betriebstreue zum Anknüpfungspunkt der betrieblichen Altersversorgung machen. Die mit der freien Zwecksetzung verbundene Bestimmung des begünstigten Personenkreises wird in der Literatur zu Recht als unscharf kritisiert.[225] Da grundsätzlich jede Leistungsvoraussetzung ihren Zweck hat, kann jede Versorgungsregelung mit dem Verweis auf die freie Zweckbestimmung der zwingenden Mitbestimmung des Betriebsrats entzogen werden. So können z.B. mit dem Zweck Versorgungsleistungen verstärkt zur Kompensation von Arbeitsunfällen und Berufskrankheiten zu gewähren, Altersrenten zu Gunsten von Invaliditätsrenten gekürzt werden. Nach der Rechtsprechung des Bundesarbeitsgerichtes können sogar bestimmte Wartezeiten als Anspruchsvoraussetzung einer Versorgungsleistung mitbestimmungsfrei festgelegt werden, wenn darin der Zweck zum Ausdruck kommt, dass die Betriebstreue des Arbeitnehmers honoriert werden soll.[226] Hierdurch werden jedoch gleichzeitig Kriterien festgelegt, wie der Dotierungsrahmen zu Gunsten einzelner Arbeitnehmergruppen oder konkreter Arbeitnehmer aufgeteilt wird, und damit bereits Fragen der Leistungsgestaltung betroffen, die dem Mitbestimmungsrecht des Betriebsrats unterliegen.[227] Daher kann der Arbeitgeber die Gewährung betrieblicher Altersversorgung nicht auf einzelne Arbeitnehmergruppen beschränken. Die Freiheit, den Dotierungsrahmen zu bestimmen, kann nur einheitlich für die gesamte betriebliche Altersversorgung verwirklicht werden.[228] Die abstrakte Festlegung des von der Altersversorgung begünstigten Personenkreis findet damit ihre Grenze, wenn durch sie mitbestimmungspflichtige Entscheidungen – insbesondere hinsichtlich der Verteilungsgrundsätze – betroffen werden. So ist es dem Arbeitgeber auch verwehrt, für verschiedene Arbeitnehmergruppen unterschiedliche Dotierungsrahmen aufzustellen.[229]

---

[223] BAG, Beschlüsse vom 12.6.1975, AP Nr. 1-3 zu § 87 BetrVG 1972 Altersversorgung = BB 1975, 1062 ff.; Beschluss vom 29.7.2003, AP Nr. 18 zu § 87 BetrVG 1972 Sozialeinrichtung = DB 2004, S. 883.; GK-*Wiese*, BetrVG, § 87 Rn. 853; MünchHb-*Matthes*, § 341 Rn. 37; *Dieterich*, NZA 1984, S. 273, 275.

[224] Hier nennt das BAG, Beschlüsse vom 12.6.1975, AP Nr. 1-3 zu § 87 BetrVG 1972 Altersversorgung = BB 1975, 1062 ff., beispielhaft Arbeiter unter Tage oder Außendienstmitarbeiter.

[225] *Dieterich*, NZA 1984, S. 273, 275; *Molkenbur/Roßmanith*, AuR 1990, S. 333, 335; vgl. in Bezug auf die freiwillige Gewährung übertariflicher Zulagen: DKK-*Klebe*, BetrVG, § 87 Rn. 259b; *Schirge/Trittin*, AiB 1990, S. 227; *Herbst*, DB 1987, S. 738, 740; differenzierend auch: MünchHb-*Matthes*, § 341 Rn. 37.

[226] BAG, Beschluss vom 12.6.1975, AP Nr. 1 zu § 87 BetrVG 1972 Altersversorgung, unter II.B.6.d) der Gründe = BB 1975, S. 1075.

[227] Siehe zum Inhalt der zwingenden Mitbestimmung unten S. 64 ff.

[228] *Molkenbur/Roßmanith*, AuR 1990, S. 333, 335.

[229] MünchHb-*Matthes*, § 341 Rn. 37; *Dieterich*, NZA 1984, S. 273, 275; *Molkenbur/Roßmanith*, AuR 1990, S. 333, 335; DKK-*Klebe*, BetrVG, § 87 Rn. 259b; *Schirge/Trittin*,

Eine weitere Grenze findet die Arbeitgeberentscheidung hinsichtlich des begünstigten Personenkreises gemäß § 75 Abs. 1 BetrVG durch den in den Grundsätzen von Recht und Billigkeit enthaltenen Gleichbehandlungsgrundsatz, der im Übrigen in § 1b Abs. 1 S. 4 BetrAVG für die betriebliche Altersversorgung spezialgesetzlich ausgeprägt ist.[230]

b. Betriebliche Sozialeinrichtung, § 87 Abs. 1 Nr. 8 BetrVG

aa. Anwendungsbereich

Im Bereich der betrieblichen Altersversorgung kommt eine Mitbestimmung des Betriebsrates unter dem Gesichtspunkt der "Form, Ausgestaltung und Verwaltung von Sozialeinrichtungen" nach § 87 Abs. 1 Nr. 8 BetrVG in Betracht. Da die Versorgungsleistungen einer Sozialeinrichtung grundsätzlich auch als Arbeitslohn qualifiziert werden können, besteht bei diesem Mitbestimmungstatbestand ein Konkurrenzverhältnis zu der Fragen der betrieblichen Lohngestaltung betreffenden Vorschrift des § 87 Abs. 1 Nr. 10 BetrVG. Nach der überwiegenden Auffassung wird dabei § 87 Abs. 1 Nr. 10 BetrVG als Grundtatbestand nur dann angewandt, wenn die Leistung nicht über eine Sozialeinrichtung erbracht wird. § 87 Abs. 1 Nr. 8 BetrVG ist daher lex specialis.[231] Demgegenüber will *Matthes* eine Differenzierung nach dem jeweiligen Regelungsgegenstand vornehmen: Soweit allein die Ausgestaltung der Leistung betroffen ist, ergebe sich das Mitbestimmungsrecht aus § 87 Abs. 1 Nr. 10 BetrVG unabhängig davon, ob ihre Gewährung durch eine Sozialeinrichtung erfolgt. § 87 Abs. 1 Nr. 8 BetrVG komme damit nur zur Anwendung, wenn ausschließlich Fragen von Form, Ausgestaltung und Verwaltung der Sozialeinrichtung betroffen sind. Diese Unterscheidung könne insbesondere für die Durchführung der Mitbestimmung und die mit der Verletzung von Mitbestimmungsrechten verbundenen Rechtsfolgen zu unter-

---

AiB 1990, S. 227; *Herbst*, DB 1987, S. 738, 740; *Schaub*, ArbR-Hb, § 81 Rn. 358, *ders.*, AuR 1992, S. 193, 196; andere Ansicht: *Andresen/Förster/ Rößler/Rühmann*, Teil 8 C, Rn. 105 u. 136, die grundsätzlich von der Zulässigkeit unterschiedlicher Dotierungsrahmen für unterschiedliche Arbeitnehmergruppen ausgehen, soweit dies mit dem Gleichbehandlungsgrundsatz vereinbar und nicht zur Umgehung von zwingenden Beteiligungsrechten bezweckt ist.

230 *Andresen/Förster/Rößler/Rühmann*, Teil 8 C Rn. 135; zu den Auswirkungen des Gleichbehandlungsgrundsatzes auf individualrechtlicher Ebene, vgl. S. 91 ff.

231 BAG, Beschluss vom 9.12.1980, AP Nr. 5 zu § 87 BetrVG 1972 Lohngestaltung = DB 1981, S. 996, 997; Beschluss vom 16.6.1998, AP Nr. 92 zu § 87 BetrVG 1972 Lohngestaltung = NZA 1998, S. 1185, 1187; Urteil vom 11.7.2000 AP Nr. 16 zu § 87 BetrVG 1972 Sozialeinrichtung = NZA 2001, S. 462; *Dieterich*, NZA 1984, S. 273, 274; *Jahnke*, ZfA 1980, S. 863, 886 ff.; DKK-*Klebe*, BetrVG, § 87 Rn. 207; GK-*Wiese*, BetrVG, § 87 Rn. 676; FESTL, BetrVG, § 87 Rn. 332; HSWG-*Worzalla*, BetrVG, § 87 Rn. 391.

schiedlichen Ergebnissen führen.[232] Diese Ansicht führt jedoch angesichts der weitgehend übereinstimmenden Rechtsfolgen der Mitbestimmungstatbestände zu praktischen und unverhältnismäßigen Abgrenzungsschwierigkeiten, wenn Fragen der Leistung und der Verwaltung einer Sozialeinrichtung nur schwer voneinander zu trennen sind. Überdies bestünde die Gefahr, dass bei extensiver Anwendung des § 87 Abs. 1 Nr. 10 BetrVG der Anwendungsbereich des § 87 Abs. 1 Nr. 8 BetrVG leer laufe. Das Verhältnis dieser Vorschriften als General- und Spezialnorm ist damit aufrechtzuerhalten.

Der Begriff der Sozialeinrichtung setzt voraus, dass die vom Arbeitgeber zugesagten Sozialleistungen aus einem zweckgebundenen, besonders zu verwaltenden Sondervermögen erbracht werden.[233] Dies erklärt auch das Erfordernis des speziellen Mitbestimmungstatbestandes, da mit der Verwaltung dieses Sondervermögens im Vergleich zur unmittelbaren Leistungsgewährung durch den Arbeitgeber zusätzliche Regelungsprobleme verbunden sind.[234] Damit be-

---

[232] MünchHb-*Matthes*, § 339 Rn. 3 ff., 58 ff. So müsse die Änderung des Leistungsplans auch bei Durchführung über eine selbstständige Sozialeinrichtung stets zwischen Betriebsrat und Arbeitgeber und nicht im entsprechenden Vertretungsorgan der Sozialeinrichtung im Rahmen der Mitbestimmung nach § 87 Abs. 1 Nr. 8 BetrVG ausgehandelt werden. Ein Beschluss dieses Vertretungsorgans über die Ausgestaltung des Leistungsplans, der trotz fehlender Mitwirkung des Betriebsrats wirksam sei, entfalte damit aber keine Wirkung gegenüber dem einzelnen Arbeitnehmer, da insoweit ein Beschluss zwischen Betriebsrat und Arbeitgeber nach § 87 Abs. 1 Nr. 10 BetrVG erforderlich ist (so MünchHb-*Matthes*, § 339 Rn. 60). *Matthes* verkennt jedoch hier die Auffassung der Rechtsprechung und des wohl überwiegenden Teils der Literatur, nach der auch die mitbestimmungswidrige Entscheidung des Vertretungsorgans der Sozialeinrichtung gegenüber dem Arbeitnehmer keine Wirksamkeit entfaltet (Vgl. BAG, Urteil vom 26.4.1988, AP Nr. 16 zu § 87 BetrVG Altersversorgung = NZA 1989, S. 219, 221, unter ausdrücklicher Aufgabe des Beschlusses vom 13.7.1978, AP Nr. 5 zu § 87 BetrVG 1972 Altersversorgung = DB 1978, S. 2129; *Hanau*, AP Nr. 5 zu § 87 BetrVG 1972 Altersversorgung, Bl. 4, 7 f.; FESTL, BetrVG, § 87 Rn. 377; DKK-*Klebe*, BetrVG, § 87 Rn. 225; GK-*Wiese*, BetrVG, § 87 Rn. 750). Damit ist auch vor diesem Hintergrund die von *Matthes* vorgeschlagene Differenzierung nicht erforderlich.

[233] BAG, Beschlüsse vom 12.6.1975, AP Nr. 1-3 zu § 87 BetrVG 1972 Altersversorgung = BB 1975, S. 1062 ff.; Beschluss vom 9.12.1980, AP Nr. 5 zu § 87 BetrVG 1972 Lohngestaltung = DB 1981, S. 996, 997; Urteil vom 9.7.1985, AP Nr. 16 zu § 75 BPersVG = DB 1986, S. 230; Urteil vom 24.4.1986, AP Nr. 7 zu § 87 BetrVG 1972 Sozialeinrichtung = NZA 1987, S. 100; ebenso die Rechtsprechung des BAG zur Vorgängerregelung des § 56 Abs. 1 lit. e BetrVG 1952, der den Begriff der "Wohlfahrtseinrichtung" verwendet, inhaltlich aber durch das BetrVG 1972 keine tatbestandliche Erweiterung erfahren hat: BAG, Beschluss vom 15.5.1957, AP Nr. 5 zu § 56 BetrVG 1952 = SAE 1957, S. 185; Beschluss vom 6.12.1963, AP Nr. 6 zu § 56 BetrVG 1952 Wohlfahrtseinrichtungen = DB 1964, S. 154, 155; Beschluss vom 26.10.1965, AP Nr. 8 zu § 56 BetrVG 1952 Wohlfahrtseinrichtungen = DB 1966, S. 77 f.; vgl. HSWG-*Worzalla*, BetrVG, § 87 Rn. 390.

[234] Vgl. BAG, Beschluss vom 9.12.1980, AP Nr. 5 zu § 87 BetrVG 1972 Lohngestaltung = DB 1981, S. 996, 997; *Dieterich*, NZA 1984, S. 273, 274; HSWG-*Worzalla*,

darf die betriebliche Sozialeinrichtung zunächst eines besonderen sozialen Zwecks, auf den die Einrichtung ausgerichtet ist. Den betriebsangehörigen Arbeitnehmern muss in irgendeiner Form ein Vorteil gewährt werden, der nicht notwendigerweise materieller Art sein muss. Die Unentgeltlichkeit der Vorteilsgewährung ist ebenso wenig entscheidend wie die Uneigennützigkeit der Leistung durch den Arbeitgeber. So kann der Betrieb und die Inanspruchnahme von Leistungen der Sozialeinrichtung mit einer Nutzungsgebühr verbunden sein oder durch die Sozialeinrichtung Gewinn erwirtschaftet werden, wenn dem Arbeitnehmer noch gewollte Vorteile zukommen. Dies kann z.B. bei einer Betriebskantine, die von einem Dritten mit Gewinnerzielungsabsicht betrieben wird, die Gelegenheit sein, im Betrieb Mahlzeiten einzunehmen.[235]

Des Weiteren erfordert die Unterhaltung der Sozialeinrichtung ein bestimmtes Maß an "Institutionalisierung", die das Sondervermögen der Sozialeinrichtung eindeutig vom Betriebsvermögen des Arbeitgebers abgrenzt. Hierfür ist nach herkömmlicher Auffassung ein zweckgebundenes Sondervermögen mit abgrenzbarer, auf Dauer gerichteter besonderer Organisation, das eine rechtliche und tatsächliche Verwaltung verlangt, zu verstehen.[236] Dies ergebe sich aus dem Wortlaut des § 87 Abs. 1 Nr. 8 BetrVG: Von einer "Einrichtung" könne nämlich nur dann gesprochen werden, wenn bereits abgegrenzte sachliche und finanzielle Mittel sowie ein bestimmter Organisationsgrad vorhanden sind.[237] Überdies könne nur die Verwaltungseinheit, die die soziale Leistung erbringt, einen "Wirkungskreis" haben und nicht die Leistung selbst.[238] Demgegenüber wird teilweise allein auf die Existenz des zweckgebundenen Sondervermögens in der Gestalt, dass es einer Verwaltung zugänglich ist und einer solchen bedarf, abgestellt und auf das Erfordernis der eigen-

---

BetrVG, § 87 Rn. 391; Ähnlich *Jahnke*, ZfA 1980, S. 863, 886 f.

[235] MünchHb-*Matthes*, § 339 Rn. 10; FESTL, BetrVG, § 87 Rn. 338; GK-*Wiese*, BetrVG, § 87 Rn. 688; ErfK-*Kania*, § 87 BetrVG Rn. 69; *Herbst/Scholl*, AiB 1990, S. 119, 120 f.

[236] So bereits das BAG zu § 56 Abs. 1 lit. e BetrVG 1952: Beschluss vom 15.5.1957, AP Nr. 5 zu § 56 BetrVG 1952 = SAE 1957, S. 185; Beschluss vom 6.12.1963, AP Nr. 6 zu § 56 BetrVG 1952 Wohlfahrtseinrichtungen = DB 1964, S. 154, 155; Beschluss vom 26.10.1965, AP Nr. 8 zu § 56 BetrVG 1952 Wohlfahrtseinrichtungen = DB 1966, S. 77 f.; zu § 87 Abs. 1 Nr. 8 BetrVG 1972: BAG, Beschluss vom 18.3.1976, AP Nr. 4 zu § 87 BetrVG 1972 Altersversorgung = DB 1976, S. 1631, 1632; Beschluss vom 27.1.1998, AP Nr. 14 zu § 87 BetrVG 1972 Sozialeinrichtung = NZA 1998, S. 835; Beschluss vom 16.6.1998, AP Nr. 92 zu § 87 BetrVG 1972 Lohngestaltung = NZA 1998, S. 1185, 1187; DKK-*Klebe*, BetrVG, § 87 Rn. 207; *Richardi*, BetrVG, § 87 Rn. 603; *Höfer*, BetrAVG, ART Rn. 1102; *Wlotzke*, BetrVG, § 87 Anm. II.8.a); *Etzel*, Betriebsverfassungsrecht, Rn. 591; *Andresen/Förster/Rößler/Rühmann*, Teil 8 A, Rn. 10 f; *Hanau*, AP Nr. 4 zu § 87 BetrVG 1972 Altersversorgung, Bl. 4, 5.

[237] DKK-*Klebe*, BetrVG, § 87 Rn. 207.

[238] *Richardi*, BetrVG, § 87 Rn. 612.

ständigen Organisation verzichtet.[239] Zur Begründung wird ausgeführt, dass die Organisation der Sozialeinrichtung wesentliches und vor allen Dingen mitbestimmungspflichtiges Element ihrer Ausgestaltung sei. Sie könne damit nicht Tatbestandsmerkmal der Sozialeinrichtung als Anknüpfungspunkt für die Mitbestimmung sein, da sie der Errichtung der Sozialeinrichtung nachfolge und damit ihre Existenz voraussetze.[240] Dieser Auffassung ist zu Gute zu halten, dass zur Auslösung des Mitbestimmungserfordernisses eine eigenständige Organisation der Sozialeinrichtung nicht erforderlich ist. Das Beteiligungsrecht des Betriebsrats kann bereits dann eingreifen, wenn der Arbeitgeber die Entscheidung zur Errichtung einer solchen Einrichtung positiv getroffen hat und hierfür sachliche oder finanzielle Mittel aus dem Betriebsvermögen derart aussondert, dass eine abgrenzbare, verselbstständigte und zweckgebundene Vermögensmasse entsteht. Entscheidend ist, dass die Leistungsvergabe nicht mehr unmittelbar durch den Arbeitgeber erfolgt, sondern eine dritte Institution zwischengeschaltet wird. So ist ein Mitbestimmungsrecht nach § 87 Abs. 1 Nr. 8 BetrVG nicht gegeben, wenn Sozialleistungen nach allgemeinen Richtlinien aus laufenden Betriebsmitteln gewährt werden.[241]

Ausweislich des Gesetzeswortlauts umfasst das Mitbestimmungsrecht des Betriebsrates nur solche Einrichtungen, deren Wirkungskreis auf den Betrieb,

---

[239] GK-*Wiese*, BetrVG, § 87 Rn. 679; ErfK-*Kania*, § 87 BetrVG Rn. 68; FESTL, BetrVG, § 87 Rn. 340; MünchHb-*Matthes*, § 339 Rn. 9; Jaeger/Röder/Heckelmann-*Hesse*, Kapitel 17, Rn. 4; vgl. auch BAG, Urteil vom 9.7.1985, AP Nr. 16 zu § 75 BPersVG = DB 1986, S. 230; Beschluss vom 15.9.1987, AP Nr. 9 zu § 87 BetrVG 1972 Sozialeinrichtung = NZA 1988, S. 104.

[240] GK-*Wiese*, BetrVG, § 87 Rn. 679; MünchHb-*Matthes*, § 339 Rn. 9.

[241] Grundlegend BAG, Beschluss vom 9.12.1980, AP Nr. 5 zu § 87 BetrVG 1972 Lohngestaltung = DB 1981, S. 996, 997. In diesem Verfahren bewertete der Erste Senat die Vergabe zinsgünstiger Arbeitnehmerdarlehen aus den laufenden Betriebsmitteln zunächst als Sozialeinrichtung im Sinne von § 87 Abs. 1 Nr. 8 BetrVG. Dadurch sollte eine vermeintliche Regelungslücke der Mitbestimmungstatbestände geschlossen werden, da die Darlehensvergabe mit sonstigen betrieblichen Sozialleistungen so wenig vergleichbar sei, dass eine Angelegenheit der betrieblichen Lohngestaltung nach § 87 Abs. 1 Nr. 10 BetrVG nicht in Betracht komme. Damit setzte sich der Erste Senat in Widerspruch zur Rechtsprechung des Dritten Senates, legte diese Frage daraufhin konsequenterweise dem Großen Senat zur Entscheidung vor (BAG, Beschluss vom 13.2.1979, AP Nr. 2 zu § 87 BetrVG 1972 Sozialeinrichtung = DB 1979, S. 2495). Nach Antwort des Dritten Senates, der seine Rechtsprechung zu § 87 Abs. 1 Nr. 8 BetrVG 1972 insoweit aufgab, als dass er die analoge Anwendung dieses Tatbestandes auf soziale Leistungen des Arbeitgebers ohne entsprechendes Sondervermögen ermöglichte (BAG, Beschluss vom 24.1.1980, AP Nr. 3 zu § 87 BetrVG 1972 Sozialeinrichtung = DB 1980, 691), und Kritik aus der Lehre (*Hanau*, Arbeitsrechts-Blattei (1980), Betriebsverfassung XIV B, Nr. 40, Bl. 9 ff.; *Jahnke*, ZfA 1980, S. 863, 887 f.) gab der Erste Senat seine Auffassung auf und subsumierte die Frage der Darlehensvergabe nunmehr unter den Begriff der betrieblichen Lohngestaltung nach § 87 Abs. 1 Nr. 10 BetrVG.

das Unternehmen oder den Konzern beschränkt ist. In persönlicher Hinsicht bezieht sich dieser Wirkungskreis damit grundsätzlich allein auf die jeweils betriebs-, unternehmens- oder konzernangehörigen Arbeitnehmer.[242] Das Mitbestimmungsrecht entfällt jedoch nicht dadurch, dass der von der Sozialeinrichtung begünstigte Personenkreis im Einzelfall erweitert wird. So können Leistungen dieser Einrichtung auch dritten Personen zu Gute kommen, wenn ein hinreichender Bezug zum Betrieb besteht, wie etwa bei Familienangehörigen von Arbeitnehmern[243], unternehmensfremden Arbeitnehmer im Einvernehmen der Betriebspartner[244], oder leitenden Angestellten.[245] Ebenso wenig ist eine Erweiterung des persönlichen Wirkungsbereiches der Sozialeinrichtung unschädlich, wenn er vorübergehend und im überschaubaren Rahmen erfolgt. Sobald sich die Einrichtung aber einheitlich an einen unbestimmten Personenkreis richtet und der Arbeitgeber insoweit nicht mehr zwischen Arbeitnehmern und dritten Personen differenziert, handelt es sich nicht mehr um eine Sozialeinrichtung im Sinne von § 87 Abs. 1 Nr. 8 BetrVG. Dabei ist der Wirkungskreis der Sozialeinrichtung anhand ihres Zweckes zu ermitteln.[246] So schadet es der Eigenschaft einer Kantine als Sozialeinrichtung nicht, wenn Außenstehende sie gelegentlich als Gäste nutzen[247], wohl aber, wenn sie generell dem allgemeinen Publikumsverkehr offen steht[248].

In sachlicher Hinsicht muss sich der Wirkungskreis der Sozialeinrichtung jeweils auf die unternehmerische Einrichtung beschränken, in denen auf der jeweiligen Organisationsebene eine einheitliche Arbeitnehmervertretung, also durch den Konzern-, Gesamt- oder Einzelbetriebsrat, möglich ist. Gleichzeitig wird so auch die Zuständigkeitsordnung des entsprechenden Vertretungsorgans festgelegt. Bezieht sich der Wirkungskreis einer Sozialeinrichtung auf

---

[242] MünchHb-*Matthes*, § 339 Rn. 17; FESTL, BetrVG, § 87 Rn. 342 ff.; *Höfer*, BetrAVG, ART Rn. 1104.

[243] FESTL, BetrVG, § 87 Rn. 343; ErfK-*Kania*, § 87 BetrVG Rn. 70.

[244] BAG, 21.6.1979, AP Nr. 1 zu § 87 BetrVG 1972 Sozialeinrichtung = DB 1979, S. 2039, 2040. Im entschiedenen Fall war in der Satzung einer konzernweiten Versorgungskasse vorgesehen, dass mit Billigung des Konzernbetriebrats einzelne Arbeitnehmer „befreundeter Gesellschaften" als Mitglieder in die Kasse eintreten können. Hierdurch wird der Charakter der Kasse als Sozialeinrichtung im Sinne von § 87 Abs. 1 Nr. 8 BetrVG nicht beeinträchtigt.

[245] FESTL, BetrVG, § 87 Rn. 344, ein Mitbestimmungsrecht besteht in dieser Hinsicht jedoch dann nicht, wenn die Sozialeinrichtung ausschließlich leitenden Angestellten zu Gute kommt.

[246] BAG, Beschluss vom 21.6.1979, AP Nr. 1 zu § 87 BetrVG 1972 Sozialeinrichtung = DB 1979, S. 2039; DKK-*Klebe*, BetrVG, § 87 Rn. 210; FESTL, BetrVG, § 87 Rn. 335, 342; GK-*Wiese*, BetrVG, § 87 Rn. 699.

[247] BAG, Urteil von 11.7.2000, AP Nr. 16 zu § 87 BetrVG 1972 = NZA 2001, S. 462.

[248] BAG, Urteil vom 21.10.1980, AP Nr. 8 zu § 111 BetrVG 1972 = DB 1981, S. 698.

das Unternehmen oder den Konzern, ist die Zuständigkeit des Gesamt- bzw. Konzernbetriebsrates begründet und die Mitbestimmung der Einzelbetriebsräte bzw. Gesamtbetriebsräte ausgeschlossen.[249] Ausschlaggebend sind dabei die betriebsverfassungsrechtlichen Organisationsbegriffe entsprechend der §§ 1, 47, 54 BetrVG. Eine Sozialeinrichtung im Sinne von § 87 Abs. 1 Nr. 8 BetrVG ist somit dann nicht gegeben, wenn auf Grund der Struktur der Einrichtung eine einheitliche Arbeitnehmervertretung in betriebsverfassungsrechtlicher Hinsicht nicht möglich ist. Dies ist für gemeinsame Einrichtungen anzunehmen, die von mehreren Betrieben, Unternehmen oder Konzernen genutzt werden, ohne dass zwischen den einzelnen Betrieben eine unternehmens- bzw. konzernmäßige Bindung besteht. Demnach sind beispielsweise bei einer gemeinsamen Versorgungseinrichtung einer Vielzahl von verschiedenen Arbeitgebern keine Mitbestimmungsrechte nach § 87 Abs. 1 Nr. 8 BetrVG gegeben.[250] Nach überwiegender Ansicht stellen auch Einrichtungen eines Gleichordnungskonzern keine Sozialeinrichtung dar, da diesbezüglich ein Konzernbetriebsrat als einheitliche Arbeitnehmervertretung nicht gebildet werden kann.[251] Der abweichenden Auffassung[252], nach der Gesamt- oder Einzelbetriebsräte das Mitbestimmungsrecht wahrnehmen, kann nicht zugestimmt werden. Dem Gesetz lässt sich eine Abweichung vom betriebsverfassungsrechtlichen Konzernbegriff, die angesichts der subsidiären Anwendbarkeit von § 87 Abs. 1 Nr. 10 BetrVG ohnehin nicht erforderlich ist, nicht entnehmen.

Von den fünf gesetzlich vorgesehenen Durchführungswegen der betrieblichen Altersversorgung fallen in den Anwendungsbereich von § 87 Abs. 1 Nr. 8 BetrVG typischerweise Unterstützungs- und Pensionskassen, da diese zur Gewährung von Versorgungsleistungen mit eigener Rechtspersönlichkeit und eigener Vermögensmasse ausgestattet sind.[253] Ausgenommen hiervon sind

---

[249] GK-*Wiese*, BetrVG, § 87 Rn. 704; vgl. zur instanziellen Zuständigkeit des Betriebsrates oben S. 13 ff.

[250] BAG, Urteil vom 22.4.1986, AP Nr. 13 zu § 87 BetrVG 1972 Altersversorgung = NZA 1986, S. 574; Urteil vom 9.5.1989, AP Nr. 18 zu § 87 BetrVG 1972 Altersversorgung = NZA 1989, S. 889; MünchHb-*Matthes*, § 339 Rn. 18. Ebenso wenig handelt es sich bei brancheninternen Versorgungsverbänden (Konditionenkartelle), die unternehmensübergreifend organisiert sind, um Sozialeinrichtungen im Sinne von § 87 Abs. 1 Nr. 8 BetrVG.

[251] *Richardi*, BetrVG, § 87 Rn. 613; GK-*Wiese*, BetrVG, § 87 Rn. 698; *Galperin/Löwisch*, BetrVG, § 87 Rn. 179.

[252] FESTL, BetrVG, § 87 Rn. 346.

[253] BAG, Beschluss vom 13. Juli 1978, AP Nr. 5 zu § 87 BetrVG 1972 Altersversorgung = DB 1978, S. 2129; Beschluss vom 8.12.1981, AP Nr. 1 zu § 1 BetrAVG Unterstützungskassen = DB 1982, S. 50, 51; Urteil vom 26.4.1988, AP Nr. 16 zu § 87 BetrVG 1972 Altersversorgung = NZA 1989, S. 219; *Höfer*, BetrAVG, ART Rn. 1102; *Andresen/Förster/Rößler/Rühmann*, Teil 8 C, Rn. 152; Moll-*Rengier*, MAH Arbeitsrecht, § 34 Rn. 110.

solche Einrichtungen, in der sich mehrere verschiedene Arbeitgeber zusammenschließen und die so über den in der Betriebsverfassung vorgesehenen Wirkungskreis hinausgehen. Diese sog. Gruppenkassen sind häufig branchenintern organisiert und stehen branchenanhängigen Unternehmen offen.[254] Dem gegenüber stellen die Durchführungswege der Direktversicherung und der Direktzusage regelmäßig keine Sozialeinrichtung dar.[255] Bei der Direktversicherung fehlt wie bei Gruppenkassen ebenfalls ein auf die betriebsverfassungsrechtliche Organisationsebene beschränkter sachlicher Wirkungskreis, da der Versicherungsanbieter in der Regel Versicherungsleistungen an eine Vielzahl von Personen erbringt.[256] Bei der Direktzusage bildet der Arbeitgeber in der Regel kein zweckgebundenes Sondervermögen, sondern erbringt die Versorgungsleistungen aus den ihm zur Verfügung stehenden Betriebsmitteln.[257] Mitbestimmungsfrei sind in diesem Zusammenhang auch die Finanzierungsinstrumente der Direktversicherung und der Direktzusage. So ist mit der Bildung von Rückstellungen, dem Abschluss von Rückdeckungsversicherungen, der Prämienzahlung zur Direktversicherung oder anderen Maßnahmen zur Finanzierung von Versorgungsleistungen innerhalb dieser Durchführungswege eine organisatorische Verselbständigung von sachlichen und finanziellen Mitteln und damit die Bildung von Sondervermögen nicht verbunden.[258]

Ausnahmsweise kann jedoch die Ausgestaltung einer durch Direktzusagen durchgeführten Altersversorgung als Sozialeinrichtung zu beurteilen sein, wenn der Arbeitgeber mittels eines innerbetrieblichen Versorgungsfonds ein Sondervermögen schafft. Dies erfordert, dass der Arbeitgeber tatsächlich

---

[254] Das BAG bejaht im Urteil vom 11.12.2001, AP Nr. 36 zu § 1 BetrAVG Ablösung = NZA 2003, S. 1414, 1416, aber Mitbestimmungsrechte des Betriebsrats bei der Durchführung über eine Gruppenunterstützungskasse nach § 87 Abs. 1 Nr. 8 BetrVG. Dies widerspricht dem Wortlaut der Nr. 8, die den Wirkungskreis der Sozialeinrichtung auf die jeweilige betriebsverfassungsrechtliche Ebene beschränkt, so dass dieser Mitbestimmungstatbestand nicht in Betracht kommt. Für die Mitbestimmung bzgl. dieser Gruppenkassen kommen aber Mitbestimmungsrechte nach dem Grundtatbestand der betrieblichen Lohngestaltung, § 87 Abs. 1 Nr. 10 BetrVG, in Betracht, siehe dazu unten S. 74 ff.

[255] Für die Direktversicherung: BAG, Beschluss vom 18.3.1976, AP Nr. 4 zu § 87 BetrVG 1972 Altersversorgung = DB 1976, S. 1631; Urteil vom 4.5.1982, AP Nr. 6 zu § 87 BetrVG 1972 Altersversorgung = DB 1982, S. 2579, 2580; Beschluss vom 16.2.1993, AP Nr. 19 zu § 87 BetrVG 1972 Altersversorgung = NZA 1993, S. 953; für die Direktzusage: BAG, Beschlüsse vom 12.6.1975, AP Nr. 1-3 zu § 87 BetrVG 1972 Altersversorgung = BB 1975, S. 1062 ff.

[256] *Andresen/Förster/Rößler/Rühmann*, Teil 8 C, Rn. 270.

[257] *Andresen/Förster/Rößler/Rühmann*, Teil 8 C, Rn. 258.

[258] BAG, Beschlüsse vom 12.6.1975, AP Nr. 1-3 zu § 87 BetrVG 1972 Altersversorgung = BB 1975, S. 1062 ff; *Andresen/Förster/Rößler/Rühmann*, Teil 8 C, Rn. 154 und 259; *Griebeling/Griebeling*, BetrAV, Rn. 883; *Moll*, BB 1988, S. 400, 401; *Wlotzke*, BetrVG, § 87 Anm. II.8.a).

sachliche und finanzielle Vermögensmittel aussondert und so ein eigenständiges Vermögen schafft, das auch in der weiteren Abwicklung von Anlage- und Zahlungsvorgängen vom Betriebsvermögen getrennt bleibt und besonderer Verwaltung unterworfen wird. Die Abgrenzung zwischen einer ausschließlich über Betriebsmittel finanzierten Zusage und eines grundsätzlich zum Vermögen des Arbeitgebers zugehörigen, aber von den Betriebsmitteln getrennten Sondervermögens, dem "innerbetrieblichen Versorgungs- oder Pensionsfonds", dürfte sich jedoch im Einzelfall als schwierig erweisen. Hierzu sind maßgeblich Kriterien zu suchen, die kennzeichnend für selbstständige Versorgungsträger sind – z.B. besondere Verwaltungsgremien und Abwicklungsmodalitäten, eigenständige Vermögensanlage durch gesonderte Kontenführung oder Wertpapierbestände – und die damit das innerbetriebliche Versorgungsvermögen in die Nähe dieser Einrichtungen rücken und so ein Mitbestimmungsrecht hinsichtlich der Verwaltung rechtfertigen.[259]

Auch der im Rahmen des AVermG eingefügte Durchführungsweg des Pensionsfonds stellt grundsätzlich eine Sozialeinrichtung im Sinne des § 87 Abs. 1 Nr. 8 BetrVG dar.[260] Dies ergibt sich bereits aus der gesetzlich nach § 1b Abs. 3 BetrAVG eingeräumten Rechtspersönlichkeit des Pensionsfonds. Des Weiteren besteht auf Grund der Beitragszuwendungen durch den Arbeitgeber ein eigenständiges Vermögen, das einer Verwaltung zugänglich ist.[261] Nur wenn der Pensionsfonds betriebs-, unternehmens- oder konzernübergreifend organisiert ist, liegt keine Sozialeinrichtung vor.[262] Nach anderer Ansicht unterliegt der Durchführungsweg des Pensionsfonds nicht der Mitbestimmung nach § 87 Abs. 1 Nr. 8 BetrVG.[263] *Feudner* geht davon aus, dass auf Grund der besonderen versicherungsaufsichtsrechtlichen Bestimmungen, denen der Pensionsfonds unterworfen ist, kein Raum für betriebliche Mitbestimmungsrechte bei der Vermögensanlage verbleiben.[264] Dem steht jedoch entgegen, dass auch nach den insoweit einschlägigen §§ 112 ff. VAG sowie der Pensionsfonds-KapitalanlagenVO[265] noch Gestaltungsspielraum hinsichtlich der

---

[259] Vgl. *Höfer*, BetrAVG, ART Rn. 1141; *Moll*, BB 1988, S. 400, 401 f.; Moll-*Rengier*, MAH Arbeitsrecht, § 34 Rn. 112.

[260] *Höfer*, BetrAVG, ART Rn. 1103; Picot-*Heubeck*, Unternehmenskauf, Teil IV, Rn. 16; Moll-*Rengier*, MAH Arbeitsrecht, § 34 Rn. 111.

[261] *Höfer*, BetrAVG, ART Rn. 1103.

[262] Moll-*Rengier*, MAH Arbeitsrecht, § 34 Rn. 111; *Andresen/Förster/Rößler/Rühmann*, Teil 8 C, Rn. 152.

[263] *Ahrend/Förster/Rühmann*, BetrAVG, § 1 Rn. 110; *Schoden*, BetrAV, Teil I 6, Rn. 161 (alle ohne nähere Begründung).

[264] *Feudner*, DB 2001, S. 2047, 2050.

[265] Verordnung über die Anlage des gebundenen Vermögens von Pensionsfonds gemäß § 115 Abs. 2 des Versicherungsaufsichtsgesetzes (Pensionsfonds-KapitalanlagenVO) vom 21.12.2001 (BGBl. I S. 4185).

Vermögensanlage besteht. Überdies sind die versicherungsaufsichtsrechtlichen Bestimmungen hinsichtlich der Anlagemöglichkeiten des Pensionsfonds weit weniger eingeschränkt ausgestaltet als für die Pensionskasse, bei der jedoch ein insoweit bestehendes Mitbestimmungsrecht allgemein anerkannt ist. Unter Berücksichtigung der neben der Frage der Vermögensanlage noch bestehenden Regelungsinhalte der Betriebspartner, wie etwa Form, Ausgestaltung und Verwaltung des Pensionsfonds, ist somit davon auszugehen, dass bei Vorliegen der tatbestandlichen Voraussetzungen ein Mitbestimmungsrecht für den Pensionsfonds nach § 87 Abs. 1 Nr. 8 BetrVG gegeben ist.

bb. Inhalt des Mitbestimmungsrechtes

Auch bei der Abwicklung der Altersversorgung mit Hilfe einer Sozialeinrichtung sind die Grundentscheidungen des Arbeitgebers in Bezug auf ihre generelle Errichtung[266], ihre Dotierung, ihre Durchführungsform und den von ihr begünstigten Personenkreis mitbestimmungsfrei.[267] Mitbestimmungsrechte bestehen gemäß § 87 Abs. 1 Nr. 8 BetrVG, soweit "Form, Ausgestaltung und Verwaltung" der Sozialeinrichtung betroffen sind. Diese Bereiche – und hier insbesondere Ausgestaltung und Verwaltung – sind voneinander im Einzelfall schwer abzugrenzen, was aber wegen des für alle drei Bereiche gleichermaßen geltenden Mitbestimmungsrechtes vernachlässigt werden kann.[268]

Dabei ist unter dem Tatbestandsmerkmal der "Form" die Entscheidung über die Rechtsform der Sozialreinrichtung zu verstehen. Damit kann der Betriebsrat grundsätzlich mitentscheiden, ob für die Sozialeinrichtung ein selbstständiger Rechtsträger geschaffen und in welcher Rechtsform dieser ggf. organisiert werden soll.[269] Im Rahmen der betrieblichen Altersversorgung wird dieser Entscheidungsspielraum aber erheblich durch das BetrAVG und andere gesetzliche Regelungen eingeschränkt, die gemäß § 87 Abs. 1 Eingangssatz BetrVG im Verhältnis zur betrieblichen Regelung Anwendungsvorrang haben. So setzen § 1b Abs. 3 S. 1, Abs. 4 S. 1 BetrAVG die Durchführung von Pensionsfonds, Pensionskasse und Unterstützungskasse als "rechtsfähige Versorgungseinrichtung" und damit zwingend mittels eines selbstständigen Rechtsträgers voraus.[270] Auch sind bei diesen Durchführungswegen die möglichen Rechtsformen vorgegeben. So kann etwa die privatrechtliche Pensionskasse gemäß § 7 VAG nur als Versicherungsverein auf Gegenseitigkeit oder

---

[266] Dies ergibt sich unmittelbar aus einem Umkehrschluss aus § 88 Nr. 2 BetrVG.
[267] Vgl. dazu oben S. 47 ff.
[268] GK-*Wiese*, BetrVG, § 87 Rn. 716; DKK-*Klebe*, BetrVG, § 87 Rn. 217; HSWG-*Worzalla*, BetrVG § 87 Rn. 400.
[269] GK-*Wiese*, BetrVG, § 87 Rn. 719; FESTL, BetrVG, § 87 Rn. 357; *Richardi*, BetrVG, § 87 Rn. 633 f.
[270] *Höfer*, BetrAVG, ART Rn. 1107.

als Versicherungsaktiengesellschaft operieren. Demgegenüber kann die Direktzusage mittels innerbetrieblichen Versorgungsfonds naturgemäß nicht über einen selbstständigen Rechtsträger abgewickelt werden, da die Deckungsmittel für die Versorgungsleistungen beim einzelnen Arbeitgeber verbleiben. Auf der anderen Seite wird der dem Betriebsrat nach dem Gesetz verbleibende Gestaltungsspielraum durch den mitbestimmungsfreien Entscheidungsraum des Arbeitgebers begrenzt. So kann er z.B. bei der Durchführung über eine unternehmenseigene Unterstützungskasse nicht die Gründung einer GmbH erzwingen, wenn der vom Arbeitgeber zur Verfügung gestellte Dotierungsrahmen nicht das gesetzlich vorgesehene Mindeststammkapital deckt.[271] Auch wenn die Sozialeinrichtung von einem selbstständigen Dritten betrieben werden soll, gehört dies zur mitbestimmungspflichtigen Entscheidung über die Form der Sozialeinrichtung.[272] Aus der Mitbestimmungspflicht über die Rechtsform und den Ausführenden ergibt sich des Weiteren ein Mitbestimmungsrecht des Betriebsrates, wenn in diesen Bereichen Änderungen, z.B. ein Wechsel der Rechtsform oder die Übertragung des betriebsinternen Versorgungswerkes auf einen anderen Betreiber, vorgenommen werden sollen.[273]

Die Ausgestaltung der Sozialeinrichtung erfasst solche "Maßnahmen, die nach ihrer Bedeutung und ihrer zeitlichen Reihenfolge nach der grundsätzlichen Entscheidung über die Errichtung zwischen der Bestimmung der Form, insbesondere der Rechtsform, und der laufenden Verwaltung der Sozialeinrichtung liegen."[274] Damit beinhaltet die Ausgestaltung die gesamte Organisation der Sozialeinrichtung, wie die Aufstellung allgemeiner Grundsätze in Bezug auf ihre Arbeitsweise oder die Festlegung des Organisationsstatuts durch eine Satzung, Geschäftsordnung oder ein vergleichbares Regelungswerk.[275]

---

[271] GK-*Wiese*, BetrVG, § 87 Rn. 718; *Richardi*, BetrVG, § 87 Rn. 634.

[272] FESTL, BetrVG, § 87 Rn. 358; GK-*Wiese*, BetrVG, § 87 Rn. 720. Eine andere Auffassung vertritt HSWG-*Worzalla*, BetrVG, § 87 Rn. 403, der diese Frage dem Bereich der Verwaltung zuordnet, da die Entscheidung über die Auslagerung von Aufgaben auf Dritte nicht auf derselben Ebene erfolge wie die Wahl der Rechtsform des Versorgungsträgers. Zuzugeben ist dieser Ansicht, dass im Einzelfall, wie beim Abschluss schuldrechtlicher Verträge mit Dritten, eine Nähe zu Verwaltungsaufgaben besteht. Letztlich betrifft dieser Fall jedoch die grundlegende Entscheidung über die Gestalt der Sozialeinrichtung. Im Ergebnis unterscheiden sich diese Ansichten ohnehin wegen des für beide Tatbestände identischen Mitbestimmungsrechtes nicht.

[273] DKK-*Klebe*, BetrVG, § 87 Rn. 215; FESTL, BetrVG, § 87 Rn. 360; HSWG-*Worzalla*, BetrVG, § 87 Rn. 401; ArbG Köln, Beschluss vom 25.3.1998, AiB 1999, S. 346.

[274] BAG, Beschluss vom 13.3.1973, AP Nr. 1 zu § 87 BetrVG 1972 Werkmietwohnungen = DB 1973, S. 1458, 1459; GK-*Wiese*, BetrVG, § 87 Rn. 726; *Richardi*, BetrVG, § 87 Rn. 637; FESTL, BetrVG, § 87 Rn. 361.

[275] FESTL, BetrVG, § 87 Rn. 361; GK-*Wiese*, BetrVG, § 87 Rn. 727; *Richardi*, BetrVG, § 87 Rn. 638; Jaeger/Röder/Heckelmann-*Hesse*, Kapitel 17, Rn. 28; andere Auffassung:

Zur Ausgestaltung gehört auch die Konkretisierung der durch den Arbeitgeber festgelegten Zweckbestimmung und des hieran gebundenen Benutzerkreises. Damit kann der Betriebsrat über die Festlegung der zulässigen Nutzung der Sozialeinrichtung mitbestimmen, soweit ihre Zweckbestimmung des Arbeitgebers hierfür Gestaltungsspielraum eröffnet und dieser nicht überschritten wird.[276]

Nicht zuletzt betrifft ein maßgeblicher Gesichtspunkt der Ausgestaltung die Aufstellung eines Verteilungs- oder Leistungsplans, in dem Grundsätze, nach denen die vom Arbeitgeber vorgesehenen Mittel an die begünstigten Arbeitnehmer weitergegeben werden sollen, festgehalten werden.[277] Hier werden die für Auszahlung und Höhe der Versorgungsleistungen entscheidenden Faktoren, wie z.B. Aufnahmealter, Wartezeit, Entstehungsvoraussetzungen von Anwartschaften, Leistungsberechnungen, Anrechnung gesetzlicher Renten u.ä., festgelegt. Damit kann der Betriebsrat durch die Mitwirkung auf die Aufstellung des Leistungsplanes die Zusammensetzung der ausgezahlten Betriebsrenten mitgestalten, so dass es sich dabei – gerade auch für die Belegschaft als Adressat der Versorgungsleistungen – um eine zentrale Frage im Rahmen der Mitbestimmung bei der Gestaltung der betrieblichen Altersversorgung handelt. Dies umso mehr, als dass durch die grundsätzlich mitbestimmungsfreie Entscheidung des Arbeitgebers, den Dotierungsrahmen zu kürzen, mittelbar ein Mitbestimmungserfordernis ausgelöst wird, wenn die nach Kürzung bestehenden Mittel neu verteilt werden müssen und so eine Änderung des Leistungsplans erforderlich wird.[278]

Die Verwaltung der Sozialeinrichtung betrifft alle übrigen Entscheidungen und Maßnahmen nach Errichtung. Dabei wirkt der Betriebsrat grundsätzlich

---

HSWG-*Worzalla*, BetrVG, § 87 Rn. 402, der die Festlegung der Satzung wegen ihrer "konstitutiven Bedeutung" für die juristische Person der Entscheidung über die Rechtsform zuordnet. Im Ergebnis besteht jedoch kein Unterschied, da die Aufstellung der Satzung in beiden Fällen mitbestimmungspflichtig ist.

[276] GK-*Wiese*, BetrVG, § 87 Rn. 728; DKK-*Klebe*, BetrVG, § 87 Rn. 216; MünchHb-*Matthes*, § 339 Rn. 36.

[277] BAG, Urteil vom 26.4.1988, AP Nr. 16 zu § 87 BetrVG 1972 = NZA 1989, S. 219, 220; Beschluss vom 8.12.1981, AP Nr. 1 zu § 1 BetrAVG Unterstützungskassen = DB 1982, S. 50, 51; Urteil vom 10.11.1977, AP Nr. 8 zu § 242 BGB Ruhegehalt – Unterstützungskasse = DB 1978, S. 939, 941; FESTL, BetrVG, § 87 Rn. 363; GK-*Wiese*, BetrVG, § 87 Rn. 729; *Schaub*, AuR 1992, S. 193, 196; *Höfer*, BetrAVG, ART Rn. 1112; andere Auffassung: MünchHb-*Matthes*, § 339 Rn. 37, der die Frage des Leistungsplans ausschließlich dem Mitbestimmungsrecht nach § 87 Abs. 1 Nr. 10 BetrVG zuweist, vgl. oben S. 56 f.

[278] BAG, Beschluss vom 13.7.1978, AP Nr. 5 zu § 87 BetrVG Altersversorgung 1972 = DB 1978, S. 2129, 2130; Urteil vom 26.4.1988, AP Nr. 16 zu § 87 BetrVG 1972 Altersversorgung = NZA 1989, S. 219, 220.

bei allen Entscheidungen gleichberechtigt mit und kann auch bei einzelnen Verwaltungsmaßnahmen mitbestimmen.[279] Vereinzelt wird vertreten, dass laufende Geschäfte, die als in der Regel wiederkehrende Maßnahmen lediglich Vollzug der getroffenen Verwaltungsentscheidungen sind, vom mitbestimmungspflichtigen Bereich ausgenommen seien.[280] Würde bei jeder einzelnen Verwaltungsmaßnahme ein zwingendes Mitbestimmungsrecht des Betriebsrates angenommen, so würde dies – insbesondere bei alltäglichen Kleinstgeschäften[281] – zu offensichtlichen praktischen Schwierigkeiten auch hinsichtlich der Rechtswirksamkeit einer mitbestimmungswidrigen Verwaltungsmaßnahme führen. Eine derartige Einschränkung des Mitbestimmungstatbestandes findet aber zunächst im Gesetz schon keine Stütze. Entscheidender ist jedoch, dass Maßnahmen, die im "Vollzug der getroffenen Verwaltungsentscheidungen" durchgeführt werden, regelmäßig von der Zustimmung des Betriebsrates gedeckt sind. Da das Erfordernis der Mitbestimmung in jeder Einzelfrage in der Tat kaum zu handhaben ist, kann dieses durch eine generelle Regelung bestimmter alltäglicher und regelmäßig wiederkehrender Verwaltungshandlungen ersetzt werden, was aus Gründen von Zweckmäßigkeit und Praktikabilität auch regelmäßig so geschieht. Damit können Verwaltungsmaßnahmen, die auf Grund dieser Verwaltungsgrundsätze erfolgen, auch ohne eine Beteiligung des Betriebsrates erfolgen.[282] Überdies entspricht es durchaus dem Sinn und Zweck dieses Mitbestimmungstatbestandes, der der Transparenz der Maßnahmen der Sozialeinrichtung und der innerbetrieblichen Verteilungsgerechtigkeit dient[283], wenn dem Betriebsrat ein umfassendes Beteiligungsrecht im Rahmen der Verwaltung der Sozialeinrichtung eingeräumt wird. Denn wenn sich laufende Einzelgeschäfte z.B. durch mangelnde Notwendigkeit oder unverhältnismäßige Kosten für die Sozialeinrichtung als schädlich erweisen und sich so auch auf den Umfang des für die Versorgungsleistungen zur Verfügung stehenden Sondervermögens auswirken, muss

---

[279] FESTL, BetrVG, § 87 Rn. 366; GK-*Wiese*, BetrVG, § 87 Rn. 734; DKK-*Klebe*, BetrVG, § 87 Rn. 217; *Andresen/Förster/Rößler/Rühmann*, Teil 8 C, Rn. 212; *Moll*, Mitbestimmung, S. 108 f. ; *Richardi*, BetrVG, § 87 Rn. 643.

[280] So HSWG-*Worzalla*, BetrVG, § 87 Rn. 408. Vgl. auch die überwiegende Auffassung zur Vorgängerregelung des § 56 BetrVG 1952, die das Mitbestimmungsrecht auf die Aufstellung allgemeiner Verwaltungsgrundsätze beschränkte, Nachweise bei GK-*Wiese*, BetrVG, § 87 Rn. 734.

[281] HSWG-*Worzalla*, BetrVG, § 87 Rn. 408, zieht das Beispiel der Anschaffung eines Scheuertuchs heran.

[282] FESTL, BetrVG, § 87 Rn. 366; GK-*Wiese*, BetrVG, § 87 Rn. 735; *Andresen/Förster/Rößler/Rühmann*, Teil 8 C, Rn. 212. Diese Form der "antizipierten" Zustimmung des Betriebsrats wird auch in anderen Bereichen der sozialen Mitbestimmung praktiziert, etwa bei der Schaffung von Rahmenregelungen bei der Leistung von Mehrarbeit, vgl. BAG, Beschluss vom 2.3.1982, AP Nr. 6 zu § 87 BetrVG 1972 Arbeitszeit = DB 1982, S. 1115, 1116; FESTL, BetrVG, § 7 Rn. 581.

[283] FESTL, BetrVG, § 87 Rn. 333; GK-*Wiese*, BetrVG, § 87 Rn. 676.

dem Betriebsrat eine Handlungsoption offen stehen. Damit kann der Betriebsrat in letzter Konsequenz ein Mitbestimmungsrecht auch bei alltäglichen Kleinstgeschäften geltend machen.

Zu den mitbestimmungspflichtigen Verwaltungsmaßnahmen gehören alle auf die Geschäftsführung, Nutzung und Erhaltung der Sozialeinrichtung bezogenen Angelegenheiten, wie z.B. Personalangelegenheiten, die Nutzung "organisatorischer Hilfsmittel"[284] wie Mobiliar und Räume, oder die Abwicklung und Auszahlung der Versorgungsleistungen.[285] Im Rahmen der betrieblichen Altersversorgung ist von besonderem Interesse, dass die Vermögensanlage der durch den Arbeitgeber zur Verfügung gestellten Mittel zu den mitbestimmungspflichtigen Verwaltungsmaßnahmen gehört.[286] Dieses Mitbestimmungsrecht erstreckt sich nicht nur auf die konkret vorzunehmende Vermögensanlage, sondern kann bereits bei einer Vorausfestlegung der Anlageart im Organisationsstatut ausgeübt werden. Wenn etwa die Satzung einer Unterstützungskasse vorsieht, dass das Kassenvermögen, das nicht unmittelbar zur Bedienung der Versorgungsverpflichtungen benötigt wird, dem Arbeitgeber zur Verfügung gestellt wird, bedarf dies der Zustimmung des Betriebsrates.[287] Die erzwingbaren Mitbestimmungsrechte des Betriebsrates werden jedoch auch hinsichtlich der Vermögensanlage zum einen durch gesetzliche Vorschriften und zum anderen durch die mitbestimmungsfreien Grundentscheidungen des Arbeitgebers eingeschränkt. Für die Durchführungswege der Pensionskasse und des Pensionsfonds werden die Möglichkeiten der Mittelanlage und damit der mitbestimmungspflichtige Regelungsbereich durch versicherungsaufsichtsrechtliche Bestimmungen erheblich eingeschränkt.[288] Für die Versorgungsform der Unterstützungskasse fehlen zwar vergleichbare gesetzliche Bestimmungen, so dass insoweit grundsätzlich Anlagefreiheit des Kassenvermögens besteht. Da jedoch der Arbeitgeber regelmäßig bei der Bestimmung des Dotierungsrahmens Liquiditätsvorteile auf Grund der Darlehensgewährung von Seiten der Unterstützungskasse mitberücksichtigen kann,

---

[284] *Höfer*, BetrAVG, ART Rn. 1115.

[285] FESTL, BetrVG, § 87 Rn. 366; GK-*Wiese*, BetrVG, § 87 Rn. 736; DKK-*Klebe*, BetrVG, § 87 Rn. 217; *Schaub*, AuR 1992, S. 193, 196.

[286] DKK-*Klebe*, BetrVG, § 87 Rn. 217; *Höfer*, BetrAVG, ART Rn. 1117, *Andresen/Förster/Rößler/Rühmann*, Teil 8 C, Rn. 212.

[287] *Höfer*, BetrAVG, ART Rn. 1116; *Andresen/Förster/Rößler/Rühmann*, Teil 8 C, Rn. 212; *Schaub*, AuR 1992, S. 193, 196.

[288] *Höfer*, BetrAVG, ART Rn. 1116; *Schaub*, AuR 1992, S. 193, 197. Hier sind insbesondere die Bestimmungen des VAG zu nennen, die die Vermögensanlage von Pensionskassen und Pensionsfonds reglementieren. Auf Grund der gesetzlichen Einschränkungen kommen Mitbestimmungsregelungen hinsichtlich der Mittelanlage von Pensionskassen und Pensionsfonds daher praktisch kaum in Betracht, vgl. *Andresen/Förster/Rößler/Rühmann*, Teil 8 C, Rn. 213; *Höfer*, BetrAVG, ART Rn. 1116.

würde eine anderweitige Anlagepolitik des Kassenvermögens in die mitbestimmungsfreie Entscheidung des Arbeitgebers über die Höhe der zur Ausstattung der Sozialeinrichtung vorgesehenen Mittel eingreifen.[289] Daher sind bei der Durchführungsform der Unterstützungskasse in tatsächlicher Hinsicht Vermögensanlagen außerhalb des Trägerunternehmens sehr selten und dienen im Wesentlichen Unternehmenszwecken, indem z.B. der Zukauf von Betriebsgrundstücken oder -gebäuden bewerkstelligt wird.[290] Soweit Gesetz und freie Arbeitgeberentscheidung nicht entgegenstehen, besteht jedoch ein umfassendes Mitbestimmungsrecht des Betriebsrates hinsichtlich der Vermögensanlage. Sollen z.B. Vermögensmittel der Sozialeinrichtung in Wertpapiere angelegt werden, ist der Betriebsrat bei der Auswahl der Papiere zu beteiligen.[291]

cc. Ausübung des Mitbestimmungsrechtes

Die Ausübung des Mitbestimmungsrechtes richtet sich bei der Durchführung der betrieblichen Altersversorgung über eine Sozialeinrichtung nach § 87 Abs. 1 Nr. 8 BetrVG nach den allgemeinen betriebsverfassungsrechtlichen Regeln.[292] Danach sind die Betriebsparteien verpflichtet, für den mitbestimmungspflichtigen Tatbestand eine einvernehmliche Lösung zu schaffen. Kommt eine Einigung nicht zu Stande, kann auf Antrag des Betriebsrates oder des Arbeitgebers gemäß §§ 87 Abs. 2, 76 Abs. 5 BetrVG grundsätzlich ein Verfahren vor der Einigungsstelle eingeleitet werden, die die erforderliche betriebliche Einigung ggf. durch Spruch ersetzt.[293] Im Rahmen seines Mitbestimmungsrechtes hat der Betriebsrat des Weiteren ein Initiativrecht, das diesen befugt, bei einer fehlenden betrieblichen Regelung im mitbestimmungspflichtigen Bereich bzw. einer mitbestimmungswidrigen Maßnahme des Arbeitgebers die Verhandlung und den Abschluss einer Vereinbarung unter Berücksichtigung seiner Beteiligungsrechte zu verlangen.[294] Dieses Initiativrecht besteht jedoch nicht bei einer laufenden betrieblichen Regelung, bei der der Betriebsrat entsprechend der gesetzlichen Vorschriften beteiligt worden ist. Erst wenn eine solche Regelung durch Kündigung, Aufhebung oder Zeitablauf – vorbehaltlich einer Nachwirkung – nicht mehr in

---

[289] *Höfer*, BetrAVG, ART Rn. 1117; *Schaub*, AuR 1992, S. 193, 197.
[290] vgl. *Andresen/Förster/Rößler/Rühmann*, Teil 8 C, Rn. 212.
[291] *Höfer*, BetrAVG, ART Rn. 1117; *Schaub*, AuR 1992, S. 193, 197.
[292] FESTL, BetrVG, § 87 Rn. 369; *Ahrend/Förster/Rühmann*, BetrAVG, § 1 Rn. 111.
[293] DKK-*Klebe*, BetrVG, § 87 Rn. 312 ff.; *Ahrend/Förster/Rühmann*, BetrAVG, § 1 Rn. 111.
[294] MünchHb-*Matthes*, § 339 Rn. 52.

Kraft ist, kann der Betriebsrat initiativ werden und den Abschluss einer Nachfolgeregelung verlangen.[295]

Die Beteiligungsrechte des Betriebsrates bestehen grundsätzlich ausschließlich im Verhältnis zum Arbeitgeber, so dass eine Mitbestimmung unmittelbar gegenüber einer Sozialeinrichtung mit eigener Rechtspersönlichkeit betriebsverfassungsrechtlich nicht vorgesehen ist.[296] Nach ständiger Rechtsprechung des Bundesarbeitsgerichtes stehen für die mittelbare Realisierung der Mitwirkungsrechte des Betriebsrates im Verhältnis zur rechtlich selbstständigen Sozialeinrichtung zwei Verfahren zur Verfügung: Die zweistufige Lösung und die organschaftliche (oder verbandsrechtliche) Lösung.[297] Bei der zweistufigen Lösung müssen die Betriebspartner zuerst im üblichen Verfahren und damit ggf. über einen Spruch der Einigungsstelle Einvernehmen über die mitbestimmungspflichtige Frage herstellen. Daraufhin ist der Arbeitgeber verpflichtet, mittels der ihm gegenüber der Sozialeinrichtung zustehenden tatsächlichen und rechtlichen Möglichkeiten sicherzustellen, dass die mit dem Betriebsrat getroffene Regelung von der Sozialeinrichtung befolgt wird.[298] Bei der organschaftlichen oder verbandsrechtlichen Lösung entsendet der Betriebsrat gleichberechtigte Vertreter in die satzungsmäßig vorgesehenen Gremien und Organe der Sozialeinrichtung, die sicherstellen sollen, dass keine mitbestimmungspflichtigen Beschlüsse gegen seinen Willen gefasst werden. Die gleichberechtigte Teilhabe des Betriebsrates kann dabei durch eine echte paritätische Besetzung von jeweils gleich vielen Vertretern der Unternehmensseite und des Betriebsrates oder durch gemeinsame Bestellung der Organmitglieder durch Arbeitgeber und Betriebsrat erfolgen. Jedenfalls muss durch die konkrete Ausgestaltung der verbandsrechtlichen Lösung der gleichberechtigte Einfluss des Betriebsrates in Bezug auf die Sozialein-

---

[295] MünchHb-*Matthes*, § 339 Rn. 53.

[296] MünchHb-*Matthes*, § 339 Rn. 40; FESTL, BetrVG, § 87 Rn. 371; *Richardi*, BetrVG, § 87 Rn. 651; *Andresen/Förster/Rößler/Rühmann*, Teil 8 C, Rn. 222; *Schaub*, ArbR-Hb, § 81 Rn. 361.

[297] BAG, Urteil vom 11.12.2001, AP Nr. 36 zu § 1 BetrAVG = NZA 2003, S. 1414, 1416; Urteil vom 26.4.1988, AP Nr. 16 zu § 87 BetrVG 1972 Altersversorgung, unter II.4. der Gründe = NZA 1989, S. 219; Beschluss vom 8.12.1981, AP Nr. 1 zu § 1 BetrAVG Unterstützungskassen = DB 1982, S. 50, 51; Beschluss vom 13.7.1978, AP Nr. 5 zu § 87 BetrVG 1972 Altersversorgung = DB 1978, S. 2129; 2130; Urteil vom 10.11.1977, AP Nr. 8 zu § 242 BGB Ruhegehalt – Unterstützungskasse = DB 1978, S. 939, 941; *Richardi*, BetrVG, § 87 Rn. 654; FESTL, BetrVG, § 87 Rn. 369 f.; GK-*Wiese*, BetrVG, § 87 Rn. 747; MünchHb-*Matthes*, § 339 Rn. 40 ff.;

[298] BAG, Beschluss vom 13.7.1978, AP Nr. 5 zu § 87 BetrVG 1972 Altersversorgung = DB 1978, S. 2129; 2130; AP Nr. 1 zu § 1 BetrAVG Unterstützungskassen = DB 1982, S. 50, 51; *Richardi*, BetrVG, § 87 Rn. 655; GK-*Wiese*, BetrVG, § 87 Rn. 749; FESTL, BetrVG, § 87 Rn. 371; *Andresen/Förster/Rößler/Rühmann*, Teil 8 C, Rn. 230.

richtung gewährleistet sein.[299] Mitbestimmungspflichtige Fragen werden dann nur noch in den Entscheidungsorganen der Sozialeinrichtung erörtert. Dabei müssen sich die Betriebspartner das Handeln der von ihnen entsandten Vertreter zurechnen lassen.[300] Die organschaftliche Lösung setzt voraus, dass Arbeitgeber und Betriebsrat zuvor eine entsprechende Vereinbarung über die paritätische Besetzung treffen. Dies erfolgt regelmäßig bei der Entscheidung über Form und Ausgestaltung der Sozialeinrichtung, etwa beim Entwurf der Satzung. Eine Entscheidung über die Besetzung kann natürlich aber auch noch zu einem späteren Zeitpunkt getroffen werden.[301] Kommt es in dem gleichberechtigt besetzten Organ der Sozialeinrichtung zu einer Pattsituation, fällt die Regelungszuständigkeit bezüglich der zu entscheidenden Frage grundsätzlich wieder zurück an die Betriebspartner, die insoweit von ihrer Zuständigkeit noch keinen Gebrauch gemacht haben.[302] Um der Gefahr vorzubeugen, dass durch eine Patt-Stellung im zuständigen Organ der interne Entscheidungsprozess der Sozialeinrichtung blockiert wird, können im Vorfeld bei der Vereinbarung über Einführung und Ausgestaltung der organschaftlichen Lösung entsprechende Konfliktlösungsmechanismen geschaffen werden. So kann z.B. ein neutrales Mitglied in das paritätisch besetzte Organ berufen werden oder ein Teile seiner Entscheidungsbefugnis auf die Mitglieder- oder Gesellschafterversammlung übertragen werden.[303]

Vereinzelt wird vertreten, dass die organschaftliche Lösung nicht mit den Grundsätzen der Betriebsverfassung vereinbar sei.[304] Der Betriebsrat könne

---

[299] GK-*Wiese*, BetrVG, § 87 Rn. 753; *Richardi*, BetrVG, § 87 Rn. 658; MünchHb-*Matthes*, § 339 Rn. 41; ErfK-*Kania*, § 87 BetrVG Rn. 80.

[300] BAG, Beschluss vom 13.7.1978, AP Nr. 5 zu § 87 BetrVG 1972 Altersversorgung = DB 1978, S. 2129, 2130; Urteil vom 10.11.1977, AP Nr. 8 zu § 242 BGB Ruhegehalt – Unterstützungskasse = DB 1978, S. 939, 941; *Richardi*, BetrVG, § 87 Rn. 656; MünchHb-*Matthes*, § 339 Rn. 41; GK-*Wiese*, BetrVG, § 87 Rn. 751.

[301] GK-*Wiese*, BetrVG, § 87 Rn. 752.

[302] GK-*Wiese*, BetrVG, § 87 Rn. 754; *Richardi*, BetrVG, § 87 Rn. 659; MünchHb-*Matthes*, § 339 Rn. 42; FESTL, § 87 Rn. 374.

[303] *Andresen/Förster/Rößler/Rühmann*, Teil 8 C, Rn. 246; ausführlich unter Darlegung der vereins- und gesellschaftsrechtlichen Gestaltungsmöglichkeiten Jaeger/Röder/Heckelmann-*Hesse*, Kapitel 17, Rn. 36 ff. *Richardi*, BetrVG, § 87 Rn. 659, äußert verfassungsrechtliche Bedenken in Hinblick auf Art. 14 GG, wenn die paritätische Besetzung dazu führt, dass die Sozialeinrichtung und ihre Organe handlungsunfähig werden. Insbesondere muss gewährleistet sein, dass die zur Aufhebung einer Pattsituation im Organ der Sozialeinrichtung von Betriebsrat und Arbeitgeber bzw. der Einigungsstelle getroffene Entscheidung von der Sozialeinrichtung umgesetzt wird. Dem ist insoweit zuzustimmen, als dass bei einer paritätischen Besetzung etwa die Ausführung eines Spruchs der Einigungsstelle tatsächlich von einer Seite zunächst verweigert werden kann. In diesem Fall müssen jedoch dann die Instrumente zur Durchsetzung des Einigungsstellenspruchs auf die Sozialeinrichtung übertragen werden.

[304] HSWG-*Worzalla*, BetrVG, § 87 Rn. 429 f.

nämlich gerade im Bereich der notwendigen Mitbestimmung seine Entscheidungskompetenz nicht auf einzelne Mitglieder übertragen. Überdies würde durch diese Verlagerung mitbestimmungspflichtiger Fragen auf die Satzungsorgane der selbstständigen Sozialeinrichtung die verfahrensrechtlichen Regelungen der §§ 27 ff. BetrVG missachtet.[305] Des Weiteren sei die verbandsrechtliche Lösung inkonsequent, wenn in einer Pattsituation des paritätisch besetzten Entscheidungsgremiums die Entscheidungskompetenz wieder auf die Betriebspartner zurückübertragen wird. Schließlich habe der Betriebsrat eine faktische Regelungsbefugnis für alle durch die Sozialeinrichtung begünstigten Personen und damit auch für Personengruppen, die aus der personellen Regelungsbefugnis der Betriebspartner ausgenommen seien, wie z.B. leitende Angestellte.[306] Neben praktischen Gesichtspunkten spricht jedoch gegen diese Ansicht, dass die Grundsätze über die Willensbildung des Betriebsrates durch die verbandsrechtliche Lösung nicht verletzt werden. Die Verwirklichung des Mitbestimmungsrechtes ist nämlich in der vorherigen Einigung von Betriebsrat und Arbeitgeber über die Implementierung der organschaftlichen Lösung sowie in ihrem Vollzug zu sehen.[307] Überdies kann der Betriebsrat im Einzelfall die Ausführung seiner Beschlüsse und die Erklärung seines Willens auf ein anderes Betriebsratsmitglied delegieren.[308] Des Weiteren steht der Zulässigkeit der organschaftlichen Lösung nicht entgegen, dass der Betriebsrat im Einzelfall eine Entscheidungskompetenz für Dritte hat, die grundsätzlich nicht in seine personelle Regelungsbefugnis fallen. Da sich der Wirkungskreis der betrieblichen Sozialeinrichtung im Einzelfall auch auf Außenstehende erstreckt[309], bemisst sich der Gestaltungsspielraum der Betriebspartner hierzu gleichlaufend nach einem einheitlichen Maßstab. Damit kann das Mitbestimmungsrecht des Betriebsrates bei der Verwaltung von Sozialeinrichtungen auch durch die organschaftliche Lösung verwirklicht werden.

---

[305] Ebenso *Estelmann*, Sozialeinrichtungen, S. 59 ff.

[306] HSWG-*Worzalla*, BetrVG, § 87 Rn. 429. Zuzugeben sei der organschaftlichen Lösung jedoch, dass sie vor dem Hintergrund, dass auch einzelne Verwaltungsmaßnahmen nach überwiegender Ansicht dem mitbestimmungspflichtigen Regelungsbereich angehören, in praktischer Hinsicht unerlässlich sei. Folgerichtig lehnt *Worzalla* damit aber nicht nur die organschaftliche Lösung ab, sondern beschränkt das Mitbestimmungsrecht des Betriebsrats bezüglich der Verwaltung von Sozialeinrichtungen auf Entscheidungen, die über die Erledigung der laufenden Geschäfte hinausgehen, HSWG-*Worzalla*, BetrVG, § 87 Rn. 408.

[307] GK-*Wiese*, BetrVG, § 87 Rn. 752.

[308] GK-*Wiese*, BetrVG, § 26 Rn. 58; FESTL, BetrVG, § 26 Rn. 42 f.; andere Ansicht: HSWG-*Glock*, BetrVG, § 26 Rn. 60.

[309] Vgl. dazu oben S. 60.

Wenn die Betriebspartner keine besondere Vereinbarung getroffen haben, werden die Mitbestimmungsrechte des Betriebes grundsätzlich nach der zweistufigen Lösung ausgeübt.[310] Die organschaftliche Lösung kommt regelmäßig nur bei einer ausdrücklichen Vereinbarung zur Anwendung. Etwas anderes gilt nur, wenn bei der Verwaltung der Sozialeinrichtung dauerhaft ein Verfahren angewandt wird, das der organschaftlichen Lösung entspricht und vom Betriebsrat stillschweigend geduldet wird. Dann besteht zu Gunsten des Betriebsrates zwar ein Initiativrecht zur Verhandlung des Mitbestimmungsverfahrens mit dem Arbeitgeber, bis zum Abschluss der Neuregelung findet jedoch das praktizierte Verfahren Anwendung und der Betriebsrat kann sich gegenüber dem Arbeitgeber nicht auf eine Verletzung seines Mitbestimmungsrechtes berufen.[311] Soweit der Betriebsrat jedoch im Entschlussorgan der Sozialeinrichtung nicht gleichberechtigt vertreten ist, muss er – trotz vorheriger stillschweigender Duldung – nicht das Zustandekommen einer neuen Regelung abwarten, sondern kann anhand einer gegenwärtigen Streitfrage die bisherige Form seiner organschaftlichen Beteiligung ablehnen und unmittelbare Verhandlungen mit dem Arbeitgeber verlangen. In der Vergangenheit liegende Beschlüsse des mitbestimmungswidrig besetzten Vertretungsorgans kann er hingegen nicht mehr angreifen.[312]

Schließlich besteht die Möglichkeit, das zweistufige und das verbandsrechtliche Modell miteinander zu kombinieren. Arbeitgeber und Betriebsrat können die mitbestimmungspflichtige Frage zunächst unter sich aushandeln. Das Ergebnis der Verhandlung wird dann vom Vertretungsorgan der Sozialeinrichtung, in dem der Betriebsrat gleichberechtigt vertreten ist, umgesetzt.[313]

---

[310] BAG, Beschluss vom 13.7.1978, AP Nr. 5 zu § 87 BetrVG 1972 Altersversorgung = DB 1978, S. 2129; 2130; Beschluss vom 8.12.1981, AP Nr. 1 zu § 1 BetrAVG Unterstützungskassen = DB 1982, S. 50, 51; Jaeger/Röder/Heckelmann-*Hesse*, Kapitel 17, Rn. 45; *Andresen/Förster/Rößler/Rühmann*, Teil 8 C, Rn. 248; GK-*Wiese*, BetrVG, § 87 Rn. 749.

[311] BAG, Urteil vom 10.11.1977, AP Nr. 8 zu § 242 BGB Ruhegehalt – Unterstützungskasse = DB 1978, S. 939, 941: In diesem Fall wurde ohne Beschluss des Betriebsrats eine Unterstützungskasse über einen Zeitraum von 20 Jahren mit einem paritätisch aus dem Geschäftsführer des Trägerunternehmens und einem Mitglied des Betriebsrats besetzten Vorstand betrieben. Vgl. GK-*Wiese*, BetrVG, § 87 Rn. 755; HSWG-*Worzalla*, BetrVG, § 87 Rn. 432; *Richardi*, BetrVG, § 87 Rn. 682; *Hanau*, AP Nr. 5 zu § 87 BetrVG1972 Altersversorgung, Bl. 4, 7.

[312] BAG, Urteil vom 13.7.1978, AP Nr. 5 zu § 87 BetrVG 1972 Altersversorgung = DB 1978, S. 2129, 2131.

[313] BAG, Beschluss vom 8.12.1981, AP Nr. 1 zu § 1 BetrAVG Unterstützungskassen = DB 1982, S. 50, 51.

c. Betriebliche Lohngestaltung, § 87 Abs. 1 Nr. 10 BetrVG

Erzwingbare Mitbestimmungsrechte des Betriebsrates können bei der Einführung und Durchführung einer betrieblichen Altersversorgung für Fragen der betrieblichen Lohngestaltung gemäß § 87 Abs. 1 Nr. 10 BetrVG bestehen.[314] Dieser Tatbestand ist nicht nur auf die unmittelbare synallagmatische Lohnzahlungspflicht des Arbeitgebers als Gegenleistung der Arbeitsleistung des Arbeitnehmers beschränkt, sondern betrifft alle Formen der Vergütung aus Anlass eines Arbeitsverhältnisses einschließlich freiwilliger Arbeitgeberleistungen. Damit sind fast alle Geldleistungen und geldwerte Leistungen, die im Rahmen eines Arbeitsverhältnisses gezahlt werden, von dieser Vorschrift umfasst.[315] Leistungen der betrieblichen Altersversorgung kommt neben ihrem Versorgungs- auch ein Entgeltcharakter zu, da sie regelmäßig als Gegenleistung für die Betriebstreue des Arbeitnehmers gewährt werden.[316] Damit sind sie als Arbeitsentgelt im weitesten Sinne anzusehen und unterfallen so der betrieblichen Mitbestimmung nach § 87 Abs. 1 Nr. 10 BetrVG.[317] Darüber hinaus ergibt sich die Anwendbarkeit dieser Vorschrift aus systematischen Gründen: Da die Leistung einer Betriebsrente durch eine betriebliche Sozialeinrichtung, wie etwa einer Pensions- oder Unterstützungskasse, vom Mitbestimmungstatbestand des § 87 Abs. 1 Nr. 8 BetrVG umfasst wird,[318] würde es eine "planwidrige Unvollständigkeit des BetrVG" darstellen, wenn für andere Versorgungsformen eine Mitbestimmung des Betriebsrates nicht gewährleistet wäre. Insoweit kommt § 87 Abs. 1 Nr. 10 BetrVG in Bezug auf die betriebliche Altersversorgung auch eine Auffangfunktion zu.[319] Damit richtet sich die Mitbestimmung des Betriebsrates für solche Durchführungsformen, die keine Sozialeinrichtung im Sinne von Nr. 8

---

[314] BAG, Beschluss vom 16.2.1993, AP Nr. 19 zu § 87 BetrVG 1972 Altersversorgung = NZA 1993, S. 953; Urteil vom 26.4.1988, AP Nr. 16 zu § 87 BetrVG 1972 Altersversorgung = NZA 1989, S. 219, 220; Beschluss vom 19.3.1981, AP Nr. 14 zu § 80 BetrVG 1972 = DB 1981, S. 2181, 2182; Beschlüsse vom 12.6.1975, AP Nr. 1-3 zu § 87 BetrVG 1972 Altersversorgung = BB 1975, S. 1062, 1063.

[315] FESTL, BetrVG, § 87 Rn. 412; GK-*Wiese*, BetrVG, § 87 Rn. 821 ff.

[316] Siehe oben S. 40 f.

[317] So auch die ständige Rechtsprechung des BAG und die überwiegende Ansicht im Schrifttum, vgl. grundlegend BAG, Beschlüsse vom 12.6.1975, AP Nr. 1-3 zu § 87 BetrVG 1972 Altersversorgung = BB 1975, S. 1062; GK-*Wiese*, BetrVG, § 87 Rn. 848; FESTL, BetrVG, § 87 Rn. 455; H-BetrAV-*Griebeling*, Teil I 30, Rn. 518; *Richardi*, BetrVG, § 87 Rn. 839; Moll-*Rengier*, MAH Arbeitsrecht, § 34 Rn. 107.

[318] Siehe oben S. 61 f.

[319] *Richardi*, BetrVG, § 87 Rn. 840. Hiergegen wendet sich GK-*Wiese*, BetrVG, § 87 Rn. 848, der ausführt, dass die Voraussetzungen der Mitbestimmung dem gesetzgeberischen Ermessen unterliegen und so systematische Erwägungen in den Hintergrund treten. Vielmehr sei der Entgeltcharakter der betrieblichen Altersversorgung ausschlaggebend für ihre Einbeziehung in den Tatbestand der betrieblichen Lohngestaltung.

darstellen, insbesondere also für Direktzusagen[320] und Direktversicherungen[321], aber auch für unternehmens- und/oder konzernübergreifende Gruppenunterstützungs- oder -pensionskassen sowie Gruppenpensionsfonds[322], subsidiär nach § 87 Abs. 1 Nr. 10 BetrVG.

Die Ausübung der Beteiligungsrechte des Betriebsrates ist wiederum durch die mitbestimmungsfreien Entscheidungsbereiche des Arbeitgebers begrenzt. Damit betrifft das Mitbestimmungsrecht des Betriebsrates nach § 87 Abs. 1 Nr. 10 BetrVG die Aufstellung von Versorgungsgrundsätzen und die Einführung, Anwendung und Änderung von Versorgungsmethoden und so vor allem die Ausgestaltung des Leistungsplans.[323] Bei der Durchführung mittels einer Direktzusage ist damit der Betriebsrat bei der Aufstellung und Änderung der Leistungsordnung zu beteiligen. Bedient sich der Arbeitgeber einer Direktversicherung beschränken sich die Mitbestimmungsrechte des Betriebsrates auf sein Verhältnis zum Arbeitgeber. Eine unmittelbare Einflussnahme auf das Versicherungsunternehmen ist ausgeschlossen. Damit muss – vergleichbar mit der zweistufigen Lösung im Rahmen der Verwaltung selbstständiger Sozialeinrichtungen – der Arbeitgeber die mit dem Betriebsrat in einer mitbestimmungspflichtigen Angelegenheit getroffene Lösung in die Vertragsgestaltung mit dem Versicherer einfließen lassen.[324] Aus der freien Wahl des Durchführungsweges ergibt sich jedoch, dass der Arbeitgeber grundsätzlich das Versicherungsunternehmen auswählen kann, soweit der mit dem Betriebsrat vereinbarte Leistungsplan hierdurch verwirklicht werden kann.[325] Im Gegensatz zur Altersversorgung mittels einer Sozialeinrichtung besteht bei den vom Arbeitgeber gewählten Finanzierungsinstrumenten und ihren Anlageformen kein Mitbestimmungsrecht.[326] Das Mitbestimmungsrecht ist erst erschöpft, wenn alle notwendigen Entscheidungen mit dem Betriebsrat abge-

---

[320] BAG, Beschlüsse vom 12.6.1975, AP Nr. 1-3 zu § 87 BetrVG 1972 Altersversorgung = BB 1975, S. 1062 ff.

[321] BAG, Beschluss vom 18.3.1976, AP Nr. 4 zu § 87 BetrVG 1972 Altersversorgung = DB 1976, S. 1631; Beschluss vom 16.2.1993, AP Nr. 19 zu § 87 BetrVG 1972 Altersversorgung = NZA 1993, S. 953.

[322] Diese sind trotz zweckgebundenem Sondervermögen keine Sozialeinrichtung im Sinne von § 87 Abs. 1 Nr. 8 BetrVG 1972 mehr, da sie unternehmensübergreifend und ohne Konzernbindung organisiert sind, vgl. BAG, Urteil vom 22.4.1986, AP Nr. 13 zu § 87 BetrVG 1972 Altersversorgung = NZA 1986, S. 574; Urteil vom 9.5.1989, AP Nr. 18 zu § 87 BetrVG 1972 Altersversorgung = NZA 1989, S. 889, und oben S. 61 f.

[323] GK-*Wiese*, BetrVG, § 87 Rn. 854; FESTL, BetrVG, § 87 Rn. 459; Moll-*Rengier*, MAH Arbeitsrecht, § 34 Rn. 107.

[324] *Andresen/Förster/Rößler/Rühmann*, Teil 8 C, Rn. 271; *Dieterich*, NZA 1984, S. 273, 276 f.

[325] BAG, Beschluss vom 16.2.1993, AP Nr. 19 zu § 87 BetrVG 1972 Altersversorgung = NZA 1993, S. 953, 954.

[326] *Andresen/Förster/Rößler/Rühmann*, Teil 8 C, Rn. 281.

stimmt wurden. Wird so zunächst einvernehmlich ein Beratungsunternehmen mit der näheren Ausgestaltung des Versorgungswerks beauftragt, so ist der Betriebsrat bei der Aufstellung der endgültigen Schlussfassung des Versorgungswerkes grundsätzlich wieder zu beteiligen.[327]

Besonderheiten ergeben sich bei der Durchführung über eine selbstständige Sozialeinrichtung, die den in § 87 Abs. 1 Nr. 8 BetrVG vorgesehenen betriebsverfassungsrechtlichen Wirkungskreis überschreitet und so – wie etwa eine Gruppenunterstützungs- oder Gruppenpensionskasse – mehrere unterschiedliche Betriebe, Unternehmen oder Konzerne umfasst. Da über diese gemeinsame Sozialeinrichtung ebenso Fragen der betrieblichen Lohngestaltung geregelt werden, besteht ein Mitbestimmungsrecht nach § 87 Abs. 1 Nr. 10 BetrVG. In Ausübung dieses Mitbestimmungsrechtes legen Betriebsrat und Arbeitgeber der jeweiligen Trägerunternehmen in Bezug auf eine regelungsbedürftige Frage vorab das Abstimmungsverhalten ihrer Vertreter im zuständigen Organ der gemeinsamen Sozialeinrichtung fest.[328]

Durch dieses Verfahren ist gewährleistet, dass der Betriebsrat an der Willensbildung der Sozialeinrichtung beteiligt ist. Es kann aber nicht verhindern, dass die Entscheidung der Sozialeinrichtung den in einzelnen Trägerunternehmen zwischen Betriebsrat und Arbeitgeber gefundenen Vereinbarungen widerspricht. Hierin ist jedoch keine Verletzung von Beteiligungsrechten zu sehen, da die Entschlussfindung einer gemeinsamen, betriebsübergreifenden Versorgungseinrichtung zweckmäßig nur mittels Mehrheitsentscheidung durchführbar ist und damit Regelungsvorstellungen einzelner Arbeitgeber und Betriebsräte zurückstehen müssen. Insoweit ist jedoch die Entscheidung des Arbeitgebers, einer solchen Versorgungseinrichtung beizutreten, mitbestimmungspflichtig. Die Zustimmung des Betriebsrates ist erforderlich, da nach einem Beitritt ggf. seine Vorstellungen über die Aufstel

---

[327] BAG, Beschluss vom 4.5.1982, AP Nr. 6 zu § 87 BetrVG 1972 Altersversorgung = DB 1982, S. 2579, 2580.

[328] BAG, Urteil vom 11.12.2001, AP Nr. 36 zu § 1 BetrAVG Ablösung = NZA 2003, S. 1414, 1416; Urteil vom 22.4.1986, AP Nr. 13 zu § 87 BetrVG 1972 Altersversorgung = NZA 1986, S. 574, 575; Urteil vom 9.5.1989, AP Nr. 18 zu § 87 BetrVG 1972 Altersversorgung = NZA 1989, S. 889, 890; GK-*Wiese*, BetrVG, § 87 Rn. 857. *Andresen/Förster/Rößler/Rühmann*, Teil 8 C, Rn. 298, bezeichnen dieses Verfahren als "verkürzte zweistufige Lösung". Gleichzeitig halten sie eine organschaftliche Repräsentation der Arbeitnehmer in den Entscheidungsgremien der gemeinsamen Versorgungseinrichtung für praxisnäher, da die Mitbestimmungsrechte der in den einzelnen Trägerunternehmen bestehenden Betriebsräte gebündelt ausgeübt werden könnten. Dies würde jedoch zur Anerkennung einer organschaftlichen Lösung im Bereich der Mitbestimmung nach § 87 Abs. 1 Nr. 10 BetrVG führen, *Andresen/Förster/Rößler/Rühmann*, Teil 8 C, Rn. 301.

lung von Grundsätzen zur betrieblichen Lohngestaltung nicht verwirklicht werden.[329]

d. Rechtsfolge der Verletzung des Mitbestimmungsrechtes

Nimmt der Arbeitgeber eine Maßnahme im Bereich der erzwingbaren Mitbestimmung ohne die Beteiligung des Betriebsrates vor, bestehen sowohl auf kollektiv- als auch auf individualrechtlicher Ebene Sanktionsmöglichkeiten. Der Betriebsrat kann gegen den Arbeitgeber seine kollektiven Beteiligungsrechte im Rahmen eines Anspruchs auf Unterlassung der beabsichtigten Maßnahme geltend machen. Soweit die mitbestimmungswidrige Maßnahme des Arbeitgebers fortdauernde Wirkung hat, kann der Betriebsrat ihre Rückgängigmachung verlangen.[330] Auf einzelvertraglicher Ebene ist die Zustimmung des Betriebsrates Wirksamkeitsvoraussetzung für alle mitbestimmungspflichtigen Arbeitgeberhandlungen. Daher kann eine Maßnahme ohne die erforderliche Zustimmung des Betriebsrates nicht für das einzelne Arbeitsverhältnis umgesetzt werden, so dass sie keine rechtliche Wirkung entfaltet.[331] Soweit der einzelne Arbeitnehmer durch eine Leistung des Arbeitgebers begünstigt wird, kann sich der Arbeitgeber nicht auf die Mitbestimmungswidrigkeit berufen und die Maßnahme bleibt wirksam. In diesem Fall ist der Gedanke des

---

[329] *Andresen/Förster/Rößler/Rühmann*, Teil 8 C, Rn. 299. Ebenso ist daher der Beitritt zu einem Richtlinienverband, der Grundsätze für die Leistungen betrieblicher Altersversorgung durch Direktzusagen regelt, mitbestimmungspflichtig. Wie bei der gemeinsamen Sozialeinrichtung wird die Möglichkeit der Leistungsplangestaltung an einen Dritten übertragen, auf deren Entscheidung die Betriebspartner nur eingeschränkte Einflussmöglichkeiten haben, vgl. *Andresen/Förster/Rößler/Rühmann*, Teil 8 C, Rn. 285.

[330] FESTL, BetrVG, § 87 Rn. 596 f.; DKK-*Klebe*, BetrVG, § 87 Rn. 7; *Höfer*, BetrAVG, ART Rn. 1152; BAG, Beschluss vom 3.5.1994, AP Nr. 23 zu § 23 BetrVG 1972 = NZA 1995, S. 40.

[331] Ständige Rechtsprechung des BAG und h.M.: BAG GS, Beschluss vom 3.12.1991, AP Nr. 51 zu § 87 BetrVG 1972 Lohngestaltung = NZA 1991, S. 749, 751; BAG, Urteil vom 11.6.2002, AP Nr. 113 zu § 87 BetrVG 1972 Lohngestaltung = NZA 2003, S. 570, 572; Urteil vom 26.4.1988, AP Nr. 16 zu § 87 BetrVG 1972 Altersversorgung = NZA 1989, S. 219, 221; FESTL, BetrVG, § 87 Rn. 599; DKK-*Kebe*, BetrVG, § 87 Rn. 4; GK-*Wiese*, BetrVG, § 87 Rn. 119 ff. Nach der Auffassung *Richardis*, BetrVG, § 87 Rn. 104 ff., sei die sog. Theorie der Wirksamkeitsvoraussetzung inkonsequent, da sie für den Arbeitnehmer begünstigende Maßnahmen und Rechtsgeschäften mit Dritten trotz fehlender Zustimmung des Betriebsrates Rechtswirksamkeit annimmt. Daher differenziert *Richardi*, BetrVG, § 87 Rn. 118, nach den einzelnen Mitbestimmungstatbeständen und beurteilt die Rechtsfolge einer Mitbestimmungsrechtsverletzung danach, ob der Arbeitgeber durch die betriebsverfassungsrechtliche Pflichtwidrigkeit einen Rechtsvorteil im Rahmen des Einzelarbeitsverhältnisses erlangen kann. Diese Abgrenzung ist im Gegensatz zur Theorie der Wirksamkeitsvoraussetzung allerdings nur schwer handhabbar. Außerdem ist die Rechtsfolge der Unwirksamkeit der den Arbeitnehmer begünstigenden Maßnahme des Arbeitgebers nicht mit dem Gedanken des Arbeitnehmerschutzes, der der Theorie der Wirksamkeitsvoraussetzung zu Grunde liegt, zu vereinbaren.

Vertrauensschutzes vorrangig.[332] Übertragen auf den Bereich freiwilliger Arbeitgeberleistungen bedeutet dies, dass der Arbeitgeber bei der Einführung einer betrieblichen Altersversorgung auch ohne die Zustimmung des Betriebsrates an den festgelegten Dotierungsrahmen gebunden ist. Hinsichtlich der Verteilung im Rahmen des Leistungsplans kann der Betriebsrat den Abschluss einer gemeinsamen Vereinbarung durchsetzen.[333].

Fraglich ist, wie sich eine Verletzung des sich aus § 87 Abs. 1 Nr. 8 BetrVG ergebenden Mitbestimmungsrechtes des Betriebsrates bei der Durchführung der Altersversorgung mit Hilfe einer selbstständigen Sozialeinrichtung auswirkt. Dabei ist zunächst nach der Form, mittels der die Betriebspartner die Mitbestimmung des Betriebsrates insbesondere bei der Verwaltung der Sozialeinrichtung ausgestaltet haben, zu differenzieren. Im Rahmen der organschaftlichen Lösung scheidet eine Verletzung von Beteiligungsrechten des Betriebsrates durch eine Maßnahme der Verwaltungseinrichtung schon von vornherein aus. Denn der Betriebsrat hat im Vorfeld seine Zustimmung zu der gemeinsam mit dem Arbeitgeber getroffenen Entscheidung, die Mitbestimmungsrechte über eine gleichberechtigte Besetzung der Organe der Sozialeinrichtung verbandsintern zu realisieren, erteilt, so dass er hieran gebunden ist und sich das Wirken der von ihm entsandten Vertreter zurechnen lassen muss. Nur unter Berücksichtigung der allgemeinen Rechtsvorschriften, wie z.B. Kündigungsfrist einer etwaigen Betriebsvereinbarung oder dem Satzungsrecht der Sozialeinrichtung, kann der Betriebsrat die von ihm benannten Vertreter neu bestellen oder auf eine andere Regelung zur Verwirklichung der Mitbestimmungsrechte gegenüber der Sozialeinrichtung hinwirken.[334] In Betracht kommt auch die Neuverhandlung einer Regelung zur Mitbestimmung dann, wenn durch das vorhandene oder praktizierte Verfahren eine gleichberechtigte Einflussnahme auf das Handeln der Sozialeinrichtung durch den Betriebsrat nicht möglich ist.[335]

Demgegenüber kommt die Verletzung von Beteiligungsrechten im Rahmen der zweistufigen Lösung in Betracht, wenn die Sozialeinrichtung eine mitbestimmungspflichtige Maßnahme ohne die Beteiligung, die Zustimmung oder gar entgegen einen Beschluss des Betriebsrates durchführt. Das Bundesarbeitsgericht hat in diesem Fall zunächst die Wirksamkeit der Maßnahme im

---

[332] FESTL, BetrVG, § 87 Rn. 606; GK-*Wiese*, BetrVG, § 87 Rn. 125 f.

[333] *Dieterich*, NZA 1984, S. 273, 277; *Pfarr*, BB 1983, S. 2001, 2009.

[334] Vgl. GK-*Wiese*, BetrVG, § 87 Rn. 751; Jaeger/Röder/Heckelmann-*Hesse*, Kapitel 17, Rn. 44; *Hanau*, AP Nr. 5 zu § 87 BetrVG 1972 Altersversorgung, Bl. 4, 6.

[335] Vgl. BAG, Beschluss vom 13.7.1978, AP Nr. 5 zu § 87 BetrVG 1972 Altersversorgung = DB 1978, S. 2129, 2131; Urteil vom 10.11.1977, AP Nr. 8 zu § 242 BGB Ruhegehalt – Unterstützungskasse = DB 1978, S. 939.

Außenverhältnis gegenüber Dritten anerkannt: Soweit die selbstständige Sozialeinrichtung am Rechtsverkehr teilnimmt, was in der Regel schon bei ihrer Errichtung durch Wahrung der gesellschafts- bzw. vereinsrechtlichen Publizitätserfordernisse erfolgt, würde die Möglichkeit der Unwirksamkeit der von ihr getätigten Rechtshandlungen auf Grund etwaiger Verstöße gegen betriebsverfassungsrechtliche Beteiligungsrechte zu großer Rechtsunsicherheit führen.[336] Gegen diese Auffassung wendet sich vor allem *Hanau*: Übereinstimmung mit der Entscheidung des Bundesarbeitsgerichtes besteht zunächst insoweit, als dass die Einhaltung des Mitbestimmungsverfahrens bei der Gründung der Sozialeinrichtung keine Wirksamkeitsvoraussetzung ist, sondern sich diese allein nach den gesellschafts- und vereinsrechtlichen Regelungen richtet.[337] Wenn hingegen einzelne Beschlüsse der Sozialeinrichtung das interne Verhältnis gegenüber den Arbeitnehmern betreffen, treten die Erfordernisse der Rechtssicherheit zurück. Hier könne, soweit die Rechtslage der Arbeitnehmer ohne Zustimmung des Betriebsrates verschlechtert werde, von einer Unwirksamkeit der Maßnahme ausgegangen werden. Durch die Einrichtung einer selbstständigen Sozialeinrichtung als "juristisches Werkzeug" des Arbeitgebers können erzwingbare Mitbestimmungsrechte ausgeschlossen werden. Daher finde die rechtliche Selbstständigkeit der Sozialeinrichtung ihre Schranke in den gesetzlichen Vorschriften über die Mitbestimmung des Betriebsrates.[338]

Mit Urteil vom 26. April 1988[339] hat sich das Bundesarbeitsgericht ausdrücklich dieser Meinung angeschlossen. In der Literatur werden die Rechtshandlungen, die wegen der Verletzung von Mitbestimmungsrechten unwirksam sein können, noch näher konkretisiert: So beziehe sich diese Rechtsfolge nur

---

[336] BAG, Beschluss vom 13.7.1978, AP Nr. 5 zu § 87 BetrVG 1972 Altersversorgung = DB 1978, S. 2129, 2131. Ebenso *Richardi*, BetrVG, § 87 Rn. 684, demzufolge die Handlung der Sozialeinrichtung auch gegenüber dem einzelnen Arbeitnehmer wirksam bleibt, da das Mitbestimmungsrecht des Betriebsrats nur das Verhältnis zwischen Arbeitgeber und Arbeitnehmer betreffe. Der Arbeitnehmer hat jedoch einen Ausgleichanspruch gegen den Arbeitgeber. Gegen eine Ausdehnung der Unwirksamkeitsfolge äußert sich auch *Estelmann*, Sozialeinrichtungen, S. 201 f., da Maßnahmen, die einzelne Arbeitnehmer begünstigen und gleichzeitig andere benachteiligen, nicht sachgerecht erfasst werden können. HSWG-*Worzalla*, BetrVG, § 87 Rn. 431, lehnt die Unwirksamkeit der Verletzung von Mitbestimmungsrechten insbesondere bei der grundsätzlichen Entscheidung des Arbeitgebers über die Kürzung von Versorgungsmitteln ab.

[337] *Hanau*, AP Nr. 5 zu § 87 BetrVG 1972 Altersversorgung, Bl. 4, 7; ebenso *Richardi*, BetrVG, § 87 Rn. 681; MünchHb-*Matthes*, § 339 Rn. 57.

[338] *Hanau*, AP Nr. 5 zu § 87 BetrVG 1972 Altersversorgung, Bl. 4, 7 f.; ebenso FESTL, BetrVG, § 87 Rn. 377; DKK-*Klebe*, BetrVG, § 87 Rn. 225; GK-Wiese, BetrVG, § 87 Rn. 750; *Höfer*, BetrAVG, ART Rn. 1156.

[339] BAG, Urteil vom 26.4.1988, AP Nr. 16 zu § 87 BetrVG 1972 Altersversorgung = NZA 1989, S. 219, 221.

auf mitbestimmungswidrige Handlungen von Sozialeinrichtungen, die ein einzelner Arbeitgeber unterhält, und damit insbesondere nicht auf die Handlungen von Gruppenkassen.[340] Des Weiteren sind grundsätzlich alle Rechtsgeschäfte, die die Sozialeinrichtung im Rahmen ihrer Verwaltung außerhalb des Versorgungsverhältnisses zu den kassenangehörigen Arbeitnehmern mit Dritten vornimmt, wirksam.[341] Diese Einschränkung der Unwirksamkeitsfolge wird von der Literatur zu recht vorgenommen. Würde umfassend auf das Mitbestimmungsrecht aus § 87 Abs. 1 Nr. 8 BetrVG, das grundsätzlich auch jede Verwaltungsmaßnahme der Sozialeinrichtung betrifft, als Grenze des wirksamen rechtsgeschäftlichen Handelns einer Sozialeinrichtung abgestellt, würde dies zu erheblichen Beeinträchtigungen des Rechtsverkehrs führen, da nahezu jedes Rechtsgeschäft, das die Sozialeinrichtung mit Dritten vornimmt, im Rahmen ihrer Verwaltung erfolgt und so mit dem Makel der potentiellen Unwirksamkeit belastet wäre. Daher ist die Wahrung der Mitbestimmungsrechte des Betriebsrates nur für solche Rechtsgeschäfte Wirksamkeitsvoraussetzung, die ausschließlich das Rechtsverhältnis zwischen Sozialeinrichtung und Arbeitnehmer betreffen.

Wird im Rahmen des Beschlusses einer gemeinsamen Sozialeinrichtung und damit einer Angelegenheit der betrieblichen Lohngestaltung nach § 87 Abs. 1 Nr. 10 BetrVG innerhalb eines Trägerunternehmens bei der Festlegung des gegenüber der Sozialeinrichtung zu vertretenden Position das Beteiligungsrecht des Betriebsrates nicht entsprechend beachtet, führt dies nicht zur Unwirksamkeit der Maßnahme der Sozialeinrichtung.[342] Da bei einer abweichenden Mehrheitsentscheidung des Gesamtorgans schon die gemeinsame und damit mitbestimmungskonforme Regelungsvorstellung von Arbeitgeber und Betriebsrat letztlich ohne Durchführungsmöglichkeit bleibt, kann die mitbestimmungswidrige Willensbildung in dem Trägerunternehmen nicht die Unwirksamkeit der Gesamtregelung nach sich ziehen. Das Bundesarbeitsgericht knüpft an die mitbestimmungswidrige Einzelregelung dann eine Rechtsfolge, wenn sich kausal feststellen lässt, dass die Beachtung des Mitbestimmungsrechtes bei Vergleich mit der tatsächlich ergangenen Regelung eine positive Auswirkung für den betroffenen Arbeitnehmern gehabt hätte. In diesem Fall besteht auf individualrechtlicher Ebene eine Haftung gegen den einzelnen Arbeitgeber, der das Beteiligungsrecht missachtet hat. Dabei knüpft die Rechtsprechung strenge Voraussetzungen an das Kausalitätserfordernis. Der-

---

[340] GK-*Wiese*, BetrVG, § 87 Rn. 750 und 857; *Höfer*, BetrAVG, ART Rn. 1157.

[341] GK-*Wiese*, BetrVG, § 87 Rn. 737; MünchHb-*Matthes*, § 339 Rn. 58; FESTL, BetrVG, § 87 Rn. 378; *Richardi*, BetrVG, § 87 Rn. 683.

[342] BAG, Urteil vom 9.5.1989, AP Nr. 18 zu § 87 BetrVG 1972 Altersversorgung = NZA 1989, S. 889, 890; *Andresen/Förster/Rößler/Rühmann*, Teil 8 C, Rn. 300; GK-*Wiese*, BetrVG, § 87 Rn. 857.

jenige, der sich auf die Verletzung des Mitbestimmungsrechtes beruft, muss nachweisen, dass die mitbestimmte Entscheidung im Trägerunternehmen auch auf Ebene der gemeinsamen Sozialeinrichtung durchsetzbar gewesen wäre.[343]

e. Informationsrechte des Betriebsrates

Auch soweit ein zwingendes Mitbestimmungsrecht des Betriebsrates nicht besteht, ist der Arbeitgeber aus § 80 Abs. 2 S. 1 BetrVG verpflichtet den Betriebsrat rechtzeitig und umfassend über die vorgesehene bzw. Änderung der betrieblichen Altersversorgung zu unterrichten.[344] Dieser Anspruch ergibt sich daneben auch aus dem Grundsatz der vertrauensvollen Zusammenarbeit: Damit der Betriebsrat seine Mitbestimmungsrechte ausüben kann, muss der Arbeitgeber ihn vor der Einführung eines betrieblichen Versorgungswerkes rechtzeitig und sachgerecht darüber informieren.[345] Darüber hinaus ist der Betriebsrat aus § 75 Abs. 1 BetrVG gehalten, zusammen mit dem Arbeitgeber darüber zu wachen, dass alle im Betrieb tätigen Personen nach den Grundsätzen von Recht und Billigkeit behandelt werden.[346] In zeitlicher Hinsicht ist der Betriebsrat aber erst dann über eine geplante Altersversorgung zu informieren, wenn der Arbeitgeber sich selbst über Umfang und Verantwortbarkeit seiner Planung vergewissert hat. Dies folgt bereits aus seiner mitbestimmungsfreien Entscheidung über die Höhe des Dotierungsrahmens, die maßgeblich beeinträchtigt werden kann, wenn der Betriebsrat bereits in einem frühen Planungsstadium beteiligt wird. Entscheidend ist, ob die Pläne des Arbeitgebers bereits eine so greifbare Gestalt angenommen haben, dass für den Betriebsrat ein Regelungsschutzinteresse besteht, das ähnlich dem Rechtsschutzinteresse abzugrenzen sein wird.[347]

f. Ergebnis

Innerhalb des vom Arbeitgeber durch die Konkretisierung des mitbestimmungsfreien Entscheidungsbereich vorgegebenen Umfangs hat der Betriebsrat ein umfangreiches Mitbestimmungsrecht. Wird die betriebliche

---

[343] BAG, Urteil vom 9.5.1989, AP Nr. 18 zu § 87 BetrVG 1972 Altersversorgung = NZA 1989, S. 889, 890 f.; *Andresen/Förster/Rößler/Rühmann*, Teil 8 C, Rn. 300; GK-*Wiese*, BetrVG, § 87 Rn. 857.

[344] BAG, Beschluss vom 19.3.1981, AP Nr. 14 zu § 80 BetrVG 1972 = DB 1981, S. 2180, 2181; *Höfer*, BetrAVG, ART Rn. 1080; *Blomeyer/Otto*, BetrAVG, Anh § 1 Rn. 407.

[345] *Andresen/Förster/Rößler/Rühmann*, Teil 8 C, Rn. 15.

[346] BAG, Beschluss vom 19.3.1981, AP Nr. 14 zu § 80 BetrVG 1972 = DB 1981, S. 2180, 2181; Beschlüsse vom 12.6.1975, AP Nr. 1-3 zu § 87 BetrVG 1972 Altersversorgung = BB 1975, S. 1062, 1064; *Höfer*, BetrAVG, ART Rn. 1086.

[347] *Hanau*, AP Nr. 4 zu § 87 BetrVG 1972 Altersversorgung, Bl. 4 f.

Altersversorgung über eine Pensionskasse, eine Unterstützungskasse oder eine Pensionsfonds durchgeführt, deren/dessen Wirkungskreis auf den Betrieb, das Unternehmen oder den Konzern beschränkt ist, handelt es sich regelmäßig um eine betriebliche Sozialeinrichtung, so dass der auf der jeweils für die entsprechende Organisationsebene zuständige Betriebsrat bei der Entscheidung über die Form und die Ausgestaltung der Sozialeinrichtung sowie bei ihrer Verwaltung nach § 87 Abs. 1 Nr. 8 BetrVG zu beteiligen ist. Subsidiär, etwa bei der Durchführung über eine Gruppenkasse, eine Direktversicherung oder eine Direktzusage, besteht ein Mitbestimmungsrecht nach § 87 Abs. 1 Nr. 10 BetrVG über Fragen der betrieblichen Lohngestaltung. Danach ist der Betriebsrat insbesondere bei der Aufstellung eines Leistungsplans zu beteiligen.

Für die betriebliche Mitbestimmung bedeutet dies, dass der Arbeitgeber ebenso wenig wie der Betriebsrat gegen den Willen des jeweils anderen Betriebspartner die Einführung einer betrieblichen Altersversorgung durchsetzen kann. Die Entscheidung über die grundlegende Gewährung der Altersversorgung kann der Arbeitgeber mitbestimmungsfrei treffen. Der Betriebsrat hat kein Initiativrecht. Der Betriebsrat hingegen ist bei der Verteilung der für die Versorgung bereit gestellten Mittel jedenfalls nach § 87 Abs. 1 Nr. 10 BetrVG zwingend zu beteiligen.

III. Vereinbarungen nach dem SprAuG

Schließlich besteht in kollektivrechtlicher Hinsicht noch die Möglichkeit, im Rahmen von Richtlinien oder Vereinbarungen mit dem Sprecherausschuss nach § 28 SprAuG eine betriebliche Altersversorgung zu implementieren. Dieses Organ vertritt die kollektiven Interessen derjenigen leitenden Angestellten, die gemäß § 5 Abs. 3 BetrVG nicht vom Betriebsrat vertreten werden. Obschon die Wirkung einer Vereinbarung nach dem SprAuG mit der normativen Wirkung einer Betriebsvereinbarung vergleichbar ist, besitzt der Sprecherausschuss bei weitem nicht die Mitwirkungsrechte, die dem Betriebsrat durch die Betriebsverfassung eingeräumt werden. Insbesondere kann er den Abschluss einer Vereinbarung im Bereich der betrieblichen Altersversorgung, auch wenn Fragen der betrieblichen Lohngestaltung betroffen sind, nicht verlangen.[348] Beteiligungsrechte bestehen aber hinsichtlich der nachträglichen Änderung einer Vereinbarung über eine betriebliche Altersversorgung. Hier muss der Arbeitgeber gemäß § 30 Nr. 1 SprAuG den Sprecherausschuss rechtzeitig über geplante Änderungen informieren und mit ihm über die vorgesehenen Maßnahmen beraten. Eine Kompetenz, den Abschluss einer Vereinbarung gegenüber dem Arbeitnehmer durchzusetzen, ergibt sich hieraus

---

[348] *Höfer*, BetrAVG, ART Rn. 273; *Langohr-Plato*, BetrAV, Rn. 181.

allerdings auch nicht.[349] Hinsichtlich der personellen Reichweite einer Richtlinie oder Vereinbarung besteht auch hier die Frage, ob diese noch bereits ausgeschiedene leitende Angestellte mit Versorgungsansprüchen bzw. –anwartschaften noch umfasst. Insoweit können die zur Betriebsverfassung entwickelten Grundsätze herangezogen werden, so dass auch hier die Wirkung einer Richtlinie oder Vereinbarung auch auf bereits ausgeschiedene leitende Angestellte auszuweiten ist.[350]

C. Individualrechtliche Begründungstatbestände

Auf individualrechtlicher Ebene können betriebliche Versorgungswerke vor allem durch eine arbeitsvertragliche individuell ausgehandelte Regelung, durch eine vertragliche Einheitsregelung oder eine Gesamtzusage implementiert werden. Daneben kann sich eine individualrechtlicher Anspruch auf Teilhabe an einer bestehenden betrieblichen Altersversorgung auch aus den allgemeinen Rechtsgrundsätzen der betriebliche Übung und des Gleichbehandlungsgrundsatzes ergeben. Individualrechtliche Regelung sind nur soweit zulässig, wie sie nicht im Widerspruch zu zwingenden Gesetzesrecht und gegebenenfalls bestehenden Tarifverträgen oder Betriebsvereinbarungen stehen. Nach dem – für das Verhältnis von Tarifvertrag und Einzelarbeitsvertrag in § 4 Abs. 3 TVG gesetzlich festgeschriebenen - Günstigkeitsprinzip sind Abweichungen auf einzelvertraglicher Ebene jedoch zulässig, soweit sie den Arbeitnehmer begünstigen bzw. durch die Regelung, von der abgewichen wird, zugelassen ist.[351]

I. Arbeitsvertragliche Einzelvereinbarungen

Auf individualrechtlicher Ebenen kann der Arbeitgeber dem einzelnen Arbeitnehmer eine betriebliche Versorgungsleistung durch eine entsprechende Vereinbarung im Arbeitsvertrag zusagen. Diese unterliegt den allgemeinen zivilrechtlichen Regelungen, so dass in Hinsicht auf einen Vertragsschluss insbe-

---

[349] *Blomeyer/Otto*, BetrAVG, Anh § 1 Rn. 421; *Höfer*, BetrAVG, ART Rn. 273; *Langohr-Plato*, BetrAV, Rn. 181; HWK-*Annuß/Girlich*, § 30 SprAuG Rn. 4.

[350] Vgl. *Blomeyer/Otto*, BetrAVG, Anh § 1 Rn. 117. Gegen eine unmittelbare Wirkung für Ruheständler sprechen sich HWK-*Annuß/Girlich*, § 28 SprAuG Rn. 11, und *Hromadka*, SprAuG, § 28 Rn. 20, aus. Leitende Angestellte können sich jedoch einem Regelungsvorbehalt des Sprecherausschusses unterwerfen.

[351] Das Günstigkeitsprinzip ist Ausdruck der Privatautonomie und überlagert als Schutzprinzip und allgemeiner Rechtsgrundsatz die gesamte Arbeitsrechtsordnung. Es findet damit auch auf das Verhältnis zwischen Betriebsvereinbarung und Einzelarbeitsvertrag Anwendung, vgl. DKK-*Klebe*, BetrVG, § 77 Rn. 19; FESTL, BetrVG, § 77 Rn. 196; HSWG-*Worzalla*, BetrVG, § 77 Rn. 89 ff.

sondere die §§ 145 ff. BGB zu berücksichtigen sind.[352] So kann eine Versorgungszusage auch konkludent wirksam begründet werden, zumal gesetzliche Formerfordernisse fehlen.[353] Außerdem kann regelmäßig eine stillschweigende Annahmeerklärung des Arbeitnehmers gemäß § 151 S. 1 BGB angenommen werden, da eine ihn rein begünstigende Regelung geschaffen wird.[354] Ebenso ist der Inhalt von Versorgungszusagen nach den allgemeinen Auslegungsregeln ausgehend vom objektiven Empfängerhorizont zu bestimmen. Damit gehen inhaltliche Unklarheiten im Interesse des Arbeitnehmerschutzes regelmäßig zu Lasten des Arbeitgebers, da er Urheber der Zusage ist.[355]

Da die betriebliche Altersversorgung schon auf Grund ihres traditionellen Verständnisses als eine Fürsorgeeinrichtung des Arbeitgebers häufig allen Arbeitnehmern eines Unternehmens zu Gute kommen soll, soweit sie eine bestimmte Betriebstreue erreicht haben, ist eine arbeitsvertragliche Einzelvereinbarung für die praktische Umsetzung wenig geeignet. Eine individuell ausgehandelte Vereinbarung zwischen Arbeitgeber und Arbeitnehmer zur Begründung einer Versorgungsleistung kommt in der Regel nur dann in Betracht, wenn der Arbeitgeber einzelne Mitarbeiter auf Grund einer besonderen Interessenlage, wie etwa außerordentlicher Leistungen oder Verdienste um das Unternehmen, begünstigen möchte. So bietet sich die Einführung einer betrieblichen Altersversorgung mittels dieser Gestaltungsform an, wenn mit

---

[352] *Andresen/Förster/Rößler/Rühmann*, Teil 7 A, Rn. 17 ff.; *Blomeyer/Otto*, BetrAVG, Anh § 1 Rn. 3 ff. So erfordert die Begründung einer Versorgungszusage ein hinreichend bestimmtes Angebot des Arbeitgebers, das einen entsprechenden Bindungswilllen erkennen lässt. So genügt etwa der arbeitsvertragliche Verweis auf einen allgemeinen Tarifvertrag (beispielsweise BAT), ohne die speziellen Versorgungstarifverträge in Bezug zu nehmen, nicht aus, um einen Versorgungsanspruch zu begründen, vgl. BAG, Urteil vom 29.7.1985, AP Nr. 16 zu § 1 BetrAVG Zusatzversorgungskassen = ZTR 1987, S. 91.

[353] *Andresen/Förster/Rößler/Rühmann*, Teil 7 A, Rn. 43; *Blomeyer/Otto*, BetrAVG, Anh § 1 Rn. 9 ff.; *Langohr-Plato*, BetrAV, Rn. 183. Bedeutung erlangt aber § 2 Abs. 1 Nr. 6 NachweisG, der den schriftlichen Nachweis der Zusammensetzung des Arbeitsentgelts fordert, zu dem auch betriebliche Versorgungsleistungen zu zählen sind, und § 6a Abs. 1 Nr. 3 EStG, nach dem Pensionsrückstellungen für Direktzusagen nur steuerrechtlich Berücksichtigung finden können, wenn die Zusagen schriftlich erteilt werden. Eine Verletzung dieser Vorschriften berührt jedoch die Wirksamkeit der arbeitsrechtlichen Vereinbarung nicht. Dennoch ist eine schriftliche Vereinbarung – allein schon aus Beweisgründen – empfehlenswert und wird in der Regel auch praktiziert.

[354] Vgl. BAG, Urteil vom 13.3.1975, AP Nr. 167 zu § 242 BGB Ruhegehalt = DB 1975, S. 1563, 1564.

[355] BAG, Urteil vom 1.7.1976, AP Nr. 174 zu § 242 BGB Ruhegehalt = DB 1976, S. 1629; *Andresen/Förster/Rößler/Rühmann*, Teil 7 A, Rn. 50; *Langohr/Plato*, BetrAV, Rn. 154; *Höfer*, BetrAVG, ART Rn. 225. Vereinzelt wird ein allgemeiner Rechtsgrundsatz angenommen, „dass Zweifel bei der Auslegung zu Lasten desjenigen gehen, der ein Versorgungswerk geschaffen hat", so BAG, Urteil vom 12.2.1985, AP Nr. 12 zu § 1 BetrAVG = DB 1985, S. 2055.

der Versorgungsleistung nicht die Gesamtbelegschaft, sondern nur einige einzelne Personen, vor allem Mitarbeitern in Führungspositionen, wie leitenden Angestellten oder Organvertretern, begünstigt werden sollen.[356]

II. Vertragliche Einheitsregelungen und Gesamtzusagen

Soweit die betriebliche Altersversorgung nicht lediglich einzelne Arbeitnehmer, sondern die Gesamtheit oder wesentliche Teile der Belegschaft erfassen soll, kommt zur Einführung der Versorgungsordnung auf individualrechtlicher Ebene das Gestaltungsmittel der vertraglichen Einheitsregelung in Betracht. Dabei schließt der Arbeitgeber mit allen bzw. einer Vielzahl von Arbeitnehmern inhaltlich gleichlautende Versorgungsvereinbarungen ab. Regelmäßig geschieht dies durch eine arbeitsvertragliche Verweisung auf ein entsprechendes Regelungswerk, das – wie etwa eine betriebliche Versorgungsordnung („Pensions- oder Ruhegeldrichtlinien") oder die Satzung eines externen Versorgungsträgers – umfassende Bestimmungen zur Durchführung einer betrieblichen Altersversorgung enthält. Durch eine derartige vertragliche Einheitsregelungen werden so eine Vielzahl identischer Versorgungszusagen gebündelt, so dass ein einheitliches Versorgungsregime für alle Versorgungsberechtigten entsteht.[357] Obschon die Einheitsregelung durch die Einbeziehung eines Großteils der beschäftigten Arbeitnehmern durchaus kollektive Bezüge aufweist, ist sie ihrer Rechtsnatur her der individualrechtlichen Ebene zuzuordnen, da sich ihre Wirksamkeit und damit ihr Inhalt nach allgemeinen vertragsrechtlichen Grundsätzen bemisst.[358]

Bislang unterwarf das Bundesarbeitsgericht in ständiger Rechtsprechung eine betriebliche Altersversorgung, die auf einer vertraglichen Einheitsregelung beruht, einer Inhalts- oder Billigkeitskontrolle. Die strukturelle Ungleichheit im Arbeitsverhältnis, die einem Interessenausgleich zwischen den Vertragsparteien auf Grund der mangelnden Vertragsparität im Wege stehe, verpflichte den Arbeitgeber, eine Leistungsbestimmung in den Grenzen von Recht und Billigkeit vorzunehmen, was einer Überprüfung durch die Arbeitsgerichte zugänglich sei.[359] So verstoße beispielsweise eine Anrechnungsklausel, die

---

[356] *Blomeyer/Otto*, BetrAVG, Anh § 1 Rn. 2; *Andresen/Förster/Rößler/Rühmann*, BetrAV, Teil 7 A, Rn. 60.

[357] *Höfer*, BetrAVG, ART Rn. 228; *Langohr-Plato*, BetrAV, Rn. 191; HWK-*Schipp*, Vorb. BetrAVG, Rn. 79.

[358] BAG, Beschluss vom 16.9.1986, AP Nr. 17 zu § 77 BetrVG = NZA 1987, S. 168, 171; *Andresen/Förster/Rößler/Rühmann*, Teil 7 A, Rn. 69; FESTL, BetrVG, § 77 Rn. 207; *Höfer*, BetrAVG, ART, Rn. 229; Tschöpe-*Schumann*, Teil 2 E, Rn. 153. Der kollektive Bezug der vertraglichen Einheitsregelung kommt jedoch bei der Frage ihrer Ablösbarkeit durch kollektivrechtliche Regelungen zum Tragen, hierzu unten S. 221 ff.

[359] BAG, Urteil vom 19.7.1969, AP Nr. 144 zu § 242 BGB Ruhegehalt = DB 1970,

Rentenanteile aus freiwilliger Weiterversicherung auf eine betriebliche Versorgungsleistung anrechne, gegen diese Grenze und sei daher unwirksam.[360] Überwiegend betraf die Inhaltskontrolle von vertraglichen Einheitsregelungen Bestrebungen des Arbeitgebers, die Versorgungszusage zu Lasten des Arbeitgebers und ggf. unter Eingriff in bereits erdiente Ruhegeldanwartschaften abzuändern, und so nicht Fragen der Einführung von betrieblicher Altersversorgung.[361]

Mit der Reform des Schuldrechts durch das Schuldrechtsmodernisierungsgesetz vom 26.11.2002[362] unterfallen derartige vertragliche Einheitsregelungen nunmehr der Inhaltskontrolle nach den §§ 305 ff. BGB. Regelmäßig handelt es sich bei einheitlich verwendeten Versorgungsregelungen um vorformulierte Vertragsbedingungen und damit allgemeine Geschäftsbedingungen im Sinne von § 305 Abs. 1 BGB, die nach der Einbeziehung der Vorschriften des AGBG in das BGB jetzt auch in Arbeitsverträgen einer Inhaltskontrolle zugänglich sind, wie im Übrigen auch § 310 Abs. 4 S. 2 BGB zeigt.[363] Inhaltlich lehnt sich die Inhaltskontrolle nach neuem Schuldrecht an die vom Bundesarbeitsgericht aufgestellten Grundsätze an: Nach wie vor ist im besonderen zu prüfen, ob der Arbeitnehmer durch die Regelung unangemessen benachteiligt wird. Anders als nach der früheren Rechtsprechung, die in diesem Zusammenhang ebenfalls den Begriff der Billigkeitskontrolle verwendete, handelt es sich jedoch bei der Inhaltskontrolle nach §§ 305 ff. BGB um eine reine Rechtskontrolle.[364] Ihr Schwerpunkt dürfte dabei für den Bereich der betrieblichen Altersversorgung gemäß § 307 Abs. 2 Nr. 1 BGB auf der Feststellung noch zulässiger Abweichungen vom dispositiven Gesetzes

---

S. 1742, 1743; Urteil vom 31.10.1969, AP Nr. 1 zu § 242 BGB Ruhegehalt-Unterstützungskassen = DB 1970, S. 543, 544; Urteil vom 10.5.1971, AP Nr. 152 zu § 242 BGB Ruhegehalt = DB 1971, S. 1480, 1481; Urteil vom 26.10.1973, AP Nr. 161 zu § 242 BGB Ruhegehalt = DB 1974, S. 294 f.; Urteil vom 18.12.1975, AP Nr. 170 zu § 242 BGB Ruhegehalt = DB 1976, S. 1015, 1016.

[360] BAG, Urteil vom 26.10.1973, AP Nr. 161 zu § 242 BGB Ruhegehalt = DB 1974, S. 294 f. Rentenleistungen, die der Arbeitnehmer aus freiwilligen Eigenmitteln aufbaut, dienen der Eigenvorsorge und sind unabhängig von einer betrieblichen Versorgung. Zudem ist eine Anrechnung im Verhältnis zu Arbeitnehmern, die keine Eigenvorsorge betreiben, gleichheitswidrig. Dieser Grundsatz ist mittlerweile in § 5 Abs. 2 S. 1 BetrAVG gesetzlich festgehalten worden.

[361] Vgl. BAG, Urteil vom 19.7.1969, AP Nr. 144 zu § 242 BGB Ruhegehalt = DB 1970, S. 1742, 1743; Urteil vom 10.5.1971, AP Nr. 152 zu § 242 BGB Ruhegehalt = DB 1971, S. 1480, 1481; ebenso *Blomeyer/Otto*, BetrAVG, Anh § 1 Rn. 144.

[362] BGBl. 2001, I-3138 ff.

[363] Anders als noch vor der Schuldrechtsreform: Arbeitsverträge waren dem Anwendungsbereich des AGBG ausgenommen.

[364] ErfK-*Preis*, §§ 305-310 BGB Rn. 7.

recht, die sich nicht mehr mit den dem Gesetz zu Grunde liegenden Wertungen vereinbaren lassen, liegen.[365]

Freilich relativiert sich die Bedeutung der Inhaltskontrolle unter Berücksichtigung der Beteiligungsrechte des Betriebsrats. Bereits in einer Entscheidung vom 18.12.1975 stellt das Bundesarbeitsgericht die Inhaltskontrolle unter den Vorbehalt, dass eine gerichtliche Kontrolle der einheitlichen Vertragsbedingungen nur erfolge, soweit der Betriebsrat von seinem Mitbestimmungsrecht keinen Gebrauch gemacht hat.[366] Auf Grund des umfangreichen Mitbestimmungsrechtes des Betriebsrates im Rahmen der betrieblichen Lohngestaltung aus § 87 Abs. 1 Nr. 10 BetrVG kann jedoch der Arbeitgeber ein betriebliches Versorgungswerk nur unter Mitwirkung des Betriebsrates wirksam ausgestalten, da auf individualrechtlicher Ebene jede mitbestimmungswidrige Maßnahme nach der herrschenden Theorie der Wirksamkeitsvoraussetzungen unwirksam ist.[367] Damit eignet sich das Regelungsinstrument der vertraglichen Einheitsregelung nur zur Einführung und Ausgestaltung einer betrieblichen Altersversorgung, wenn im Betrieb kein Betriebsrat besteht oder ein bestehender Betriebsrat sich seiner Beteiligungsrechte enthält, was sich auch im Verbreitungsgrad derartiger Regelungen widerspiegelt.[368]

Vergleichbares gilt im Übrigen für die Gesamtzusage: Bei dieser erteilt der Arbeitgeber die Versorgungszusage an die gesamte Belegschaft oder eine bestimmte Arbeitnehmergruppe durch einfache Bekantgabe im Betrieb, etwa durch Rundschreiben, Aushang am Schwarzen Brett oder durch Mitteilung über ein betriebsinternes Intranet. Nach überwiegender Ansicht handelt es sich dabei um ein Vertragsangebot des Arbeitgebers, das der einzelne Arbeitnehmer nach § 151 S. 1 BGB annehmen kann. Regelmäßig ist dabei bereits in der Fortsetzung des Beschäftigungsverhältnis nach Kenntnisnahme eine An-

---

[365] *Blomeyer/Otto*, BetrAVG, Anh § 1 Rn. 145. Eingehend zur Inhaltskontrolle nach den §§ 305 ff. BGB: ErfK-*Preis*, §§ 305-310 BGB Rn. 1 ff.

[366] BAG, Urteil vom 18.12.1975, AP Nr. 170 zu § 242 BGB = DB 1976, S. 1015, 1016.

[367] Zum Umfang des Mitbestimmungsrechts des Betriebsrates, zum mitbestimmungsfreien Entscheidungsraums des Arbeitgebers und zur Rechtsfolge bei Verletzung von Mitbestimmungsrechten siehe ausführlich oben S. 46 ff.

[368] *Höfer*, BetrAVG, ART Rn. 230. Augenscheinlich wird die Abhängigkeit der Verbreitung vertraglicher Einheitsregelungen vom Beteiligungsrecht des Betriebsrates bei Berücksichtigung der Rechtsprechung des BAG zur Inhalts- und Billigkeitskontrolle: Die wesentlichen Entscheidungen betrafen allesamt Versorgungsordnungen, die als Einheitsregelung ausgestaltet waren, bevor das BetrVG 1972 in Kraft trat und die Mitwirkungsrechte des Betriebsrates normierte, vgl. S. 85, Fn. 359. Nach diesem Zeitpunkt nahm die Entscheidungsdichte spürbar ab, ein Indiz für die zunehmender Verbreitung von Betriebsvereinbarungen über betriebliche Altersversorgung auf Kosten von vertraglichen Einheitsregelungen.

nahmeerklärung des Arbeitnehmers zu sehen.[369] Da bei einer Gesamtzusage über betriebliche Altersversorgung – ähnlich wie bei der vertraglichen Einheitsregelung – regelmäßig mitbestimmungspflichtige Fragen der betrieblichen Lohngestaltung betroffen sind, ist in der Praxis die Gesamtzusage weitgehend durch Betriebsvereinbarungen verdrängt worden.[370]

III. Betriebliche Übung

Soweit keine anderweitige Anspruchsgrundlage besteht, kann auf individualvertraglicher Ebene eine Versorgungszusage von Seiten des Arbeitgebers auch mittels einer betrieblichen Übung, die im Übrigen in § 1b Abs. 1 S. 4 BetrAVG ausdrücklich als Verpflichtungstatbestand genannt ist, begründet werden. Dies erfolgt durch das regelmäßige Wiederholen bestimmter Verhaltensweisen des Arbeitgebers, denen ein konkreter Verpflichtungswille hinsichtlich der den Arbeitnehmer zukommenden Versorgungsleistungen zu entnehmen ist. Für die Gewährung von Sonderzahlungen wird so beispielsweise ein dauerhafter Anspruch des Arbeitnehmers bei dreimaliger Wiederholung der Auszahlung begründet. Die Rechtsgrundlage der betrieblichen Übung ist umstritten und wird auch von der Rechtsprechung nicht einheitlich beurteilt. Teilweise wird in der Betriebsübung eine stillschweigende vertragliche Vereinbarung gesehen: das Verhalten des Arbeitgebers ist als Willenserklärung und damit als ein Vertragsangebot zu werten, das vom Arbeitnehmer stillschweigend nach § 151 BGB angenommen wird.[371] Der Annahme einer konkludenten Einigung wird jedoch entgegen gebracht, dass sie kaum mit rechtsgeschäftlichen Grundsätzen zu vereinbaren sei, wenn tatsächlichem Handeln

---

[369] *Blomeyer/Otto*, BetrAVG, Anh § 1 Rn. 16; *Griebeling/Griebeling*, BetrAV, Rn. 93; ErfK-*Preis*, § 611 BGB Rn. 259; MünchHb-*Richardi*, § 12 Rn. 38; BAG GS, Beschluss vom 16.9.1986, Nr. 17 zu § 77 BetrVG 1972 = NZA 1987, S. 168, 171; BAG, Urteil vom 18.3.2003, AP Nr. 41 zu § 1 BetrAVG = NZA 2004, S. 1099, 1101; Urteil vom 22.1.2003, AP Nr. 247 zu § 611 BGB Gratifikation = NZA 2003, S. 576; Urteil vom 10.12.2002, AP Nr. 249 zu § 611 BGB Gratifikation = NZA 2004, S. 271, 273; Urteil vom 11.12.1997, AP Nr. 5 zu § 611 BGB Sachbezüge = NZA 1997, S. 442 f. Teilweise wird gegen diese vertragsrechtliche Lösung vorgebracht, dass sie ein Vertragsverhältnis nicht begründen könne, wenn der Arbeitnehmer keine Kenntnis der Gesamtzusage und somit des Vertragsangebots hat. Daher müsse sich – zumindest subsidiär – eine Einstandspflicht des Arbeitgebers auch über das Institut der Vertrauenshaftung begründen lassen, *Andresen/Förster/Rößler/Rühmann*, Teil 7 A, Rn. 77.

[370] ErfK-*Preis*, § 611 BGB Rn. 260; *Griebeling/Griebeling*, BetrAV, Rn. 100. Zur Frage, inwieweit eine Gesamtzusage durch kollektivrechtliche Regelungen abgeändert werden kann, siehe unten S. 218 ff.

[371] Sog. Vertragstheorie: BAG (1. Senat), Urteil vom 28.3.2000, AP Nr. 83 zu § 77 BetrVG = NZA 2001, S. 49, 50; Urteil vom 21.1.1997, AP Nr. 64 zu § 77 BetrVG 1972 = NZA 1997, S. 1009, 1012; BAG (10. Senat), Urteil vom 14.8.1996, AP Nr. 47 zu § 242 BGB Betriebliche Übung = NZA 1996, S. 1323; Tschöpe-*Schmalenberg*, Teil 2 A, Rn. 870.

des Arbeitgebers rechtsgeschäftliches Erklärungsbewusstsein eingeräumt wird. Daher begründe sich ein Anspruch des Arbeitnehmers aus betrieblicher Übung auf Grund des vom Arbeitgeber geschaffenen Vertrauens unter Berücksichtigung von § 242 BGB.[372] Dennoch muss zunächst der Vertragstheorie der Vorrang eingeräumt werden: Soweit ein Anspruch rechtsgeschäftlich zu Stande gekommen ist, erübrigt sich eine Begründung über Treu und Glauben oder aus Vertrauensgesichtspunkten. Dabei kann auch „tatsächliches Verhalten" des Arbeitgebers als Willenserklärung gesehen werden, wenn ihr nach dem objektiven Empfängerhorizont Handlungs-, Erklärungs- und Geschäftswille zu entnehmen sind. Soweit nach den allgemeinen Regeln ein Anspruch rechtsgeschäftlich nicht zur Entstehung gelangt, auf Seiten des Arbeitnehmers aber schutzwürdiges Vertrauen durch das Verhalten des Arbeitgebers geschaffen wurde, kann subsidiär die Vertrauenstheorie herangezogen werden.[373]

In Bezug auf die Inhaberschaft des Anspruches kann sich die betriebliche Altersversorgung sowohl an einzelne als auch an eine Vielzahl von Arbeitnehmern wenden. In diesem Zusammenhang werden auch die Begriffe der Individual- und Kollektivübung verwandt[374], die jedoch insoweit missverständlich sind, als dass die betriebliche Übung unabhängig von der Zahl der betroffenen Arbeitnehmer ihre individualrechtliche Rechtsnatur behält. Ohnehin spielt diese Unterscheidung für die Anspruchsbegründung nur eine untergeordnete Rolle, da das Arbeitgeberverhalten unabhängig von der Anzahl der betroffenen Arbeitnehmer nach einem objektiven Maßstab zu beurteilen ist. Augenscheinlich ist jedoch, dass im Fall einer „Kollektivübung", in denen der einzelne Arbeitnehmer einen Anspruch auf die üblicherweise praktizierte Gewährung vergleichbarer Ansprüche an andere Arbeitnehmer herleitet, Elemente des Gleichbehandlungsgrundsatzes neben die Betriebsübung treten, so dass diese vereinzelt parallel zur Anspruchsbegründung herangezogen werden.[375]

---

[372] Sog. Vertrauenstheorie, vgl. BAG (3. Senat), Urteil vom 18.3.2003, AP Nr. 41 zu § 1 BetrAVG Ablösung, unter B.I.2.a) der Gründe = DB 2004, S. 327; Urteil vom 25.6.2002, AP Nr. 50 zu § 16 BetrAVG = NZA 2003, S. 875, 876; Urteil vom 16.7.1996, NZA 1997, S. 664, 665 = AP Nr. 7 zu § 1 BetrAVG Betriebliche Übung; *Andresen/Förster/Rößler/Rühmann*, Teil 7 A, Rn. 97; *Blomeyer/Otto*, BetrAVG, Anh § 1 Rn. 21.

[373] So ErfK-*Preis*, § 611 BGB Rn. 262; MüKo-*Müller-Glöge*, BGB, § 611 Rn. 239.

[374] Vgl. *Andresen/Förster/Rößler/Rühmann*, Teil 7 A, Rn. 108; *Höfer*, BetrAVG, ART Rn. 238.

[375] Vgl. *Andresen/Förster/Rößler/Rühmann*, Teil 7 A, Rn. 108. Vgl. zum Gleichbehandlungsgrundsatz den nachfolgenden Abschnitt und zur Abgrenzung zwischen betrieblicher Übung und Gleichbehandlungsgrundsatz: *Höfer*, BetrAVG, ART Rn. 250.

Im Bereich der betrieblichen Altersversorgung haben sich zwei Fallgruppen herausgebildet, in denen die Entstehung eines Versorgungsanspruchs aus betrieblicher Übung regelmäßig in Betracht kommt: Zusageübung und Zahlungsübung.[376] Bei der Zusageübung erteilt der Arbeitgeber seinen Arbeitnehmern üblicherweise bei Vorliegen bestimmter Voraussetzungen, beispielsweise zehnjährige Betriebszugehörigkeit nach Vollendung des 20. Lebensjahres, eine Versorgungszusage, so dass er auch gegenüber anderen Arbeitnehmern zur Erteilung der Zusage verpflichtet ist.[377] Bei der Zahlungsübung entsteht die betriebliche Übung durch wiederholte Leistung eines Versorgungsbeitrages, etwa durch die vorbehaltlose Gewährung eines (zusätzlichen und in der Versorgungsordnung nicht vorgesehenen) 13. Ruhegehaltes aus Anlass des Weihnachtsfestes.[378] Hinsichtlich des Entstehungszeitpunktes der betrieblichen Übung, d.h. die erforderliche Mindestdauer des gleichförmigen Arbeitgeberverhaltens, wird überwiegend zurecht angenommen, dass sich die schematische Lösung des Bundesarbeitsgerichtes, nach dreimaliger vorbehaltloser Gewährung einer Gratifikation entstehe eine Betriebsübung, nicht auf den Bereich der betrieblichen Altersversorgung übertragen lasse.[379] Vielmehr muss unter Berücksichtigung der betriebsspezifischen Umstände, d.h. Art und Umfang der Leistungen, Anzahl der begünstigten Arbeitnehmer u.a., ermittelt werden, ob dem Arbeitgeberverhalten ein entsprechender Verpflichtungswille entnommen werden kann.[380] Dies korrespondiert auch mit den allgemeinen Kriterien zur Auslegung von Willenserklärungen nach §§ 133, 157 BGB, bei denen insbesondere auch alle Begleitumstände des Erklärungsaktes in die Auslegung einzubeziehen sind.[381]

---

[376] *Blomeyer/Otto*, BetrAVG, Anh § 1 Rn. 22; *Andresen/Förster/Rößler/Rühmann*, Teil 7 A, Rn. 107.

[377] BAG, Urteil vom 5.2.1971, AP Nr. 10 zu § 141 BGB Betriebliche Übung = DB 1971, S. 1117, 1118; Urteil vom 29.10.1985, AP Nr. 2 zu § 242 Betriebliche Übung = NZA 1986, S. 786. Das BAG nimmt in dieser Fallkonstellation freilich zurecht an, dass für die Anspruchsbegründung neben der betrieblichen Übung auch Gleichbehandlungsgesichtspunkte relevant werden.

[378] BAG, Urteil vom 30.10.1984, AP Nr. 1 zu § 1 BetrAVG Betriebliche Übung = NZA 1985, S. 531.

[379] *Andresen/Förster/Rößler/Rühmann*, Teil 7 A, Rn. 109; *Blomeyer/Otto*, BetrAVG, Anh § 1 Rn. 24; *Höfer*, BetrAVG, ART Rn. 233.

[380] *Blomeyer/Otto*, BetrAVG, Anh § 1 Rn. 24; *Höfer*, BetrAVG, ART Rn. 233. Das BAG hat eine betriebliche Übung jedenfalls dann angenommen, wenn Zusagen regelmäßig über einen Zeitraum von sechs Jahren erteilt wurden, vgl. Urteil vom 5.2.1971, AP Nr. 10 zu § 242 BGB Betriebliche Übung = DB 1971, S. 1117, 1118, bzw. Versorgungsleistungen über einen Zeitraum von acht Jahren erbracht wurden, Urteil vom 30.10.1984, AP Nr. 1 zu § 1 BetrAVG Betriebliche Übung = NZA 1985, S. 531.

[381] Vgl. Palandt-*Heinrichs*, BGB, § 133 Rn. 15.

Ein Anspruch aus betrieblicher Übung ist jedenfalls ausgeschlossen, wenn sich dem Verhalten des Arbeitgebers ein entsprechender Verpflichtungswille objektiv nicht entnehmen lässt. Dies ist beispielsweise anzunehmen, wenn der Arbeitgeber im Vollzug einer Versorgungsordnung die Versorgungsleistung wiederholt offensichtlich fehlerhaft bestimmt.[382] Ebenso wenig wird ein Anspruch begründet, wenn der Arbeitgeber die Leistung erkennbar mit dem Vorbehalt der Freiwilligkeit oder des Widerrufs erbringt.[383] Neu eintretende Arbeitnehmer kann der Arbeitgeber von den Wirkungen der Betriebsübung ausnehmen, indem er die Bindungswirkung der betrieblichen Übung ausschließt und dies den neu eintretenden Arbeitnehmern mitteilt.[384] Außerdem kann ein Anspruch aus betrieblicher Übung neben den allgemeinen individualrechtlichen Änderungsmitteln auch durch eine ablösende betriebliche Übung geändert werden. Ebenso wie ein bestimmtes, langjährig den Arbeitnehmer begünstigendes Verhalten des Arbeitgebers anspruchsbegründend wirkt, kann auch eine den Arbeitnehmer belastende, der bisherigen betrieblichen Übung entgegenstehende oder diese abändernde neue betriebliche Übung dadurch entstehen, dass sich der Arbeitgeber über einen längeren Zeitraum hinweg von der bisherigen betrieblichen Übung abweicht, ohne dass der Arbeitnehmer dem widerspricht.[385]

IV. Gleichbehandlungsgrundsatz

Schließlich kann sich ein individualrechtlicher Anspruch auf eine betriebliche Altersversorgung noch aus dem allgemeinen arbeitsrechtlichen Gleichbehandlungsgrundsatz ergeben, wie auch § 1b Abs. 1 S. 4 BetrAVG verdeut-

---

[382] So BAG, Urteil vom 23.4.2002, AP Nr. 22 zu § 1 BetrAVG Berechnung = DB 2002, S. 2603 f. In dem der Entscheidung zu Grunde liegenden Fall hatte der Arbeitgeber unter ausdrücklicher Erklärung des Vollzugs der Versorgungsordnung der Berechnung der Versorgungsleistung Vergütungsbestandteile zu Grunde gelegt (Urlaubsgeld), die ausweislich besagter Versorgungsordnung aber nicht bei der Bestimmung der Rentenhöhe zu berücksichtigen waren.

[383] ErfK-*Preis*, § 611 BGB Rn. 263; *Blomeyer/Otto*, BetrAVG, Anh § 1 Rn. 23; *Höfer*, BetrAVG, ART Rn. 234. Im Übrigen würde für diese Fallgruppen auch nach der Vertrauenstheorie keine betriebliche Übung entstehen, da durch die fehlerhafte Anwendung der Versorgungsordnung oder einen Widerrufs- bzw. Freiwilligkeitsvorbehalt ein schutzwürdiges Vertrauen der Arbeitnehmer nicht begründet wird.

[384] BAG, Urteil vom 30.10.1984, AP Nr. 1 zu § 1 BetrAVG Betriebliche Übung = NZA 1985, S. 531, 532; *Blomeyer/Otto*, BetrAVG, Anh § 1 Rn. 25; ErfK-*Preis*, § 611 BGB Rn. 268. Zu den Abänderungsmöglichkeiten einer betrieblichen Übung durch individualrechtliche Vereinbarungen vgl. unten S. 205 ff., durch kollektivrechtliche Vereinbarung, S. 218 ff.

[385] BAG, Urteil vom 4.5.1999, AP Nr. 55 zu § 242 BGB Betriebliche Übung = NZA 1999, S. 1162, 1163; Urteil vom 26.3.1997, AP Nr. 50 zu § 242 BGB Betriebliche Übung = NZA 1997, S. 1007, 1008.

licht. Zur dogmatischen Begründung dieses Grundsatzes werden eine Vielzahl von Ansichten vertreten, die unter anderem das verfassungsrechtliche Gleichheitsgebot aus Art. 3 Abs. 1 GG[386], den Grundsatz von Treu und Glauben[387] oder die Billigkeitskontrolle aus § 315 BGB[388] als Rechtsgrundlage heranziehen.[389] Anerkannt ist jedenfalls, das dem Arbeitsverhältnis eine Verpflichtung zur Gleichbehandlung immanent ist, die im Übrigen in Teilbereichen bereits gesetzlich normiert ist.[390] So legt auf europarechtlicher Ebene Art. 141 Abs. 1 EGV das Gebot der Lohngleichheit für Männer und Frauen bei gleicher oder gleichwertiger Arbeit fest, das nach Rechtsprechung des Europäischen Gerichtshofs unmittelbar auf Individualarbeitsverträge einwirkt.[391] Der nationale Gesetzgeber hat dieses geschlechtsbezogene Benachteiligungsverbot in Bezug auf Lohnzahlungen in § 612 Abs. 3 BGB aufgegriffen und in § 611a BGB umfassend auf weitere Aspekte des Arbeitsverhältnisses, wie etwa Arbeitsbedingungen oder Begründungs- bzw. Beendigungstatbestände ausgedehnt. Daneben enthält § 4 TzBfG ein Diskriminierungsverbot von Teilzeitarbeitnehmern bzw. befristet Beschäftigten im Verhältnis zu Vollzeitarbeitnehmern bzw. unbefristet Beschäftigten. Der Gleichbehandlungsgrundsatz beinhaltet die Verpflichtung des Arbeitnehmers, einzelne Arbeitnehmer innerhalb einer Gruppe nicht willkürlich schlechter zu stellen, sowie das Verbot der sachfremden Gruppenbildung.[392] Dabei besteht diese Verpflichtung grundsätzlich unternehmensbezogen, d.h. jeweils im Verhältnis zum Arbeitgeber, da Bezugspunkt der Gleichbehandlung das einzelne Arbeitsverhältnis und nicht die Betriebszugehörigkeit ist.[393] Ein

---

[386] BAG, Urteil vom 25.8.1982, AP Nr. 53 zu § 242 BGB Gleichbehandlung = DB 1982, S. 2354; Urteil vom 28.7.1992, AP Nr. 18 zu § 1 BetrAVG Gleichbehandlung = NZA 1993, S. 215, 216; *Höfer*, BetrAVG, ART Rn. 243; *Gamillscheg*, Arbeitsrecht, S. 79; H-BetrAV-*Griebeling*, Teil I 30, Rn. 73.

[387] BAG, Urteil vom 9.11.1972, AP Nr. 36 zu § 242 BGB Gleichbehandlung = DB 1973, S. 432; Urteil vom 15.6.1972, AP Nr. 74 zu § 611 BGB Gratifikation; *Blomeyer/Otto*, BetrAVG, Anh § 1 Rn. 33.

[388] BAG, Urteil vom 21.12.1970, AP Nr. 1 zu § 305 BGB Billigkeitskontrolle = DB 1971, S. 727; Urteil vom 22.12.1970, AP Nr. 2 zu § 305 BGB Billigkeitskontrolle = DB 1971, S. 729; Urteil vom 4.2.1976, AP Nr. 40 zu § 242 BGB Gleichbehandlung = DB 1976, S. 1111 f.; *Söllner/Waltermann*, Rn. 772.

[389] Vgl. ausführliche Darstellung in *Marhold/Beckers*, AR-Blattei SD, 800.1 Gleichbehandlung im Arbeitsverhältnis I, Rn. 7 ff.

[390] MüKo-*Müller-Glöge*, BGB, § 611 Rn. 449; ErfK-*Preis*, § 611 BGB Rn. 713; HWK-*Thüsing*, § 611 BGB Rn. 182.

[391] EuGH, Urteil vom 8.4.1976 – *Defrenne*, Slg. 1976, S. 455, 476 = NJW 1976, S. 2068; Urteil vom 7.2.1991 – *Nimz*, Slg. 1991, S. I-297, 318 = AP Nr. 25 zu § 23a BAT.

[392] BAG, Urteil vom 25.2.1999, AP Nr. 37 zu § 1 BetrAVG = NZA 1999, S. 986, 987; Urteil vom 25.4.1995, AP Nr. 25 zu § 1 BetrAVG Gleichbehandlung = NZA 1996, S. 84, 86; Urteil vom 12.11.1992, AP Nr. 17 zu § 1 BetrAVG Gleichbehandlung = NZA 1992, S. 837, 838; ErfK-*Preis*, § 611 BGB Rn. 713; H-BetrAV-*Griebeling*, Teil I 30, Rn. 68.

[393] BAG, Urteil vom 17.11.1998, AP Nr. 162 zu § 242 BGB Gleichbehandlung = NZA

Anspruch des einzelnen Arbeitnehmers auf Gleichbehandlung setzt eine nach bestimmten erkennbaren und abstrakten Kriterien vollzogene Leistungsvergabe durch den Arbeitgeber voraus. Damit findet der Gleichbehandlungsgrundsatz keine Anwendung, wenn im Einzelfall Arbeitnehmer durch im Rahmen der Vertragsfreiheit individuell ausgehandelte Vereinbarungen besser gestellt sind als andere.[394] Die Pflicht zur Gleichbehandlung besteht des Weiteren dann nicht, wenn sachliche Differenzierungsgründe für eine Ungleichbehandlung vorliegen. Im Bereich der betrieblichen Altersversorgung muss sich dieser Sachgrund aus der Zwecksetzung der Versorgungsordnung selbst ergeben. Anknüpfungskriterien für eine Differenzierung innerhalb der Voraussetzungen, des Umfangs oder der Art der Versorgungsleistung sind so etwa auf Grund unterschiedlichen Versorgungsbedarfs, besonderer Bedürftigkeit einzelner Arbeitnehmer bzw. Arbeitnehmergruppen oder wegen eines nachvollziehbaren Interesses an ihrer fortdauernden Betriebstreue zulässig.[395]

So können beispielsweise befristet Beschäftigte von der Altersversorgung ausgenommen werden, weil zu erwarten ist, das diese die zur Begründung einer unverfallbaren Anwartschaft erforderlich Betriebszugehörigkeit nicht erreichen werden.[396] Ebenso wenig ist der Gleichbehandlungsgrundsatz verletzt, wenn eine Altersversorgung nur Mitarbeitern in leitenden Positionen gewährt wird.[397]

1999, S. 606, 608 f.; MünchHb-*Richardi*, § 14 Rn. 9; *Blomeyer/Otto*, BetrAVG, Anh § 1 Rn. 39. Vereinzelt wird eine Beschränkung des Gleichbehandlungsgrundsatzes auf die Betriebsebene, so *Lieb*, Arbeitsrecht, Rn. 102, und (unter Verweis auf § 75 BetrVG) *Tschöpe*, DB 1994, S. 40 ff., bzw. eine Ausweitung auf Konzernebene gefordert, so *Konzen*, RdA 1984, S. 65, 87 f. Diese Ansichten sind jedoch abzulehnen: eine Beschränkung auf den Betrieb ist nicht erforderlich, da die Betriebszugehörigkeit gegebenenfalls als sachliches Differenzierungskriterium Berücksichtigung finden kann. Eine Ausweitung der Gleichbehandlungspflicht auf den Konzern scheidet aus rechtlichen Gesichtspunkten aus, da jedes Konzernunternehmen seine rechtliche Eigenständigkeit behält und damit ein einheitlicher Bezugspunkt der Gleichbehandlung fehlt.

[394] BAG, Urteil vom 19.8.1992, AP Nr. 102 zu § 242 BGB Gleichbehandlung = NZA 1993, S. 171, 172; ErfK-*Preis*, § 611 BGB Rn. 715; *Blomeyer/Otto*, BetrAVG, Anh § 1 Rn. 44; *Söllner/Waltermann*, Rn. 772.

[395] BAG, Urteil vom 25.2.1999, AP Nr. 37 zu § 1 BetrAVG = NZA 1999, S. 986, 987; Urteil vom 9.12.1997, AP Nr. 40 zu § 1 BetrAVG Gleichbehandlung = NZA 1998, S. 1173, 1175. Ausführlich *Blomeyer/Otto*, BetrAVG, Anh § 1 Rn. 53 ff.

[396] BAG, Urteil vom 13.12.1994, AP Nr. 23 zu § 1 BetrAVG Gleichbehandlung = NZA 1995, S. 886 f.

[397] BAG, Urteil vom 12.6.1990, AP Nr. 25 zu § 1 BetrAVG = NZA 1990, S. 973 f.

Zweiter Teil – Die betriebliche Altersversorgung im Betriebsübergang

A. Tatbestandsvoraussetzungen des § 613a BGB

I. Entstehungsgeschichte und Normzweck

Der 1972 im Zusammenhang mit der Neufassung des BetrVG geschaffene und zwischenzeitlich den Erfordernissen der EG-Richtlinie zur Angleichung der Rechtsvorschriften der Mitgliedsstaaten über die Wahrung von Ansprüchen der Arbeitnehmer beim Übergang von Unternehmen, Betrieben oder Unternehmens- oder Betriebsteilen[1] angeglichene § 613a BGB stellt die zentrale Schutzvorschrift im Falle einer Übertragung von Betrieben oder Betriebsteilen auf einen neuen Inhaber dar.[2] Sie soll neben der Kontinuität des amtierenden Betriebsrates und der Regelung einer Haftungsverteilung zwischen altem und neuen Betriebsinhaber auf individualrechtlicher Ebene die Erhaltung der bestehenden Arbeitsplätze sicherstellen.[3] Anknüpfungspunkt für die Rechtsfolgen des § 613a BGB ist der rechtsgeschäftliche Übergang eines Betriebes oder Betriebsteiles auf einen neuen Inhaber.

II. Betrieb oder Betriebsteil

Gemäß Art. 1 Abs. 1b) der Richtlinie 2001/23/EG vom 12.3.2002 ist Betriebsübergang der „Übergang einer ihre Identität bewahrenden wirtschaftlichen Einheit im Sinne einer organisierten Zusammenfassung von Ressourcen zur Verfolgung einer wirtschaftlichen Haupt- oder Nebentätigkeit.“ Damit übernimmt der europäische Gesetzgeber die vom Europäischen Gerichtshof in ständiger Rechtsprechung entwickelten Kriterien zur Bestimmung eines Betriebs oder Betriebsteils als Objekt des Betriebsübergangs.[4] Der Begriff der Einheit wird vom EuGH näher konkretisiert als eine organisierte Gesamtheit von Personen und Sachen zur Ausübung einer wirtschaftlichen Tätigkeit mit eigener Zielsetzung.[5] Inwieweit eine wirtschaftliche Einheit vorliegt, ist anhand einer typologischen Gesamtbetrachtung festzustellen, zu der verschie-

---

1 EG-Richtlinie 2001/23/EG, ABl. EG Nr. L 82 vom 22.3.2002, S. 16; konsolidierte Fassung der Richtlinie 77/187/EWG, ABl. EG Nr. L 61 vom 5.3.1977, S. 26, geändert durch EG-Richtlinie vom 29.6.1998, ABl. EG L 201 vom 17.7.1998, S. 88.

2 Zur Entstehungsgeschichte ausführlich: *Willemsen*, Umstrukturierung, Rn. G 1 ff.

3 Zum Schutzzweck des § 613a BGB vgl. MünchHb-*Wank*, § 124 Rn. 15 f.; ErfK-*Preis*, § 613a BGB Rn. 2 ff.

4 *Willemsen*, Umstrukturierung, Rn. G 13.

5 EuGH, Urteil vom 11.3.1997 – *Ayse Süzen*, Slg. 1997, S. I-1259 = NZA 1997, S. 433, Urteil vom 24.1.2002 - *Temco*, Slg. 2002, S. I-969 = NZA 2002, S. 265, 266.

dene sachliche Kriterien heranzuziehen sind, die der EuGH in ständiger Rechtsprechung zusammengestellt hat.[6] Namentlich sind dies die Art des betreffenden Unternehmens oder Betriebes, der Übergang oder Nichtübergang der materiellen Aktiva wie Gebäude, Maschinen oder anderer Produktionsmittel, der Wert der immateriellen Aktiva zum Zeitpunkt des Übergangs, die Übernahme oder Nichtübernahme der Hauptbelegschaft durch den neuen Inhaber, der Übergang oder Nichtübergang der Kundschaft sowie der Grad der Ähnlichkeit zwischen der vor und der nach dem Übergang verrichteten Tätigkeit und die Dauer einer eventuellen Unterbrechung dieser Tätigkeit.[7] Ausdrücklich wurde zwischenzeitlich klargestellt, dass die reine Funktionsübernahme durch die Fremdvergabe betrieblicher Leistungen nicht als Fortführung einer wirtschaftliche Einheit verstanden werden kann.[8] Das Bundesarbeitsgericht hat sich dieser Rechtsprechung, die im Grundsatz auch von der arbeitsrechtlichen Literatur überwiegend begrüßt wird[9], seit dem Ende der 90er Jahre in einer Reihe von Entscheidungen angeschlossen.[10]

---

[6] Gelegentlich auch als „Sieben-Punkte-Katalog" bezeichnet, HWK-*Willemsen*, § 613a BGB Rn. 93 f.; Semler/Stengel-*Simon*, UmwG, § 324 Rn. 9; ErfK-*Preis*, § 613a BGB Rn. 11.

[7] EuGH, Urteil vom 18.3.1986 – *Spijkers*, Slg. 1986, S. 1119; Urteil vom 11.3.1997 – *Ayse Süzen*, Slg. 1997, S. I-1259 = NZA 1997, S. 433, 434; Urteil vom 10.12.1998 – *Sánchez Hidalgo*, Slg. 2002, S. I-8237 = NZA 1999, S. 189, 190; Urteil vom 24.1.2002 – *Temco*, Slg. 2002, S. I-969 = NZA 2002, S. 265, 266. Zur Bedeutung dieser Prüfungskriterien vgl. ErfK-*Preis*, § 613a BGB Rn. 12 ff.

[8] EuGH, Urteil vom 11.3.1997 – *Ayse Süzen*, Slg. 1997, S. I-1259 = NZA 1997, S. 433, 434; insbesondere zur Klarstellung seiner – zumindest missverständlichen – Entscheidung vom 14.4.1994 – *Christel Schmidt*, Slg. 1994, S. I-1311 = NZA 1994, S. 545, in der eine Wahrung der Identität der wirtschaftlichen Einheit bereits bei Gleichartigkeit des auf einen Dritten übertragenen Tätigkeitsbereich angenommen wurde. In einer jüngeren Entscheidung des EuGH, Urteil vom 20.11.2003 – *Abler*, Abl.-EG Nr. C 7 vom 10.1.2004, S. 12 = NZA 2003, S. 1385, die die Übernahme eines Auftrages zur Verpflegung eines Krankenhauses betraf, wird teilweise eine „Tendenz zurück zu *Christel Schmidt*" gesehen, da sie die materiellen Betriebsmittel im Dienstleistungsbereich überbewertet, so *Bauer*, NZA 2004, S. 14, 17. Obschon *Bauer* darin zuzustimmen ist, dass durch diese Entscheidung der Anwendungsbereich des § 613a BGB ausgeweitet wird, liegt eine Rückkehr zu Christel Schmidt noch fern, da der EuGH weiterhin nicht ausschließlich auf die Tätigkeit abstellt, sondern darauf, ob materielle Betriebsmittel, wie etwa Räumlichkeiten, Energie und Kücheninventar für ein Catering-Unternehmen, unverzichtbar sind, so EuGH, Urteil vom 20.11.2003 – *Abler*, Abl.-EG Nr. C 7 vom 10.1.2004, S. 12 = NZA 2003, S. 1385. Insoweit objektiviert der EuGH – im Gegensatz zur Rechtsprechung des BAG in vergleichbaren Fällen – das Kriterium der Übernahme von Sachmitteln, das nunmehr, unabhängig von der rechtlichen Ausgestaltung der Auftragsvergabe, stets nur im Zusammenhang mit der ausgeführten Tätigkeit zu beurteilen ist, vgl. *Wilhemsen/Annuß*, DB 2004, S. 134; *Schnitker/Grau*, BB 2004, S. 275; Moll-*Cohnen/Tepass*, MAH Arbeitsrecht, § 50 Rn. 28 f.

[9] ErfK-*Preis*, § 613a BGB Rn. 39; MünchHb-*Wank*, § 124 Rn. 39; *Lieb*, Arbeitsrecht, Rn. 294, Staudinger-*Richardi/Annuß*, BGB, § 613a Rn. 47.

[10] BAG, Urteil vom 11.9.1997, AP Nr. 16 zu EWG-Richtlinie Nr. 77/187 = NZA 1998,

Vom Begriff des Betriebes unterscheidet sich schon vom Wortsinn her der Begriff des Betriebsteiles. Bei einem Betriebsteil handelt es sich um eine selbstständige, abgrenzbare organisatorische Untergliederung des gesamten Betriebes, in der innerhalb des betrieblichen Gesamtzweckes ein Teilzweck verfolgt wird. Dabei reicht eine untergeordnete Hilfsfunktion aus.[11] Wenn nur einzelne Sachmittel übertragen werden, die zwar ständig einem bestimmten Teilzweck untergeordnet, aber – wie etwa bei der Veräußerung einzelner Lastkraftwagen eines Speditionsbetriebes – nicht als eigenständige Einheit von Personen und Sachen ausgestaltet sind, hat das BAG eine abgrenzbare Teilorganisation und damit einen Betriebsteilübergang abgelehnt.[12] Das Kriterium der eigenständigen und abgrenzbaren Organisation ist Konsequenz der europarechtlichen Vorgabe, die die Übertragung einer wirtschaftlichen Einheit erfordert. Ohne eine hinreichende organisatorische Verselbstständigung fehlt damit schon das Objekt, das Gegenstand eines Betriebsübergangs sein kann.[13] Daher kann für die rechtliche Bewertung, ob die Übertragung von Teilen eines Betriebes als Betriebsteilübergang im Sinne von § 613a BGB zu qualifizieren ist, die begriffliche Unterscheidung zwischen Betrieb und Betriebsteil vernachlässigt werden, und so ein identischer Prüfungsmaßstab unter Berücksichtigung der gleichen Kriterien wie für den Betriebsübergang herangezogen werden.[14]

S. 31; Urteil vom 22.5.1997, AP Nr. 154 zu § 613a BGB = NZA 1997, S. 1050, 1052; Urteil vom 11.12.1997, AP Nr. 172 zu § 613a BGB = NZA 1998, S. 540; Urteil vom 18.3.1999, AP Nr. 189 zu § 613a BGB = NZA 1999, S. 704, 705; Urteil vom 26.8.1999, AP Nr. 196 zu § 613a BGB = NZA 2000, S. 144; Urteil vom 5.2.2004, AP Nr. 263 zu § 613a BGB = NZA 2004, S. 845, 846. Zur Entwicklung der BAG-Rechtsprechung ausführlich: *Moll*, RdA 1999, S. 233.

[11] BAG, Urteil vom 26.8.1999, AP Nr. 196 zu § 613a BGB = NZA 2000, S. 144, 145; Urteil vom 11.9.1997, AP Nr. 16 zu EWG-Richtlinie Nr. 77/187 = NZA 1998, S. 31, 33; Urteil vom 24.4.1997, NZA 1998, S. 253, 254; Urteil vom 5.2.2004, AP Nr. 263 zu § 613a BGB = NZA 2004, S. 845, 846.

[12] BAG, Urteil vom 26.8.1999, AP Nr. 196 zu § 613a BGB = NZA 2000, S. 144, 145. Ebenso wenig hat das BAG die Übernahme einer Schwimmtrainerin und der von ihr betreuten Trainingsgruppe als Betriebsteilübergang qualifiziert, da die von ihr betreuten Schwimmer keine Arbeitsorganisation im arbeitsrechtlichen Sinne darstellen und daher die Fortführung der Tätigkeit bei einem anderen Arbeitgeber lediglich als Funktionsnachfolge zu qualifizieren ist, BAG, Urteil vom 5.2.2004, AP Nr. 263 zu § 613a BGB = NZA 2004, S. 845, 847.

[13] *Gaul*, Arbeitsrecht, § 6 Rn. 226; *Willemsen*, Umstrukturierung, Rn. G 36. Das BAG hat so einen Betriebsteilübergang bejaht bei der Übertragung des Labors eines Krankenhauses, Urteil vom 18.9.2001, AP Nr. 230 zu § 613a BGB = NZA 2002, S. 1391, oder der Ausgliederung der Abteilung Umweltschutz eines Unternehmens, das technische Anlagen überwacht, Urteil vom 18.3.1999, AP Nr. 41 zu § 1 KSchG 1969 Soziale Auswahl = NZA 1999, S. 870.

[14] ErfK-*Preis*, § 613a BGB Rn. 6 f.; *Steffan*, NZA 2000, S. 687.

III. Rechtsgeschäftlicher Übergang auf einen neuen Betriebsinhaber

Durch das Tatbestandsmerkmal der rechtsgeschäftlichen Übertragung sollen Fälle der Gesamtrechtsnachfolge durch Gesetz oder auf Grund eines sonstigen Hoheitsaktes von der Einzelrechtsnachfolge im Rahmen des § 613a BGB abgegrenzt werden.[15] Damit ist ein Betriebsübergang nach § 613a BGB insbesondere bei der erbrechtlichen Universalsukzession nach § 1922 BGB, der Gesamtrechtsnachfolge auf Grund gesellschaftsrechtlicher Umstrukturierungen sowie der Übertragung von Betrieben nach öffentlich-rechtlichen Vorschriften nicht gegeben. Zumindest für den Bereich der gesellschaftsrechtlichen Gesamtrechtsnachfolge kann aber § 613a BGB – wie die Vorschrift des § 324 UmwG verdeutlicht – neben den Regelungen des Umwandlungsrechtes Anwendung finden.[16]

Der Begriff des rechtsgeschäftlichen Übergangs ist nach der Rechtsprechung des EuGH weit zu verstehen. Danach umfasst er alle Fälle, „in denen die für den Betrieb des Unternehmens verantwortliche Person, die die Arbeitgeberverpflichtung gegenüber den Beschäftigten des Unternehmens eingeht, im Rahmen vertraglicher Beziehungen wechselt."[17] Dabei kann eine Übertragung vom bisherigen Betriebsinhaber auf den Erwerber auch durch mittelbare Vertragsbeziehungen, wie z.B. der Kündigung eines Mietverhältnisses über Geschäftsräume mit anschließendem Verkauf[18] oder durch die Übertragung einer Vertriebsberechtigung durch den Rechteinhaber[19], erfolgen. Gegen diese „Mi-

---

[15] BAG, Urteil vom 10.6.1988, AP Nr. 82 zu § 613a BGB = ZIP 1988, S. 1272; Urteil vom 26.8.1999, AP Nr. 197 zu § 613a BGB = NZA 2000, S. 371, 373; Urteil vom 8.5.2001, AP Nr. 219 zu § 613a BGB = NZA 2001, S. 1200, 1202.

[16] Gemäß § 324 UmwG bleibt § 613a Abs. 1 und Abs. 4 bis 6 BGB bei einer Verschmelzung, Spaltung oder Vermögensübertragung „unberührt". Dies setzt zunächst voraus, dass § 613a BGB originär Anwendung finden kann, so dass es sich bei § 324 UmwG um eine Rechtsgrundverweisung handelt. Dabei ist das Tatbestandsmerkmal des Übergangs „durch Rechtsgeschäft" regelmäßig erfüllt, da die Umwandlung in den gesetzlich genannten Formen stets einen Spaltungs- oder Verschmelzungsvertrag als rechtsgeschäftliche Grundlage erfordert, Picot-*Picot/Schnitker*, Unternehmenskauf, Teil III, Rn. 36; ErfK-*Preis*, § 613a BGB Rn. 58; Erman-*Edenfeld*, BGB, § 613a Rn. 29; Semler/Stengel-*Simon*, UmwG, § 324 Rn. 3.

[17] EuGH, Urteil vom 10.12.1998 – *Sánchez Hidalgo*, Slg. 1998, S. I-8237 = NZA 1999, S. 189, 190; Urteil vom 7.3.1996 – *Merckx*, Slg. 1996, S. I-1253 = NZA 1996, S. 413, 414 f.; Urteil vom 19.5.1992 – *Redmond Stichting*, Slg. 1992, S. I-3189 = NZA 1994, S. 207; BAG, Urteil vom 26.8.1999, AP Nr. 197 zu § 613a BGB = NZA 2000, S. 371; 373. Zur Entwicklung der Rechtsprechung von EuGH und BAG zum Tatbestandsmerkmal des rechtsgeschäftlichen Übergangs vgl. *Wank/Börgmann*, DB 1997, S. 1229 ff.

[18] EuGH, Urteil vom 10.2.1988 – *Daddy's Dance Hall*, Slg. 1988, S. 739.

[19] EuGH, Urteil vom 7.3.1996 – *Merckx*, Slg. 1996, S. I-1253 = NZA 1996, S. 413, 414 f.

nimalisierung der Anforderungen"[20] des Tatbestandsmerkmals des Übergangs durch Rechtsgeschäft wird zu Recht von der Literatur eingewandt, dass der Wille des Veräußerers zu wenig berücksichtigt wird. Ausgehend von diesem weiten Verständnis könnte so durch einen Konkurrenten ein Betriebsübergang gegen den Willen des Veräußerers, etwa durch Abwerbung von Mitarbeitern, Erwerb von sicherungsübereigneten Betriebsmitteln oder durch die Übernahme von Kundenbeziehungen, herbeigeführt werden. Daher erfordert der Übergang eines Betriebes oder Betriebsteils auf einen neuen Betriebsinhaber ein Mindestmaß an rechtsgeschäftlicher Disposition durch den Betriebsveräußerer, das sich beispielsweise in der Bereitschaft zur Freigabe von Betriebsmitteln oder Personal äußern kann.[21]

Ein Betriebsübergang setzt schließlich voraus, dass an die Stelle des bisherigen Betriebsinhabers ein anderer tritt, der den Betrieb im eigenen Namen fortführt.[22] Dies beinhaltet zum einen die Übertragung auf eine vom Veräußerer verschiedene natürliche oder juristische Person. Veränderungen der Gesellschaftsstruktur einer juristischen Person, die wie ein Gesellschafterwechsel („Share Deal") oder eine Änderung der Rechtsform ihre Identität unberührt lassen, führen nicht zu einem Betriebsinhaberwechsel.[23] Des Weiteren ist erforderlich, dass der Betrieb oder Betriebsteil vom Erwerber tatsächlich durch Weiterführung oder Wiederaufnahme der Geschäftstätigkeit fortgeführt wird.[24] Dies setzt eine tatsächliche Übernahme des Betriebs und der arbeitstechnischen Organisations- und Leitungsmacht durch den Erwerber voraus und legt gleichzeitig den Zeitpunkt des Betriebsübergangs fest.[25]

---

[20] *Willemsen*, Umstrukturierung, Rn. G 44.

[21] *Willemsen*, Umstrukturierung, Rn. G 44 ff; ErfK-*Preis*, § 613a BGB Rn. 59; Erman-*Edenfeld*, BGB, § 613a Rn. 29; ähnlich MünchHb-*Wank*, § 124 Rn. 86; *Wank/Börgmann*, DB 1997, S. 1229, 1234.

[22] Erman-*Edenfeld*, BGB, § 613a Rn. 6; BAG, Urteil vom 12.7.1990, AP Nr. 87 zu § 613a BGB = NZA 1991, S. 63, 64 f.; Urteil vom 6.2.1985, AP Nr. 44 zu § 613a BGB = NZA 1985, S. 735.

[23] ErfK-*Preis*, § 613a BGB Rn. 43 f.

[24] BAG, Urteil vom 18.3.1999, AP Nr. 189 zu § 613a BGB = NZA 1999, S. 704, 705; EuGH, Urteil vom 10.12.1998 – *Francisco Hernández Vidal SA*, Slg. 1998, S. I-8179 = NZA 1999, S. 253, 254; Urteil vom 10.12.1998 – *Sánchez Hidalgo*, Slg. 1998, S. I-8237 = NZA 1999, S. 189, 190; ErfK-*Preis*, § 613a BGB Rn. 53.

[25] BAG, Urteil vom 26.3.1996, AP Nr. 148 zu § 613a BGB = NZA 1997, S. 94; Urteil vom 18.3.1999, AP Nr. 189 zu § 613a BGB = NZA 1999, S. 704, 705; ErfK-*Preis*, § 613a BGB Rn. 50; MünchHb-*Wank*, § 124 Rn. 73 f.; *Schiefer*, NJW 1998, S. 1817, 1818; *Gaul*, ZIP 1989, S. 757, 759.

B. Rechtsfolgen des Betriebsübergangs für einzelvertragliche Versorgungszusagen

I. Wechsel des Versorgungsschuldners und Zuordnung der Versorgungsverhältnisse

Gemäß § 613a Abs. 1 S. 1 BGB tritt der Betriebserwerber in die Rechte und Pflichten aus den im Zeitpunkt des Übergangs zum Veräußerer bestehenden Arbeitsverhältnissen ein, soweit der betroffene Arbeitnehmer nicht von seinem Widerspruchsrecht Gebrauch macht. Für die betriebliche Altersversorgung hat der Eintritt des Betriebserwerbers in die laufenden Arbeitsverhältnisse zur Konsequenz, dass Versorgungszusagen des Betriebsveräußerers gegenüber aktiven Arbeitnehmern nunmehr inhaltsgleich gegenüber dem Erwerber bestehen.[26] Versorgungsverpflichtungen gegenüber bereits ausgeschiedenen Arbeitnehmern – Betriebsrentnern und mit unverfallbarer Anwartschaft ausgeschiedenen Mitarbeitern – verbleiben hingegen beim Betriebsveräußerer.[27] Die auf der Tatbestandsebene vorgenommene Abgrenzung zur Gesamtrechtsnachfolge ist hier besonders bedeutsam, da bei dieser nicht nur das bestehende Arbeitsverhältnis, sondern grundsätzlich jedes Rechtsverhältnis auf den Rechtsnachfolger übergeht und damit auch Versorgungsverpflichtungen nicht mehr aktiver Arbeitnehmer betroffen sind.[28]

Damit gehen die Rechtsfolgen des Betriebsübergangs im Hinblick auf die betriebliche Altersversorgung über die europarechtlichen Vorgaben hinaus. So sieht Art. 3 Abs. 4 der Richtlinie 2001/23/EG vor, dass sich der Übergang der Rechte der Arbeitnehmer nicht auf „Leistungen bei Alter, Invalidität oder für

---

[26] Dies gilt nach BAG, Urteil vom 19.05.2005, AP Nr. 283 zu § 613a BGB = DB 2005, S. 2362, auch für Rentenanwartschaften, die nach der Eröffnung eines Insolvenzverfahrens erdient worden sind, und im Wege des Betriebsübergangs übertragen werden.

[27] BAG, Urteil vom 24.3.1977, AP Nr. 6 zu § 613a BGB = DB 1977, S. 1466, 1467; Urteil vom 11.11.1986, AP Nr. 61 zu § 613a BGB = NZA 1987, S. 559; Urteil vom 24.3.1987, AP Nr. 1 zu § 26 HGB = NZA 1988, S. 246, 247; *Andresen/Förster/Rößler/Rühmann*, Teil 14 B Rn. 242; *Balze/Rebel/Schuck*, Outsourcing, Rn. 665; MünchHb-*Wank*, § 124 Rn. 136 ff. Nach vereinzelt vertretener Auffassung gehen auch die Ruhestandsverhältnisse bereits ausgeschiedener Arbeitnehmer auf den Betriebserwerber über, da diese untrennbar mit dem Arbeitsverhältnis verbunden seien, *Säcker/Joost*, DB 1978, S. 1030, 1033 ff. Diese Ansicht ist aber mit dem Wortlaut des § 613a Abs. 1 BGB, der von „Arbeitsverhältnissen" spricht, nicht zu vereinbaren. Da eine vertragliche und damit privatautonom begründete Vereinbarung kraft Gesetz auf eine dritte Person übergeleitet wird, ist insoweit ein eindeutiger Wortlaut erforderlich. Zudem ist Zielsetzung der europäischen Richtlinie die Wahrung der Kontinuität der Arbeitsverhältnisse, so dass auch in dieser Hinsicht Ruhestandsverhältnisse als beendete Arbeitsverhältnisse nicht in den Anwendungsbereich des § 613a BGB fallen.

[28] Picot-*Heubeck*, Unternehmenskauf, Teil IV, Rn. 76.

Hinterbliebene aus betrieblichen oder überbetrieblichen Zusatzversorgungseinrichtungen außerhalb der gesetzlichen Systeme der sozialen Sicherheit der Mitgliedsstaaten" beziehen muss. Auf nationaler Ebene können natürlich weitergehende Regelungen geschaffen werden, wie auch das deutsche Beispiel des § 613a BGB zeigt.[29] Obschon sein Wortlaut betriebliche Versorgungsleistungen ausdrücklich nicht umfasst, besteht kein Anlass, diese aus dem Anwendungsbereich der Vorschrift auszunehmen. So ist die Überleitung auch der Versorgungsverpflichtungen nicht nur nach einhelliger Auffassung im Schrifttum sondern ebenso nach dem mutmaßlichen Regelungsplan des Gesetzgebers Rechtsfolge eines Betriebsübergangs.[30]

Art. 2 Abs. 1.d) der Richtlinie 2001/23/EG geht für den Betriebsübergang von einem weiten Arbeitnehmerbegriff aus. Danach treffen die Rechtsfolgen des Betriebsübergangs „jede Person, die in dem betreffenden Mitgliedsstaat aufgrund des einzelstaatlichen Arbeitsrechts geschützt ist" und damit alle Arten von Arbeitsverhältnissen unabhängig von einer besonderen rechtlichen Ausgestaltung. So werden beispielsweise auch Berufsausbildungsverhältnisse, sogenannte atypische Arbeitsverhältnisse wie Teilzeitarbeitsverhältnisse oder befristete Arbeitsverhältnisse, und – abweichend vom betriebsverfassungsrechtlichen Arbeitnehmerbegriff – auch Arbeitsverhältnisse mit leitenden Angestellten umfasst. Ausgeschlossen sind solche Rechtsbeziehungen, die auf rein dienst- oder werkvertraglicher Grundlage beruhen, wie z.B. Dienstverträge mit Organmitgliedern einer Gesellschaft. Für diese können die Rechtsfolgen des Betriebsübergangs aber im Wege eines dreiseitigen Vertrages zwischen Veräußerer, Erwerber und dem betroffenen Beschäftigten herbeigeführt werden.[31]

---

[29] Nach Auffassung des EFTA-Gerichtshof, die dieser in gutachterlichen Stellungnahmen jeweils vom 25.9.1996 zu den Rs. E-2/95 – Eidessund, ABl. EG Nr. C 37 vom 6.2.1997, S. 13 = EAS Rl. 77/187/EWG Art. 1 Nr. 11a, Rn. 53 ff., insb. Rn. 61, und Rs. E-3/95 – Langeland, ABl. EG Nr. C 37 vom 6.2.1997, S. 14 = EAS Rl. 77/187/ EWG Art. 3 Nr. 10a, Rn. 22 ff., insb. Rn. 33, ausführt, ergibt die Auslegung der Betriebsübergangsrichtlinie hingegen, dass der Betriebserwerber im Betriebsübergang von Leistungen bei Alter bzw. Invalidität des Arbeitnehmers oder für Hinterbliebene freizustellen ist. Dieser Auffassung kann aber nicht zugestimmt werden, da die Mitgliedsstaaten gemäß Art. 3 Abs. 4.) der Richtlinie 2001/23/EG verpflichtet sind, geeignete Maßnahmen zur Aufrechterhaltung von Leistungen betrieblicher Altersversorgung im Betriebsübergang zu treffen. Würden diese Leistungen aus dem Anwendungsbereich des § 613a BGB ausgenommen, würde der von der Richtlinie geforderte Schutz leer laufen. Bei europarechtskonformer Auslegung des § 613a BGB gehören daher Rechte aus betrieblicher Altersversorgung zum Inhalt des übergehenden Arbeitsverhältnisses, vgl. *Gaul*, BB 1999, S. 526, 528; *Gaul*, Arbeitsrecht, § 35 Rn. 5 ff.

[30] Vgl. *Willemsen/Annuß*, NJW 1999, S. 2073, 2075; *Gaul*, BB 1999, S. 526, 528.

[31] *Andresen/Förster/Rößler/Rühmann*, Teil 14 B, Rn. 240 f.; Erman-*Edenfeld*, BGB, § 613a Rn. 42; *Willemsen*, Umstrukturierung, Rn. G 153

Soweit lediglich ein Betriebsteil oder ein Einzelbetrieb eines Unternehmens bzw. Konzerns auf einen neuen Arbeitgeber übertragen wird, treffen die Wirkungen des § 613a BGB nur diejenigen Arbeitnehmer, die in diesem Betriebsteil bzw. Betrieb beschäftigt waren.[32] Nach der früheren Rechtsprechung des BAG erfolgt dabei die Zuordnung der Arbeitnehmer zu dem betroffenen Betriebsteil vorrangig nach dem Willen aller Beteiligten, d.h. Erwerber, Veräußerer und Arbeitnehmer. Nur wenn keine Einigkeit über die Zuordnung besteht, ist nach objektiven Merkmalen zu entscheiden, für welchen Betrieb oder Betriebsteil der Arbeitnehmer überwiegend tätig war.[33] Diese Auffassung wird zur Recht vielfach kritisiert, da sie in unzulässiger Weise das Vorliegen von Zuordnungskriterien als Tatbestandsvoraussetzung des Betriebsübergangs mit der Frage der Dispositionsbefugnis der Parteien über die einschlägige Rechtsfolge vermische. In Anlehnung an die mittlerweile vom BAG ausdrücklich bestätigte Rechtsprechung des EuGH hat sich die Zuordnung der Arbeitnehmer daher nur an objektiven Kriterien zu orientieren.[34] Voraussetzung ist, dass der Arbeitnehmer dem übertragenen Betriebsteil tatsächlich angehört. Nicht ausreichend ist es, wenn der Arbeitnehmer, ohne dem Betriebsteil anzugehören, bestimmte Tätigkeiten mit Betriebsmitteln des übertragenen Betriebsteils verrichtet.[35] Diese Abgrenzung ist anhand vielfältiger Beurteilungskriterien, wie z.B. Arbeitsaufwand in den einzelnen Betriebsteilen, Zuordnung zu Vorgesetzten oder Abteilungen, Anbindung an die Betriebsorganisation oder die Bedeutung der Tätigkeit für den Gesamtbetrieb, vorzunehmen. Regelmäßig sind damit Arbeitnehmer einzelner Abteilungen, die eine betriebsübergreifende Funktion haben, wie z.B. Mitarbeiter einer zen-

---

[32] Palandt-*Putzo*, BGB, § 613a Rn. 18/22.

[33] BAG, Urteil vom 20.7.1982, AP Nr. 31 zu § 613a BGB = DB 1983, S. 50 f.; Urteil vom 25.6.1985, AP Nr. 23 zu § 7 BetrAVG = NZA 1986, S. 93, 94; Urteil vom 13.11.1997, AP Nr. 170 zu § 613a BGB = NZA 1998, S. 249, 251 („Zuordnungsentscheidung der Beteiligten"); ebenso: Palandt-*Putzo*, BGB, § 613a Rn. 10; Erman-*Edenfeld*, BGB, § 613a Rn. 46; MünchHb-*Wank*, § 124 Rn. 122.

[34] EuGH, Urteil vom 7.2.1985 – *Botzen*, Slg. 1985, S. 519, 528 = ZIP 1985, S. 828, 829; Urteil vom 12.11.1992 – *Watson Rask*, Slg. 1992, S. I-5755, 5778 = AP Nr. 5 zu EWG-Richtlinie Nr. 77/187; BAG, Urteil vom 11.9.1997, AP Nr. 16 zu EWG-Richtlinie Nr. 77/187 = NZA 1998, S. 31, 33; ErfK-*Preis*, § 613a BGB Rn. 72; *Willemsen*, Umstrukturierung, Rn. G 517; *Müller/Thüsing*, ZIP 1997, S. 1869; Tschöpe-*Beseler*, Teil 2 G, Rn. 86 ff.; *Kreitner*, NZA 1990, S. 429 f. Einen weiteren Lösungsansatz vertritt *Lieb*, ZfA 1994, S. 229, 236 ff., der zwischen Arbeitsplätzen und Arbeitsverhältnissen differenziert. In zwei Schritten soll zunächst fiktiv die Arbeitsplatzzahl festgelegt werden, die zum autarken Betreiben des übergehenden Betriebsteiles erforderlich ist. Diesen Arbeitsplätzen ordnet der Arbeitgeber dann in den Grenzen seiner rechtlichen, ihm insbesondere durch sein Direktionsrecht zustehenden Möglichkeiten Arbeitsverhältnisse zu.

[35] EuGH, Urteil vom 7.2.1985 – *Botzen*, Slg. 1985, S. 519, 528 = ZIP 1985, S. 828, 829; Urteil vom 12.11.1992 – *Watson Rask*, Slg. 1992, S. I-5755, 5778 = AP Nr. 5 zu EWG-Richtlinie Nr. 77/187; BAG, Urteil vom 11.9.1997, AP Nr. 16 zu EWG-Richtlinie Nr. 77/187 = NZA 1998, S. 31, 33.

tralen Personalabteilung oder Führungskräfte, nur dann vom Betriebsübergang umfasst, wenn auch die entsprechende Abteilung vom Erwerber übernommen wird. Für Arbeitnehmer, die nicht in eine bestimmte betriebliche Struktur eingebunden sind und so in verschiedenen Betriebsteilen oder Betrieben z.B. als Springer tätig werden (sog. „variabler Arbeitsplatz"), richtet sich die Zuordnung nach dem durch eine quantitative Beurteilung zu ermittelnden Schwerpunkt der Tätigkeit.[36]

Allerdings gehen auch die Befürworter von objektiven Zuordnungskriterien von der Zulässigkeit einer dreiseitigen Vereinbarung zwischen Arbeitgeber, Veräußerer und Erwerber aus, mittels der die Rechtsfolgen des Betriebsübergangs abweichend von der objektiven Zuordnung herbeigeführt werden können.[37]

II. Haftungsverteilung zwischen Veräußerer und Erwerber

1. Nachhaftung des Veräußerers nach § 613a Abs. 2 BGB

Nach § 613a Abs. 2 BGB haftet der Veräußerer neben dem neuen Inhaber als Gesamtschuldner für Forderungen, die bereits vor dem Betriebsübergang entstanden sind, wie etwa rückständige Lohnzahlungen. Diese Haftung ist in zeitlicher Hinsicht auf solche Verpflichtungen beschränkt, die innerhalb eines Jahres nach Betriebsübergang fällig werden. Soweit eine Verpflichtung erst nach dem Zeitpunkt des Betriebsübergangs fällig wird, beschränkt sich die Haftung des Veräußerers gemäß § 613a Abs. 2 S. 2 BGB nur auf den Anteil, der dem im Zeitpunkt des Überganges abgelaufenen Teil des Bemessungszeitraums für die Gesamtleistung entspricht. So kommt der Veräußerer beispielsweise für eine auf das Kalenderjahr begrenzte Jahressonderzahlung nur zeitanteilig entsprechend der bis zum Betriebsübergang vom Arbeitnehmer bei ihm erdienten Betriebszugehörigkeit auf.

---

[36] Vgl. Staudinger-*Richardi/Annuß*, BGB, § 613a Rn. 115; Küttner-*Kreitner*, Betriebsübergang Rn. 22. Zuordnungsprobleme ergeben sich in dieser Fallgruppe, wenn sich quantitativ kein Arbeitsschwerpunkt ermitteln lässt. Eine Ansicht räumt dem Arbeitnehmer dann entsprechend seines Widerspruchsrechts ein Wahlrecht ein (*Müller/Thüsing*, ZIP 1997, S. 1869, 1873; ErfK-*Preis*, § 613a BGB Rn. 72). Nach anderer Ansicht soll dies Wahlrecht dem Veräußerer zustehen (*Bauer*, DB 1983, S. 1097; *Annuß*, NZA 1998, S. 70, 77; Staudinger-*Richardi/Annuß*, BGB, § 613a Rn. 115). Nach zutreffender Ansicht ist jedoch davon auszugehen, dass wegen der fehlenden Rechtsgrundlage für den Schuldnerwechsel das Arbeitsverhältnis im Zweifel nicht übergeht und beim Restbetrieb verbleibt. Lediglich wenn etwa durch Betriebsaufspaltung kein Restbetrieb mehr bestehen bleibt, hat der Veräußerer ein Zuordnungsrecht (*Moll*, RdA 1999, S. 233, 240; *Kreitner*, NZA 1990, S. 429, 431 f.; MünchHb-*Wank*, § 124 Rn. 123; *Willemsen*, Umstrukturierung, Rn. G.159).

[37] Vgl. MünchHb-*Wank*, § 124 Rn. 124; *Kreitner*, NZA 1990, S. 429 f.

Durch diese Regelung wird eine abgestufte Mithaftung des Veräußerers geschaffen und so der Arbeitnehmer vor fehlender finanzieller Leistungsfähigkeit des Erwerbers geschützt.[38] Für die betriebliche Altersversorgung bedeutet dies, dass der bisherige Betriebsinhaber für betriebliche Versorgungsleistungen gegenüber Arbeitnehmern, deren Arbeitsverhältnisse auf den Betriebserwerber übergegangen sind, gesamtschuldnerisch zumindest anteilig einsteht, soweit diese innerhalb eines Jahres fällig werden.[39] Durch § 613a Abs. 2 BGB wird jedoch keine Mithaftung des Erwerbers für Versorgungsansprüche bereits ausgeschiedener Arbeitnehmer begründet. Diese Ansprüche bestehen allein gegenüber dem Betriebsveräußerer.

Die Nachhaftung setzt naturgemäß voraus, dass der abgebende Arbeitgeber noch existiert. Sofern mit dem Betriebsübergang eine Umwandlung verbunden ist, infolge derer der alte Arbeitgeber als juristische Person erlischt, kommt keine Nachhaftung mehr in Betracht. Dies stellt § 613a Abs. 3 BGB klar.

2. Konkurrenz mit handelsrechtlichen Haftungstatbeständen

a. Firmenfortführung nach § 25 HGB

aa. Verhältnis zu § 613a BGB

Eine Haftung des Betriebserwerbers für Versorgungsverbindlichkeiten bereits vor dem Betriebsübergang ausgeschiedener Arbeitnehmer kann zwar nicht aus § 613a Abs. 2 BGB, bei Fortführung der Firma eines Kaufmanns jedoch gemäß § 25 HGB in Betracht kommen. Hierbei handelt es sich nach überwiegender Ansicht um einen Fall des gesetzlich angeordneten Schuldbeitritts, der nur einzelne Verbindlichkeiten und nicht das Rechtsverhältnis als Ganzes umfasst.[40] § 25 HGB ordnet so eine Mithaftung des Erwerbers unabhängig von der Art des Rechtsgrunds der Verpflichtung an, Vertragspartner bleibt der ehemalige Firmeninhaber. § 613a BGB führt demgegenüber zu einem Vertragsübergang ausschließlich der Arbeitsverhältnisse auf den Erwerber; daneben tritt eine begrenzte Mithaftung des Veräußerers für die übergegangenen Verbindlichkeiten. Daher ist § 613a Abs. 1 BGB in seinen Rechtsfolgen weitergehender als § 25 HGB, da eine Übernahme der Verbindlichkeit und nicht lediglich eine Mithaftung angeordnet wird. Im Unterschied zu § 25

[38] RGRK-*Ascheid*, BGB, § 613a Rn. 236.

[39] BAG, Urteil vom 22.6.1978, AP Nr. 12 zu § 613a BGB = DB 1978, S. 1795 f.

[40] Baumbach/Hopt-*Hopt*, HGB, § 25 Rn. 10; MünchHb-*Wank*, § 123 Rn. 10; DLW-*Baeck/Haußmann*, Rn. C.3251 f.; BAG, Urteil vom 24.3.1998, AP Nr. 16 zu § 128 HGB = NZA 1999, S. 145, 146; andere Ansicht: MüKo-*Lieb*, HGB, § 25 Rn. 84, aus der Neufassung des § 25 HGB ergebe sich sein Charakter als Vertragsüberleitungsnorm.

HGB, der lediglich eine Haftungsanordnung enthält, begründet § 613a BGB so eine gesetzliche Rechtsnachfolge.[41]

Beide Normen können gleichzeitig Anwendung finden, so dass eine Haftung nach handelsrechtlichen Grundsätzen neben die Haftung aus § 613a Abs. 2 BGB tritt. Dies hat jedoch nur Bedeutung für den Betriebserwerber, der gleichzeitig die handelsrechtliche Firma des Veräußerers fortführt. In diesem Fall tritt der Erwerber gemäß § 25 HGB neben dem bisherigen Inhaber in die bei diesem bestehenden Verbindlichkeiten ein und begründet so eine gesamtschuldnerische Haftung. Hiervon werden u.a. die beim Veräußerer verbliebenden Versorgungsverbindlichkeiten aus den Ruhestandsverhältnissen bereits ausgeschiedener Arbeitnehmer, aber auch sonstige Verbindlichkeiten aus beliebigen Rechtsverhältnissen, z.B. Miet- oder Pachtforderungen, Rückstände aus bisherigen Geschäftsbeziehungen, umfasst.[42]

Vereinzelt wird vertreten, § 25 HGB könne als *lex specialis* auch eine über § 613a Abs. 2 BGB hinausgehende Haftung des Betriebsveräußerers für solche Verbindlichkeiten eröffnen, die zu Gunsten der nunmehr beim Betriebserwerber beschäftigten Arbeitnehmer vor der Firmenfortführung begründet waren.[43] Zur Begründung des Vorrangverhältnisses wird auf ein Urteil des Bundesarbeitsgerichts vom 23.1.1990[44] Bezug genommen. Die darin festgestellte Spezialität des § 28 HGB gegenüber § 613a Abs. 2 BGB könne auf § 25 HGB übertragen werden, da mit der Vorschrift des § 613a BGB die Stellung des Arbeitnehmers bei Betriebsveräußerungen verbessert, nicht aber der Veräußerer entlastet werden sollte.[45] Es ist allerdings schon fraglich, ob die vom Bundesarbeitsgericht entwickelte, gegenüber § 613a Abs. 2 BGB spezielle gesamtschuldnerische Haftung von bisherigem Einzelkaufmann und Gesellschaft aus § 28 HGB mit der dieser Norm zu Grunde liegenden Konzeption vereinbar ist. § 28 HGB bezweckt eine mit der Kontinuität des Handelsunternehmens begründete Mithaftung des Unternehmensnachfolgers für bestehende Altverbindlichkeiten des bisherigen Inhabers.[46] Inwieweit § 28 HGB eine Haftung begründen kann, wenn der bisherige Inhaber –

---

[41] *Reichold*, ZIP 1988, S. 551, 554.

[42] ErfK-*Preis*, § 613a BGB Rn. 137; BAG, Urteil vom 24.3.1977, AP Nr. 6 zu § 613a BGB = DB 1977, S. 1466, 1467; Urteil vom 24.3.1987, AP Nr. 1 zu § 26 HGB = NZA 1988, S. 246.

[43] Soergel-*Raab*, BGB, § 613a Rn. 166.

[44] BAG, Urteil vom 23.1.1990, AP Nr. 56 zu § 7 BetrAVG = NZA 1990, S. 685; im Übrigen auch LAG Köln, Urteil vom 6.8.1993, 13 Sa 327/93, n.v.

[45] Soergel-*Raab*, BGB, § 613a Rn. 166; vgl. auch MüKo-*Lieb*, HGB, § 25 Rn. 93, § 26 Rn. 7, der die Entscheidung des BAG auf dieselbe Weise interpretiert.

[46] Baumbach/Hopt-*Hopt*, HGB, § 28 Rn. 1; Koller/Roth/Morck-*Roth*, HGB, § 28 Rn. 2; *Schmidt*, Handelsrecht, S. 221.

wie bei der mit einem Betriebsübergang verbundenen Sonderrechtsnachfolge – von der Verbindlichkeit befreit wird, ist daher zweifelhaft. Aber selbst bei Annahme einer Spezialität des § 28 HGB gegenüber § 613a BGB lassen sich die vom BAG aufgestellten Grundsätze auf die Haftung des Betriebsveräußerers und ehemaligen Firmeninhabers nach § 25 HGB nicht übertragen. So weist das Bundesarbeitsgericht in den Urteilsgründen auf die Besonderheit des § 28 HGB hin und nimmt damit eine ausdrückliche Abgrenzung zu anderen handelsrechtlichen Haftungsregelungen vor. So fehle eine der in den Fällen des Geschäftserwerbs unter Fortführung der Firma gemäß §§ 25, 26 HGB relevante, vergleichbare Sonderverjährungsvorschrift. Außerdem bleibe der Einzelkaufmann, der sein Handelsgeschäft in eine Gesellschaft einbringt, im Gegensatz zu einem Unternehmer, der sein Geschäft veräußert, Mitinhaber des fortgeführten Unternehmens, so dass insoweit eine Haftungsbefreiung gesetzlich nicht vorgesehen sei.[47]

Diese konzeptionellen Unterschiede der Vorschriften stehen so nicht nur der Annahme einer Spezialität von § 25 HGB entgegen, sondern sprechen im Gegenteil vielmehr für den Ausnahmecharakter der vom BAG vorgenommenen Haftungserweiterung des eintretenden Gesellschafters nach § 28 HGB. Schließlich lässt sich der Norm des § 25 HGB selber keine über den in § 613a Abs. 2 BGB vorgesehenen Einjahreszeitraum hinaus gehende Haftungserweiterung entnehmen. § 25 HGB ordnet als Rechtsfolge mit dem gesetzlichen Schuldbeitritt vielmehr eine abgeleitete Mithaftung des Erwerbers an, was voraussetzt, dass eine Forderung gegen den Veräußerer als Grundlage der Haftung besteht. Damit läuft diese Vorschrift ins Leere, wenn – wie auf Grund des Betriebsübergangs – der Veräußerer durch Überleitung des Rechtsverhältnisses von der Verpflichtung befreit wird. Eine erneute Haftungsbegründung zu Lasten des bisherigen Firmeninhabers ist aber ebenso wenig von § 25 HGB umfasst wie der Beitritt zu einer nunmehr gegenüber dem Firmenerwerber bestehenden Schuld. Damit tritt auch die Frage der Spezialität des § 613a BGB gegenüber § 25 HGB in den Hintergrund, da auch die kumulative Anwendung der Normen im Ergebnis keine von § 613a Abs. 2 BGB abweichende Haftungsverteilung mit sich bringt.

bb. Enthaftung nach § 26 HGB

Umstritten ist, ob eine Enthaftung des Betriebsveräußeres nach § 26 Abs. 1 HGB erfolgt. Diese Vorschrift findet grundsätzlich seit dem 26.3.1994 Anwendung[48] und ist Ausfluss einer bereits zu ihrer Vorgängerregelung vorwiegend in der handels- und gesellschaftsrechtlichen Literatur geführten Diskus-

---

[47] BAG, Urteil vom 23.1.1990, AP Nr. 56 zu § 7 BetrAVG = NZA 1990, S. 685, 688.

[48] Zur Übergangsregelung des Art. 37 EGHGB siehe *Lieb*, GmbHR 1994, S. 657 ff.

sion. Gemäß § 26 HGB a.F. verjährten Verbindlichkeiten, die im Geschäft des Firmenveräußerers schon begründet waren, aber erst zu einem späteren Zeitpunkt fällig wurden, innerhalb von fünf Jahren nach dem Fälligkeitszeitpunkt.[49] Hiervon waren regelmäßig Verbindlichkeiten aus Dauerschuldverhältnissen und damit vor allem auch Ruhegeldleistungen ehemaliger Arbeitnehmer des Firmenveräußerers, der so während der gesamten Bezugszeit der Betriebsrente einstandspflichtig blieb, betroffen. Zur Vermeidung dieser „Endloshaftung" wurde die Übertragung eines Urteils des Bundesgerichtshofes[50] zur Enthaftung des aus einer Personenhandelsgesellschaft ausscheidenden Gesellschafters gefordert.[51] In diesem Urteil hatte der BGH rechtsfortbildend die Haftung des ausgeschiedenen Gesellschafters für Verbindlichkeiten aus Arbeits- oder Ruhestandsverhältnissen entgegen dem Wortlaut des § 159 Abs. 3 HGB a.F., der dem des § 26 Abs. 2 S. 2 HGB a.F. entsprach, auf solche Ansprüche begrenzt, die innerhalb von fünf Jahren nach Eintragung des Ausscheidens im Handelsregister fällig werden.[52]

Eine Übertragung dieser Grundsätze auf die Fallgruppe der Firmenfortführung nach § 26 HGB a.F. wurde vom Bundesarbeitsgericht jedoch in ständiger Rechtsprechung abgelehnt.[53] Der Bundesgerichtshof knüpfte die Einschränkung der Haftung des ausscheidenden Gesellschafters nach § 159 HGB a.F. an eine Interessenabwägung zwischen Gesellschaftsgläubiger und Gesellschafter. Die Enthaftung des Gesellschafters wurde als interessengerecht bewertet, da der Versorgungsanspruch des Betriebsrentners gegen die Gesellschaft auch bei Änderungen der Gesellschafterstruktur durch Ausscheiden

---

[49] Wortlaut des § 26 Abs. 2 HGB a.F.:
(Abs. 1) Ist der Erwerber des Handelsgeschäftes auf Grund der Fortführung der Firma oder auf Grund der in § 25 Abs. 3 bezeichneten Bekanntmachung für die früheren Geschäftsverbindlichkeiten haftbar, so verjähren die Ansprüche der Gläubiger gegen den früheren Inhaber mit dem Ablaufe von 5 Jahren, falls nicht nach den allgemeinen Vorschriften die Verjährung schon früher eintritt.
(Abs. 2) Die Verjährung beginnt im Falle des § 25 Abs. 1 mit dem Ende des Tages, an welchem der neue Inhaber der Firma in das Handelsregister eingetragen worden ist, im Falle des § 25 Abs. 3 mit dem Ende des Tages, an welchem die Kundmachung der Übernahme stattgefunden hat. Konnte der Gläubiger die Leistung erst zu einem späteren Zeitpunkt verlangen, so beginnt die Verjährung mit diesem Zeitpunkt.

[50] BGH, Urteil vom 19.5.1982, BGHZ 87, S. 286 = DB 1983, S. 1437.

[51] So Staub-*Hüffer*, HGB, § 26 Rn. 14 f.

[52] BGH, Urteil vom 19.5.1982, BGHZ 87, S. 286 = DB 1983, S. 1437; vgl. *Langohr-Plato*, BetrAV, Rn. 1568 f..

[53] BAG, Urteil vom 24.3.1987, AP Nr. 1 zu § 26 HGB = NZA 1988, S. 246; Urteil vom 24.3.1998, AP Nr. 16 zu § 128 HGB = NZA 1999, S. 145, 147. Gegen eine Übertragung der „Enthaftungs"-Rechtsprechung des BGH beim Eintritt in eine Einzelfirma nach § 28 HGB: BAG, Urteil vom 23.1.1990, AP Nr. 56 zu § 7 BetrAVG = NZA 1990, S. 685, 686; Urteil vom 29.1.1991, AP Nr. 64 zu § 7 BetrAVG = NZA 1991, S. 555, 557; BGH, Urteil vom 22.9.1980, AP Nr. 1 zu § 159 HGB = BGHZ 78, S. 114, 119.

eines Gesellschafters unverändert und damit insolvenzgesichert fortbestehe.[54] Unter Berücksichtigung dieser Ausführungen nahm das Bundesarbeitsgericht einen Vorrang der Gläubigerinteressen der Betriebsrentner an, der einer Enthaftung widerspreche. Diese Interessen seien bei einer Enthaftung des Firmenveräußerers nicht hinreichend berücksichtigt, da der gesetzliche Insolvenzschutz des Versorgungsanspruchs gemäß § 7 Abs. 1 BetrAVG nur gegenüber dem Betriebsveräußerer als ehemaligen Arbeitgeber und nicht gegenüber dem Betriebserwerber bestehe.[55] Außerdem würde so die vom Gesetzgeber in § 613a BGB getroffene Grundentscheidung, dass nur bestehende Arbeitsverhältnisse, aber keine Ruhestandsverhältnisse auf den Betriebserwerber übergehen, unterlaufen.[56] Der Firmenveräußerer werde durch die zeitlich unbeschränkte Haftung auch nicht unbillig belastet, da ihm allein die Arbeitsleistung der Versorgungsberechtigtenzugeflossen sei und er insoweit die entsprechende Gegenleistung noch nicht erbracht habe.[57]

Gegen diese Rechtsprechung des BAG wird vorgetragen, dass sie eine zeitlich nahezu unbegrenzte Haftung für Dauerschuldverhältnisse begründe und so den Firmen- und Betriebsveräußerer zu sehr belaste. Eine Enthaftung sei wegen der den §§ 25, 26 HGB a.F. funktionell zu Grunde liegenden Unternehmenskontinuität als Übernahmegrund geboten, so dass die Unternehmensverbindlichkeiten an das sie erwirtschaftende Unternehmen zu binden seien.[58] Außerdem rechtfertige die Ähnlichkeit der Tatbestände des § 26 HGB a.F. und des § 159 HGB a.F. die Übertragung der Entscheidung des BGH zur Enthaftung des ausscheidenden Gesellschafters auf die Fälle der Firmenfortführung: Die Entstehungsgeschichte verdeutliche, dass beide Normen in Aufbau und Struktur gleichartig angelegt seien, da § 26 HGB a.F. der älteren Regelung des § 159 HGB a.F. nachgebildet wurde. Bei Schaffung des Gesetzes habe der Gesetzesverfasser jedoch die fragliche Problematik im Hinblick auf die Verjährung von Ansprüchen aus Dauerschuldverhältnissen nicht gesehen, so dass für beide Normen eine ausfüllungsbedürftige Regelungslücke bestehe.[59] Des Weiteren könne § 613a BGB die gesetzgeberische Wertung, dass in Bezug auf betriebliche Versorgungsansprüche bereits ausgeschiedener

[54] BGH, Urteil vom 19.5.1983, BGHZ 87, S. 286, 291 ff. = DB 1983, S. 1437.

[55] BAG, Urteil vom 24.3.1987, AP Nr. 1 zu § 26 HGB = NZA 1988, S. 246, 247 f.; Urteil vom 24.3.1998, AP Nr. 16 zu § 128 HGB = NZA 1999, S. 145, 147.

[56] BAG, Urteil vom 24.3.1987, AP Nr. 1 zu § 26 HGB = NZA 1988, S. 246, 247 f.

[57] Vgl. LAG Baden-Württemberg, Urteil vom 8.2.1985, DB 1985, S. 2302 (Vorinstanz zu BAG, Urteil vom 24.3.1987, AP Nr. 1 zu § 26 HGB = NZA 1988, S. 246).

[58] *Hirte*, AP Nr. 1 zu § 26 HGB, Bl. 5, 6 f.; *Renaud/Markert*, DB 1988, S. 2358, 2359; *Reichold*, ZIP 1988, S. 551, 557; Staub-*Hüffer*, HGB, § 26 Rn. 12.

[59] *Hirte*, AP Nr. 1 zu § 26 HGB, Bl. 5, 6; *Renaud/Markert*, DB 1988, S. 2358; *Reichold*, ZIP 1988, S. 551, 554 ff; *Schmidt*, Handelsrecht, S. 250 f.; vgl. auch BGH, Urteil vom 19.5.1983, BGHZ 87, S. 286, 290 f. = DB 1983, S. 1437.

Arbeitnehmer eine besondere Bindung der Versorgungsgläubiger an ihren ehemaligen Arbeitgeber bestehe, nicht entnommen werden. Im Gegenteil dürfte auch für Ruheständler eher eine Bindung an den Betrieb als an seinen jeweiligen Inhaber bestehen, die eine Übertragung ihrer Versorgungsansprüche – parallel zur Betriebsübertragung – auf den Betriebserwerber rechtfertige.[60] Zum Zwecke einer dauerhaften Insolvenzsicherung der Versorgungsansprüche müsse dann von einem erweiterten, den Betriebs- und Firmenerwerber umfassenden betriebsrentenrechtlichen „Arbeitgeber"-Begriff ausgegangen werden, wie er auch vom BAG bereits angenommen wurde.[61]

Diese nicht nur auf die Firmenfortführung beschränkte, sondern auch hinsichtlich der Nachhaftung eines (als Kommanditist) eintretenden bzw. ausscheidenden Gesellschafters nach §§ 28, 159 HGB a.F. geführte Diskussion hat der Gesetzgeber aufgegriffen und mit dem Erlass des Nachhaftungsbegrenzungsgesetzes vom 18.3.1994[62] eine Änderung der entsprechenden Vorschriften des HGB herbeigeführt. Nach dem neugefassten § 26 Abs. 1 HGB wird die Haftung des früheren Geschäftsinhabers auf solche Ansprüche beschränkt, die innerhalb von fünf Jahren fällig und gerichtlich geltend gemacht werden. Dem Wortlaut nach würde auch eine Haftung des Betriebs- und Firmenveräußerers für Ruhegeldverbindlichkeiten ausgeschiedener Arbeitnehmer auf fünf Jahre beschränkt. Da die Vorschriften des §§ 25, 26 HGB für solche Rechtsverhältnisse, die nicht vom Betriebsübergang nach § 613a BGB umfasst werden, weiterhin Anwendung finden, könnte die Firmenfortführung entsprechend der gesetzlichen Neuregelung eine vollständige Enthaftung des Veräußerers nach fünf Jahren sowie eine damit verbundene Überleitung der Rechtsverhältnisse auf den Erwerber zur Folge haben, was damit insbesondere Ruhestandsverhältnisse bereits ausgeschiedener Arbeitnehmer betreffen würde.[63]

Dagegen spricht jedoch – wie das Bundesarbeitsgericht schon zur Altregelung des § 26 HGB a.F. ausgeführt hat[64] – die besondere Interessenlage der Betriebsrentner. Im Gegensatz zur Auffassung des Bundesarbeitsgerichtes äußert sich das Gläubigerinteresse aber nicht vor allem in dem mit dem

---

[60] *Renaud/Markert*, DB 1988, S. 2358, 2361.

[61] *Reichold*, ZIP 1988, S. 551, 558; ähnlich: *Renaud/Markert*, DB 1988, S. 2358, 2361, mit Verweis auf BAG, Urteil vom 17.3.1987, AP Nr. 4 zu § 4 BetrAVG = NZA 1988, S. 21.

[62] BGBl. I-1994, S. 560.

[63] So MüKo-*Lieb*, HGB, § 26 Rn. 9, § 25 HGB Rn. 128; Baumbach/Hopt-*Hopt*, HGB, § 26 Rn. 3 ff.; *Nitsche*, ZIP 1994, S. 1919, 1923 f.; *Höfer*, BetrAVG, ART Rn. 1330; *Schmidt*, Handelsrecht, S. 250 f.

[64] BAG, Urteil vom 24.3.1987, AP Nr. 1 zu § 26 HGB = NZA 1988, S. 246, 247 f.; Urteil vom 24.3.1998, AP Nr. 16 zu § 128 HGB = NZA 1999, S. 145, 147.

Schuldnerwechsel verbundenen drohenden Verlust der Insolvenzsicherung, sondern vorrangig in dem Interesse des Versorgungsberechtigten an der Erhaltung der bisherigen Haftungsmasse. Wie sich aus der Entstehungsgeschichte des Nachhaftungsbegrenzungsgesetzes zeigt, müssen diese Erwägungen auch bezüglich der Neuregelung des § 26 HGB Berücksichtigung finden. So bezog sich der ursprüngliche Entwurf des Nachhaftungsbegrenzungsgesetzes[65] lediglich auf die Weiterentwicklung und Kodifizierung der vom Bundesgerichtshof und Bundesarbeitsgericht aufgestellten Grundsätze zur Enthaftung des aus einer Personenhandelsgesellschaft ausscheidenden Gesellschafters. Für die Ausweitung der Enthaftungsregelung auf §§ 25, 26 HGB wurde ein Bedürfnis zunächst nicht gesehen, so dass ursprünglich „die Klärung der insoweit offenen Rechtsfragen vorerst der Rechtswissenschaft und der Rechtsprechung" überlassen werden sollte.[66] Von dieser Absicht wich der Gesetzgeber jedoch letztlich auf Grund einer Beschlussempfehlung des Rechtsausschusses[67] ab und erweiterte das Enthaftungskonzept auf die Fälle der Nachhaftung des Einzelkaufmanns bei Veräußerung seines Handelsgeschäfts und bei „Umwandlung" eines Handelsgeschäfts in eine Kommanditgesellschaft mit dem bisherigen Geschäftsinhaber als Kommanditisten. Der Gesetzgeber rechtfertigte diese Übertragung durch eine ähnlich gelagerte Sach- und Interessenlage.[68]

Eine Gleichartigkeit ergibt sich – neben Wortwahl und Entstehungsgeschichte der Normen – allerdings nur hinsichtlich der Interessenlage des vormals persönlich haftenden Gesellschafters bzw. Geschäftsinhabers an einer Haftungsbegrenzung für Altverbindlichkeiten. Aus Gläubigersicht lässt sich – zumindest in Bezug auf die Ruhegeldverbindlichkeiten, die gegenüber einem ein Handelsgeschäft übertragenden Geschäftsinhaber begründet sind – eine vergleichbare Sach- und Interessenlage nicht ohne Weiteres annehmen. Dies wurde im Gesetzgebungsverfahren allerdings nicht näher erörtert. Die Gläubigerinteressen im Rahmen der von §§ 25, 26 HGB und § 159 HGB a.F. umfassten Fallgruppen des Ausscheidens eines Gesellschafters aus einer Gesellschaft und der Übertragung eines Handelsgeschäftes unter Wahrung der Firmenidentität sind gerade nicht vergleichbar, da dem Betriebsrentner bei Ausscheiden eines Gesellschafters der Versorgungsschuldner erhalten bleibt, während die mit der Enthaftung verbundene Übertragung der Versorgungsansprüche auf den Unternehmensnachfolger mit einem Schuldnerwechsel ver-

65 Bundestags-Drucksache Nr. 12/1868.

66 Bundestags-Drucksache Nr. 12/1868, S. 7; siehe auch Bericht über das Gesetzesvorhaben in DB 1988, S. 1586 f.

67 Bundestags-Drucksache Nr. 12/6569.

68 Bundestags-Drucksache Nr. 12/6569, S. 11.

bunden ist. Nach Rechtsprechung des BAG[69] kann zwar auch der Rechtsnachfolger des ursprünglichen Arbeitgebers vom gesetzlichen Insolvenzschutz erfasst sein, so dass der Wechsel des Versorgungsschuldners nicht zum Verlust der Insolvenzsicherung führen muss.[70] Die Betriebsrentner haben dennoch ein berechtigtes Interesse, dass ihnen das Vermögen des Altschuldners als Haftungsgrundlage erhalten bleibt, da dieser – im Gegensatz zum Pensionssicherungsverein, der für einen insolventen Neuschuldner eintreten würde – gemäß § 16 BetrAVG zur Rentenanpassung verpflichtet bleibt.[71] Der Betriebsveräußerer soll sich dieser Verpflichtung bei zweifelhafter Liquidität des Neuschuldners nicht auf Kosten der Betriebsrentner entziehen können. Zudem tragen die Betriebsrentner ein besonderes Risiko, da sie durch ihre Arbeitsleistung regelmäßig den Versorgungsanspruch bereits erdient und damit vorgeleistet haben. Daher ist das Sicherungsinteresse des Betriebsrentners im Verhältnis zum Interesse des Firmenveräußerers wesentlich höher zu bewerten, als dies bei anderen Dauerschuldverhältnissen, bei denen der Leistungsaustausch noch andauert, der Fall ist.[72] Dem Betriebsveräußerer ist diese Leistung auch schon zu Gute gekommen, so dass er durchaus entsprechende Vorkehrungen zur späteren Auszahlung der Versorgungsleistungen treffen könnte. Dies erfolgt regelmäßig durch geeignete Maßnahmen, wie z.B. Pensionsrückstellungen oder Gründung einer Unterstützungskasse, auch erfolgt. Darüber hinaus können Teile des Veräußerungserlöses zweckgebunden für die betriebliche Altersversorgung zur Verfügung gestellt werden. Zur Wahrung dieser Interessen kann somit ein Schuldnerwechsel mit Enthaftung des Veräußerers nicht ohne Zustimmung der betroffenen Versorgungsgläubiger erfolgen, so dass der bereits aus dem Unternehmen ausgeschiedene Versorgungsberechtigte seine Ansprüche weiterhin gegenüber dem bisherigen Geschäftsinhaber realisieren kann.

Ferner steht die mit der Enthaftung verbundene Übertragung von Versorgungsansprüchen und unverfallbaren Anwartschaften in Widerspruch zur Systematik des Betriebsrentengesetzes, da eine Übertragung gemäß § 4 BetrAVG

---

[69] BAG, Urteil vom 6.8.1985, AP Nr. 24 zu § 7 BetrAVG = NZA 1986, S. 194 (LS); Urteil vom 17.3.1987, AP Nr. 4 zu § 4 BetrAVG = NZA 1988, S. 21, 22; vgl. dazu *Höfer*, BetrAVG, ART Rn. 1330, der bei einer Enthaftung des Betriebsveräußerers nach § 26 HGB eine Beitragspflicht zur Insolvenzsicherung des Erwerbers auch für bereits ausgeschiedene Arbeitnehmer annimmt.

[70] Anders noch BAG, Urteil vom 26.6.1980, AP Nr. 1 zu § 4 BetrAVG = DB 1980, S. 2141. Bedenken hinsichtlich des Verlustes des Insolvenzschutzes äußerte der 3. Senat – entgegen den vorhergehend zitierten Entscheidungen (S.111, Fn. 69) – auch im Urteil vom 24.3.1987, AP Nr. 1 zu § 26 HGB = NZA 1988, S. 246, 248.

[71] BAG, Urteil vom 17.3.1987, AP Nr. 4 zu § 4 BetrAVG = NZA 1988, S. 21, 22.

[72] Vgl. BGH, Urteil vom 19.5.1983, BGHZ 87, S. 286, 293 = DB 1983, S. 1437, der diese Schlussfolgerung in Bezug auf § 159 Abs. 3 HGB a.F. zieht.

nur eingeschränkt möglich ist.[73] Neben den erwähnten Gläubigerinteressen dient diese Vorschrift dem Interesse des Pensionssicherungsvereins an dem Erhalt der Haftungsmasse.[74] Auch hier soll die Übertragung der Versorgungsverpflichtungen auf einen wenig solventen Schuldner nicht dem Träger der Insolvenzsicherung und damit seinen Mitgliedsunternehmen zum Nachteil gereichen. Deshalb ist gemäß § 4 BetrAVG die Übertragung nur ausnahmsweise möglich, wenn auf Erwerberseite ein geeigneter Versorgungsträger steht. Daneben kann nach der Rechtsprechung des Bundesarbeitsgerichtes die Übertragung von Versorgungsansprüchen und –anwartschaften unabhängig von § 4 BetrAVG erfolgen, wenn der Pensionssicherungsverein zustimmt.[75] Diese Regelung und die Entscheidungskompetenz des PSVaG würden so durch eine Überleitung der Versorgungsverbindlichkeiten nach Ablauf der in § 26 HGB vorgesehenen Fünfjahresfrist umgangen.[76]

Daneben widerspricht die Übertragung der bestehenden Ruhegeldverbindlichkeiten auf den Erwerber der gesetzlichen Konzeption des § 613a BGB. Diese Regelung trifft mit dem Ziel, die Arbeitsplätze aktiver Arbeitnehmer zu erhalten, hinsichtlich bestehender und beendeter Arbeitsverhältnisse eine eindeutige Zuordnungsregelung.[77] Eine von § 613a BGB abweichende Vereinbarung ist daher regelmäßig gemäß § 134 BGB unwirksam.[78] Ausnahmsweise können die Rechtsfolgen eines Betriebsübergangs abweichend von § 613a BGB geregelt werden, wenn die Versorgungsverbindlichkeiten im Wege einer befreienden Schuldübernahme auf einen anderen Versorgungsschuldner übertragen werden können. Dies unterliegt aber wiederum den Einschränkungen des § 4 BetrAVG und bedarf der Zustimmung des PSVaG, so dass eine befreiende Schuldübernahme im Bereich der betrieblichen Altersversorgung in der Regel nicht zulässig ist.[79]

---

[73] Siehe unten S. 115 ff.

[74] BAG, Urteil vom 17.3.1987, AP Nr. 4 zu § 4 BetrAVG = NZA 1988, S. 21; ErfK-*Steinmeyer*, § 4 BetrAVG Rn. 1; *Blomeyer/Otto*, BetrAVG, § 4 Rn. 10 ff.

[75] BAG, Urteil vom 26.6.1980, AP Nr. 1 zu § 4 BetrAVG = DB 1980, S. 2141, 2142; Urteil vom 17.3.1987, AP Nr. 4 zu § 4 BetrAVG = NZA 1988, S. 21, 22 f. Siehe unten S. 115 ff.

[76] *Blomeyer/Otto*, BetrAVG, Anh § 1 Rn. 277.

[77] BAG, Urteil vom 11.11.1986, AP Nr. 61 zu § 613a BGB = NZA 1987, S. 559.

[78] BAG, Urteil vom 14.7.1981, AP Nr. 27 zu § 613a BGB = DB 1982, S. 1067; Urteil vom 29.10.1985, AP Nr. 4 zu § 1 BetrAVG Betriebsveräußerung = DB 1986, S. 1779 f.; ErfK-*Preis*, § 613a BGB Rn. 82; HWK-*Willemsen/Müller-Bonanni*, § 613a BGB Rn. 248;

[79] Vgl. BAG, Urteil vom 15.3.1979, AP Nr. 15 zu § 613a BGB = DB 1979, S. 1462, 1463; Urteil vom 14.7.1981, AP Nr. 27 zu § 613a BGB = DB 1982, S. 1067; Erman-*Edenfeld*, BGB, § 613a Rn. 44. Vgl. zu den Übertragungsmöglichkeiten unten S. 117 ff.

Schließlich werden der Neuregelung des § 26 HGB grundlegende konzeptionelle Mängel vorgeworfen.[80] Für solche Verbindlichkeiten, die erst nach Ablauf von fünf Jahren nach der Firmenübernahme fällig werden, bedeutet die Enthaftung des Veräußerers und die Überleitung auf den Erwerber einen gesetzlich angeordneten Schuldnerwechsel ohne Zutun des Gläubigers. Zudem kommt es aus rechtlichen Gründen zu einem Ausschluss des Anspruches, ohne dass der Gläubiger jemals die Möglichkeit gehabt hätte, den Anspruch gegen den Altschuldner zu realisieren. Dadurch verstößt § 26 HGB gegen elementare Grundsätze des Privatrechts, so dass sogar die Verfassungsmäßigkeit der Vorschrift in Frage gestellt wird.[81] Diese Mängel können sich auch im Bereich der betrieblichen Altersversorgung auswirken, wenn ein Arbeitnehmer mit einer unverfallbaren Anwartschaft vor Betriebsübergang und Firmenveräußerung aus dem Unternehmen ausscheidet und der Versorgungsanspruch – in der Regel bei Vollendung des gesetzlichen Renteneintrittsalters – erst später als fünf Jahre fällig wird.

Um den Interessen der Versorgungsgläubiger und des Pensionssicherungsvereins hinreichend Rechnung zu tragen, muss daher die Vorschrift des § 26 HGB eingeschränkt im Wege einer teleologischen Reduktion angewandt werden. Damit werden Ruhestandsverhältnisse bereits ausgeschiedener Arbeitnehmer, die nicht vom Betriebsübergang betroffen sind, vom Anwendungsbereich der Vorschrift ausgenommen, so dass in dieser Hinsicht eine Enthaftung des Veräußerers nicht stattfindet.[82]

b. Einbringung eines Handelsgeschäftes in eine Personenhandelsgesellschaft nach § 28 HGB

Eine vergleichbare Problematik ergibt sich, wenn ein Einzelkaufmann sein Geschäft in eine Gesellschaft einbringt und gleichzeitig seine Gesellschafterhaftung durch Beteiligung als Kommanditist beschränkt.

In arbeitsrechtlicher Hinsicht gehen die aktiven Arbeitsverhältnisse gemäß § 613a Abs. 1 BGB auf die neu entstandene Gesellschaft über, die Versorgungsverhältnisse mit den zum Zeitpunkt des Betriebsübergangs bereits ausgeschiedenen Arbeitnehmern bestehen hingegen unverändert und ausschließlich mit dem Kaufmann als bisherigem Betriebsinhaber. In gesellschaftsrechtlicher Hinsicht ordnet § 28 Abs. 1 HGB hier zunächst – unabhängig von einer Firmenfortführung – eine gemeinsame Haftung von Gesell-

---

[80] *Canaris*, Handelsrecht, § 7 Rn. 43 ff.

[81] *Canaris*, Handelsrecht, § 7 Rn. 45 ff., insbesondere Rn. 46.

[82] Vgl. LAG Düsseldorf, Urteil vom 9.7.1999 - 9 Sa 188/99, BB 1999, S. 2514 (LS); ähnlich zumindest für den Fall der Betriebsverpachtung Koller/Roth/Morck-*Roth*, HGB, § 26 Rn. 9.

schaft und Gesellschafter für Altverbindlichkeiten des eintretenden Gesellschafter an, die nicht durch seine Kommanditistenstellung eingeschränkt ist. Eine Enthaftung des bisherigen Geschäftsinhabers durch die Übertragung der Rechtsprechung des BGH zur beschränkten Nachhaftung ausgeschiedener Gesellschafter[83] wurde vom BAG bislang abgelehnt.[84] Die mit dem Nachhaftungsbegrenzungsgesetz eingeführte Neufassung des § 28 Abs. 3 HGB sieht aber durch Bezugnahme auf § 26 HGB eine Enthaftung des Kommanditisten für Altverbindlichkeiten ohne Rücksicht auf seine Beteiligung bei der Unternehmensführung mit dem Ablauf von fünf Jahren nach Eintragung in das Handelsregister vor und weicht damit von der Rechtsfolge des § 613a BGB ab. Da durch den mit der Enthaftung verbundenen Schuldnerwechsel das Vermögen des Altgläubigers dem Zugriff der Versorgungsschuldner entzogen ist, besteht eine mit der Enthaftung bei handelsrechtlicher Firmennachfolge vergleichbare Interessenlage. Auch im Bereich von § 28 Abs. 3 HGB ist daher zumindest für Ruhegeldverbindlichkeiten eine teleologische Reduktion der Vorschrift anzunehmen.

Von dieser Fallgruppe zu unterscheiden ist die Nachhaftung des Komplementärs, der als Kommanditist in der Gesellschaft verbleibt und so seine persönliche Haftung einschränkt. Zur Altregelung des § 159 HGB a.F., der die Haftung des ehemaligen Komplementärs für Altverbindlichkeiten grundsätzlich auf fünf Jahre begrenzte, haben BAG und BGH angenommen, dass diese Haftungsbegrenzung nicht dem vormals persönlich haftenden Gesellschaftern zu Gute kommt, der noch maßgeblich etwa als Geschäftsführer und/oder Mehrheitsgesellschafter der Komplementär-GmbH die Geschicke der Gesellschaft lenkt. Dies sei mit den Besonderheiten eines Dauerschuldverhältnisses und dem diesen immanenten Schutzgedanken nicht zu vereinbaren.[85] Inwieweit diese Rechtsprechung angesichts der Neuregelung durch das Nachhaftungsbegrenzungsgesetz, die in § 160 Abs. 3 HGB ausdrücklich die Nachhaftung auch des „Geschäftsführer-Kommanditisten" begrenzt, aufrecht erhalten werden kann, ist mehr als fraglich.[86] Diese Frage kann aber letztlich unerörtert

---

[83] BGH, Urteil vom 19.5.1983, BGHZ 87, 286 = DB 1983, S. 1437.

[84] BAG, Urteil vom 23.1.1990, AP Nr. 56 zu § 7 BetrAVG = NZA 1990, S. 685, 686; Urteil vom 29.1.1991, AP Nr. 64 zu § 7 BetrAVG = NZA 1991, S. 555, 557.

[85] BAG, Urteil vom 28.11.1989, AP Nr. 10 zu § 161 HGB = NZA 1990, S. 557, 558; BGH, Urteil vom 19.5.1983, AP Nr. 6 zu § 128 HGB = DB 1983, S. 1440, 1442.

[86] Baumbach/Hopt-*Hopt*, HGB, § 160 Rn. 7, bezeichnet sie als „überholt"; ablehnend ebenfalls MüKo-*Schmidt*, HGB, § 160 Rn. 54; BAG, Urteil vom 19.5.2004, AP Nr. 3 zu § 160 HGB = NZA 2004, S. 1045, 1046. Zudem wird in der Begründung zum Nachhaftungsbegrenzungsgesetz, Bundestags-Drucksache, Nr. 12/1868, S. 1 f., 9, auf diese Rechtsprechung Bezug genommen und so die Haftungsbegrenzung des geschäftsführenden Kommanditisten zur Klärung einer „zum geltenden Recht bestehende[n] Streitfrage" ausdrücklich im HGB festgeschrieben, so dass die Aufrechterhaltung einer uneingeschränkten

bleiben, da mit dem Wechsel des persönlich haftenden Gesellschafters in eine Kommanditistenstellung ein Betriebsübergang und damit ein Schuldnerwechsel regelmäßig nicht verbunden ist. Die ausgeschiedenen Versorgungsgläubiger bleiben unverändert gegenüber der Gesellschaft berechtigt, so dass sich ein Konkurrenzproblem mit § 613a BGB nicht ergibt.

III. Abweichende Gestaltung der Rechtsfolgen

1. Grundsatz und bisherige Rechtslage

Vielfach besteht im Rahmen der Übertragung von Betrieben und Betriebsteilen das Bedürfnis, die Rechtsfolgen abweichend von § 613a BGB zu gestalten und so insbesondere die Zuordnung der Versorgungsleistungen und die Haftung von Veräußerer und Erwerber anderweitig zu regeln. So können beispielsweise die nach dem Betriebsübergang beim Veräußerer verbleibenden Versorgungsverpflichtungen gegenüber bereits ausgeschiedenen Arbeitnehmern – laufende Leistungen und unverfallbare Anwartschaften – eine erhebliche wirtschaftliche Belastung darstellen. Bei Übertragung eines Gesamtbetriebes und sämtlicher Betriebsmittel auf einen neuen Inhaber ist ihre Verwaltung und Begleichung sogar einzige Aufgabe des „betriebsentkleideten" bisherigen Arbeitgebers und Betriebsinhabers.[87] Grundsätzlich kommt eine Übertragung dieser Versorgungsverpflichtungen auf den Erwerber durch eine befreiende Schuldübernahme in Betracht. Nach § 414 BGB ist dazu eine Vereinbarung zwischen Erwerber und Versorgungsberechtigten, bzw. nach § 415 BGB zwischen Veräußerer und Erwerber bei Genehmigung durch den Versorgungsberechtigten erforderlich.

Für die Übertragung von Versorgungsverpflichtungen werden die Vorschriften des BGB allerdings durch das Betriebsrentenrecht eingeschränkt, um zum Schutze des Arbeitnehmers und des PSVaG als Träger der gesetzlichen Insolvenzsicherung die Haftungsmasse zu erhalten und die mit einer Übertragung auf einen möglicherweise wenig solventen Gläubiger verbundenen Haftungsrisiken zu verhindern.[88] Diese Einschränkungen betreffen solche Ruhegeld-

---

Haftung des vormals persönlich haftenden Gesellschafters über die gesetzliche Vorschrift hinaus, wie bislang von der Rechtsprechung praktiziert, ernsthaft nicht mehr vertreten werden kann.

[87] *Picot/Schnitker*, Arbeitsrecht, Teil VI, Rn. 33; Willemsen-*Doetsch/Rühmann*, Umstrukturierung, Rn. J 127; *Hennerkes/Binz/Rauser*, BB 1982, S. 930, 931. Bei Veräußerung des Gesamtbetriebs fehlt dem bisherigen Betriebsinhaber nicht nur die Einkommensquelle zur Bestreitung der Rentenzahlungen sondern auch der Verwaltungsapparat zur Bewältigung des damit verbundenen Verwaltungsaufwands.

[88] ErfK-*Steinmeyer*, § 4 BetrAVG Rn. 1; MünchHb-*Förster/Rühmann*, § 108 Rn. 17; HWK-*Schipp*, § 4 BetrAVG Rn. 2. Vgl. BAG, Urteil vom 17.3.1987, AP Nr. 4 zu § 4

leistungen nicht, die nicht insolvenzgeschützt sind: Da insoweit ein Schutz des Trägers der Insolvenzsicherung nicht gewährleistet werden muss, besteht kein Bedürfnis, die privatautonome Entscheidung der Parteien, den Schuldner der Ruhegeldleistung auszutauschen, zu beeinträchtigen.[89] Für Versorgungsverbindlichkeiten, die der Insolvenzsicherung unterliegen, besteht hingegen grundsätzlich ein Übertragungsverbot, das sich auf unverfallbare Anwartschaften und auf laufende Rentenleistungen bezieht und von dem nur nach Maßgabe der gesetzlichen Vorschriften abgewichen werden kann.[90]

Die Möglichkeit der Übertragung ist dabei im Zuge der mit der Neuordnung der gesetzlichen Rentenversicherung durch das Alterseinkünftegesetz[91] verbundenen Änderungen des Betriebsrentenrechts mit Wirkung ab dem 1.1.2005 erweitert worden. Bislang konnte eine unverfallbare Versorgungsanwartschaft nur auf einen der in § 4 Abs. 1 S. 1, Abs. 2 BetrAVG a.F. genannten Rechtsträger, d.h. auf jeden Folgearbeitgeber, eine Pensionskasse, ein Unternehmen der Lebensversicherung, einen öffentlich-rechtlichen Versorgungsträger oder – bei Durchführung über eine Unterstützungskasse – eine andere Unterstützungskasse übertragen werden. Der Erwerber fiel in Bezug auf die aus dem Betrieb des Veräußerers ausgeschiedenen Arbeitnehmer jedoch regelmäßig nicht in den Kreis dieser möglichen Versorgungsschuldner.[92]

BetrAVG = NZA 1988, S. 21, 22 f.; Urteil vom 14.7.1981, AP Nr. 26 zu § 613a BGB = DB 1982, S. 1067 f.

[89] BAG, Urteil vom 4.8.1981, DB 1981, S. 2544 = AP Nr. 2 zu § 4 BetrAVG. Dies betrifft so Leistungen von Pensionskassen und Direktversicherungen mit unwiderruflichem Bezugsrecht, vgl. § 7 Abs. 1 BetrAVG. Für diese Versorgungswege ist jedoch das Interesse an einer Übertragung und einer Enthaftung des Betriebsveräußeres gering, da hier ein externer Versorgungsträger involviert ist, der regelmäßig im Stande ist, die Versorgungsleistungen zu erbringen, und so eine subsidiäre Haftung des Betriebsveräußerers praktisch nicht in Betracht kommt.

[90] Obschon der Wortlaut des § 4 BetrAVG a.F. nur von Versorgungsanwartschaften sprach, bezieht sich das Übertragungsverbot nach überwiegender Auffassung auch auf laufende Rentenleistungen. Dies konnte durch eine ergänzende Auslegung bzw. analoge Anwendung des § 4 BetrAVG a.F. sichergestellt werden, vgl. BAG, Urteil vom 4.8.1981, AP Nr. 2 zu § 4 BetrAVG = DB 1981, S. 2544; Urteil vom 17.3.1987, AP Nr. 4 zu § 4 BetrAVG = NZA 1988, S. 21, 22 (ergänzende Auslegung); *Höfer*, BetrAVG, § 4 Rn. 3702; *Blomeyer/Otto*, BetrAVG, § 4 Rn. 32 (analoge Anwendung bzw. teleologische Extension). Kritisch äußern sich hingegen *Hennerkes/Binz/Rauser*, BB 1982, S. 930, 932 f., zur Anwendbarkeit des § 4 BetrAVG a.F. auf laufende Versorgungsleistungen. Nunmehr sind in § 4 Abs. 1 BetrAVG ausdrücklich auch laufende Versorgungsleistungen in den Anwendungsbereich der Vorschrift einbezogen.

[91] Gesetz zur Neuordnung der einkommensteuerrechtlichen Behandlung von Altersvorsorgeaufwendungen und Altersbezügen (Alterseinkünftegesetz – AltEinkG) vom 5.7.2004, BGBl. I, Nr. 33 vom 9.7.2004, S. 1427 ff.

[92] Der Betriebserwerber ist insbesondere nicht Folgearbeitgeber der zum Zeitpunkt des Betriebsübergangs bereits ausgeschiedenen Arbeitnehmer, vgl. BAG, Urteil vom 17.3.1981, AP Nr. 26 zu § 613a BGB = DB 1982, S. 21 f.; *Picot/Schnitker*, Arbeitsrecht,

Eine Übertragung auf andere als die gesetzlich genannten Rechtsträger kann nach der Rechtsprechung des BAG dennoch erfolgen, wenn der Pensionssicherungsverein als Träger der Insolvenzsicherung zustimmt.[93] Der PSVaG schätzt diese Rechtsprechung jedoch als fehlerhaft ein, da sie gegen den Sinn und Zweck des BetrAVG verstoße und außerdem eine formal-gesetzliche Rechtsgrundlage für die Zustimmung als privatrechtsgestaltenden Verwaltungsakt in Form einer öffentlich-rechtlichen Genehmigung fehle. Daher hat der Pensionssicherungsverein die Zustimmung zu einer Übertragung laufender Versorgungsleistungen und unverfallbarer Anwartschaften auf andere als in § 4 Abs. 1 u. 2 BetrAVG a.F. genannte Personen und Einrichtungen bislang verweigert.[94] Im Ergebnis konnten damit Versorgungsverpflichtungen, soweit sie dem Anwendungsbereich des § 4 BetrAVG a.F. unterlagen, gegenüber ausgeschiedenen Arbeitnehmern nicht auf den Betriebserwerber übertragen werden.[95]

2. Übertragbarkeit von Versorgungsverpflichtungen ab dem 1.1.2005

Durch das Alterseinkünftegesetz ist § 4 BetrAVG neu gefasst worden. Mit der Zielsetzung, die Verbreitung der betrieblichen Altersversorgung weiter voran zu treiben, wird den Arbeitnehmern unter dem Schlagwort der „Portabilität" nunmehr die Möglichkeit gegeben, bei einem Arbeitgeberwechsel die beim vorherigen Arbeitgeber erdienten Versorgungsanwartschaften mitzunehmen und so die individuelle betriebliche Altersversorgung bei einem Versorgungsschuldner zu bündeln. Nach der Gesetzesbegründung soll so die Übertragung von Versorgungsverpflichtungen künftig „problemlos" erfolgen, wenn zwi-

---

Teil VI, Rn. 34; Picot-*Heubeck*, Unternehmenskauf, Teil IV, Rn. 45; *Blomeyer/ Otto*, BetrAVG, § 4 Rn. 34.

[93] BAG, Urteil vom 26.6.1980, AP Nr. 1 zu § 4 BetrAVG = DB 1980, S. 2141, 2142; Urteil vom 17.3.1987, AP Nr. 4 zu § 4 BetrAVG = NZA 1988, S. 21, 22 f. (hierzu BVerfG, Beschluss vom 18.12.1987, DB 1988, S. 1905); Urteil vom 28.4.1987, AP Nr. 5 zu § 1 BetrAVG Betriebsveräußerung = NZA 1988, S. 198, 199.

[94] Merkblatt Nr. 300/M10 des Pensionssicherungsvereins auf Gegenseitigkeit, abzurufen unter: http://www.psvag.de/pdf/m300_10.pdf.

[95] Vergleichbares gilt für den umgekehrten Fall, dass die auf den Betriebserwerber übergehenden Versorgungsverpflichtungen der aktiven Arbeitnehmer beim Betriebsinhaber verbleiben sollen. Das BAG hat für diese Fallgruppe eine Umgehung von § 613a BGB angenommen. Eine derartige Vertragsgestaltung ist daher wegen Gesetzesverstoßes nach § 134 BGB nichtig, vgl. BAG, Urteil vom 14.7.1981, AP Nr. 27 zu § 613a BGB = DB 1982, S. 1067; Urteil vom 29.10.1985, AP Nr. 4 zu § 1 BetrAVG Betriebsveräußerung = DB 1986, S. 1779 f.; *Pauly*, FS Heubeck, S. 107, 109 f. Eine Übertragung von Versorgungsanwartschaften kommt nach der Neufassung des § 4 BetrAVG für die aktiven Arbeitnehmer nicht in Betracht, da der Betriebsveräußerer ihnen gegenüber kein Folgearbeitgeber ist (zu den Übertragungsmöglichkeiten im einzelnen unten S. 120 ff.). In Betracht kommt daneben noch die Abfindung von Versorgungsanwartschaften bzw. ein Verzicht des Arbeitnehmers, vgl. dazu unten S. 205 f.

schen den Beteiligten Einvernehmen besteht.[96] Der Grundsatz, dass zum Schutz von Arbeitnehmern und PSVaG laufende Versorgungsleistungen und unverfallbare Anwartschaften nur in den gesetzlich vorgesehenen Fällen übertragen werden können, wird aber beibehalten und nunmehr in § 4 Abs. 1 BetrAVG gesetzlich festgeschrieben.[97] Einvernehmlich zwischen Arbeitnehmer, altem und neuem Arbeitgeber können unverfallbare Anwartschaften und laufende Versorgungsleistungen nach § 4 Abs. 2 BetrAVG zum einen durch die inhaltsgleiche Übernahme der Versorgungszusage (Abs. 2 Nr. 1) übertragen werden, was einer zivilrechtlichen Schuldübernahme nach §§ 414, 415 BGB entspricht. Daneben – und voraussichtlich weitaus häufiger[98] – kann eine Übertragung nach Abs. 2 Nr. 2 erfolgen, indem zunächst der Übertragungswert einer unverfallbaren Anwartschaft entsprechend § 4 Abs. 5 BetrAVG ermittelt wird, und der bisherige Arbeitgeber dann diesen Betrag an den neuen Arbeitgeber zahlt. Im Gegenzug verpflichtet sich letzterer zur Abgabe einer wertgleichen Versorgungszusage. Die inhaltliche Ausgestaltung der Zusage ist dann Sache des neuen Arbeitgebers. Er kann so etwa den Übertragungswert einem bereits bestehenden betrieblichen Versorgungswerk zuführen.[99] Der alte Arbeitgeber wird gemäß § 4 Abs. 6 BetrAVG mit Übertragung des Übertragungswerts von der Versorgungszusage befreit.

Fraglich ist nun, ob sich diese Ausweitung der allgemeinen Übertragungsmöglichkeiten auch auf die Übertragung von Versorgungsansprüchen ausgeschiedener Versorgungsberechtigter auf den Betriebserwerber im Rahmen eines Betriebsübergangs nach § 613a BGB auswirkt.[100] Vom Wortlaut des § 4 Abs. 2 BetrAVG wird diese Konstellation nicht umfasst, da nach wie vor der erwerbende Unternehmer nicht zum Arbeitgeber des zum Zeitpunkt des Betriebsübergangs bereits ausgeschiedenen Versorgungsberechtigten wird. Insoweit beschränkt die Neufassung des § 4 BetrAVG – anders als seine Vorgängerregelung – die Portabilität sogar ausschließlich auf Folgearbeitgeber. Für eine Ausweitung der Übertragungsmöglichkeit könnte freilich die Absicht des Gesetzgebers sprechen, die im Einvernehmen aller Beteiligten vorgenommene Übertragung von Versorgungsverpflichtungen weitgehend den Re-

---

[96] Bundestags-Drucksache Nr. 15/2150, S. 51. Vgl. auch *Blumenstein*, BetrAV 2004, S. 236; *Höfer*, DB 2004, S. 1426, 1427.

[97] Vgl. Bundestags-Drucksache Nr. 15/2150, S. 53.

[98] So *Höfer*, DB 2004, S. 1426, 1427;

[99] Vgl. *Höfer*, DB 2004, S. 1426, 1427; *Baumeister*, DAngVers 2004, S. 361, 363; *Blumenstein*, BetrAV 2004, S. 236, 238.

[100] Vgl. hierzu den Standpunkt von *Schnitker/Grau*, Neues zum Recht der betrieblichen Altersversorgung, http://www.aus-innovativ.de/media/AlteinkG.pdf, S. 2, die angesichts des Gesetzeszweck der Konzentration von Versorgungsanwartschaften unter einem einheitlichen Leistungsplan des Arbeitgebers eine analoge Anwendung des neugefassten § 4 BetrAVG für möglich halten.

striktionen der alten Rechtslage zu entziehen. Daneben tritt der Wortlaut des § 4 Abs. 1 BetrAVG, der jetzt zu den übertragbaren Versorgungsrechten ausdrücklich auch „laufende Leistungen" zählt. Diese Leistungen kommen aber – zumindest, wenn es sich um Alters- oder Hinterbliebenenrenten handelt – nur zur Auszahlung, wenn der Arbeitnehmer bereits aus dem Altersverhältnis ausgeschieden ist. Damit können diese Arten der laufenden Rentenleistungen bereits nach der Natur der Sache nicht auf einen Folgearbeitgeber übertragen werden, so dass insoweit die gesetzliche Regelung des § 4 Abs. 2 BetrAVG ohne Anwendungsbereich bliebe[101] Ob sich aus diesen Erwägungen eine Übertragbarkeit auf andere Versorgungsträger als den Folgearbeitgeber ergibt, muss nach einer Gesamtschau aber verneint werden: Das Gesetz selbst geht von einer abschließenden Aufzählung der möglichen Versorgungsgläubiger aus, auf die Versorgungsverpflichtungen übertragen werden können. Um vom Grundsatz des Übertragungsverbots abweichen zu können, wäre also eine ausdrückliche gesetzliche Anordnung erforderlich.[102] Schließlich spricht auch der Gesetzeszweck des § 4 BetrAVG gegen seine Anwendbarkeit im Rahmen eines Betriebsübergangs. Die Neufassung des Betriebsrentenrechts ist darauf angelegt, den Aufbau einer einheitlichen betrieblichen Altersversorgung des einzelnen Arbeitnehmers zu fördern und muss dabei auch im Zusammenhang mit dem zum Jahresbeginn 2002 eingeführten Anspruch auf Aufbau einer individuellen betrieblichen Altersversorgung durch Entgeltumwandlung gesehen werden.[103] Durch die Portabilität soll verhindert werden, dass ein Arbeitnehmer eine Vielzahl von Versorgungsanwartschaften gegenüber verschiedenen Arbeitgebern aufrecht erhält. Dieser Zweck des Betriebsrentengesetzes betrifft jedoch nicht die bereits vor einem Betriebsübergang ausgeschiedenen Arbeitnehmer in Hinsicht auf eine Übertragung ihrer Versorgungsrechte auf den Betriebserwerber. Noch aktive Arbeitnehmer, die mit einer unverfallbaren Anwartschaft aus dem Veräußererbetrieb ausgeschieden sind, können diese nach der neuen Rechtslage zu ihrem derzeitigen Arbeitgeber mitnehmen, so dass für diese Fallgruppe in der Praxis regelmäßig kein Bedürfnis für eine Übertragung auf den Erwerber besteht. Betriebsrentner, die bereits eine Rentenleistung beziehen, können nicht mehr von der Portabilität

---

[101] Eine Ausnahme bilden jedoch Invaliditätsrenten, da der wegen Invalidität arbeitsunfähige Arbeitnehmer nicht aus dem Arbeitsverhältnis ausscheidet und so – zumindest theoretisch – ein Arbeitgeberwechsel in Betracht kommt.

[102] Auch das Wortlautargument aus Abs. 1 hilft hier letztlich nicht weiter: Vielmehr ist davon auszugehen, dass § 4 Abs. 1 BetrAVG lediglich Klarstellungsfunktion hat, dass laufende Versorgungsleistungen auch unter das Übertragungsverbot fallen. Dies war der Vorgängerregelung nämlich noch nicht zu entnehmen, vgl. S. 118, Fn. 97. Damit bedarf es eines weiteren gesetzlichen Ausnahmetatbestandes, um die Übertragung von Versorgungsverbindlichkeiten im Zusammenhang mit einem Betriebsübergang dem Anwendungsbereich des § 4 BetrAVG zu entziehen, vgl. *Blomeyer/Otto*, BetrAVG, § 4 Rn. 12.

[103] Vgl. Bundestags-Drucksache Nr. 15/2150, S. 51 f.

profitieren, da die Anwartschaftsphase der betrieblichen Altersversorgung bereits beendet ist. Im Ergebnis können damit auch nach der Neufassung des Betriebsrentengesetzes unverfallbare Versorgungsanwartschaften oder laufende Versorgungsleistungen bereits ausgeschiedener Arbeitnehmer nicht nach § 4 BetrAVG auf den Betriebserwerber übertragen werden. Es bleibt also beim – bereits zur alten Rechtslage gegebenen – Zustimmungserfordernis des PSVaG.[104]

3. Gestaltungsvarianten

a. Erfüllungsübernahme oder Schuldbeitritt im Rahmen einer Freistellungsvereinbarung

Gemäß § 4 Abs. 1 S. 2 BetrAVG a.F. ist eine befreiende Übertragung von Versorgungsverbindlichkeiten auf einen anderen als die gesetzlich genannten Versorgungsträger „dem Arbeitnehmer gegenüber unwirksam". Hierdurch wird verdeutlicht, dass sich die Unwirksamkeitsfolge zunächst auf das Versorgungsverhältnis beschränkt. Eine Vereinbarung, die in diesem Zusammenhang zwischen Betriebsveräußerer und Betriebserwerber getroffen wird, kann daher durchaus Rechtswirkung entfalten. Der Wortlaut ist bei der Neufassung der Vorschrift zwar nicht übernommen worden, die von ihm angeordnete Rechtsfolge ist aber nach wie vor dem § 4 BetrAVG zu entnehmen. Damit kann sich der ehemalige Betriebsinhaber durch eine Vereinbarung mit dem Betriebserwerber und dem betroffenen Versorgungsschuldner nicht seiner Versorgungsverbindlichkeit entziehen und bleibt so grundsätzlich im vollen Umfang, d.h. inklusive der Beiträge zur Insolvenzsicherung und der Anpassungsprüfung nach § 16 BetrAVG, verpflichtet.[105] Eine von § 613a BGB abweichende rechtliche Zuordnung der Versorgungslasten steht damit nicht zur Disposition der beteiligten Parteien.[106]

Ehemaliger und neuer Betriebsinhaber können aber im Innenverhältnis Regelungen treffen, um zumindest *inter partes* die mit dem Betriebsübergang verbundene Haftungsverteilung abweichend zu gestalten. Dies kann im Rahmen einer Freistellungsvereinbarung durch eine Erfüllungsübernahme oder durch

---

[104] Unbenommen bleibt dem Arbeitgeber jedoch die Übertragungsmöglichkeit von Versorgungsverbindlichkeiten ohne die Zustimmung des Berechtigten bei Betriebseinstellung und anschließender Unternehmensliquidation nach § 4 Abs. 3 BetrAVG, vgl. dazu S. 122 f.

[105] Gleichzeitig ist, soweit bestehende unverfallbare Versorgungsanwartschaften beim Betriebsveräußerer verbleiben, eine Unwirksamkeit auch wegen Umgehung des § 613a BGB anzunehmen, vgl. BAG, Urteil vom 28.4.1987, AP Nr. 5 zu § 1 BetrAVG Betriebsveräußerung = NZA 1988, S. 198, 199.

[106] Eine schuldbefreiende Übertragung könnte nur mit Zustimmung des PSVaG erfolgen, die dieser aber regelmäßig nicht erteilt, vgl. oben S. 115 ff.

einen Schuldbeitritt des Betriebserwerbers erfolgen.[107] Bei der Erfüllungsübernahme verpflichtet sich der Betriebserwerber gegenüber dem Veräußerer, die Ruhegeldverbindlichkeit zu erfüllen, ohne dass der Versorgungsberechtigte einen eigenen Anspruch erhält.[108] Im Zweifel muss entsprechend §§ 339, 415 Abs. 3 BGB die unwirksame Übernahme einer Versorgungszusage als Erfüllungsübernahme bewertet werden.[109] Beim Schuldbeitritt, der gelegentlich auch als kumulative Schuldübernahme bezeichnet wird, tritt der Betriebserwerber neben dem Betriebsveräußerer in die Haftung ein, so dass ein Gesamtschuldverhältnis entsteht. Der Versorgungsberechtigte kann dann beide unmittelbar in Anspruch nehmen.[110] Die endgültige Verteilung der Haftung ergibt sich dabei aus der im Innenverhältnis zwischen Betriebserwerber und –veräußerer in der Regel als Freistellungsvereinbarung getroffenen Regelung. Da eine derartige Vereinbarung häufig eine relativ lange Laufzeit[111] hat, wird empfohlen, wesentliche Regelungsgegenstände, die insbesondere den wirtschaftlichen Aufwand der Parteien bestimmen, wie etwa die Übernahme der Insolvenzsicherungsbeiträge, die Verwaltung der Pensionszahlungen oder die Durchführung der Anpassungsprüfung nach § 16 BetrAVG, in der Vereinbarung zu fixieren.[112]

---

[107] MüKo-*Müller-Glöge*, BGB, § 613a Rn. 175; RGRK-Ascheid, BGB, § 613a Rn. 243; Willemsen-*Doetsch/Rühmann*, Umstrukturierung, Rn. J 127; *Kaiser/Gradel*, DB 1996, S. 1621, 1626; *Hennerkes/Binz/Rauser*, BB 1982, S. 930, 933 f.; *Picot/Schnitker*, Arbeitsrecht, Teil VI, Rn. 35.

[108] Vgl. Palandt-*Heinrichs*, BGB, § 339 Rn. 1; *Andresen/Förster/Rößler/Rühmann*, Teil 14 A, Rn. 40.

[109] *Blomeyer/Otto*, BetrAVG, § 4 Rn. 61; *Andresen/Förster/Rößler/Rühmann*, Teil 14 A, Rn. 280. Soweit sich ein entsprechender Parteiwille ergibt, kann sich im Wege der Umdeutung nach § 140 BGB auch ein Schuldbeitritt des Betriebserwerbers ergeben. Vgl. hierzu BAG, Urteil vom 14.9.1991 - 3 AZR 273/98, n.v., unter III.2.c) der Gründe, in der das BAG die Übernahme einer Unterstützungskasse des Betriebsveräußerers durch den Erwerber als Schuldbeitritt gewertet hat, da die Vertragsparteien auch eine Bindung im Außenverhältnis beabsichtigt hatten. Dies jedoch abhängig von der Zustimmung des versorgungsberechtigten Arbeitnehmer zu beurteilen und bei erfolgter Zustimmung stets einen Schuldbeitritt anzunehmen, so *Höfer*, BetrAVG, § 4 Rn. 3757 f., verkennt einen möglicherweise entgegenstehenden Parteiwillen und die gesetzlichen Zweifelsregeln der §§ 415 Abs. 3, 339 BGB. Außerdem ist diese Annahme unter Berücksichtigung des daran geknüpften eigenständigen Forderungsrechts des Versorgungsberechtigten bedenklich, ebenso *Gaul*, ZIP 1989, S. 757, 759.

[110] Vgl. Palandt-*Heinrichs*, BGB, Überbl v § 414 Rn. 2; *Förster*, BetrAV 2001, S. 133, 136 f.

[111] So erlischt die Pflicht zur Versorgungsleistung erst bei Ausgleich der letzten Rentenzahlung, vgl. *Andresen/Förster/Rößler/Rühmann*, Teil 14 B, Rn. 650, die daher eine Freistellungsvereinbarung nur empfehlen, wenn zwischen den Parteien eine besondere – z.B. gesellschaftsrechtliche – Bindung besteht.

[112] Vgl. *Andresen/Förster/Rößler/Rühmann*, Teil 14 B, Rn. 630; Picot-*Heubeck*, Unternehmenskauf, Teil IV, Rn. 51; *Kaiser/Gradel*, DB 1996, S. 1621, 1626; Willemsen-

Im Außenverhältnis bleibt allein der bisherige Betriebsinhaber verpflichtet, der damit weiterhin Versorgungsschuldner gegenüber dem Betriebsrentner und Beitragsschuldner gegenüber dem PSVaG ist.[113] Damit besteht eine Einstandspflicht des PSVaG auch nur bei einer Insolvenz des bisherigen Betriebsinhabers. Die Insolvenz des Übernehmenden hat auf die rechtliche Beziehung zwischen Versorgungsschuldner, Versorgungsgläubiger und PSVaG keine Auswirkung.[114] Umgekehrt kann sich aber bei der Insolvenz des Versorgungsschuldners ein Durchgriff auf den Übernehmenden ergeben. In diesem Punkt zeigt sich ein weiterer Unterschied zwischen Erfüllungsübernahme und Schuldbeitritt: Besteht – wie beim Schuldbeitritt – ein eigenständiges Forderungsrecht des Arbeitnehmers gegen den Beitretenden, wird dieses bei Insolvenz des Versorgungsschuldners auf den einstandspflichtigen PSVaG übergeleitet.[115]

b. Unternehmensliquidation, § 4 Abs. 3 BetrAVG

Gemäß § 4 Abs. 3 BetrAVG kann eine schuldbefreiende Übertragung der Versorgungsverbindlichkeiten an eine Pensionskasse oder ein Unternehmen der Lebensversicherung ohne Zustimmung[116] des Arbeitnehmers bzw. Versorgungsberechtigten erfolgen, wenn die Übertragung im Zusammenhang mit einer Unternehmensliquidation erfolgt. Eine zustimmungsfreie Übertragung kann daher nur auf die beiden gesetzlich genannten Versorgungsträger erfolgen.[117]

Doetsch/Rühmann, Umstrukturierung, Rn. J 127; *Hennerkes/Binz/Rauser*, BB 1982, S. 930, 933 f.

[113] *Andresen/Förster/Rößler/Rühmann*, Teil 14 A, Rn. 271 u. 290; *Höfer*, BetrAVG, § 4 Rn. 3761; Picot-*Heubeck*, Unternehmenskauf, Teil IV, Rn. 50; *Picot/Schnitker*, Arbeitsrecht, Teil VI, Rn. 35.

[114] *Andresen/Förster/Rößler/Rühmann*, Teil 14 A, Rn. 291; *Blomeyer/Otto*, BetrAVG, § 4 Rn. 62.

[115] *Andresen/Förster/Rößler/Rühmann*, Teil 14 A, Rn. 292; *Blomeyer/Otto*, BetrAVG, § 4 Rn. 62, die als Rechtsgrundlage für den Übergang des Befriedigungsrechts eine „teleologische Analogie" zu § 9 Abs. 2 BetrAVG annehmen. Mit *Höfer*, BetrAVG, § 4 Rn. 3759, sind jedoch § 9 Abs. 2 BetrAVG i.V.m. §§ 412, 401 BGB als Rechtsgrundlage heranzuziehen. Da § 9 Abs. 2 BetrAVG einen gesetzlichen Forderungsübergang anordnet, geht die Forderung aus dem Schuldbeitritt als unselbstständiges Sicherungsrecht auf den PSVaG über, vgl. Palandt-*Heinrichs*, BGB, § 401 Rn. 6, und im übrigen auch *Blomeyer/Otto*, BetrAVG, § 9 Rn. 48. Damit besteht schon keine Regelungslücke, die den Raum für eine Rechtsfortbildung eröffnen würde.

[116] Ausgenommen hiervon ist das Zustimmungserfordernis des Arbeitnehmers zum Abschluss einer Versicherung auf sein Leben nach § 159 Abs. 2 S. 1 VVG, vgl. *Andresen/Förster/Rößler/Rühmann*, Teil 14 A, Rn. 384.

[117] Dies beruht auf der Befreiung dieser Durchführungswege von der Insolvenzsicherungspflicht. Da insoweit nur ein minimales Insolvenzrisiko von Direktversicherung bzw.

Übernahmefähig sind dabei nur Versorgungsverpflichtungen, die auf einer Direktzusage beruhen oder mittels einer Unterstützungskasse oder eines Pensionsfonds durchgeführt werden. Voraussetzung hierfür ist gemäß § 4 Abs. 3 S. 1 BetrAVG die Einstellung der Betriebstätigkeit und die Liquidation des Unternehmens. Die Liquidation bzw. Abwicklung des Unternehmens richtet sich nach den rechtsformspezifischen Vorschriften. Diese bestimmen – wie z.B. § 149 S. 1 HGB, § 268 Abs. 1 S. 1 AktG oder § 70 S. 1 GmbHG – auch das Merkmal der Einstellung der Betriebstätigkeit, das nach diesen Vorschriften bei Beendigung der laufenden Geschäfte, der Einziehung offener Forderungen und der Befriedigung der Gläubiger erfüllt ist. Im Gegensatz zu § 3 Abs. 1 S. 4 BetrAVG verlangt das Gesetz dabei keine vollständige Einstellung der Betriebstätigkeit, so dass die Versorgungsanwartschaften und Rentenleistungen bereits im Laufe des Liquidationsverfahrens übertragen werden können. Eine Übertragung im Laufe des Abwicklungsverfahrens behält dabei nur ihre Wirksamkeit, wenn Einstellung und Abwicklung zu einem Abschluss gebracht werden.[118] Daneben ist erforderlich, dass die Überschussanteile, die aus dem zur Verfügung gestellten Kapital erzielt werden, zur Erhöhung der laufenden Leistungen verwendet werden und so dem Anpassungserfordernis nach § 16 Abs. 3 Nr. 2 BetrAVG nachkommen.

Bei der Übertragung von Versorgungszusagen im Falle einer Unternehmensliquidation müssen Durchführungsweg der übernommenen Versorgungszusage und des übernehmenden Versorgungsträgers nicht notwendigerweise übereinstimmen, wie sich bereits aus der in § 4 Abs. 3 BetrAVG enthaltenen, nicht deckungsgleichen Aufzählung der übernahmefähigen Durchführungsformen und der möglichen aufnehmendem Versorgungsträger ergibt. Werden so Verbindlichkeiten übertragen, muss eine Wertäquivalenz zwischen den Verpflichtungen vor Übernahme und den neu begründeten Verpflichtungen nach Übernahme gewährleistet sein. Da – vorbehaltlich einer späteren Rentenanpassung – keine Wertzuwächse der Versorgungsanwartschaften bzw. -leistungen mehr zu erwarten sind, kann dabei auf die gesetzliche Regelung zur Höhe der Abfindung unverfallbarer Versorgungsanwartschaften in § 2 BetrAVG zurückgegriffen werden.[119] Der Wert der Versorgungsverpflichtungen wird dann als Einmalbetrag dem neuen Versorgungsträger übertragen.

Pensionskasse besteht, ist eine vollständige Abgeltung der Versorgungsverpflichtungen gewährleistet, vgl. Bundestags-Drucksache Nr. 14/9442, S. 47 f.; *Blomeyer/Otto*, BetrAVG, § 4 Rn. 56. Kritisch hierzu *Höfer*, Betriebsrentenrecht, Rn. 421, der sich gegen die Insolvenzsicherungspflicht von Pensionsfondszusagen richtet.

[118] *Andresen/Förster/Rößler/Rühmann*, Teil 14 A, Rn. 382; *Blomeyer/Otto*, BetrAVG, § 4 Rn. 55; *Höfer*, BetrAVG, § 4 Rn. 3829.

[119] So auch *Andresen/Förster/Rößler/Rühmann*, Teil 14 A, Rn. 542.

Hierdurch ist in der Regel sichergestellt, dass den bisherigen Versorgungsschuldner nach Liquidation keine Zahlungspflichten mehr treffen können.[120]

Schließlich ist durch § 3 Nr. 65 EStG die Lohnsteuerfreiheit dieser Übertragung gewährleistet. Hierdurch wird dem Arbeitgeber bei einem nachgelagert besteuerten Versorgungsmodell die nachträgliche Besteuerung der bislang steuerfrei ausgezahlten Versorgungsbeiträge erspart. Im Gegenzug ist durch § 3 Nr. 65 S. 3 EStG sichergestellt, dass im Zeitpunkt der Rentenleistung der Leistungsempfänger die Leistung nach Maßgabe der für den ursprünglichen Durchführungsweg relevanten steuerrechtlichen Regelungen bezieht. So muss etwa ein Betriebsrentner, dessen Versorgungszusage vor der Unternehmensliquidation auf einer unmittelbaren Direktzusage beruhte, die Rentenleistung weiterhin wie Einkünfte aus nichtselbstständiger Arbeit versteuern, auch wenn sie von einer Pensionskasse oder einer Direktversicherung ausgezahlt wird.[121] Im Rahmen der Einführung des Pensionsfonds durch das Altersvermögensgesetz hat es der Gesetzgeber versäumt, § 3 Nr. 65 EStG entsprechend auch auf diesen Durchführungsweg auszuweiten. Unter Berücksichtigung des engen Regelungszusammenhangs von § 4 Abs. 3 BetrAVG mit dieser steuerrechtlichen Norm muss von einer entsprechenden Anwendung des § 3 Nr. 65 EStG auch bei der Übertragung von Pensionsfondsverpflichtungen ausgegangen werden.[122]

c. Übernahme durch eine Versorgungsgesellschaft

Des Weiteren können die Versorgungslasten durch gesellschaftsrechtliche Umstrukturierung im Wege einer Spaltung nach § 123 UmwG auf andere bestehende oder neu zu gründende Rechtsträger und damit durch eine partielle Gesamtrechtsnachfolge übertragen werden. Dies kann im Übrigen bereits vor dem Betriebsübergang erfolgen, um so gegebenenfalls die Durchführung der Übernahme eines Betriebes oder Unternehmens zu erleichtern. Grundsätzlich kommen alle in § 123 UmwG vorgesehenen Spaltungsvorgänge – Aufspaltung, Abspaltung oder Ausgliederung – für eine Übertragung der Versorgungsverpflichtungen in Betracht.[123] Bei der Aufspaltung wird das gesamte Vermögen des übertragenen Rechtsträgers in einzelne Teile getrennt, die un-

---

[120] *Höfer*, BetrAVG, § 4 Rn. 3833 f.; *Andresen/Förster/Rößler/Rühmann*, Teil 14 A, Rn. 383.

[121] *Andresen/Förster/Rößler/Rühmann*, Teil 14 A, Rn. 385; *Höfer*, BetrAVG, § 4 Rn. 3844.

[122] *Höfer*, BetrAVG, § 4 Rn. 3847.

[123] *Sieger/Aleth*, DB 2002, S. 1487, 1488, die eine Ausgliederung zur Aufnahme empfehlen; *Förster*, BetrAV 2001, S. 133, 135; *Hill*, BetrAV 1995, S. 114, 115; *Klemm/Hamisch*, DB 2005, S. 2409, 2410. So auch ausdrücklich BAG, Beschluss vom 22.2.2005, AP Nr. 1 zu § 168 UmwG = NZA 2005, S. 739, für die Spaltung zur Aufnahme.

ter Auflösung des bisherigen Rechtsträgers auf andere Rechtsträger übertragen werden. Im Rahmen einer Abspaltung bzw. einer Ausgliederung wird ein Teil des Vermögens des bisherigen Rechtsträgers auf einen oder mehrere andere Rechtsträger übertragen. Der bisherige Rechtsträger bleibt dabei weiter bestehen. Der Unterschied zwischen Abspaltung und Ausgliederung besteht in der Zuordnung der Anteils- bzw. Mitgliedschaftsrechte an dem übernehmenden Rechtsträger, die dem übertragenden Rechtsträger im Gegenzug gewährt werden. Bei der Abspaltung kommen diese Anteils- bzw. Mitgliedschaftsrechte den Anteilseignern, d.h. in der Regel den Gesellschaftern, bei der Ausgliederung dem übertragenden Rechtsträger, d.h. regelmäßig der Gesellschaft, zu Gute.[124]

Im Rahmen des für alle drei Spaltungsformen erforderlichen Spaltungs- und Übernahmevertrags können gemäß § 126 Abs. 1 Nr. 9 UmwG die Versorgungsverpflichtungen einer Pensionsgesellschaft als dem übernehmenden Rechtsträger zugeordnet werden.[125] Fraglich ist, in welchem Umfang der Übertragung dieser Verbindlichkeiten die Übertragung von Aktivvermögen entsprechen muss. Bei der Spaltung zur Neugründung sind dabei die für die Rechtsform des neuen Rechtsträgers jeweils relevanten Vorschriften anzuwenden, § 135 Abs. 2 UmwG. Diese stellen grundsätzlich sicher, dass den Versorgungsansprüchen eine entsprechende Haftungsmasse bzw. ein persönlich haftender Gesellschafter gegenüber steht. So können z.B. einer neu zu gründenden GmbH Versorgungsverbindlichkeiten nur übertragen werden, wenn gleichzeitig gewährleistet ist, dass ein hinreichendes Aktivvermögen übertragen wird, das nach einer Saldierung zusätzlich neben den Passiva noch das erforderliche Stammkapital der Gesellschaft abdeckt.[126] Bei einer Spaltung zur Aufnahme, d.h. der Übertragung auf einen bestehenden Rechtsträger, ist jedenfalls für Kapitalgesellschaften beim übernehmenden Rechtsträger eine Kapitalerhöhung durchzuführen. Dies ist erforderlich, da im Gegenzug zur Vermögensübertragung auf die übernehmende Gesellschaft dem übertragenden Rechtsträger bzw. dessen Anteilseignern Anteile oder Mitgliedschaftsrechte eingeräumt werden. Aus diesem Grund können dem überneh-

---

[124] *Höfer*, BetrAVG, ART Rn. 1167; *Willemsen*, Umstrukturierung, Rn. B 75 ff.; *Kaiser/Gradel*, DB 1996, S. 1621, 1624.

[125] BAG, Beschluss vom 22.2.2005, AP Nr. 1 zu § 168 UmwG = NZA 2005, S. 739; *Sieger/Aleht*, DB 2002, S. 1487, 1488; *Andresen/Förster/Rößler/Rühmann*, Teil 14 C, Rn. 127. Danach reicht es nach Auffassung des BAG aus, wenn im Spaltungsvertrag auf „alle Verbindlichkeiten", die dem übertragenden Rechtsträger zugeordnet sind, Bezug genommen wird. Eine namentliche Aufzählung aller Versorgungsberechtigten ist nicht erforderlich.

[126] Lutter-*Priester*, UmwG, § 126 Rn. 53; Kallmeyer-*Kallmeyer*, UmwG, § 135 Rn. 9; *Semler/Stengel*, UmwG, § 135 Rn. 16; Schmitt/Hörtnagl/Stratz-*Hörtnagl*, UmwG, § 126 Rn. 31; *Buchner*, GS Blomeyer, S. 33, 42 f.

menden Rechtsträger auch nicht ausschließlich Pensionsverpflichtungen zugewiesen werden: Zur Wahrung der allgemeinen Grundsätze der Kapitalaufbringung ist es erforderlich, den übernehmenden Rechtsträger mit einem hinreichendem Aktivvermögen auszustatten, das mindestens dem Nennwert der zu gewährenden Anteile entspricht.[127] Außerdem besteht nach Maßgabe der §§ 133, 134 UmwG eine zeitlich begrenzte gesamtschuldnerische Haftung von übernehmendem und übertragendem Rechtsträger.[128]

Gemäß § 132 UmwG treffen die Rechtsfolgen einer Spaltung nicht diejenigen Sachen und Vermögensrechte, deren Übertragung auf Grund allgemeiner Vorschriften ausgeschlossen oder eingeschränkt ist. Dadurch soll der mit diesen Vorschriften bezweckte Schutz, im Interesse Dritter oder der Allgemeinheit die Einzelübertragung von Gegenständen zu beschränken, auch im Bereich der (partiellen) Gesamtrechtsnachfolge verwirklicht werden.[129] Im Hinblick auf die betriebliche Altersversorgung wird vereinzelt vertreten, § 4 BetrAVG zähle zu den allgemeinen Vorschriften im Sinne von § 132 UmwG und schränke so die Übertragung von Versorgungsverbindlichkeiten auf andere als die gesetzlich genannten Versorgungsträger im Wege der Gesamtrechtsnachfolge ein.[130] Da diese Norm den Schutz der Versorgungsberechtigten und des PSVaG vor unerwünschten Haftungsrisiken bezweckt, könnten Ruhegeldverbindlichkeiten nur auf denjenigen Rechtsträger ausgegliedert werden, dem auch der Betrieb oder Betriebsteil, in dem der ausgeschiedene

---

[127] Semler/Stengel-*Schröer*, UmwG, § 126 Rn. 30; *Sieger/Aleht*, DB 2002, S. 1487, 1490 f.; *Kallmeyer*, UmwG, § 126 Rn. 60 f.; Lutter-*Priester*, UmwG, § 126 Rn. 53; *Buchner*, GS Blomeyer, S. 33, 43 f.; Schmitt/Hörtnagl/Stratz-*Hörtnagl*, UmwG, § 126 Rn. 28.

[128] Danach haftet derjenige Rechtsträger, dem die Versorgungsverbindlichkeiten im Spaltungs- und Übernahmevertrag nicht zugewiesen werden, gemäß § 133 Abs. 3 UmwG als Gesamtschuldner auch für solche Versorgungsansprüche, die innerhalb von fünf Jahren nach der Spaltung fällig werden. Bei der Spaltung eines Unternehmens in eine Anlage- und eine Betriebsgesellschaft bezieht sich die gesamtschuldnerische Haftung gemäß § 134 Abs. 3 UmwG auch auf solche Ansprüche, die gegen die Anlagegesellschaft bestehen und innerhalb von 10 Jahren nach der Spaltung fällig werden. Diese Haftungsvariante dürfte jedoch für die Übertragung von Versorgungsverbindlichkeiten kaum relevant werden. Da Zweck einer reinen Pensionsgesellschaft regelmäßig in der Versorgung von Betriebsrentnern liegt, unterhält sie regelmäßig keinen operativen Betrieb im Sinne von § 124 UmwG und ist damit keine Betriebsgesellschaft, vgl. *Langohr-Plato*, BetrAV 1996, S. 81, 85 f.; *Sieger/Aleth*, DB 2002, S. 1487, 1491 f.

[129] Semler/Stengel-*Schröer*, UmwG, § 132 Rn. 1; Lutter-*Teichmann*, UmwG, § 132 Rn. 3.

[130] So ErfK-*Preis*, § 613a BGB Rn. 189; MüKo^3-*Schaub*, BGB, § 613a Rn. 222. Vgl auch *Langohr-Plato*, BetrAV 1996, S. 81, 84 f., der sich aber mittlerweile der Gegenmeinung angeschlossen hat, *Langohr-Plato*, BetrAV, Rn. 1556, vgl. auch AG Hamburg, Beschluss vom 01.07.2005, DB 2005, S. 1562.

Arbeitnehmer vormals gearbeitet hat, zugeordnet ist.[131] Die Zuweisung an einen anderen Rechtsträger bedürfe hingegen der Zustimmung des PSVaG.[132] Die überwiegende Auffassung in der Literatur und das BAG nehmen jedoch zu Recht ein Vorrangverhältnis der spaltungsrechtlichen Regelungen des UmwG gegenüber § 4 BetrAVG an.[133] Dass hier Gläubigerschutzgesichtspunkte der Versorgungsberechtigten nicht maßgeblich sein können, veranschaulicht die besondere Konzeption der partiellen Rechtsnachfolge: Mit der Spaltung wird ein sich von der Einzelrechtsnachfolge unterscheidendes Institut geschaffen, das bei der Übertragung von Verbindlichkeiten gerade nicht wie in §§ 414, 415 BGB die Zustimmung der Gläubiger erfordert. Aus diesem Grund kann damit § 4 BetrAVG einer Spaltung nicht im Wege stehen.[134] Aber auch aus den Interessen des PSVaG lassen sich keine Einschränkungen der Übertragungsmöglichkeit herleiten. Ein Zustimmungserfordernis kann insbesondere nicht von der Zuordnung der Versorgungsverbindlichkeiten zu dem Rechtsträger, auf den der Betrieb oder Betriebsteil übergegangen ist, in dem der Versorgungsberechtigte vormals gearbeitet hat, abhängig sein.[135] Dem stehen bereits § 613a BGB und § 4 BetrAVG entgegen: Bestehende Versorgungsverbindlichkeiten bereits ausgeschiedener Arbeitnehmer werden für den Fall der Betriebsübernahme im Wege der Einzelrechtsnachfolge gemäß § 613a BGB gerade nicht einheitlich mit dem Betrieb

---

[131] ErfK-*Preis*, § 613a BGB Rn. 189; MüKo³-*Schaub*, BGB, § 613a Rn. 222; vgl. auch *Blomeyer/Otto*, BetrAVG, § 4 Rn. 37, die § 4 BetrAVG zwar für unanwendbar halten, eine Übertragung bestehender Versorgungsverbindlichkeiten aber nur entsprechend der früheren Betriebs(teil)zugehörigkeit zulassen.

[132] ErfK-*Preis*, § 613a BGB Rn. 189; MüKo³-*Schaub*, BGB, § 613a Rn. 222.

[133] BAG, Beschluss vom 22.2.2005, AP Nr. 1 zu § 168 UmwG = NZA 2005, S. 739; *Buchner*, GS Blomeyer, S. 33, 40 ff.; *Höfer*, BetrAVG, ART Rn. 1174, § 4 Rn. 3754; *Willemsen*, NZA 1996, S. 791, 801; *Klemm/Hamisch*, DB 2005, S. 2409, 2413 f.; Kittner/Zwanziger-*Winkelmann*, § 83 Rn. 100; HWK-*Schipp*, § 4 BetrAVG Rn. 14; Semler/Stengel-*Simon/Schröer*, UmwG, § 132 Rn. 44; *Andresen/Förster/Rößler/Rühmann*, Teil 14 C, Rn. 157 f.; *Förster*, BetrAV 2001, S. 133, 136; *Langohr-Plato*, BetrAV Rn. 1545 ff.; Willemsen-*Doetsch/Rühmann*, Umstrukturierung, Rn. J 142 f.; *Picot/Schnitker*, Arbeitsrecht, Teil VI, Rn. 38; *Hill*, BetrAV, 1995, S. 114, 116 f.; Picot-*Heubeck*, Unternehmenskauf, Teil IV, Rn. 109; ebenso: LAG Düsseldorf, Urteil vom 5.6.2003, LAG Report 2004, S. 18.

[134] BAG, Beschluss vom 22.2.2005, AP Nr. 1 zu § 168 UmwG = NZA 2005, S. 739; *Langohr-Plato*, BetrAV, Rn. 1548; *Hill*, BetrAV 1995, S. 114, 117; Willemsen-*Doetsch/Rühmann*, Umstrukturierung, Rn. J 142 f.; *Picot/Schnitker*, Arbeitsrecht, Teil VI, Rn. 38; *Höfer*, BetrAVG, ART Rn. 1174; Picot-*Heubeck*, Unternehmenskauf, Teil IV, Rn. 109; *Klemm/Hamisch*, DB 2005, S. 2409, 2413.

[135] So aber ErfK-*Preis*, § 613a BGB Rn. 189, nach dem die Zustimmung des PSVaG nur in den Fällen, in denen die Versorgungsverbindlichkeiten ehemaliger Arbeitnehmer entsprechend ihrer vormaligen Betriebszugehörigkeit zugeordnet werden, entbehrlich ist. Ähnlich *Blomeyer/Otto*, BetrAVG, § 4 Rn. 37, die eine Zuordnung an andere Rechtsträger als unverhältnismäßig bezeichnen.

oder Betriebsteil auf den Betriebserwerber übertragen.[136] Eine dem Betriebsübergang nachfolgende Übertragung dieser Verbindlichkeiten muss sich jedoch an den Voraussetzungen des § 4 BetrAVG messen lassen und bedarf daher regelmäßig der Zustimmung des PSVaG. Soweit damit auf der Ebene der Gesamtrechtsnachfolge unter Berücksichtigung dieser Grundsätze ein Zustimmungserfordernis des PSVaG angenommen wird, muss sich dieses also auch auf die Fälle der Zuordnung der Versorgungsverbindlichkeiten auf den den Betrieb oder Betriebsteil übernehmenden Rechtsträger beziehen.[137] Des Weiteren geht anscheinend auch der PSVaG selbst vom Vorrang des UmwG aus: Bei einem Arbeitgeberwechsel auf Grund einer Gesamtrechtsnachfolge nimmt der PSVaG den unmittelbaren und inhaltsgleichen Eintritt des übernehmenden Arbeitgebers in die bestehenden Versorgungsverpflichtungen einschließlich der Insolvenzsicherungspflicht an, so dass es seiner Zustimmung nicht bedarf.[138] Daneben ist der PSVaG – wie auch der Versorgungsberechtigte selbst – durch die Gläubigerschutzbestimmungen der §§ 133, 134 UmwG geschützt. Im Falle der Insolvenz des übernehmenden Rechtsträgers kann er diese Ansprüche des Versorgungsgläubigers gemäß § 9 Abs. 2 BetrAVG geltend machen.[139] Schließlich steht den Versorgungsgläubigern und dem PSVaG auch nach einer Spaltung – vorausgesetzt, die Grundsätze der Kapitalaufbringung werden berücksichtigt und der Versorgungsgesellschaft werden neben den Versorgungsverbindlichkeiten auch genügend Aktiva übertragen – eine hinreichende Haftungsmasse zur Verfügung. Die Anwendbarkeit von § 4 BetrAVG bzw. die Zustimmung des PSVaG ist daher richtigerweise nicht erforderlich ist. Soweit bei der Spaltung „negatives Kapital" übertragen wird und so eine entsprechende Deckung nicht gewährleistet ist, kommt überdies bei rechtsmissbräuchlicher oder unverhältnismäßiger Zuweisung der Versorgungslasten ein über die Haftungsregeln des UmwG hinaus gehender Rückgriff auf den übertragenden Arbeitgeber in Betracht.[140]

---

[136] Siehe oben S. 100 ff.

[137] *Picot/Schnitker*, Arbeitsrecht, Teil VI, Rn. 38.

[138] Vgl. Merkblatt des Pensionssicherungsverein auf Gegenseitigkeit Nr. 300/M6 (Stand: 3.02), http://www.psvag.de/pdf/m300_06.pdf; ebenso *Sieger/Aleth*, DB 2002, S. 1487, 1488; Semler/Stengel-*Simon/Schröer*, UmwG, § 132 Rn. 44; *Buchner*, GS Blomeyer, S. 33, 47 f.; *Klemm/Hamisch*, DB 2005, S. 2409, 2414

[139] *Buchner*, GS Blomeyer, S. 33, 41 f.; *Willemsen*, NZA 1996, S. 791, 801; *Picot/Schnitker*, Arbeitsrecht, Teil VI, Rn. 38; *Langohr-Plato*, BetrAV, Rn. 1550 f.; Willemsen-*Doetsch/Rühmann*, Umstrukturierung, Rn. J 142 u. J 144; Semler/Stenger-*Simon/Schröer*, UmwG, § 132 Rn. 44; HWK-*Schipp*, § 4 BetrAVG Rn. 14; *Andresen/Förster/Rößler/Rühmann*, Teil 14 C, Rn. 158.

[140] *Buchner*, GS Blomeyer, S. 33, 42 ff.; *Langohr-Plato*, BetrAV, Rn. 1550; *Blomeyer/Otto*, BetrAVG, § 4 Rn. 37; *Klemm/Hamisch*, DB 2005, S. 2409, 2414; *Sieger/Aleth*, DB 2002, S. 1487, 1488, 1491, die eine Haftung bei Verstoß gegen die Pflicht zur ordnungsge-

Nach der Rechtsprechung des Bundesarbeitsgerichtes trifft auch eine Pensionsgesellschaft, die ausschließlich mit der Betreuung von Betriebsrentnern und der Abwicklung der Versorgungsleistungen befasst ist, die Pflicht zur Anpassungsprüfung nach § 16 BetrAVG.[141] Auch eine im Wege der Spaltung entstandene Versorgungsgesellschaft gilt dabei als Arbeitgeber im Sinne von § 16 BetrAVG, da sie die Versorgungsverbindlichkeiten inhaltsgleich im Wege der Gesamtrechtsnachfolge von dem ehemaligen Arbeitgeber übernommen hat.[142] Vereinzelt wird vertreten, dass eine reine Rentnergesellschaft zwar zur Prüfung, nicht aber zur Anpassung verpflichtet sei. Da keine eigene unternehmerische Tätigkeit mehr gegeben ist, könne ein Wertzuwachs der Gesellschaft, aus dem sie die Anpassung der Rentenzahlungen bestreiten kann, nicht mehr erzielt werden. Eine Verpflichtung zur Rentenanpassung würde die freie Entscheidung des Unternehmers, den Betrieb zu liquidieren, und damit seine nach Art. 2 Abs. 1 GG geschützte Wettbewerbsfreiheit beeinträchtigen.[143] Darüber hinaus sei die Unternehmensliquidation mit der Unternehmensinsolvenz, bei der der Träger der Insolvenzsicherung nicht zur Rentenanpassung verpflichtet ist, vergleichbar. Denn auch bei der Liquidation falle der zur Anpassung verpflichtete Arbeitgeber weg, so dass der Betriebsrentner keine positive Anpassungsentscheidung mehr erwarten könne.[144] Diese Ansicht verkennt jedoch die Unterschiede zwischen einer unternehmerisch nicht mehr aktiven Gesellschaft und einem insolventen Unternehmen: Entscheidend für die Befreiung insolventer Unternehmen von der Anpassungsverpflichtung ist nicht, dass sie sich nicht mehr operativ am Markt betätigen, sondern dass sie nicht mehr in der Lage sind, Mittel für die Rentenanpassung aufzubringen.[145] Auch die Rentnergesellschaft kann schließlich durch Anlage des ihr zur Verfügung stehenden Kapitals noch Wertzuwachs erzielen, so dass damit grundsätzlich eine Rentenanpassung in Betracht kommt.[146] Eine Pflicht zur Anpassung entfällt nur, wenn dies dem Versor-

---

mäßen Geschäftsführung aus § 826 BGB aufführen; Willemsen-*Doetsch/Rühmann*, Umstrukturierung, Rn. J 142, die von einer Durchgriffshaftung sprechen.

[141] BAG, Urteil vom 25.6.2002, AP Nr. 51 zu § 16 BetrAVG = NZA 2003, S. 520; Urteil vom 9.11.1999, AP Nr. 40 zu § 16 BetrAVG = NZA 2000, S. 1057; Urteil vom 23.10.1996, AP Nr. 36 zu § BetrAVG = NZA 1997, S. 1111; *Langohr-Plato*, BB 2002, S. 406, 412.

[142] *Blomeyer/Otto*, BetrAVG, § 16 Rn. 62 und 226; *Andresen/Förster/Rößler/Rühmann*, Teil 14 C, Rn. 300, *Sieger/Aleth*, DB 2002, S. 1487, 1492.

[143] *Kemper*, DB 1995, S. 373, 376; LAG Hamm, Urteil vom 25.4.1995, DB 1995, S. 1471; kritisch auch *Andresen/Förster/Rößler/Rühmann*, Teil 11 B, Rn. 1453.

[144] *Kemper*, DB 1995, S. 373, 375 f.; LAG Hamm, Urteil vom 25.4.1995, LAGE Nr. 7 zu § 16 BetrAVG = DB 1995, S. 1471.

[145] BAG, Urteil vom 25.6.2002, AP Nr. 51 zu § 16 BetrAVG, unter I.2. der Gründe = NZA 2003, S. 520; Urteil vom 23.10.1996, AP Nr. 36 zu § 16 BetrAVG = NZA 1997, S. 1111, 1112.

[146] *Blomeyer/Otto*, BetrAVG, § 16 Rn. 226; *Höfer*, BetrAVG, § 16 Rn. 5334.

gungsschuldner gemäß § 16 Abs. 1 BetrAVG auf Grund der wirtschaftlichen Lage nicht möglich ist.[147] Wenn der Versorgungsschuldner seine unternehmerische Aktivität ganz oder im Wesentlichen eingestellt hat, kann daher auch kein Rückgriff auf die der Rentnergesellschaft zur Erfüllung der Versorgungsverbindlichkeiten zur Verfügung stehende Vermögenssubstanz genommen werden. Andernfalls bestünde die Gefahr, dass durch Eingriffe in das Deckungskapital die Rentnergesellschaft langfristig aufgezehrt würde und so der PSVaG, der seinerseits nicht zur Anpassung verpflichtet ist, im Insolvenzfall einstandspflichtig würde.[148]

Im Hinblick auf den Umfang der Anpassungspflicht räumt das BAG der Rentnergesellschaft, auch wenn sie jegliche unternehmerische Tätigkeit eingestellt hat, eine angemessene Verzinsung des Eigenkapitals ein.[149] Damit stehen diese Zinserträge aus dem Deckungskapital für eine Rentenanpassung nicht zur Verfügung. Angemessen ist dabei ein Zinssatz, der bei einer langfristigen Anlage in festverzinsliche Wertpapiere zu erwarten ist. Anders als für aktive Arbeitgeber, die das in das Unternehmen investierte Eigenkapital regelmäßig einem erhöhten Risiko aussetzen müssen, wird ein darüber hinausgehender Zinszuschlag nicht gewährt.[150] Die Entscheidung des BAG, auch einer Rentnergesellschaft eine (eingeschränkte) Eigenkapitalverzinsung zuzugestehen, wird vor allem von *Griebeling* und *Bepler* kritisiert: Hinter der Aus-

---

[147] Zur Berücksichtigung der wirtschaftlichen Lage des Arbeitgebers bei der Rentenanpassung vgl. BAG, Urteil vom 17.4.1996, AP Nr. 35 zu § 16 BetrAVG = NZA 1997, S. 155; *Blomeyer/Otto*, BetrAVG, § 16 Rn. 165 ff.

[148] BAG, Urteil vom 25.6.2002, AP Nr. 51 zu § 16 BetrAVG, unter II.2. der Gründe = NZA 2003, S. 520; Urteil vom 9.11.1999, AP Nr. 40 zu § 16 BetrAVG = NZA 2000, S. 1057, 1059; *Griebeling/Bepler*, GS Blomeyer, S. 99, 110 f.; ähnlich *Andresen/Förster/Rößler/Rühmann*, Teil 11 B, Rn. 1453. Anders die Vorinstanz zu BAG, Urteil vom 9.11.1999, aaO., des LAG Hamm, Urteil vom 3.2.1998, LAGE Nr. 8 zu § 16 BetrAVG = DB 1998, S. 931 f.; und *Langohr-Plato*, BB 2002, S. 406, 412, die auch einen zumindest teilweisen Eingriff in die Vermögenssubstanz für zulässig erachten. Ein Rückgriff auf das Deckungskapital kommt aber allenfalls in atypischen Konstellationen, wenn etwa durch außergewöhnliche Entwicklung des Bestands der Leistungsempfänger zusätzliches Deckungskapital freigesetzt wird, in Betracht, vgl. *Griebeling/Bepler*, aaO.

[149] BAG, Urteil vom 25.6.2002, AP Nr. 51 zu § 16 BetrAVG, unter II.2. der Gründe = NZA 2003, S. 520; Urteil vom 9.11.1999, AP Nr. 40 zu § 16 BetrAVG = NZA 2000, S. 1057, 1059 f.; zustimmend *Andresen/Förster/Rößler/Rühmann*, Teil 11 B, Rn. 1456; *Blomeyer/Otto*, BetrAVG, § 16 Rn. 225 f. Allgemein zur Berücksichtigung der Eigenkapitalverzinsung bei der Anpassungsprüfung: BAG, Urteil vom 23.5.2000, AP Nr. 45 zu § 16 BetrAVG = NZA 2001, S. 1251; Urteil vom 17.4.1996, AP Nr. 35 zu § 16 BetrAVG = NZA 1997, S. 155, 158.

[150] BAG, Urteil vom 9.11.1999, AP Nr. 40 zu § 16 BetrAVG = NZA 2000, S. 1057, 1060. Für noch am Markt tätige Unternehmen nimmt das BAG zur Sicherung der Wettbewerbsfähigkeit durch hinreichende Eigenkapitalausstattung einen einheitlichen Risikozuschlag von 2 % auf den Basiszinssatz an, vgl. BAG, Urteil vom 23.5.2001, AP Nr. 45 zu § 16 BetrAVG = NZA 2001, S. 1251.

gangsentscheidung des BAG zur Eigenkapitalverzinsung steht der Gedanke, durch eine bestimmte Mindestverzinsung notwendige Investitionen in wirtschaftliche Betätigungen sicherzustellen. Diese Verzinsung erübrige sich aber, wenn der Arbeitgeber seine wirtschaftliche Betätigung eingestellt hat und nur noch im Rahmen der Unternehmensabwicklung Versorgungsleistungen erbringen muss.[151] Vielmehr rücken in dieser Konstellation die Interessen der Betriebsrentner in den Vordergrund. Aus den Regelungen zur Anpassungsprüfung und der Neufassung des § 4 Abs. 3 BetrAVG zeige sich insoweit der allgemeine Grundsatz des Betriebsrentenrechts, dass der Realwert der laufenden Versorgungsleistung zu erhalten ist, soweit nicht wirtschaftliche Schwierigkeiten beim Versorgungsschuldner entgegenstehen.[152] Da auch im Rahmen der Abwicklung von Versorgungsverbindlichkeiten durch eine Rentnergesellschaft die Betriebstätigkeit des Unternehmens eingestellt wird, liegt der Vergleich mit § 4 Abs. 3 BetrAVG nahe. Nicht nur die Interessenlage der Betriebsrentner, sondern auch die des nicht mehr unternehmerisch aktiven Arbeitgebers entsprechen sich in diesen Fallgestaltungen: Im Vergleich zur Rentnergesellschaft wird bei der Unternehmensliquidation unter Übertragung der Versorgungsverbindlichkeiten auf eine Pensionskasse oder ein Unternehmen der Lebensversicherung die Auflösung der Gesellschaft unter vollständiger Befriedigung der Versorgungsschuldner lediglich vorweggenommen. Aus diesem Grund rechtfertigt sich auch eine Übertragung der Rechtsfolge des § 4 Abs. 3 BetrAVG auf eine Rentnergesellschaft. Daher müssen die Überschussanteile des Deckungskapitals, abzüglich der Aufwendungen, die – wie etwa Verwaltungskosten oder Beiträge zur Insolvenzsicherung – im Rahmen der Abwicklung notwendig sind, für die Rentenanpassung verwendet werden.[153]

Kann eine Versorgungsgesellschaft, die in einen Konzern eingebunden ist, die ihr aus § 16 BetrAVG obliegende Pflicht zur Rentenanpassung aus wirtschaftlichen Gründen nicht erfüllen, kommt schließlich eine subsidiäre Haftung des beherrschenden Konzernunternehmens im Wege eines Berechnungsdurch-

---

[151] *Griebeling/Bepler*, GS Blomeyer, S. 99, 112; ähnlich *Höfer*, BetrAVG, ART Rn. 5334 u. 5335.2.

[152] *Griebeling/Bepler*, GS Blomeyer, S. 99, 110.

[153] Ähnlich *Griebeling/Bepler*, GS Blomeyer, S. 99, 111 f.; *Blomeyer/Otto*, BetrAVG, § 16 Rn. 225. Ob darüber hinaus von vornherein bei der Kapitalausstattung der Rentnergesellschaft zusätzliche Mittel allein für die Rentenanpassung bereit gestellt werden müssen, erscheint fraglich. Einer Zusatz-Dotierung der Rentnergesellschaft in Höhe der gesetzlichen Mindestanpassung laufender Leistungen nach § 16 Abs. 3 Nr. 1 BetrAVG um jährlich 1%, wie sie von *Griebeling/Bepler*, GS Blomeyer, S. 99, 112 f., in Erwägung gezogen wird, könnte sich der Arbeitgeber durch Liquidation des Unternehmens und Übertragung der Versorgungsverbindlichkeiten auf einen der in § 4 Abs. 3 BetrAVG genannten Versorgungsträger entziehen.

griffs in Betracht.[154] Da einem konzernabhängigen Unternehmen durch eine Entscheidung des herrschenden Unternehmens im Gesamtinteresse des Konzerns konzernspezifische Risiken übertragen werden können, ist auch ein Arbeitnehmer dieses Unternehmens Risiken ausgesetzt, die bei einem unabhängigen Unternehmen nicht zu erwarten sind. Soweit sich ein derartiges Risiko realisiert und zu einer nachteiligen Vermögensverlagerung auf Seiten der Arbeitnehmer führt, ist es geboten, mit Hilfe des Berechnungsdurchgriffs den Arbeitnehmer so zu stellen, als wäre er bei einem konzernungebundenen Unternehmen beschäftigt.[155] Voraussetzungen hierfür sind ein verdichtetes Konzernverhältnis und eine die Leistungsfähigkeit des Versorgungsschuldners wesentlich beeinträchtigende Ausübung der Herrschaftsmacht im Konzerninteresse.

Die besondere Konzernbindung kann sich dabei in einem Beherrschungs- oder Ergebnisabführungsvertrag zwischen Konzernmutter und Tochterunternehmen, aber auch rein faktisch in einer tatsächlichen, dauernden und umfassenden Geschäftsführung durch das Mutterunternehmen zeigen.[156] In einem Unterordnungskonzern nach § 18 Abs. 1 AktG ist diese Voraussetzung regelmäßig erfüllt. Darüber hinaus ist jedoch eine schädliche Beeinträchtigung des Tochterunternehmens erforderlich. Durch eine Entscheidung des beherrschenden Unternehmens, die die Interessen der abhängigen Gesellschaft im Vergleich zu den Interessen anderer Konzernunternehmen nicht angemessen berücksichtigt, muss daher pflichtwidrig eine die Rentenanpassung ausschließende wirtschaftliche Lage des Versorgungsunternehmens herbeigeführt worden sein.[157] Dies kann etwa angenommen werden, wenn der Versorgungsgesellschaft entgegen den Regeln der Kapitalaufbringung kein zur Deckung der Versorgungsverbindlichkeiten ausreichendes Eigenkapital übertragen wurde oder ertragreiche Betriebsteile aus der Gesellschaft ausgegliedert werden.[158] Sind diese Voraussetzungen erfüllt, ist im Rahmen der An-

---

[154] Grundlegend: BAG, Urteil vom 4.10.1994, AP Nr. 32 zu § 16 BetrAVG = NZA 1995, S. 368; ebenso BAG, Urteil vom 23.10.1996, AP Nr. 36 zu § 16 BetrAVG = NZA 1997, S. 1111, 1112 f.; Urteil vom 25.6.2002, AP Nr. 51 zu § 16 BetrAVG = NZA 2003, S. 520; LAG Köln, Urteil vom 8.12.1995, NZA-RR 1996, S. 224, 226; *Andresen/Förster/Rößler/Rühmann*, Teil 11 B, Rn 1418; *Schaub*, FS Förster, S. 269, 273 ff.; Willemsen-*Doetsch/Rühmann*, Umstrukturierung, Rn. J 153 f.; *Preis*, Individualarbeitsrecht, § 30 III.

[155] BAG, Urteil vom 4.10.1994, AP Nr. 32 zu § 16 BetrAVG = NZA 1995, S. 368, 371; *Schaub*, FS Förster, S. 269, 276 f.

[156] BAG, Urteil vom 4.10.1994, AP Nr. 32 zu § 16 BetrAVG = NZA 1995, S. 368, 370; Urteil vom 23.10.1996, AP Nr. 36 zu § 16 BetrAVG = NZA 1997, S. 1111, 1112 f.; LAG Köln, Urteil vom 8.12.1995, NZA-RR 1996, S. 224, 226.

[157] BAG, Urteil vom 4.10.1994, AP Nr. 32 zu § 16 BetrAVG = NZA 1995, S. 368, 372; *Andresen/Förster/Rößler/Rühmann*, Teil 11 B, Rn 1418; *Griebeling/Bepler*, GS Blomeyer, S. 99, 114.

[158] *Griebeling/Bepler*, GS Blomeyer, S. 99, 114; Willemsen-*Doetsch/Rühmann*, Um-

passungsprüfung auf die wirtschaftliche Lage des herrschenden Unternehmens abzustellen und gegebenenfalls die Renten der Betriebsrentner im beherrschten Unternehmen anzupassen. Insoweit werden die Betriebsrentner des beherrschten Unternehmens im Verhältnis zu ihrem früheren Arbeitgeberbetrieb so gestellt wie die Betriebsrentner des herrschenden Unternehmens im Verhältnis zu diesem.[159]

d. Übertragung auf einen externen Versorgungsträger, insbesondere Pensionsfonds

Schließlich besteht für den Betriebsveräußerer die Möglichkeit, die bei ihm verbliebenen Versorgungsverpflichtungen – insbesondere solche, die auf einer unmittelbaren Direktzusage beruhen – auf einen externen Versorgungsträger zu übertragen. Die Versorgungsberechtigten erhalten damit einen unmittelbaren Leistungsanspruch gegen diesen Versorgungsträger. Im Unterschied zur schuldbefreienden Übernahme, die nur unter den Voraussetzungen der § 415 BGB und § 4 BetrAVG zulässig ist, trifft den Veräußerer gemäß § 1 Abs. 1 S. 3 BetrAVG auch nach der Übertragung eine Einstandspflicht.[160]

Höfer bezeichnet diese Haftungskonzeption bei der Übertragung auf einen Pensionsfonds als „vertragliche Schuldübernahme eigener Art“, da durch die Übertragung keine Gesamtschuld entstehe, sondern eine Rangfolge der Inanspruchnahme geschaffen werde.[161] Der Versorgungsgläubiger müsse sich zunächst an den externen Versorgungsträger als „Primärschuldner“ halten. Der bisherige Versorgungsschuldner hafte erst danach als „Sekundär- oder Ersatzschuldner“.[162] Die Zustimmung des Versorgungsberechtigten sei dabei regelmäßig nicht erforderlich.[163] Begründet wird dies mit der Absicht des Gesetzgebers, der mit den mit der Einführung der Versorgungsform des Pensionsfonds im Rahmen des Altersvermögensgesetz verbundenen steuerrechtlichen Änderungen nicht nur die Übertragung von Versorgungsverbindlichkeiten auf einen Pensionsfonds erleichtern, sondern damit die Rechtsfigur einer Primär-

strukturierung, Rn. J 154; *Höfer*, BetrAVG, § 16 Rn. 5319; *Balze/Rebel/Schuck*, Outsourcing, Rn. 667 f. Ausgeschlossen ist ein Berechnungsdurchgriff beispielsweise, wenn bereits bei Einstellung der werbenden Geschäftstätigkeit und dem Übergang zur Abwicklungsgesellschaft die Geschäftslage schlecht und von hohen Verlusten geprägt war, vgl. BAG, Urteil vom 25.6.2002, AP Nr. 51 zu § 16 BetrAVG = NZA 2003, S. 520.

[159] BAG, Urteil vom 4.10.1994, AP Nr. 32 zu § 16 BetrAVG = NZA 1995, S. 368, 371; *Schaub*, FS Förster, S. 269, 277.

[160] *Friedrich/Weigel*, DB 2003, S. 2564 f.; *Höfer*, Betriebsrentenrecht, Rn. 408; *Meier/Bätzel*, DB 2004, S. 1437.

[161] *Höfer*, Betriebsrentenrecht, Rn. 413; *ders.*, BetrAVG, § 4 Rn. 3820.

[162] *Höfer*, Betriebsrentenrecht, Rn. 409 ff.; *ders.*, BetrAVG, § 4 Rn. 3816 ff.; *Friedrich/Weigel*, DB 2003, S. 2564 f.

[163] *Höfer*, Betriebrentenrecht, Rn. 415.

schuldnerschaft verbinden wollte.[164] Der Ansicht von *Höfer* ist jedoch entgegen zu halten, dass sie die Privatautonomie der Arbeitsvertragsparteien einschränkt, ohne dass dies angesichts der vorhandenen zivilrechtlichen Gestaltungsmittel erforderlich ist. Durch die Konstruktion einer „Ersatzhaftung" wird die Schuldnerstellung des Arbeitgebers verbessert, vergleichbar etwa der Einrede der Vorausklage eines selbstschuldnerischen Bürgen. Der Inhalt des Schuldverhältnisses wird daher einseitig abgeändert. Dies ist jedoch gemäß § 311 Abs. 1 BGB allenfalls mit Zustimmung des Versorgungsberechtigten zulässig.[165] Die Übertragung von Versorgungsverbindlichkeiten an einen externen Versorgungsträger ohne die Zustimmung des Versorgungsgläubigers und ohne eine Enthaftung des Versorgungsschuldners ist daher richtigerweise als Schuldbeitritt anzusehen, der zwischen Schuldner und Beitretendem als Vertrag zu Gunsten Dritter vereinbart wird.[166] Der Gläubiger erwirbt dabei gemäß § 328 Abs. 1 BGB ein eigenständiges Forderungsrecht gegen den Versorgungsträger, hat aber nach wie vor die Möglichkeit, auch den bisherigen Versorgungsschuldner in Anspruch zu nehmen. Im Innenverhältnis hat der Betriebsveräußerer gegen den Versorgungsträger einen Freistellungsanspruch, um einer Inanspruchnahme durch den Betriebsrentner zu begegnen.[167] In tatsächlicher Hinsicht wird die Rentenzahlung im Versorgungsfall ohnehin regelmäßig durch den Versorgungsträger an den Betriebsrentner erbracht, so dass kein Anlass für eine Inanspruchnahme des Arbeitgebers gegeben ist. Damit ist das Konstrukt einer vertraglichen Schuldübernahme eigener Art nicht erforderlich, da auch durch einen Schuldbeitritt und die damit verbundene gesamtschuldnerische Haftung von bisherigem Versorgungsschuldner und externem Versorgungsträger eine ausreichende und interessengerechte Lösung geschaffen werden kann.

Durch die Auswahl eines geeigneten Versorgungsträgers und einer risikoarmen Vermögensanlage kann darüber hinaus gewährleistet werden, dass sich die Wahrscheinlichkeit einer Einstandspflicht des Arbeitgebers bei Ausfall des externen Versorgungsträgers nicht realisiert und so in faktischer Hinsicht eine wirtschaftliche Enthaftung des bisherigen Versorgungsschuldners angenommen werden kann.[168] Als Gestaltungsvariante bietet sich hierbei insbesondere die Auslagerung auf einen Pensionsfonds an, da dieser nach §§ 112 ff. VAG der Versicherungsaufsicht durch die Bundesanstalt für Finanzdienstleistungsaufsicht unterliegt und so die ihm übertragenen Vermögenswerte nur

---

[164] *Höfer*, Betriebsrentenrecht, Rn. 401 f.

[165] Vgl. MüKo-*Emmerich*, BGB, § 311, Rn. 29; Palandt-*Heinrichs*, BGB, § 311 Rn. 3; Staudinger-*Löwisch*, BGB, § 305 Rn. 61.

[166] Vgl. Palandt-*Heinrichs*, BGB, Überbl v § 414 Rn. 2

[167] Vgl. Palandt-*Heinrichs*, BGB, Überbl v § 414 Rn. 6.

[168] *Friedrich/Weigel*, DB 2002, S. 2564; *Meier/Bätzel*, DB 2004, S. 1437.

unter Berücksichtigung dieser Bestimmungen anlegen kann. Zudem ergeben sich steuerrechtliche Vorteile, da die Übertragung von auf einer Direktzusage bestehenden Versorgungsverpflichtungen unter Auflösung der hierfür erbrachten Pensionsrückstellungen im Gegensatz zur Übertragung auf andere externe Versorgungsträger, insbesondere Pensionskasse oder Direktversicherung, gemäß §§ 3 Nr. 66, 4e Abs. 3 EStG lohnsteuerfrei erfolgen kann. Demgegenüber würde die sofortige Belastung des Übertragungsbetrags mit Lohnsteuer einen Mehraufwand darstellen, der den Arbeitnehmer erheblich beeinträchtigen würde.[169] Des Weiteren kann durch die Ausgliederung von Pensionsrückstellungen die Bilanz und damit das Rating des Unternehmens im internationalen Vergleich verbessert sowie weitere positive Effekte etwa durch die Einsparung von Verwaltungskosten erzielt werden.[170] Bei der Ausgliederung der Versorgungsverbindlichkeiten ist der Wert der bisher erdienten Anwartschaften auf den Pensionsfonds zu übertragen und zukünftige Zuwächse jeweils durch entsprechende Beiträge zu finanzieren. Eine vollständige Übertragung, die jegliche Nachfinanzierung ausschließt, ist unter Berücksichtigung der für die voraussichtlichen Versorgungsleistungen maßgeblichen Rechnungsgrundlagen zwar möglich, dürfte beim Arbeitgeber aber zu einem kaum tragbaren Liquiditätsabfluss führen.[171] Wird durch die Übertragung auf den externen Versorgungsträger gleichzeitig der Inhalt des Versorgungsverhältnisses geändert, ist hierzu die Zustimmung des Versorgungsberechtigten erforderlich.[172] Soweit sich hieraus auch Veränderungen des Leistungsplans ergeben, muss gemäß § 87 Abs. 1 Nr. 10 BetrVG auch der Betriebsrat bei der Übertragung beteiligt werden.[173]

Als unternehmensinterne Lösung kommt die Bildung eines Treuhandvermögens (sogenannter Contractual Trust Arrangement – CTA) in Betracht, auf das die für die Altersversorgung bestimmten Vermögenswerte übertragen werden.[174] Der Treuhänder verwendet das Vermögen rechtlich und wirtschaft-

---

[169] *Meier/Bätzel*, DB 2004, S. 1437, 1438 f.; *Knortz*, DB 2003, S. 2399, 2400 f.; *Friedrich/Weigel*, DB 2003, S. 2564, 2566. Da Versorgungsbeiträge des Arbeitgebers einer Pensionskasse oder einer Direktversicherung grundsätzlich erst nach Lohnsteuerabzug zufließen, müsste bei einer Übertragung des bislang für den lohnsteuerfreien Durchführungsweg der Direktzusage erbrachten Beitragsaufwands nachträglich Lohnsteuer abgeführt werden.

[170] *Meier/Bätzel*, DB 2004, S. 1437; *Knortz*, DB 2003, S. 2399; *Friedrich/Weigel*, DB 2003, S. 2564.

[171] Ausführlich zu möglichen Gestaltungsformen der Übertragung auf einen Pensionsfonds: *Meier/Bätzel*, DB 2004, S. 1437, 1439 ff.

[172] *Friedrich/Weigel*, DB 2003, S. 2564, 2565; *Höfer*, Betriebsrentenrecht, Rn. 417.

[173] Vgl. dazu oben S. 75 f.

[174] HWK-*Schipp*, § 4 BetrAVG Rn. 11; *Förster*, BetrAV 2001, S. 133, 134; *Knortz*, DB 2003, S. 2399, 2401; *Höfer/Oppermann*, DB 2000, S. 1039, 1040.

lich unabhängig vom Unternehmen sowie zweckgebunden in Bezug auf die betriebliche Altersversorgung. Versorgungsschuldner bleibt jedoch der Arbeitgeber, der die Pensionsverpflichtungen weiterhin nach deutschem Recht im handelsrechtlichen Einzelabschluss und in der Steuerbilanz auszuweisen hat. Vorteile bietet diese Konzeption jedoch in Hinblick auf internationale Bilanzierungsregelungen, nach denen die Versorgungsverbindlichkeiten, die auf einen CTA übertragen sind, nicht in die Unternehmensbilanz einfließen.[175] Da die Übertragung auf einen CTA in arbeitsrechtlicher Hinsicht keine Veränderungen im Vergleich zur ursprünglich bestehenden Versorgungszusage des Arbeitgebers mit sich bringt, werden auch keine Zustimmungserfordernisse der betroffenen Versorgungsberechtigten oder Mitbestimmungsrechte des Betriebsrats ausgelöst, was sich als weiterer Vorteil dieser Treuhandlösung erweisen kann.[176]

IV. Kündigungsverbot

Zur Verwirklichung des Gesetzeszwecks, den Erhalt der Arbeitsplätze im Falle des Betriebsübergangs sicherzustellen, sind gemäß § 613a Abs. 4 BGB Kündigungen unwirksam, die wegen eines Betriebsübergangs erfolgen. Hiervon sind auch alternative Gestaltungsformen umfasst, die geeignet sind, dieses selbstständige Kündigungsverbot[177] zu umgehen. Die objektive Umgehung des § 613a Abs. 4 BGB hat dabei eine Unwirksamkeit nach § 134 BGB zur Folge.[178] Das BAG hat so bereits bei der Befristung eines Arbeitsverhältnisses[179], bei Kündigung und gleichzeitiger Neueinstellung beim Erwerber[180], bei Eigenkündigung oder Aufhebungsvertrag[181] einen Sachverhalt angenom-

---

[175] HWK-*Schipp*, § 4 BetrAVG Rn. 11; *Förster*, BetrAV 2001, S. 133, 134; *Knortz*, DB 2003, S. 2399, 2401; *Höfer/Oppermann*, DB 2000, S. 1039, 1040, die auf die International Accounting Standards (IAS) und die Statement of Financial Accounting Standards (SFAS) Bezug nehmen.

[176] *Knortz*, DB 2003, S. 2399, 2401.

[177] Vgl. zur Rechtsnatur des § 613a Abs. 4 BGB: *Lipinski*, NZA 2002, S. 75 ff. Nach überwiegender Auffassung stellt diese Vorschrift ein eigenständiges Kündigungsverbot im Sinne von § 13 Abs. 3 KSchG und nicht – wie ursprünglich vertreten – „eine deklaratorische Konkretisierung des Merkmals der Sozialwidrigkeit im Sinne von § 1 Abs. 2 KSchG" dar.

[178] ErfK-*Preis*, § 613a BGB Rn. 153; *Lipinski*, NZA 2002, S. 75 f.; *Schiefer*, NJW 1998, S. 1817, 1823.

[179] BAG, Urteil vom 2.12.1998, AP Nr. 207 zu § 620 BGB Befristeter Arbeitsvertrag = NZA 1999, S. 926, 928; Urteil vom 15.2.1995, AP Nr. 166 zu § 620 BGB Befristeter Arbeitsvertrag = NZA 1995, S. 987, 988; Urteil vom 17.10.1990 – 7 AZR 614/89 – n.v.; Urteil vom 27.11.1986 – 2 AZR 706/85 – n.v.

[180] BAG, Urteil vom 20.7.1982, AP Nr. 31 zu § 613a BGB = DB 1983, S. 50, 51.

[181] BAG, Urteil vom 28.4.1987, AP Nr. 5 zu § 1 BetrAVG Betriebsveräußerung = NZA 1988, S. 198, 199.

men, der eine Umgehung des § 613a Abs. 4 BGB darstellt. Dabei liegt eine Kündigung „wegen eines Betriebsübergangs" dann vor, wenn das Motiv der Kündigung wesentlich durch den Betriebsinhaberwechsels bedingt ist, d.h. wenn der Betriebsübergang nicht nur der äußere Anlass, sondern der tragende Grund für die Kündigung gewesen ist.[182] Soweit mehrere Kündigungssachverhalte vorliegen, ist für jeden gesondert zu prüfen, ob er die Kündigung tragen kann. Eine Kündigung ist jedenfalls dann zulässig, wenn neben dem Betriebsübergang ein sachlicher Grund besteht, der für sich betrachtet eine Kündigung rechtfertigen kann.[183] Mithin ist eine Kündigung nach § 613a Abs. 4 BGB nur dann ausgeschlossen, wenn der Betriebsübergang das allein ursächliche Motiv für den Kündigungsentschluss ist.[184]

Diese Problematik wird relevant, wenn im Vorfeld eines Betriebsübergangs auf Drängen möglicher Erwerber Sanierungsmaßnahmen durchgeführt werden, die insbesondere mit der Reduzierung von Personal verbunden sind. Dabei kommt es häufig zum Konflikt mit dem Kündigungsverbot des § 613a Abs. 4 BGB, da dieses auch schon dann greift, wenn der Betriebsübergang noch nicht vollzogen wurde.[185] Gegen die Unwirksamkeit einer Kündigung spricht jedoch, dass es nicht dem Schutzzweck des § 613a BGB entspricht, zunächst den Erwerber zur Übernahme der Arbeitnehmer zu verpflichten, nur damit dieser bei erster Gelegenheit die Kündigung ausspricht. Nach richtiger Auffassung ist daher in dieser Fallgruppe trotz § 613a Abs. 4 BGB ein Kündigungsausspruch möglich. Die Kündigungsmöglichkeit des Veräußerers erfordert jedoch ein verbindliches Sanierungskonzept des Erwerbers, dessen Durchführung im Zeitpunkt des Zugangs der Kündigungserklärung bereits greifbare Formen angenommen hat. Entscheidend ist weiterhin, dass die dann von Seiten des Veräußerers auszusprechenden Kündigungen den allgemeinen Anforderungen einer sozialen Rechtfertigung nach § 1 Abs. 2 KSchG entsprechen. Regelmäßig können die in dem Sanierungsplan enthaltenen organisatorischen Maßnahmen, die zum Wegfall der Beschäftigungsmöglichkeit des Arbeitnehmers führen, als dringende betriebliche Gründe qualifiziert werden und die Kündigung rechtfertigen. Jedenfalls erfolgt die Kündigung dann nicht

---

[182] BAG, Urteil vom 26.5.1983, AP Nr. 34 zu § 613a BGB = DB 1983, S. 2690, 2691 f.; Urteil vom 31.1.1985, AP Nr. 40 zu § 613a BGB = NZA 1985, S. 593, 597 f.; Urteil vom 19.5.1988, AP Nr. 75 zu § 613a BGB = NZA 1989, S. 461, 462 f.; Urteil vom 18.7.1996, AP Nr. 147 zu § 613a BGB = NZA 1997, S. 148, 149; Urteil vom 20.3.2003, AP Nr. 250 zu § 613a BGB = NZA 2003, S. 1027, 1028.

[183] ErfK-*Preis*, § 613a BGB Rn. 151; *Schiefer*, NJW 1998, S. 1817, 1823; BAG, Urteil vom 18.7.1996, AP Nr. 147 zu § 613a BGB = NZA 1997, S. 148, 149.

[184] *Lipinski*, NZA 2002, S. 75, 78; *Willemsen*, ZIP 1983, S. 411, 413; ErfK-*Preis*, § 613a BGB Rn. 151.

[185] Vgl. BAG, Urteil vom 19.5.1988, AP NR. 75 zu § 613a BGB = NZA 1989, S. 461, 462 f.

allein „wegen des Übergangs eines Betriebes oder eines Betriebsteils“, sondern auf Grund des Erwerberkonzeptes und verstößt damit nicht gegen § 613a Abs. 4 BGB.[186]

Beim Zusammentreffen von Betriebsübergang und Unternehmensumwandlung tritt neben das Kündigungsverbot aus § 613a Abs. 4 BGB die Schutzvorschrift des § 323 Abs. 1 UmwG. Danach wird die „kündigungsrechtliche Stellung“ des Arbeitnehmers durch eine Spaltung oder Teilübertragung für die Dauer von zwei Jahren nicht beeinträchtigt. Nach einer Ansicht ist unter „kündigungsrechtlicher Stellung“ ausschließlich der rechtliche Status des Arbeitnehmers zum Zeitpunkt der relevanten Umwandlungsmaßnahme umfasst. § 323 Abs. 1 UmwG stelle so sicher, dass die bisher auf das Arbeitsverhältnis Anwendung findenden Vorschriften des allgemeinen und besonderen Kündigungsschutzes, wie etwa der Schwellenwert des § 23 KSchG, der Sonderkündigungsschutz eines Betriebsratsmitglieds oder tarifliche Kündigungsschutzbestimmungen (verlängerte Kündigungsfristen oder Kündigungsausschlüsse), auch nach einer Spaltung bzw. Teilübertragung Fortbestand haben.[187] Demgegenüber wird teilweise ein weitergehendes Verständnis des § 323 Abs. 1 UmwG vertreten, nach dem nicht nur die rechtliche, sondern auch die tatsächliche Stellung des Arbeitnehmers nicht verändert werde: Der Arbeitnehmer müsse so gestellt werden, wie er stehen würde, wenn die Spaltung oder Teilübertragung nicht stattgefunden hätte.[188] Dies wirke sich vor allem auf eine nach der Umwandlung durchzuführende Sozialauswahl aus, in die auch solche Arbeitnehmer einzubeziehen sind, die nach der Spaltung nicht mehr dem Betrieb angehören.[189]

Unter Berücksichtigung des Wortlauts des § 323 Abs. 1 UmwG und der Gesetzesbegründung ist aber der engen Ansicht zu folgen: Aus der vom Gesetz geforderten Kausalität („auf Grund“) zwischen kündigungsrechtlicher Stellung und Spaltung bzw. Teilübertragung folgt, dass vom Schutzzweck des § 323 Abs. 1 UmwG nur solche Beeinträchtigungen der kündigungsrechtli-

---

[186] BAG, Urteil vom 26.5.1983, AP Nr. 34 zu § 613a BGB = DB 1983, S. 2690, 2692 f.; Urteil vom 20.3.2003, AP Nr. 250 zu § 613a BGB = NZA 2003, S. 1027, 1028 f.; ErfK-*Preis*, § 613a BGB Rn. 165; *Willemsen*, ZIP 1983, S. 411, 415 f.

[187] ErfK-*Preis*, § 613a BGB Rn. 190; HWK-*Willemsen*, § 323 UmwG Rn. 10, der allerdings die Fortgeltung tariflicher Kündigungsschutzvorschriften in Rn. 16 ablehnt; *Gaul*, Arbeitsrecht, § 20 Rn. 126; Semler/Stengel-*Simon*, UmwG, § 323 Rn. 6. Ausgeschlossen sind jedoch solche kündigungsschutzrechtlichen Vorschriften, die wie Mutterschutz oder Elternzeit allein an die Person des Arbeitnehmers anknüpfen, vgl. *Gaul*, Arbeitsrecht, § 20 Rn. 118.

[188] Kittner/Zwanziger-*Bachner*, § 115 Rn. 86; Kittner/Däubler/Zwanziger-*Zwanziger*, KSchR, § 323 UmwG Rn. 3; *Däubler*, RdA 1995, S. 136, 143.

[189] *Däubler*, RdA 1995, S. 136, 143.

chen Stellung umfasst sind, die sich unmittelbar aus der Umwandlung ergeben, und nicht solche, die sich mittelbar erst zu einem späteren Zeitpunkt realisieren.[190] Auch zeigt die Gesetzesbegründung[191], die sich ausdrücklich auf § 23 KSchG bezieht, dass lediglich die Anwendbarkeit der kündigungsrechtlichen Regelungen und nicht die Fortdauer der sie ausfüllenden tatsächlichen Umstände beabsichtigt wurde.[192]

V. Unterrichtungspflicht der Arbeitgeber und Widerspruchsrecht der Arbeitnehmer

Durch das Gesetz zur Änderung des Seemanngesetzes und anderer Gesetze wurden mit Wirkung vom 1.4.2002 in § 613a BGB die Abs. 5 und 6 neu eingefügt. Damit wurden die bisher von der Rechtsprechung entwickelten Grundsätze zur Unterrichtungspflicht des Arbeitgebers[193] und zum Widerspruchsrecht des Arbeitnehmers[194] im Falle des Betriebsübergangs gesetzlich festgeschrieben und zudem in ihren teilweise umstrittenen Voraussetzungen näher konkretisiert.

Außerdem diente die Gesetzesänderung der Umsetzung der europarechtlichen Vorgaben der Richtlinie 2001/23/EG vom 22.3.2003[195], die im Vergleich zu ihren Vorläuferregelungen erstmalig in Art. 7 Informationspflichten zu Gunsten der betroffenen Arbeitnehmer festlegt.

1. Umfang der Unterrichtungspflicht

Unabhängig von der Betriebsgröße oder dem Bestehen einer kollektiven Arbeitnehmervertretung sind bisheriger Arbeitgeber und neuer Betriebsinhaber gemäß § 613a Abs. 5 BGB verpflichtet, die betroffenen Arbeitnehmer über den Betriebsübergang vorab zu informieren. Alter und neuer Arbeitgeber sind gesamtschuldnerisch zur Erfüllung der Unterrichtungspflicht verpflichtet und sollen sich über die Durchführung verständigen. Dadurch können sie dieser Verpflichtung auch im Zusammenspiel einzelner, getrennt voneinander abgegebener Erklärungen nachkommen.

---

[190] HWK-*Willemsen*, § 323 UmwG Rn. 3.

[191] Bundestags-Drucksache Nr. 12/6699, S. 175.

[192] Semler/Stengel-*Simon*, UmwG, § 323 Rn. 6; HWK-*Willemsen*, § 323 UmwG Rn. 4 f.

[193] Vgl. BAG, Urteil vom 22.4.1993, AP Nr. 103 zu § 613a BGB = NZA 1994, S. 360.

[194] Ständige Rechtsprechung des BAG seit Urteil vom 2.10.1974, AP Nr. 1 zu § 613a BGB = DB 1975, S. 601; ebenso etwa Urteil vom 22.4.1993, AP Nr. 102 zu § 613a BGB = NZA 1994, S. 357; Urteil vom 25.1.2001, AP Nr. 215 zu § 613a BGB = NZA 2001, S. 840, 842.

[195] ABl. EG Nr. L 82 vom 22.3.2003, S. 16.

Des Weiteren sind beide einander wechselseitig verpflichtet, sich gegenseitig notwendige Umstände, die zur ordnungsgemäßen Erfüllung dieser Pflicht erforderlich sind, gegenseitig mitzuteilen.

Inhaltlich bezieht sich die Unterrichtungspflicht gemäß § 613a Abs. 5 BGB auf den (geplanten) Zeitpunkt und den Grund des Betriebsübergangs, seine rechtlichen, wirtschaftlichen und sozialen Folgen für die Arbeitnehmer sowie die hinsichtlich der Arbeitnehmer in Aussicht genommenen Maßnahmen.[196] Dabei reicht es nicht aus, wenn der Arbeitgeber allein auf den Wortlaut des § 613a BGB Bezug nimmt. Vielmehr sind weitere Angaben über die rechtlichen Konsequenzen, wie insbesondere die Information über das den Arbeitnehmern zustehende Widerspruchsrecht, erforderlich.

Nach dem Gesetz ist für die Unterrichtung Textform ausreichend, was nach der Entstehungsgeschichte von § 613a Abs. 5 BGB die Informations- und Dokumentationsfunktion gegenüber der Beweis- und Warnfunktion in den Vordergrund stellt.[197] Den Anforderungen der insoweit einschlägigen Formvorschrift des § 126b BGB wird durch ein Rundschreiben oder eine Mitteilung im Intranet Genüge getan. Auch ein Aushang im Betrieb würde dem Formerfordernis entsprechen, führt jedoch in Bezug auf die tatsächliche Kenntnisnahme durch die Arbeitnehmer zu Nachweisschwierigkeiten.[198]

Wird die Unterrichtungspflicht nicht oder nur unzureichend erfüllt, wird die Frist für den Widerspruch der Arbeitnehmer nicht in Gang gesetzt. Darüber hinaus sind bisheriger Arbeitgeber und Betriebserwerber den Arbeitnehmern zum Ersatz des Schadens verpflichtet, den diese durch ihr Vertrauen auf die Richtigkeit der Erklärung erlitten haben.[199]

---

[196] Zum Umfang der Unterrichtungspflicht ausführlich: *Worzalla*, NZA 2002, S. 353, 354 ff.

[197] So war im Referentenentwurf noch Schriftform vorgesehen, vgl. *Worzalla*, NZA 2002, S. 353, S. 356.

[198] *Gaul/Otto*, DB 2002, S. 634, 635; *Worzalla*, NZA 2002, S. 353, 356; DLW-*Baeck/Haußmann*, Rn. C.3350.

[199] *Gaul/Otto*, DB 2002, S. 634, 639; Palandt-*Putzo*, BGB, § 613a Rn. 47; ErfK-Preis, § 613a BGB Rn. 90. Nach anderer Auffassung stellt die Unterrichtungspflicht lediglich eine Obliegenheit des Arbeitgebers dar, die allein das Informationsinteresse des Arbeitnehmers betrifft. Eine Verletzung dieser Pflicht führt so lediglich dazu, dass die Widerspruchsfrist erst nach vollständiger Unterrichtung zu laufen beginnt, *Bauer/von Steinau-Steinrück*, ZIP 2002, S. 457, 463 f.; *Grobys*, BB 2002, S. 726, 727. Diese Ansicht ist jedoch abzulehnen, da sich bei der Verletzung einer Informationspflicht nach allgemeinen Grundsätzen schon eine Pflicht zum Schadenersatz ergeben kann. Daneben dürfte § 613a Abs. 5 BGB auch Interessen der Arbeitnehmer betreffen, die über eine reine Information über die Rechtsfolgen eines Betriebsübergangs hinausgehen.

2. Rechtsfolgen des Widerspruchs insbesondere für eine nachfolgende Sozialauswahl

Das von der Rechtsprechung des Bundesarbeitsgerichts[200] entwickelte und vom EuGH[201] bestätigte Widerspruchsrecht des Arbeitnehmers und seine Voraussetzungen sind nunmehr in § 613a Abs. 6 BGB gesetzlich fixiert. Bei dem Widerspruchsrecht handelt es sich um ein bedingungsfeindliches Gestaltungsrecht, das der Arbeitnehmer innerhalb eines Monats nach der erfolgten Unterrichtung durch den bisherigen Arbeitgeber bzw. den neuen Betriebsinhaber ausüben muss. Für den Widerspruch ist Schriftform vorgesehen, so dass ein konkludenter Widerspruch etwa durch Arbeitsverweigerung nicht ausreichend ist. Adressat des Widerspruchs kann sowohl der Betriebsveräußerer als auch der Erwerber sein.

Übt der Arbeitnehmer sein Widerspruchsrecht ordnungsgemäß aus, findet eine Überleitung seines Arbeitsverhältnisses auf den neuen Betriebsinhaber nicht statt. Das Arbeitsverhältnis verbleibt vielmehr beim bisherigen Arbeitgeber.[202] Der Arbeitnehmer lässt sich im Falle des Widerspruchs auf das Risiko ein, dass der Betriebsveräußerer bei fehlender Beschäftigungsmöglichkeit im Restbetrieb eine betriebsbedingte Kündigung ausspricht. Diese ist nahezu unvermeidlich, wenn der ehemalige Betriebsinhaber sämtliche Betriebsmittel veräußert hat und über keinerlei betriebliche Organisation mehr verfügt. Obschon der Betriebsübergang mitursächlich für die Kündigung ist, liegt hierin kein Verstoß gegen § 613a Abs. 4 BGB, da die Ursache für die Kündigung maßgeblich im Widerspruch des Arbeitnehmers zu sehen ist.[203]

In Rechtsprechung und Literatur umstritten ist die Frage, inwieweit sich der widersprechende Arbeitnehmer auf die im Rahmen der betriebsbedingten Kündigung nach § 1 Abs. 3 S. 1 KSchG durchzuführende Sozialauswahl be-

---

[200] Der Zweite Senat des BAG, Urteil vom 22.4.1993, AP Nr. 102 zu § 613a BGB = NZA 1994, S. 357, fasst stichwortartig die wesentlichen Argumente zusammen: Kein aufgezwungener Schuldnerwechsel (analog § 415 Abs. 1 S. 1 BGB); kein "Verkauf" des Arbeitnehmers gegen seinen Willen (Art. 1 und 2 GG); Grundrecht auf freie Arbeitsplatzwahl (Art. 12 GG); höchstpersönlicher Charakter der Dienstleistung; Möglichkeit des Verzichts auf arbeitsrechtlichen Bestandsschutz; Entstehungsgeschichte des § 613a BGB.

[201] EuGH, Urteil vom 16.12.1992 – *Katsikas*, Slg. 1992, S. I-6577 = NZA 1993, S. 169.

[202] Diese Rechtsfolge tritt mit *ex tunc*-Wirkung auch nach bereits vollzogenem Betriebsübergang ein, was im Einzelfall zu Problemen der Rückabwicklung eines faktisch zum Betriebserwerber bestehenden Arbeitsverhältnisses führen kann, vgl. *Gaul/Otto*, DB 2002, S. 634, 638.

[203] BAG, Urteil vom 18.3.1999, AP Nr. 41 zu § 1 KSchG 1969 Soziale Auswahl = NZA 1999, S. 870, 871; Urteil vom 24.2.2000, AP Nr. 47 zu § 1 KSchG 1969 Soziale Auswahl = NZA 2000, S. 764, 765; MünchHb-*Wank*, § 124 Rn. 105; ErfK-*Preis*, § 613a BGB Rn. 102; *Preis/Steffan*, EzA Nr. 30 zu § 1 KSchG Soziale Auswahl, S. 13 f.

rufen kann und ob die Motive, die dem Widerspruch zu Grunde liegen, bei der Sozialauswahl Berücksichtigung finden können.[204] Nach Auffassung des BAG fließen die für den Widerspruch des Arbeitnehmers maßgeblichen Gründe in die Sozialauswahl ein. Denn wenn statt des widersprechenden Arbeitnehmers einem anderen Arbeitnehmer, der die Möglichkeit der Fortsetzung des Arbeitsverhältnisses beim Betriebserwerber nicht hat, gekündigt werden soll, muss der widersprechende Arbeitnehmer schon berechtigte Gründe für seinen Widerspruch vorweisen können. Die soziale Auswahl soll nur solche Arbeitnehmer schützen, die von einer Kündigung und nicht nur vom Wechsel des Vertragspartners bedroht sind.[205] Sachliche Gründe für einen Widerspruch sind z.B. zweifelhafte Solvenz des Erwerbers oder der Verlust des Kündigungsschutzes bei Übergang in einen Kleinbetrieb.[206] Die Ansicht der Rechtsprechung wird zumindest im Ergebnis von einem Großteil der Literatur geteilt.[207] Kritisiert wird vor allem, dass die Gründe des Widerspruchs kaum den Sozialdaten anderer Arbeitnehmer gegenüber gestellt und somit nicht zum Gegenstand des Abwägungsprozesses der Sozialauswahl gemacht werden können.[208] Als Konsequenz wird aber der grundlos widersprechende Arbeitnehmer im Gegensatz zum sachlich berechtigt widersprechenden Arbeitnehmer nicht in die soziale Auswahl einbezogen.[209] Die Ausnahme von der Sozialauswahl lässt sich aber mit der Systematik des § 1 Abs. 2 KSchG und dem Grundsatz der Verhältnismäßigkeit nicht vereinbaren, da jeder Arbeitnehmer, dem aus dringenden betrieblichen Gründen gekündigt wird, eine ggf. im Verhältnis zu anderen vergleichbaren Arbeitnehmern bestehende erhöhte soziale Schutzwürdigkeit geltend machen kann. Das Gesetz gibt so keine Handhabe, im Falle eines unberechtigten Widerspruchs von

---

204 Einen Überblick über den Meinungsstand gibt *Bütefisch*, Sozialauswahl, S. 100 ff.

205 BAG, Urteil vom 7.4.1993, AP Nr. 22 zu § 1 KSchG 1969 Soziale Auswahl = NZA 1993, S. 795, 798; Urteil vom 18.3.1999, AP Nr. 41 zu § 1 KSchG 1969 Soziale Auswahl = NZA 1999, S. 870, 871 f.; Urteil vom 24.2.2000, AP Nr. 47 zu § 1 KSchG 1969 Soziale Auswahl = NZA 2000, S. 764, 766 f.; Urteil vom 22.4.2004, AP Nr. 67 zu § 1 KSchG 1969 Soziale Auswahl, unter B.II.2. der Gründe = NZA 2004, S. 1389.

206 Vgl. zu weiteren Widerspruchsgründen Erman-*Edenfeld*, BGB, § 613a Rn. 56.

207 MünchHb-*Wank*, § 124 Rn. 106; *Lunk*, NZA 1995, S. 711, 712 f.; mittlerweile modifizierend *Lunk/Möller*, NZA 2004, S. 9, 13 f., vgl. S. 143, Fn. 212; Kittner/Zwanziger-*Buchner*, § 115 Rn. 32; Erman-*Edenfeld*, BGB, § 613a Rn. 56; ErfK-*Ascheid*, § 1 KSchG Rn. 475; *Oetker*, DZWir 1993, S. 136, 143 f.; kritisch MüKo-*Müller-Glöge*, BGB, § 613a Rn. 128; KR-*Pfeiffer*, § 613a BGB Rn. 120 f. Vereinzelt wird vertreten, dass der widersprechende Arbeitnehmer unabhängig von den Widerspruchsgründen uneingeschränkt in die Sozialauswahl einbezogen wird, Heidelberger Kommentar-*Dorndorf*, KSchG, § 1 Rn. 1039; *Gaul*, NZA 2005, S. 730, 733, bzw. die Anwendbarkeit des § 1 Abs. 3 KSchG grundsätzlich ausgeschlossen ist, *Ingelfinger*, ZfA 1996, S. 591, 608 ff.

208 MüKo-*Müller-Glöge*, BGB, § 613a Rn. 128; KR-*Pfeiffer*, § 613a BGB Rn. 120; *Gaul*, NZA 2005, S.730, 732..

209 MüKo-*Müller-Glöge*, BGB, § 613a Rn. 128.

einer Sozialauswahl ganz abzusehen.[210] Überdies ist der Ansatz, dem grundlos widersprechenden Arbeitnehmer die Möglichkeit zu nehmen, sich auf die soziale Auswahl berufen zu können, nicht erforderlich, da er sich bei ergebnisorientierter Betrachtungsweise nicht von der Rechtsprechung des BAG unterscheidet.

Teilweise wird jedoch gefordert, die Rechtskontrolle der sachlichen Berechtigung des Widerspruchs vorzuverlagern und bereits beim Widerspruch selbst anzusetzen. So werde die Sozialauswahl nicht durch weitere Unsicherheitsmerkmale belastet.[211] Mit der Neufassung des § 1 Abs. 3 S. 1 KSchG sei die Sozialauswahl überdies auf die dort genannten Kriterien „Dauer der Betriebszugehörigkeit, Lebensalter, Unterhaltspflichten und Schwerbehinderung" beschränkt, so dass weitere Umstände wie die Zulässigkeit eines Widerspruchs im Falles eines Betriebsübergangs nicht herangezogen werden können.[212] Einer Berücksichtigung der Widerspruchsgründe erst in der Sozialauswahl stehe zudem das Maßregelungsverbot des § 612a BGB entgegen, da durch die Ausübung des Widerspruchsrechts letztlich die Sozialauswahl zu Lasten des widersprechenden Arbeitnehmers eingeschränkt werde.[213] Zur Lösung dieser Problematik wird vorgeschlagen, dass ein Widerspruch, der ohne eine ausreichende Begründung erfolgt, als rechtsmissbräuchlich gelte, so dass seine Rechtsfolgen nicht eintreten und das Arbeitsverhältnis gemäß § 613a BGB auf den Erwerber übergeht. Gegen diese Ansicht wird eingewandt, dass sie nicht mit den verfassungsrechtlichen Grundlagen des Widerspruchsrechts im Einklang stehe: Dem widersprechenden Arbeitnehmer würde so gegen seinen Willen ein Arbeitgeber aufgedrängt. Dies lasse sich weder mit der allgemei-

---

[210] BAG, Urteil vom 24.2.2000, AP Nr. 47 zu § 1 KSchG 1969 Soziale Auswahl = NZA 2000, S. 764, 766; *Lunk*, NZA 1995, S. 711, 712 f.

[211] *Preis/Steffan*, EzA Nr. 30 zu § 1 KSchG Soziale Auswahl, S. 13, 16 f.; ErfK-*Preis*, § 613a BGB Rn. 104; APS-*Steffan*, § 613a BGB Rn. 228; HWK-*Willemsen/Müller-Bonanni*, § 613a BGB Rn. 360; *Schlachter*, NZA 1995, S. 705, 708 f.; *Bütefisch*, Sozialauswahl, S. 112 ff.

[212] MüKo-*Müller-Glöge*, BGB, § 613a Rn. 128; Gaul, NZA 2005, S. 730, 732; ErfK-*Preis*, § 613a BGB Rn. 104, sowie *Lunk/Möller*, NZA 2004, S. 9, 13 f., die zwar mittlerweile eine Überprüfung der Widerspruchsgründe in der Sozialauswahl ablehnen, sich aber auf den § 1 Abs. 3 S. 2 KSchG beziehen: Danach ergeben sich berechtigte betriebliche Belange auch aus dem sachgrundlosen Widerspruch eines Arbeitnehmers gegen den Übergang seines Arbeitsverhältnisses, da der Arbeitgeber den widersprechenden Arbeitnehmer auf einem anderen Arbeitsplatz beschäftigen muss, was Einarbeitungsaufwand und verzögerte Arbeitsabläufe mit sich bringt. Zudem verzichte der Arbeitnehmer durch den Widerspruch auf den in § 613a BGB geregelten Bestandsschutz, so dass im Falle einer Kündigung der Arbeitgeber einen sozial weniger schutzwürdigen Arbeitnehmer, der bereits eingearbeitet ist und ein uneingeschränktes Bestandsschutzinteresse hat, weiterbeschäftigen kann.

[213] *Preis/Steffan*, EzA Nr. 30 zu § 1 KSchG Soziale Auswahl, S. 13, 16 f.; APS-*Steffan*, § 613a BGB Rn. 228.

nen Handlungsfreiheit des Arbeitnehmers noch mit seinem Recht auf freie Arbeitsplatzwahl vereinbaren.[214] Überdies sei dieser Ansatz nur wenig praktikabel, da durch die Prüfung der sachlichen Begründung des Widerspruchs Unklarheit über das Bestehen der arbeitsvertraglichen Beziehungen entstehe.[215]

Können die verfassungsrechtlichen Bedenken mit der fehlenden Schutzwürdigkeit des grundlos widersprechenden Arbeitnehmers noch ausgeräumt werden[216], sprechen gerade die praktischen Erwägungen dafür, die Prüfung der sachlichen Berechtigung des Widerspruchs erst in eine etwaige soziale Auswahl einfließen zu lassen. Denn eine eindeutige Zuordnung des Arbeitsverhältnisses im Falle des Widerspruchs kann nur erreicht werden, wenn dieser die Überleitung des Arbeitsverhältnisses auch bei fehlender sachlicher Berechtigung ausschließt. Ansonsten bestünde bis zur rechtskräftigen Feststellung der Berechtigung des Widerspruchs Unklarheit darüber, zu welchem Arbeitgeber das Arbeitsverhältnis besteht. Insbesondere in rein tatsächlicher Hinsicht würde sich hierbei die Frage stellen, ob der Arbeitnehmer nach Widerspruch zwischenzeitlich im Veräußerer- oder Erwerberbetrieb beschäftigt werden muss. Arbeitet der Arbeitnehmer im Betrieb des Veräußerers, besteht die Gefahr, dass nach Feststellung der rechtsmissbräuchlichen Ausübung des Widerspruchsrechts der Arbeitsplatz im Betrieb des Erwerbers längst anderweitig besetzt ist. Arbeitet er im Betrieb des Erwerbers, ist fraglich, ob eine geregelte Zusammenarbeit zwischen dem Arbeitnehmer, der auf Grund des Widerspruchs gerade nicht dem Erwerberbetrieb angehören will, und dem Erwerber, dem diese Absicht bekannt ist, möglich ist.[217] Aus diesem Grunde ist eine Überprüfung der Widerspruchsgründe auf die Sozialauswahl zu verlagern. Um allerdings eine für die Beteiligten nachvollziehbare und transparente Handhabung der sozialen Auswahl zu gewährleisten, dürfte es Aufgabe der Rechtsprechung sein, die Anforderungen an den sachlichen Grund und seine Gewichtung im Verhältnis zu den sozialen Gesichtspunkten zu präzisieren. Die Fallgruppen, in denen eine Beschäftigung des Arbeitneh-

---

[214] *Lunk*, NZA 1995, S. 711, 713, mit Verweis auf BAG, Urteil vom 7.4.1993, AP Nr. 22 zu § 1 KSchG 1969 Soziale Auswahl = NZA 1993, S. 795.

[215] *Lunk*, NZA 1995, S. 711, 713; *Gaul*, NZA 2005, S. 730, 733.

[216] Vgl. *Schlachter*, NZA 1995, S. 705, 708 f. Auch ist der Schutzzweck von § 613a BGB und § 1 Abs. 3 KSchG zu berücksichtigen, die den Arbeitnehmer vor Verlust des bisherigen Arbeitsplatzes, nicht aber vor dem Verlust des bisherigen Arbeitgebers bewahren. Darüber hinaus ist derjenige Arbeitnehmer weniger schützenswert, der seine Schutzbedürftigkeit vorwerfbar selber herbei geführt hat, *Oetker*, DZWir, 1993, S. 136, 143. Ähnlich BAG, Urteil vom 30.9.2004, DB 2005, S. 56, 57. Danach sind die Gründe des Widerspruchs unerheblich, da der Arbeitnehmer allein zu entscheiden hat, ob er dem Übergang des Arbeitsverhältnis widersprechen will und er so eigenverantwortlich das hiermit verbundene Risiko beurteilen muss.

[217] So auch *Lunk*, NZA 1995, S. 711, 713.

mers beim Betriebserwerber nicht zumutbar ist, sollte dabei auf eindeutige Sachverhalte, wie die erkennbare Illiquidität des Erwerbers oder der Verlust von Kündigungsschutz, beschränkt werden.[218]

Einer Berücksichtigung der Widerspruchsgründe bei der Sozialauswahl steht auch die Neufassung des § 1 Abs. 3 KSchG nicht entgegen: Zwar sind die in der Sozialauswahl zu berücksichtigenden Kriterien nunmehr ausdrücklich im Gesetz genannt und grundsätzlich auf diese begrenzt. Der Gesetzgeber selbst ist aber davon ausgegangen, dass diese Aufzählung nicht abschließend ist. So nimmt die Gesetzesbegründung an, dass die Beschränkung auf die genannten Grundkriterien die Beachtung unbilliger Härten im Einzelfall nicht ausschließe, wenn sich diese unmittelbar auf eines der Grundkriterien beziehen oder sie sich aus solchen betrieblichen Gegebenheiten herleiten lassen, die evident einsichtig sind.[219] Auch hier zeigt sich, dass die Fallgruppen, in denen sich der Arbeitnehmer nicht auf die Ausübung des Widerspruchsrechts berufen kann, einer eingehenden Konkretisierung bedürfen. Um die Sozialauswahl nach der neuen Rechtslage für das weitere Kriterium der sachgrundlosen Ausübung des Widerspruchsrechts zu öffnen, muss der widersprechende Arbeitnehmer auf einen Arbeitsplatz beim Betriebserwerber verzichtet haben, der in rechtlicher oder tatsächlicher Hinsicht einen erkennbar hohen Bestandsschutz beinhaltet. Nur so ist der Vorzug eines sozial weniger schutzwürdigen Arbeitnehmers im Falle einer betriebsbedingten Kündigung des Betriebsveräußerers zu Lasten des widersprechenden Arbeitnehmers gerechtfertigt.

VI. Anrechnung der Betriebszugehörigkeit

Beim Betriebsübergang geht das Arbeitsverhältnis nahtlos auf den neuen Betriebsinhaber über. Daher muss der neue Betriebsinhaber auch die vom Arbeitnehmer beim Betriebsveräußerer erbrachte Betriebszugehörigkeit gegen sich gelten lassen.[220] Dies bedeutet für die betriebliche Altersversorgung, dass bei den auf den Betriebserwerber übergehenden Versorgungszusagen bei der Bestimmung der Unverfallbarkeit einer Anwartschaft nach § 1b Abs. 1 BetrAVG auch Zeiten voll berücksichtigt werden müssen, in denen der Arbeitnehmer beim bisherigen Betriebsinhaber beschäftigt war.[221] Diese Vor-

---

[218] Vgl. *Henssler*, NZA 1994, S. 913, 922; KR-*Pfeiffer*, § 613a BGB Rn. 121.

[219] Bundestags-Drucksache Nr. 15/1204, S. 11; vgl. auch APS-*Kiel*, § 1 KSchG Rn. 725d; KR-*Etzel*, § 1 KSchG Rn. 678l; *Bader*, NZA 2004, S. 65, 74; *Däubler*, NZA 2004, S. 177, 181.

[220] ErfK-*Preis*, § 613a BGB Rn. 76; HWK-*Willemsen/Müller-Bonanni*, § 613a BGB Rn. 235.

[221] *Andresen/Förster/Rößler/Rühmann*, Teil 14 B, Rn. 340 u. 350; *Höfer*, BetrAVG, ART Rn. 1220; *Langohr-Plato*, BetrAV, Rn. 1508; *Kort*, GS Blomeyer, S. 199, 210; *Hambach*, NZA 2000, S. 291, 292 f.; *Blomeyer/Otto*, BetrAVG, Anh § 1 Rn. 301; BAG,

schrift ist gemäß § 17 Abs. 3 S. 3 BetrAVG unabdingbar, so dass sie auch im Fall eines Betriebsübergangs Anwendung findet.[222] Da mit der Versorgungszusage die Betriebstreue des Arbeitnehmers abgegolten wird, die damit gleichzeitig Inhalt des Unverfallbarkeitskriteriums ist, muss die bereits erdiente Betriebstreue und damit die Betriebszugehörigkeit auch nach einem Arbeitgeberwechsel noch maßgeblich sein, wenn – wie beim Betriebsübergang – auch die Versorgungszusage erhalten bleibt.[223] Werden an die Dauer der Betriebszugehörigkeit wie insbesondere bei der Ermittlung der Leistungshöhe einer dienstzeitabhängigen Rentenleistung andere Rechtsfolgen als die Unverfallbarkeit von Versorgungsanwartschaften geknüpft, so muss auch hier grundsätzlich die beim Veräußerer erbrachte Dienstzeit berücksichtigt werden. Da die Bewertung der Betriebszugehörigkeit bei der Bestimmung der Rentenhöhe als Leistungsbedingung zu qualifizieren ist, die zur Disposition der Arbeitsvertragsparteien steht, sind abweichende Vereinbarungen aber zulässig.[224] Damit spielt die bisherige Zugehörigkeit zum Veräußererbetrieb keine Rolle, wenn der Betriebserwerber nach dem Betriebübergang eine neue Versorgungszusage abgibt. Insoweit steht es ihm frei, bei der Zusage von Versorgungsleistungen oder der Aufstellung von Berechnungsregeln, Vorbeschäftigungszeiten als wertbildende Faktoren außer Acht zu lassen.[225]

Nach der Vorgängerregelung des § 1b Abs. 1 BetrAVG a.F., der gemäß § 30f BetrAVG auf Altzusagen, die vor dem 1.1.2001 abgeben wurden, neben der Neuregelung noch Anwendung findet, wurde der Betriebszugehörigkeit des Arbeitnehmers für die Unverfallbarkeit einer Anwartschaft eine wesentlich höhere Bedeutung eingeräumt: Danach blieb dem Arbeitnehmer, der vor Eintritt des Versorgungsfalls und nach Vollendung des 35. Lebensjahres aus dem Arbeitsverhältnis ausschied, eine Versorgungsanwartschaft unter anderem bei dreijähriger Zusagedauer und mindestens zwölfjähriger Betriebzugehörigkeit erhalten. Hierzu nimmt *Blomeyer* an, dass bei der Bestimmung der Betriebs-

---

Urteil vom 19.12.2000, AP Nr. 10 zu § 1 BetrAVG Unverfallbarkeit = NZA 2002, S. 615, 617; Urteil vom 20.7.1993, AP Nr. 4 zu § 1 BetrAVG Unverfallbarkeit = NZA 1994, S. 121, 123; Urteil vom 8.2.1983, AP Nr. 35 zu § 613 BGB = DB 1984, S. 301.

[222] *Hambach*, NZA 2000, S. 291, 293.

[223] BAG, Urteil vom 19.12.2000, AP Nr. 10 zu § 1 BetrAVG Unverfallbarkeit = NZA 2002, S. 615, 617; BAG, Urteil vom 20.7.1993, AP Nr. 4 zu § 1 BetrAVG Unverfallbarkeit = NZA 1994, S. 121, 123.

[224] BAG, Urteil vom 8.2.1983, AP Nr. 35 zu § 613a BGB = DB 1984, S. 301; Urteil vom 24.5.2001, AP Nr. 18 zu § 1 BetrAVG Betriebsveräußerung = NZA 2002, S. 520, 522; *Hambach*, NZA 2000, S. 291, 293; *Kort*, SAE 2003, S. 27, 31.

[225] BAG, Urteil vom 24.7.2001, AP Nr. 18 zu § 1 BetrAVG Betriebsveräußerung = NZA 2002, S. 520, 522; Urteil vom 19.12.2000, AP Nr. 10 zu § 1 BetrAVG Unverfallbarkeit = NZA 2002, S. 615, 617; Urteil vom 8.2.1983, AP Nr. 35 zu § 613 BGB = DB 1984, S. 301; *Schoden*, BetrAVG, § 1b Rn. 61.

zugehörigkeit eine Anrechnung von Zeiten, die der Arbeitnehmer beim Betriebsveräußerer erbracht hat, nicht erfolge. Die Betriebszugehörigkeit, die begrifflich Ausdruck der Betriebstreue des Arbeitnehmers ist, müsse stets im Verhältnis zum jeweiligen Arbeitgeber gesehen werden, da dieser sich gerade auch in wirtschaftlicher Hinsicht die Betriebstreue des Arbeitnehmers wertschöpfend zu eigen mache.[226] Hiergegen spricht, dass durch den Betriebsübergang die Versorgungszusage regelmäßig inhaltsgleich und damit ohne Veränderungen zu Lasten des Arbeitnehmers auf den neuen Betriebsinhaber übergeht.[227] Die aus der Betriebstreue des Arbeitnehmers gezogene Wertschöpfung findet beim Betriebsübergang ausschließlich im Verhältnis zwischen Veräußerer und Erwerber Berücksichtigung. Diese wirtschaftlichen Erwägungen müssen aber hinten dem im BetrAVG enthaltenen Arbeitnehmerschutz zurücktreten, so dass hierdurch eine Entlohnung der bislang durch den Arbeitnehmer erbrachten Betriebstreue nicht beeinträchtigt werden kann.[228] Letztlich wird sich mit der Neufassung des § 1b Abs. 1 BetrAVG der Streit, der um die Vorläuferregelung entbrannt ist, aber demnächst erledigen.[229]

VII. Auswirkungen für die Durchführungsform

Mit dem Betriebsübergang tritt der Erwerber gemäß § 613a Abs. 1 S. 1 BGB inhaltsgleich in die im Betrieb des Veräußerers bestehenden Arbeitsverhältnisse ein. Für die daraus im Versorgungsfall entstehenden Ruhestandsverhältnisse bedeutet dies, dass der Betriebserwerber als unmittelbarer Versorgungsschuldner für die bereits entstandenen und weiter anwachsenden Versorgungsanwartschaften haftet.[230] Diese Einstandspflicht des Erwerbers besteht unabhängig von der im Betrieb des Veräußerers eingerichteten Versorgungsform, wie auch § 1 Abs. 1 S. 3 BetrAVG verdeutlicht. Damit kann der Erwerber, auch wenn er sich eines mittelbaren Versorgungsträgers bedient, zumindest subsidiär vom versorgungsberechtigten Arbeitnehmer in Anspruch genommen werden. Der Betriebserwerber kann aber, wenn er eine Altersversorgung, die der Veräußerer über einen externen Versorgungsträgers durchgeführt hat, ohne Veränderung des Durchführungswegs weiter betreibt, das Risiko einer Haftung gegenüber dem Arbeitnehmer minimieren und insbesondere bei einer versicherungsförmigen Versorgungsart wie der Direktversicherung,

---

[226] *Blomeyer*, AP Nr. 35 zu § 613a BGB, Bl. 3, 4 f.

[227] BAG, Urteil vom 19.12.2000, AP Nr. 10 zu § 1 BetrAVG Unverfallbarkeit = NZA 2002, S. 615, 617; Urteil vom 8.2.1983, AP Nr. 35 zu § 613°BGB = DB 1984, S. 301.

[228] *Kort*, GS Blomeyer, S. 199, 217.

[229] Vgl. *Kort*, GS Blomeyer, S. 199, 217.

[230] *Picot/Schnitker*, Arbeitsrecht, Rn. VI 69 f.; *Blomeyer/Otto*, BetrAVG, Anh § 1 Rn. 301; BAG, Urteil vom 22.6.1978, AP Nr. 12 zu § 613a BGB = DB 1978, S. 1795; Urteil vom 28.4.1987, AP Nr. 5 zu § 1 BetrAVG Betriebsveräußerung = NZA 1988, S. 198 f.

der Pensionskasse oder dem Pensionsfonds nahezu ausschließen. Je nach Art des Durchführungsweges kann es aber hinsichtlich der weiteren Rechtsfolgen zu Unterschieden kommen.[231] So bestimmt die Art der Versorgungsform wegen der unterschiedlichen rechtlichen Rahmenbedingungen maßgeblich den Finanzierungsaufwand des neuen Betriebsinhabers und damit den Umfang seiner Versorgungsverpflichtung.[232] Zudem bemisst sich der Wert der im Zeitpunkt des Betriebsübergangs bereits bestehenden Anwartschaften der aktiven Arbeitnehmer gemäß § 2 BetrAVG unterschiedlich je nach Art des Durchführungsweges. Der Anpassungsbedarf wird somit minimiert, wenn der Betriebsinhaber die betriebliche Altersversorgung auch weiterhin in der bisherigen Versorgungsform durchführen kann. Inwieweit aber eine Fortführung dieser Versorgungsform in tatsächlicher und rechtlicher Hinsicht möglich ist, richtet sich maßgeblich nach dem der Zusage zu Grunde liegenden Durchführungsweg.[233].

1. Direktzusage

Beruht die Altersversorgung im Betrieb des Veräußerers auf einer Direktzusage, so geht diese unverändert auf den Erwerber über. Dabei muss sich der Betriebserwerber die Betriebszugehörigkeit der aktiven Arbeitnehmer im Veräußererbetrieb in voller Höhe anrechnen lassen und wird somit auch Schuldner desjenigen Teils der Versorgungsanwartschaft, den der Mitarbeiter durch seine Betriebstreue gegenüber dem früheren Betriebsinhaber erdient hat.[234] Die Betriebszugehörigkeit wird dabei unabhängig davon berücksichtigt, ob die Anwartschaft bereits unverfallbar war oder nicht.[235] Die beim Betriebsveräußerer erbrachten Beschäftigungszeiten sind schließlich auch bei allen für die Versorgungsansprüche relevanten Sachverhalte, wie z.B. Wartezeit oder dienstzeitabhängige Höhe des Versorgungsanspruchs, einzubeziehen.[236]

2. Direktversicherung

Bei der Versorgung durch eine auf den Arbeitnehmer abgeschlossene Direktversicherung kommt es nach Übergang des Arbeitsverhältnisses auf den Er-

---

[231] Picot-*Heubeck*, Unternehmenskauf, Teil IV, Rn. 77.

[232] Vgl. hierzu etwa oben S. 51 f.

[233] Außer Acht gelassen werden dabei zunächst bereits im Erwerberbetrieb bestehende Versorgungssysteme oder das Verlangen des Erwerbers, den Durchführungsweg zu wechseln, dazu ausführlich unten, S. 242 ff.

[234] Vgl. oben S. 145 f.

[235] Willemsen-*Doetsch/Rühmann*, Umstrukturierung, Rn. J 106; Picot-*Heubeck*, Unternehmenskauf, Teil IV, Rn. 78; *Hill*, BetrAV 1993, S. 133; *Andresen/Förster/Rößler/Rühmann*, Teil 14 B, Rn. 340.

[236] *Andresen/Förster/Rößler/Rühmann*, Teil 14 B, Rn. 350.

werber zu einem Auseinanderfallen von Versicherungs- und Versorgungsverhältnis.

Im Gegensatz zum Versorgungsverhältnis, das zum Arbeitnehmer besteht und vom Veräußerer auf den Erwerber übergeht, tritt der Erwerber nicht in das vom Veräußerer begründete Versicherungsverhältnis zum Versicherungsunternehmen ein.[237] Die Arbeitnehmer sind jedoch auch nach Betriebsübergang weiterhin aus dem Versicherungsverhältnis bezugsberechtigt, so dass die bereits erreichte Ansparleistung erhalten bleibt.[238]

Fraglich ist, ob sich die Trennung vom Versicherungsverhältnis auf die Leistungspflicht des erwerbenden Arbeitgebers im Versorgungsverhältnis auswirkt. So soll nach einer Auffassung der Erwerber nur verpflichtet sein, Beitragsleistungen entsprechend des vom Veräußerer erbrachten Beitragsaufwandes zu erbringen. Zur Begründung wird darauf verwiesen, dass ein individualrechtlicher Versorgungsanspruch die reine Beitragspflicht zu einer Versorgungseinrichtung substantiell übersteigt und insoweit ein ‚aliud' darstellt.[239] Dem Versorgungsversprechen des Arbeitgebers könne nur entnommen werden, dass er der gegenüber dem mittelbaren Versorgungsträger bestehenden Beitragspflicht nachkommen werde. Die Annahme einer konkreten Leistungspflicht mit fester Versorgungshöhe sei jedoch „reine Fiktion".[240] Nach zutreffender Ansicht ist der Erwerber hingegen aber verpflichtet, im Versorgungsfall die Versorgungsleistung in Höhe der vorgesehenen Versicherungsleistung zu erbringen.[241] Da der Erwerber inhaltsgleich in das zwischen Arbeitnehmer und Veräußerer bestehende Versorgungsverhältnis eintritt, muss er auch im selben Umfang den ihm gegenüber bestehenden Versorgungsanwartschaften nachkommen, unabhängig davon, ob er sich dazu der

[237] *Blomeyer/Otto*, BetrAVG, Anh § 1 Rn. 661; Picot-*Heubeck*, Unternehmenskauf, Teil IV, Rn. 90.

[238] *Blomeyer/Otto*, BetrAVG, Anh § 1 Rn. 661; *Fuchs*, Sozialleistungen, S. 120; *Höfer*, BetrAVG, ART Rn. 1273.

[239] So hinsichtlich einer auf Seiten des Veräußerers bestehenden tariflichen Versorgungsverpflichtung mittels einer Zusatzversorgungskasse: *Wiedemann/Müller*, AP Nr. 42 zu § 1 BetrAVG Zusatzversorgungskassen, Bl. 5, 6; *Moll*, RdA 1996, S. 275, 278. So generell für die Durchführung über einen mittelbaren Versorgungsträger, *Moll*, FS 50 Jahre BAG, S. 59, 65 f.

[240] *Moll*, FS 50 Jahre BAG, S. 59, 66.

[241] *Blomeyer/Otto*, BetrAVG, Anh § 1 Rn. 658 f.; *Höfer*, BetrAVG, ART Rn. 1273; *Andresen/Förster/Rößler/Rühmann*, Teil 14 B, Rn. 420; BAG, Urteil vom 5.10.1993, AP Nr. 42 zu § 1 BetrAVG Zusatzversorgungskasse = NZA 1994, S. 848, 850 f.; Urteil vom 18.9.2001, AP Nr. 230 zu § 613a BGB = NZA 2002, S. 1391, 1393.

Direktversicherung oder eines anderen mittelbaren Versorgungsträgers bedient.[242]

Der Umfang der Verpflichtung des Erwerbers ergibt sich des Weiteren bereits aus § 1 Abs. 1 S. 3 BetrAVG.[243] Der neue Betriebsinhaber muss danach dafür Sorge tragen, dass der Arbeitnehmer im Versorgungsfall die volle ihm zugesagte Leistung erhält. Seine Leistungspflicht beschränkt sich nur dann auf reine Beitragszahlungen, wenn die Versorgungszusage des Veräußerers in einer Beitragszusage mit Mindestleistung gemäß § 1 Abs. 2 Nr. 2 BetrAVG besteht. Denn dann ist der Erwerber im Versorgungsfall nur in Höhe der eingezahlten Beiträge abzüglich des gegebenenfalls für einen biometrischen Risikoausgleich erforderlichen Aufwands einstandspflichtig.[244]

Bei Fortführung der betrieblichen Altersversorgung über eine Direktversicherung besteht zunächst die Möglichkeit, durch eine Übernahme des Versicherungsvertrages vom Betriebsveräußerer das Versicherungs- und das Versorgungsverhältnis wieder zusammenzuführen. Dies erfordert allerdings neben einer entsprechender Vereinbarung zwischen Erwerber und Veräußerer die Zustimmung des Versicherers. Durch den Übernahmevertrag tritt der neue Betriebsinhaber in die Versicherungsnehmerstellung des Veräußerers ein und wird neuer Beitragsschuldner. Der Veräußerer scheidet aus dem Versicherungsverhältnis aus. Die Zustimmung des Arbeitnehmers ist für die Übertragung des Versicherungsverhältnisses nicht erforderlich, da sich an dem Rechtverhältnis zwischen ihm und der Versicherung nichts ändert.[245]

Scheitert eine Übernahme des Versicherungsverhältnisses, kann der Erwerber zur Aufrechterhaltung des Durchführungswegs eine neue Direktversicherung mit einem beliebigen Versicherungsunternehmen abschließen. Das weiterhin beim Veräußerer zu Gunsten des Arbeitnehmers bestehende Versicherungsverhältnis wird regelmäßig beitragsfrei gestellt. Im Versorgungsfall können die Versorgungsleistungen aus diesem Versicherungsvertrag auf die Leistungen aus dem neu abgeschlossenen Versicherungsvertrag angerechnet

---

[242] *Blomeyer/Otto*, BetrAVG, Anh § 1 Rn. 658 f.; *Fuchs*, Sozialleistungen, S. 121.

[243] *Höfer*, BetrAVG, ART Rn. 1273; *Blomeyer/Otto*, BetrAVG, Anh § 1 Rn. 660.

[244] *Fuchs*, Sozialleistungen, S. 121 f., geht bei der Bestimmung des Leistungsumfangs des Arbeitgebers zutreffend vom Erfordernis der Auslegung der Versorgungszusage an, nimmt jedoch dann – im übrigen noch vor der gesetzlichen Normierung der Beitragszusage mit Mindestleistung durch das Altersvermögensgesetz vom 26.6.2001 – die Möglichkeit einer rein auf den Versicherungsbeitrag beschränkten Einstandspflicht des Arbeitgebers und damit eine atypische Versorgungszusage außerhalb des Anwendungsbereichs des BetrAVG an.

[245] *Picot/Schnitker*, Arbeitsrecht, Teil VI, Rn. 72; *Andresen/Förster/Rößler/Rühmann*, Teil 14 B, Rn. 421; *Blomeyer/Otto*, BetrAVG, Anh. § 1 Rn. 662; *Gaul*, Arbeitsrecht, § 35 Rn. 54.

werden. Alternativ können bereits bei Abschluss der Versicherung die vorgesehenen zukünftigen Leistungen unter Berücksichtigung der Leistungen des Vorarbeitsverhältnisses festgesetzt werden.[246]

Soweit das Versicherungsverhältnis durch den Betriebserwerber nicht übernommen wird, behält der Veräußerer bezüglich des Altvertrages die Stellung des Versicherungsnehmers und ist somit weiterhin befugt, die ihm versicherungsrechtlich zustehenden Rechte auszuüben. Damit besteht die Gefahr, dass der ehemalige Betriebsinhaber die Auszahlung der Versicherungsleistung an den Arbeitnehmer etwa durch Kündigung der Bezugsberechtigung oder durch Beleihung oder Abtretung des Anspruchs aus dem Versicherungsvertrag vereitelt. Dem steht auch die Vorschrift des § 1b Abs. 2 S. 1 BetrAVG, nach der die Bezugsberechtigung einer Lebensversicherung bei einer unverfallbaren Anwartschaft wegen der Beendigung des Arbeitsverhältnisses nicht mehr widerrufen werden kann, nicht entgegen. Nach überwiegender Ansicht findet in diesen Fällen § 1b Abs. 2 S. 1 BetrAVG keine Anwendung, da auf Grund des mit dem Betriebsübergang verbundenen Schuldnerwechsels auf Arbeitgeberseite das Arbeitsverhältnis unverändert fortbestehe und damit eine Beendigung nicht gegeben sei.[247] Unter Berücksichtigung des Gesetzeszwecks kann hier jedoch die Überleitung des Arbeitsverhältnisses durch Betriebsübergang mit der Beendigung des Arbeitsverhältnisses gleichgestellt werden. Sinn und Zweck des Widerrufsverbots in § 1b Abs. 2 S. 1 BetrAVG ist es, dem Arbeitnehmer bei vorzeitigem Ausscheiden aus dem Arbeitsverhältnis die bestehenden Versorgungsanwartschaften zu erhalten.[248] Da auf Grund des Betriebsübergangs das Arbeitsverhältnis im Verhältnis zum Betriebsveräußerer nicht mehr weiterbesteht, stellt dieser Fall einen vergleichbaren Sachverhalt dar. Aber auch die daraus resultierende Anwendbarkeit der Vorschrift hindert im Ergebnis den ehemaligen Arbeitgeber nicht daran, die Bezugsberechtigung zu widerrufen, da dieses Verbot im Versicherungsverhältnis keine Bindungswirkung entfaltet.[249]

Ebenso wenig kann der Arbeitnehmer im Wege des Schadenersatzes gegen seinen ehemaligen Arbeitgeber vorgehen, wenn dieser das Bezugsrecht aus dem Versicherungsverhältnis widerruft. Diese Möglichkeit stünde dem Arbeitnehmer zwar im Regelfall des § 1b Abs. 2 S. 1 BetrAVG – Widerruf

---

[246] Willemsen-*Doetsch/Rühmann*, Umstrukturierung, Rn. J 116; *Picot/Schnitker*, Arbeitsrecht, Teil VI, Rn. 75; *Andresen/Förster/Rößler/Rühmann*, Teil 14 B, Rn. 421.

[247] *Andresen/Förster/Rößler/Rühmann*, Teil 14 B, Rn. 421; Willemsen-*Doetsch/Rühmann*, Umstrukturierung, Rn. J 116.

[248] *Blomeyer/Otto*, BetrAVG, § 1b Rn. 4; vgl. Bundestags-Drucksache Nr. 7/1281, S. 19 f.

[249] MünchHb-*Förster/Rühmann*, § 107 Rn. 41; ErfK-*Steinmeyer*, § 1b BetrAVG Rn. 47.

durch den ehemaligen Arbeitgeber nach Beendigung des Arbeitsverhältnisses – nach der Rechtsprechung des BAG offen.[250] Da in der Konstellation des Betriebsübergangs der Versorgungsanspruch des Arbeitnehmers vom Veräußerer auf den Erwerber jedoch in voller Höhe übergeht, fehlt es auf Seiten des Arbeitnehmers regelmäßig an einem Schaden. Unabhängig von der Anwendbarkeit des § 1b Abs. 2 S. 1 BetrAVG ist damit einzig Leidtragender eines Widerrufs des Bezugsrechts der Betriebserwerber, der nach Widerruf die Leistung aus dem Versicherungsvertrag nicht mehr bei der Begleichung seiner Versorgungsverbindlichkeiten berücksichtigen kann.

Auf Grund dieser fortwährenden Einflussmöglichkeiten des Betriebsveräußerers auf die Altversicherungsverträge wird in der Praxis regelmäßig die Übertragung dieser Verträge angestrebt bzw. ihr Wert bei der Kaufpreisfindung berücksichtigt.[251] Außerdem kann an Stelle der Übertragung des Versicherungsverhältnisses als Ganzes lediglich das vom Veräußerer eingezahlte Deckungskapital aus dem Altvertrag auf einen vom Erwerber neu abgeschlossenen Versicherungsvertrag übertragen werden.[252] Dies kann z.B. in Betracht kommen, wenn der Betriebserwerber bereits eine Gruppenversicherung zu günstigen Konditionen bei einem anderen Versicherungsunternehmen unterhält. Außerdem besteht in größeren Unternehmen regelmäßig kein Interesse, eine Vielzahl von Versicherungsverhältnissen mit verschiedenen Versicherern zu übernehmen und zu verwalten.[253]

3. Pensionskasse

Auch im Rahmen einer mittels einer Pensionskasse durchgeführten betrieblichen Altersversorgung bleibt das Versicherungsverhältnis nach dem Betriebsübergang unverändert erhalten. Im Gegensatz zur Direktversicherung ist jedoch regelmäßig nicht der bisherige Betriebsinhaber, sondern der Arbeitnehmer Versicherungsnehmer des durch seine Mitgliedschaft in der Pensionskasse begründeten Versicherungsverhältnisses. Das Versorgungsverhältnis geht auf den Betriebserwerber über, der die ursprünglich von der Pensionskasse in Aussicht gestellten Leistungen zu übernehmen hat.[254] Soweit dies die

---

[250] BAG, Urteil vom 28.7.1987, AP Nr. 4 zu § 1 BetrAVG Lebensversicherung = NZA 1988, S. 588; vgl. *Blomeyer/Otto*, BetrAVG, § 1b Rn. 230; *Höfer*, BetrAVG, § 1b Rn. 3004 ff.

[251] *Andresen/Förster/Rößler/Rühmann*, Teil 14 B, Rn. 421; Picot-*Heubeck*, Unternehmenskauf, Teil IV, Rn. 92.

[252] *Blomeyer/Otto*, BetrAVG, Anh § 1 Rn. 659; *Osburg*, BetrAV 1981, S. 89 ff.

[253] *Andresen/Förster/Rößler/Rühmann*, Teil 14 B, Rn. 421; *Osburg*, BetrAV 1981, S. 89, 90. Hierfür ist aber die Zustimmung des Arbeitnehmers und ggf. weiterer unwiderruflich bezugsberechtigter Personen erforderlich.

[254] *Andresen/Förster/Rößler/Rühmann*, Teil 14 B, Rn. 430; *Blomeyer/Otto*, BetrAVG,

Satzung der Pensionskasse vorsieht, kann der Betriebserwerber dieser Verpflichtung durch Kasseneintritt nachkommen. Eine Mitgliedschaft des neuen Betriebsinhabers kommt so bei überbetrieblich organisierten Pensionskassen in Betracht, die die Aufnahme weiterer Unternehmen zulassen.[255] Gegebenenfalls kann die Mitgliedschaft des Erwerbers auch im Einvernehmen mit der Pensionskasse durch eine Satzungsänderung herbeigeführt werden. Bei einem Kasseneintritt des Betriebserwerbers kann die Altersversorgung unmittelbar unter Beibehaltung der Anwartschaften fortgeführt werden. Die Finanzierung der Beiträge erfolgt durch den neuen Arbeitgeber.[256] Soweit der Erwerber nicht der Pensionskasse beitreten kann oder will, kann er sich eines anderen mittelbaren Versorgungsträgers bedienen.[257] Ansonsten besteht die Versorgungszusage gegenüber dem Arbeitnehmer als Direktzusage fort, auf die jedoch im Versorgungsfall die Leistungen der Pensionskasse angerechnet werden.

Wird die Pensionskassenversorgung nicht weitergeführt, endet mit Übergang des Arbeitsverhältnisses auf den Erwerber regelmäßig die vollwertige Mitgliedschaft des Arbeitnehmers in der Pensionskasse. Vielfach wird dem Arbeitnehmer dann durch die Satzung die Möglichkeit eingeräumt, die Mitgliedschaft beitragsfrei zu stellen. Unter Aufrechterhaltung der bisher erdienten Anwartschaften erfolgt dann im Versorgungsfall die Auszahlung der entsprechenden Rentenleistung durch die Pensionskasse.[258] In Betracht kommt auch die Möglichkeit einer freiwilligen Mitgliedschaft, die es dem Arbeitnehmer ermöglicht, den vorgesehenen Aufbau der Versorgungsleistung durch eigene Beiträge zu erreichen.

4. Pensionsfonds

Soweit der Betriebsveräußerer die betriebliche Altersversorgung mittels eines Pensionsfonds durchführt, ergibt sich durch den Betriebsübergang eine mit der Pensionskassenversorgung vergleichbare Situation: Der Erwerber wird Versorgungsschuldner des Arbeitnehmers, der regelmäßig Mitglied des

---

Anh § 1 Rn. 750; *Langohr-Plato*, BetrAV, Rn. 1521.

[255] So sieht z.B. die Pensionskasse des Versorgungswerks des privaten Bankgewerbes eine Teilmitgliedschaft für Unternehmen vor, die nicht Mitgliedsunternehmen des Versorgungswerkes sind, aber auf Grund einer gesetzlichen Regelungen oder vertraglichen Vereinbarung die Versicherung von kassenangehörigen Arbeitnehmern betragspflichtig fortsetzten, vgl. §§ 3 Abs. 7, 4 Abs. 10 der Satzung des BVV Versicherungsvereins des Bankgewerbes a.G.

[256] *Picot/Schnitker*, Arbeitsrecht, Teil VI, Rn. 76.

[257] Dazu unten S. 242 ff.

[258] Willemsen-*Doetsch/Rühmann*, Umstrukturierung, Rn. J 117; *Andresen/Förster/Rößler/Rühmann*, Teil 14 B, Rn. 432.

Pensionsfonds bleibt. Eine rechtliche Beziehung zwischen Pensionsfonds und Betriebserwerber wird durch den Betriebsübergang nicht begründet.[259] Auch hier besteht aber die Möglichkeit, diese Versorgungsform durch den Betriebserwerber weiterzuführen, soweit entsprechende satzungsrechtlichen Bestimmungen des Pensionsfonds dies vorsehen.[260] Soweit ein Pensionsfonds überbetrieblich innerhalb einer Branche oder gar branchenunabhängig organisiert ist, kommt regelmäßig ein Beitritt des Erwerbers in Betracht, der dann die Finanzierung der Versorgungsanwartschaften der Arbeitnehmer übernimmt.

Ist eine Weiterführung der Pensionskassenversorgung durch den Arbeitgeber nicht möglich oder nicht erwünscht, besteht gemäß § 1 Abs. 1 S. 3 BetrAVG im Zweifel eine Einstandspflicht des Arbeitgebers im Rahmen einer unmittelbaren Versorgungszusage. Wie auch bei der Versorgung durch eine Pensionskasse ruht regelmäßig die Mitgliedschaft des Arbeitnehmers im Pensionsfonds, so dass eine Beitragspflicht des Arbeitgebers nicht mehr besteht. Auch hier besteht allerdings in der Regel die Möglichkeit einer freiwilligen Fortführung durch den Arbeitnehmer. Zudem bleiben regelmäßig die bis zum Zeitpunkt des Betriebsübergangs erbrachten Beiträge zu Gunsten der Arbeitnehmer als beitragsfreie Anwartschaften bestehen.[261] Die hieraus resultierenden Leistungen im Versorgungsfall können bei der erforderlichen Reorganisation der Altersversorgung durch den Betriebserwerber, ähnlich wie bei der Übernahme einer Direktversicherungsversorgung, berücksichtigt werden.

5. Unterstützungskasse

Wird die betriebliche Altersversorgung durch eine Unterstützungskasse durchgeführt, so bleibt diese im Fall des Betriebsübergangs beim Veräußerer. Auch wenn eine Unterstützungskasse für den Arbeitgeber Sozialleistungen erbringt, wird sie als rechtlich selbstständige Versorgungseinrichtung von den Rechtsfolgen des § 613a BGB nicht berührt. Denn §613a BGB umfasst nur Rechte und Pflichten aus einem Arbeitsverhältnis und nicht aus Rechtsverhältnissen mit Dritten.[262] Mit dem Übergang der Versorgungsanwartschaften

---

[259] *Andresen/Förster/Rößler/Rühmann*, Teil 14 B, Rn. 433; Willemsen-*Doetsch/Rühmann*, Umstrukturierung, Rn. J 117; *Höfer*, BetrAVG, ART Rn. 1275; Picot-*Heubeck*, Unternehmenskauf, Teil IV Rn. 106a; *Gaul*, Arbeitsrecht, § 35 Rn. 64.

[260] *Blomeyer/Otto*, BetrAVG, Anh § 1 Rn. 813; *Gaul*, Arbeitsrecht, § 35 Rn. 66; Picot-*Heubeck*, Unternehmenskauf, Teil IV Rn. 106a; *Langohr-Plato*, BetrAV, Rn. 1521.

[261] Picot-*Heubeck*, Unternehmenskauf, Teil IV, Rn. 106e.

[262] BAG, Urteil vom 5.5.1977, AP Nr. 7 zu § 613a BGB = DB 1977, S. 1803, 1804; Urteil vom 8.11.1988, AP Nr. 6 zu § 1 BetrAVG Betriebsveräußerung = NZA 1989, S. 679, 680; Picot-*Heubeck*, Unternehmenskauf, Teil IV, Rn. 102; *Griebeling*, DB 1991, S. 2336, 2341; Willemsen-*Doetsch/Rühmann*, Umstrukturierung, Rn. J 115; *Andresen/Förster/Rößler/Rühmann*, Teil 14 B, Rn. 400.

der aktiven Arbeitnehmer auf den Betriebserwerber wird die Unterstützungskasse im selben Umfang wie der Veräußerer von den Versorgungsverpflichtungen frei.[263]

Vereinzelt wird aber eine Enthaftung der Unterstützungskasse abgelehnt, da dies die Verschiedenheit von Unterstützungskasse und (Alt-)Arbeitgeber sowie der hieraus resultierenden Rechtsverhältnisse verkenne.[264] Auch Gesichtspunkte des Schutzes der Arbeitnehmer, denen ein Versorgungsschuldner entzogen würde, sprechen gegen die Entlassung der Unterstützungskasse aus der Haftung.[265] Außerdem würden die Arbeitnehmer, soweit die Unterstützungskasse als eingetragener Verein organisiert ist, als Mitglieder auch bei einem Betriebsinhaberwechsel die mit der Mitgliedschaft verbundene Bezugsberechtigung behalten.[266] Gegen diese Ansicht spricht jedoch zunächst, dass ein Fortbestand des Bezugsrechtes allenfalls dann angenommen werden kann, wenn die Arbeitnehmer satzungsrechtlich überhaupt Mitgliedsstatus in der Kasse erhalten und sich daraus entsprechende Rechte ableiten lassen. Denn eine Kassenmitgliedschaft der versorgungsberechtigten Arbeitnehmer muss in der Satzung nicht notwendigerweise vorgesehen sein.[267] Des Weiteren ist nach der gesetzlichen Definition der Unterstützungskasse ein Rechtsanspruch auf die Versorgungsleistung gegen die Kasse nicht gegeben. Würde die Unterstützungskasse weiterhin verpflichtet sein, die Versorgungsansprüche der zum Betriebserwerber übergegangenen Arbeitnehmer zu erfüllen, würde der Veräußerer als Trägerunternehmen der Unterstützungskasse letztlich die Versorgungslast tragen. Dies würde im Gegensatz zu der in § 613a Abs. 1 BGB vorgesehenen Überleitung der Arbeitsverhältnisse einschließlich aller daraus resultierenden Versorgungsrechte auf den Betriebserwerber stehen und zu einer Aufspaltung der von den Kassenleistungen profitierenden Unternehmen führen.[268] Schließlich ist auch der einzelne versorgungsberechtigte Arbeitnehmer hinreichend geschützt, da gleichzeitig mit der Enthaftung von Betriebsveräußerer und Unterstützungskasse der Betriebserwerber adäquat in

---

[263] BAG, Urteil vom 15.3.1979, AP Nr. 15 zu § 613a BGB = DB 1979, S. 1462, 1463; Urteil vom 8.11.1988, AP Nr. 6 zu § 1 BetrAVG Betriebsveräußerung = NZA 1989, S. 679, 680; *Andresen/Förster/Rößler/Rühmann*, Teil 14 B, Rn. 402; *Balze/Rebel/Schuck*, Outsourcing, Rn. 669; MünchHb-*Förster/Rühmann*, § 106 Rn. 46; *Höfer*, BetrAVG, ART Rn. 1277; *Gaul*, ZIP 1989, S. 757, 760; Willemsen-*Doetsch/Rühmann*, Umstrukturierung, Rn. J 115.

[264] *Blomeyer/Otto*, BetrAVG, Anh § 1 Rn. 881; *Blomeyer*, BB 1980, S. 789, 795.

[265] *Blomeyer/Otto*, BetrAVG, Anh § 1 Rn. 881.

[266] *Blomeyer/Otto*, BetrAVG, Anh § 1 Rn. 881; *Blomeyer*, BB 1980, S. 789, 795; BayObLG, Beschluss vom 12.5.1971, DB 1971, S. 1428 (vor Inkrafttreten des BetrAVG und § 613a BGB).

[267] *Andresen/Förster/Rößler/Rühmann*, Teil 14 B, Rn. 402.

[268] BAG, Urteil vom 15.3.1979, AP Nr. 15 zu § 613a BGB =DB 1979, S. 1462, 1463.

die Stellung des Versorgungsschuldners eintritt. Damit werden grundsätzlich nach einem Betriebsübergang Veräußerer und Unterstützungskasse von den Versorgungsansprüchen der noch aktiven Arbeitnehmer in dem Maße frei, wie diese Ansprüche auf den neuen Betriebinhaber übergehen.[269]

Wegen der Aufteilung der Versorgungsleistungen wird in der Praxis regelmäßig darauf verzichtet, die bereits für die vom Betriebsübergang betroffenen Arbeitnehmer in die Unterstützungskasse eingezahlten Versorgungsbeiträge aufrechtzuerhalten und im Versorgungsfall anteilig auszuzahlen. Da der Betriebserwerber ohnehin in vollem Umfang zur Versorgungsleistung verpflichtet ist, kann die im Versorgungsfall mögliche Anrechnung der späteren Kassenleistung bereits im Vorfeld des Betriebsübergangs bei der Kaufpreisfindung berücksichtigt werden. Überdies dürfte die Kasse auf Grund der eingeschränkten steuerrechtlichen Dotierungsmöglichkeiten im Regelfall ohnehin über kein nennenswerten Vermögen verfügen.[270] Auch dies spricht gegen die Aufrechterhaltung der Versorgungsansprüche der auf Grund des Betriebsübergangs ausscheidenden Arbeitnehmer bei der Unterstützungskasse.[271]

Um die betriebliche Altersversorgung weiterhin im Wege der Unterstützungskasse durchzuführen, bieten sich für den übernehmenden Arbeitgeber zwei Gestaltungsalternativen an: Er kann die Unterstützungskasse des Veräußerers übernehmen und weiterführen oder eine eigene Unterstützungskasse gründen.

Die Übernahme einer bestehenden Unterstützungskasse begegnet der Problematik, dass der Veräußerer diese regelmäßig noch für die Erfüllung bestehender Versorgungsansprüche von bereits ausgeschiedenen Arbeitnehmern und Betriebsrentnern benötigt. Wenn nur ein Teil des Betriebes übernommen wird, gilt dies entsprechend für die versorgungsberechtigten Arbeitnehmer der beim Veräußerer verbliebenen aktiven Restbelegschaft.[272] Aus diesem Grund

---

[269] *Gaul*, Arbeitsrecht, § 35 Rn. 59; Picot-*Heubeck*, Unternehmenskauf, Teil IV, Rn. 102; *Andresen/Förster/Rößler/Rühmann*, Teil 14 B, Rn. 402.

[270] So können Zuwendungen des Arbeitgebers an eine Unterstützungskasse nach Maßgabe von § 4d EStG nur eingeschränkt als Betriebsausgaben geltend gemacht werden. Grundsätzlich ist nur der Versorgungsaufwand für laufende Versorgungsleistungen in Höhe des Deckungskapitals voll abzugsfähig, § 4d Abs. 1 Nr. 1 lit. a) EStG. Der zu erwartende Aufwand wird gemäß § 4d Abs. 1 Nr. 1 lit. b) EStG nur teilweise berücksichtigt, so dass regelmäßig nur ein sog. Reservepolster gebildet wird, das eine Überbrückungsfunktion und die Anwartschaften nicht voll abdeckt. Hat der Arbeitgeber für die Unterstützungskasse eine Rückdeckungsversicherung abgeschlossen, können zusätzlich die Versicherungsprämien berücksichtigt werden, vgl. Schmidt-*Seeger*, EStG, § 4d Rn. 2; *Andresen/Förster/Rößler/Rühmann*, Teil 5 B, Rn. 240 ff.

[271] *Andresen/Förster/Rößler/Rühmann*, Teil 14 B, Rn. 400; Willemsen-*Doetsch/Rühmann*, Umstrukturierung, Rn. J 115.

[272] *Höfer*, BetrAVG, ART Rn. 1282; vgl. auch BAG, Urteil vom 28.2.1989, AP Nr. 20

kann eine Übernahme der Unterstützungskasse unter Berücksichtigung der Interessen des Veräußeres nur unter Freistellung durch den Erwerber[273], Übertragung der bestehenden Versorgungsverpflichtungen auf den Erwerber – was jedoch der Zustimmung der betroffenen Anwartschaftsberechtigten und des PSVaG bedarf[274] – oder durch Erweiterung der Unterstützungskasse zur Gruppenkasse, in der Veräußerer und Erwerber gemeinsam als Trägerunternehmen fungieren, erfolgen.[275] Zudem bestehen bezüglich einer Übernahme der Unterstützungskasse durch den Erwerber wirtschaftliche Bedenken, da die durch die Kasse planmäßig zu erbringenden Versorgungsleistungen in der Regel noch nicht voll dotiert sind.[276] Die rechtlichen Voraussetzung der Übernahme einer Gruppenunterstützungskasse hängen maßgeblich von der Rechtsnatur der Kasse ab. Bei Organisation über eine GmbH können dem Veräußerer entsprechende Anteile an der Gesellschaft übertragen werden.[277] Wird die Unterstützungskasse als eingetragener Verein geführt, muss eine etwaige Mitgliedschaft des Veräußerers durch die des Erwerbers ersetzt werden. Zudem muss die Dotierungspflicht des Erwerbers satzungsrechtlich festgeschrieben werden.[278]

Die Neugründung einer eigenen Unterstützungskasse hat für den Erwerber den Nachteil, dass ihm der vom Veräußerer bereits erbrachte Versorgungsaufwand, der dem Vermögen der bestehenden Kasse zugeflossen ist, nicht zu Gute kommt. Dies kann – wie bereits erwähnt – schon vor dem Betriebsübergang beim Kaufpreis berücksichtigt werden. In Betracht kommt hier jedoch auch, die Unterstützungskasse gemeinsam mit dem Veräußerer als Gruppenkasse zu führen, dann das Kassenvermögen entsprechend der Anzahl der Versorgungsverpflichtungen zu teilen und schließlich den auf den Veräußerer

---

zu § 1 BetrAVG Unterstützungskasse = NZA 1989, S. 681 f.; Urteil vom 14.9.1999 – 3 AZR 273/98, n.v., unter II. der Gründe, wonach die Unterstützungskasse im Betriebsübergang selbst bei Übernahme durch den Betriebserwerber nicht von den Verbindlichkeiten gegenüber den bereits ausgeschiedenen Arbeitnehmern frei wird.

[273] Vgl. BAG, Urteil vom 14.9.1999 – 3 AZR 273/98, n.v., unter III.2., nach dem die mit dem Betriebsübergang verbundene Übernahme einer Unterstützungskasse durch den Erwerber als Schuldbeitritt zu den Versorgungsverbindlichkeiten des Veräußerers ausgelegt wurde. Eine solche Vereinbarung kann somit auch konkludent getroffen werden.

[274] *Blomeyer/Otto*, BetrAVG, Anh § 1 Rn. 875. Siehe auch oben S. 117 ff.

[275] *Andresen/Förster/Rößler/Rühmann*, Teil 14 B, Rn. 410; *Gaul*, Arbeitsrecht, § 35 Rn. 60.

[276] *Blomeyer/Otto*, BetrAVG, Anh § 1 Rn. 883.

[277] *Höfer*, BetrAVG, ART Rn. 1280; *Schmitt-Rolfes*, BetrAV 1981, S. 123, 125; *Gaul*, Arbeitsrecht, § 35 Rn. 60.

[278] *Blomeyer/Otto*, BetrAVG, Anh § 1 Rn. 883; *Höfer*, BetrAVG, ART Rn. 1281; vgl. BAG, Urteil vom 28.2.1989, AP Nr. 20 zu § 1 BetrAVG Unterstützungskasse = NZA 1989, S. 681, dem im Sachverhalt die Übertragung einer Unterstützungskasse, die als eingetragener Verein organisiert ist, durch Satzungsänderung zu Grunde liegt.

entfallenden Anteil auf eine neu gegründete Unterstützungskasse zu übertragen.[279] Die Bildung einer Gruppenunterstützungskasse bringt allerdings gegebenenfalls einen erheblichen Verwaltungsmehraufwand mit sich, da gemäß § 4d Abs. 1 Nr. 1.b) EStG Zuwendungen zu einer Betriebskasse, die als Betriebsausgaben gewinnmindernd in der Steuerbilanz Berücksichtigung finden sollen, für jedes Trägerunternehmen gesondert zu führen sind.[280] Lässt die Satzung der Unterstützungskasse eine Aufnahme des Erwerbers in den Kreis der Trägerunternehmen nicht zu oder ist die gemeinsame Fortführung aus rechtlichen oder tatsächlichen Gründen nicht möglich bzw. nicht erwünscht, haftet der neue Betriebsinhaber für die Erfüllung der auf ihn übergehenden Versorgungszusagen mit seinem eigenen Vermögen.[281] Dem Betriebserwerber steht es dabei natürlich frei, sich eines anderen mittelbaren Versorgungsträgers zu bedienen.[282]

C. Rechtsfolgen des Betriebsübergangs auf kollektivrechtlicher Ebene

I. Kontinuität des Betriebsratsmandats

Kollektivrechtlich bezweckt § 613a Abs. 1 S. 2 BGB im Fall der Übertragung des Betriebes neben der Aufrechterhaltung der durch Kollektivnormen geregelten Arbeitsbedingungen[283] die Kontinuität des Betriebsratsmandats.[284] Dies korrespondiert mit Art. 6 Abs. 1 der (Betriebsübergangs-)Richtlinie 2001/23/EG vom 12.3.2001. Danach bleiben Rechtsstellung und Funktion von Vertreter und Vertretung der vom Betriebsübergang betroffenen Arbeitnehmer erhalten, soweit der Betrieb oder Betriebsteil „seine Selbstständigkeit behält“, d.h. unter Wahrung seiner betrieblichen Identität auf den neuen Inhaber übertragen wird.[285]

---

[279] *Andresen/Förster/Rößler/Rühmann*, Teil 14 B, Rn. 411, die diesen Vorgang als „Realteilung“ bezeichnen.

[280] Picot-*Heubeck*, Unternehmenskauf, Teil IV, Rn. 103.

[281] BAG, Urteil vom 8.11.1989, AP Nr. 6 zu § 1 BetrAVG Betriebsveräußerung = NZA 1989, S. 679, 680; *Schmitt-Rolfes*, BetrAV 1981, S. 123, 124; *Griebeling*, DB 1991, S. 2336, 2341.

[282] Dazu unten unten S. 242 ff.

[283] Dazu unten S. 166 ff.

[284] ErfK-*Preis*, § 613a BGB Rn. 2; MünchHb-*Wank*, § 124 Rn. 15. Vgl. auch oben S. 95.

[285] Vgl. zum Begriff der Betriebsidentität die Ausführungen auf S. 176 ff.

1. Betriebsrat des Einzelbetriebes

Für den Einzelbetriebsrat bedeutet dies, dass er auch nach einem Betriebsübergang im Amt bleibt, wenn der Betrieb in seiner organisatorischen Einheit weiterbesteht.[286] Besteht diese Einheit nicht weiter, sondern wird sie, etwa durch Abspaltung und Übertragung eines Betriebsteiles, aufgebrochen, nimmt der ursprüngliche Betriebsrat für den ausgelagerten Betriebsteil gemäß § 21a Abs. 1 BetrVG ein Übergangsmandat wahr, wenn dieser Betriebsteil vom Erwerber zumindest zeitweise als eigenständiger Betrieb weitergeführt wird.[287] Wird dieser Betriebsteil mit anderen Betrieben oder Betriebsteilen beim Erwerber zu einem Betrieb zusammengefasst, so wird das Übergangsmandat gemäß § 21a Abs. 2 BetrVG von dem Betriebsrat des Betriebes bzw. Betriebsteils, dem die meisten wahlberechtigten Arbeitnehmer angehören, wahrgenommen. Funktion des Übergangsmandats ist es, bis zur Neuwahl eines Betriebsrates eine betriebsratslose Übergangszeit zu verhindern und so Amtskontinuität sicherzustellen. Inhaltlich hat der Betriebsrat ein Vollmandat, das alle durch die Betriebsverfassung eingeräumten Beteiligungsrechte beinhaltet, aber zeitlich regelmäßig auf sechs Monate begrenzt ist, § 21a Abs. 1 S. 3 BetrVG. Wesentliche Aufgabe des Übergangsmandats ist die Vorbereitung und Durchführung von Betriebsratswahlen.[288]

Im Restbetrieb, der beim Veräußerer verbleibt, behält der Betriebsrat sein Mandat, wenn nach der Ausgliederung des Betriebsteils dort noch eine eigenständige betriebliche Organisation erhalten bleibt. Bei Absinken der Arbeitnehmerzahl unterhalb der von § 13 Abs. 2 Nr. 1 BetrVG festgelegten Grenzen[289] wird aber eine Neuwahl erforderlich.[290] Verliert der Ursprungsbetrieb

---

[286] BAG, Urteil vom 11.10.1995, AP Nr. 2 zu § 21 BetrVG 1972 = NZA 1996, S. 495; Urteil vom 27.7.1994, AP Nr. 118 zu § 613a BGB = NZA 1995, S. 222, 224 f.; Urteil vom 5.2.1991, AP Nr. 89 zu § 613a BGB = NZA 1991, S. 639, 641; FESTL, BetrVG, § 21 Rn. 34; HSWG-*Schlochauer*, BetrVG, § 21 Rn. 28; DKK-*Buschmann*, BetrVG, § 21 Rn. 33; Willemsen-*Hohenstatt*, Umstrukturierung, Rn. D 8.

[287] *Gaul*, Arbeitsrecht, § 27 Rn. 46; Tschöpe-*Hennige*, Teil 4 A, Rn. 86b; Richardi-*Thüsing*, BetrVG, § 21a Rn. 5; GK-*Kreutz*, BetrVG, § 21a Rn. 28. Vor Einführung des § 21a BetrVG mit dem Gesetz zur Reform der Betriebsverfassung vom 28.7.2001 war der Bestand eines Übergangsmandats umstritten. Das BAG räumte dem Betriebsrat aber mit Beschluss vom 31.5.2000, AP Nr. 12 zu § 1 BetrVG 1972 Gemeinsamer Betrieb = NZA 2000, S. 1350, 1353 f., ein Übergangsmandat für die Dauer von drei Monaten ein, soweit die Abspaltung von Betriebsteilen dazu führt, dass die betroffenen Arbeitnehmer betriebsverfassungsrechtlich nicht mehr repräsentiert werden. Zum damaligen Streitstand vgl. HSWG-*Schlochauer*, BetrVG, § 21a Rn. 29 f.; *Galperin/Löwisch*, BetrVG, § 21 Rn. 25.

[288] HSWG-*Worzalla*, BetrVG, § 21a Rn. 37; Willemsen-*Hohenstatt*, Umstrukturierung, Rn. D 92; FESTL, BetrVG, § 21a Rn. 20; GK-*Kreutz*, BetrVG, § 21a Rn. 40. Dies verdeutlicht im Übrigen § 21a Abs. 1 S. 2 BetrVG nachdem der Betriebsrat, der das Übergangsmandat wahrnimmt, insbesondere gehalten ist, „unverzüglich Wahlvorstände zu bestellen."

[289] Absinken der Zahl der regelmäßig beschäftigten Arbeitnehmer um die Hälfte, minde-

beim Veräußerer jegliche betriebliche Organisationsstruktur, weil er beispielsweise stillgelegt oder mit einem anderen Betrieb zusammengelegt werden soll, nimmt der bisherige Betriebsrat gemäß § 21b BetrVG ein Restmandat wahr, das die Wahrnehmung der zur Durchführung der das Restmandat auslösenden Maßnahme erforderlichen Mitwirkungs- und Mitbestimmungsrechte beinhaltet. Dieses Restmandat kann unter Umständen neben das Übergangsmandat aus § 21a BetrVG treten und richtet sich gegen den Betriebsveräußerer als ursprünglichen Rechtsträger.[291]

2. Gesamtbetriebsrat

Ein Übergangsmandat des Gesamtbetriebsrats ist dem BetrVG nicht zu entnehmen. Das BAG nimmt in einer jüngeren Entscheidung an, dass eine fortbestehende Zuständigkeit des Gesamtbetriebsrats für ausgegliederte Betriebe nicht in Betracht komme, wenn nicht sämtliche Betriebe eines Unternehmens auf den neuen Inhaber übertragen werden oder das übernehmende Unternehmen bereits einen oder mehrere Betriebe hat. Das Mandat des Gesamtbetriebsrats im abgebenden Unternehmen ende für die übertragenen Betriebe des Unternehmensverbundes, wenn die betriebsverfassungsrechtliche Identität auch nur eines dieser Betriebe durch den Betriebsübergang verändert werde. In diesen Fällen müsse im aufnehmenden Unternehmen ein neuer Gesamtbetriebsrat gebildet werden. Die Frage, inwieweit das Mandat des Gesamtbetriebsrats fortbesteht, wenn alle Betriebe des Unternehmens auf einen anderen, bislang betriebslosen Rechtsträger übertragen werden, hat das BAG ausdrücklich offen gelassen.[292] Der wohl überwiegende Teil der arbeitsrechtlichen Literatur nimmt in dieser vom BAG nicht entschiedenen Fallkonstellation zurecht eine Kontinuität des Gesamtbetriebsratsmandats an.[293] Überein-

---

stens aber um 50 Arbeitnehmer.

[290] HSWG-*Schlochauer*, BetrVG, § 21 Rn. 27; HWK-*Willemsen/Müller-Bonanni*, § 613a BGB Rn. 287.

[291] FESTL, BetrVG, § 21b Rn. 13; HWK-*Willemsen/Müller-Bonanni*, § 613a BGB Rn. 286.

[292] BAG, Beschluss vom 5.6.2002, AP Nr. 11 zu § 47 BetrVG = NZA 2003, S. 336, 337. Für die Annahme einer Fortwirkung des Gesamtbetriebratsmandats bei Übertragung sämtlicher Betriebe könnten nach Ansicht des BAG aber „vergleichbare Gründe wie beim Inhaberwechsel in einem Betrieb" sprechen. Anders die Vorinstanz LAG Düsseldorf, Beschluss vom 14.2.2001, NZA-RR 2001, S. 594, 595 f., die eine Amtskontinuität auch bei einem reinen Austausch des Unternehmensträgers ablehnt, da dies „nicht nur *de lege lata* ..., sondern unabhängig von allen Billigkeits- und Praktikabilitätserwägungen" nicht zu begründen sei.

[293] Für einen Fortbestand: FESTL, BetrVG, § 47 Rn. 26; *Von Hoyingen-Huene*, AP Nr. 11 zu § 47 BetrVG 1972, Bl. 3; *Gaul*, Arbeitsrecht, § 27 Rn. 133; *Huke/Lepping*, FA 2004, S. 136, 137. Weitergehend HWK-*Hohenstatt/Dzida*, § 47 BetrVG Rn. 7 f., und *Hohenstatt/Müller-Bonanni*, NZA 2003, S. 766, 767 f., die den Fortbestand des Gesamt-

stimmung besteht jedenfalls dahingehend, dass der Unternehmensbezug ein entscheidendes Merkmal des Gesamtbetriebsrats ist. Danach werden von ihm nur solche Betriebe repräsentiert, die einem Unternehmen als einheitlichem Rechtsträger angehören.[294] Damit ist davon auszugehen, dass solange die Voraussetzungen für die Errichtung eines Gesamtbetriebsrats vorliegen, d.h. mindestens zwei Betriebe mit bestehendem Betriebsrat dem Unternehmen angehören, ein gebildeter Gesamtbetriebsrat grundsätzlich auch dann im Amt bleibt, wenn das Unternehmen einzelne Betriebe veräußert oder erwirbt. Nach Maßgabe des § 47 BetrVG ist dann die Zusammensetzung des Gesamtbetriebsrates den veränderten betrieblichen Strukturen im Gesamtunternehmen, etwa durch die Aufnahme von Mitgliedern der Betriebsräte der eintretenden Betriebe, anzugleichen.[295] Werden Betriebe aus dem Unternehmensbereich ausgegliedert, verliert der Gesamtbetriebrat für diese allerdings sein Mandat, da die Bindung des Betriebes an den Rechtsträger entfällt.

Etwas anderes gilt nur, wenn alle Betriebe des Unternehmensbereichs auf einen anderen Rechtsträger übertragen werden. Obschon in rein formaler Hinsicht die Bindung der Betriebe an den Rechtsträger des ursprünglichen Unternehmens nicht mehr fortbesteht[296], kann ein Bestand des Mandats des Gesamtbetriebsrats auch nach dem Unternehmensinhaberwechsel weiterhin angenommen werden, da der Zuständigkeitsbereich des Gesamtbetriebsrats mit dem Tätigkeitsbereich des Unternehmens weiterhin unverändert übereinstimmt.[297] Zur Begründung der Fortgeltung wird ausgeführt, entsprechend der Wahrung der Betriebsidentität, an die der Fortbestand des Einzelbetriebsrates beim Betriebsübergang anknüpft, sei auch für die Kontinuität des Gesamtbetriebsrats maßgeblich, ob bei der Übertragung von Betrieben die betriebsverfassungsrechtliche Unternehmensidentität erhalten bleibt.[298] Hiergegen

---

betriebsrats bereits dann annehmen, wenn „die klare Mehrzahl der Betriebe“ auf ein bislang betriebsloses Unternehmen übertragen wird. Dies ist aber abzulehnen, da die Bindung des Gesamtbetriebsrats an das Unternehmen, für den er gebildet wurde, nicht hinreichend berücksichtigt wird. Außerdem würde dies zu einer Verdoppelung des Mandats führen, wenn beim ursprünglichen Rechtsträger eine gesamtbetriebsratsfähige Unternehmensorganisation erhalten bleibt. Gegen einen Fortbestand des Gesamtbetriebsratsmandats: LAG Düsseldorf, Beschluss vom 14.2.2001, NZA-RR 2001, S. 594, 595 f.

[294] DKK-*Trittin*, BetrVG, § 47 Rn. 15; ErfK-*Eisemann*, § 47 BetrVG Rn. 3; HSWG-*Glock*, BetrVG, § 47 Rn. 8; Tschöpe-*Hennige*, Teil 4 A, Rn. 230.

[295] FESTL, BetrVG, § 47 Rn. 26; DKK-*Trittin*, BetrVG, § 47 Rn. 22.

[296] Nach GK-*Kreutz*, BetrVG, § 47 Rn. 50, und DKK-*Trittin*, BetrVG, § 47 Rn. 8 ff., führt aber der rechtliche Untergang des Unternehmens, für das der Gesamtbetriebsrat errichtet ist, auch zum Erlöschen seines Mandats, so dass konsequenterweise auch seine fortbestehende Zuständigkeit für die übertragenen Betriebe auszuschließen ist.

[297] *Gaul*, Arbeitsrecht, § 27 Rn. 133.

[298] HWK-*Hohenstatt/Dzida*, § 47 BetrVG Rn. 7; *Hohenstatt/Müller-Bonanni*, NZA

wendet sich aber zutreffend das LAG Düsseldorf mit dem gewichtigen Argument, dass sich § 613a BGB mit den Fragen des Übergangs eines Betriebs oder Betriebsteils befasse und der Norm daher keine Regelung zum Fortbestand eines bei dem übertragenden Unternehmen bestehenden Gesamtbetriebsrats zu entnehmen sei.[299] Überdies verändert sich bei der Auslagerung bzw. Eingliederung von einzelnen Betrieben aus dem bzw. in den Unternehmensverbund dessen Identität, ohne dass das Mandat des Gesamtbetriebsrats hierdurch in Frage stünde. Entscheidend für den Fortbestand ist vielmehr, dass bei Übertragung aller Betriebe eines Unternehmens auf einen neuen Rechtsträger ohne eigenständige betriebliche Organisation der Zuständigkeitsbereich und regelmäßig auch die personelle Zusammensetzung des Gesamtbetriebsrats identisch bleiben. Die Auflösung des Gesamtbetriebsrats beim übertragenden Rechtsträger gefolgt von der Neugründung beim übernehmenden Rechtsträger stellen damit Verfahrensschritte dar, die bei einer ergebnisorientierten Betrachtungsweise entbehrlich sind.[300]

Daher ist das Mandat des Gesamtbetriebsrats grundsätzlich an das Unternehmen als Rechtsträger gebunden. Ausnahmsweise behält der im veräußernden Unternehmen bestehende Gesamtbetriebsrat seine Zuständigkeit für Betriebe, die aus dem Unternehmensverbund ausgegliedert werden, wenn sämtliche Betriebe des Unternehmens auf einen neuen Rechtsträger übertragen werden und diesem seinerseits noch keine eigenen Betriebe angehören. Damit besteht auch kein Bedürfnis für ein Übergangs- oder Restmandat des Gesamtbetriebsrats in entsprechender Anwendung von §§ 21a, 21b BetrVG, da regelmäßig im abgebenden Unternehmen ein bestehender Gesamtbetriebsrat im Amt bleibt und lediglich seine personelle Zusammensetzung entsprechend der neuen betrieblichen Struktur verändert werden muss. Überdies ist die das Übergangsmandat für den Einzelbetrieb begründende Interessenlage nicht mit der des Gesamtbetriebsrats zu vergleichen, da durch das Übergangsmandat des Einzelbetriebsrats eine betriebsratslose Zeit verhindert werden soll. Bei der Umstrukturierung von Unternehmen sind jedoch durch das auf der einzelbetrieblichen Ebene bestehende Übergangsmandat bzw. den Fortbestand des Betriebsrats bei Wahrung der Betriebsidentität eine hinreichende Vertretung der Arbeitnehmerinteressen gewährleistet, so dass es einer Ausweitung des Schutzzweckes der §§ 21a, 21b BetrVG nicht bedarf.[301]

2003, S. 766, 767 f.; *Von Hoyingen-Huene*, AP Nr. 11 zu § 47 BetrVG 1972, Bl. 3.

[299] LAG Düsseldorf, Beschluss vom 14.2.2001, NZA-RR 2001, S. 594, 596.

[300] So auch *Gaul*, Arbeitsrecht, § 27 Rn. 133, der von einem „kaum nachvollziehbaren Formalismus" spricht.

[301] Vgl. *Huke/Lepping*, FA 2004, S. 136, 137 f.

II. Fortgeltung kollektivrechtlicher Vereinbarungen

1. Transformation in Einzelarbeitsvertrag nach § 613a Abs. 1 S. 1 BGB

Wenn die betriebliche Altersversorgung im Betrieb des Veräußerers auf einer kollektivrechtlichen Grundlage beruht, kann diese nach § 613a Abs. 1 S. 1 BGB nicht mit den Arbeitsverhältnissen auf den Betriebserwerber übergehen. Denn die Rechtsnormen von Tarifvertrag und Betriebsvereinbarung werden nicht Bestandteil der Arbeitsverträge, sondern wirken auf die Arbeitsverhältnisse gemäß §§ 4 Abs. 1 TVG, 77 Abs. 4 S. 1 BetrVG von außen wie Gesetze ein.[302] Daher sieht § 613a Abs. 1 S. 2 BGB vor, dass die in den Kollektivvereinbarungen enthaltenen Arbeitsbedingungen auf individualrechtliche Ebene transferiert und so Bestandteil der Einzelarbeitsverträge der betroffenen Arbeitnehmer werden.[303] Gleichzeitig normiert die zitierte Vorschrift ein Abänderungsverbot dieser Arbeitsbedingungen zu Lasten der Arbeitnehmer für ein Jahr.

Nach einem abweichenden dogmatischen Ansatz erfahren diese Kollektivnormen im Ergebnis keine Umwandlung in eine einzelvertragliche Grundlage, sondern gelten durch gesetzliche Anordnung partiell normativ dergestalt fort, dass sie hinsichtlich verschlechternder Individualvereinbarungen zwingend, darüber hinaus jedoch kollektivvereinbarungsoffen sind.[304] Insbesondere lasse sich die Bestimmung der einjährigen Abänderungssperre, durch die die Kollektivvereinbarung nach dem Betriebsübergang zumindest ihre zwingende Wirkung behalte, nur so systematisch stringent erklären.[305] Allerdings ist die-

---

[302] Erman-*Edenfeld*, BGB, § 613a Rn. 71.

[303] BAG, Urteil vom 13.11.1985, AP Nr. 46 zu § 613a BGB = NZA 1986, S. 422 f.; Urteil vom 27.11.1991, AP Nr. 22 zu § 4 TVG Nachwirkung = NZA 1992, S. 800, 801; Urteil vom 13.9.1994, AP Nr. 11 zu § 1 TVG Rückwirkung = NZA 1995, S. 740, 741; Urteil vom 1.8.2001, AP Nr. 225 zu § 613a BGB = NZA 2002, S. 41, 42 f.; Erman-*Edenfeld*, BGB, § 613a Rn. 72; FESTL, BetrVG, § 1 Rn. 140; MünchHb-*Wank*, § 124 Rn. 184, ErfK-*Preis*, § 613a BGB Rn. 108; Palandt-*Putzo*, BGB, § 613a Rn. 29; Tschöpe-*Bopp*, Teil 2 G, Rn. 165; Willemsen-*Hohenstatt*, Umstrukturierung, Rn. E 2; Moll-*Cohnen/Tepass*, MAH Arbeitsrecht, § 51 Rn. 31. *Gaul*, ZTR 1989, S. 432, 436, bezeichnet die individualrechtlich fortgeltenden Kollektivregelungen als mit nach § 77 Abs. 6 BetrVG nachwirkenden Inhaltsnormen betriebsverfassungsrechtlicher Art vergleichbare betriebliche Einheitsregelungen.

[304] *Zöllner*, DB 1995, S. 1401 f.; Staudinger-*Richardi/Annuß*, BGB, § 613a Rn. 174; *Richardi*, GS Blomeyer, S. 299, 314; *Moll*, RdA 1996, S. 275, 279; *Reichold*, SAE 2002, S. 268, 269 f.; *Heinze*, FS Schaub, S. 275, 287 f.; *Kreutz*, FS 50 Jahre BAG, S. 994, 998 ff., 1002.

[305] *Zöllner*, DB 1995, S. 1401, 1402; Staudinger-*Richardi/Annuß*, BGB, § 613a Rn. 174. Des Weiteren wird zu Gunsten einer partiellen normativen Fortgeltung ausgeführt, dass so im Falle mehrfach nacheinander stattfindender Betriebsübergänge sachgerechte Ergebnisse erzielt werden können. Da Kollektivvereinbarungen bei jedem Folgebetriebsübergang be-

se Konzeption vor dem Hintergrund der Beeinträchtigung der Koalitionsfreiheit des erwerbenden Arbeitgeber verfassungsrechtlich bedenklich, da sie unabhängig von der Tarifgebundenheit des Arbeitgebers eine zwar beschränkte, letztlich aber normative Wirkung tariflicher Regelungen anordnet. Zudem unterscheidet sich die in § 613a Abs. 1 S. 2 BGB angeordnete Rechtsfolge von der kollektivrechtlichen Geltung einer Betriebsvereinbarung dadurch, dass die mit dem Betriebsübergang verbundene einjährige Veränderungssperre hinter der – in der Regel unbefristeten – zwingenden Wirkung einer Betriebsvereinbarung zurückbleibt und damit nicht vergleichbar ist.[306] In praktischer Hinsicht ist die Annahme einer partiell normativen Fortwirkung nicht erforderlich, da dem Arbeitgeber Möglichkeiten zur Abänderung der transformierten Regelung zur Verfügung stehen.[307]

Von der Transformationswirkung des § 613a Abs. 1 S. 2 BGB werden kollektivrechtliche Regelungen mit dem Inhalt erfasst, den sie im Zeitpunkt des Betriebsübergangs haben. Die auf das Arbeitsverhältnis einwirkenden Normen der Kollektivvereinbarung werden gleichsam „eingefroren".[308] Nachträgliche Änderungen bleiben außer acht, auch wenn sie auf einen Zeitpunkt vor dem Betriebsübergang zurückwirken. § 613a BGB bezweckt damit einen nur statischen Besitzstandsschutz.[309] Inhaltlich beschränkt sich die Transformations-

---

schränkt normativ gemäß § 613a Abs. 1 S. 2 BGB fortgelten würden, stünden so jedem Betriebserwerber kollektivrechtliche Abänderungsmöglichkeiten zu, vgl. Staudinger-*Richardi/Annuß*, BGB, § 613a Rn. 174; *Moll*, RdA 1996, S. 275, 279. Diese Ansicht verkennt jedoch, dass die Gegenmeinung, die konsequenterweise die vormals kollektivrechtlichen Arbeitsbedingungen im Folgebetriebsübergang nach § 613a Abs. 1 S. 1 BGB überleitet, dem Betriebserwerber ebenfalls – wie noch zu erläutern ist – kollektivrechtliche Änderungsinstrumente zur Verfügung stellt. *Reichold*, SAE 2002, S. 268, 269 ff., begründet dies mit Bezug auf die Entscheidung des BAG vom 1.8.2001, AP Nr. 85 zu § 77 BetrVG 1972 = NZA 2002, S. 276. Danach soll sich das BAG mit der Anerkennung der Änderungsmöglichkeit innerhalb der Veränderungssperre durch ablösende Betriebsvereinbarungen im Wege einer teleologischen Reduktion des § 613a Abs. 1 S. 2 BGB einer normativen Fortgeltung „zuneigen". Dem steht aber entgegen, dass das BAG in besagter Entscheidung ausdrücklich von „jetzt individualrechtlich als Inhalt des Arbeitsverhältnisses geltenden kollektivrechtlichen Regelungen" ausgeht, vgl. BAG, Urteil vom 1.8.2002, AP Nr. 85 zu § 77 BetrVG 1972 = NZA 2002, S. 276, 279.

[306] Willemsen-*Hohenstatt*, Umstrukturierung, Rn. E 2.

[307] Vgl. hierzu unten S. 291 ff.

[308] So BAG, Urteil vom 20.6.2001, AP Nr. 18 zu § 1 TVG Bezugnahme auf Tarifvertrag = NZA 2002, S. 517, 520; Urteil vom 29.8.2001, AP Nr. 17 zu § 1 TVG Bezugnahme auf Tarifvertrag = NZA 2002, S. 513, 516. Dies gilt auch für eine in einem Tarifvertrag enthaltene dynamische Verweisung auf andere Tarifverträge in ihrer jeweils geltenden Fassung: Nach der Transformation in die Einzelarbeitsverhältnisse hat diese Verweisung keine Wirkung mehr. Die in Bezug genommenen Tarifverträge gelten ausschließlich mit dem zum Zeitpunkt des Betriebsübergangs bestehenden Inhalt weiter.

[309] BAG, Urteil vom 20.6.2001, AP Nr. 18 zu § 1 TVG Bezugnahme auf Tarifvertrag = NZA 2002, S. 517, 519 f.; Urteil vom 29.8.2001, AP Nr. 17 zu § 1 TVG Bezugnahme auf

wirkung wegen § 613a Abs. 1 S. 1 BGB nur auf solche Kollektivregelungen, die Rechte und Pflichten im Arbeitsverhältnis begründen, und umfasst daher insbesondere Inhaltsnormen. Typischerweise nicht umfasst werden betriebliche und betriebsverfassungsrechtliche Normen.[310] So kann zum Beispiel die Verpflichtung zur Beitragsleistung an eine gemeinsame Einrichtung der Tarifvertragsparteien nicht in den Individualarbeitsvertrag transformiert werden, wohl aber die der Beitragspflicht zu Grunde liegende Versorgungszusage.[311]

Fraglich ist, inwieweit Regelungen aus nachwirkenden Betriebsvereinbarungen oder Tarifverträgen in die übergegangenen Arbeitsverhältnisse zum Erwerber übertragen werden. So wird vereinzelt vertreten, dass die Kollektivvertragsnormen im Nachwirkungsstadium zu den Rechten und Pflichten aus den im Zeitpunkt des Betriebsübergangs bestehenden Arbeitsverhältnissen zählen, in die der Betriebserwerber nach § 613a Abs. 1 S. 1 BGB eintritt. Begründet wird dies damit, dass einer nachwirkenden kollektivrechtlichen Vereinbarung die zwingende Wirkung fehle, so dass sie nicht unter die Veränderungssperre des § 613a Abs. 1 S. 2 BGB fallen könne.[312] Nach überwiegender Ansicht werden jedoch auch nachwirkende Normen einer Betriebsvereinbarung nach § 613a Abs. 1 S. 2 BGB in die Einzelarbeitsverträge transformiert. Da sie aber keine zwingende Wirkung mehr entfalten und damit durch Arbeitsvertrag frei abgeändert werden können, gilt das einjährige Verschlechterungsverbot für diese transformierten Bestimmungen nicht.[313] Da auch die nachwirkenden Normen eines Tarifvertrages oder einer Betriebsvereinbarung grundsätzlich keine individualrechtliche Wirkung entfalten, ist letzterer Ansicht der Vorzug zu geben, so dass die von der Nachwirkung erfassten Ar-

---

Tarifvertrag = NZA 2002, S. 513, 515 f.; Urteil vom 13.11.1985, AP Nr. 46 zu § 613a BGB = NZA 1986, S. 422, 423, in dem sich das BAG ausdrücklich gegen eine dynamische Verweisung ausspricht. Ebenso die einhellige Auffassung in der Literatur, vgl. MünchHb-*Wank*, § 124 Rn. 189; Staudinger-*Richardi/Annuß*, BGB, § 613a Rn. 182; *Hergenröder*, AR-Blattei-SD, 500.1 Betriebsinhaberwechsel, Rn. 526 f.; *Preis/Steffan*, FS Kraft, S. 479, 481 f.; *Schiefer*, FS 50 Jahre BAG, S. 859, 864; Preis/Willemsen-*Moll*, Umstrukturierung, Rn. E 29.

[310] Erman-*Edenfeld*, BGB, § 613a Rn. 81; RGRK-*Ascheid*, BGB, § 613a Rn. 191 ff.; *Moll*, RdA 1996, S. 275, 277; *Meyer*, DB 2000, S. 1174 f.; *Henssler*, FS Schaub, S. 311, 317 f.

[311] Vgl. BAG, Urteil vom 5.10.1993, AP Nr. 42 zu § 1 BetrAVG Zusatzversorgungskassen = NZA 1994, S. 848, 850 f.; Urteil vom 4.12.1974, AP Nr. 2 zu § 3 TVG = DB 1975, S. 695 f.; *Moll*, RdA 1996, S. 275, 277 f.; RGRK-*Ascheid*, BGB, § 613a Rn. 197.

[312] MünchHb-*Wank*, § 124 Rn. 188; RGRK-*Ascheid*, BGB, § 613a Rn. 203.

[313] BAG, Urteil vom 1.8.2001, AP Nr. 225 zu § 613a BGB = NZA 2002, S. 41, 42 f.; Urteil vom 27.11.1991, AP Nr. 22 zu § 4 TVG Nachwirkung = NZA 1992, S. 800, 801; ErfK-*Preis*, § 613a BGB Rn. 113; Erman-*Edenfeld*, BGB, § 613a Rn. 81; Preis/Willemsen-*Moll*, Umstrukturierung, Rn. E 27; *ders.*, RdA 1996, S. 275, 278; *Preis/Steffan*, FS Kraft, S. 477; 482; Tschöpe-*Bopp*, Teil 2 G, Rn. 179; *Schiefer*, FS 50 Jahre BAG, S. 859, 863.

beitsbedingungen durch individualrechtliche Transformation erhalten bleiben.[314]

Vereinzelt wird vertreten, dass freiwillige Betriebsvereinbarungen von der Transformationswirkung ausgenommen sind.[315] Dies ergebe sich aus einer Parallele zu § 77 Abs. 6 BetrVG, der die Nachwirkung einer freiwilligen Betriebsvereinbarung ausschließe. Wenn die Betriebsvereinbarung in folge eines Betriebsübergangs ihre normative Wirkung verliert, könne sie nur auf Grund einer gesetzlichen Anordnung weitergelten. Da freiwillige Betriebsvereinbarungen aber keine Nachwirkung entwickeln, erlöschen sie unabhängig von § 613a Abs. 1 S. 2 BGB im Zeitpunkt des Betriebsübergangs.[316] Gegen diese Auffassung spricht aber der Wortlaut und der Gesetzeszweck des § 613a Abs. 1 S. 2 BGB, der nicht zwischen freiwilligen und mitbestimmten Betriebsvereinbarungen differenziert. Die durch einen Kollektivvertrag begründeten Rechte der Arbeitnehmer sollen diesen unabhängig von der Wirkweise der kollektivrechtlichen Grundlage durch die Anordnung der Transformationswirkung erhalten bleiben. Damit werden auch die in einer freiwilligen Betriebsvereinbarung enthaltenen Regelungen bei einem Betriebsübergang gemäß § 613a Abs. 1 S. 3 BGB grundsätzlich zum Inhalt der auf den neuen Inhaber übergehenden Arbeitsverhältnisse.[317]

2. Kollektivrechtliche Fortgeltung

Die individualrechtliche Lösung, die § 613a Abs. 1 S. 2 BGB vorgibt, regelt das Schicksal der im Veräußererbetrieb zum Zeitpunkt des Betriebsübergangs bestehenden Kollektivverträge nur unvollständig. Da diese Regelung aus Gründen des Arbeitnehmerschutzes lediglich die Wahrung des individualrechtlichen *status quo* sicherstellen soll und so die arbeitsvertragliche Ebene betrifft, bleibt die Frage nach den über die bereits erörterte Transformation nach § 613a Abs. 1 S. 2 BGB hinausgehenden Auswirkungen eines Betriebsübergangs für die kollektivrechtliche Ebene offen. Die überwiegende Ansicht und die Rechtsprechung löst diese Problematik, indem sie eine kollektivrechtliche Fortgeltung der im Betrieb des Veräußerers bestehenden Kollektivvereinbarungen für den Fall annimmt, dass die Voraussetzungen einer normativen Wirkung nach Überleitung des Betriebes auch im Erwerberbetrieb gege

---

[314] Vgl. *Moll*, RdA 1996, S. 275, 278.
[315] *Heinze*, DB 1998, S. 1861, 1866; *ders.*, FS Schaub, S. 275, 287 f.
[316] *Heinze*, DB 1998, S. 1861, 1866; *ders.*, FS Schaub, S. 275, 287 f.
[317] Willemsen-*Hohenstatt*, Umstrukturierung, Rn. E 26.

ben sind. Dies ist keine Besonderheit des Betriebsübergangs, sondern lediglich Ausfluss der allgemeinen Regeln des kollektiven Arbeitsrechtes.[318]

a. Einzelbetriebsvereinbarungen

Die normative Wirkung einer Einzelbetriebsvereinbarung ergibt sich aus § 77 Abs. 4 BetrVG und setzt eine Vereinbarung zwischen Arbeitgeber und Betriebsrat voraus. Die normative Wirkung ist regelmäßig betriebsbezogen und erstreckt sich so typischerweise auf betriebliche Regelungsgegenstände oder die Arbeitnehmer eines Betriebs.[319] Daher wird der Fortbestand der Betriebsvereinbarung regelmäßig mit dem Fortbestand des Betriebes verknüpft. Je nach Umfang der nach dem Betriebsübergang bestehenden betrieblichen Strukturen werden unterschiedliche Konzepte hinsichtlich der Fortwirkung einer Betriebsvereinbarung auf kollektiv- oder individualrechtlicher Ebene vertreten.

aa. Identitätswahrende Übertragung eines Betriebs

Wird ein Betrieb vollständig auf einen anderen Betriebsinhaber übertragen, wird vereinzelt vertreten, dass trotz Wahrung der betrieblichen Identität Kollektivnormen einer Betriebsvereinbarung in das Individualarbeitsverhältnis transferiert werden.[320] Gegen die Aufrechterhaltung der normativen Wirkung spreche der eindeutige Wortlaut des § 613a Abs. 1 S. 2 BGB, der die Rechtsfolge der Transformation ausnahmslos anordne.[321] Zudem betreffe der Schutzzweck des § 613a BGB lediglich die Wahrung des materiellen Inhalts der Einzelarbeitsverhältnisse und damit nicht die Aufrechterhaltung der normativen Wirkung einer Betriebsvereinbarung.[322] Auch aus systematischen Gründen scheide eine kollektivrechtliche Weitergeltung aus: Da die Norm ihren

---

[318] Vgl. grundlegend *Hanau/Vossen*, FS Hilger/Stumpf, S. 271 ff.; *Preis/Richter*, ZIP 2004, S. 925, 927 f.

[319] Vgl. GK-*Kreutz*, BetrVG, § 77 Rn. 190; FESTL, BetrVG, § 77 Rn. 34 f.; Moll-*Kauffmann-Lauven*, MAH Arbeitsrecht, § 60 Rn. 20.

[320] *Junker*, RdA 1993, S. 203 ff.; *Wiesner*, BB 1986, S. 1636, 1637; *Gaul*, ZTR 1989, S. 432, 436, 441; *Wank*, NZA 1987, S. 505, 507. *Gaul* und *Wank* betonen jedoch die Möglichkeit des inhaltsgleichen Neuabschlusses einer Betriebsvereinbarung bzw. ihrer kollektivrechtlichen Weitergeltung für den Fall, dass der Betriebserwerber rechtsgeschäftlich durch Vertragsübernahme oder durch Abschluss gleichlautender Betriebsvereinbarungen in die Parteistellung des früheren Inhabers einrückt.

[321] *Junker*, RdA 1993, S. 203, 204 f.; *Wiesner*, BB 1986, S. 1636, 1637; *Wank*, NZA 1987, S. 505, 507.

[322] *Gaul*, ZTR 1989, S. 432, 436.

Standpunkt im Individualarbeitsrecht hat, würden so kollektivrechtliche Belange vollständig verdrängt.[323]

Diese Ansicht ist aber mit der überwiegenden Auffassung in der Literatur und der Rechtsprechung[324] abzulehnen. Der Regelung des § 613a BGB ist nicht zu entnehmen, dass der Betriebserwerber von einer aus anderen Rechtsgründen bestehenden Bindung an kollektivrechtliche Normen frei werden soll.[325] Schon der Wortlaut des § 613a Abs. 1 S. 2 BGB ist insoweit offen und gibt eine Beschränkung auf eine individualrechtliche Fortgeltung nicht her. Zum „Inhalt des Arbeitsverhältnisses zwischen dem neuen Inhaber und dem Arbeitnehmer" gehören auch unmittelbar und zwingend auf dieses einwirkende Normen einer Betriebsvereinbarung, die lediglich nicht Inhalt des Individualarbeitsvertrages sind.[326] Im Gegenteil verdeutlicht der Wortlaut des § 613a Abs. 1 S. 3 u. 4 BGB den grundsätzlichen Anwendungsvorrang von kollektiven Regelungen im Verhältnis zu nach dem Betriebsübergang transformierten individualrechtlichen Normen.[327] Eine individualrechtliche Weitergeltung der Kollektivnorm kommt folglich nur subsidiär für den Fall in Betracht, dass der Betriebserwerber kollektivrechtlich nicht gebunden ist.[328] Zudem zeigt die Entstehungsgeschichte und der Schutzzweck des § 613a BGB den Charakter dieser Norm als Auffangtatbestand. Bereits vor In-Kraft-Treten der Norm ging die überwiegende Ansicht davon aus, dass eine Betriebsvereinbarung ihre Wirkung dann behält, wenn der Betrieb nach Übertragung selbstständig bleibt, da die durch die Betriebsvereinbarung geschaffene Ordnung von den Veränderungen der Betriebspartner unabhängig ist.[329] Die in der

---

323 *Junker*, RdA 1993, S. 203, 205.

324 BAG, Beschluss vom 5.2.1991, AP Nr. 89 zu § 613a BGB = NZA 1991, S. 639, 641; Urteil vom 27.7.1994, AP Nr. 118 zu § 613a BGB = NZA 1995, S. 222, 225; Urteil vom 14.8.2001, AP Nr. 85 zu § 77 BetrVG 1972 = NZA 2002, S. 276, 278; Urteil vom 15.1.2002, AP Nr. 1 zu § 2 SozplKonkG = NZA 2002, 1034, 1035; FESTL, BetrVG, § 77 Rn. 168; HSWG-*Worzalla*, BetrVG, § 77 Rn. 226; ErfK-*Preis*, § 613a BGB Rn. 110; MüKo-*Müller-Glöge*, BGB, § 613a Rn. 149; Erman-*Edenfeld*, § 613a Rn. 73; *Hanau/Vossen*, FS Hilger/Stumpf, S. 271, 272 ff.; *Preis/Steffan*, FS Kraft, S. 477, 480 f.; *Kreutz*, FS Kraft, S. 323, 333; *Heinze*, DB 1998, S. 1861, 1863; *Henssler*, NZA 1994, S. 913, 917 f.; *Moll*, RdA 1996, S. 275; *Rieble/Gutzeit*, NZA 2003, S. 233, 234; *Schiefer*, NJW 1998, S. 1817, 1820; *Thüsing*, DB 2004, S. 2474, 2477; ausführlich *Gussen/Dauck*, Weitergeltung, Rn 48 ff., die zutreffend von einer teleologischen Reduktion des § 613a BGB ausgehen.

325 Vgl. S. 167, Fn. 324; insbesondere BAG, Urteil vom 27.7.1994, AP Nr. 118 zu § 613a BGB = NZA 1995, S. 222, 224 f.

326 Vgl. GK-*Kreutz*, BetrVG, § 77 Rn. 389.

327 BAG, Beschluss vom 5.2.1991, AP Nr. 89 zu § 613a BGB = NZA 1991, S. 639, 641.

328 ErfK-*Preis*, § 613a BGB Rn. 109; FESTL, BetrVG, § 77 Rn. 168; BAG, Urteil vom 27.7.1994, AP Nr. 118 zu § 613a BGB = NZA 1995, S. 222, 225.

329 BAG, Urteil vom 19.7.1957, AP Nr. 1 zu § 52 BetrVG; vgl. zum Streitstand vor Inkrafttreten des §613a BGB: MüKo[3]-*Schaub*, BGB, § 613a Rn. 145.

Gesetzesnovelle konzipierte Transformation in einen einzelvertraglichen Anspruch genügt zwar dem durch europäische Vorgaben gebotenen Bestandsschutz der vom Betriebsübergang betroffenen Arbeitsverhältnisse, so dass zumindest aus diesem Gesichtspunkt eine kollektivrechtliche Weitergeltung nicht erforderlich ist.[330] In Art. 6 der Betriebsübergangs-Richtlinie 2001/23/EG wird jedoch außerdem der Fortbestand von Rechtsstellung und Funktion der Arbeitnehmervertretung bei Wahrung der Betriebseinheit angeordnet, was die Kontinuität der Betriebsverfassung bei einem Betriebsinhaberwechsel verdeutlicht.[331] Diese Kontinuität kann konsequent jedoch nur verwirklicht werden, wenn die Betriebsvereinbarung als Teil der kollektiven Ordnung erhalten bleibt. Andernfalls würde jeder Betriebsinhaberwechsel den vollständigen Neuaufbau dieser Ordnung mit sich bringen, was die Funktion des Betriebsrates erheblich beeinträchtigen würde.[332]

Gleiches ergibt sich aus den Wertungen des BetrVG: Soweit die betriebliche Organisationsstruktur derart geändert wird, dass die Eigenständigkeit des Betriebes etwa durch Spaltung oder Zusammenlegung verloren geht, bedarf der Fortbestand des Betriebsratsamtes einer besonderen gesetzlichen Anordnung wie sie nunmehr mit § 21a BetrVG geschaffen wurde.[333] Dies lässt den Umkehrschluss zu, dass im Falle der Übertragung eines Betriebes unter Wahrung der betrieblichen Eigenständigkeit das Amt des Betriebsrates und damit ebenso die bestehenden Betriebsvereinbarungen als Ausdruck der Kontinuität der Betriebsverfassung fortbestehen. Dies wird auch durch die Regelungen zum Ende der Amtszeit und zum Erlöschen der Mitgliedschaft im Betriebsrat in §§ 21, 24 BetrVG bekräftigt, die den Betriebsübergang als Beendigungstatbestand nicht aufführen.[334] Zudem lag der gesetzgeberischen Konzeption die

---

[330] *Gussen/Dauck*, Weitergeltung, Rn. 49 ff.

[331] So sieht Art. 6 der Richtlinie 2001/23/EG vor, dass, „sofern das Unternehmen, der Betrieb oder der Unternehmens- bzw. Betriebsteil seine Selbstständigkeit behält, ... die Rechtsstellung und die Funktion der Vertreter oder der Vertretung der vom Übergang betroffenen Arbeitnehmer unter den gleichen Bedingungen erhalten [bleiben], wie sie vor dem Zeitpunkt des Übergangs ... bestanden haben, sofern die Bedingungen für die Bildung der Arbeitnehmervertretung erfüllt sind."

[332] *Hanau/Vossen*, FS Hilger/Stumpf, S. 271, 274; MüKo[3]-*Schaub*, BGB, § 613a Rn. 145; *Hergenröder*, AR-Blattei SD, 500.1 Betriebsinhaberwechsel, Rn. 532; *Müller*, RdA 1996, S. 287, 288.

[333] Bereits vor Einführung des allgemeinen Übergangsmandats durch das Gesetz zur Reform der Betriebsverfassung vom 28.7.2001 bestanden so eine Vielzahl sondergesetzlicher Regelungen, die ein Übergangsmandat des Betriebsrates im Falle der Veränderung betrieblicher Strukturen angeordneten. Hierzu zählen insbesondere das Gesetz über die Spaltung der von der Treuhandanstalt verwalteten Unternehmen (SpTrUG) vom 5.4.1991, das Deutsche Bahn Gründungsgesetz (DBGrG) vom 27.12.1993 oder das Postpersonalrechtsgesetz (PostPersRG) vom 14.9.1994, vgl. FESTL, BetrVG, § 21a Rn. 2.

[334] *Gussen/Dauck*, Weitergeltung, Rn. 63 ff.; *Hergenröder*, AP Nr. 7 zu § 77 BetrVG

Absicht zu Grunde, durch die individualrechtlich wirkende Transformation eine mögliche Beeinträchtigung der verfassungsrechtlich garantierten Koalitionsfreiheit des Erwerbers zu verhindern. Diese verfassungsrechtlichen Bedenken bestehen naturgemäß aber nicht für Betriebsvereinbarungen und stehen einer kollektivrechtlichen Fortgeltung daher nicht entgegen.[335] Der Betriebsinhaber kann sich überdies regelmäßig von einer normativ weiter geltenden Betriebsvereinbarung durch Kündigung nach § 77 Abs. 5 BetrVG lösen. Gegebenenfalls kann die Fortgeltung sogar im Interesse des Erwerbers sein, da so auch nach dem Betriebsübergang neu eintretende Arbeitnehmer der normativen Wirkung der Betriebsvereinbarung unterfallen.[336]

Trotz Wahrung der Betriebsidentität gilt eine Betriebsvereinbarung aber nicht weiter, wenn sie nach dem Willen der Betriebspartner nicht auf die Übertragung auf den Betriebsnachfolger ausgerichtet ist. Dies ist durch Auslegung der Vereinbarung zu ermitteln und gilt insbesondere für solche Betriebsvereinbarungen, die speziell auf die Bedürfnisse des abgebenden Arbeitgebers zugeschnitten sind. Eine Weitergeltung kommt so nicht in Betracht, wenn die Betriebsvereinbarung überbetriebliche Sozialeinrichtungen oder Beteiligungen der Arbeitnehmer an Gewinn oder Vermögen des übertragenden Unternehmens betrifft.[337] Außerdem kann eine Weitergeltung der Betriebsvereinbarung bei Übertragung auf einen Betrieb außerhalb des Geltungsbereichs des BetrVG – insbesondere auf einen öffentlich-rechtlichen oder kirchlichen Träger – nicht angenommen werden.[338] Dies ergibt sich bereits aus systematischen Gründen, da § 613a BGB als Norm des Individualarbeitsrechtes nur die Rechte und Pflichten aus den zum Veräußerer bestehenden Arbeitsverhältnissen und keineswegs die gesetzlich angeordnete Betriebsverfassung auf den Erwerber übertragen kann.[339] Auch scheidet eine originäre Anwendbarkeit der Betriebsvereinbarung aus, da diese nach der Übertragung nicht mehr von der Gestaltungswirkung des § 77 Abs. 4 S. 1 BetrVG erfasst wird.

1972 Betriebsvereinbarung, Bl. 8; *Mues*, DB 2003, S. 1273, 1274.

[335] *Müller*, RdA 1996, S. 287, 288; MüKo^3-*Schaub*, BGB, § 613a Rn. 145; *Seiter*, Betriebsinhaberwechsel, S. 96 f.

[336] *Hanau/Vossen*, FS Hilger/Stumpf, S. 271, 275; MüKo^3-*Schaub*, BGB, § 613a Rn. 145.

[337] *Hanau/Vossen*, FS Hilger/Stumpf, S. 271, 276; *Hergenröder*, AR-Blattei-SD, 500.1 Betriebsinhaberwechsel, Rn. 534.

[338] BAG, Beschluss vom 9.2.1982, AP Nr. 24 zu § 118 BetrVG 1972 = DB 1982, S. 1414, 1415; Erman-*Edenfeld*, BGB, § 613a Rn. 75; *Hergenröder*, AR-Blattei-SD, 500.1 Betriebsinhaberwechsel, Rn. 535.

[339] BAG, Beschluss vom 9.2.1982, AP Nr. 24 zu § 118 BetrVG 1972 = DB 1982, S. 1414, 1415.

bb. Fortführung eines Betriebsteils als eigenständiger Betrieb

Umstritten ist der Umfang der kollektivrechtlichen Fortgeltung, wenn ein Betriebsteil ausgegliedert und nach Übertragung auf den Erwerber als eigenständiger Betrieb fortgeführt wird. Durch diese Umstrukturierung wird die Identität des ursprünglichen Betriebes aufgelöst und eine neue Betriebsidentität des veräußerten Betriebsteils begründet.

(1) Meinungsstand

Nach einem jüngeren Urteil des Bundesarbeitsgerichts vom 18.9.2002 kann auch in dieser Konstellation eine normative Fortgeltung der im ursprünglichen Betrieb geltenden Betriebsvereinbarungen angenommen werden.[340] Dies ergibt sich aus dem infolge der Betriebsaufspaltung gemäß § 21a Abs. 1 BetrVG zu Gunsten des Betriebsrates des ursprünglichen Betriebes bestehenden Übergangsmandates. Mit dieser andauernden Berechtigung des Betriebsrates korrespondiert die normative Weitergeltung der in seinen Zuständigkeitsbereich fallenden Betriebsvereinbarungen, zumal diese häufig auch unter seiner Mitwirkung geschlossen wurden.[341] Da § 613a Abs. 1 BGB gleichermaßen die rechtsgeschäftliche Übertragung von Betrieben und Betriebsteilen umfasst, bedeutet dies für die Rechtsstellung des Erwerbers nur eines Betriebsteiles, dass er ebenso wie der Erwerber eines Betriebes an die fortgeltenden Betriebsvereinbarungen gebunden ist.[342] Im Übrigen betrifft die Betriebsvereinbarung auch nach der Abspaltung dieselbe Anzahl von Arbeitnehmern wie vor der Spaltung. Lediglich die Zahl der betroffenen Organisationseinheiten hat sich vergrößert. Eine Betriebsvereinbarung findet aber ohne einen Betriebsübergang auch dann noch Anwendung, wenn ihr betrieblicher Geltungsbereich etwa durch Stilllegung von Teilen des Betriebes verkleinert wird. Gleiches muss damit auch für eine Veränderung des Geltungsbereichs der Betriebsvereinbarung als Folge eines Betriebsteilüberganges gelten.[343] Eine

---

[340] BAG, Urteil vom 18.9.2002, AP Nr. 93 zu § 77 BetrVG 1972 = NZA 2003, S. 670, 675; Für eine normative Fortgeltung ebenfalls: DKK-*Berg*, BetrVG, § 77 Rn. 51; GK-*Kreutz*, BetrVG, § 77 Rn. 394; *ders.*, FS 50 Jahre BAG, S. 993, 1005 f.; *Richardi*, BetrVG, § 77 Rn. 213; FESTL, BetrVG, § 77 Rn. 174; MünchHb-*Wank*, § 124 Rn. 201; Kittner/Zwanziger-*Bachner*, § 116 Rn. 8; *Mues*, DB 2003, S. 1273, 1276; *Bachner*, NJW 2003, S. 2861, 2863 f.; *Wahlig/Witteler*, AuA Nr. 2/2004, S 14, 16; *Meyer*, SAE 2003, S. 310, 312; Moll-*Cohnen/Tepass*, MAH Arbeitsrecht, § 51 Rn. 37 f.

[341] BAG, Urteil vom 18.9.2002, AP Nr. 93 zu § 77 BetrVG 1972 = NZA 2003, S. 670, 675; FESTL, BetrVG, § 77 Rn. 174; Kittner/Zwanziger-*Bachner*, § 116 Rn. 8; *Mues*, DB 2003, S. 1273, 1276; GK-*Kreutz*, BetrVG, § 77 Rn. 394; *ders.*, FS 50 Jahre BAG, S. 994, 1010 ff.; *Bachner*, NJW 2003, S. 2861, 2863.

[342] GK-*Kreutz*, BetrVG, § 77 Rn. 394.

[343] *Mues*, DB 2003, S. 1273, 1276. Ähnlich *Kreutz*, FS 50 Jahre BAG, S. 994, 1007 f., nach dem das Kriterium der Betriebsidentität zur Begründung der Kollektivwirkung von

kollektivrechtliche Weitergeltung bei der Fortführung von Teilbetrieben hat außerdem praktische Vorteile, da eine Abänderung der Betriebsvereinbarung bereits zum Zeitpunkt des Betriebsübergangs durch Vereinbarung mit dem Betriebsrat des Restbetriebes, der sich auf sein Übergangsmandat nach § 21a BetrVG stützt, erfolgen kann.[344] Vereinzelt wird vertreten, dass eine Betriebsvereinbarung sogar dann kollektivrechtlich fortgelten könne, wenn der übertragene Betriebsteil in den Betrieb des Erwerbers eingegliedert wird. Ausreichend ist hierfür, dass der ursprüngliche Anwendungsbereich der Betriebsvereinbarung auch im Erwerberbetrieb existiere und identifizierbar sei. Dies kann sogar bei weiterer Unterteilung des Betriebsteiles und Zuordnung der Betriebsteilfragmente zu verschiedenen Betrieben und Betriebsteilen des Erwerberbetriebs der Fall sein.[345]

Die Gegenauffassung[346] lehnt eine normative Fortgeltung für den Betriebsteil ab, da die Ausgliederung eines Betriebsteils die betriebliche Identität aufhebt und so das nach der bisherigen Rechtsprechung des BAG und der überwiegenden Zahl der Literaturstimmen für die kollektivrechtliche Weitergeltung der Betriebsvereinbarung entscheidende Merkmal wegfällt. Aus der Abspaltung eines Betriebsteiles vom Ursprungsbetrieb resultieren mehrere nebeneinander stehende betriebliche Einheiten, die so schon begrifflich der Annahme einer Betriebsidentität entgegen stehen.[347] Die Rechtsprechung des BAG wird daher von der ablehnenden Literatur als eine stillschweigende Abkehr vom Erfordernis der identitätswahrenden Betriebsübertragung[348] bzw. als Ausweitung des Identitätsbegriffs[349] bewertet. Daneben wird an dieser Rechtsprechung kritisiert, dass sie mit betriebsverfassungsrechtlichen Grundsätzen nicht vereinbar ist: Im Falle eines Betriebsteilübergangs geht bei einer Veränderung der betrieblichen Organisationsstruktur der Betrieb als Gestaltungsobjekt der kollektiven Ordnung verloren, so dass auch der Anknüpfungspunkt

---

Betriebsvereinbarungen ohnehin ungeeignet, da bei jeder betrieblichen Umstrukturierung die betriebliche Identität verloren geht.

[344] *Meyer*, SAE 2003, S. 310, 312.

[345] *Mues*, DB 2003, S. 1273, 1276 f.

[346] *Moll*, RdA 1996, S. 275; *Preis/Richter*, ZIP, 2004, S. 925, 928 ff.; *Preis/Steffan*, FS Kraft, S. 477, 481; MüKo-*Müller-Glöge*, BGB, § 613a Rn. 149; *Rieble/Gutzeit*, NZA 2003, S. 233, 237; *Müller*, RdA 1996, S. 287, 291; *Hohenstatt/Müller-Bonanni*, NZA 2003, S. 766, 770; *Lindemann/Simon*, BB 2003, S. 2510, 2511; Willemsen-*Hohenstatt*, Umstrukturierung, Rn. E 17 ff.; Erman-*Edenfeld*, BGB, § 613a Rn. 74; *Haag*, Umstrukturierung, S. 91 f.; *Lambrich/Trappehl*, Tarifflucht, S. 190 f.; *Thüsing*, DB 2004, S. 2474, 2477 f.

[347] *Lindemann/Simon*, BB 2003, S. 2510, 2511; *Preis/Richter*, ZIP 2004, S. 925, 928.

[348] Willlemsen-*Hohenstatt*, Umstrukturierung, Rn. E 17; *Hohenstatt/Müller-Bonanni*, NZA 2003, S. 766, 769; *Rieble/Gutzeit*, NZA 2003, S. 233, 237 f.

[349] *Preis/Richter*, ZIP 2004, S. 925, 929; vgl. auch *Wahlig/Witteler*, AuA Nr. 2/2004, S 14, 16.

für die Betriebsvereinbarung nicht mehr besteht.[350] Der neue Inhaber des Betriebsteiles rückt zudem nicht in die betriebsverfassungsrechtliche Stellung des bisherigen Betriebsinhabers ein, da der Ursprungsbetrieb auch ohne den ausgegliederten Betriebsteil weiter besteht. Damit kann der Erwerber des Betriebsteils nicht Partei der Betriebsvereinbarung werden. Eine Vervielfältigung der Parteistellungen bzw. Erweiterung des Anwendungsbereichs einer Betriebsvereinbarung „im Wege einer Art Zellteilung“[351] wird in § 613a BGB nicht angeordnet und ist im Ergebnis mit rechtsgeschäftlichen Grundsätzen nur schwer zu vereinbaren.[352] Daneben lässt sich eine kollektive Weitergeltung auch nicht auf § 21a BetrVG stützen. Diese Vorschrift ist ihrem Sinn und Zweck nach darauf angelegt, für die Zeit bis zur Neuwahl eines Betriebsrates eine betriebsratlose Zeit zu verhindern. Damit handelt es sich um ein Instrument der institutionellen Absicherung, die keine Aussage über das rechtliche Schicksal einer Betriebsvereinbarung trifft.[353]

(2) Stellungnahme

Dass sich die Annahme einer kollektivrechtlichen Fortgeltung von Betriebsvereinbarungen auch im übertragenen Betriebsteil mit den bisher von der Rechtsprechung und der herrschenden Lehre entwickelten Grundsätzen zur Weitergeltung von Betriebsvereinbarungen bei der identitätswahrenden Übertragung eines Betriebes nur schwer vereinbaren lässt, ist augenscheinlich und wird auch teilweise von den Befürwortern der Entscheidung des BAG vom 18.9.2002 so gesehen.[354] Inwieweit hierin der bestehende Identitätsbegriff aufgegeben oder erweitert wird, kann vernachlässigt werden, da die Auffassung des BAG schon aus allgemeinen betriebsverfassungsrechtlichen Erwägungen abzulehnen ist. Zunächst widerspricht die Ansicht der Rechtsprechung der grundsätzlichen Konzeption der Betriebsvereinbarung als Gestaltungsmittel der betrieblichen Ordnung. Die Betriebsvereinbarung dient der Festlegung innerbetrieblicher Arbeitsbedingungen für die Gesamtzahl der im Betrieb beschäftigten Arbeitnehmer. Damit ersetzt sie nicht nur solche Anordnungen, die der Arbeitgeber ansonsten auf Grund seines Direktionsrechtes durchsetzen könnte, sondern auch eine Vielzahl nicht erzwingbarer einzelver-

---

[350] *Hohenstatt/Müller-Bonanni*, NZA 2003, S. 766, 769 f.; *Preis/Richter*, ZIP 2004, S. 925, 929 f.

[351] *Hohenstatt/Müller-Bonanni*, NZA 2003, S. 766, 770.

[352] *Hohenstatt/Müller-Bonanni*, NZA 2003, S. 766, 770; *Preis/Richter*, ZIP 2004, S. 925, 930; *Müller*, RdA 1996, S. 287, 291.

[353] *Preis/Richter*, ZIP 2004, S. 925, 929; *Gaul*, Arbeitsrecht; § 25 Rn. 119; *Lindemann/Simon*, BB 2003, S. 2510, 2511; *Thüsing*, DB 2004, S. 2474, 2477 f.; Willemsen-*Hohenstatt*, Umstrukturierung, Rn. E 18; ähnlich MüKo-*Müller-Glöge*, BGB, § 613a Rn. 149.

[354] Vgl. *Bachner*, NJW 2003, S. 2861, 2864; kritisch auch *Meyer*, SAE 2003, S. 310, 311.

traglicher Vereinbarungen. Aus diesem Grund ist die personale Verbundenheit von Belegschaft und Betrieb von entscheidender Bedeutung.[355] Dies zeigt sich auch darin, dass sich der Geltungsbereich einer Betriebsvereinbarung in räumlicher Hinsicht grundsätzlich auf den Betrieb als Zuständigkeitsbereich des abschließenden Betriebsrats und auf die in diesem Zuständigkeitsbereich bestehenden Arbeitsverhältnisse bezieht.[356] Damit verliert die Betriebsvereinbarung ihren Anknüpfungspunkt, wenn der Betrieb in seiner bisherigen Gestalt nicht mehr erhalten bleibt.

Die Annahme einer kollektivrechtlichen Weitergeltung in Betriebsteilen korrespondiert ferner nicht mit der Funktion des Übergangsmandats des Betriebsrates aus § 21a BetrVG. Das Übergangsmandat ist im Gegensatz zum allgemeinen Betriebsratsmandat zeitlich begrenzt und soll eine Lücke schließen, die im Anschluss an eine betriebliche Umstrukturierung auf Grund des Fortfalls des Betriebsrates entsteht.[357] In der Übergangsphase nimmt der Betriebsrat die kollektiven Rechte der Belegschaft wahr. Im Zuge einer Umstrukturierung ergeben sich diese zumeist durch mitbestimmungsrelevante Maßnahmen des Arbeitgebers wie etwa Kündigungen oder Betriebsänderungen. Außerdem obliegt dem Übergangsbetriebsrat, wie auch § 21a Abs. 1 S. 2 BetrVG verdeutlicht, die Organisation der Wahlen zum neuen Betriebsrat.[358] Mit der Einführung des zeitlich befristeten Übergangsmandats in § 21a BetrVG zeigt der Gesetzgeber also, dass er der Schaffung einer neuen betrieblichen Arbeitnehmervertretung, die den veränderten Betriebsstrukturen gerecht wird, gegenüber der Amtskontinuität des Ursprungsbetriebsrates den Vorzug gibt.[359] Damit wird für die in § 21a BetrVG geregelten Fälle der Spaltung

---

[355] *Weber/Ehrich/Hörchens/Oberthür*, Teil F, Rn. 2; Jaeger/Röder/Heckelmann-*Lambrich*, Kapitel 7, Rn. 3; GK-*Kreutz*, BetrVG, § 77 Rn. 30; FESTL, BetrVG, § 77 Rn. 12.

[356] *Weber/Ehrich/Hörchens/Oberthür*, Teil F, Rn. 38; Jaeger/Röder/Heckelmann-*Lambrich*, Kapitel 7, Rn. 125; GK-*Kreutz*, BetrVG, § 77 Rn. 190. Ausnahmsweise kann so eine normative Fortgeltung allenfalls dann bejaht werden, wenn der räumliche Geltungsbereich einer Betriebsvereinbarung ausdrücklich auf einen bestimmten Betriebsteil einschließlich der hierin beschäftigten Arbeitnehmer beschränkt ist und dieser vollständig auf einen neuen Inhaber übertragen wird. Daneben gibt es auch im persönlichen Geltungsbereich Ausnahmen von der Betriebsbezogenheit einer Betriebsvereinbarung beispielsweise für ausgeschiedene Versorgungsberechtigte, siehe dazu oben S. 14 ff.

[357] Bundestags-Drucksache Nr. 14/5741, S. 39.

[358] *Müller*, RdA 1996, S. 287, 291; FESTL, BetrVG, § 21a Rn. 21.

[359] So noch zutreffend GK-*Kreutz*, BetrVG, § 21a Rn. 16, der jedoch mittlerweile mit der Einführung des Übergangsmandats in § 21a BetrVG einen „Prioritätenwechsel" dergestalt annimmt, dass die Amtskontinuität Vorrang vor der Berücksichtigung neuer Betriebsstrukturen erhält, vgl. *Kreutz*, FS BAG 50 Jahre BAG, S. 994, 1011. Dem Gesetzgeber kann aber die Absicht, einen derartigen programmatischen Wechsel vorzunehmen, nicht unterstellt werden: Im Gegenteil war die Normierung eines Übergangsmandats gerade erforderlich, um eine Lücke zu schließen, die durch den mit dem Verlust der Betriebsidentität verbundenen Fortfall der betriebsverfassungsrechtlichen Interessenvertretung im über-

oder Zusammenlegung von Betrieben eine Fortdauer der Betriebsverfassung nicht indiziert, so dass diese Norm ebenso wenig einen Rückschluss auf die normative Weitergeltung von Betriebsvereinbarungen erlaubt. Im Gegenteil spricht der Sinn und Zweck des Übergangsmandates gegen die Aufrechterhaltung der bisher im Ausgangsbetrieb bestehenden kollektiven Ordnung. Die Entscheidung, ob mit der Wahl eines neuen Betriebsrates überhaupt eine den neuen Betriebsstrukturen entsprechende betriebliche Ordnung errichtet wird, wird in die Hände der Belegschaft gelegt. Die Entscheidung, wie diese betriebliche Ordnung aussieht, obliegt einem dann noch zu wählenden Betriebsrat. Der hiermit verbundene Neuabschluss von Betriebsvereinbarungen steht einer normativen Fortgeltung bereits im ursprünglichen Betrieb bestehender Betriebsvereinbarungen entgegen.[360]

Zudem ist eine normative Fortgeltung von Betriebsvereinbarungen angesichts der europarechtlichen Vorgabe, den Besitzstand der Arbeitnehmer auch im Falle des Übergangs eines Betriebsteiles zu wahren, nicht erforderlich, da dies durch die individualrechtliche Transformation nach § 613a Abs. 1 S. 2 BGB gewährleistet ist. Zwar vertritt *Mues* die Auffassung, die umfangreiche kollektivrechtliche Weitergeltung von Betriebsvereinbarungen beim Betriebs- oder Betriebsteilübergang mache den Rückgriff auf einen kollektivrechtlichen Änderungsvorbehalt, wie er von Rechtsprechung und herrschender Meinung im Fall der individualrechtlichen Transformation angenommen wird, entbehrlich.[361] Dieser Auffassung ist jedoch zu entgegnen, dass im Gegenteil die Annahme einer kollektivrechtlichen Fortgeltung selbst in Betriebsteilbruchstücken, die jegliche Identität mit der ursprünglichen betrieblichen Struktur vermissen lassen, angesichts der kollektivrechtlichen Änderungsmöglichkeiten nicht erforderlich ist.

cc. Eingliederung eines Betriebs oder Betriebsteils in einen anderen Betrieb

Vereinzelt wird sogar bei Eingliederung eines Betriebes oder Betriebsteils in einen anderen Betrieb eine kollektivrechtliche Fortgeltung von Betriebsvereinbarungen angenommen, da trotz Verlust der Betriebsidentität der ursprüngliche Geltungsbereich der Betriebsvereinbarung auch im zusammengeführten Betrieb weiterhin bestehe und identifizierbar sei. Begründet wird dies damit, dass die Eingliederung keinen der bekannten Beendigungstatbestände einer Betriebsvereinbarung – Zeitablauf, Zweckerreichung, Kündigung, Ablösung oder Betriebsuntergang – verwirkliche. Außerdem sei diese Situation vergleichbar mit einer im Geltungsbereich auf einen Betriebsteil beschränkten

---

tragenen Betriebsteil entstanden war.

360 Ähnlich *Thüsing*, DB 2004, S. 2474, 2477 f.

361 *Mues*, DB 2003, S. 1273, 1277.

Betriebsvereinbarung.[362] Gegen diese Ansicht spricht jedoch, dass der Geltungsbereich der Betriebsvereinbarung und die betriebliche Identität grundsätzlich untrennbar miteinander verbunden sind und damit mit dem Verlust der Identität auch der Geltungsbereich einer Betriebsvereinbarung wegfällt.[363] Überdies wird durch diese Auffassung, die im Ergebnis die Identität eines Betriebes trotz Eingliederung künstlich aufrechterhält, neben mehreren parallel bestehenden Betrieben und einem Einzelbetrieb eine neue Kategorie geschaffen: Die eines in einem Betrieb eigenständig existierenden Subjektes, dem ein identifizierbarer betrieblicher Geltungsbereich zugeordnet ist. Die Schöpfung eines neuen Bezugsobjektes der normativen Wirkung einer Betriebsvereinbarung ist aber zum einen aus rechtlichen Gesichtspunkten nicht erforderlich, da auch nach der Transformation der Betriebsvereinbarung in die Einzelarbeitsverhältnisse der betroffenen Mitarbeiter kollektivrechtliche Änderungs- und Vereinheitlichungsinstrumente bestehen. Zudem führt eine normative Weitergeltung bei der Zusammenlegung von Betrieben zu Konkurrenzproblemen, wenn im aufnehmenden Betrieb bereits eine Betriebsvereinbarung zum selben Regelungsgegenstand besteht.[364] Zum anderen bestehen erhebliche praktische Bedenken, wenn etwa durch Änderungen der personellen Struktur oder durch Zusammenlegung sächlicher Betriebsmittel der aufnehmende Betrieb und der übertragene Betrieb oder Betriebsteil derartig miteinander vermischt werden, dass eine Identifizierbarkeit der ursprünglichen betrieblichen Einheiten nicht mehr gegeben ist. Schließlich gelten hinsichtlich des bei einer Zusammenlegung von Betrieben gemäß § 21a Abs. 2 BetrVG bestehenden Übergangsmandats ähnliche Erwägungen wie zum Betriebsteilübergang: Die Übernahme von Betriebsvereinbarungen des Veräußerers ist mit dem Sinn und Zweck des Übergangsmandates, die Funktionsfähigkeit der Betriebsverfassung im Übergangszeitraum sicherzustellen, nicht zu vereinbaren.[365]

dd. Kriterium der Betriebsidentität

Der Ausgestaltung des Begriffs der Betriebsidentität wird bei der Frage der Fortgeltung von Betriebsvereinbarungen bei Übertragung von Betrieben oder Betriebsteilen jedoch bemerkenswert wenig Raum zugemessen. Insbesondere die Rechtsprechung enthält sich in den entsprechenden Entscheidungen einer genaueren Bestimmung dieses für die kollektive Fortgeltung so wesentlichen

---

[362] *Mues*, DB 2003, S. 1273, 1275; ähnlich *Bachner*, NJW 2003, S. 2861, 2865; GK-*Kreutz*, § 77 Rn. 376 f.

[363] Moll-*Cohnen/Tepass*, MAH Arbeitsrecht, § 51 Rn. 41.

[364] Vgl. etwa *Rieble/Gutzeit*, NZA 2003, S. 233, 237; *Röder/Hausmann*, DB 1999, S. 1754, 1757 f.

[365] Vgl. ausführlich S. 159 f.

Kriteriums: So wird lediglich festgestellt, dass der Betrieb bei Verlust seiner Identität nicht mehr weiter besteht.[366] Beispielhaft wird zur Konkretisierung dieser Negativabgrenzung der Identitätsverlust durch Eingliederung in einen bestehenden Betrieb, durch Zusammenlegung mit einem anderen Betrieb oder durch Spaltung in mehrere selbstständige Betriebe genannt.[367] Die vernachlässigende Behandlung des Identitätsbegriffs hat ihre Ursache mutmaßlicherweise darin, dass für den Großteil der Fälle, in denen Betriebe oder Betriebsteile übertragen werden, eindeutig ersichtlich ist, ob die Betriebsidentität erhalten bleibt.[368] Zudem wird das Kriterium der betrieblichen Identität vielfach in anderem Zusammenhang, nämlich im Rahmen des Übergangsmandats des Betriebsrates gemäß § 21a BetrVG, diskutiert.[369]

Ausgangspunkt zur Bestimmung der Betriebsidentität ist der allgemeine Betriebsbegriff der organisatorischen Einheit, innerhalb der ein Unternehmer mit Hilfe von sächlichen und immateriellen Mitteln arbeitstechnische Ziele verfolgt.[370] Für die identitätswahrende Übertragung wird dabei auf die Einheit der materiellen und immateriellen Betriebsmittel als wesentliches Substrat des Betriebes abgestellt. Diesbezüglich findet die räumliche Verbundenheit zwischen Betriebsstätte, den sachlichen Betriebsmitteln und der Belegschaft, die sich auf eine einheitliche Organisations- und Leitungsmacht stützen kann, besondere Beachtung.[371]

Preis und *Richter* ziehen zur Bestimmung der Betriebsidentität die Voraussetzungen der normativen Wirkung aus § 77 Abs. 4 BetrVG heran. Die unmittelbare und zwingende Wirkung einer Betriebsvereinbarung beruht auf

---

[366] BAG, Beschluss vom 5.2.1991, AP Nr. 89 zu § 613a BGB, NZA 1991, S. 639, 641; Urteil vom 27.7.1994, AP Nr. 118 zu § 613a BGB = NZA 1995, S. 222, 225.

[367] FESTL, BetrVG, § 77 Rn. 170; *Müller*, RdA 1996, S. 287, 289; *Henssler*, NZA 1994, S. 913, 918; vgl. auch BAG, Urteil vom 1.8.2001, AP Nr. 225 zu § 613a BGB = NZA 2002, S. 41, 43.

[368] Vgl. Willemsen-*Hohenstatt*, Umstrukturierung, Rn. D 68.

[369] Vgl. z.B. GK-*Kreutz*, BetrVG, § 21a Rn. 19 ff.; Richardi-*Thüsing*, BetrVG, § 21a Rn. 6; Willemsen-*Hohenstatt*, Umstrukturierung, Rn. D 68 ff.; FESTL, BetrVG, § 21a Rn. 7.

[370] *Picot/Schnitker*, Arbeitsrecht, Teil I, Rn. 249; Willemsen-*Hohenstatt*, Umstrukturierung, Rn. D 69; *Müller*, RdA 1996, S. 287, 289; *Wahrig/Witteler*, AuA Nr. 2/2004, S. 14 f.

[371] Willemsen-*Hohenstatt*, Umstrukturierung, Rn. D 69 ff.; *Wahrig/Witteler*, AuA Nr. 2/2004, S. 14 f.; *Heinze*, DB 1998, S. 1861, 1863; *Haag*, Umstrukturierung, S. 41 ff.; *Schiefer*, FS 50 Jahre BAG, S. 859, 873, der von einer Organisationsgewalt in personeller und sozialer Hinsicht spricht. Hinsichtlich der Belegschaftsstärke kann nach *Rieble* und *Gutzeit*, NZA 2003, S. 233, 234, zur Feststellung einer identitätsaufhebenden Veränderung die Regelung des § 13 Abs. 2 Nr. 1 BetrVG als Anhaltspunkt herangezogen werden, nach der eine Neuwahl des Betriebsrates durchzuführen ist, wenn die Zahl der beschäftigten Arbeitnehmer um die Hälfte – mindestens aber um 50 Arbeitnehmer – gestiegen oder gesunken ist.

einer Einigung zwischen dem Betriebsinhaber als Arbeitgeber und dem zuständigen Betriebsrat, die einen bestimmten Betrieb und die darin beschäftigten Arbeitnehmer betrifft. Bei einem Betriebsinhaberwechsel bleibt danach die betriebliche Identität erhalten, wenn die übrigen konstituierenden Faktoren – Betriebsrat, Betrieb und Belegschaft – im Wesentlichen diesen Wechsel überdauern. Das Ausscheiden des ehemaligen Arbeitgebers als Partei der Betriebsvereinbarung wird dabei gemäß § 613a Abs. 1 S. 1 BGB dadurch kompensiert, dass der Betriebserwerber in die betriebsverfassungsrechtliche Stellung des Veräußerers einrückt.[372] Trotz des abweichenden Ansatzes berücksichtigt auch diese Auffassung im Ergebnis als zentrales Abgrenzungskriterium zur Feststellung der Identitätswahrung maßgeblich die organisatorische Einheit des Betriebs. Das hierin enthaltene Merkmal der Verbundenheit der Arbeitnehmer im Geltungsbereich der Betriebsvereinbarung wird zum eigenständigen Kriterium hochgestuft. Die für den Abschluss einer Betriebsvereinbarung und damit für ihre normative Wirkung notwendige Voraussetzung eines bestehenden Betriebsrates ist demgegenüber für die Feststellung eines identitätswahrenden Betriebsübergangs zu vernachlässigen. Zum einen ist der Bestand eines Betriebsrats für die kollektive Fortgeltung einer Betriebsvereinbarung kein aussagekräftiges Kriterium, da die Wirksamkeit einer Betriebsvereinbarung nach ihrem Abschluss vom Fortbestand des Betriebsrats unabhängig ist.[373] Zum anderen folgt aus der Beibehaltung der Organisation eines Betriebes in seiner sächlichen und immateriellen Gesamtheit regelmäßig der Fortbestand des Betriebsratsamtes[374], so dass eine Parallelität dieser Abgrenzungskriterien anzunehmen ist.

Entscheidendes Abgrenzungsmerkmal für eine identitätswahrende Betriebsübertragung ist damit der Fortbestand der betrieblichen Organisation, was insbesondere unter Berücksichtigung der Einheitlichkeit von sächlichen Betriebsmittel, der Belegschaft sowie der Leitungsmacht zu beurteilen ist. Da bei der Beurteilung des Merkmals der Betriebsidentität somit eine Vielzahl

---

[372] *Preis/Richter*, ZIP 2004, S. 925, 928; vgl. zur Nachfolge des Betriebserwerbers in die betriebsverfassungsrechtliche Position des Veräußereres: *Hohenstatt/Müller-Bonanni*, NZA 2003, S. 766, 769; *Mues*, DB 2003, S. 1273, 1274; BAG, Beschluss vom 5.2.1991, AP Nr. 89 zu § 613a BGB = NZA 1991, S. 639, 641; Urteil vom 27.7.1994, AP Nr. 118 zu § 613a BGB = NZA 1995, S. 222, 225.

[373] So führt auch der Fortfall des Betriebsrates nicht zur Unwirksamkeit einer von ihm abgeschlossenen Betriebsvereinbarung, vgl. FESTL, BetrVG, § 77 Rn. 175; GK-*Kreutz*, BetrVG, § 77 Rn. 383; DKK-*Berg*, BetrVG, § 77 Rn. 52. Des Weiteren müssen Betriebsratsamt und Wirkungsdauer einer Betriebsvereinbarung schon deshalb getrennt voneinander beurteilt werden, da eine Betriebsvereinbarung auch über die Dauer der Amtszeit des Betriebsrates hinaus abgeschlossen werden kann.

[374] Vgl. BAG, Beschluss vom 5.6.2002, AP Nr. 11 zu § 47 BetrVG 1972 = NZA 2003, S. 336 f.

einzelner Kriterien zu berücksichtigen ist, lässt sich eine abstrakte Bestimmung aber nicht treffen. Vielmehr gebietet sich eine Feststellung der Identitätswahrung bzw. des Identitätsverlustes anhand einer Gesamtschau aller Umstände des Einzelfalles.[375]

ee. Ergebnis

Eine Betriebsvereinbarung des Veräußerers gilt nach einem Betriebsübergang nur dann kollektivrechtlich fort, wenn der Betrieb unter Wahrung seiner Identität auf den neuen Betriebsinhaber übertragen wird. Wird diese Identität insbesondere durch die Ausgliederung eines Betriebsteils aufgebrochen oder durch die vollständige Eingliederung eines Betriebs in eine bestehende betriebliche Organisation aufgehoben, wird die Betriebsvereinbarung gemäß § 613a Abs. 1 S. 2 BGB in die Einzelarbeitsverhältnisse der betroffenen Arbeitnehmer transformiert.

b. Gesamtbetriebsvereinbarungen

Die gesetzliche Regelung des § 613a Abs. 1 BGB betrifft nicht nur die in den übertragenen Betrieben oder Betriebsteilen geltenden Einzelbetriebsvereinbarungen, sondern ist grundsätzlich auch auf Konzern- oder Gesamtbetriebsvereinbarungen anzuwenden. Inwieweit jedoch eine der Transformationswirkung des § 613a Abs. 1 S. 2 BGB vorrangige Aufrechterhaltung der kollektivrechtlichen Wirkung einer Gesamtbetriebsvereinbarung in Betracht kommt, ist Gegenstand einer bislang in der arbeitsrechtlichen Literatur kontrovers geführten Diskussion, die durch eine jüngere, grundlegende Entscheidung des BAG[376] neu angefacht worden ist. Die Auseinandersetzung kreist im Wesentlichen um die Frage, ob und in welchem Umfang die bereits dargestellten Grundsätze zur Betriebsidentität auf mehrere in einem Unternehmensverbund zusammengeschlossene Betriebe übertragen werden können.

Aus der Diskussion um die kollektivrechtliche Fortgeltung werden regelmäßig solche Gesamtbetriebsvereinbarungen ausgenommen, für die sich die Zuständigkeit des Gesamtbetriebsrates nach § 50 Abs. 2 BetrVG ergibt. Hierbei handelt es sich um eine Betriebsvereinbarung, die der Gesamtbetriebsrat nur anstelle der Einzelbetriebsräte und auf Grund einer durch diese erfolgten Zuweisung abschließen kann. Damit hat sie die rechtliche Qualität einer Ein

[375] *Preis/Richter*, ZIP 2004, S. 925, 927; *Müller*, RdA 1996, S. 287, 289; Willemsen-*Hohenstatt*, Umstrukturierung, Rn. D 72; *Haag*, Umstrukturierung, S. 41 f.

[376] BAG, Beschluss vom 18.9.2002, AP Nr. 93 zu § 77 BetrVG = NZA 2003, S. 670.

zelbetriebsvereinbarung, für die die oben genannten Grundsätze Anwendung finden.[377]

aa. Beschluss des BAG vom 18.9.2002

Die Entscheidung des 1. Senates des Bundesarbeitsgerichtes vom 18.9.2002[378] betraf die Übertragung eines Betriebes und zweier abgespaltener Betriebsteile eines Unternehmens auf einen Rechtsträger, der bislang noch keinen eigenständigen Betrieb geführt hatte. Im abgebenden Unternehmen bestand ein Gesamtbetriebsrat sowie eine als Gesamtbetriebsvereinbarung abgeschlossene "Betriebsordnung". Im aufnehmenden Unternehmen wurden die beiden übernommenen Betriebsteile als eigenständige Betriebe weitergeführt und ein Gesamtbetriebsrat gebildet. Im Rahmen der Beschlussentscheidung stellte das BAG für die Frage der Fortwirkung einer Gesamtbetriebsvereinbarung nach einem Betriebsübergang folgende Grundsätze auf, die jedenfalls bei der Übertragung auf einen bisher betriebslosen Erwerber Anwendung finden sollen:

- Bei der Übertragung des gesamten Unternehmens, d.h. aller Betriebe, besteht die Gesamtbetriebsvereinbarung kollektivrechtlich unverändert fort;
- bei der Übertragung eines einzelnen Betriebes des Unternehmensverbunds besteht die Gesamtbetriebsvereinbarung als Einzelbetriebsvereinbarung fort;
- bei der Übertragung mehrerer Betriebe des Unternehmensverbundes besteht die Gesamtbetriebsvereinbarung als solche kollektivrechtlich fort, wenn der Erwerber noch keinen eigenen Betrieb unterhält.

Zur Begründung führt der 1. Senat aus, dass die Übertragung sämtlicher Betriebe eines Unternehmens auf einen neuen Rechtsträger mit dem Inhaber-

---

377 Nahezu einhellige Auffassung in Literatur und Rechtsprechung, vgl. Willemsen-*Hohenstatt*, Umstrukturierung, Rn. E 50; *Bachner*, NJW 2003, S. 2861, 2862; *Röder/Haussmann*, DB 1999, S. 1754, 1755 f.; *Rieble/Gutzeit*, NZA 2003, S. 233, 236; *Preis/Richter*, ZIP 2004, S. 925, 937; *Hohenstatt/Müller-Bonanni*, NZA 2003, S. 766, 771; *Boecken*, Unternehmensumwandlungen, Rn. 161; *Meyer*, DB 2000, S. 1174, 1175; *Hergenröder*, AP Nr. 7 zu § 77 BetrVG 1972 Betriebsvereinbarung, Bl. 8 ff.; *Gaul*, Arbeitsrecht, § 25 Rn. 216; APS-*Steffan*, § 613a Rn. 121; *Picot/Schnitker*, Arbeitsrecht, Teil I, Rn. 258 f.; BAG, Beschluss vom 18.9.2002, AP Nr. 93 zu § 77 BetrVG 1972 = NZA 2003, S. 670, 673; Beschluss vom 12.11.1997, AP Nr. 2 zu § 58 BetrVG 1972 = NZA 1998, 497 (für die vergleichbare Regelung des § 58 Abs. 2 BetrVG auf der Ebene des Konzernbetriebsrats).

378 BAG, Beschluss vom 18.9.2002, AP Nr. 93 zu § 77 BetrVG 1972 = NZA 2003, S. 670; grundsätzlich zustimmend: *Bachner*, NJW 2003, S. 2861 ff.; *Wahlig/Witteler*, AuA Nr. 2/2004, S. 14 ff.; *Trittin*, AiB 2004, S. 43 f.; *Meyer*, SAE 2003, S. 310 ff.; *Schiefer*, FS 50 Jahre BAG, S. 859, 874 f.; *Thüsing*, DB 2004, S. 2474, 2480.

wechsel in einem einzigen Betrieb vergleichbar sei. Da sich der Regelungsbereich einer Gesamtbetriebsvereinbarung nicht verändert und auch die Annahme einer Fortgeltung des Amtes des Gesamtbetriebsrates nahe liegt, ist ein Rückgriff auf § 613a Abs. 1 S. 2 BGB entbehrlich, so dass eine Fortwirkung der Gesamtbetriebsvereinbarungen gegenüber dem neuen Rechtsträger angenommen werden kann.[379]

Hinsichtlich der Übertragung einzelner Betriebe eines Unternehmens stellt das BAG fest, dass die normative Fortgeltung einer Gesamtbetriebsvereinbarung – entsprechend der Normwirkung einer Einzelbetriebsvereinbarung – nicht abhängig vom Fortbestand oder der fortbestehenden Zuständigkeit des sie abschließenden Gesamtbetriebsrates sei. Die Kontinuität des Betriebsratsamtes ist bei der Übertragung eines oder mehrerer Betriebe eines Unternehmens kein Kriterium für den Fortbestand der normativen Wirkung einer Betriebsvereinbarung. Die Wirkung einer Betriebsvereinbarung knüpft an den Betrieb als Regelungsobjekt an und müsse damit unabhängig vom Fortbestand des abschließenden Betriebsrats als Regelungssubjekt beurteilt werden. Des Weiteren ist für die Fortgeltung einer Gesamtbetriebsvereinbarung wesentlich, dass sich ihr Geltungsbereich nicht auf das Unternehmen selbst, sondern jeweils auf die zugehörigen Einzelbetriebe erstreckt, so dass die Wahrung der organisatorischen Bindung der Betriebe als Unternehmen nicht erforderlich ist.[380] Daher kann auch bei der Übertragung nur eines einzigen Betriebes die Gesamtbetriebsvereinbarung als Einzelbetriebsvereinbarung normativ weitergelten.[381] Bei der Ausgliederung mehrerer – aber nicht aller – Betriebe eines Unternehmens ergibt sich dagegen eine normative Weitergeltung der Gesamtbetriebsvereinbarung als solche, wenn eine gesamtbetriebsratsfähige Anzahl von Betrieben ihre Identität bewahrt hat, so dass ein Bedarf an betriebsübergreifender Koordination besteht.[382] Da das "Regelungssubstrat" einer Gesamtbetriebsvereinbarung stets nur der einzelne Betrieb sei, nimmt das BAG eine normative Weitergeltung unabhängig vom Fortbestand der Identität des Unternehmens im Sinne einer Beibehaltung der Verbundenheit der Einzelbetriebe unter dem Dach des Unternehmens an. Als weitere Begründung wird angeführt, dass eine Gesamtbetriebsvereinbarung im Rest-

---

[379] BAG, Beschluss vom 18.9.2002, AP Nr. 93 zu § 77 BetrVG = NZA 2003, S. 670, 674; *Bachner*, NJW 2003, S. 2861, 2862.

[380] BAG, Beschluss vom 18.9.2002, AP Nr. 93 zu § 77 BetrVG = NZA 2003, S. 670, 674 f.; *Thüsing*, DB 2004, S. 2474, 2480.

[381] BAG, Beschluss vom 18.9.2002, AP Nr. 93 zu § 77 BetrVG = NZA 2003, S. 670, 674; *Wahlig/Witteler*, AuA Nr. 2/2004, S. 14, 16 f.

[382] BAG, Beschluss vom 18.9.2002, AP Nr. 93 zu § 77 BetrVG = NZA 2003, S. 670, 675; *Bachner*, NJW 2003, S. 2861, 2863 f.; *Wahlig/Witteler*, AuA Nr. 2/2004, S. 14, 15 f. Damit kommt eine Einschränkung der kollektivrechtlichen Fortgeltung in Betracht, wenn dieser betriebsübergreifende Regelungsbedarf ausnahmsweise fortfällt, vgl. *Bachner*, aaO.

unternehmen ohne Verlust ihres Status unstreitig wirksam bleibe, wenn durch die Veräußerung oder Stilllegung einzelner Betriebe der Unternehmensverbund aufgebrochen und verändert wird.[383] Daher ist auch für die Fortgeltung von Gesamtbetriebsvereinbarungen nach der Rechtsprechung des BAG die Wahrung der Identität der einzelnen Betriebe oder Betriebsteile und nicht ihre Zugehörigkeit zu einem Unternehmen entscheidend.[384]

Von der diese Entscheidung begrüßenden Literatur wird zusätzlich angemerkt, dass sie sich für den Erwerber nicht nachteilig auswirke; im Gegenteil kann der Erwerber eines aus einem Unternehmen ausgegliederten Betriebes eine nunmehr als Einzelbetriebsvereinbarung fortgeltende freiwillige Gesamtbetriebsvereinbarung – anders als bei der mit einer individualrechtlichen Transformation einhergehenden einjährigen Veränderungssperre – gemäß § 77 Abs. 5 BetrVG jederzeit durch Kündigung beseitigen.[385] Zudem wird die bislang umstrittene Rechtslage durch die Rechtsprechung geklärt, was ebenso wie die damit verbundene Stärkung der Beteiligungsmöglichkeiten der Betriebspartner die Durchführung betrieblicher Umstrukturierungsmaßnahmen für die Praxis erleichtert.[386]

bb. Kritik

Die Entscheidung des Bundesarbeitsgerichtes hat durch die arbeitsrechtliche Literatur aber auch einige Kritik erfahren.[387] Vor allem wird bemängelt, dass diese Rechtsprechung die mit der Gesamtbetriebsvereinbarung verbundenen rechtlichen Besonderheiten, wie etwa die Zuständigkeitsordnung zwischen Einzel- und Gesamtbetriebsrat oder die Willensbildung des Gesamtbetriebsrates, nicht hinreichend berücksichtige.

---

[383] BAG, Beschluss vom 18.9.2002, AP Nr. 93 zu § 77 BetrVG = NZA 2003, S. 670, 675; *Wahlig/Witteler*, AuA Nr. 2/2004, S. 14, 16.

[384] *Wahlig/Witteler*, AuA Nr. 2/2004, S. 14, 16.

[385] *Wahlig/Witteler*, AuA Nr. 2/2004, S. 14, 17. Die Autoren berücksichtigen jedoch nicht, dass das BAG, Urteil vom 14.8.2001, AP Nr. 85 zu § 77 BetrVG 1972 = NZA 2002, S. 276, 278 f – wenn auch in anderem Zusammenhang – bereits entschieden hat, dass der Bestand einer – nunmehr individualrechtlich wirkenden – Betriebsvereinbarung "nicht weiter geschützt sein kann, als er bei Fortbestehen der Betriebsidentität und kollektivrechtlicher Weitergeltung geschützt wäre." Konsequenterweise muss davon auch das Recht des Arbeitgebers zur Kündigung einer freiwilligen Betriebsvereinbarung umfasst sein, auch wenn diese nur noch individualrechtlich weitergilt. In dieser Hinsicht besteht damit kein Unterschied zwischen kollektivrechtlicher Fortgeltung und individualrechtlicher Transformation, vgl. *Bauer/von Steinau-Steinrück*, NZA 2000, S. 505, 508.

[386] *Wahlig/Witteler*, AuA Nr. 2/2004, S. 14, 18; *Bachner*, NJW 2003, S. 2861, 2862.

[387] *Preis/Richter*, ZIP 2004, S. 925, 931 ff.; *Grobys*, BB 2003, S. 1391, 1392; Willemsen-*Hohenstatt*, Umstrukturierung, Rn. E 49; *Lindemann/Simon*, BB 2003, S. 2510, 2512; *Hohenstatt/Müller-Bonanni*, NZA 2003, S. 766, 771; *Hergenröder*, AP Nr. 7 zu § 77 BetrVG 1972 Betriebsvereinbarung, Bl. 8 ff.

§ 50 Abs. 1 BetrVG setzt für die originäre und ausschließliche Zuständigkeit des Gesamtbetriebsrates einen Unternehmensbezug voraus, da diesem nur solche Angelegenheiten zugewiesen werden, die die einzelnen Betriebsräte innerhalb des ihnen jeweils eingeräumten betrieblichen Zuständigkeitsbereichs nicht regeln können. Der Regelungsgehalt einer Gesamtbetriebsvereinbarung geht damit gesetzesnotwendig nicht nur über den Einzelbetrieb hinaus, sondern macht eine Regelung, die auf einen einzelnen Betrieb bezogen ist, objektiv unmöglich.[388] Somit erfordert die kollektivrechtliche Weitergeltung einer Gesamtbetriebsvereinbarung neben dem Erhalt der Betriebsidentität einen Fortbestand des zwischen den einzelnen Betrieben bestehenden unternehmensspezifischen Zusammenschlusses.[389] Dieser ist insbesondere dann nicht gegeben, wenn ein einzelner Betrieb ausgegliedert wird und die Gesamtbetriebsvereinbarung nur noch als Einzelbetriebsvereinbarung fortgilt.[390]

Zudem korrespondiert der Prozess der Willensbildung des Gesamtbetriebsrates nicht mit der normativen Weitergeltung der Gesamtbetriebsvereinbarung: Gemäß §§ 51 Abs. 4, 33 Abs. 1 BetrVG beschließt der Gesamtbetriebsrat Betriebsvereinbarungen mit der Mehrheit der anwesenden Mitglieder, so dass die Vereinbarung auch gegen den ausdrücklichen Willen abweichender Einzelbetriebsräte zustande kommen kann.[391] Dies steht dann einer Fortgeltung der Gesamtbetriebsvereinbarung als Einzelbetriebsvereinbarung in den ablehnenden Betrieben entgegen, da diese nunmehr einer nicht erwünschten Bindung unterliegen.[392] Aber auch die Willensbildung des Arbeitgebers wird bei der Annahme einer normativen Fortgeltung nicht hinreichend beachtet, da eine originäre Zuständigkeit des Gesamtbetriebsrates nach § 50 Abs. 1 BetrVG – insbesondere in freiwilligen Angelegenheiten – häufig erst durch die Absicht des Arbeitgebers, eine einheitliche, für alle Betriebe geltende Regelung zu treffen, zu Stande kommt. So ist es durchaus möglich, dass die Belegschaft eines wenig ertragreichen oder defizitären Betriebes etwa Leistun-

---

[388] *Grobys*, BB 2003, S. 1391, 1392; ähnlich *Hergenröder*, AP Nr. 7 zu § 77 BetrVG 1972 Betriebsvereinbarung, Bl. 8, 11 f.

[389] *Preis/Richter*, ZIP 2004, S. 925, 932; *Grobys*, BB 2003, S. 1391, 1392; *Hohenstatt/Müller-Bonanni*, NZA 2003, S. 766, 771; *Hergenröder*, AP Nr. 7 zu § 77 BetrVG 1972 Betriebsvereinbarung, Bl. 8 ff.; Willemsen-*Hohenstatt*, Umstrukturierung, Rn. E 49.

[390] *Hergenröder*, AP Nr. 7 zu § 77 BetrVG 1972 Betriebsvereinbarung, Bl. 8, 11 f.; vgl. *Rieble/Gutzeit*, NZA 2003, S. 233, 236.

[391] Da gemäß § 47 Abs. 7 BetrVG das Stimmgewicht der jeweiligen Mitglieder des Gesamtbetriebsrates der Belegschaftsstärke der durch sie repräsentierten einzelnen Betriebe entspricht, ist es sogar denkbar (wenn auch wenig wahrscheinlich); dass die Gesamtbetriebsvereinbarung nur auf Betreiben der Vertreter eines einzigen Betriebes, dem mehr als die Hälfte der Gesamtbelegschaft im Unternehmen angehört, gegen den Widerstand aller anderen Betriebe zustande kommt.

[392] *Hohenstatt/Müller-Bonanni*, NZA 2003, S. 766, 771; *Preis/Richter*, ZIP 2004, S. 925, 932.

gen einer betrieblichen Altersversorgung vom Arbeitgeber nur deshalb erhält, weil die wirtschaftliche Gesamtsituation des Unternehmens dies zulässt, obwohl der Arbeitgeber diese Leistung für den Betrieb allein unter keinen Umständen vereinbart hätte.[393]

Darüber hinaus lässt sich die vom 1. Senat herangezogene Parallele der Fortgeltung von Gesamtbetriebsvereinbarungen im Restunternehmen bei Ausgliederung oder Stilllegung einzelner Betriebe nicht auf den Betriebsübergang übertragen. Zum einen betrifft die fortgeltende Betriebsvereinbarung Betriebe, die nach wie vor dem Unternehmen angehören, so dass gerade kein Betriebsübergang nach § 613a Abs. 1 BGB vorliegt. Zum anderen bleiben mit dem Arbeitgeber und dem Gesamtbetriebsrat die vertragsschließenden Parteien als Anknüpfungspunkte der normativen Wirkung der Gesamtbetriebsvereinbarung anders als beim Betriebsübergang bei der Ausgliederung einzelner Betriebe aus dem Unternehmen unverändert erhalten.[394] Auf der anderen Seite verlangt das BAG einen Bedarf an betriebsübergreifender Koordination als "Wesensmerkmal" der in Form einer Gesamtbetriebsvereinbarung getroffenen Regelung[395]. Diesem Koordinationsbedarf kann aber die fortgeltende Kollektivnorm selbst bei Übergang mehrerer Betriebe nicht gerecht werden, wenn nach einem Betriebsübergang auf Arbeitnehmerseite ein zuständiger Kooperationspartner fehle. Das Interesse von erwerbendem Unternehmer und betroffener Belegschaft an der Schaffung einheitlicher Arbeitsbedingungen kann so nur realisiert werden, wenn sich alsbald nach dem Betriebsübergang ein neuer Gesamtbetriebsrat bildet.

Die Lösung des 1. Senates lässt jedoch offen, ob und wie in der Zwischenzeit die fortgeltende Betriebsvereinbarung geändert werden kann.[396] Hieraus ergeben sich rein praktische Probleme, wenn einzelne Betriebsräte und der Arbeitgeber sich von einer fortgeltenden Gesamtbetriebsvereinbarung lösen möchten und im aufnehmenden Betrieb noch kein neuer Gesamtbetriebsrat gebildet worden ist.[397] Nicht nur in praktischer Hinsicht problematisch ist auch, dass

---

[393] *Hohenstatt/Müller-Bonanni*, NZA 2003, S. 766, 771.

[394] *Preis/Richter*, ZIP 2004, S. 925, 934.

[395] Vgl. *Grobys*, BB 2003, S. 1391, 1392, unter Verweis auf BAG, Beschluss vom 18.9.2002, AP Nr. 93 zu § 77 BetrVG = NZA 2003, S. 670, 674, unter III.2.b)cc) (1) der Gründe.

[396] *Grobys*, BB 2003, S. 1391, 1392; *Hergenröder*, AP Nr. 7 zu § 77 BetrVG 1972 Betriebsvereinbarung, Bl. 8, 11 f.

[397] *Hergenröder*, AP Nr. 7 zu § 77 BetrVG Betriebsvereinbarung, Bl. 8, 12; *Meyer*, SAE 2003, S. 310, 311, der aus diesem Grund auch annimmt, die Gesamtbetriebsvereinbarung gelte sogar bei der Übertragung mehrerer (aber nicht aller) Betriebe des Unternehmens als Einzelbetriebsvereinbarung, um dem Arbeitgeber auf betrieblicher Ebene einen Kooperationspartner zu geben, vgl. hierzu S. 189, Fn. 416.

eine Beendigung der Gesamtbetriebsvereinbarung nach Auffassung des 1. Senates durch Kündigung des Arbeitgebers gegenüber allen Einzelbetriebsräten erfolgen kann, eine bloße Abänderung oder die Kündigung von Arbeitnehmerseite aber erst nach Errichtung eines neuen Gesamtbetriebsrates. Unter Umständen sind einzelne, bislang betriebsratslose Betriebe, die nach § 50 Abs. 1 S. 1, 2. Hs. BetrVG von der Wirkung der Gesamtbetriebsvereinbarung erfasst worden und auch nach dem Betriebsübergang an diese gebunden sind, zur Errichtung eines Einzelbetriebsrates gezwungen, nur um diese Bindungswirkung zu beseitigen. Dieser Entschluss gehört jedoch zum autonomen Entscheidungsbereich der Belegschaft des Einzelbetriebs, so dass die Lösung des 1. Senates in dieser Hinsicht zu systemwidrigen Ergebnissen führt.[398] Außerdem ist der dann von den Einzelbetriebsräten der übertragenen Betriebe zu bildende Gesamtbetriebsrat bereits an Betriebsvereinbarungen gebunden, die er selbst nicht abgeschlossen hat.[399] Schließlich wird der Auffassung des 1. Senats des BAG die Rechtsprechung des 7. Senats zum Bestand des Mandats des Gesamtbetriebsrats, das bereits bei der Übertragung nicht sämtlicher Betriebe eines Unternehmens auf den neuen Inhaber endet, der Rechtsprechung des 1. Senates entgegengesetzt.[400] Dies verdeutlicht die Bedeutung der Identität des Unternehmens für dessen kollektive Ordnung, so dass sich auch eine normative Fortgeltung von Gesamtbetriebsvereinbarungen bei der Übertragung nur einzelner Betriebe eines Unternehmens "nicht gerade aufdränge."[401]

Ein weiterer zentraler Kritikpunkt liegt darin, dass der Ansatz des BAG bislang auf solche Sachverhalte beschränkt ist, in denen das Erwerberunternehmen bislang keinen eigenständigen Betrieb geführt hat.[402] Damit werden

---

[398] *Hergenröder*, AP Nr. 7 zu § 77 BetrVG 1972 Betriebsvereinbarung, Bl. 8, 12; vgl. auch *Meyer*, SAE 2003, S. 310, 311. M.E. lässt sich ein systemwidriger Eingriff in die Entscheidungsfreiheit der Belegschaft des Einzelbetriebes, wie ihn *Hergenröder* andeutet, nicht annehmen. Die Bindung des betriebsratslosen Betriebes an eine Gesamtbetriebsvereinbarung ergibt sich aus der gesetzlichen Regelung des § 50 Abs. 1 S. 1, 2. Hs. BetrVG, ist daher systemimmanent und letztlich Konsequenz der Entscheidung der Belegschaft, ein Organ zur Vertretung ihrer Interessen auf betrieblicher und überbetrieblicher Ebene nicht zu bilden.

[399] *Hergenröder*, AP Nr. 7 zu § 77 BetrVG 1972 Betriebsvereinbarung, Bl. 8, 11.

[400] Vgl. BAG, Beschluss vom 5.6.2002, AP Nr. 11 zu § 47 BetrVG 1972 = NZA 2003, S. 336, und BAG, Beschluss vom 18.9.2002, AP Nr. 7 zu § 77 BetrVG 1972 Betriebsvereinbarung = NZA 2003, S. 670, 674, in dem der 1. Senat ausdrücklich die Rechtsprechung des 7. Senates bestätigt.

[401] *Hergenröder*, AP Nr. 7 zu § 77 BetrVG 1972 Betriebsvereinbarung, Bl. 8, 11; vgl. *Hohenstatt/Müller-Bonanni*, NZA 2003, S. 766, 771.

[402] *Preis/Richter*, ZIP 2004, S. 925, 933; *Hergenröder*, AP Nr. 7 zu § 77 BetrVG 1972 Betriebsvereinbarung, Bl. 8, 11; *Lindemann/Simon*, BB 2003, S. 2510, 2512; ähnlich *Trittin*, AiB 2004, S. 43; *Bachner*, NJW 2003, S. 2861, 2864.

wesentliche, für die Praxis bedeutsame Fallgruppen ausgeschlossen. Das vom BAG entwickelte Konzept ließe sich konsequenterweise allerdings auch auf die bislang ausgeklammerten Fallgruppen übertragen.[403] Die Anwendung dieser Grundsätze auf den Erwerb einzelner Betriebe aus dem Geltungsbereich einer Gesamtbetriebsvereinbarung durch ein Unternehmen, das seinerseits ein System originär geltender Gesamt- und Einzelbetriebsvereinbarungen besitzt, würde jedoch zu einer Zersplitterung der im Unternehmen anwendbaren Kollektivnormen führen, da die Anzahl der anzuwendenden Kollektivnormen sich durch jede weitere Aufnahme von Betrieben erhöhen und zudem schwer lösbare Konkurrenzproblemen verursachen würde.[404] Auch führt die Anknüpfung an die Betriebsidentität dann nicht zu sachgerechten Ergebnissen, wenn eine kollektivrechtliche Fortgeltung bei unternehmensbezogenem Regelungsbedarf nach Ansicht des 1. Senates ausgeschlossen ist. Da die Gesamtbetriebsvereinbarung hiernach die Zugehörigkeit zum bisherigen Unternehmen zwingend voraussetzt, würde sie nach dem Betriebsübergang gegenstandslos.[405] Die Rechtsgrundlage des Fortfalls der Gesamtbetriebsvereinbarung nach Betriebsübergang wird vom BAG zwar offengelassen, muss aber nach der Ansicht von *Preis* und *Richter* im Wegfall der Geschäftsgrundlage und damit in einem einseitigen Kündigungsrecht des Arbeitgebers gesehen werden. Um dann jedenfalls eine interessengerechte Lösung – fernab dogmatischer Klippen – auch für die Arbeitnehmerseite zu erreichen, sei es naheliegend, von vornherein auf die subsidiäre Norm des § 613a Abs. 1 S. 2 BGB zurückzugreifen.[406]

---

[403] *Preis/Richter*, ZIP 2004, S. 925, 933; *Hergenröder*, AP Nr. 7 zu § 77 BetrVG 1972 Betriebsvereinbarung, Bl. 8, 12 f.

[404] *Preis/Richter*, ZIP 2004, S. 925, 933 f., 936 f., die dabei u.a. die Problematik kollidierender Gesamtbetriebsvereinbarungen im Auge haben. Weder der aus dem Tarifrecht entnommene Grundsatz der Spezialität noch eine Anwendung des § 613a Abs. 1 S. 3 BGB, der eine vorherige Transformation nach S. 2 voraussetzt, können hier Abhilfe schaffen; ebenso *Rieble/Gutzeit*, NZA 2003, S. 233, 237.

[405] So BAG, Beschluss vom 18.9.2002, AP Nr. 93 zu § 77 BetrVG = NZA 2003, S. 670, 674.

[406] *Preis/Richter*, ZIP 2004, S. 925, 934 ff. Diesem Ansatz ist jedoch entgegen zu halten, dass auch das BAG nicht annimmt, dass die Gesamtbetriebsvereinbarung zunächst kollektivrechtlich weitergilt und dann mangels betriebsübergreifenden Regelungsbedarf gegenstandslos wird. Vielmehr ist davon auszugehen, dass in diesem Fall der Auffangtatbestand des § 613a Abs. 1 S. 2 BGB eingreift und die Gesamtbetriebsvereinbarung von vornherein in die Individualarbeitsverträge transformiert wird. Der Transformation geht dann eine Auslegung voran, die ermittelt, inwieweit die Gesamtbetriebsvereinbarung wegen ihres betriebsübergreifenden Regelungsinhaltes kollektivrechtlich überhaupt weitergelten kann, ähnlich *Hanau/Vossen*, FS Hilger/Stumpf, S. 271, 275 f. M.E. lässt sich im Übrigen der Fortfall des Regelungsbedarfs der Gesamtbetriebsvereinbarung nicht durch einen Wegfall der Geschäftsgrundlage begründen: Dass der Gesamtbetriebsrat nach § 50 Abs. 1 BetrVG zuständig ist, ist für beide Seiten notwendige Voraussetzung des Abschlusses einer Ge-

Schließlich spricht auch ein historisch-systematisches Argument gegen die Auffassung der Rechtsprechung: Durch die großzügige Annahme einer normativen Fortgeltung kollektiver Regelungen im Falle des Betriebsübergangs läuft die Regelung des § 613a Abs. 1 S. 2 BGB nahezu leer und beschränkt sich im Wesentlichen auf den Fall der Eingliederung von Betrieben oder Betriebsteilen in bestehende Betriebe des Erwerbers. Dies widerspricht zum einen dem gesetzgeberischen Willen, der eine Regelung zur Sicherung der durch Rechtsnormen einer Betriebsverfassung eingeräumten Rechte und Pflichten für die von einem Betriebsübergang betroffenen Arbeitnehmer beabsichtigt. Zum anderen lässt sich die Einschränkung des § 613a Abs. 1 S. 2 BGB auf praktisch einen Anwendungsfall nicht mit seinem Charakter als subsidiärem Auffangtatbestand vereinbaren.[407]

cc. Lösungsansätze der Literatur

Schon vor der erwähnten Entscheidung des BAG sind in der Literatur eine Vielzahl von Ansichten zur Fortgeltung von Gesamtbetriebsvereinbarungen im Falle des Übergangs von Betrieben auf einen neuen Rechtsträger vertreten worden. Das Meinungsspektrum reicht von der Annahme einer ausschließlichen individualrechtlichen Transformation gemäß § 613a Abs. 1 S. 2 BGB[408] bis hin zu einer umfassenden kollektivrechtlichen Fortgeltung der Gesamtbetriebsvereinbarung selbst bei der Übertragung nur eines oder einzelner Betriebe des Unternehmens.[409] Die wohl überwiegende Ansicht in der

---

samtbetriebsvereinbarung. Diese Kompetenznorm ist damit Bestandteil der vertraglichen Einigung und damit gerade keine Geschäftsgrundlage. Insoweit ist die Rechtslage mit der Vertretungsmacht nach § 164 BGB vergleichbar: hier hat ein nachträglicher Wegfall keinerlei Auswirkungen auf den Bestand des abgeschlossenen Geschäftes.

[407] *Preis/Richter*, ZIP 2004, S. 925, 937.

[408] *Dietz/Richardi*, BetrVG, § 77 Rn. 147, 140, die insbesondere darauf abstellen, dass durch jede Umstrukturierung das Mandat des Gesamtbetriebsrates und damit auch die normative Wirkung einer Gesamtbetriebsvereinbarung ende. Ebenso: Kittner/Däubler/ Zwanziger-*Zwanziger*, § 613a BGB Rn. 76; *Boecken*, Unternehmensumwandlungen, Rn. 160; RGRK-*Ascheid*, BGB, § 613a Rn. 211.

[409] MüKo-*Müller-Glöge*, BGB, § 613a Rn. 151; ErfK-*Kania*, § 77 BetrVG Rn. 117 ff.; Erman-*Edenfeld*, BGB, § 613a Rn. 73; Moll-*Cohnen/Tepass*, MAH Arbeitsrecht, § 51 Rn. 48; ähnlich *Röder/Haußmann*, DB 1999, S. 1754, 1756 f., die danach differenzieren, ob der Gesamtbetriebsrat des aus der Umwandlung hervorgehenden Rechtsträgers im Rahmen seiner originären Zuständigkeit die Regelung für die übertragenen Betriebe hätte treffen können oder nicht, so dass eine normative Fortwirkung ausgeschlossen ist, wenn nach der Übertragung einzelner Betriebe eine unternehmenseinheitliche Regelung im aufnehmenden Unternehmen (aus objektiven oder subjektiven – Wunsch des Arbeitgebers bei freiwilligen Leistungen – Gründen, dann jedoch Auffangregelung des § 613a Abs. 1 S. 2-4 BGB) erforderlich ist. FESTL, BetrVG, § 47 Rn. 19, schließen eine Fortgeltung der Gesamtbetriebvereinbarung aus, wenn sie nach ihrem Inhalt die Zugehörigkeit zum Unternehmen voraussetzt. Ähnlich *Gaul*, Arbeitsrecht, § 25 Rn. 210 ff., der allerdings für die

Literatur nimmt eine vermittelnde Position ein: Eine normative Fortgeltung der Gesamtbetriebsvereinbarung kommt nur in Betracht, wenn sämtliche – oder zumindest ein wesentlicher Teil[410] der – Betriebe eines Unternehmens auf den neuen Inhaber übertragen werden. In allen übrigen Fällen könnten die in der Gesamtbetriebsvereinbarung enthaltenen Rechte und Pflichten nur auf individualrechtlicher Ebene aufrechterhalten werden.[411] Zur Begründung stützt sich diese Ansicht im Wesentlichen auf zwei Kernargumente: So entfalle bei der Ausgliederung von Betrieben aus der Unternehmensstruktur der überbetriebliche Regelungsbedarf, der nach § 50 Abs. 1 BetrVG die Zuständigkeit des Gesamtbetriebsrat begründet und damit Voraussetzung für den Abschluss der Gesamtbetriebsvereinbarung ist, so dass die Gesamtbetriebsvereinbarung nunmehr gegenstandslos werde.[412] Daneben ende für den übertragenen Betrieb bzw. die übertragenen Betriebe das Mandat des abschließenden Gesamtbetriebsrates, der damit seine Organfunktion verliere und gegenüber dem neuen Rechtsträger nicht mehr als Vertragspartner auftreten könne.[413] Schließlich wird nach einer weiteren Literaturmeinung eine kollektivrechtliche Fortgeltung der Gesamtbetriebsvereinbarung als Einzelbetriebsvereinbarung angenommen, wenn jedenfalls ein einzelner Betrieb des Unternehmens unter Wahrung seiner betrieblichen Identität auf den neuen Inhaber übertragen wird.[414] Da der Betriebsrat im Einzelbetrieb bei Wahrung der Betriebsidentität im Amt bleibe und so die Interessen der Arbeitnehmer wahrnehmen könne, liege die Annahme einer kollektivrechtlichen Fortgeltung nahe.[415] Insoweit habe der Einzelbetriebsrat nämlich eine subsidiäre Zustän-

---

Übertragung nur eines Teils der Betriebe einen „betriebsübergreifenden Charakter" der Regelung verlangt.

[410] So Willemsen-*Hohenstatt*, Umstrukturierung, Rn. E 48; *Hohenstatt/Müller-Bonanni*, NZA 2003, S. 766, 772.

[411] KR-*Pfeiffer*, § 613a Rn. 166; *Bachner*, NJW 1995, S. 2881, 2885; *Schiefer*, NJW 1998, S. 1817, 1820; Soergel-*Raab*, BGB, § 613a Rn. 119; *Gussen/Dauck*, Rn. 79 ff., insb. Rn. 81; *Balze/Rebel/Schuck*, Outsourcing, Rn. 589; *Picot/Schnitker*, Arbeitsrecht, Teil I, Rn. 256; *Müller*, RdA 1996, S. 287, 291 f.; *Lambrich/Trappehl*, Tarifflucht, S. 171 f.; *Grobys*, BB 2003, S. 1391, 1392; *Hergenröder*, AP Nr. 7 zu § 77 BetrVG Betriebsvereinbarung, Bl. 8, 11 ff.; APS-*Steffan*, § 613a BGB Rn. 121; *Preis/Richter*, ZIP 2004, S. 925, 937 ff.; sowie *Gaul*, NZA 1995, S. 717, 724, der jedoch mittlerweile diese Ansicht aufgegeben hat, vgl. S. 187, Fn. 409.

[412] *Hohenstatt/Müller-Bonanni*, NZA 2003, S. 766, 770 f.; *Müller*, RdA 1996, S. 287, 291; *Picot/Schnitker*, Arbeitsrecht, Teil I, Rn. 256.

[413] *Gussen/Dauck*, Weitergeltung, Rn. 81; APS-*Steffan*, § 613a BGB Rn. 121.

[414] *Hanau/Vossen*, FS Hilger/Stumpf, S. 271, 275; Erman-*Edenfeld*, BGB, § 613a Rn. 73; *Lindemann/Simon*, BB 2003, S. 2510, 2513 f.; *Kreßel*, BB 1995, S. 925; *Meyer*, DB 2000, S. 1174, 1176; *ders.*, SAE 2003, S. 304, 311, der in der Entscheidungsanmerkung die Fortgeltung der Gesamtbetriebsvereinbarung als Einzelbetriebsvereinbarung auf die Fallgruppe der Übertragung mehrerer, aber nicht aller, Betriebe erstrecken will.

[415] *Meyer*, DB 2000, S. 1174, 1176.

digkeit für den Fall, dass der Gesamtbetriebsrat seine Aufgaben nicht mehr wahrnehmen kann.[416]

dd. Stellungnahme

Sowohl durch die normative Fortgeltung einer Gesamtbetriebsvereinbarung als auch durch ihre individualrechtliche Transformation werden die arbeitsvertraglichen Rechtspositionen der betroffenen Arbeitnehmer gewahrt, so dass beide Modelle dem europarechtlich geforderten Bestandsschutz nachkommen. Da somit Erwägungen zum Arbeitnehmerschutz außer Betracht bleiben können, liegt es nahe, zur Lösung der Streitfrage zum Umfang der Fortwirkung von Gesamtbetriebsvereinbarungen auf die Rechtsfolgen der unterschiedlichen Auffassungen abzustellen und damit ihre jeweilige Praktikabilität in den Vordergrund zu rücken. Hierzu werden im folgenden die Abänderungsmöglichkeiten der nach dem Betriebsübergang normativ fortwirkenden bzw. nach § 613a Abs. 1 S. 2 BGB umgewandelten Gesamtbetriebsvereinbarung verglichen, wobei zur Bestimmung der maßgeblichen Unterschiede hypothetisch auf die beiden weitestgehenden Ansätze abgestellt wird: auf die vom 1. Senat vertretene Konzeption[417] einer umfassenden normativen Fortwirkung und auf eine reine individualrechtliche Transformation[418]. Als Änderungsinstrumente werden dabei die Kündigung von Arbeitgeber- bzw. von Arbeitnehmerseite sowie der Abschluss einer ablösenden Betriebsvereinbarung untersucht.

(1) Kündigung von Arbeitgeberseite

Die Kündigung einer normativ fortgeltenden Betriebsvereinbarung durch den Arbeitgeber erfolgt unter den Voraussetzungen von § 77 Abs. 5 u. 6 BetrVG durch Erklärung gegenüber dem entsprechenden Vertretungsorgan, d.h. abhängig von ihrem Charakter als Gesamt- oder Einzelbetriebsvereinbarung gegenüber dem Gesamt- oder Einzelbetriebsrat. Besteht ein solches Organ

---

[416] *Kreßel*, DB 1995, S. 925, 929, der als Konsequenz die kollektive Wirkung der Betriebsvereinbarung auch an den Bestand des Einzelbetriebsrates knüpft; vgl. auch *Meyer*, SAE 2003, S. 310, 311. Diesen Auffassungen muss jedoch entgegen gehalten werden, dass sie mit der Annahme einer subsidiären Regelungszuständigkeit für Gesamtbetriebsvereinbarungen, selbst wenn diese nur noch als „einfache" Betriebsvereinbarung auf betrieblicher Ebene wirken, die gesetzliche Zuständigkeitsordnung missachten. Insbesondere verwischen so die Grenzen zwischen einer in originärer Zuständigkeit nach § 50 Abs. 1 BetrVG und einer kraft Delegation nach § 50 Abs. 2 BetrVG vom Gesamtbetriebsrat getroffenen Gesamtbetriebsvereinbarung: So würde eine – zwar subsidiäre, aber – umfassende Zuständigkeit des Einzelbetriebsrates auch in Fragen, die das Gesamtunternehmen oder mehrere Betriebe betreffen, den Regelungsbereich des § 50 Abs. 1 BetrVG erschöpfen.

[417] Vgl. oben S. 180 f.

[418] Vgl. oben S. 187, Fn. 408.

nicht mehr, muss – generell wie beim Wegfall des Betriebsrates[419] – die Kündigung gegenüber allen Arbeitnehmern des Betriebes ausgesprochen werden.[420]

Bei einer Transformation der Regelungen der Gesamtbetriebsvereinbarung in eine individualvertragliche Grundlage würde nach dem Wortlaut des § 613a Abs. 1 S. 2 BGB einer Kündigung durch den Arbeitgeber zunächst die einjährige Abänderungssperre entgegen stehen. Damit würde der Bestandsschutz von Betriebsvereinbarungen nach einem Betriebsübergang jedoch durch den Wegfall der Kündigungsmöglichkeit verstärkt, was regelmäßig, insbesondere bei freiwilligen Betriebsvereinbarungen, zu Lasten des Erwerbers geht. Insoweit ist aber dem Arbeitgeber – entsprechend der Rechtsprechung des BAG zur Abänderung transformierter Betriebsvereinbarungen durch ablösende Betriebsvereinbarungen[421] – zumindest hinsichtlich einer transformierten freiwllligen Betriebsvereinbarung ein Kündigungsrecht einzuräumen.[422] Die Kündigung muss dann regelmäßig gegenüber jedem Arbeitnehmer, dessen Arbeitsverhältnis in Folge des Betriebsübergangs auf den neuen Inhaber übertragen wurde, erklärt werden, wenn kein zuständiges Vertretungsorgan weiterbesteht.[423] Dabei handelt es sich um eine ausnahmsweise zulässige individualrechtliche Teilkündigung des jeweiligen Arbeitsverhältnisses, die sich auf den Regelungsinhalt der Betriebsvereinbarung beschränkt.[424]

(2) Kündigung von Arbeitnehmerseite

Bei der Kündigung einer – transformierten oder normativ fortgeltenden – Betriebsvereinbarung von Arbeitnehmerseite erweist sich die Rechtslage als ungleich schwieriger:

---

[419] GK-*Kreutz*, BetrVG, § 77 Rn. 383; *Richardi*, BetrVG, § 77 Rn. 209; FESTL, BetrVG, § 77 Rn. 175.

[420] So auch BAG, Beschluss vom 18.9.2002, AP Nr. 93 zu § 77 BetrVG = NZA 2003, S. 670, 674.

[421] Vgl. BAG, Urteil vom 14.8.2001, AP Nr. 85 zu § 77 BetrVG 1972 = NZA 2002, S. 276, vgl. unten S. 291 ff.

[422] *Gaul*, Arbeitsrecht, § 25 Rn. 135; *Henssler*, NZA 1994, S. 913, 919 f.; *Bauer/von Steinau-Steinrück*, NZA 2000, S. 505, 508; *Meyer*, DB 2000, S. 1174, 1178; *Moll/Leisbrock*, RdA 2003, S. 301, 302.

[423] Dies kommt jedoch nur bei der Übertragung sämtlicher Betriebe eines Unternehmens auf einen bislang betriebslosen neuen Rechtsträger unter Aufrechterhaltung des Gesamtbetriebsratsmandats in Betracht, vgl. BAG, Beschluss vom 5.6.2002, AP Nr. 11 zu § 47 BetrVG 1972 = NZA 2003, S. 336.

[424] *Gaul*, Arbeitsrecht, § 25 Rn. 135; *Bauer/von Steinau-Steinrück*, NZA 2000, S. 505, 508. Vgl. zur Problematik der Teilkündigung unten S. 213 ff. und S. 291 ff.

Bei einer normativ fortgeltenden Gesamtbetriebsvereinbarung ergibt sich die grundsätzliche Kündigungsmöglichkeit aus § 77 Abs. 5 BetrVG. Fraglich ist nur, wer auf Arbeitnehmerseite kündigungsberechtigt ist. Unproblematisch ist dies, wenn wie bei der Übertragung aller Betriebe eines Unternehmens der Gesamtbetriebsrat fortbesteht. Dieser kann dann eine Gesamtbetriebsvereinbarung durch Erklärung gegenüber dem Arbeitgeber kündigen, soweit sich diese auf den Zuständigkeitsbereich des Gesamtbetriebsrates erstreckt bzw. beschränkt. Auch kann bei der Übertragung eines einzelnen Betriebes der Einzelbetriebsrat eine in seinem betrieblichen Zuständigkeitsbereich als Einzelbetriebsvereinbarung fortgeltende Gesamtbetriebsvereinbarung gegenüber dem neuen Betriebsinhaber kündigen. Soweit jedoch mehr als einer und weniger als alle Betriebe eines Unternehmens übertragen werden, stellt sich die Frage der Kündigungszuständigkeit für die unverändert fortgeltende Gesamtbetriebsvereinbarung. Das Mandat des Gesamtbetriebsrates des Ursprungsbetriebes umfasst nicht mehr die ausgegliederten Betriebe, so dass seine Zuständigkeit von vornherein ausscheidet. Ebenso wenig ist ein im aufnehmenden Unternehmen bestehender Gesamtbetriebsrat kündigungsberechtigt, da er die ausgegliederten Betriebe bzw. Betriebsteile erst repräsentieren kann, wenn ein neuer Gesamtbetriebsrat gebildet ist.[425] In Betracht kommt des Weiteren die Ausübung des Kündigungsrechts durch die Einzelbetriebsräte, um die Wirkung der Gesamtbetriebsvereinbarung jeweils für die betriebliche Ebene zu beseitigen. Dies würde jedoch je nach Entscheidung der einzelnen Betriebsräte zu einer Zersplitterung des Geltungsbereichs der Gesamtbetriebsvereinbarung führen und kann daher nur schwer mit der Konzeption der Gesamtbetriebsvereinbarung als überbetriebliches Regelungsinstrument sowie mit dem Harmonisierungsinteresse des erwerbenden Unternehmers vereinbart werden. Überdies muss im Einzelbetrieb nicht notwendigerweise ein Betriebsrat bestehen, da auch der betriebsratslose Betrieb gemäß § 50 Abs. 1 S. 1, 2. Hs. BetrVG vom Geltungsbereich einer Gesamtbetriebsvereinbarung erfasst wird. Damit bleibt nur die Möglichkeit der Bildung eines neuen Gesamtbetriebsrates durch die Einzelbetriebsräte zur einheitlichen Ausübung des Kündigungsrechts, was jedoch den Zeitraum bis zur Neubildung regelungslos lässt.[426] Wenn sich der Geltungsbereich der Kollektivvereinbarung nicht mit dem Zuständigkeitsbereich des Vertretungsorgans deckt, wird daher mit der Annahme einer normativ fortwirkenden Betriebsvereinbarung die Möglichkeit einer Kündigung von Seiten der Arbeitnehmerschaft zumindest bis zur Bildung eines neuen Gesamtbetriebsrats eingeschränkt. Eine Kündigungs

---

[425] *Meyer*, SAE 2003, S. 310, 311.

[426] So auch *Hergenröder*, AP Nr. 7 zu § 77 BetrVG 1972 Betriebsvereinbarung, Bl. 8, 12.

möglichkeit besteht damit nur im Rahmen einer einheitlichen, d.h. deckungsgleichen Kündigungszuständigkeit des entsprechenden Vertretungsorgans.

Auch die Annahme einer Fortgeltung der Gesamtbetriebsvereinbarung auf individualrechtlicher Ebene führt zu rechtlichen Schwierigkeiten, wenn ihre Wirkung etwa durch Kündigung beseitigt werden soll. Da die Regelungen der Betriebsvereinbarung nunmehr als Individualarbeitsrecht Bestandteil der Arbeitsverträge der einzelnen Arbeitnehmer sind, kann eine Kündigung nur durch Kündigungserklärung der einzelnen Arbeitnehmer erfolgen. Damit kann eine Beseitigung der Geltung einer vormals normativ wirkenden Gesamtbetriebsvereinbarung nur erfolgen, wenn alle betroffenen Arbeitnehmer kollektiv von ihrem Kündigungsrecht Gebrauch machen. Dies löst angesichts der Vielzahl von Einzelinteressen und dem regelmäßig betriebsübergreifenden Wirkungsbereich der zu kündigenden Regelung einen erheblichen Koordinierungsbedarf aus, so dass die vollständige Beseitigung dieser Regelung rein tatsächlich kaum zu realisieren ist.

(3) Abschluss einer ablösenden Betriebsvereinbarung

Der Abschluss einer ablösenden Betriebsvereinbarung ist grundsätzlich sowohl bei einer individualrechtlichen Transformation als auch bei normativer Fortgeltung der Betriebsvereinbarung möglich. Im Fall der Umwandlung in arbeitsvertragliche Individualregelungen hat dies das BAG ausdrücklich anerkannt, da der Bestandsschutz von auf einer Betriebsvereinbarung beruhenden Regelungen durch einen Betriebsübergang nicht beeinflusst werden soll.[427] Für eine normativ geltende Betriebsvereinbarung ergibt sich dies schon aus allgemeinen betriebsverfassungsrechtlichen Grundsätzen. Für die Fallgruppe der Fortgeltung nach Betriebsübergang kann überdies die Norm des § 613a Abs. 1 S. 3 BGB herangezogen werden.[428]

(4) Zusammenfassung und Diskussion

Schematisch können diese Erwägungen zu den Abänderungsmöglichkeiten einer in Individualrecht umgewandelte bzw. normativ fortwirkende Betriebsvereinbarung wie folgt zusammengefasst werden:

---

[427] Vgl. BAG, Urteil vom 14.8.2001, AP Nr. 85 zu § 77 BetrVG 1972 = NZA 2002, S. 276, vgl. unten S. 291 ff.

[428] Zu den Voraussetzungen und rechtlichen Grenzen einer Ablösung durch Betriebsvereinbarung im Rahmen der betrieblichen Altersversorgung, siehe unten S. 255 ff.

	Individualrechtliche Transformation	**Normative Fortgeltung**
Kündigung der Gesamtbetriebs-vereinbarung durch den Arbeitgeber	• Nach dem Wortlaut unzulässig (Abänderungssperre) • Aber: Geltung kündbarer Betriebsvereinbarungen darf sich durch Betriebsübergang nicht verstärken[429] • Daher im Ergebnis Kündigung gegenüber (idR) allen Arbeit-nehmern möglich	• Grundsätzlich möglich; bei mitbestimmungspflichtigen Betriebsvereinbarung mit Nachwirkung nach § 77 Abs. 6 BetrVG • Kündigungsempfänger sind alle Arbeitnehmer, soweit ein Betriebsrat nicht besteht.[430]
Kündigung der Gesamtbetriebs-vereinbarung von Arbeitnehmerseite	Rechtlich möglich durch Kündi-gung der einzelnen Arbeit-nehmer, vollständige Kündigung der Betriebsvereinbarung durch Erfordernis der kollektiven Aus-übung des Kündigungsrecht praktisch unmöglich	Nur möglich bei einheitlicher Kündigungszuständigkeit (z.B. bestehender Gesamtbetriebsrat für deckungsgleiche Gesamt-betriebsvereinbarung)
Ablösende Be-triebsvereinbarung	Grundsätzlich möglich[431]	Grundsätzlich möglich

Bei Betrachtung der Rechtsfolgen relativiert sich die Bedeutung der Streitfrage über den Umfang der normativen Geltung von Gesamtbetriebsvereinbarungen im Falle eines Betriebsübergangs. Letztlich unterscheiden sich die unterschiedlichen Ansätze nur hinsichtlich der Möglichkeit, die Regelungen der Gesamtbetriebsvereinbarung durch Kündigung vollständig zu beseitigen. Bei einer umfassenden normativen Fortgeltung wird eine Kündigung – insbesondere von Seiten der Arbeitnehmer – im Vergleich zur individualrechtlichen Transformation erleichtert, da eine Kündigung einheitlich von einem kollektiven Vertretungsorgan ausgesprochen werden kann. Bei einer ergebnisorientierten Betrachtungsweise kann also der kollektivrechtlichen Lösung des BAG in dieser Hinsicht der Vorrang eingeräumt werden. Dabei führt jedoch die normative Fortgeltung von Gesamtbetriebsvereinbarungen bei der Übertragung nur einzelner Betriebe zu Schwierigkeiten bei der Bestimmung des zur Kündigung befugten Organs. Diese Schwierigkeiten sprechen zumindest in dieser Konstellation gegen eine normative Fortgeltung.

Daneben ist eine kollektivrechtliche Weitergeltung von Gesamtbetriebsvereinbarungen bei der Übertragung von Betrieben eines Unternehmens auch aus

---

[429] *Bauer/von Steinau-Steinrück*, NZA 2000, S. 505, 508; vgl. BAG, Urteil vom 14.8.2001, AP Nr. 85 zu § 77 BetrVG 1972 = NZA 2002, S. 276.

[430] Vgl. BAG, Beschluss vom 18.9.2002, AP Nr. 93 zu § 77 BetrVG = NZA 2003, S. 670, 674.

[431] Vgl. BAG, Urteil vom 14.8.2001, AP Nr. 85 zu § 77 BetrVG 1972 = NZA 2002, S. 276.

dogmatischen Gründen abzulehen. Zwar stellt das BAG in seiner Entscheidung vom 18.9.2002 zutreffend fest, dass sich die Wirkung einer Gesamtbetriebsvereinbarung stets auf den einzelnen Betrieb und nicht auf das Unternehmen als Verbund dieser Betriebe bezieht.[432] Insoweit gibt es in der Betriebsverfassung keinen dem Gesamtbetriebsrat entsprechenden Begriff des Gesamtbetriebs und ebensowenig einen der Betriebsidentität vergleichbaren Begriff der Unternehmensidentität. Hieraus kann jedoch nicht der Schluss gezogen werden, dass es daher für die Fortgeltung von Gesamtbetriebsvereinbarungen bei der Übertragung eines, einzelner oder aller Betriebe des Unternehmens nur auf die Betriebsidentität und nicht auf die Einbindung in ein Unternehmen als Betriebsverbund ankomme.[433] Das BetrVG hat mit dem Modell der Gesamtbetriebsvereinbarung ein Regelungsinstrument geschaffen, das im Vergleich zur Einzelbetriebsvereinbarung nicht nur auf Grund des größeren räumlichen Geltungsbereiches, sondern auch wegen der Zuständigkeitsabgrenzung zwischen den Vertretungsorganen strukturelle Unterschiede aufweist.[434] Durch die Anknüpfung an den Einzelbetrieb als Wirkungsbereich der Gesamtbetriebsvereinbarung wird die Zuständigkeit des Gesamtbetriebsrats als formelle Wirksamkeitsvoraussetzung verkannt, so dass die in § 50 Abs. 1 BetrVG festgelegte Zuständigkeitsordnung bedeutungslos, wenn nicht sogar entbehrlich würde. Um die betriebsverfassungsrechtliche Zuständigkeitsordnung aufrecht zu erhalten, werden daher bei der Übernahme von Betrieben eines Unternehmens, die in den Geltungsbereich einer Gesamtbetriebsvereinbarung fallen, diese gemäß § 613a Abs. 1 S. 2 BGB in die Einzelarbeitsverhältnisse der betriebsangehörigen Arbeitnehmer transformiert.

Nur wenn der Betriebserwerber auch das gesamte Unternehmen erwirbt, kommt eine kollektivrechtliche Fortgeltung in Betracht, da der Gesamtbetriebsrat im Amt bleibt und so die von ihm geschlossenen Gesamtbetriebsvereinbarungen gegenüber dem neuen Unternehmensinhaber als Rechtsnachfolger des Veräußerers in Kraft bleiben. Überdies besteht auch der überbetriebliche Koordinierungsbedarf, der die Zuständigkeit des Gesamtbetriebsrats erst begründet hat, und der damit korrespondierende Regelungsbereich der Gesamtbetriebsvereinbarung fort. Dem Bedürfnis, im Unternehmen einheitliche Arbeitsbedingungen zu schaffen und voneinander abweichende Regelungen zu harmonisieren, kann auch nach einer Transformation noch auf

---

[432] BAG, Beschluss vom 18.9.2002, AP Nr. 93 zu § 77 BetrVG 1972 = NZA 2003, S. 670, 673 f.

[433] So aber BAG, Beschluss vom 18.9.2002, AP Nr. 93 zu § 77 BetrVG 1972 = NZA 2003, S. 670, 675.

[434] Vgl. zur instanziellen Zuständigkeit oben S. 46 f.

kollektivrechtlicher Ebene nachgekommen werden, so dass auch in dieser Hinsicht die Interessen des erwerbenden Unternehmers gewahrt sind.[435]

c. Tarifverträge

Auch bei Tarifverträgen geht eine kollektivrechtliche Fortwirkung einer individualrechtlichen Transformation nach § 613a Abs. 1 S. 2 BGB vor. Ebenso wie bei Betriebsvereinbarungen richtet sich die kollektivrechtliche Anwendbarkeit von Tarifverträgen nach einem Betriebsübergang nach den Voraussetzungen der normativen Wirkung. Für Tarifverträge erfordert dies grundsätzlich gemäß § 3 Abs. 1 TVG eine beiderseitige Tarifbindung der Arbeitsvertragsparteien durch Mitgliedschaft in den tarifschließenden Verbänden.

aa. Verbandstarifverträge

Ein Verbandstarifvertrag kann daher auch nach einem Betriebsübergang normativ weitergelten, wenn der Betriebserwerber Mitglied in dem Arbeitgeberverband ist, der den Tarifvertrag geschlossen hat. Die tarifliche Bindung des Arbeitnehmers bleibt durch den Betriebsübergang unverändert.[436] Eine kollektivrechtliche Weitergeltung tariflicher Regelungen nach Übertragung des Betriebes auf einen neuen Arbeitgeber ergibt sich darüber hinaus - auch wenn der Betriebserwerber nicht tarifgebunden ist - bei Allgemeinverbindlicherklärung des Tarifvertrages. Auch dies ist keine Besonderheit des Betriebsübergangs, sondern ergibt sich aus der Anordnung der normativen Wirkung für alle Arbeitnehmer und Arbeitgeber im Geltungsbereich des für allgemeinverbindlich erklärten Tarifvertrages gemäß § 5 Abs. 4 TVG.[437] Dagegen entfällt die Normwirkung eines im Betrieb des Veräußerers anwendbaren Tarifvertrages auch bei Tarifbindung des Erwerbers oder Allgemeinverbindlicherklärung, wenn der Betrieb nach dem Betriebsübergang etwa durch Änderung des Betriebszwecks oder Eingliederung in ein anderes Unter

---

[435] Eine Aufrechterhaltung der normativen Wirkung, wie sie das BAG, Beschluss vom 18.9.2002, AP Nr. 93 zu § 77 BetrVG 1972 = NZA 2003, S. 670, 674, aber zur Wahrung der Arbeitgeberinteressen annimmt, ist danach nicht erforderlich. Zu den Abänderungsmöglichkeiten nach einer individualrechtlichen Transformation siehe unten S. 291 ff.

[436] ErfK-*Preis*, § 613a BGB Rn. 109; MüKo-*Müller-Glöge*, BGB, § 613a Rn. 129; Staudinger-*Richardi/Annuß*, BGB, § 613a Rn. 176; *Gaul*, Arbeitsrecht, § 24 Rn. 6; HWK-*Willemsen/Müller-Bonanni*, § 613a BGB Rn. 262; *Kania*, DB 1994, S. 529, 533 f.; *Hanau/Vossen*, FS Hilger/Stumpf, S. 271, 288; *Moll*, RdA 1996, S. 275.

[437] *Gaul*, Arbeitsrecht, § 24 Rn. 7; HWK-*Willemsen/Müller-Bonanni*, § 613a BGB Rn. 262; *Hanau/Vossen*, FS Hilger/Stumpf, S. 271, 288.

nehmen nicht mehr dem fachlichen Geltungsbereich des ursprünglichen Tarifvertrags unterfällt.[438]

bb. Haus- und Firmentarifverträge

In Bezug auf die normative Fortgeltung von Haus- oder Firmentarifverträgen ist die Rechtslage weniger eindeutig. So soll nach einer vereinzelt vertretenen Auffassung ein zwischen Gewerkschaft und bisherigem Betriebsinhaber abgeschlossener Firmentarifvertrag auch nach einem Betriebsübergang normativ auf die Arbeitsverhältnisses der betriebsangehörigen Arbeitnehmer Anwendung finden.[439] Ein Firmentarifvertrag knüpfe an die organisatorische Einheit des Betriebes und die zugehörigen Arbeitsplätze, nicht jedoch an die Stellung des ihn abschließenden Arbeitgebers an.[440] Da so nicht nur hinsichtlich des Geltungsbereichs sondern auch in Bezug auf Abschluss- und Beendigungsmechanismen eine Vergleichbarkeit mit einer Betriebsvereinbarung gegeben sei, könnten die Grundsätze zur Fortgeltung von Betriebsvereinbarungen entsprechend herangezogen werden. Damit gelte ein Firmentarifvertrag normativ fort, wenn der Betrieb ohne Identitätsänderung übernommen wird.[441] Der überwiegende Teil der arbeitsrechtlichen Literatur und das Bundesarbeitsgericht nehmen jedoch zutreffend an, dass Haustarifverträge im Falle eines Betriebsübergangs grundsätzlich nicht kollektivrechtlich fortgelten.[442] Die mit

---

[438] BAG, Urteil vom 5.10.1993, AP Nr. 42 zu § 1 BetrAVG Zusatzversorgungskassen = NZA 1994, S. 847, 849 f.; ErfK-*Preis*, § 613a BGB Rn. 109; MüKo-*Müller-Glöge*, BGB, § 613a Rn. 129; *Hanau/Vossen*, FS Hilger/Stumpf, S. 271, 288. Soweit im neuen Geltungsbereich ein Tarifvertrag besteht, kommt aber dessen Anwendung in Betracht. Die Ausgliederung aus dem fachlichen Geltungsbereich eines Tarifvertrages ist unter dem Schlagwort des Outsourcing eine Gestaltungsmöglichkeit des Arbeitgebers, um sich einer unliebsamen Tarifbindung zu entziehen. Beispielsweise finden so bei der Ausgliederung der Restaurantabteilungen eines Warenhausbetriebes auf einen selbstständigen Restaurantbetrieb nicht mehr die Tarifverträge des Einzelhandels, sondern – bei entsprechender Tarifbindung – diejenigen des Gaststättengewerbes Anwendung, so BAG, Urteil vom 1.4.1987, AP Nr. 64 zu § 613a BGB = NZA 1987, S. 593.

[439] *Moll*, NJW 1993, S. 2016, 2020; *ders.*, RdA 1996, S. 275; *Däubler*, Tarifvertragsrecht, Rn. 1534; *Kempen*, BB 2001, S. 2006, 2008; *Henssler*, FS Schaub, S. 311, 326 f.; *Wiedemann*, FS Fleck, S. 447, 456. Vor der Einführung der § 613a Abs. 1 S. 2 bis 4 BGB mit dem EG-Anpassungsgesetz vom 13.8.1980 wurde diese Ansicht noch von der Mehrzahl der arbeitsrechtlichen Autoren vertreten, vgl. *Gussen/Dauck*, Weiter-geltung, Rn. 192 ff.

[440] *Däubler*, Tarifvertragsrecht, Rn. 1534; *Kempen*, BB 2001, S. 2006, 2008; *Henssler*, FS Schaub, S. 311, 327.

[441] *Moll*, RdA 1996, S. 275; *Kempen*, BB 1991, S. 2006, 2008.

[442] BAG, Urteil vom 20.6.2001, AP Nr. 18 zu § 1 TVG Bezugnahme auf Tarifvertrag = NZA 2002, S. 517, 518; Urteil vom 29.8.2001, AP Nr. 17 zu § 1 TVG Bezugnahme auf Tarifvertrag = NZA 2002, S. 513, 514 f.; HWK-*Willemsen/Müller-Bonanni*, § 613a BGB Rn. 262; ErfK-*Preis*, § 613a BGB Rn. 109; APS-*Steffan*, § 613a BGB Rn. 113; Tschöpe-*Bopp*, Teil 2 G, Rn. 211; *Gussen/Dauck*, Weitergeltung, Rn. 200; *Gaul*, Arbeitsrecht, § 24

der Einzelrechtsnachfolge verbundene Überleitung von Rechten und Pflichten aus dem Arbeitsverhältnis umfasst nicht solche Verpflichtungen, die sich aus Rechtsverhältnissen mit Dritten ergeben. Ein unmittelbarer Eintritt des Betriebserwerbers in den Firmentarifvertrag als Vertrag zwischen Gewerkschaft und Betriebsveräußerer und damit eine normative Fortgeltung ist damit keine Rechtsfolge des Betriebsübergangs, sondern bedarf einer rechtsgeschäftlichen Vereinbarung wie etwa einer Vertragsübernahme oder eines Neuabschlusses.[443] Ebenso wirkt ein Haustarifvertrag folgerichtig dann normativ fort, wenn der Betriebsübergang mit einer Gesamtrechtsfolge verbunden ist. In diesem Fall rückt der neue Betriebsinhaber in vollem Umfang und damit auch in Bezug auf die Eigenschaft als Partei des Firmentarifvertrages in die Rechtsstellung des ehemaligen Betriebsinhabers ein.[444] Ferner sprechen gegen die von der Gegenansicht behauptete Vergleichbarkeit von Betriebsvereinbarung und Haustarifvertrag erhebliche sachliche Unterschiede zwischen diesen beiden Kollektivvertragsarten, die sich unter anderem in Inhalt, Zustandekommen und Wirkung zeigen.[445] Im Gegenteil steht der Haustarifvertrag in rechtlicher Hinsicht dem Verbandstarifvertrag als seinem Gegenstück auf überbetrieblicher Ebene näher. Wenn für die normative Fortgeltung eines Verbandstarifvertrags der Beitritt zum abschließenden Arbeitgeberverband entscheidend ist, muss hierfür auch beim Firmentarifvertrag eine entsprechende Vereinbarung mit der Gewerkschaft erforderlich sein. Die Wahlmöglichkeit, Par-

---

Rn. 135; Wiedemann-*Oetker*, TVG, § 3 Rn. 158; Erman-*Edenhöfer*, BGB, § 613a Rn. 74; *Schiefer*, FS 50 Jahre BAG, S. 859, 868 f.; *Wank*, NZA 1987, S. 505, 507; *Kania*, DB 1994, S. 529, 533 f.

[443] *Gaul*, Arbeitsrecht, § 24 Rn. 135; *Hanau/Vossen*, FS Hilger/Stumpf, S. 271, 296 f.; Wiedemann-*Oetker*, TVG, § 3 Rn. 158; *Wank*, NZA 1987, S. 505, 507. Dies verdeutlicht auch die Norm des § 3 Abs. 1 TVG, nach der eine Tarifbindung arbeitgeberbezogen zu beurteilen ist. Durch den Betriebsübergang verliert der Veräußerer als Partei des Firmentarifs aber in Bezug auf die übergegangenen Arbeitsverhältnisse seine Arbeitgeberstellung, ohne dass der Erwerber in die Tarifbindung einrückt, so *Kania*, DB 1994, S. 529, 534, und APS-*Steffan*, § 613a BGB Rn. 113.

[444] BAG, Urteil vom 24.6.1998, AP Nr. 1 zu § 20 UmwG = NZA 1998, S. 1346, 1347; Urteil vom 29.8.2001, AP Nr. 17 zu § 1 TVG Bezugnahme auf Tarifvertrag = NZA 2002, S. 513, 514 f.; ErfK-*Preis*, § 613a BGB Rn. 109; APS-*Steffan*, § 613a BGB Rn. 113, HWK-*Willemsen/Müller-Bonanni*, § 613a BGB Rn. 262.

[445] *Hanau/Vossen*, FS Hilger/Stumpf, S. 271, 297; *Gussen/Dauck*, Weitergeltung, Rn. 198. So eröffnet die Tarifautonomie den Parteien eines Haustarifvertrags einen wesentlich größeren Gestaltungsspielraum als das BetrVG, da beispielsweise auch betriebsverfassungsrechtliche Regelungen getroffen werden können. Daneben kann ein Haustarif im Gegensatz zur Betriebsvereinbarung auch erstreikt werden, umfasst aber von seinem Geltungsbereich normativ regelmäßig nur tarifgebundene Arbeitnehmer und nicht, wie eine Betriebsvereinbarung, alle Arbeitnehmer eines Betriebes. Des Weiteren ist nach der Betriebsverfassung die Organfunktion des Arbeitgebers an den Bestand des Betriebes geknüpft, wohingegen sich seine Stellung als Tarifpartei erst aus dem Abschluss des Firmentarifvertrages ergibt.

tei eines Firmentarifvertrags zu sein, ist schließlich auch von der individuellen Koalitionsfreiheit des Arbeitgebers geschützt, so dass eine automatische Weitergeltung nach einem Betriebsübergang zumindest einer gesetzlichen Grundlage bedarf.[446] Damit gilt ein Firmentarifvertrag im Falle eines Betriebsübergangs grundsätzlich nicht normativ fort. Vielmehr werden die in ihm enthaltenen Regelungen gemäß § 613a Abs. 1 S. 2 BGB in die Einzelarbeitsverhältnisse transformiert.[447] Eine Ausnahme hiervon ergibt sich nur, wenn der Betriebserwerber durch eine Vereinbarung mit der abschließenden Gewerkschaft den Haustarif übernimmt oder der Betriebsübergang Bestandteil einer Gesamtrechtsnachfolge ist.

3. Ergebnis

Eine kollektivrechtliche Versorgungszusage wirkt auch nach der Übertragung eines Betriebs oder Betriebsteils normativ fort, wenn nach dem Betriebsübergang die Voraussetzungen der normativen Wirkung noch gegeben sind.

Für Betriebsvereinbarungen ist hierzu die Übertragung des Betriebes unter Wahrung seiner Identität erforderlich. Für Gesamtbetriebsvereinbarungen kommt eine kollektivrechtliche Fortgeltung nur bei der Übertragung des gesamten Unternehmens in Betracht. Verliert der Betrieb durch Eingliederung in einen Betrieb des Erwerbers seine Identität oder wird ein Betriebsteil ausgegliedert und übertragen, wird die in der Betriebsvereinbarung enthaltene Versorgungszusage gemäß § 613a Abs. 1 S. 2 BGB in die auf den Erwerber übergehenden Einzelarbeitsverhältnisse transformiert. Gleiches gilt für die Regelungen einer Gesamtbetriebsvereinbarung, die nach § 50 Abs. 1 BetrVG zustande gekommen ist, wenn nur einzelne Betriebe des Unternehmens übertragen werden.

Für Tarifverträge nach dem sachlichen Geltungsbereich zu differenzieren: Ein Verbandstarifvertrag gilt bei beiderseitiger Tarifgebundenheit von Erwerber und Arbeitnehmer normativ fort. Ein Firmentarifvertrag geht grundsätzlich nicht im Wege eines Betriebsübergangs auf den Betriebserwerber über. Seine normative Fortgeltung erfordert eine Übernahmevereinbarung mit der abschließenden Gewerkschaft oder die Übertragung des Betriebes im Wege einer Gesamtrechtsnachfolge. Liegen die Voraussetzungen für eine normative Wirkung des Tarifvertrages nach dem Betriebsübergang nicht mehr vor, werden die in ihm normierten Arbeitsbedingungen gemäß § 613a Abs. 1 S. 2 BGB Inhalt der Einzelarbeitsverhältnisse der übergehenden Arbeitnehmer.

---

[446] Diese kann aber weder § 613a BGB noch dem TVG entnommen werden, so *Gussen/ Dauck*, Weitergeltung, Rn. 198.

[447] Vgl. zum Umfang der individualrechtlichen Transformation oben S. 163 ff.

Dritter Teil – Besonderheiten konkurrierender Versorgungszusagen

A. Einleitung

Vielfach treffen im Rahmen eines Betriebsübergangs die in den auf den Betriebserwerber übergehenden Arbeitsverhältnissen enthaltenen Arbeitsbedingungen auf eigenständige Regelungssysteme im Betrieb des Erwerbers, die inhaltlich einen vergleichbaren Regelungsgegenstand betreffen. Gleichzeitig kollidieren die Interessen der vom Betriebsübergang betroffenen Arbeitnehmer an der Wahrung ihrer bisherigen Arbeitsbedingungen mit dem Interesse des Arbeitgebers, in seinem Betrieb einheitliche Arbeitsbedingungen zu schaffen. In rechtlicher Hinsicht ergeben sich Konkurrenzprobleme, wenn Normen unterschiedlicher Rechtsqualität, d.h. normativ wirkende Kollektivvereinbarungen und individualrechtliche Regelungsinhalte der Arbeitsverhältnisse, aufeinander treffen, die darüber hinaus, wie etwa Tarifverträge und Betriebsvereinbarungen innerhalb der Kollektivnormen oder Einzelabreden oder Gesamtzusagen im Bereich der individualrechtlichen Regelungen, unterschiedliche Wirksamkeitsvoraussetzungen und unterschiedliche Wirkweisen haben.[1]

Bei der betrieblichen Altersversorgung tritt erschwerend hinzu, dass das Gesetz zu ihrer Umsetzung fünf Durchführungswege vorgesehen hat, die in ihren rechtlichen und finanziellen Rahmenbedingungen teilweise erheblich voneinander abweichen.[2] Auch in der näheren Ausgestaltung der Höhe der Zusage, der abgesicherten Risiken, der Bestimmung der Leistung oder der Art und Weise der Auszahlung wird dem Arbeitgeber bei der Durchführung einer betrieblichen Altersversorgung ein großer Gestaltungsspielraum zur Schaffung einer den individuellen betrieblichen Gegebenheiten und Anforderungen entsprechenden Versorgungsordnung eröffnet. Dies führt gleichzeitig auch dazu, dass im Betrieb des Erwerbers und im Betrieb des Veräußerers bestehende Versorgungszusagen in Bezug auf Inhalt und Rechtsgrundlage regelmäßig nicht übereinstimmen, so dass im Fall eines Betriebsübergangs und der Übertragung von Versorgungszusagen ein erhebliches Harmonisierungsbedürfnis besteht.[3]

---

1 *Höfer*, BetrAVG, ART Rn. 1242.

2 Auf Grund dieser fünf gesetzlich vorgesehenen Durchführungswege sind so bei Aufeinandertreffen unterschiedlicher Versorgungsarten im Betriebsübergang allein 20 mögliche Kombinationen abweichender Durchführungswege beim Veräußerer und beim Erwerber denkbar, vgl. *Höfer*, BetrAVG, ART Rn. 1292.

3 Vgl. *Kort*, GS Blomeyer, S. 199, 200; Willemsen-*Doetsch/Rühmann*, Umstrukturie-

In der gesetzlichen Regelung des § 613a Abs. 1 BGB sind Mechanismen zur Auflösung dieser Normenkollisionen enthalten. Fraglich ist aber, ob diese angesichts der Vielzahl möglicher Konkurrenzsituationen im allgemeinen und angesichts der besonderen Interessenlage bei der betrieblichen Altersversorgung im speziellen geeignet sind, hinreichende Ergebnisse zu schaffen, was im Folgenden untersucht werden soll. Bei der Angleichung von Versorgungsregelungen und der Abänderung von Seiten des erwerbenden Arbeitgebers ist dabei insbesondere der spezielle Bestandsschutz betrieblicher Versorgungsanwartschaften hinreichend zu berücksichtigen.[4] Ausgangspunkt dieser Darstellung ist jeweils die beim Veräußerer bestehende Versorgungsordnung, die auf ihr entsprechendes Gegenstück im Betrieb des Erwerbers trifft. Wesentliches Differenzierungskriterium ist dabei zunächst die Rechtsnatur der Versorgungszusage, die entweder auf individualrechtlicher oder auf kollektivrechtlicher Grundlage beruhen kann.

B. Veräußerer mit individualrechtlicher Versorgungszusage

Soweit eine Versorgungszusage beim Veräußerer individualrechtlich – also auf Grund einer individuellen vertraglichen Abrede, einer Gesamtzusage, einer arbeitsvertraglichen Einheitsregelung, einer betrieblichen Übung oder des Gleichbehandlungsgrundsatzes[5] – begründet wurde, besteht diese Zusage nach dem Betriebsübergang inhaltlich und in Bezug auf ihre Rechtsnatur unverändert fort. Der Erwerber rückt inhaltsgleich und unmittelbar gemäß § 613a Abs. 1 BGB in die Schuldnerstellung des Veräußerers ein.[6]

I. Abweichende individualrechtliche Versorgungszusage beim Erwerber

1. Auflösung der Konkurrenz

Wenn im Betrieb des Erwerbers bereits eine betriebliche Altersversorgung besteht, der ebenfalls eine individualrechtliche Regelung zu Grunde liegt, kommt es nach dem Betriebsübergang zum Nebeneinander zweier unterschiedlicher Versorgungssysteme. Eine gesetzliche Kollisionsregelung zur Vereinheitlichung der unterschiedlichen Arbeitsbedingungen ist § 613a Abs. 1 BGB nicht zu entnehmen. Eine Angleichung dieser Versorgungsordnungen könnte aber nach dem allgemeinen arbeitsrechtlichen Gleichbehandlungsgrundsatz in Betracht kommen. Danach kann eine unterschiedliche Be-

---

rung, Rn. J 101 f.

[4] *Höfer*, BetrAVG, ART Rn. 1218.

[5] Vgl. zu den einzelnen individualrechtlichen Rechtsgrundlage oben S. 84 ff.

[6] Siehe oben S. 100 f.

handlung vergleichbarer Arbeitnehmer oder Arbeitnehmergruppen nur bei Vorliegen einer sachlichen Rechtfertigung erfolgen.[7] Nach allgemeiner Auffassung ergibt sich aber die sachliche Berechtigung der Ungleichbehandlung aus der Bestandsschutzfunktion des § 613a BGB.[8] Das im § 613a Abs. 1 BGB enthaltene Regelungsziel der Besitzstandswahrung stellt nur sicher, dass die betroffenen Arbeitnehmer nach dem Zeitpunkt des Betriebsübergangs nicht schlechter gestellt werden als zuvor. Eine Angleichung der Arbeitsbedingungen mit der Stammbelegschaft im Erwerberbetrieb ist hiervon nicht mehr umfasst. Die Anwendung der jeweils günstigsten Arbeitsbedingungen für die Gesamtbelegschaft würde zu einer Meistbegünstigung führen, die auch vor dem Hintergrund der damit verbundenen wirtschaftlichen Belastungen rechtlich bedenklich ist.[9] Der sachliche Differenzierungsgrund wirkt sich dabei unabhängig davon aus, welcher Arbeitnehmergruppe die günstigere Versorgungsregelung gewährt wird: Weder kann die Stammbelegschaft im Erwerberbetrieb die Gewährung der günstigeren Arbeitsbedingungen der vom Veräußerer übernommenen Arbeitnehmer verlangen[10], noch können die übernommenen Arbeitnehmer im Erwerberbetrieb bestehende günstigere Arbeitsbedingungen beanspruchen.[11]

---

[7] Zum arbeitsrechtlichen Gleichbehandlungsgrundsatz siehe oben S. 92 ff.

[8] BAG, Urteil vom 25.8.1976, AP Nr. 41 zu § 242 BGB = DB 1977, S. 358, 359; Urteil vom 6.12.1978, AP Nr. 7 zu § 2 AngKSchG = DB 1979, S. 896; Urteil vom 30.8.1979, AP Nr. 16 zu § 613a BGB = DB 1979, S. 2431; Urteil vom 29.8.2001, AP Nr. 291 zu Art. 3 GG = NZA 2002, S. 863, 865 f.; Willemsen-*Doetsch/Rühmann*, Umstrukturierung, Rn. J 111; *Picot/Schnitker*, Arbeitsrecht, Teil VI, Rn. 51; *Langohr-Plato*, BetrAV, Rn. 1529; *Hanau/Vossen*, FS Hilger/Stumpf, S. 271, 279; Picot-*Heubeck*, Unternehmenskauf, Teil IV, Rn. 82; *Kemper*, BB 1990, S. 785, 786; allgemein: MünchHb-*Wank*, § 124 Rn. 131; MüKo-*Müller-Glöge*, § 613a BGB Rn. 96; ErfK-*Preis*, § 613a Rn. 75; HWK-*Willemsen/Müller-Bonanni*, § 613a BGB Rn. 247.

[9] BAG, Urteil vom 29.8.2001, AP Nr. 291 zu Art. 3 GG = NZA 2002, S. 863, 865. Das BAG lässt hier im übrigen sogar offen, ob eine sachliche Rechtfertigung vorliegt oder ob schon eine Vergleichbarkeit der Arbeitnehmergruppen ausscheidet. Letzteres dürfte aber abzulehnen sein, wenn sich die übernommenen Arbeitnehmer nach der Eingliederung in die bestehende Betriebsorganisation von der Stammbelegschaft nur noch auf Grund ihrer ursprünglichen Betriebszugehörigkeit unterscheiden.

[10] So BAG, Urteil vom 25.8.1976, AP Nr. 41 zu § 242 BGB = DB 1997, S. 358, 359, für die Gewährung einer Weihnachtsgratifikation. Ebenso BAG, Urteil vom 6.12.1978, AP Nr. 7 zu § 2 AngKSchG = DB 1979, S. 896.

[11] So BAG, Urteil vom 29.8.2001, AP Nr. 291 zu Art. 3 GG = NZA 2002, S. 863, hinsichtlich einer tariflichen Vergütungsordnung. Demgegenüber nimmt *Rengier*, in Moll, MAH Arbeitsrecht, § 36 Rn. 9, unter Verweis auf das Günstigkeitsprinzip an, dass bei Integration der übernommenen Arbeitnehmer in das Unternehmen des Erwerbers die dort geltende Versorgungsordnung Anwendung findet. Diese Auffassung ist aber abzulehnen, da dem Günstigkeitsprinzip eine Erstreckung der im Betrieb oder Unternehmen des Erwerbers geltenden Arbeitsbedingungen nicht zu entnehmen ist. Da nach dem Betriebsübergang individualrechtliche Normen nebeneinander bestehen, ist das Günstigkeitsprinzip als Kolli-

Beruht im Betrieb des Erwerbers eine Versorgungsordnung auf einer Gesamtzusage, die im Vergleich zur Versorgungsordnung im Veräußererbetrieb günstigere Regelungen beinhaltet, wird vertreten, dass auch die vom Veräußerer übernommenen Arbeitnehmer von dieser erfasst werden.[12] Dieser Schluss liegt auf Grund des kollektiven Bezuges einer Gesamtzusage, die sich grundsätzlich an die gesamte Belegschaft richtet, nahe, muss aber letztlich verworfen werden, da – insbesondere, wenn eine organisatorische Trennung der Belegschaft des übernommenen Betriebs oder Betriebsteils von der bisherigen Stammbelegschaft praktiziert wird – die unterschiedlichen Versorgungsbedingungen auf verschiedenen Rechtsgrundlagen beruhen und damit eine willkürliche Ungleichbehandlung nicht gegeben ist.[13]

2. Abänderungsmöglichkeiten

Unabhängig von einem rechtlichen Anspruch der betroffenen Arbeitnehmer auf Vereinheitlichung der Arbeitsbedingung, liegt es aber regelmäßig im Interesse des neuen Betriebsinhabers, langfristig die nebeneinander bestehenden Versorgungssysteme zu harmonisieren. Dies bietet sich zum einen an, um nach dem Betriebsübergang neu eintretende Arbeitnehmer einheitlich in der betrieblichen Altersversorgung erfassen zu können. Eine Angleichung der Versorgungssysteme ist zum anderen aber eher geboten, um Spannungen innerhalb der Belegschaft, die sich aus der unterschiedlichen versorgungsrechtlichen Behandlung ergeben können, auf Dauer zu vermeiden und abzubauen.[14] Daneben kann eine Harmonisierung auch aus rechtlichen Gründen erforderlich werden: je länger die Arbeitnehmergruppen in einem einheitlichen Betrieb zusammenarbeiten, um so weniger rechtfertigt sich eine unterschiedliche Behandlung in Bezug auf ihre Arbeits- und Vergütungsbedingungen. Der rechtfertigende Sachgrund kann sich also aufbrauchen.[15] Als recht-

---

sionsregelung im Anwendungsbereich sich überlagernder Normen schon nicht einschlägig. Überdies betrifft das Günstigkeitsprinzip regelmäßig das Verhältnis zwischen Individual- und Kollektivnorm und nicht das Verhältnis zweier Individualnormen zueinander.

[12] *Andresen/Förster/Rößler/Rühmann*, Teil 14 B, Rn. 466.

[13] Willemsen-*Doetsch/Rühmann*, Umstrukturierung, Rn. J 111; Picot-*Heubeck*, Unternehmenskauf, Teil IV, Rn. 82.

[14] Picot-*Heubeck*, Unternehmenskauf, Teil IV, Rn. 82; Willemsen-*Doetsch/Rühmann*, Umstrukturierung, Rn. J 111, die von einer Angleichung „aus atmosphärischen Gründen" sprechen.

[15] ErfK-*Preis*, § 613a BGB Rn. 75; Erman-*Edenfeld*, BGB, § 613a Rn. 61; HWK-*Willemsen/Müller-Bonanni*, § 613a BGB Rn. 247, die von einem „Verblassen" des Sachgrunds sprechen. Auch das BAG, lässt in seinem Urteil vom 25.8.1976, AP Nr. 41 zu § 242 BGB = DB 1977, S. 358, 359, eine Tendenz erkennen, den Sachgrund nicht auf Dauer bestehen zu lassen. So führt es aus: „Eine einheitliche Gratifikationsregelung für alle nunmehr in einem Betrieb zusammenarbeitenden Mitarbeiter mag zwar auf längere Sicht gesehen wünschenswert und zweckhaft sein. Die Beklage [der neue Betriebsinhaber] war

liche Änderungsmittel für die Vereinheitlichung der nebeneinander auf einzelvertraglicher Grundlage fortbestehenden Versorgungszusagen kommen zunächst die individualrechtlichen Regelungsinstrumente der Änderungsvereinbarung, des Widerrufs und der Kündigung in Betracht. Daneben besteht ggf. auch die Möglichkeit, die Versorgungsbedingungen in Wege einer ablösenden Betriebsvereinbarung und damit kollektivrechtlich zu vereinheitlichen.

a. Vertragliche Änderungsvereinbarung

Die Abänderung einer auf individualrechtlicher Ebene bestehenden Versorgungszusage kann im Einvernehmen von Arbeitnehmer und neuem Betriebsinhaber durch Abschluss einer Änderungsvereinbarung erfolgen. Auch im Bereich der betrieblichen Altersversorgung räumt die Privatautonomie den Vertragsparteien einen weiten Gestaltungsspielraum ein, der aber vor allem durch zwingendes Gesetzesrecht, insbesondere durch die nach § 17 BetrAVG unabdingbaren Normen des Betriebsrentenrecht sowie § 138 BGB, eingeschränkt ist. Innerhalb dieses Rahmens sind grundsätzlich auch Verschlechterungen der Versorgungszusage – wenn sie denn die Zustimmung des versorgungsberechtigten Arbeitnehmers finden – möglich.[16] Dabei verstößt nach der Rechtsprechung des BAG selbst ein Verzicht des Arbeitnehmers auf seinen Versorgungsanspruch im laufenden Arbeitsverhältnis nicht gegen das Abfindungsverbot des § 3 BetrAVG, der auf die Abfindung von Versorgungsanwartschaften im Zusammenhang mit der Beendigung von Arbeitsverhältnissen beschränkt ist.[17] Dies ergibt sich vornehmlich aus systematischen Erwägungen,

---

aber nicht gezwungen, die beiden Gratifikationsregelungen *alsbald* zu vereinheitlichen." Die Bestimmung des Zeitpunktes, zu dem ein Anspruch aus dem Gleichbehandlungsgrundsatz wegen Abnutzung des Sachgrunds gegeben ist, dürfte praktisch jedoch einige Schwierigkeiten bereiten, vgl. zutreffend *Hamisch*, AuA 2005, S. 594, 597. Ausführlich hierzu *Paulweber/Wurzberger*, BB 2005, S. 325.

[16] Willemsen-*Doetsch/Rühmann*, Umstrukturierung, Rn. J 170; *Andresen/Förster/Rößler/Rühmann*, Teil 12, Rn. 275; HWK-*Schipp*, Vorb. BetrAVG Rn. 127; *Heither*, RdA 1993, S. 72, 74; Picot-*Heubeck*, Unternehmenskauf, Teil IV, Rn. 34.

[17] Dabei ist vom Abfindungsverbot auch ein Verzicht oder teilweiser Erlass der Anwartschaft umfasst. Wenn der Verzicht auf eine Anwartschaft gegen eine Entschädigung ggf. bei Verstoß gegen § 3 BetrAVG unwirksam ist, kann für einen entschädigungslosen Verzicht nichts anderes gelten, vgl. BAG, Urteil vom 22.9.1987, AP Nr. 13 zu § 17 BetrAVG = NZA 1988, S. 470; Urteil vom 14.8.1990, AP Nr. 4 zu § 3 BetrAVG = NZA 1991, S. 174; Urteil vom 11.12.2001, AP Nr. 11 zu § 1 BetrAVG Unverfallbarkeit = DB 2002, S. 2335 f.; Urteil vom 21.1.2003, AP Nr. 13 zu § 3 BetrAV = DB 2003, S. 2130. Nach Auffassung von *Höhne*, Heubeck/Höhne/Paulsdorff/Weinert, BetrAVG, § 3 Rn. 11, kann das Abfindungsverbot jedoch auch im laufenden Arbeitsverhältnis noch Anwendung finden, da ansonsten die Regelung des § 3 BetrAVG – etwa durch eine Abfindungsvereinbarung im gekündigten Arbeitsverhältnis – umgangen werden kann. Da die Ausgestaltung des Versorgungsverhältnisses aber Sache der Vertragsparteien ist, muss § 3 BetrAVG restriktiv verstanden werden, zumal bei vorsätzlicher Gesetzesumgehung Sanktionsmöglich-

da die Norm an die Regelung zur Unverfallbarkeit von Anwartschaften bei Ausscheiden aus dem Arbeitsverhältnis anknüpft.[18]

Ob das Abfindungsverbot auch auf einen zumindest teilweisen Verzicht auf die Versorgungszusage im Rahmen eines Betriebsübergangs übertragen werden kann, lässt das BAG aber ausdrücklich offen.[19] Ein Großteil der Literatur nimmt zwar zurecht an, dass durch den Betriebsübergang ein einheitliches Arbeitsverhältnis fingiert wird, es somit unbeendigt fortbesteht und § 3 BetrAVG daher keine Anwendung finden kann. Im Ergebnis wird aber – konform zur Rechtsprechung des BAG[20] – die Wirksamkeit eines Verzichts des Arbeitnehmers auf die Versorgungszusage abgelehnt, da hiermit eine abweichende Gestaltung der Rechtsfolge des § 613a Abs. 1 S. 1 BGB verbunden ist. Dies führt nach § 134 BGB wegen Gesetzesumgehung zur Unwirksamkeit der Verzichtsvereinbarung.[21] Teilweise wird jedoch die Versorgungsanwartschaft auch beim Betriebsübergang der freien Dispositionsbefugnis der Arbeitsvertragsparteien unterstellt.[22] Dies wird zum einen mit wirtschaftlichen Erwägungen[23], zum anderen mit dem Gesetzeszweck des § 613a BGB begründet: Der Arbeitnehmer solle hinsichtlich seiner vertraglichen Gestaltungsfreiheit nach einem Betriebübergang so zu stellen sein, wie er stünde, wenn der Betriebsübergang nicht stattgefunden hätte.[24] Dem ist jedoch gerade

---

keiten wie etwa der Einwand des Rechtsmissbrauchs gegeben sind.

[18] BAG, Urteil vom 14.8.1990, AP Nr. 4 zu § 3 BetrAVG = NZA 1991, S. 174, 175; *Blomeyer/Otto*, BetrAVG, § 3 Rn. 34; *Blomeyer*, AP Nr. 4 zu § 1 BetrAVG Betriebsveräußerung, Bl. 7, 9 f.; *Andresen/Förster/Rößler/Rühmann*, Teil 12, Rn. 284; *Höfer*, BetrAVG, § 3 Rn. 3562; ErfK-*Steinmeyer*, § 3 BetrAVG Rn. 8; vgl. *Heither*, RdA 1993, S. 72, 74 f.; *Willemsen*, RdA 1987, S. 327, 331.

[19] BAG, Urteil vom 12.5.1992, AP Nr. 14 zu § 1 BetrAVG Betriebsveräußerung = NZA 1992, S. 1080; anders die Vorinstanz des LAG Hamm, Nr. 22 zu § 613a BGB = DB 1991, S. 1077 f., das einen Verstoß gegen § 3 BetrAVG annimmt. Auch *Blomeyer/ Otto*, BetrAVG, § 3 Rn. 23, und ErfK-*Steinmeyer*, § 3 BetrAVG Rn. 7, gehen von der Anwendbarkeit des § 3 BetrAVG beim Betriebsübergang aus.

[20] BAG, Urteil vom 12.5.1992, AP Nr. 14 zu § 1 BetrAVG Betriebsveräußerung = NZA 1992, S. 1080 f.; Urteil vom 29.10.1985, AP Nr. 4 zu § 1 BetrAVG = DB 1986, S. 1779 f.

[21] *Picot/Schnitker*, Arbeitsrecht, Teil VI, Rn. 109; Picot-*Heubeck*, Unternehmenskauf, Teil IV, Rn. 37; Willemsen-*Doetsch/Rühmann*, Umstrukturierung, Rn. J 170; *Höfer*, BetrAVG, ART Rn. 317; ähnlich *Andresen/Förster/Rößler/Rühmann*, Teil 10 D, Rn. 67.

[22] *Gaul*, Arbeitsrecht, § 35 Rn. 80; HWK-*Schipp*, § 3 BetrAVG Rn. 5; *Heubeck/Höhne/Paulsdorff/Weinert*, BetrAVG, § 3 Rn. 24; *Willemsen*, RdA 1987, S. 327. Im übrigen bezeichnen auch die Befürworter der Gegenansicht die Unwirksamkeitsfolge als „unverhältnismäßige Erschwerung", *Blomeyer/Otto*, BetrAVG, § 3 Rn. 23, oder „nicht überzeugend", *Picot/Schnitker*, Arbeitsrecht, Teil VI, Rn. 93.

[23] *Heubeck//Höhne/Paulsdorff/Weinert*, BetrAVG, § 3 Rn. 24; *Willemsen*, RdA 1987, S. 327, 328 f. Insbesondere bei der Sanierung wirtschaftlich notleidender Unternehmen erweist sich die Übernahme von Versorgungslasten häufig als schwerwiegendes Hindernis.

[24] *Gaul*, Arbeitsrecht, § 35 Rn. 80; *Willemsen*, RdA 1987, S. 327, 329.

wegen des in § 613a BGB intendierten Arbeitnehmerschutzes zu widersprechen: Diese Vorschrift sichert dem Arbeitnehmer den Fortbestand seines Arbeitsverhältnisses zu den bestehenden Arbeitsbedingungen. Damit kann der Eintritt des Betriebserwerbers in die arbeitsvertraglichen Rechte und Pflichten der betroffenen Arbeitsverhältnisse durch Vertrag nicht ausgeschlossen werden.[25] Soweit die Übernahme der Versorgungslasten dem wirtschaftlichen Interesse des Erwerbers widerspricht, stehen ihm Möglichkeiten offen, durch Vereinbarung mit dem Veräußerer oder Auslagerung von Pensionsverpflichtungen eine seinen Bedürfnissen entsprechende Verteilung der finanziellen Lasten zu erreichen.[26] Zudem ist angesichts der ohnehin schon zahlreichen Sachverhaltsvarianten und der daran geknüpften Rechtsfolgen, die mit einem Betriebsübergang einhergehen können, eine einheitliche Zuordnung der Rechte und Pflichten aus den Arbeitsverhältnissen der betroffenen Arbeitnehmer schon aus Gründen der Rechtsklarheit geboten.[27] Wenn eine dem Betriebsübergang nachfolgende einzelvertragliche Abänderung der Versorgungszusage im unmittelbaren zeitlichen und sachlichen Zusammenhang zu der Übertragung des Betriebs steht, kann daher der Verzicht auf die bzw. ein teilweiser Erlass der Versorgungszusage zwischen Arbeitnehmer und Arbeitgeber nicht wirksam vereinbart werden.[28]

Besteht dieser Zusammenhang nicht mehr, ist fraglich, ob die Einschränkung von Versorgungsanwartschaften in inhaltlicher Hinsicht dem Erfordernis einer Rechtskontrolle unterliegt. Das BAG hat diese Frage unbeantwortet gelassen, da im zu entscheidenden Fall die Kürzung von Versorgungsanwartschaften jedenfalls sachlich begründet war.[29] Angesichts der zwingenden betriebsrentenrechtlichen Regelungen und der allgemeinen gesetzlichen Schranken wird vertreten, dass im laufenden Arbeitsverhältnis die Ver-

---

[25] So auch BAG, Urteil vom 12.5.1992, AP Nr. 14 zu § 1 BetrAVG Betriebsveräußerung = NZA 1992, S. 1080, 1081; Urteil vom 29.10.1985, AP Nr. 4 zu § 1 BetrAVG = DB 1986, S. 1779, 1780.

[26] Vgl. zu den Möglichkeiten einer von § 613a BGB abweichenden Zuordnung von Versorgungsverpflichtungen oben S. 115 ff.

[27] *Blomeyer*, AP Nr. 4 zu § 1 BetrAVG Betriebsveräußerung, Bl. 7, 10.

[28] Vgl. *Andresen/Förster/Rößler/Rühmann*, Teil 10 D, Rn. 67, die als mögliche Umgehungstatbestände die Ausübung von Druck auf den Arbeitnehmer zum Abschluss der Verzichtsvereinbarung oder eine nur unzureichende Abfindung der Versorgungsanwartschaft als Gegenleistung des Verzichts anführen. Kritisiert wird, dass der Zeitraum, in dem zunächst eine Änderung der Versorgungszusage unwirksam ist, nur schwer fassbar ist, vgl. *Willemsen*, RdA 1987, S. 321, 329. Dem ist insoweit Rechnung zu tragen, als dass eine konkrete Bestimmung eines Zeitraums der Änderungssperre nicht möglich, aber auch nicht sachdienlich ist. Inwieweit eine Umgehung des § 613a BGB vorliegt, kann nur mittels einer wertenden Betrachtung aller Umstände des Einzelfalls ermittelt werden.

[29] BAG, Urteil vom 14.8.1990, AP Nr. 4 zu § 3 BetrAVG = NZA 1991, S. 174, 175, vgl. *Heither*, BB 1992, S. 145.

schlechterung von Versorgungsanwartschaften innerhalb dieses gesetzlichen Rahmens zulässig ist.[30] Eine Angemessenheitskontrolle sei im Hinblick auf die gesicherte Ausgangsposition des Arbeitnehmers, der einem Verzicht zustimmt, nicht gerechtfertigt.[31] Demgegenüber nehmen *Andresen u.a.* an, dass eine Ausweitung der Abfindungsmöglichkeiten im laufenden Arbeitsverhältnis gemessen an der Zielrichtung des Betriebsrentengesetzes bedenklich erscheint. Der Gesetzeszweck beinhaltet auch die Gewähr, dass dem Arbeitnehmer im Versorgungsfall tatsächlich Leistungen der betrieblichen Altersversorgung zukommen und er nicht vorher Zugriff auf das bereits angesammelte Versorgungskapital nimmt. Das verdeutlichen beispielsweise das Verfügungsverbot über die Bezugsberechtigung einer Direktversicherung in § 2 Abs. 2 S. 4 u. 5 BetrAVG sowie der gesetzliche Insolvenzschutz, der sich entgegen des Wortlauts des § 7 Abs. 2 BetrAVG nicht nur auf die nach § 1b BetrAVG unverfallbaren Anwartschaften bereits ausgeschiedener Arbeitnehmer beschränkt, sondern auch unverfallbare Versorgungsanwartschaften noch im Betriebe verbliebener Arbeitnehmer umfasst.[32] Da die bereits erdienten Versorgungsanwartschaften gleichzeitig Gegenleistung für bislang erbrachte Betriebstreue ist und damit Entgeltcharakter hat, kann eine verschlechternde Abänderung bis hin zur vollständigen Kürzung nicht einschränkungslos vorgenommen werden.[33] Im Interesse der betroffenen Arbeitnehmer unterliegt eine Änderungsvereinbarung daher der Rechtskontrolle durch die Arbeitsgerichte, bei der insbesondere der vom BAG entwickelte abgestufte Besitzstandsschutz zu berücksichtigen ist.[34] Sachliche Gründe, die einen Verzicht auf die Versorgungsanwartschaft begründen können, sind etwa die angemessene Abfindung der Anwartschaft zum Aufbau einer anderweitigen Altersversorgung oder eine bedingte Kürzung bis zur Besserung einer schwie-

---

30 *Gaul*, Arbeitsrecht, § 35 Rn. 80 f.; HWK-*Schipp*, Vorb. BetrAVG Rn. 127; *Picot/Schnitker*, Arbeitsrecht, Teil VI, Rn. 109; *Blomeyer/Otto*, BetrAVG, Anh § 1 Rn. 565; *Willemsen*, RdA 1987, S. 327, 330 ff. Bedenken bestehen aber hinsichtlich der praktischen Durchführbarkeit von Abänderungsvereinbarungen, da dies zum einen die Zustimmung des Arbeitnehmers in eine – regelmäßig diesen belastende – Maßnahme erfordert und zum anderen in der Vielzahl von Fällen mehrere einzelvertraglicher Vereinbarungen betrifft, so dass eine einverständliche Abänderung mit allen betroffenen Arbeitnehmern nur sehr schwer und mit hohem Verwaltungsaufwand erreicht werden kann, vgl. auch *Höfer*, BetrAVG, ART Rn. 320; *Kemper*, DB 1987, S. 986; BAG, Urteil vom 17.4.1985, AP Nr. 4 zu § 1 BetrAVG Unterstützungskassen = NZA 1986, S. 57, 58.

31 *Blomeyer/Otto*, BetrAVG, Anh § 1 Rn. 565.

32 *Andresen/Förster/Rößler/Rühmann*, Teil 12, Rn. 285.

33 *Langohr-Plato*, BetrAV, Rn. 1353.

34 BAG, Urteil vom 29.10.1985, AP Nr. 4 zu § 1 BetrAVG Betriebsveräußerung = DB 1986, 1779, 1780; *Höfer*, BetrAVG, ART, Rn. 317, 626; *Blomeyer*, AP Nr. 4 zu § 1 BetrAVG Betriebsveräußerung, Bl. 7, 10; *Andresen/Förster/Rößler/Rühmann*, Teil 12, Rn. 284. Zum Umfang der Rechtskontrolle unten S. 253 ff.

rigen wirtschaftlichen Lage.[35] Daneben sind auf kollektivrechtlicher Ebene die Beteiligungsrechte des Betriebsrats zu beachten. Berührt die individualvertragliche Vereinbarung mitbestimmungspflichtige Regelungsbereiche, so ist sie nur mit Zustimmung des Betriebsrats wirksam.[36] Um auf betrieblicher Ebene einheitliche Versorgungsbedingungen zu schaffen, ist eine vertragliche Änderungsvereinbarung in praktischer Hinsicht in der Regel ungeeignet, da dies den Abschluss einer derartigen Vereinbarung mit jedem betroffenen Arbeitnehmer erfordert. Die Zustimmung aller Arbeitnehmer insbesondere zu einer Verschlechterung der bestehenden Versorgungszusage dürfte aber kaum zu erreichen sein.[37]

b. Widerruf

Eine Angleichung von Versorgungsbedingungen auf individualrechtlicher Ebene könnte auch mittels eines teilweisen Widerrufs der im Betrieb bestehenden günstigeren Regelung herbeigeführt werden. Wegen des Entgeltcharakters der Versorgungszusage wird die Widerrufsmöglichkeit des Arbeitgebers im Bereich der betrieblichen Altersversorgung aber erheblich eingeschränkt. Die Rechtsfolge eines ausgeübten Widerrufs ist auf die rückwirkende teilweise oder vollständige Rücknahme der betroffenen Versorgungsanwartschaft gerichtet. Dadurch wird in einer Weise in bereits erbrachte vertragliche Leistungen eingegriffen, die sich nur schwer mit dem Grundsatz der Privatautonomie vereinbaren lässt.[38] Daher kann der Arbeitgeber nur dann eine Versorgungszusage widerrufen, wenn er ohnehin schon nach allgemeinen Grundsätzen dazu berechtigt ist. Dies kommt vor allem dann in Betracht, wenn nach den Grundsätzen des Wegfalls der Geschäftsgrundlage gemäß § 313 Abs. 1 BGB eine Anpassung der Versorgungsregelung zulässig ist.[39] Dabei werden auch durch einen in der Versorgungsordnung ausdrücklich vorbehaltenen Widerruf die Rechte des Arbeitgebers nicht erweitert, so dass diesem Vorbehalt nur deklaratorische Wirkung zukommt.[40] In Rechtspre-

---

[35] Letzterer Sachverhalt lag der Entscheidung des BAG, Urteil vom 14.8.1990, AP Nr. 4 zu § 3 BetrAVG = NZA 1991, S. 174, zu Grunde.

[36] BAG, Urteil vom 21.1.2003, AP Nr. 13 zu § 3 BetrAVG = DB 2003, S. 2130 f. Zum Umfang der Mitbestimmungsrechte vgl. oben S. 47 ff.

[37] *Andresen/Förster/Rößler/Rühmann*, Teil 12, Rn. 760; *Höfer*, BetrAVG, ART Rn. 333; Willemsen-*Doetsch/Rühmann*, Umstrukturierung, Rn. J 172.

[38] Insbesondere würde so gegen den Grundsatz des *pacta sunt servanda* verstoßen, vgl. *Blomeyer/Otto*, BetrAVG, Anh § 1 Rn. 439; Picot-*Heubeck*, Unternehmenskauf, Teil IV, Rn. 54.

[39] *Picot/Schnitker*, Arbeitsrecht, Teil VI, Rn. 110; *Blomeyer/Otto*, BetrAVG, Anh § 1 Rn. 439.

[40] BAG, Urteil vom 26.4.1988, AP Nr. 3 zu § 1 BetrAVG Geschäftsgrundlage = NZA 1989, S. 305, 306; Urteil vom 17.6.2003, AP Nr. 24 zu § 7 BetrAVG Widerruf, unter B.II.3.c) der Gründe = DB 2004, S. 324; so auch schon BAG, Urteil vom 8.7.1972, AP

chung und Lehre haben sich für die Abänderung von Versorgungszusagen bei Wegfall der Geschäftsgrundlage die Fallgruppen der Überversorgung[41] und der Änderung der rechtlichen Rahmenbedingungen insbesondere im Bereich des Sozialversicherungs-, Steuer- oder Arbeitsrechts[42] herausgebildet. Daneben kann die Versorgungszusage rückwirkend noch bei schwerwiegenden Treuepflichtverletzungen des Arbeitnehmers oder des Betriebsrentners, wie etwa bei ruinösem Wettbewerb zu Lasten der Arbeitgebers, widerrufen werden.[43]

Nr. 157 zu § 242 BGB Ruhegehalt = DB 1972, S. 2069 f., das aber noch keine Anpassung der Versorgungszusage nach den Grundsätzen des Wegfalls der Geschäftsgrundlage vorsah, sondern dem Arbeitgeber bei entsprechender wirtschaftlicher Notlage ein Leistungsverweigerungsrecht einräumte. Ebenso *Blomeyer/Otto*, BetrAVG, Anh § 1 Rn. 445; *Höfer*, BetrAVG, ART Rn. 423; *Picot/Schnitker*, Arbeitsrecht, Teil VI, Rn. 110; Picot-*Heubeck*, Unternehmenskauf, Teil IV, Rn. 55; *Heither*, BB 1992, S. 145 f. Eine Erweiterung des Widerrufsrechts durch vertragliche Vereinbarung, etwa durch Haftungsbeschränkung auf das Betriebsvermögen, wirkt sich daneben schädlich auf die Steuerbilanz aus, in der die Ausgaben für die Betriebsrenten nicht mehr berücksichtigt werden können. Die Praxis beschränkt sich daher regelmäßig auf allgemeine, sog. steuerunschädliche Widerrufsklauseln.

41 BAG, Urteil vom 9.7.1985, AP Nr. 6 zu § 1 BetrAVG Ablösung = NZA 1986, S. 517; Beschluss vom 23.9.1997, AP Nr. 26 zu § 1 BetrAVG Ablösung = NZA 1998, S. 719, 721; Urteil vom 28.7.1998, AP Nr. 9 zu § 79 LPVG Baden-Württemberg = NZA 1999, S. 780, 783; Urteil vom 28.7.1998, AP Nr. 4 zu § 1 BetrAVG Überversorgung = NZA 1999, S. 444. Danach ist einer Versorgungsordnung regelmäßig der Zweck immanent, dem ausgeschiedenen Mitarbeiter seinen Lebensstandard zu erhalten. Wenn etwa durch Änderung der sozial- und steuerrechtlichen Rahmenbedingungen eine betriebliche Versorgungsleistung das Nettoeinkommen eines vergleichbaren aktiven Arbeitnehmers übersteigt, ist eine Anpassung der Versorgungsleistung nach den Grundsätzen des Wegfalls der Geschäftsgrundlage zulässig.

42 BAG, Urteil vom 22.4.1986, AP Nr. 8 zu § 1 BetrAVG Unterstützungskassen = NZA 1986, S. 746, 748; Urteil vom 17.3.1987, AP Nr. 9 zu § 1 BetrAVG Ablösung = NZA 1987, S. 855, 857 f.; Beschluss vom 23.9.1997, AP Nr. 26 zu § 1 BetrAVG Ablösung = NZA 1998, S. 719, 721; *Andresen/Förster/Rößler/Rühmann*, Teil 12, Rn. 570 ff.; *Blomeyer/Otto*, BetrAVG, Anh § 1 Rn. 459 ff. Dabei handelt es sich um einen Unterfall der Äquivalenzstörung. Durch Veränderung der äußeren Umstände, beispielsweise Zunahme des Finanzierungsbedarfs durch erhöhte Steuer- und Sozialversicherungsbeitragsbelastung oder Versorgungsmehraufwand durch Veränderungen der gesetzlichen Altersgrenzen, kommt es nachträglich zu einer unzumutbaren Mehrbelastung des Arbeitgebers, die einen Anpassungsbedarf im Wege des Wegfalls der Geschäftsgrundlage bedingt.

43 BAG, Urteil vom 18.10.1979, AP Nr. 1 zu § 1 BetrAVG Treuebruch = DB 1980, S. 500, 501; Urteil vom 24.4.1990 – 3 AZR 497/88, ZIP 1990, S. 1615; BGH, Urteil vom 7.1.1971, BGHZ 55, S. 274, 279 f. = AP Nr. 151 zu § 242 BGB Ruhegehalt; Urteil vom 22.6.1981, AP Nr. 3 zu § 1 BetrAVG Treuebruch = DB 1981, S. 1971; vgl. *Höfer*, BetrAVG, ART Rn. 533 ff.; *Blomeyer/Otto*, BetrAVG, Anh § 1 Rn. 474 ff. Der Widerruf der Versorgungszusage wird dabei als Rechtsfolge des Einwands des Rechtsmissbrauchs gesehen und ist so nur bei ungewöhnlich schwerwiegenden Verstößen gerechtfertigt. Das schädigende Verhalten des Arbeitnehmers muss geeignet sein, die durch die Versorgungsleistung vergütete Betriebstreue rückblickend als wertlos erscheinen zu lassen.

Ein Widerruf, der sich auf eine wirtschaftliche Notlage stützt, ist nach der Ansicht der Rechtsprechung mit Streichung des Sicherungsfalls der wirtschaftlichen Notlage in § 7 Abs. 1 S. 3 Nr. 5 BetrAVG a.F. nicht mehr zulässig.[44] Zur Begründung wird auf das Gesetzgebungsverfahren Bezug genommen: Danach weise der Sicherungsfall der wirtschaftlichen Notlage starke Ähnlichkeit mit dem Sicherungsfall des außergerichtlichen Vergleichs auf, so dass er als eigener Tatbestand entbehrlich sei, zumal er von Arbeitgeberseite nur in äußerst geringem Umfange geltend gemacht werden konnte.[45] Auch könne nach der neuen Gesetzeslage kein eigenständiges Widerrufsrecht aus wirtschaftlichen Gründen angenommen werden, wie dies vor Inkrafttreten des BetrAVG dem Arbeitgeber eingeräumt wurde, da zum Schutze der Arbeitnehmer Widerrufsrecht und Sicherungsfall miteinander verknüpft seien.[46] Zudem trage der Arbeitgeber nach § 276 BGB das Beschaffungsrisiko und müsse daher als Geldschuldner grundsätzlich für sein Leistungsvermögen einstehen.[47] Demgegenüber wird vereinzelt noch vertreten, dass auch nach Änderung des Betriebsrentenrechts ein Widerruf von Versorgungsanwartschaften wegen einer wirtschaftlichen Notlage zulässig sei.[48] Kritisiert wird, dass die Einschränkung des Widerrufrechts die rechtliche Systematik des Wegfalls der Geschäftsgrundlage nicht hinreichend berücksichtigt: So könne das Vorliegen der für dieses Rechtsinstitut erforderlichen Tatbestandsvoraussetzungen nicht von der Einstandspflicht einer dritten Person auf der Rechtsfolgenebene abhängig sein.[49] Daneben bleibe auf der einen Seite zu Gunsten der Arbeitnehmer eine Anpassung der laufenden Versorgungsleistungen an geänderte

---

[44] BAG, Urteil vom 17.6.2003, AP Nr. 24 zu § 7 BetrAVG = DB 2004, S. 324; anders noch BAG, Urteil vom 24.4.2001, AP Nr. 23 zu § 7 BetrAVG Widerruf = NZA 2001, S. 1306, 1307; Urteil vom 26.4.1988, AP Nr. 3 zu § 1 BetrAVG Geschäftsgrundlage = NZA 1989, S. 305; Urteil vom 2.8.1983, AP Nr. 11 zu § 75 BPersVG = DB 1984, S. 139, 140. Ein Widerruf wegen wirtschaftlicher Notlage wird ebenso von ErfK-*Steinmeyer*, § 7 BetrAVG Rn. 40; HWK-*Schipp*, Vorb. BetrAVG, Rn. 134; *Langohr-Plato*, AP Nr. 24 zu § 7 BetrAVG Widerruf, Bl. 7, und wohl auch von *Blomeyer/Otto*, BetrAVG, Vor § 7 Rn. 67 und 69, abgelehnt.

[45] Nach einer Übersicht des PSVaG wurden im Jahre 1990 zwei Fälle und im Jahre 1991 kein Fall auf den Sicherungsgrund der wirtschaftlichen Notlage gestützt, vgl. Bundestags-Drucksache Nr. 12/3803, S. 110.

[46] BAG, Urteil vom 17.6.2003, AP Nr. 24 zu § 7 BetrAVG Widerruf, unter B.II.3.bb)(3) der Gründe = DB 2004, S. 324, unter Bezugnahme auf die Gesetzesbegründung in Bundestags-Drucksache Nr. 12/3803, S. 109 f.

[47] ErfK-*Steinmeyer*, § 7 BetrAVG Rn. 40; *Blomeyer/Otto*, BetrAVG, Vor § 7 Rn. 69. Vgl. auch *Reinecke*, NZA 2004, S. 753, 758, und BAG, Urteil vom 17.6.2003, AP Nr. 24 zu § 7 BetrAVG Widerruf, unter B.II.3.bb)(3) der Gründe = DB 2004, S. 324.

[48] *Höfer*, BetrAVG, ART Rn. 453, § 7 Rn. 4386 f.; *Diller*, ZIP 1997, S. 765, 772 ff. Bedenken gegen einen Ausschluss dieses Widerspruchsgrunds äußern auch *Andresen/ Förster/Rößler/Rühmann*, Teil 12, Rn. 525 ff.

[49] *Diller*, ZIP 1997, S. 765, 773.

wirtschaftliche Verhältnis in § 16 BetrAVG gesetzlich normiert, wohingegen auf der anderen Seite das Anpassungsrecht des Arbeitgebers nach den Grundsätzen des Wegfalls der Geschäftsgrundlage praktisch aufgehoben werde.[50] Ein Eingriff in bestehende Versorgungsrechte sei darüber hinaus zulässig, da es sich nicht um eine reine synallagmatische Leistung des Arbeitgebers handele und daher unterschiedlich dotierte Versorgungsansprüche innerhalb eines Unternehmens zulässig seien.[51] Schließlich werde dem Arbeitgeber mit dem Widerruf aus wirtschaftlichen Gründen ein „außergerichtliches Sanierungsmittel" genommen, so dass er nunmehr zur Vermeidung einer Insolvenz gezwungen ist, einen Vergleich mit dem PSVaG herbeizuführen.[52] Mit der Abschaffung des Sicherungsfalls der wirtschaftlichen Notlage ist aber mit dem BAG anzunehmen, dass aus diesem Grund ein Widerruf nach den Grundsätzen des Wegfalls der Geschäftsgrundlage zum Schutze der versorgungsberechtigten Arbeitnehmer und Betriebsrentner nicht mehr zulässig ist: Der „untrennbare Zusammenhang zwischen der Berechtigung zum Widerruf der Anwartschaft auf der einen und der gleichzeitigen Übernahme des widerrufenen Teils der Anwartschaft durch den PSVaG auf der anderen Seite"[53] würde zu Lasten der betroffenen Arbeitnehmer aufgebrochen, wenn der Arbeitgeber Versorgungsleistungen eigenständig widerrufen könnte, ohne dass eine Einstandspflicht des PSVaG begründet würde. Daher bleiben dem Arbeitgeber bei Vorliegen einer den Bestand des Unternehmens gefährdenden wirtschaftlichen Lage, die durch den Abbau von Versorgungsrechten bewältigt werden könnte, nur die gesetzlich in § 7 Abs. 1 BetrAVG vorgesehenen Mittel eines außergerichtlichen Vergleichs oder – in letzter Konsequenz – die Eröffnung des Insolvenzverfahrens.[54] Ein Widerrufsrecht wegen einer wirtschaftlichen Notlage besteht jedenfalls nicht.

Für die Angleichung von Versorgungszusagen nach einem Betriebsübergang kann daneben ein eigenständiger Widerrufstatbestand nicht begründet werden.

---

[50] *Andresen/Förster/Rößler/Rühmann*, Teil 12, Rn. 527.

[51] *Höfer*, BetrAVG, § 7 Rn. 4386.

[52] *Diller*, ZIP 1997, S. 765, 773, der daher auch einen Anspruch des Arbeitgebers gegen den PSVaG auf Zustimmung zu einem Vergleich annimmt. *Höfer*, BetrAVG, § 7 Rn. 4388, geht davon aus, dass der Arbeitgeber im Fall einer wirtschaftlichen Notlage zunächst den Versuch unternehmen muss, einen außergerichtlichen Vergleich mit dem PSV zu erreichen. Scheitert der Vergleich, ist der Arbeitgeber verpflichtet, die Eröffnung des Insolvenzverfahrens zu beantragen. Damit kommt aber *Höfer*, wie das BAG, Urteil vom 17.6.2003, AP Nr. 24 zu § 7 BetrAVG Widerruf, unter B.II.3.bb)(5) der Gründe = DB 2004, S. 324, zutreffend annimmt, zu keinem von dieser Rechtsprechung abweichenden Ergebnis.

[53] So die Gesetzesbegründung zum Einführungsgesetz zur Insolvenzordnung, Bundestags-Drucksache Nr. 12/3803, S. 110, unter Verweis auf die Rechtsprechung.

[54] So HWK-*Schipp*, Vorb. BetrAVG Rn. 134; *Langohr-Plato*, AP Nr. 24 zu § 7 BetrAVG Widerruf, Bl. 7, 9 f.

Dies ergibt sich bereits daraus, dass Unterschiede in den Versorgungsordnungen der neu eintretenden Arbeitnehmer und der bisherigen Stammbelegschaft, die auf dem Betriebsübergang beruhen, sachlich begründet sind.[55] Wenn aber eine sachliche Begründung der Ungleichbehandlung gegeben ist, kann gleichzeitig eine Unzumutbarkeit des Festhaltens an den bestehenden vertraglichen Bedingungen als Voraussetzung der Vertragsanpassung nach den Grundsätzen des Wegfalls der Geschäftsgrundlage nicht angenommen werden. Von den anerkannten Widerrufsgründen kommt zur Angleichung der Arbeitsbedingungen offensichtlich keine Fallgruppe in Betracht. Aber auch wenn entgegen der hier vertretenen Ansicht ein Widerrufsrecht aus wirtschaftlichen Gründen angenommen würde, käme es in der vorgegebenen Fallkonstellation regelmäßig nicht zur Anwendung. Nach der früheren Rechtsprechung war ein Widerruf von Versorgungsanwartschaften nur in dem Umfange möglich, wie er zur Rettung und Sanierung des Unternehmens unerlässlich erschien. Dies musste der Arbeitgeber durch ein entsprechendes Sanierungskonzept nachweisen, das eine gerechte Verteilung der Sanierungslasten vorsieht und geeignete Wege zur Überwindung der Unternehmenskrise aufzeigt.[56] Nicht nur angesichts dieser erheblichen Einschränkung der Widerrufsvoraussetzungen, sondern auch bezüglich des der Maßnahme zu Grunde liegenden Zwecks, der Sanierung eines existenzbedrohten Unternehmens oder Betriebs, wird deutlich, dass ein Widerruf aus wirtschaftlichen Gründen zur Harmonisierung unterschiedlicher Arbeitsbedingungen, um eine einheitliche betriebliche Ordnung zu schaffen, nicht geeignet ist. Damit stellt ein Widerruf von Versorgungsleistungen, der an die Voraussetzung des Wegfalls der Geschäftsgrundlage geknüpft ist, regelmäßig kein zweckdienliches Regelungsinstrument zur Angleichung von Versorgungsordnungen nach einem Betriebsübergang dar.

c. Kündigung

Neben einem möglichen Widerruf kann der Arbeitgeber ohne das Einvernehmen des Arbeitnehmers eine Änderung der Versorgungsbedingungen durch eine Kündigung der Versorgungszusage herbeiführen. Der isolierten Kündigung einer Versorgungszusage steht aber entgegen, dass die Zusage Bestandteil eines einheitlichen Arbeitsverhältnisses ist. Die Verpflichtung des Arbeitgebers zur Gewährung einer Rentenleistung im Versorgungsfall steht so in einem inneren Zusammenhang mit verschiedenen wechselseitigen Rechten und Pflichten der Arbeitsvertragsparteien. Durch die Kündigung nur eines Teilbereiches dieses Pflichtenkreises würde sich der Arbeitgeber einer Ver-

---

[55] Vgl. oben S. 200 f.

[56] BAG, Urteil vom 2.8.1983, AP Nr. 11 zu § 75 BPersVG = DB 1984, S. 139, 140; Urteil vom 24.4.2001, AP Nr. 23 zu § 7 BetrAVG Widerruf = NZA 2001, S. 1306, 1307 f. Vgl. auch *Blomeyer/Otto*, BetrAVG, Vor § 7 Rn. 70 ff.; *Höfer*, BetrAVG, ART Rn. 454 ff.

pflichtung entziehen, ohne dabei gleichzeitig auf seine Rechte aus der Bindung zum Arbeitnehmer zu verzichten. Eine solche sog. Teilkündigung ist daher regelmäßig wegen der Störung des Ordnungs- und Äquivalenzgefüges des Arbeitsvertrages unzulässig.[57] Im Anwendungsbereich des KSchG ist der Bestand des Inhaltes eines Arbeitsverhältnisses zudem durch die Vorschrift des § 2 KSchG geschützt, so dass eine Teilkündigung auch wegen Umgehung zwingender Kündigungsschutzvorschriften unwirksam sein kann.[58]

Daher kann der Arbeitgeber die einseitige Abänderung einer individualrechtlich begründeten Versorgungsregelung nur durch Aussprache einer Änderungskündigung, d.h. einer mit dem Angebot der Fortsetzung des Arbeitsverhältnisses zu geänderten Arbeitsbedingungen verbundenen Beendigungskündigung, erreichen. Im Anwendungsbereich des KSchG kann der Arbeitnehmer dabei, neben der Möglichkeit der vorbehaltlosen Annahme bzw. Ablehnung des Änderungsangebots, das Angebot gemäß §§ 2, 1 Abs. 2 KSchG auch unter dem Vorbehalt der gerichtlichen Überprüfung der sozialen Rechtfertigung der Änderung der Arbeitsbedingungen annehmen. Bei der Vereinheitlichung von Arbeitsbedingungen nach einem Betriebsübergang kommen als soziale Rechtfertigungsgründe regelmäßig nur betriebsbedingte Gründe in Betracht. Personen- oder verhaltensbedingte Gründe können zwar eine Änderungskündigung sozial rechtfertigen. Da diese Gründe aber individuell die Person bzw. das Verhalten des einzelnen Arbeitnehmers betreffen, sind sie kaum geeignet, eine Vielzahl von inhaltlich gleichen Änderungskündigungen herbeizuführen.[59] Eine betriebsbedingte Änderungskündigung ist gemäß § 1 Abs. 2 S. 1 KSchG sozial gerechtfertigt, wenn ein dringendes betriebliches Erfordernis zur Änderung der Arbeitsbedingungen einzelner Arbeitnehmer besteht. Unter dem Gesichtspunkt der Verhältnismäßigkeit ist nach der Rechtsprechung des BAG und der überwiegenden Ansicht in der Literatur damit eine Änderung der Arbeitsbedingungen nur zulässig, wenn so eine aus wirt-

---

[57] BAG, Urteil vom 14.11.1990, AP Nr. 25 zu § 611 BGB Arzt-Krankenhaus-Vertrag = NZA 1991, S. 377 f.; Urteil vom 25.2.1988, AP Nr. 18 zu § 611 BGB Arzt-Krankenhaus-Vertrag = NZA 1988, S. 769, 770; Urteil vom 7.10.1982, AP Nr. 5 zu § 620 BGB Teilkündigung = DB 1983, S. 1368, 1369; *Andresen/Förster/Rößler/ Rühmann*, Teil 12, Rn. 125; *Blomeyer/Otto*, BetrAVG, Anh § 1 Rn. 486; Willemsen-*Doetsch/Rühmann*, Umstrukturierung, Rn. J 169; ErfK-*Preis*, § 611 BGB Rn. 475; Stahlhacke-*Preis*, Kündigung, Rn. 256; *Hromadka*, RdA 1992, S. 234, 251. Gleichwohl hält das BAG, Urteil vom 14.11.1990, AP Nr. 25 zu § 611 BGB Arzt-Krankenhaus-Vertrag = NZA 1991, S. 377, 378, eine Teilkündigung ausnahmsweise für zulässig, wenn einem Vertragspartner das Recht hierzu etwa durch Betriebsvereinbarung oder Tarifvertrag eingeräumt worden ist, ähnlich Stahlhacke-*Preis*, Kündigung, Rn. 256 f.

[58] BAG, Urteil vom 14.11.1990, AP Nr. 25 zu § 611 BGB Arzt-Krankenhaus-Vertrag = NZA 1991, S. 377 f.; *Hromadka*, RdA 1992, S. 234, 251.

[59] Vgl. APS-*Künzl*, § 2 KSchG Rn. 236; ErfK-*Ascheid*, § 2 KSchG Rn. 52; KR-*Rost*, § 2 KSchG Rn. 99.

schaftlichen Gründen ansonsten erforderlich werdende Beendigungskündigung vermieden werden kann. Mangelnde Erträge eines Betriebs können nur dann ein Grund für eine betriebsbedingte Kündigung sein, wenn durch die Reduzierung des Arbeitsentgelts, zu dem letztlich auch Leistungen der betrieblichen Altersversorgung zu zählen sind, die vollständige Stillegung des Betriebs verhindert werden kann und soll.[60] Das Verständnis der Rechtsprechung wird aber vereinzelt als zu eng kritisiert. Vielmehr könne schon jedes sachliche Interesse von einigem Gewicht[61] bzw. ein triftiges Rentabilitätsinteresse[62] als ein dringendes betriebliches Erfordernis nach § 1 Abs. 2 S. 1 KSchG qualifiziert werden. Dadurch soll es dem Arbeitgeber ermöglicht werden, dem, dem Arbeitsverhältnis als Dauerschuldverhältnis regelmäßig immanenten Anpassungsbedarf nachzukommen. Dabei kann auch die Rentabilität eines Betriebs ein zur Abänderung der Entgeltbedingungen berechtigendes Kriterium sein, da es dem Unternehmen nicht zugemutet werden könne, über einen langfristigen Zeitraum Verluste zu schreiben, bis schließlich der Zeitpunkt der akuten Arbeitsplatz- oder Existenzgefährdung, die nach der Rechtsprechung des BAG erst ein dringendes betriebliches Erfordernis begründet, erreicht ist.[63] Dieser Ansicht ist aber entgegen zu halten, dass durch eine Änderungskündigung, insbesondere wenn sie die Einschränkung des Arbeitsentgelts bezweckt, in das vertragliche Verhältnis von Leistung und Gegenleistung eingegriffen wird. Für die korrespondierenden Hauptleistungspflichten gilt aber auch im Arbeitsverhältnis der allgemeine Grundsatz, dass der Schuldner durch Geldmangel nicht von der Leistungspflicht befreit wird.[64] Überdies könnte der Arbeitgeber, würde ihm die Möglichkeit eingeräumt, allein aus Rentabilitätserwägungen und zur Verlustminimierung einseitig Einschnitte beim Arbeitsentgelt vorzunehmen, das Unternehmensrisiko in unzulässiger Weise auf die Arbeitnehmer übertragen. Für sich betrachtet ist die Rentabilität eines Betriebes daher ein rein wirtschaftliches und kein betriebliches Interesse.[65] Damit ergibt sich schon aus allgemeinen rechtlichen Erwägungen,

---

[60] BAG, Urteil vom 27.9.2001, AP Nr. 40 zu § 4 TVG Nachwirkung = NZA 2002, S. 750, 754; Urteil vom 12.11.1998, AP Nr. 51 zu § 2 KSchG 1969 = NZA 1999, S. 471, 472; Urteil vom 20.3.1986, AP Nr. 14 zu § 2 KSchG 1969 = NZA 1986, S. 824, 825 f.; APS-*Künzl*, § 2 KSchG Rn. 258, 264; ErfK-*Ascheid*, § 2 KSchG Rn. 64; Heidelberger Kommentar-*Weller/Hauck*, KSchG, § 2 Rn. 158; *Blomeyer/Otto*, BetrAVG, Anh § 1 Rn. 486; *Krause*, DB 1995, S. 574, 578; *Hromadka*, RdA 1992, S. 234, 255 f.

[61] *Löwisch*, NZA 1988, S. 633, 637.

[62] KPK-*Bengelsdorf*, § 2 KSchG Rn. 99; Stahlhacke-*Preis*, Kündigung, Rn. 1273.

[63] *Löwisch*, NZA 1988, S. 633, 637; KPK-*Bengelsdorf*, § 2 KSchG Rn. 99.

[64] BAG, Urteil vom 27.9.2001, AP Nr. 40 zu § 4 TVG Nachwirkung = NZA 2002, S. 750, 754; Urteil vom 12.11.1998, AP Nr. 51 zu § 2 KSchG 1969 = NZA 1999, S. 471, 472; ErfK-*Ascheid*, § 2 KSchG Rn. 64.

[65] *Hromadka*, RdA 1992, S. 234, 255; *Krause*, DB 1995, S. 574, 578; APS-*Künzl*, § 2 KSchG Rn. 264.

dass eine betriebsbedingte Änderungskündigung nur dann ausgesprochen werden kann, wenn durch sie eine Beendigungskündigung als Konsequenz eines drohenden Arbeitsplatzabbaus oder einer möglichen Betriebsstillegung vermieden wird. Soweit eine solche dringende wirtschaftliche Notlage des Betriebes nicht besteht, können nach einem Betriebsübergang abweichende Versorgungsbedingungen allein eine betriebsbedingte Änderungskündigung nicht sozial rechtfertigen.[66]

Daneben sind bei der Aussprache einer Vielzahl von Änderungskündigungen gegenüber allen von einer individualrechtlichen Versorgungsregelung betroffenen Arbeitnehmern eine Reihe von verfahrensrechtlichen Gesichtspunkten zu beachten, die die Vereinheitlichung einer betrieblichen Altersversorgung im Wege der individualrechtlichen Kündigung auch in praktischer Hinsicht erschweren. So sind bei Aussprache der Änderungskündigung Mitwirkungsrechte des Betriebsrates zu beachten. Neben dem allgemeinen kündigungsrechtlichen Zustimmungserfordernis aus § 102 KSchG hat der Betriebsrat möglicherweise ein Beteiligungsrecht, soweit die Änderungskündigung einen mitbestimmungspflichtigen Tatbestand wie etwa eine Umgruppierung nach § 99 Abs. 1 BetrVG oder die Regelung einer sozialen Angelegenheit nach § 87 Abs. 1 BetrVG betrifft. Anders als das allgemeine Zustimmungserfordernis ist ein ggf. bestehendes kollektives Mitbestimmungsrecht keine Wirksamkeitsvoraussetzung der Änderungskündigung, sondern kann getrennt von dieser beurteilt werden. Gleichwohl kann die Wirkung der Kündigung, die Beschäftigung des Arbeitnehmers zu den geänderten Arbeitsbedingungen, erst durchgesetzt werden, wenn die hierfür erforderliche Zustimmung des Betriebsrats vorliegt.[67] Darüber hinaus kann die Aussprache einer Vielzahl von Änderungskündigungen Anzeige- und Unterrichtungspflichten des Arbeitgebers gegenüber der Arbeitsverwaltung und dem Betriebsrat auslösen, wenn die hierfür maßgeblichen Arbeitnehmerzahlen des § 17 KSchG überschritten werden. Zwar wird das Arbeitsverhältnis durch eine Änderungskündigung erst dann beendet, wenn der Arbeitnehmer das Änderungsangebot vorbehaltlos ablehnt, so dass auch nur für diese Fälle der Anwendungsbereich des § 17 KSchG eröffnet wird. Da aber im Kündigungszeitpunkt nicht absehbar ist, in welchem Umfang sich die Arbeitnehmer auf das Änderungsangebot einlassen werden oder nicht, wird dem Arbeitgeber regelmäßig empfohlen, vorsorglich Anzeige abzugeben, zumal eine unterlassene oder fehlerhafte Anzeige gemäß

---

[66] Preis/Willemsen-*Moll*, Umstrukturierung, Rn. E 32; *ders.*, RdA 1996, S. 275, 285.

[67] BAG, Urteil vom 17.6.1998, AP Nr. 49 zu § 2 KSchG 1969 = NZA 1998, S. 1225, 1227 f.; Urteil vom 30.9.1993, AP Nr. 33 zu § 2 KSchG 1969 = NZA 1994, S. 615, 618; Urteil vom 31.1.1984, AP Nr. 15 zu § 87 BetrVG 1972 Lohngestaltung = NZA 1984, S. 167, 168 f.; Stahlhacke-*Preis*, Kündigung, Rn. 1260; ErfK-*Ascheid*, § 2 KSchG Rn. 29.

§ 18 KSchG eine Entlassungssperre nach sich zieht.[68] Nach Aussprache der Änderungskündigung ist regelmäßig mit einer Vielzahl von Änderungsschutzprozessen der betroffenen Arbeitnehmer, die im Einzelfall zusätzlich Sonderkündigungsschutz geltend machen können, zu rechnen, weil, wie gezeigt, die Rechtsprechung sehr hohe Anforderungen an den sozialen Rechtfertigungsgrund einer betriebsbedingten Änderungskündigung stellt. Da für jeden Kündigungsschutzprozess eine am Einzelfall ausgerichtete Interessenabwägung entscheidungserheblich ist, kann es zu kaum vorhersehbaren und innerhalb des Betriebs abweichenden Verfahrensausgängen kommen, so dass eine Änderungskündigung zur Abänderung betrieblicher Versorgungsbedingungen kaum praktikabel und insgesamt betrachtet aus rechtlichen und praktischen Erwägungen wenig geeignet ist.[69]

d. Ablösende Betriebsvereinbarung

Eine auf individualrechtlicher Ebene begründete und fortgeltende Regelung über eine betriebliche Altersversorgung kann auch durch das kollektive Regelungsinstrument einer Betriebsvereinbarung abgeändert werden. Durch dieses Gestaltungsinstrumentes können zwei jeweils auf individualrechtlicher Ebene bestehende Versorgungsregelungen in einem Rechtsbegründungsakt zu einem einheitlichen Versorgungsregime zusammen gefasst werden, wobei Abänderungen aller im Betrieb vorhandenen Regelungssysteme möglich sind. Dies stellt im Vergleich zu rein individualrechtlichen Gestaltungsmitteln eine wesentliche Verfahrenserleichterung dar, da so nicht eine Vielzahl von Einzelmaßnahmen entsprechend den im Betrieb bestehenden Arbeitsverhältnissen getroffen werden muss, sondern die begehrte Angleichung der Versorgungsordnungen durch eine Vereinbarung mit dem betriebsverfassungsrechtlich zuständigen Vertretungsorgan herbeigeführt werden kann.

aa. Ablösbarkeit individualrechtlicher Regelungen durch Betriebsvereinbarung

Da hierbei aber Regelungen unterschiedlicher Normqualität aufeinander treffen, muss die Frage der Zulässigkeit dieses Gestaltungsmittel betrieblicher Versorgungsordnungen beantwortet werden. In Betracht kommt so die Auflösung der Normenkonkurrenz entsprechend der Normenhierachie unter Be-

---

[68] ErfK-*Ascheid*, § 17 KSchG Rn. 13; KR-*Weigand*, § 17 KSchG Rn. 42; APS-*Moll*, § 17 KSchG Rn. 26.

[69] *Andresen/Förster/Rößler/Rühmann*, Teil 12, Rn. 133; *Picot/Schnitker*, Arbeitsrecht, Teil VI, Rn. 112; Willemsen-*Doetsch/Rühmann*, Umstrukturierung, Rn. J 169; *Meyer*, DB 2000, S. 1174, 1177. So schon BAG, Beschluss vom 8.12.1981, AP Nr. 1 zu § 1 BetrAVG Ablösung = DB 1982, S. 46, 47; Urteil vom 30.1.1970, AP Nr. 142 zu § 242 Ruhegehalt = DB 1970 S. 1393, 1394.

rücksichtigung des Günstigkeitsprinzips[70] oder die Ablösung der bestehenden Regelung durch die zeitlich nachfolgende entsprechend des Ordnungs- oder Ablösungsprinzips.[71]

Nach Auffassung des BAG und der überwiegenden Ansicht in der Literatur findet das Ablösungsprinzip im Verhältnis zwischen individualrechtlicher Regelung und zeitlich nachfolgender Betriebsvereinbarung zumindest im Bereich betrieblicher Sozialleistungen, zu denen auch die betriebliche Altersversorgung zählt, keine Anwendung, so dass die hieraus resultierende Normenkonkurrenz unter Berücksichtigung des Vorrangverhältnisses der Betriebsvereinbarung, die gemäß § 77 Abs. 4 BetrVG mit normativer Wirkung auf das Einzelarbeitsverhältnis einwirkt, und des auch im Verhältnis zwischen Betriebsvereinbarung und Arbeitsvertrag geltenden Günstigkeitsprinzip aufzulösen ist.[72] Damit gelten die in der Betriebsvereinbarung enthaltenen Normen unmittelbar und zwingend für das Arbeitsverhältnis, soweit arbeitsvertraglich nicht für den Arbeitnehmer günstigere Regelungen vereinbart sind.[73] Ausnahmsweise kann im Bereich freiwilliger sozialer Leistungen eine individualvertragliche Regelung durch eine nachfolgende Betriebsvereinbarung

---

[70] In der Rangordnung der arbeitsrechtlichen Rechtsquellen gehen Kollektivvereinbarungen einzelvertraglichen Regelungen vor, so dass sie nach dem Rangprinzip als ranghöheres Recht die rangniedere Regelung verdrängen, soweit nicht das Günstigkeitsprinzip eingreift, vgl. MünchHb-*Richardi*, § 8 Rn. 30 f.; ErfK-*Preis*, § 611 BGB Rn. 289 f. (auch als „individualrechtliche Lösung" bezeichnet).

[71] Das Ablösungs- bzw. Ordnungsprinzip beinhaltet den Grundsatz *Lex posterior derogat lege priori* und wird daher auch als Zeitkollisionsregel bezeichnet. Es betrifft grundsätzlich nur Regelungen auf der gleichen Normebene, vgl. *Richardi*, BetrVG, § 77 Rn. 174; MünchHb-*Matthes*, § 328 Rn. 65, GK-*Kreutz*, BetrVG, § 77 Rn. 255; ErfK-*Preis*, § 611 BGB Rn. 291. Die Ablösung einzelvertraglicher Ansprüche durch Betriebsvereinbarungen wird von der sog. „kollektivrechtlichen Lösung" verfolgt.

[72] So grundlegend BAG GS, Beschluss vom 16.9.1986, AP Nr. 17 zu § 77 BetrVG 1972 = NZA 1987, S. 168, 171 f.; Beschluss vom 7.11.1989, AP Nr. 46 zu § 77 BetrVG 1972 = NZA 1990, S. 816, 819 f. Weiterhin: BAG, Beschluss vom 17.6.2003, AP Nr. 16 zu § 77 BetrVG 1972 Betriebsvereinbarung = NZA 2004, S. 1110, 1114; Urteil vom 18.3.2003, AP Nr. 41 zu § 1 BetrAVG Ablösung = NZA 2004, S. 1099, 1102; Urteil vom 23.10.2001, AP Nr. 33 zu § 1 BetrAVG Ablösung = NZA 2003, S. 986, 989; Urteil vom 3.9.1991, AP Nr. 3 zu § 1 BetrAVG Überversorgung = NZA 1992, S. 515, 517; Urteil vom 3.11.1987, AP Nr. 25 zu § 77 BetrVG = NZA 1988, S. 509, 510; *Blomeyer/Otto*, BetrAVG, Anh § 1 Rn. 493; HWK-*Gaul*, § 77 BetrVG Rn. 59; *Däubler*, RdA 2004, S. 304, 306 f.; *Heither*, RdA 1992, S. 142, 148; *Hromadka*, RdA 1992, 234, 249; *Henssler*, NZA 1994, S. 913, 920; ErfK-*Kania*, § 77 BetrVG Rn. 70; *Richardi*, BetrVG, § 77 Rn. 151 ff.; FESTL, BetrVG, § 77 Rn. 196; GK-*Kreutz*, BetrVG, § 77 Rn. 257; Schaub-*Koch*, ArbR-Hb, § 231 Rn. 37; *Preis*, Kollektivarbeitsrecht, § 152 I 1.d); *Picot/Schnitker*, Arbeitsrecht, Teil VI, Rn. 114. Zur abweichenden Auffassung, die grundsätzlich von einer Anwendung des Ablösungsprinzip ausgeht, vgl. unten S. 228 ff.

[73] Sog. „einseitig zwingende Wirkung", vgl. AP Nr. 17 zu § 77 BetrVG 1972 = BAG GS, Beschluss vom 16.9.1986, NZA 1987, S. 168, 172.

ohne Berücksichtigung des Günstigkeitsprinzips abgelöst werden. Hierfür sind von der Rechtsprechung die Fallgruppen

- des Wegfalls der Geschäftsgrundlage,
- des Vorbehalts der abändernden Betriebsvereinbarung („betriebsvereinbarungsoffene Individualregelung")
- und des Kollektiven Günstigkeitsvergleichs

entwickelt worden.[74]

Kommt anhand dieser Fallgruppen eine Abänderung der Versorgungszusage in Betracht, kann diese nicht schrankenlos erfolgen: So hat bereits der Große Senat in seiner grundlegenden Entscheidung vom 16.9.1986 ausgeführt, dass individualrechtlicher Abreden nur „in den Grenzen von Recht und Billigkeit" geändert werden können.[75] Im Bereich des Betriebsrentenrechts hat der 3. Senat des BAG diese Rechtsprechung weiter ausgeführt und beurteilt im Ergebnis die Zulässigkeit einer ablösenden Betriebsvereinbarung in zwei Schritten, indem er zwischen der Regelungstechnik und dem Regelungsinhalt differenziert. Zunächst ist anhand des herkömmlichen kollektiven Günstigkeitsvergleichs bzw. der Feststellung eines Abänderungsvorbehalts zu beurteilen, ob eine Betriebsvereinbarung überhaupt geeignet ist, die entsprechende individualrechtliche Regelungen abzuändern. In einem zweiten Schritt ist dann zu prüfen, ob die in der Betriebsvereinbarung enthaltenen Neuregelungen der Versorgungsordnung die Grundsätze des Vertrauensschutzes und der Verhältnismäßigkeit gewahrt haben.[76]

---

[74] BAG GS, Beschluss vom 16.9.1986, AP Nr. 17 zu § 77 BetrVG 1972 = NZA 1987, S. 168, 171 f., 177; BAG, Urteil vom 18.3.2003, AP Nr. 41 zu § 1 BetrAVG Ablösung = NZA 2004, S. 1099, 1102 unter B.II.1.a) der Gründe. Der 3. Senat des BAG nimmt im Beschluss vom 17.6.2003, AP Nr. 16 zu § 77 BetrVG 1972 Betriebsvereinbarung = NZA 2004, S. 1110, 1114 unter B.III.2. der Gründe, eine Verschlechterung der individualrechtlichen Regelung durch Betriebsvereinbarung auch dann an, wenn sich der Arbeitgeber den Widerruf der Regelung vorbehalten hat. Im Bereich der betrieblichen Altersversorgung ist aber das Widerrufsrecht des Arbeitgebers ohnehin eingeschränkt, so dass die Voraussetzungen für einen Widerruf mit denen des Wegfalls der Geschäftsgrundlage überein stimmen. Daher kann der Widerrufsvorbehalt als eigenständiger Ausnahmetatbestand für eine verschlechternde Betriebsvereinbarung vernachlässigt werden, vgl. BAG, Urteil vom 20.11.1990, AP Nr. 14 zu § 1 BetrAVG Ablösung = NZA 1991, S. 477, 481; *Blomeyer/Otto*, BetrAVG, Anh § 1 Rn. 493; Willemsen-*Doetsch/Rühmann*, Umstrukturierung, Rn. J 173 f.

[75] BAG GS, Beschluss vom 16.9.1986, AP Nr. 17 zu § 77 BetrVG 1972 = NZA 1987, S. 168, 171 f., 174 f.; BAG (8. Senat), Urteil vom 3.11.1987, AP Nr. 25 zu § 77 BetrVG 1972 = NZA 1988, S. 509, 511.

[76] Der 3. Senat des BAG konkretisiert dieses zweistufige Prüfungsschema vor allem im

Von den drei genannten Regelungstechniken, die grundsätzlich die Ablösung individualrechtlicher Versorgungsregelungen durch eine Betriebsvereinbarung ermöglichen, scheidet eine Abänderung auf Grund des Wegfalls der Geschäftsgrundlage erkennbar aus. Wie schon bei einem etwaigen Widerrufsrecht des Arbeitgebers erläutert, kann die Angleichung nach einem Betriebsübergang divergierender Versorgungsordnungen weder einen eigenständigen Tatbestand der Geschäftsgrundlage begründen noch mittels eines der anerkannten Tatbestände – Überversorgung, Änderung der rechtlichen Rahmenbedingungen, schwere Treuepflichtverletzungen – durchgeführt werden.[77] Damit kommt eine Harmonisierung im Betrieb bestehender Versorgungsordnungen durch eine ablösende Betriebsvereinbarung nur im Rahmen eines kollektiven Günstigkeitsvergleichs sowie bei betriebsvereinbarungsoffener Ausgestaltung der individualrechtlichen Regelung in Betracht.

bb. Kollektiver Günstigkeitsvergleich

Die Rechtsprechung des BAG grenzt die Gruppe der durch einen kollektiven Günstigkeitsvergleich mittels einer sog. umstrukturierenden Betriebsvereinbarung abänderbaren Individualregelungen weiter ein und beschränkt sie auf „vertragliche Ansprüche mit kollektivem Bezug."[78] Hierunter sind solche Abreden zu verstehen, die sich zum einen von ihren Entstehungsvoraussetzungen her auf alle oder eine nach bestimmten Kriterien abgrenzbare Gruppe von Arbeitnehmern eines Betriebes beziehen, ohne dass individuelle Kennzeichen des einzelnen Arbeitnehmers Berücksichtigung finden. Daneben betreffen derartige Vereinbarungen regelmäßig Gegenstände, die – wie etwa generelle Maßstäbe, die der Verteilung freiwilliger Sozialleistungen zu Grunde liegen – außerhalb der individuellen Rechtsbeziehung zwischen Arbeitgeber und Arbeitnehmer liegen oder die bei Änderungen – etwa des Dotierungsrahmens oder der Verteilungsgrundsätze – einen Regelungsbedarf auslösen, der über das einzelne Arbeitsverhältnis hinausgeht. Erst wenn diese Voraussetzungen erfüllt sind, kann der im Rahmen des Günstigkeitsprinzips anzulegende Vergleichsmaßstab die individuelle Ebene überschreiten und sich auf alle von der

---

Urteil vom 23.10.2001, AP Nr. 33 zu § 1 BetrAVG Ablösung = NZA 2003, S. 986, 990; ähnlich BAG, Urteil vom 29.7.2003, AP Nr. 45 zu § 1 BetrAVG Ablösung, unter B.I.2.a) der Gründe, Urteil vom 18.3.2003, AP Nr. 41 zu § 1 BetrAVG Ablösung = NZA 2004, S. 1099, 1102; Beschluss vom 17.6.2002, AP Nr. 16 zu § 77 BetrVG 1972 Betriebsvereinbarung = NZA 2004, S. 1110, 1114; Urteil vom 10.12.2002, AP Nr. 249 zu § 611 BGB Gratifikation = NZA 2004, S. 272, 274; Urteil vom 3.9.1991, AP Nr. 3 zu § 1 BetrAVG Überversorgung = NZA 1992, S. 515, 517; so auch *Griebeling/Griebeling*, BetrAV, Rn. 872; DKK-*Berg*, BetrVG, § 77 Rn. 22a; *Hromadka*, RdA 1992, 234, 249.

[77] Vgl. oben S. 207 ff.

[78] BAG GS, Beschluss vom 16.9.1986, AP Nr. 17 zu § 77 BetrVG 1972 = NZA 1987, S. 168, 174.

Maßnahme betroffenen Arbeitnehmer beziehen. Dies ist im Übrigen zur Wahrung der Verteilungsgerechtigkeit und damit zur Verwirklichung dieser Individualregelung mit Kollektivbezug sogar geboten, so dass das Günstigkeitsprinzip seinem Schutzzweck nach einzuschränken ist.[79] Das BAG hat so die Möglichkeit einer ablösenden Betriebsvereinbarung unter Wahrung eines kollektiven Günstigkeitsvergleichs für die Gestaltungsform der Gesamtzusage, der vertraglichen Einheitsregelung und der betrieblichen Übung angenommen.[80] Daneben können auch Versorgungszusagen, die auf dem Gleichbehandlungsgrundsatz beruhen, durch eine umstrukturierende Betriebsvereinbarung abgelöst werden.[81] Da die Anwendbarkeit des Gleichbehandlungsgrundsatzes die Gruppenbildung vergleichbarer Arbeitnehmer voraussetzt, besteht auch für Ansprüche aus dieser Rechtsgrundlage ein hinreichender kollektiver Bezug für einen kollektivierten Günstigkeitsvergleich.[82] Individuelle ausgehandelte arbeitsvertragliche Versorgungsansprüche unterliegen demnach als „echte Einzelzusage" ohne kollektiven Bezug nicht einer Ablösung durch eine umstrukturierende Betriebsvereinbarung.[83]

Wegen der vom Großen Senat aufgestellten Grundsätze wird der Anwendungsbereich des kollektiven Günstigkeitsvergleichs nicht nur hinsichtlich der Rechtsnatur der abzuändernden Regelung sondern auch in Bezug auf ihre inhaltliche Ausgestaltung eingeschränkt. Danach kann ein kollektiver Günstig-

---

[79] BAG GS, Beschluss vom 16.9.1986, AP Nr. 17 zu § 77 BetrVG 1972 = NZA 1987, S. 168, 173 f.; Beschluss vom 7.11.1989, AP Nr. 46 zu § 77 BetrVG 1972 = NZA 1990, S. 816, 819.

[80] Für die vertragliche Einheitsregelung und die Gesamtzusage: BAG GS, Beschluss vom 16.9.1986, AP Nr. 17 zu § 77 BetrVG 1972 = NZA 1987, S. 168, 173 f.; BAG, Urteil vom 23.10.2001, AP Nr. 33 zu § 1 BetrAVG Ablösung = NZA 2003, S. 986, 989; Beschluss vom 17.6.2003, AP Nr. 16 zu § 77 BetrVG 1972 Betriebsvereinbarung = NZA 2004, S. 1110, 1113; Urteil vom 3.9.1991, AP Nr. 3 zu § 1 BetrAVG Überversorgung = NZA 1992, S. 515, 517; Urteil vom 3.11.1987, AP Nr. 25 zu § 77 BetrVG = NZA 1988, S. 509, 510; für die betriebliche Übung: BAG, Urteil vom 21.9.1989, AP Nr. 43 zu § 77 BetrVG 1972 = NZA 1990, S. 351, 352 f.; Urteil vom 18.3.2003, AP Nr. 41 zu § 1 BetrAVG Ablösung = NZA 2004, S. 1099, 1102; vgl. auch *Andresen/Förster/Rößler/Rühmann*, Teil 12, Rn. 801.

[81] *Höfer*, BetrAVG, ART Rn. 335; *Andresen/Förster/Rößler/Rühmann*, Teil 12, Rn. 801.

[82] ErfK-*Preis*, § 611 BGB Rn. 719; *Andresen/Förster/Rößler/Rühmann*, Teil 12, Rn. 801.

[83] *Von Hoyningen-Huene*, Betriebsverfassungsrecht, S. 232; *Höfer*, BetrAVG, ART Rn. 336, der jedoch einen kollektiven Bezug und damit eine Ablösbarkeit der Einzelzusage bei der Vereinbarung einer Jeweiligkeitsklausel annimmt. Eine Jeweiligkeitsklausel muss aber als dynamische Verweisung bereits als Vorbehalt der Abänderung durch die jeweils geltende Betriebsvereinbarung ausgelegt werden, so dass in diesem Fall eine betriebsvereinbarungsoffene Einzelzusage vorliegt und es auf einen kollektiven Günstigkeitsvergleich nicht ankommen kann, vgl. BAG, Urteil vom 29.7.2003, AP Nr. 45 zu § 1 BetrAVG Ablösung, unter B.1.b) der Gründe, HWG-*Gaul*, § 77 BetrVG Rn. 65.

keitsvergleich nur für Leistungen innerhalb eines untereinander bestehenden Bezugssystems durchgeführt werden. Entscheidend ist hierfür, dass ein bestimmter finanzieller Gesamtbedarf besteht und Verteilungsgrundsätze aufgestellt wurden, so dass regelmäßig allgemeine Sozialleistungen und damit typischerweise Zusagen auf betriebliche Altersversorgung betroffen sind.[84] Einzelvertragliche Ansprüche außerhalb dieses Bezugssystems, beispielsweise eigentliches Arbeitsentgelt als Gegenleistung der Arbeitsleistung, Nacht-, Mehrarbeit- oder Feiertagsvergütung, Ansprüche auf Urlaub und Urlaubsvergütung, sind damit in der Regel vom kollektiven Günstigkeitsvergleich nicht mehr umfasst.[85]

Bei der Abänderung einer allgemeinen Sozialleistung, die auf einer individualrechtlichen Rechtsgrundlage mit kollektiven Bezug beruht, durch eine Betriebsvereinbarung steht damit das Günstigkeitsprinzip nicht entgegen, wenn die Neuregelung insgesamt bei kollektiver Betrachtung keine Nachteile für die Belegschaft zur Folge hat. Im Einzelfall können daher auch Arbeitnehmer durch die ablösende Betriebsvereinbarung schlechter gestellt werden, so lange der finanzielle Gesamtaufwand des Arbeitgebers für die Sozialleistung zumindest konstant bleibt. Das Günstigkeitsprinzip ist erst dann verletzt, wenn die vom Arbeitgeber zur Verfügung gestellten Mittel reduziert werden.[86] Anders als beim individuellen Günstigkeitsvergleich werden die besondere Lage des einzelnen Arbeitnehmers, seine persönlichen Umstände, individuelle Besitzstände oder nur dem Einzelarbeitsverhältnis zuzuordnende Faktoren nicht berücksichtigt.[87] Inwieweit die Abänderung der Versorgungs-

---

[84] FESTL, BetrVG, § 77 Rn. 209; *Richardi*, BetrVG, § 77 Rn. 155; HWG-*Gaul*, § 77 BetrVG Rn. 65.

[85] BAG GS, Beschluss vom 7.11.1989, AP Nr. 46 zu § 77 BetrVG 1972 = NZA 1990, S. 816, 819; BAG, Urteil vom 28.3.2000, AP Nr. 83 zu § 77 BetrVG 1972 = NZA 2001, S. 49, 51 (in dieser Entscheidung nimmt das BAG auch Sozialleistungen in Form von Urlaubsgeld vom kollektiven Günstigkeitsvergleich aus, soweit sie in einem nicht trennbaren Zusammenhang mit übrigen Arbeitsbedingungen stehen); Urteil vom 21.9.1989, AP Nr. 43 zu § 77 BetrVG 1972 = NZA 1990, S. 351, 353; ErfK-*Kania*, § 77 BetrVG Rn. 75; HWK-*Gaul*, § 77 BetrVG Rn. 65; Schaub-*Koch*, ArbR-Hb, § 231 Rn. 37.

[86] BAG GS, Beschluss vom 16.9.1986, AP Nr. 27 zu § 77 BetrVG 1972 = NZA 1987, S. 168, S. 174 f.; BAG, Urteil vom 17.6.2003, AP Nr. 16 zu § 77 BetrVG Betriebsvereinbarung = NZA 2004, S. 1110, 1115; BAG, Urteil vom 23.10.2001, AP Nr. 33 zu § 1 BetrAVG Ablösung = NZA 2003, S. 986, 989; Urteil vom 3.11.1987, AP Nr. 25 zu § 77 BetrVG = NZA 1988, S. 509, 511 f.; HWK-*Gaul*, § 77 BetrVG Rn. 64; *Griebeling/Griebeling*, BetrAV, Rn. 875; FESTL, BetrVG, § 77 Rn. 210 ff.; HSWG-*Worzalla*, BetrVG, § 77 Rn. 94; *Höfer*, BetrAVG, ART Rn. 340 f.; HWK-*Schipp*, Vorb. BetrAVG, Rn. 138.

[87] BAG GS, Beschluss vom 16.9.1986, AP Nr. 27 zu § 77 BetrVG 1972 = NZA 1987, S. 168, 174; Beschluss vom 7.11.1989, AP Nr. 46 zu § 77 BetrVG 1972 = NZA 1990, S. 816, 819; BAG, Urteil vom 17.6.2003, AP Nr. 16 zu § 77 BetrVG Betriebsvereinbarung = NZA 2004, S. 1110, 1115.

ordnung nicht kollektiv ungünstiger ist, muss durch einen Vergleich der Dotierungsrahmen vor und nach der Neuregelung ermittelt werden.[88] Der kollektive Günstigkeitsvergleich ist gewahrt, wenn sich der Dotierungsrahmen nicht verringert hat.[89] Ausweislich der Rechtsprechung des BAG können jedoch neben den die betriebliche Altersversorgung betreffenden Dotierungsrahmen weitere Gesichtspunkte in den Günstigkeitsvergleich einfließen: So können auch andere Sozialleistungen Berücksichtigung finden, so dass die Steigerung einer Leistung die Kürzung einer anderen wieder ausgleichen kann.[90] Auf der anderen Seite finden Mittel, die dem Arbeitgeber erst durch die Neuregelung der Versorgungsordnung zur Verfügung stehen, bei der Festsetzung des Dotierungsrahmens keine Berücksichtigung. Wird eine vom Arbeitgeber finanzierte betriebliche Altersversorgung durch eine vom Arbeitgeber bezuschusste Entgeltumwandlungszusage abgelöst, können die Versorgungsbeiträge des Arbeitgebers, die diesem nur auf Grund der durch den Entgeltverzicht der Arbeitnehmer eingesparten Sozialversicherungsbeiträge zur Verfügung stehen, nicht in den kollektiven Günstigkeitsvergleich einbezogen werden.[91]

Der 3. Senat des BAG hat schließlich die Frage des Bezugspunktes des kollektiven Günstigkeitsvergleichs aufgeworfen, ohne sie jedoch beantworten zu müssen. Fraglich ist, ob ein kollektiver Günstigkeitsvergleich auch nach Veränderung der Struktur und insbesondere der personellen Zusammensetzung eines Betriebes oder Unternehmens noch möglich ist. Der 3. Senat tendiert dabei zu der Annahme, dass die Anwendung des kollektiven Günstigkeitsvergleichs voraussetzt, dass das Unternehmen, in welchem die abgelöste Altregelung galt, und das Unternehmen, in dem die ablösende Neuregelung gelten soll, zumindest in ihrer Grundstruktur identisch sein müssen.[92] Richtig an dieser Überlegung ist jedenfalls, dass ein aussagekräftiger Günstigkeitsvergleich ein identisches Bezugsobjekt erfordert. Dieser kann aber auch unabhängig von der Betriebs- oder Unternehmensstruktur durchgeführt werden,

---

[88] Vgl. zur Bestimmung des Dotierungsrahmens oben S. 51 ff.

[89] *Andresen/Förster/Rößler/Rühmann*, Teil 12, Rn. 822; *Höfer*, BetrAVG, ART Rn. 344; *Höfer/Kister-Kölkes/Küpper*, DB 1987, S. 1565, 1587; Willemsen-*Doetsch/Rühmann*, Umstrukturierung, Rn. J 174; *Blomeyer/Otto*, BetrAVG, Anh § 1 Rn. 496; *Langohr-Plato*, BetrAV, Rn. 1365; *Schumann*, DB 1990, S. 2165, 2167.

[90] BAG GS, Beschluss vom 16.9.1986, AP Nr. 27 zu § 77 BetrVG 1972 = NZA 1987, S. 168, 175; BAG, Urteil vom 3.11.1987, AP Nr. 25 zu § 77 BetrVG = NZA 1988, S. 509, 512. Vgl. Willemsen-*Doetsch/Rühmann*, Umstrukturierung, Rn. J 174; *Höfer*, BetrAVG, ART Rn. 341; vgl. auch *Moll*, NZA Beilage 1/1988, S. 17, 26 f., der die Berücksichtigung mehrerer Arbeitgeberleistungen als „Globaltopftheorie" bezeichnet.

[91] BAG, Urteil vom 23.10.2001, AP Nr. 33 zu § 1 BetrAVG Ablösung = NZA 2003, S. 986, 990; *Höfer*, BetrAVG, ART Rn. 343; *Griebeling/Griebeling*, BetrAV, Rn. 875.

[92] BAG, Urteil vom 23.10.2001, AP Nr. 33 zu § 1 BetrAVG Ablösung = NZA 2003, S. 986, 990; Urteil vom 18.3.2003, AP Nr. 41 zu § 1 BetrAVG Ablösung = NZA 2004, S. 1099, 1102.

wenn sich vor und nach Abschluss der abändernden Betriebsvereinbarung ein vergleichbarer Personenkreis, der von der Sozialleistung umfasst wird, und damit auch die für den Vergleich notwendigen entsprechenden Dotierungsrahmen ermitteln lassen. Gerade die Vereinheitlichung auf Grund eines Betriebsübergangs abweichender Versorgungsordnungen kann hier als anschauliches Beispiel dienen.[93] Beim kollektiven Günstigkeitsvergleich stehen sich auf der einen Seite die Versorgungsordnungen des Veräußerer- und des Erwerberbetriebes und auf der anderen Seite die harmonisierte neue betriebseinheitliche Versorgungsregelung gegenüber. Obschon sich infolge des Betriebsübergangs die personelle Struktur im aufnehmenden Betrieb bzw. Unternehmen verändert hat, kann ein Günstigkeitsvergleich durch Addition der Dotierungsrahmen der bisherigen Versorgungssysteme und Vergleich mit dem neuen Dotierungsrahmen der zusammengeführten Versorgungssysteme durchgeführt werden. Damit erweist sich die umstrukturierende Betriebsvereinbarung für die Harmonisierung von Versorgungsbedingungen nach einem Betriebsübergang als ein durchaus zweckmäßiges Gestaltungsmittel. Durch die kollektive Betrachtung können unterschiedliche Versorgungszusagen durch Verminderung der jeweils günstigeren und wertensprechender Erhöhung der anderen Zusage angeglichen werden. Damit kann, soweit dabei die Grenzen von Recht und Billigkeit gewahrt werden, die günstigere Versorgungszusage abgebaut und die bestehenden Regelungen harmonisiert werden, ohne dass hieraus eine Meistbegünstigung der betroffenen Arbeitnehmer resultiert.

cc. Betriebsvereinbarungsoffene Versorgungszusage

Eine Betriebsvereinbarung, die den Dotierungsrahmen der betrieblichen Altersversorgung reduziert und damit kollektiv ungünstiger ist, kann nach der Rechtsprechung des Bundesarbeitsgerichtes eine individualrechtliche Versorgungsregelung nur ablösen, wenn letztere „betriebsvereinbarungsoffen" ausgestaltet ist und so den Vorbehalt einer möglichen Abänderung durch eine zeitlich nachfolgende Betriebsvereinbarung beinhaltet.[94] Durch diesen Vorbehalt wird das Rangverhältnis zwischen Betriebsvereinbarung und individualarbeitsvertraglicher Regelung durchbrochen, so dass die Zeitkollisionsregel, die grundsätzlich nur im Verhältnis gleichrangiger Normen Anwendung fin-

---

[93] In dieser Fallgruppe kann so der seltene Fall eines „Umverteilungsinteresses" angenommen werden, auf den sich der Anwendungsbereich des kollektiven Günstigkeitsvergleich reduzieren lässt, vgl. *Blomeyer*, DB 1987, S. 634, unter B.1.

[94] BAG GS, Beschluss vom 16.9.1986, AP Nr. 17 zu § 77 BetrVG 1972 = NZA 1987, S. 168, 171 f.; BAG, Urteil vom 3.11.1987, AP Nr. 25 zu § 77 BetrVG 1972 = NZA 1988, S. 509, 510 f.; Urteil vom 20.11.1987, AP Nr. 2 zu § 620 BGB Altersgrenze = NZA 1988, S. 617, 620; Urteil vom 23.10.2001, AP Nr. 33 zu § 1 BetrAVG Ablösung = NZA 2003, S. 986, 990; Urteil vom 10.12.2002, AP Nr. 249 zu § 611 BGB Gratifikation = NZA 2004, S. 271, 273.

det, den abändernden und ggf. verschlechternden Regelungen der Betriebsvereinbarung entgegen dem Günstigkeitsprinzip zur Wirksamkeit verhilft.[95] Im Gegensatz zur umstrukturierenden Betriebsvereinbarung ist die Rechtsnatur der individualrechtlichen Vereinbarung für ihre Ablösbarkeit nicht entscheidend. So können auch individuell ausgehandelte vertragliche Absprachen ohne kollektiven Bezug durch eine Betriebsvereinbarung abgelöst werden, wenn ihnen ein entsprechender Vorbehalt zu entnehmen ist.[96]

Ein Vorbehalt der abändernden Betriebsvereinbarung kann ausdrücklich in die individualrechtliche Regelung aufgenommen werden oder ihr unter Berücksichtigung der die Versorgungsregelung begleitenden Umstände als stillschweigende Vereinbarung entnommen werden.[97] Entscheidend für die Annahme eines Änderungsvorbehaltes ist dabei, dass sich dieser für den Arbeitnehmer erkennbar auf die Ablösung durch eine Betriebsvereinbarung bezieht.[98] Nicht ausreichend sind daher allgemeine Vorbehalte, wie insbesondere steuerunschädliche Widerrufs- und Mustervorbehalte, die allein auf die nach allgemeinen Rechtsgrundsätzen ohnehin schon bestehenden Änderungsmöglichkeiten Bezug nehmen.[99] Als einen stillschweigenden Änderungsvorbehalt hat die Rechtsprechung wiederholt den Hinweis, die individualrechtliche Regelung sei im Einvernehmen mit dem betriebsverfassungsrechtlich zuständigen Vertretungsorgan getroffen worden, qualifiziert.[100] Hierdurch ist

---

[95] Vgl. BAG GS, Beschluss vom 16.9.1986, AP Nr. 27 zu § 77 BetrVG 1972 = NZA 1987, S. 168, 172; *Höfer*, BetrAVG, ART Rn. 349.

[96] FESTL, BetrVG, § 77 Rn. 198; *Richardi*, BetrVG, § 77 Rn. 158; ErfK-*Kania*, § 77 BetrVG Rn. 80; GK-*Kreutz*, BetrVG, § 77 Rn. 261; HWK-*Gaul*, § 77 BetrVG Rn. 68.

[97] BAG GS, Urteil vom 16.9.1986, AP Nr. 17 zu § 77 BetrVG 1972 = NZA 1987, S. 168, 171; BAG, Urteil vom 20.11.1987, AP Nr. 2 zu § 620 BGB Altersgrenze = NZA 1988, S. 617, 620; Urteil vom 14.8.2001, AP Nr. 85 zu § 77 BetrVG 1972 = NZA 2002, S. 276, 278; Urteil vom 23.10.2001, AP Nr. 33 zu § 1 BetrAVG Ablösung = NZA 2003, S. 986, 990; *Andresen/Förster/Rößler/Rühmann*, Teil 12, Rn. 830; *Lindemann/ Simon*, BB 2003, S. 2510; kritisch zur Möglichkeit stillschweigender Änderungsvorbehalte *Däubler*, RdA 2004, S. 304, 306.

[98] *Andresen/Förster/Rößler/Rühmann*, Teil 12, Rn. 831; ErfK-*Kania*, § 77 BetrVG Rn. 83; ähnlich *Kemper*, DB 1987, S. 986, 987, der im Wege der Vertragsauslegung prüft, ob sich die Arbeitnehmer nach Treu und Glauben auf einen Änderungsvorbehalt hätten einlassen müssen.

[99] BAG, Urteil vom 20.11.1990, AP Nr. 14 zu § 1 BetrAVG Ablösung = NZA 1991, S. 477, 479; Beschluss vom 17.6.2003, AP Nr. 16 zu § 77 BetrVG 1972 = NZA 2004, S. 1110, 1114; *Andresen/Förster/Rößler/Rühmann*, Teil 12, Rn. 830; *Hanau/Preis*, FS Ahrend, S. 235, 236 f.; ErfK-*Kania*, § 77 BetrVG Rn. 81; anders LAG Köln, Urteil vom 10.8.1990, DB 1990, S. 130, 131, das den steuerunschädlichen Widerruf zumindest als ein Indiz für einen stillschweigenden Vorbehalt wertet, ähnlich *Kemper*, DB 1987, S. 986, 988; *Höfer/Kisters-Kölkes/Küpper*, DB 1987, S. 1585, 1588 f.

[100] BAG, Urteil vom 3.11.1987, AP Nr. 25 zu § 77 BetrVG 1972 = NZA 1988, S. 509, 510; Urteil vom 10.12.2002, AP Nr. 252 zu § 611 BGB Gratifikation, unter II. der Gründe = NZA 2003, S. 1360, jeweils „in Abstimmung mit dem Konzernbetriebsrat"; Urteil vom

für den Arbeitnehmer erkennbar, dass die Leistung erst nach Zustimmung des Betriebsrats gewährt wird. Dies bedeutet im Umkehrschluss, dass die Leistung auch in der Zukunft einer Abänderung durch Betriebsvereinbarung zugänglich sein soll. Selbst eine nicht schriftlich niedergelegte individualrechtliche Versorgungsregelung kann so einen Änderungsvorbehalt beinhalten, soweit die Ausarbeitung und Gestaltung der Regelung für den Arbeitnehmer offensichtlich in Abstimmung mit dem Betriebsrat erfolgt ist.[101] Auch in einer arbeitsvertraglichen Regelung enthaltene Verweisungs- oder Jeweiligkeitsklauseln können regelmäßig als Vorbehalt der Ablösung durch eine Betriebsvereinbarung bewertet werden.[102] Bestimmt eine individualrechtliche Regelung die Anwendbarkeit von Betriebsvereinbarungen, so ist im Zweifel davon auszugehen, dass sich diese als dynamische Verweisung auf die Betriebsvereinbarung in ihrer jeweils gültigen Fassung bezieht.[103] Eine arbeitsvertragliche dynamische Verweisung schließt aber auch nachfolgende Änderungen der in Bezug genommenen Rechtsnormen ein.[104]

Fraglich ist, ob der Vorbehalt, dass einer nachfolgenden Betriebsvereinbarung Vorrang vor der günstigeren Individualregelung eingeräumt wird, noch nachträglich durch eine ergänzende Betriebsvereinbarung begründet werden kann. So wird vertreten, dass eine individualrechtliche Versorgungsregelung, die durch eine gebotene kollektivrechtliche Ergänzungsregelung wie z.B. Änderungen der Versorgungsart etwa durch Einführung einer Hinterbliebenenrente, Enthaftungs- oder Verjährungsvereinbarungen, zumindest ab dem Zeitpunkt des Nachtrags betriebsvereinbarungsoffen sei.[105] Dagegen spricht jedoch das – auch im Verhältnis von Individualregelung zur Betriebsvereinbarung gelten-

---

10.12.2002, AP Nr. 249 zu § 611 BGB Gratifikation = NZA 2004, S. 271, 272 f., „im Einvernehmen mit dem Gesamtbetriebsrat". Vgl. auch *Kemper*, DB 1987, S. 987 f.; *Höfer/ Kisters-Kölkes/Küpper*, DB 1987, S. 1585, 1589.

[101] BAG, Urteil vom 23.10.2001, AP Nr. 33 zu § 1 BetrAVG Ablösung = NZA 2003, S. 986, 990.

[102] BAG, Urteil vom 20.11.1987, AP Nr. 2 zu § 620 BGB Altersgrenze = NZA 1988, S. 617, 620, das folgende arbeitsvertragliche Klausel als Änderungsvorbehalt wertete: „Die allgemeinen Arbeitsbedingungen... unterliegen den gesetzlichen Bestimmungen und Betriebsvereinbarungen..." Des Weiteren: BAG, Urteil vom 29.7.2003, AP Nr. 45 zu § 1 BetrAVG Ablösung, unter B.I.1.b) der Gründe; FESTL, BetrVG, § 77 Rn. 198; ErfK-*Kania*, § 77 BetrVG Rn. 81; *Hanau/Preis*, FS Ahrend, S. 265, 242 f.

[103] Soweit nur eine zeitlich festgeschriebene Fassung einer Betriebsvereinbarung als statische Verweisung in Bezug genommen wird, muss dies in der vertraglichen Vereinbarung etwa durch Nennung der konkreten Fassung kenntlich gemacht werden, vgl. ErfK-*Kania*, § 77 BetrVG Rn. 85; *Höfer*, BetrAVG, ART 547 f.

[104] Urteil vom 29.7.2003, AP Nr. 45 zu § 1 BetrAVG Ablösung, unter B.I.1.b) der Gründe; FESTL, BetrVG, § 77 Rn. 198; *Andresen/Förster/Rößler/Rühmann*, Teil 12, Rn. 681.

[105] *Kemper*, DB 1987, S. 986, 988; *Höfer*, BetrAVG, ART Rn. 353; *Höfer/Kisters-Kölkes/Küpper*, DB 1987, S. 1585, 1589; *Moll*, NZA Beilage 1/1988, S. 17, 27.

de – Günstigkeitsprinzip. Ist in der individualrechtlichen Zusage kein Änderungsvorbehalt enthalten, kann er durch eine kollektivrechtliche Vereinbarung nicht nachträglich begründet werden, da dies eine verschlechternde Regelung darstellt. Damit würden diese „nachtragenden Betriebsvereinbarungen" selber wie ablösende Betriebsvereinbarungen wirken, ohne dass einer der von der Rechtsprechung entwickelten Anwendungsfälle vorliegt.[106] Die einzelvertragliche Abrede kann nachträglich nur im Einvernehmen mit dem Arbeitnehmer um einen Änderungsvorbehalt erweitert werden.[107]

dd. Rechtskontrolle

Sowohl die umstrukturierende Betriebsvereinbarung in Verbindung mit dem kollektiven Günstigkeitsvergleich als auch die eine betriebsvereinbarungsoffene Individualregelung ablösende Betriebsvereinbarung kann nach der Rechtsprechung des Bundesarbeitsgerichtes eine individualrechtliche Regelung nur in den Grenzen von Recht und Billigkeit abändern.[108] Der Große Senat des BAG bezieht sich ausdrücklich auf die vom 3. Senat entwickelte Rechtsprechung zum Schutz von Besitzständen bei der Ablösung von Versorgungsordnungen.[109] Vereinzelt wird der dabei vom 3. Senat geprägte Begriff der „Billigkeitskontrolle" kritisiert, der sich an den ausschließlich im Individualarbeitsverhältnis anwendbaren § 315 BGB anlehnt, inhaltlich aber in dem vom BAG entschiedenen Zusammenhang fehl geht, da eine Rechtskontrolle anhand allgemeiner Rechtsprinzipien umschrieben wird.[110] Die Bezeichnung dieses Kontrollmittels kann jedoch letztlich dahinstehen, da sein Umfang und Inhalt von Rechtsprechung und Lehre hinreichend konkretisiert worden sind.[111] Da aber auch das BAG zwischenzeitlich den Begriff der Rechtskontrolle verwandt hat,[112] wird ihm, da er zudem den Gegenstand des Prüfungs-

---

[106] *Blomeyer/Otto*, BetrAVG, Anh § 1 Rn. 497, ähnlich ErfK-*Kania*, § 77 BetrVG Rn. 88.

[107] *Hanau/Preis*, FS Ahrend, S. 235, 244. Das Einverständnis des Arbeitnehmers kann dabei aber auch konkludent etwa durch die Annahme anderer geänderter Arbeitsbedingungen zum Ausdruck gebracht werden.

[108] BAG GS, Beschluss vom 16.9.1986, AP Nr. 17 zu § 77 BetrVG 1972 = NZA 1987, S. 168, 175; BAG, Urteil vom 3.11.1987, AP Nr. 25 zu § 77 BetrVG 1972 = NZA 1988, S. 509, 511.

[109] BAG GS, Beschluss vom 16.9.1986, AP Nr. 17 zu § 77 BetrVG 1972 = NZA 1987, S. 168, 175.

[110] *Blomeyer/Otto*, BetrAVG, Anh § 1 Rn. 508; *Hanau/Preis*, RdA 1988, S. 65, 77; *Schuhmann*, DB 1990, S. 2165, 2169.

[111] *Höfer*, BetrAVG, ART Rn. 622; *Andresen/Förster/Rößler/Rühmann*, Teil 12, Rn. 665.

[112] Vgl. BAG, Urteil vom 22.5.1990, AP Nr. 3 zu § 1 BetrAVG Betriebsvereinbarung = NZA 1990, S. 813; Urteil vom 10.12.2002, AP Nr. 249 zu § 611 BGB Gratifikation = NZA 2004, S. 271, 274. Mittlerweile enthält sich das BAG einer Bezeichnung des Kon-

verfahrens treffender beschreibt, der Vorzug gegeben. Begründet wird das Erfordernis einer Rechtskontrolle durch den Entgeltcharakter der betrieblichen Altersversorgung, mit der die Betriebstreue des Arbeitnehmers entlohnt wird. Bei der Kürzung einer bereits erdienten Versorgungsanwartschaft wird dem Arbeitnehmer nachträglich die Gegenleistung entzogen, für die er bereits in Vorleistung getreten ist, so dass dies nicht uneingeschränkt erfolgen kann.[113] Daneben ist eine materielle Kontrolle der abändernden Betriebsvereinbarung erforderlich, da die Vertragsparität zwischen Betriebsrat und Arbeitgeber nicht in dem gleichen Umfang gewährleistet ist wie etwa zwischen den Tarifvertragsparteien.[114]

In inhaltlicher Hinsicht finden für die eine individualrechtliche Regelung ablösende Betriebsvereinbarung dieselben Grundsätze wie für eine Betriebsvereinbarung, die einer anderen Betriebsvereinbarung zeitlich nachfolgt, Anwendung. Die Betriebspartner werden damit so gestellt, als lösten sie mit ihrer Betriebsvereinbarung eine andere Betriebsvereinbarung ab.[115] Im Rahmen der Rechtskontrolle ist zu prüfen, ob die in der Betriebsvereinbarung enthaltenen Änderungen die Grundsätze der Verhältnismäßigkeit und des Vertrauensschutzes wahren.[116] Wenn durch die abändernde Betriebsvereinbarung in die Entwicklung von Versorgungsanwartschaften eingegriffen wird, muss die Zulässigkeit dieser Eingriffe anhand der vom 3. Senat entwickelten Grundsätze zum Besitzstandsschutz beurteilt werden.[117] Handelt es sich hingegen ausschließlich um finanzielle Belastungen im bestehenden Arbeitsverhältnis, wie etwa die Steuerlasten der Versorgungsbeiträge, sind die allgemeinen Rechtsgrundsätze des Vertrauensschutzes und der Verhältnismäßigkeit heranzuzie-

---

trollverfahrens und bezieht sich nur noch auf die Grundsätze des Vertrauensschutzes und der Verhältnismäßigkeit, vgl. zuletzt BAG, Urteil vom 17.6.2003, AP Nr. 16 zu § 77 BetrVG 1972 Betriebsvereinbarung = NZA 2004, S. 1110, 1114, 1116.

[113] BAG, Beschluss vom 8.12.1981, AP Nr. 1 zu § 1 BetrAVG Ablösung = DB 1982, S. 46, 48; Beschluss vom 8.12.1981, AP Nr. 1 zu § 1 BetrAVG Unterstützungskassen = DB 1982, S. 50, 51; Urteil vom 5.6.1984, AP Nr. 3 zu § 1 BetrAVG Unterstützungskassen = NZA 1985, S. 22.

[114] *Höfer*, BetrAVG, ART Rn. 622.

[115] So schon BAG GS, Beschluss vom 16.9.1986, AP Nr. 17 zu § 77 BetrVG 1972 = NZA 1987, S. 168, 175; ebenso BAG, AP Nr. 33 zu § 1 BetrAVG Ablösung = NZA 2003, S. 986, 990.

[116] BAG, Urteil vom 3.9.1991, AP Nr. 3 zu § 1 BetrAVG Überversorgung = NZA 1992, S. 515, 517; Urteil vom 23.10.2001, AP Nr. 33 zu § 1 BetrAVG Ablösung = NZA 2003, S. 986, 990; Beschluss vom 17.6.2002, AP Nr. 16 zu § 77 BetrVG 1972 Betriebsvereinbarung = NZA 2004, S. 1110, 1114; Urteil vom 10.12.2002, AP Nr. 249 zu § 611 BGB Gratifikation = NZA 2004, S. 272, 274; Urteil vom 18.3.2003, AP Nr. 41 zu § 1 BetrAVG Ablösung = NZA 2004, S. 1099, 1102; Urteil vom 29.7.2003, AP Nr. 45 zu § 1 BetrAVG Ablösung, unter B.I.2.a) der Gründe.

[117] Vgl. zum Bestandsschutz von Versorgungsanwartschaften bei nachfolgenden Betriebsvereinbarungen unten S. 253 ff.

hen.[118] Im Ergebnis wird damit auch im Bereich der eine individualrechtliche Regelung ablösenden Betriebsvereinbarung das vom BAG entwickelte dreistufige Prüfungsschema zur nachfolgenden Betriebsvereinbarung angewendet.[119]

Andresen u.a. nehmen als weitere eigenständige Zulässigkeitsvoraussetzung einer Betriebsvereinbarung das Erfordernis eines sachlichen Grundes an.[120] Sie beziehen sich dabei auf eine Beschlussentscheidung des BAG vom 8.12.1981, in der der 3. Senat die sachlichen Gründe, die die Betriebspartner zur Änderung der Versorgungsordnung bewegt haben, als Maßstab der gerichtlichen Rechtskontrolle festlegt.[121] Dieser Maßstab muss aber im Zusammenhang mit der vom BAG zum Besitzstandsschutz entwickelten Grundsätze gesehen werden. Da sachliche Gründe einen Eingriff in die zukünftige Entwicklung einer Versorgungsanwartschaft rechtfertigen können,[122] kommen sie so regelmäßig bei einer ablösenden Betriebsvereinbarung, der schon begrifflich eine in die Zukunft gerichtete Wirkung immanent ist, in Betracht. Damit wird aber keineswegs eine Notwendigkeit des sachlichen Grundes als eigenständige Voraussetzung einer ablösenden Betriebsvereinbarung begründet, da dieser lediglich als Bestandteil der Rechtskontrolle Berücksichtigung finden kann.

Vereinzelt wird noch zwischen einer abstrakten und einer konkreten Rechtskontrolle differenziert, was auf der vor der Grundsatzentscheidung des Großen Senates vom 16.9.1986 ergangenen Rechtsprechung des 3. Senates beruht.[123] Im Rahmen einer abstrakten Rechtskontrolle wird zunächst geprüft,

---

[118] BAG, Urteil vom 10.12.2002, AP Nr. 249 zu § 611 BGB Gratifikation = NZA 2004, S. 271, 274.

[119] So BAG, Urteil vom 29.7.2003, AP Nr. 45 zu § 1 BetrAVG Ablösung, unter 2.a) der Gründe; Urteil vom 18.3.2003, AP Nr. 41 zu § 1 BetrAVG Ablösung = NZA 2004, S. 1099, 1102; Urteil vom 10.12.2002, AP Nr. 249 zu § 611 BGB Gratifikation = NZA 2004, S. 271, 274. Ebenso *Blomeyer/Otto*, BetrAVG, Anh §1 Rn. 503, 508 ff.; *Griebeling/Griebeling*, BetrAV, Rn. 875; *Höfer*, BetrAVG, ART Rn. 338, 349, 630, 570 ff.; *Höfer/Kisters-Kölkes/Küpper*, DB 1987, S. 1585, 1587 f.

[120] *Andresen/Förster/Rößler/Rühmann*, Teil 12, Rn. 810; ähnlich *Höfer/Kisters-Kölkes/Küpper*, DB 1987, S. 1585, 1586 f., die einzelne Gründe aufzählen, bei deren Vorliegen eine kollektivrechtliche Änderung zulässig ist. Auch diese Gründe sind ausschließlich im Rahmen der Rechtskontrolle zu berücksichtigen.

[121] BAG, Beschluss vom 8.12.1981, AP Nr. 1 zu § 1 BetrAVG Ablösung = DB 1982, S. 46, 48.

[122] Danach ist ein Eingriff in „dienstzeitabhängige Steigerungsbeträge" aus sachlich-proportionalen Gründen zulässig, vgl. im Einzelnen unten S. 267 ff.

[123] So *Höfer*, BetrAVG, ART Rn. 627 ff.; *von Hoyningen-Huene*, Betriebsverfassungsrecht, S. 235 f.; BAG, Beschluss vom 8.12.1981, AP Nr. 1 zu § 1 BetrAVG Ablösung = DB 1982, S. 46, 48; Beschluss vom 8.12.1981, AP Nr. 1 zu § 1 BetrAVG Unterstützungskassen = DB 1982, S. 50, 51; Urteil vom 17.3.1987, AP Nr. 9 zu § 1 BetrAVG Ablösung =

ob die Betriebsvereinbarung in ihrer Gesamtheit die Grenzen von Recht und Billigkeit wahrt.[124] Soweit sich danach trotz abstrakter Rechtmäßigkeit für einzelne Arbeitnehmer noch unangemessene Härten ergeben, können diese mittels der konkreten Rechtskontrolle festgestellt und behoben werden.[125] Diese Differenzierung kann jedoch auf Grund der in den Grundsätzen des Vertrauensschutzes und der Verhältnismäßigkeit enthaltenen Einzelfallbetrachtung vernachlässigt werden. Der Besitzstandsschutz, der maßgeblich im Rahmen der Rechtskontrolle zu berücksichtigen ist, bezieht sich auf die bereits erdienten und noch zu erdienenden Versorgungsansprüche der Arbeitnehmer. Durch die Einbeziehung dieser Versorgungsrechte wird die materiellrechtliche Prüfung individualisiert, so dass eine Trennung in abstrakte und konkrete Rechtskontrolle in tatsächlicher Hinsicht nicht nur kaum zu realisieren ist, sondern auch in rechtlicher Hinsicht nicht mehr erforderlich ist.

ee. Wirkung der ablösenden Betriebsvereinbarung

Nach der Auffassung des BAG löst eine Betriebsvereinbarung, die die geschilderten Zulässigkeitsvoraussetzungen erfüllt, eine kollidierende Individualregelung ab. Die Betriebsvereinbarung tritt damit ersatzlos an die Stelle der durch das Vertragsrecht nicht mehr unabdingbar gesicherten abgelösten Regelung.[126] Damit kann diese Regelung später durch Betriebsvereinbarung geändert oder – etwa durch Kündigung einer freiwilligen Betriebsvereinbarung – beendet werden, ohne dass die vormals individualrechtlich vereinbarten Arbeitsbedingungen wieder Anwendung finden.[127] Dies gilt jedoch nur für Vereinbarungen, die Sozialleistungen betreffen und so der vom Großen Senat entwickelten Konzeption unterfallen. Andere arbeitsvertragliche Ansprüche, die, wie etwa das im Gegenseitigkeitsverhältnis stehende Arbeitsentgelt, nicht in einem kollektiven Bezugssystem zueinander stehen, können durch Normen einer Betriebsvereinbarung, die für den Arbeitnehmer individuell günstiger sind, nur für die Dauer der Wirkung der Betriebsvereinbarung verdrängt werden.[128]

NZA 1987, S. 855, 858.

[124] *Höfer*, BetrAVG, ART Rn. 627 ff.

[125] *Höfer*, BetrAVG, ART Rn. 632; BAG, Beschluss vom 8.12.1981, AP Nr. 1 zu § 1 BetrAVG Ablösung = DB 1982, S. 46, 48; Beschluss vom 8.12.1981, AP Nr. 1 zu § 1 BetrAVG Unterstützungskassen = DB 1982, S. 50, 51.

[126] So BAG GS, Beschluss vom 16.9.1986, AP Nr. 17 zu § 77 BetrVG = NZA 1987, S. 168, 169. Ebenso BAG, Urteil vom 21.9.1989, AP Nr. 43 zu § 77 BetrVG 1972 = NZA 1990, S. 351, 354 f.; Urteil vom 28.3.2000, AP Nr. 83 zu § 77 BetrVG 1972 = NZA 2001, S. 49, 52; HWK-*Gaul*, § 77 BetrVG Rn. 66.

[127] HWK-*Gaul*, § 77 BetrVG Rn. 66.

[128] BAG, Urteil vom 21.9.1989, AP Nr. 43 zu § 77 BetrVG 1972 = NZA 1990, S. 351,

Eine andere Ansicht erweitert die nur vorübergehend verdrängende Wirkung einer günstigeren Betriebsvereinbarung umfassend auch für den Regelungsbereich der Sozialleistung.[129] Die Wirkung miteinander konkurrierender Normen kann unabhängig von der Auflösung der Normenkollision beantwortet werden, so dass die Ausdehnung des zeitlich beschränkten Anwendungsvorrangs der Betriebsvereinbarung, wie er dem individualistischen Günstigkeitsprinzip immanent ist, auf die Fallgruppe des kollektiven Günstigkeitsvergleichs nicht ausgeschlossen ist, sondern vielmehr, um der arbeitsvertraglichen Regelung und damit letztlich dem Günstigkeitsprinzip zur bestmöglichen Wirkweise zu verhelfen, nahe liegt.[130] Dies ist im Übrigen Ausfluss der individuellen Vertragsfreiheit der Arbeitsvertragsparteien, die durch die Betriebsverfassung nur insoweit eingeschränkt werden kann, als dies zum Ausgleich der auf Betriebsebene widerstreitenden Interessen erforderlich ist. Die normative Wirkung einer Betriebsvereinbarung kann daher nicht die Nichtigkeit, sondern nur die Nichtanwendbarkeit einer vertraglichen Abrede herbeiführen.[131]

Letztere Ansicht ist auch unter Berücksichtigung der allgemeinen Wirkweise des Günstigkeitsprinzips vorzuziehen: Die ersatzlose Ablösung einer Regelung kommt nach dem Ordnungsprinzip nur im Verhältnis gleichrangiger Normen in Betracht. Durch die Entscheidung des Großen Senats wird die Rangordnung von individualvertraglicher Abrede und Betriebsvereinbarung aber nicht beeinträchtigt, so dass die „ablösende" Betriebsvereinbarung – auch im Rahmen des kollektiven Günstigkeitsvergleichs als konzeptionelle Ausprägung des Günstigkeitsprinzips – die individualrechtliche Norm nur für die Dauer ihrer Wirkung verdrängt. Überdies kann durch die vom Regelungsgegenstand unabhängige Wirkweise einer Betriebsvereinbarung im Verhältnis zur arbeitsvertraglichen Regelung eine einheitliche Rechtsanwendung erzielt und im Einzelfall mögliche Abgrenzungsprobleme vermieden werden.[132]

---

354 f.; Urteil vom 28.3.2000, AP Nr. 83 zu § 77 BetrVG 1972 = NZA 2001, S. 49, 52; MünchHb-*Matthes*, § 327 Rn. 28; ähnlich HSWG-*Worzalla*, BetrVG, § 77 Rn. 95a; FESTL, BetrVG, § 77 Rn. 197.

[129] ErfK-*Kania*, § 77 BetrVG Rn. 78, *Blomeyer/Otto*, BetrAVG, Anh § 1 Rn. 502; *Richardi*, BetrVG, § 77 Rn. 160; *Annuß*, NZA 2001, S. 756, 760 f., 762 f.; *Roßmanith*, DB 1999, S. 634, 635.

[130] *Annuß*, NZA 2001, S. 756, 760 f.; ErfK-*Kania*, § 77 BetrVG Rn. 78.

[131] *Blomeyer/Otto*, BetrAVG, Anh § 1 Rn. 502; *Annuß*, NZA 2001, S. 756, 762 f.

[132] Durch den zeitlich beschränkten Anwendungsvorrang erübrigt sich auch in der vom BAG mit Urteil vom 28.3.2000, AP Nr. 83 zu § 77 BetrVG 1972 = NZA 2001, S. 49, 51 f., entschiedenen Fallkonstellation die Annahme eines besonderen, auf die Umverteilung der Sozialleistung gerichteten Regelungszweck der umstrukturierenden Betriebsvereinbarung als weitere Voraussetzung des kollektiven Günstigkeitsvergleichs. Durch die Kündigung einer Gesamtbetriebsvereinbarung, die bisher auf einer arbeitsvertraglichen Einheitsrege-

ff. Kritik

Das vom Großen Senat des BAG entwickelte Konzept zur Ablösung von individualrechtlichen Regelungen durch eine spätere Betriebsvereinbarung wird vor allem hinsichtlich des kollektiven Günstigkeitsvergleichs kritisiert, da dem Günstigkeitsprinzip lediglich ein individueller Vergleichsmaßstab immanent ist.[133] Dies sei Ausfluss des Grundsatzes der Privatautonomie: so steht es den Arbeitsvertragsparteien frei, oberhalb der durch eine Betriebsvereinbarung garantierten Arbeitsbedingungen individuelle Verbesserungen zu vereinbaren, auf die der Arbeitnehmer sich im Übrigen unabhängig von der Geltung gleichlautender Regelungen bei anderen Arbeitnehmern berufen könne.[134] Außerdem seien Verschlechterungen für einzelne Arbeitnehmer mit dem Schutzzweck der Betriebsvereinbarung nicht vereinbar.[135] Daher lehnt diese Ansicht das Regelungsmittel des kollektiven Günstigkeitsvergleichs ab, so dass eine den einzelnen Arbeitnehmer im Vergleich zum Einzelarbeitsverhältnis verschlechternde Regelung – trotz Wahrung des kollektiven Dotierungs- oder Leistungsrahmens – nur auf Grund eines Vorbehalts der Betriebsvereinbarungsoffenheit bzw. Wegfalls der Geschäftsgrundlage erfolgen kann.[136] Der kollektive Bezug einer Individualvereinbarung könne aber als Auslegungsregel zu Gunsten eines Änderungsvorbehalts durch Betriebsvereinbarung herangezogen werden: wenn dem Arbeitnehmer die kollektive Ausgestaltung der Leistung erkennbar war, stehe sie unter dem Vorbehalt, dass das Günstigkeitsprinzip ihrer Neuverteilung durch Betriebsvereinbarung nicht entgegenstehe.[137]

---

lung beruhende Arbeitsbedingungen neu regelt, würden diese Bedingungen allesamt – unabhängig von ihrem Regelungsinhalt – wieder Anwendung finden.

[133] *Richardi*, BetrVG, § 77 Rn. 154; *ders.*, GS Blomeyer, S. 299, 309 ff.; GK-*Kreutz*, BetrVG, § 77 Rn. 258; *von Hoyningen-Huene*, Betriebsverfassungsrecht, S. 233 f., *ders.*, BB 1992, S. 1640, 1644 f.; MünchHb-*Matthes*, § 327 Rn. 85; ähnlich *Moll*, NZA Beilage 1/1988, S. 17, 21 f., 31, der annimmt, durch den kollektiven Günstigkeitsvergleich werde das Günstigkeitsprinzip „überstrapaziert". Da die Rechtsstellung des einzelnen Arbeitnehmers nicht mehr einschränkungslos sichergestellt ist, könne es daher keine Anwendung finden.

[134] *Richardi*, BetrVG, § 77 Rn. 154; *ders.*, GS Blomeyer, S. 299, 309; *von Hoyningen-Huene*, BB 1992, S. 1640, 1644 f.; *Moll*, NZA Beilage 1/1988, S.17, 21 f.; *Annuß*, NZA 2001, S. 756, 761, nach dem das BAG durch die Kollektivierung des Günstigkeitsprinzips so eine „Betriebsvereinbarung minderer Art" schaffe. Vgl. auch *Fastrich*, RdA 1994, S. 129, 131; *Joost*, RdA 1989, S. 7, 19.

[135] GK-*Kreutz*, BetrVG, § 77 Rn. 264.

[136] *Richardi*, BetrVG, § 77 Rn. 158; GK-*Kreutz*, BetrVG, § 77 Rn. 261 f.; *von Hoyningen-Huene*, Betriebsverfassungsrecht, S. 233 f., *ders.*, BB 1992, S. 1640, 1644 f.

[137] *Richardi*, GS Blomeyer, S. 299, 310 f.

Eine weitere Ansicht lehnt die Rechtsprechung des Großen Senats grundsätzlich ab und nimmt hingegen die generelle Ablösbarkeit individualrechtlicher Regelungen mit Kollektivbezug nach dem Ordnungsprinzip mit anschließender Rechts- bzw. Billigkeitskontrolle unter Wahrung der Besitzstände der Versorgungsberechtigten an.[138] Das Günstigkeitsprinzip eigne sich nicht, eine im Verhältnis zwischen Betriebsvereinbarung und individualrechtlicher Einheitsregelung bestehende Normkonkurrenz aufzulösen, da für seine Anwendung anders als im Tarifvertragsrecht schon eine normative Grundlage in der Betriebsverfassung fehle.[139] Daneben bestehen anerkannte Regelungsgegenstände einer Betriebsvereinbarung, die, wie beispielsweise die Anordnung von Kurzarbeit oder die Einführung von Vertragsstrafen, das Einzelarbeitsverhältnis verschlechtern, ohne dass es auf die Feststellung eines Änderungsvorbehaltes oder die Vereinbarkeit mit dem Günstigkeitsprinzip ankomme.[140] Die Möglichkeit, die einzelvertragliche Vereinbarung betriebsvereinbarungsoffen auszugestalten, erweise sich als wenig praktikabel, da bestehende Regelungssysteme kaum entsprechende Vorbehalte beinhalten[141] und die Annahme eines stillschweigenden Änderungsvorbehalts mit erheblichen Rechtsunsicherheiten verbunden sei.[142] Der grundsätzlich freien Ablösbarkeit von Individualabreden mit Kollektivbezug stehe die Privatautonomie nicht entgegen, da zum einen die Funktion der Betriebsvereinbarung nicht auf die Schaffung von Mindestarbeitsbedingungen, sondern primär auf die Regelung der Ordnung der Zusammenarbeit der Arbeitnehmer und des Verhältnisses der Belegschaft als Gruppe zum Arbeitgeber gerichtet sei.[143] Zum anderen könne so dem im Arbeitsverhältnis im Vergleich zu anderen Dauerschuldverhältnissen auf Grund der nur eingeschränkten Kündbarkeit erhöhten Anpassungsbedarf nachgekommen werden.[144] Auch in praktischer Hinsicht bestehe

---

[138] *Andresen/Förster/Rößler/Rühmann*, Teil 12, Rn. 780; *Blomeyer*, DB 1987, S. 634, 638; Picot-*Heubeck*, Unternehmenskauf, Teil IV, Rn. 74 f. (zumindest für Gesamtzusagen); *Joost*, RdA 1989, S. 7, 17 f.; MünchHb-*Matthes*, § 327 Rn. 88; *Fastrich*, RdA 1994, S. 129, 134.

[139] *Blomeyer*, DB 1987, S. 634, 637; *Joost*, RdA 1989, S. 7, 15 f.

[140] *Fastrich*, RdA 1994, S. 129, 133.

[141] So *Andresen/Förster/Rößler/Rühmann*, Teil 12, Rn. 830; Picot-*Heubeck*, Unternehmenskauf, Teil IV, Rn. 73; Willemsen-*Doetsch/Rühmann*, Umstrukturierung, Rn. J 174.

[142] *Fastrich*, RdA 1994, S. 129, 131 f.; *Joost*, RdA 1989, S. 7, 22; vgl. auch GK-*Kreutz*, BetrVG, § 77 Rn. 266.

[143] *Fastrich*, RdA 1994, S. 129, 135; ähnlich auch *Annuß*, NZA 2001, S. 756, 762, für Teile des mitbestimmungspflichtigen Regelungsbereichs.

[144] *Fastrich*, RdA 1994, S. 129, 135 f. Hiergegen spricht jedoch, dass die Regelungen des allgemeinen und besonderen Kündigungsschutzes, die nicht nur die Beendigung sondern auch die Änderung von Arbeitsverhältnissen betreffen, nicht durch eine umfassende kollektivrechtliche Abänderungsbefugnis umgangen werden können.

ein Bedürfnis, individualrechtliche Versorgungszusagen mit kollektiven Bezug abzuändern, dem die Lösung des Großen Senats nicht genüge.[145]

Eine nach dem Inhalt der ablösenden Betriebsvereinbarung differenzierende Lösung wird von *Annuß* vertreten: Das individualistische Günstigkeitsprinzip ist – in strikter Anwendung von § 77 Abs. 4 BetrVG – ausgeschlossen, soweit der Regelungsgegenstand einer mitbestimmungspflichtigen Betriebsvereinbarung den Ausgleich multilateraler Interessen innerhalb eines Betriebes bezweckt.[146] Da aber durch die Normwirkung der Betriebsvereinbarung die individuelle Vertragsfreiheit der Arbeitsvertragsparteien beeinträchtigt sei, müsse, soweit nur die Schutzfunktion der Betriebsverfassung betroffen ist, im Wege einer verfassungskonformen Reduktion des § 77 Abs. 4 BetrVG das Günstigkeitsprinzip Anwendung finden. Das Günstigkeitsprinzip gilt somit nur, wenn keine Mitbestimmungstatbestände betroffen sind, die auf die Herstellung eines Ausgleichs zwischen widerstreitenden Arbeitnehmerinteressen gerichtet sind, und – unabhängig vom Zweck des Mitbestimmungsrechtes – bei echten Einzelfallabreden.[147]

gg. Stellungnahme

Die Bedenken der Literatur gegen die Auffassung des Großen Senats des BAG können nicht geteilt werden. Die Rechtsprechung des BAG steht im Einklang mit der grundlegenden arbeitsrechtlichen Normenhierachie und den sich aus dieser ergebenden Kollisionsregeln. Danach ist die Konkurrenz von Normen unterschiedlicher Rangordnung nach dem Rangprinzip und dem Günstigkeitsprinzip aufzulösen.[148] Ungeachtet einer fehlenden Normierung im BetrVG findet das Günstigkeitsprinzip dabei auch im Verhältnis zwischen Betriebsvereinbarung und Arbeitsvertrag Anwendung. Dies ergibt sich bereits aus der Privatautonomie, in die bei Verdrängung einzelvertraglicher Abreden durch vorrangige Kollektivregelungen in unverhältnismäßiger Weise eingegriffen würde, und dem, dem Arbeitsrecht als zentrale Leitidee immanenten

---

[145] *Andresen/Förster/Rößler/Rühmann*, Teil 12, Rn. 780; Picot-*Heubeck*, Unternehmenskauf, Rn. 75; *Blomeyer*, DB 1987, S. 634, 637.

[146] *Annuß*, NZA 2001, S. 756, 762.

[147] *Annuß*, NZA 2001, S. 756, 763. Das Günstigkeitsprinzip begrenzt in diesen Fallgruppen die überschießende, die Privatautonomie beeinträchtigende Normwirkung des § 77 Abs. 4 BetrVG. Im Ergebnis nähert sich *Annuß* damit der Entscheidung des 6. Senates des BAG, Urteil vom 12.8.1982, BAG AP Nr. 4 zu § 77 BetrVG 1972 = DB 1982, S. 2298, an, der eine verschlechternde Abänderung durch Betriebsvereinbarung nur insoweit für zulässig hielt, als Angelegenheiten im Bereich der erzwingbaren Mitbestimmung nach § 87 BetrVG betroffen sind und durch diese Entscheidung erst die Anrufung des Großen Senats und damit die erwähnte Grundsatzentscheidung veranlasst hat.

[148] HWK-*Thüsing*, Vor § 611 BGB Rn. 154; *Schaub*, ArbR-Hb, § 31 Rn. 1; MünchHb-*Richardi*, § 8 Rn. 31; ErfK-*Preis*, § 611 BGB Rn. 290.

Schutzprinzip.[149] Die Unanwendbarkeit des Günstigkeitsprinzips würde daneben – wie bereits der Große Senat[150] festgestellt hat – zu unlösbaren Wertungswidersprüchen im Verhältnis zwischen Tarifvertrag, Betriebsvereinbarung und einzelvertraglicher Regelung führen, die sich in der folgenden Verdrängungskette äußern: So hätte die tarifliche Regelung gemäß § 77 Abs. 3 BetrVG Vorrang vor der Betriebsvereinbarung, die ihrerseits mit uneingeschränkter normativer Wirkung das Einzelarbeitsverhältnis verdrängen würde. Soweit aber letzteres eine günstigere Regelung als der Tarifvertrag enthält, müsste dem Einzelarbeitsverhältnis gemäß § 4 Abs. 3 TVG der Vorrang vor dem Tarifvertrag eingeräumt werden. Damit muss, um eine homogene Rang- und Kollisionsordnung zu erreichen, das Günstigkeitsprinzip auch im Verhältnis zwischen Betriebsvereinbarung und Arbeitsvertrag anwendbar sein. Die einer Ablösungswirkung zu Grunde liegende Zeitkollisionsregelung als Bestandteil des Ordnungsprinzips kann demgegenüber nur im Verhältnis gleichrangiger Rechtsnormen und damit gerade nicht im Verhältnis zwischen Betriebsvereinbarung und Individualvertrag Anwendung finden.[151] Um wiederum der Vertragsfreiheit der Arbeitsvertragsparteien Rechnung zu tragen, kann aber das Rangverhältnis durch einen entsprechenden Vorbehalt durchbrochen werden und so eine individualvertragliche Abrede durch eine zeitlich nachfolgende Kollektivregelung unabhängig von einem Günstigkeitsvergleich abgelöst werden. Die Annahme eines strikten Vorrangverhältnisses der Betriebsvereinbarung und die hierin enthaltene Ausschaltung des Günstigkeitsprinzips sind so mit diesen Grundsätzen nicht zu vereinbaren. Aber auch die nur teilweise Anwendbarkeit des Günstigkeitsprinzips, wie sie *Annuß* für Betriebsvereinbarungen, die nicht dem Ausgleich betriebsumfassender Interessen dienen, annimmt, durchbricht ohne die erforderliche privatautonome Vereinbarung die Rangordnung zwischen Betriebsvereinbarung und Individualregelung. Daneben sind bei dieser Lösung hinsichtlich der praktischen Feststellung der einem Günstigkeitsvergleich entzogenen Mitbestimmungstatbestände Abgrenzungsschwierigkeiten zu befürchten.[152]

---

[149] HSWG-*Worzalla*, BetrVG, § 77 Rn. 89; DKK-*Berg*, BetrVG, § 77 Rn. 19. Das Schutzprinzip ist dabei entgegen der Auffassung von *Fastrich*, RdA 1994, S. 127, 134, und *Annuß*, NZA 2001, S. 756, 762, für die Begründung des Günstigkeitsprinzips essentiell, da nur so die Abweichung privatautonomer Vereinbarungen von Kollektivregelungen ausschließlich zu Gunsten der Arbeitnehmer begründet werden kann.

[150] BAG GS, Beschluss vom 16.9.1986, AP Nr. 17 zu § 77 BetrVG 1972 = NZA 1987, S. 168, 173.

[151] HWK-*Thüsing*, Vor § 611 BGB Rn. 154; DKK-*Berg*, BetrVG, § 77 Rn. 12; ErfK-*Preis*, § 611 BGB Rn. 291.

[152] Außerdem bestehen Abgrenzungsschwierigkeiten hinsichtlich der Feststellung individuell ausgehandelter einzelvertraglicher Regelungen, die den Anwendungsbereich des Günstigkeitsprinzips wieder eröffnen. So kann das von *Annuß*, NZA 2001, S. 756, 762,

Fraglich ist jedoch, ob das in der Praxis bestehende Bedürfnis der Abänderbarkeit von betriebseinheitlichen einzelvertraglichen Regelungen mit anderen als den hierfür ungeeigneten individualrechtlichen Mitteln – insbesondere mittels einer Betriebsvereinbarung – innerhalb der von der Rangsystematik der arbeitsrechtlichen Normen vorgegebenen Kollisionsregeln möglich ist. Das BAG stellt hier drei Regelungsinstrumente zur Verfügung, von denen aber das Anpassungsmittel des Wegfalls der Geschäftsgrundlage aus den genannten Gründen regelmäßig zur Harmonisierung infolge eines Betriebsübergangs konkurrierender Versorgungsbedingungen nicht in Betracht kommt.[153] Damit bleiben als mögliche Änderungsbehelfe die umstrukturierende Betriebsvereinbarung im Rahmen eines kollektiven Günstigkeitsvergleichs sowie die in der Individualregelung vorbehaltene Betriebsvereinbarungsoffenheit übrig.

Unabhängig von den nachvollziehbar geäußerten dogmatischen Bedenken ist schon fraglich, ob das Regelungsinstrument des kollektiven Günstigkeitsvergleichs dem in der Praxis bestehenden Änderungsbedarf insbesondere bezüglich der betrieblichen Altersversorgung nachkommen kann. Da als entscheidender Vergleichsmaßstab der Dotierungsrahmen und damit der zu erwartende finanzielle Gesamtaufwand[154] des Arbeitgebers der abzuändernden Versorgungsordnung herangezogen wird, sind den Betriebspartnern Einschränkungen der Versorgungszusage außerhalb dieses Dotierungsrahmens verwehrt. Damit sind Verschlechterungen der Versorgungszusage, auch wenn sie nur mit Wirkung für die Zukunft erfolgen, grundsätzlich im Wege einer umstrukturierenden Betriebsvereinbarung nicht möglich, wenn sie die gesamte Belegschaft einheitlich betreffen. Die in der Praxis denkbaren Anwendungsfälle sind so äußerst beschränkt, wobei sich aber gerade die hier untersuchte Fallkonstellation der Angleichung abweichender Versorgungssysteme nach einem Betriebsübergang für eine lediglich umverteilende Betriebsvereinbarung eignen würde.[155] Gleichzeitig verdeutlicht der Dotierungsrahmen als maßgebliches Vergleichskriterium, dass sich im Rahmen des vom 3. Senat des BAG angewandten zweistufigen Prüfungsschemas zur Zulässigkeit einer ablösenden Betriebsvereinbarung der kollektive Günstigkeitsvergleich dabei als die höhere Schranke erweisen kann, wenn im Rahmen der auf der zweiten Stufe

---

aufgeführte Beispiel der Gewährung des gesamten Jahresurlaubs durch den Arbeitgeber auf Wunsch des Arbeitnehmers durchaus als vorrangige Einzelabrede qualifiziert werden, obschon dies im Widerspruch zu einem unter Mitwirkung des Betriebsrats aufgestellten Urlaubsplan stehen würde.

[153] Vgl. dazu die Ausführungen zum individualrechtlichen Widerruf oben S. 207 ff.

[154] Vgl. *Höfer*, BetrAVG, ART Rn. 1044; *Heubeck*, BetrAV 1985, S. 189, 190. Vgl. zur Bestimmung des Dotierungsrahmens oben S. 51 ff.

[155] Vgl. dazu GK-*Kreutz*, BetrVG, § 77 Rn. 267.

durchzuführenden Rechtskontrolle ein Eingriff beispielsweise in künftige Zuwächse aus sachlich-proportionalen Gründen zulässig ist.[156] Die den Betriebspartnern vom Großen Senat in die Hand gelegte umstrukturierende Betriebsvereinbarung erweist sich so als ein schlechter Kompromiss[157] und ein ungeeignetes Gestaltungsmittel, wenn durch sie Änderungen, die den Grundsätzen der Verhältnismäßigkeit und des Vertrauensschutzes genügen und so die Rechtsstellung des Arbeitnehmers hinreichend wahren, nicht realisiert werden können.[158] Außerdem sind auch die in rechtlicher Hinsicht bestehenden Zweifel kaum zu beseitigen: Die konkrete Maßnahme, die zur Verschlechterung der Arbeitsbedingungen eines einzelnen Arbeitnehmers führt, lässt sich tatsächlich nur schwer mit der individuellen Vertragsfreiheit und dem arbeitsrechtlichen Schutzprinzip vereinbaren, auch wenn sie Bestandteil einer im Rahmen des kollektiven Günstigkeitsvergleichs zulässigen Betriebsvereinbarung ist.

Hingegen ist ein einzelvertraglicher Vorbehalt, der die individualrechtliche Abrede einer Änderung durch eine Betriebsvereinbarung zugänglich macht und so die Rangordnung der Normen durchbricht, ein dogmatisch konsequentes Regelungsmittel. Zudem bewegt sich die Möglichkeit, diesen Vorbehalt stillschweigend zu vereinbaren, im Rahmen des den Parteien auf Grund der Vertragsfreiheit zustehenden Gestaltungsspielraums. Inwieweit ein stillschweigender Änderungsvorbehalt der Individualregelung zu entnehmen ist, muss letztlich durch Auslegung der Vereinbarung nach §§ 133, 157 BGB ermittelt werden.[159] Wenn auch allein der kollektive Charakter der Regelung noch nicht auf einen Änderungsvorbehalt schließen lässt, ist jedenfalls anerkannt, dass der das Einzelarbeitsverhältnis für den Arbeitnehmer erkennbar übersteigende Bezug der Regelung auf das Auslegungsergebnis Auswirkung hat.[160] Die Rechtsprechung des BAG setzt jedoch an die Annahme eines stillschweigenden Vorbehalts, durch den die Individualregelung durch eine nach-

---

[156] BAG, Urteil vom 16.7.1996, AP Nr. 21 zu § 1 BetrAVG Ablösung = NZA 1997, S. 533, 534. Im Einzelnen zur Rechtskontrolle unten S. 253 ff.

[157] Vereinzelt wird die Entscheidung des Großen Senates so als Kompromisslösung bezeichnet, vgl. *Andresen/Förster/Rößler/Rühmann*, Teil 12, Rn. 780; *Blomeyer*, DB 1987, S. 634.

[158] Ähnlich *Andresen/Förster/Rößler/Rühmann*, Teil 12, Rn. 780.

[159] GK-*Kreutz*, § 77 Rn. 266; *Hanau/Preis*, FS Ahrend, S. 235, 243.

[160] Vgl. *Andresen/Förster/Rößler/Rühmann*, Teil 12, Rn. 831; ErfK-*Kania*, § 77 BetrVG Rn. 80; GK-*Kreutz*, § 77 Rn. 266; *Blomeyer/Otto*, BetrAVG, Anh § 1 Rn. 497; FESTL, BetrVG, § 77 Rn. 214; BAG GS, Beschluss vom 16.9.1986, AP Nr. 17 zu § 77 BetrVG 1972 = NZA 1987, S. 168, 171; BAG, Beschluss vom 17.6.2003, AP Nr. 16 zu § 77 BetrVG 1972 Betriebsvereinbarung = NZA 2004, S. 1110, 1114; anders Picot-*Heubeck*, Unternehmenskauf, Teil IV, Rn. 73 f., der zumindest im Bereich der Gesamtzusage wegen ihres kollektiven Bezugs einen Änderungsvorbehalt folgert.

folgende Betriebsvereinbarung zu Ungunsten der Arbeitnehmer abgeändert werden kann, sehr geringe Anforderungen und bejaht ihn etwa bei Hinweis auf die Abstimmung der Regelung mit dem zuständigen Vertretungsorgan.[161] Das Erfordernis der Ablösbarkeit durch einen konkludenten Änderungsvorbehalt wird jedoch durch die gegenwärtige Rechtsanwendung relativiert, da eine Versorgungszusage auf individualrechtlicher Grundlage in der Regel durch Aufnahme eines entsprechenden Vorbehalts betriebsvereinbarungsoffen ausgestaltet wird.[162] Daneben ist in der betrieblichen Praxis die individualrechtliche Regelung mit Kollektivbezug – vertragliche Einheitsregelung, Gesamtzusage, betriebliche Übung oder Gleichbehandlungsgrundsatz – als gebräuchliches Regelungsinstrument der betrieblichen Altersversorgung angesichts der umfangreichen Mitbestimmungsrechte des Betriebsrates bei ihrer Ausgestaltung von der Betriebsvereinbarung abgelöst worden.[163] So kommen bestehende Individualregelungen mit kollektiven Bezug über eine betriebliche Altersversorgung nur noch in Betracht, wenn sie

- vor Schaffung der einschlägigen Mitbestimmungsrechte des BetrVG 1972,
- ohne Beteiligung des Betriebsrates (und damit mitbestimmungswidrig),
- mit Zustimmung bzw. Duldung des Betriebsrates, oder
- in Betrieben, die auf die Ausgestaltung einer betriebsverfassungsrechtlichen Ordnung, d.h. insbesondere auf die Wahl eines Betriebsrates, verzichtet haben,

abgeschlossen wurden. Altregelungen, für die eine Zustimmung des Betriebsrates noch nicht erforderlich war, genießen Vertrauensschutz und können nach den vor der Entscheidung des Großen Senats geltenden Grundsätzen,

---

[161] Vgl. BAG, Urteil vom 3.11.1987, AP Nr. 25 zu § 77 BetrVG 1972 = NZA 1988, S. 509, 510; Urteil vom 14.8.2001, AP Nr. 85 zu § 77 BetrVG 1972 = NZA 2002, S. 276, 278; Urteil vom 10.12.2002, AP Nr. 252 zu § 611 BGB Gratifikation, unter II. der Gründe = NZA 2003, S. 1360; Urteil vom 10.12.2002, AP Nr. 249 zu § 611 BGB Gratifikation = NZA 2004, S. 271, 272 f. Vgl. *Hanau/Preis*, FS Ahrend, S. 235, 240 f.; *Andresen/Förster/Rößler/Rühmann*, Teil 12, Rn. 831.

[162] Dies dürfte entgegen *Andresen* u.a. (S. 231, Fn. 141) zumindest für den Großteil der nach der Entscheidung des Großen Senats abgegebenen einzelvertraglichen Versorgungszusagen zutreffen. Zumindest wird dies in der praxisbezogenen Literatur empfohlen, vgl. Jaeger/Röder/Heckelmann-*Lambrich*, Kapitel 7, Rn. 149; *Preis*, Arbeitsvertrag, II O 10, Rn. 5; Tschöpe-*Schipp*, Teil 2 E, Rn. 567; Bauer/Lingemann/Diller/Hausmann-*Diller*, Kapitel 18, M18.2, § 6 Abs. 1; *Hümmerich*, Arbeitsrecht, § 1 Rn. 104 ff.; Moll-*Rengier*, MAH Arbeitsrecht, § 34 Rn. 100 ff.; *Henssler*, NZA 1994, S. 913, 920; *Rebel/Balze/Schuck*, Outsourcing, Rn. 676.

[163] ErfK-*Preis*, § 611 BGB Rn. 260; *Höfer*, BetrAVG, ART Rn. 230; *Griebeling/Griebeling*, BetrAV, Rn. 100.

d.h. freie Ablösbarkeit einer Individualregelung mit Kollektivbezug unter Wahrung der individuellen Besitzstände der Arbeitnehmer, abgelöst werden.[164] Für betriebsratslose Betriebe scheidet eine abändernde Betriebsvereinbarung schon wegen des fehlenden Vertretungsorgans auf Arbeitnehmerseite aus.[165]

Für die individualrechtlichen Abreden, die in Zusammenarbeit mit dem Betriebsrat oder zumindest mit seiner Duldung entstanden sind, wird regelmäßig ein stillschweigender Abänderungsvorbehalt durch Betriebsvereinbarung angenommen.[166] Entscheidend ist, dass für die Arbeitnehmerseite erkennbar ist, dass die einzelvertragliche Regelung vom Betriebsrat mitgetragen wird, der sich so zwar seiner Beteiligungsrechte enthalten, damit aber die Möglichkeit einer späteren Mitwirkung nicht ausgeschlossen hat.[167] Kommt eine einzelvertragliche Vereinbarung mit Kollektivbezug unter Verstoß gegen Mitbestimmungsrechte des Betriebsrates zustande, ist sie nach der Theorie der Wirksamkeitsvoraussetzung unwirksam.[168] Damit steht sie gleichzeitig unter dem Vorbehalt, dass sie durch eine Kollektivregelung unter Wahrung der Beteiligungsrechte des Betriebsrates „abgelöst" – besser: ersetzt – werden kann.

---

[164] BAG, Urteil vom 20.11.1990, AP Nr. 14 zu § 1 BetrAVG Ablösung = NZA 1991, S. 477. Maßgeblicher Zeitpunkt ist dabei das Bekanntwerden des Urteils des BAG vom 12.8.1982, AP Nr. 4 zu § 77 BetrVG 1972 = DB 1982, S. 2298, in dem der 6. Senat von der damals bestehenden Rechtsprechung des 3. Senats, der für das Verhältnis zwischen individualrechtlicher Regelungen mit Kollektivbezug (sog. allgemeine Arbeitsbedingungen) und nachfolgender Betriebsvereinbarung das Ablösungs- bzw. Ordnungsprinzip anwandte, von der Rechtsprechung des 3. Senates, BAG, Beschluss vom 8.12.1981, AP Nr. 1 zu § 1 BetrAVG Ablösung = DB 1982, S. 46, abwich und so erst die besagte Entscheidung des Großen Senats ermöglichte. Da jedoch die richterliche Rechtsfortbildung durch das Rechtsstaatsprinzip begrenzt ist, genießen die betroffenen Parteien der einzelvertraglichen Vereinbarung jedenfalls bis zur Entscheidung des 6. Senats Vertrauensschutz. Vgl. auch *Andresen/Förster/Rößler/Rühmann*, Teil 12, Rn. 791; *Blomeyer/Otto*, BetrAVG, Anh § 1 Rn. 495.

[165] In Betracht kommt der Abschluss einer abändernden Betriebsvereinbarung aber nach der Wahl eines neuen Betriebsrats. Hier erübrigt sich jedoch ein Vorbehalt in der individualrechtlichen Vereinbarung, da die Betriebspartner im mitbestimmungspflichtigen Bereich, zu dem auch die betriebliche Altersversorgung in Bezug auf ihre Ausgestaltung zählt, befugt sind, die geltenden betrieblichen Regelungen an die neue betriebsverfassungsrechtliche Ordnung anzupassen und damit abzuändern, vgl. DKK-*Klebe*, BetrVG, § 87 Rn. 8; GK-*Wiese*, BetrVG, § 87 Rn. 85; HWK-*Clemenz*, § 87 BetrVG Rn. 39.

[166] Vgl. *Andresen/Förster/Rößler/Rühmann*, Teil 12, Rn. 831; *Höfer*, BetrAVG, ART Rn. 352.

[167] Vgl. ErfK-*Kania*, § 77 BetrVG Rn. 83; *Hanau/Preis*, FS Ahrend, S. 235, 243.

[168] BAG GS, Beschluss vom 3.12.1991, AP Nr. 51 zu § 87 BetrVG 1972 Lohngestaltung = NZA 1991, S. 749, 751; BAG, Urteil vom 11.6.2002, AP Nr. 113 zu § 87 BetrVG 1972 Lohngestaltung = NZA 2003, S. 570, 572; FESTL, BetrVG, § 87 Rn. 599; DKK-*Kebe*, BetrVG, § 87 Rn. 4; GK-*Wiese*, BetrVG, § 87 Rn. 119 ff. Vgl. zu den Rechtsfolgen einer mitbestimmungswidrigen Betriebsvereinbarung oben S. 78 ff.

Der Betriebsrat kann vom Arbeitnehmer verlangen, die mitbestimmungswidrige Maßnahnahme zurückzunehmen und ihre Durchführung zu unterlassen. Anschließend kann er seine Beteiligungsrechte, notfalls unter Einschaltung einer Einigungsstelle, etwa durch Abschluss einer Betriebsvereinbarung durchsetzen.[169] Auch wenn der Verstoß gegen Beteiligungsrechte und damit die Unwirksamkeit der vom Arbeitgeber getroffenen Regelung für den einzelnen Arbeitnehmer nicht erkennbar war, ist es ihm jedenfalls zumutbar, sich auf eine ersetzende Kollektivregelung unter Beteiligung des Betriebsrates einzulassen. Auf individualrechtlicher Ebene ist eine mitbestimmungswidrige Maßnahme nur dann unwirksam, soweit sie eine bestehende Rechtsposition des einzelnen Arbeitnehmers beeinträchtigt.[170] Werden die Arbeitnehmer demgegenüber durch die Regelung ausschließlich begünstigt, ist der Arbeitgeber einzelvertraglich daran gebunden.[171] Ein Anspruch, der auf individualrechtlicher Ebene noch nicht besteht, kann aber auch durch eine mitbestimmungswidrige Betriebsvereinbarung nicht geschaffen werden.[172] Der individuelle Vertrauensschutz des Arbeitnehmers begrenzt so die Unwirksamkeitsfolge einer mitbestimmungswidrigen Maßnahme und legt damit gleichzeitig den Rahmen fest, innerhalb dessen diese Maßnahme durch eine Betriebsvereinbarung ersetzt werden kann. Damit kann eine mitbestimmungswidrige Individualregelung mit Kollektivbezug zumindest im Bereich der betrieblichen Altersversorgung, in dem die Besitzstände der Arbeitnehmer unter Berücksichtigung der Grundsätze des Vertrauensschutzes und der Verhältnismäßigkeit nach der Rechtsprechung des BAG[173] hinreichend gewahrt sind, durch eine Betriebsvereinbarung auch zum Nachteil des Arbeitnehmers abgeändert werden. Neben der Billigung der Individualregelung mit Kollektivbezug

---

[169] FESTL, BetrVG, § 87 Rn. 596 f.; DKK-*Klebe*, BetrVG, § 87 Rn. 7.

[170] BAG, Urteil vom 20.8.1991, AP Nr. 50 zu § 87 BetrVG 1972 Lohngestaltung = NZA 1992, S. 225, 226 f.; Urteil vom 11.6.2002, AP Nr. 113 zu § 87 BetrVG 1972 Lohngestaltung = NZA 2003, S. 570, 572 f.; Urteil vom 18.9.2002, AP Nr. 99 zu § 615 BGB = DB 2003, S. 1121, 1122; Urteil vom 3.12.2002, AP Nr. 57 zu § 11 BUrlG = NZA 2003, S. 1219, 1221.

[171] FESTL, BetrVG, § 87 Rn. 606; ErfK-*Kania*, Einl. Vor § 74 BetrVG Rn. 22; HWK-*Clemenz*, § 87 BetrVG Rn. 41; GK-*Wiese*, BetrVG, § 87 Rn. 119 ff.; ähnlich *Richardi*, BetrVG, § 87 Rn. 125.

[172] BAG, Urteil vom 4.5.1982, AP Nr. 6 zu § 87 BetrVG 1972 Altersversorgung = DB 1982, S. 2579, 2580; Urteil vom 20.8.1991, AP Nr. 50 zu § 87 BetrVG 1972 Lohngestaltung = NZA 1992, S. 225, 227; Urteil vom 20.1.1998, AP Nr. 73 zu § 77 BetrVG 1972 = NZA 1998, S. 1237, 1239; Urteil vom 11.6.2002, AP Nr. 113 zu § 87 BetrVG 1972 Lohngestaltung = NZA 2003, S. 570, 572 f.; Urteil vom 18.9.2002, AP Nr. 99 zu § 615 BGB = DB 2003, S. 1121, 1122; Urteil vom 3.12.2002, AP Nr. 57 zu § 11 BUrlG = NZA 2003, S. 1219, 1221; HWK-*Clemenz*, § 87 BetrVG Rn. 42; FESTL, BetrVG, § 77 Rn. 606.

[173] Vgl. etwa BAG, Urteil vom 17.3.1987, AP Nr. 9 zu § 1 BetrAVG Ablösung = NZA 1987, S. 855; Urteil vom 16.7.1996, AP Nr. 21 zu § 1 BetrAVG Ablösung = NZA 1997, S. 533.

durch den Betriebsrat kann somit auch der mitbestimmungswidrige Abschluss einer derartigen Regelung als Umstand, der auf die Annahme eines Vorbehalts der Betriebsvereinbarungsoffenheit schließen lässt, bei der Auslegung Berücksichtigung finden. Damit nähert sich das Auslegungsverfahren im Ergebnis der von *Richardi* entwickelten Auslegungsregelung an, nach der bei erkennbar kollektivrechtlicher Ausgestaltung der Abrede diese unter dem Vorbehalt der Abänderung durch eine Betriebsvereinbarung steht, ohne dass das Günstigkeitsprinzip als Kollisionsregelung eingreift.[174] Das konkrete Auslegungsergebnis kann jedoch durch diese Überlegungen nicht vorweggenommen werden. So kann der Annahme einer konkludent betriebsvereinbarungsoffenen Individualregelung beispielsweise entgegen stehen, dass sich ihre kollektive Ausgestaltung oder ihre Billigung durch den Betriebsrat den Arbeitnehmern nicht erschließt oder der Arbeitgeber wegen des höheren Bestandsschutzes bewusst ein individualrechtliches Regelungsinstrument gewählt hat, so dass die Arbeitnehmer zurecht auf den Bestand der Versorgungszusage vertrauen konnten.

e. Ergebnis

Mit den aufgezeigten individualrechtlichen Änderungsmitteln – einvernehmliche Änderungsvereinbarung, Widerruf und Änderungskündigung der Versorgungszusage – kann regelmäßig eine Harmonisierung der nach einem Betriebsübergang abweichenden individualrechtlichen Versorgungsordnungen nicht herbeigeführt werden. Insbesondere kann durch eine einseitige Maßnahme des Arbeitgebers die jeweils günstigere Versorgungszusage nicht zum Nachteil des Arbeitnehmers abgeändert werden. Mit der Zielrichtung, einheitliche Versorgungsbedingungen zu schaffen, kann auf individualrechtlicher Ebene nur die jeweils niedrigere Versorgungszusage auf das Niveau der anderen angehoben werden. Dies führt im Ergebnis zu einer Meistbegünstigung der Arbeitnehmer. Demgegenüber erweist sich die ablösende Betriebsvereinbarung in Verbindung mit einem kollektiven Günstigkeitsvergleich bzw. auf Grund einer betriebsvereinbarungsoffenen Gestaltung der individualrechtlichen Regelung als sachgerechtes und zweckmäßiges Regelungsinstrument, um divergierende Versorgungssysteme anzugleichen, da – in den Grenzen von Recht und Billigkeit und hier insbesondere unter Berücksichtigung des vom BAG garantierten betriebsrentenrechtlichen Bestandsschutzes – Eingriffe in die jeweils günstigere Versorgungsordnung möglich sind. In praktischer Hinsicht ist eine ablösende Betriebsvereinbarung, die auf Grund der erforderlichen betriebsvereinbarungsoffenen Ausgestaltung der Individualregelung auch Verschlechterungen der Gesamtdotierung der Versorgungssysteme er-

[174] Vgl. *Richardi*, GS Blomeyer, S. 299, 310 f.

möglicht, weitaus besser zur Gestaltung der innerbetrieblichen Versorgungsbedingungen geeignet als eine umstrukturierende Betriebsvereinbarung. Zwar ist mit der Harmonisierung auf Grund eines Betriebsübergangs divergierender Versorgungszusagen einer der wenigen praktischen Anwendungsfälle für eine umstrukturierende Betriebsvereinbarung gegeben, diese ist aber auf Grund des kollektiven Günstigkeitsvergleichs auf Änderungen innerhalb des Dotierungsrahmens beschränkt.

3. Wechsel der Durchführungsform

Die Angleichung verschiedener betrieblicher Versorgungseinrichtungen wird regelmäßig dadurch erschwert, dass die zu vereinheitlichenden Systeme auf unterschiedlichen Durchführungswegen beruhen. Schon die Fortführung einer beim Veräußerer mit Hilfe eines mittelbaren Versorgungsträgers durchgeführten Altersversorgung unter Beibehaltung des Durchführungswegs durch den Betriebserwerber wird von einer Vielzahl externer Faktoren, wie beispielsweise das Einverständnis des Veräußerers und ggf. des Arbeitnehmers oder den rechtlichen Bestimmungen der Satzung eines selbstständigen Versorgungsträgers erschwert. Beabsichtigt der Arbeitgeber einen Wechsel der Durchführungsform, können die unterschiedlichen rechtlichen Regelungen, die für den jeweiligen Durchführungsweg Anwendung finden, wie etwa zur Bestimmung der Höhe der Versorgungsanwartschaft oder zur Besteuerung von Versorgungsaufwand und –leistung, die schon bei der Beibehaltung der Versorgungsform bestehenden Schwierigkeiten noch verschärfen. Dabei hat der Betriebserwerber ein erhebliches Interesse daran, dass er nach dem Betriebsübergang eine wertadäquate Altersversorgung aufrecht erhält, da er gemäß § 1 Abs. 1 S. 3 BetrAVG für die Erfüllung der Versorgungszusage auch dann einsteht, wenn die Durchführung über einen mittelbaren Versorgungsträger erfolgt.[175]

Fraglich ist, unter welchen Voraussetzungen sich der vom Veräußerer gewählte Durchführungsweg an den im Betrieb des Erwerbers bestehenden anpassen lässt. Jedenfalls besteht grundsätzlich beim Wechsel des Durchführungsweges kein Mitwirkungsrecht des Betriebsrates, da die Entscheidung über die Durchführungsform zum mitbestimmungsfreien Entscheidungsspielraum des Arbeitgebers zu zählen ist.[176] Ebenso wenig steht § 4 BetrAVG einer Änderung des Durchführungsweges entgegen: Beim Betriebsübergang

---

[175] Vgl. dazu oben S. 147 ff.

[176] *Blomeyer/Otto*, BetrAVG, Anh § 1 Rn. 437; *Blomeyer*, BetrAV 1989, S. 29, 31; Willemsen-*Doetsch/Rühmann*, Umstrukturierung, Rn. J 167; *Höfer*, BetrAVG, Rn. 1301 ff. Etwas anderes gilt nur, wenn gleichzeitig – etwa durch eine Änderung des Leistungsplans – Mitbestimmungstatbestände berührt werden, siehe oben S. 75 ff.

erfolgt der Wechsel des Versorgungsschuldners auf Grund einer gesetzlichen Anordnung, ohne dass Versorgungsverbindlichkeiten auf einen Dritten übertragen werden. Daher ist von einem einheitlichen Arbeitsverhältnis auszugehen, so dass § 4 BetrAVG keine Anwendung findet.[177] Aus diesem Grund werden durch einen Wechsel des Versorgungsweges auch bereits laufende Unverfallbarkeitsfristen nicht unterbrochen, wie gesetzlich zudem § 1b Abs. 1 S. 3 BetrAVG klarstellt.[178]

a. Zustimmungserfordernis

Im Grundsatz kann der Arbeitgeber eine Änderung des Versorgungsweges auch ohne das Einverständnis des Arbeitnehmers vornehmen, soweit sich der Barwert der zugesagten Versorgung nicht zu Ungunsten des Arbeitnehmers verändert und es sich daher um eine wertneutrale Änderung handelt.[179] Im Regelfall ist jedoch aus rechtlichen oder tatsächlichen Gründen davon auszugehen, dass der Wechsel des Versorgungsweges der Zustimmung des Arbeitnehmers bedarf.

Aus Rechtsgründen kann sich dies zum einen insbesondere aus dem Verhältnis zwischen einem mittelbaren Versorgungsträger und dem versorgungsberechtigten Arbeitnehmer ergeben. Besteht so bei einer Direktversicherung ein unwiderrufliches Bezugsrecht des Arbeitnehmers, kann ein Wechsel des Durchführungsweges nur mit Zustimmung des Arbeitnehmers erfolgen.[180] Soll eine bestehende Versorgung zukünftig über eine Direktversicherung durchgeführt werden, ist gemäß § 159 VVG bei Abschluss der Versicherung die Zustimmung des Arbeitnehmers als Berechtigter erforderlich. Gleiches gilt für die Übertragung auf eine Pensionskasse oder einen Pensionsfonds, die als Versicherungsverein auf Gegenseitigkeit ausgestaltet sind. Die Mitgliedschaft des Arbeitnehmers erfordert gemäß § 20 VAG die Begründung eines

---

[177] *Picot/Schnitker*, Arbeitsrecht, Teil VI, Rn. 68; *Andresen/Förster/Rößler/Rühmann*, Teil 12, Rn. 35. BAG, Urteil vom 11.11.1986, AP Nr. 61 zu § 613a BGB = NZA 1987, S. 559, 560.

[178] *Blomeyer/Otto*, BetrAVG, Anh § 1 Rn. 438; *Blomeyer*, BetrAV 1989, S. 29, 32; *Höfer*, BetrAVG, ART Rn. 1304; Willemsen-*Doetsch/Rühmann*, Umstrukturierung, Rn. J 167.

[179] *Blomeyer/Otto*, BetrAVG, Anh § 1 Rn. 434; *Höfer*, BetrAVG, ART Rn. 1298; *Andresen/Förster/Rößler/Rühmann*, Teil 12, Rn. 20.

[180] *Höfer*, BetrAVG, ART Rn. 1298. Dies zeigt auch die gesetzliche Auslegungsregel des § 166 VVG. Erforderlich für ein Zustimmungserfordernis des Berechtigten zur Übertragung des Bezugsrechtes ist aber, dass die Unwiderruflichkeit im Versicherungsverhältnis festgelegt ist, vgl. Prölls/Martin-*Kollhosser*, VVG, § 166 Rn. 5.

Versicherungsverhältnisses und damit grundsätzlich die Zustimmung des Arbeitnehmers.[181]

Daneben können sich bei der Übertragung auf einen anderen Versorgungsträger unter Wahrung des Versorgungsaufwands des Arbeitgebers durch veränderte rechtliche Rahmenbedingungen rein tatsächliche Nachteile zu Lasten der Versorgungsberechtigten ergeben, die ein Zustimmungserfordernis auslösen. Der Übergang von einem vorgelagert besteuerten Durchführungsweg auf eine nachgelagert besteuerte Versorgungsart kann sich so auf die Höhe der im Versorgungsfall zur Auszahlung kommenden Rentenleistung auswirken.[182] Nimmt der Arbeitnehmer bei der Finanzierung der Altersversorgung über eine Entgeltumwandlung steuerliche Förderleistungen nach § 1a Abs. 3 BetrAVG i.V.m. §§ 10a, 82 Abs. 2 EStG in Anspruch („Riester-Rente“) kann der Wechsel auf eine Direktzusagen- oder Unterstützungskassenversorgung eine Verpflichtung des Arbeitnehmers zur Rückzahlung der Altersvorsorgezulage wegen schädlicher Verwendung nach § 93 EStG führen.[183] Daneben kann der Arbeitgeber bei einem Wechsel des Durchführungswegs auf eine Direktversicherung oder eine Pensionskasse gemäß § 2 Abs. 2 S. 2 bzw. Abs. 3 S. 2 BetrAVG anstelle der ratierlichen Bestimmung der Höhe der aufrechtzuerhaltenen Versorgungsanwartschaft nach der versicherungsförmigen Lösung den Arbeitnehmer auf die vom Versorgungsträger zu erbringende Versicherungsleistung verweisen, was sich beim Ausscheiden des Arbeitnehmers aus dem Arbeitsverhältnis ggf. nachteilig auswirken kann.[184]

Auch wenn sich ein Zustimmungserfordernis bereits aus rechtlichen Gründen ergibt, kann zur Feststellung, ob der Arbeitgeber beim Wechsel des Durchführungswegs das Einverständnis des Arbeitnehmers benötigt, ein Vergleich der Dotierungsrahmen des bestehenden und des geplanten Versorgungssystems zum Änderungszeitpunkt durchgeführt werden.[185] Ergibt sich hieraus eine jedenfalls für den Arbeitnehmer wertneutrale Änderung des Versorgungsweges, so ist der Arbeitnehmer auch bei einem aus rechtlichen Gründen bestehenden Zustimmungserfordernis gegenüber dem übernehmenden Rechtsträger auf Grund der arbeitsvertraglichen Treuepflicht in der Regel zur

---

[181] *Andresen/Förster/Rößler/Rühmann*, Teil 12, Rn. 22; Picot-*Heubeck*, Unternehmenskauf, Teil IV, Rn. 30; Willemsen-*Doetsch/Rühmann*, Umstrukturierung, Rn. J 168. Vgl. auch § 5 der Mustersatzung Pensionsfondsverein a.G. der Bundesanstalt für Finanzdienstleistungsaufsicht.

[182] *Höfer*, BetrAVG, ART Rn. 1299.

[183] *Blomeyer/Otto*, BetrAVG, StR D Rn. 25.

[184] *Höfer*, BetrAVG, ART Rn. 1299. Vgl. *Andresen/Förster/Rößler/Rühmann*, Teil 12, Rn. 46 f.

[185] *Blomeyer/Otto*, BetrAVG, Anh § 1 Rn. 436.

Erteilung der Zustimmung verpflichtet.[186] Wenn der Arbeitnehmer keine materiellen Nachteile aus der neuen Versorgungsart erleidet, ist durch die Zustimmungspflicht der grundsätzlichen Entscheidungsfreiheit des Arbeitgebers über die Ausgestaltung der betrieblichen Altersversorgung Rechnung zu tragen.[187] Ergibt der Vergleich der Versorgungssysteme hingegen künftige Abweichungen zu Lasten der Arbeitnehmer, ist ein Wechsel des Versorgungsweges grundsätzlich nur im Einvernehmen mit dem Arbeitnehmer möglich.[188] Die Zustimmung der betroffenen Arbeitnehmer ist ausnahmsweise entbehrlich, wenn die Übertragung die Zustimmung einer Aufsichtsbehörde erfordert und diese erteilt wurde. Dies hat das BAG für die Übertragung des Versicherungsbestandes einer Pensionskasse auf eine Direktversicherung entschieden. Durch die hierzu nach § 14 VAG erforderliche Prüfung der Genehmigungsfähigkeit der Übertragung durch die Versicherungsaufsicht werden die Belange der Arbeitnehmer als Versicherungsnehmer hinreichend geschützt.[189]

b. Bewerkstelligung des Wechsels

Wenn der neue Betriebsinhaber bereits eine eigene betriebliche Altersversorgung durchführt, hat er regelmäßig das Interesse, die Versorgungszusage der übergehenden Arbeitnehmer in dieses Versorgungssystem zu integrieren. Überdies kann er durch die Beteiligung eines mittelbaren Versorgungsträgers seine sich aus § 1 Abs. 1 S. 3 BetrAVG ergebende Einstandspflicht gering halten. Dem Wechsel des Durchführungsweges infolge eines Betriebsübergangs können also vielfältige Interessen des übernehmenden Rechtsträgers zu Grunde liegen.[190]

Bei der konkreten Durchführung des Wechsels ist zunächst festzustellen, in welchem Umfang die bereits beim Betriebsveräußerer bestehende Versorgungsordnung auch nach dem Betriebsübergang noch bei der Ausgestaltung der Altersversorgung beim neuen Betriebsinhaber Berücksichtigung finden kann. Von dieser Feststellung hängt die Entscheidung ab, ob die Altersversorgung des Betriebserwerbers vollständig an die Stelle der bisher beim Veräußerer praktizierten Versorgungsordnung treten soll oder ob die Altersversorgung des Erwerbers nur die nach dem Betriebsübergang künftig entstehen-

---

[186] *Gaul*, Arbeitsrecht, § 35, Rn. 49; Willemsen-*Doetsch/Rühmann*, Umstrukturierung, Rn. J 115; *Andresen/Förster/Rößler/Rühmann*, Teil 12, Rn. 24, Teil 14 A, Rn. 7; *Blomeyer/Otto*, BetrAVG, Anh § 1 Rn. 434.

[187] *Andresen/Förster/Rößler/Rühmann*, Teil 14 A, Rn. 7; *Blomeyer/Otto*, BetrAVG, Anh § 1 Rn. 434 Picot-*Heubeck*, Unternehmenskauf, Teil IV, Rn. 31.

[188] *Blomeyer/Otto*, BetrAVG, Anh § 1 Rn. 424.

[189] BAG, Urteil vom 14.12.1999, AP Nr. 6 zu § 4 BetrAVG = NZA 2001, S. 96, 97 f.

[190] *Picot/Schnitker*, Arbeitsrecht, Teil VI, Rn. 68.

den Anwartschaften erfasst und der bislang erdiente Besitzstand im Versorgungssystem des Veräußerers verbleibt.[191] Diese Entscheidung und ihre Ausgestaltung ist regelmäßig Gegenstand der Übernahmevereinbarung zwischen Veräußerer und Erwerber unter Beteiligung der ggf. involvierten Versorgungsträger. Bedient sich der Veräußerer eines mittelbaren Versorgungsträgers, ist denkbar, dass dieser im Versorgungsfall weiterhin anteilig entsprechend der bis zum Betriebsübergang beim Veräußerer erbrachten Betriebszugehörigkeit des übergehenden Arbeitnehmers für die Versorgungsleistung aufkommt. Dann kann der Erwerber eine Versorgungszusage, die über einen andersartigen Durchführungsweg praktiziert wird, unter Anrechnung der zukünftigen Versorgungsleistung des ursprünglichen Versorgungsträgers abgeben.[192] Endet die Einstandspflicht des ursprünglichen Versorgungsträgers mit dem Betriebsübergang, besteht die Möglichkeit, dass der Beitragsaufwand, den der Betriebsveräußerer für die übergehenden Arbeitnehmer erbracht hat, vom Versorgungsträger auf den neuen Betriebsinhaber übertragen wird. Der neue Betriebsinhaber kann dann die Versorgungszusage über den gewünschten Durchführungswege ab dem Zeitpunkt des Betriebsübergangs weiter finanzieren.[193] Wenn auch die Übertragung des Beitragsaufwands nicht möglich ist, steht der Betriebserwerber im vollen Umfang für die Versorgungszusage des Veräußerers ein. Dieser Umstand wirkt sich in der Regel zu Gunsten des Erwerbers auf den Kaufpreis aus.[194] Bei Durchführung über einen anderen mittelbaren Versorgungsträger kann sich dann aber erheblicher Nachfinanzierungsbedarf ergeben.

Da der neue Arbeitgeber inhaltsgleich in die Versorgungszusage des bisherigen Veräußerers eintritt, muss zur Minimierung des Haftungsrisikos des Erwerbers gewährleistet sein, dass durch den neuen Versorgungsträger eine möglichst wertgleiche Altersversorgung durchgeführt wird. Dies kann sich insbesondere bei einem Wechsel von den internen Versorgungswegen der Direktzusage und der Unterstützungskasse auf ein versicherungsförmig ausgeprägtes Versorgungssystem wie eine Pensionskasse oder eine Direktversicherung als problematisch erweisen. Der Wert der Versorgungsleistung bei einer internen Durchführungsform steigert sich linear entsprechend der Zusagedauer. Der Verlauf des Wertzuwachses einer versicherungsmäßigen

---

191 Vgl. Blomeyer, BetrAV 1989, S. 29, 30, der die Begrifflichkeiten „Totalablösung" und „Teilablösung" verwendet.

192 Vgl. für die Versorgung über eine Direktversicherung: Willemsen-*Doetsch/Rühmann*, Umstrukturierung, Rn. J 116; Picot-*Heubeck*, Umstrukturierung, Teil IV, Rn. 91.

193 Vgl. für die Versorgung über eine Unterstützungskasse: Picot-*Heubeck*, Unternehmenskauf, Teil IV, Rn. 99 f. Für die Versorgung über eine Pensionskasse: *Picot/ Schnitker*, Arbeitsrecht, Teil VI, Rn. 79.

194 Vgl. für die Versorgung über eine Unterstützungskasse: Willemsen-*Doetsch/Rühmann*, Umstrukturierung, Rn. J 115.

Leistung, der eine Beitragsfinanzierung zu Grunde liegt, richtet sich demgegenüber nach versicherungsmathematischen Gesichtspunkten und bleibt regelmäßig zunächst hinter dem Wertzuwachs einer linearen Versorgungszusage zurück, um dann im Versorgungsfall die Endleistung zu erreichen.[195] Dies findet seinen Niederschlag bei den gesetzlichen Regelungen zur Höhe der Versorgungsanwartschaft. Bei einer unmittelbaren Versorgungszusage oder einer Unterstützungskasse wird die Höhe der Anwartschaft gemäß § 2 Abs. 1 bzw. Abs. 4 BetrAVG zeitanteilig („*pro rata temporis*") entsprechend der Betriebszugehörigkeit des Arbeitnehmers bestimmt. Zwar besteht bei einer Direktversicherung und einer Pensionskasse auch die Möglichkeit einer ratierlichen Bestimmung (sog. arbeitsrechtliche Lösung), der Arbeitgeber hat jedoch das Wahlrecht, die Anwartschaft nach § 2 Abs. 2 S. 2 bzw. Abs. 3 S. 2 BetrAVG auf die nach dem Versicherungsplan bzw. auf Grund des Geschäftsplanes der Pensionskasse zu erbringende Versorgungsleistung zu beschränken (sog. versicherungsrechtliche Lösung).[196] Übt der Arbeitgeber dieses Wahlrecht zu Gunsten der versicherungsrechtlichen Lösung aus, kann beim vorzeitigen Ausscheiden des Arbeitnehmers der Wert des versicherungsrechtlichen Bezugsrechts hinter dem Wert der Anwartschaft zurückbleiben, die der Arbeitnehmer bei Fortführung der Altersversorgung über eine unmittelbare Versorgungszusage oder eine Unterstützungskasse bei zeitanteiliger Berechnung erdient hätte. Mit dem Sinn und Zweck des § 613a Abs. 1 BGB ist es aber nicht vereinbar, dass sich die Versorgungsbedingungen des Arbeitnehmers nach einem Betriebsübergang verschlechtern. Daher muss dem Arbeitnehmer beim Wechsel von einer internen Durchführungsform auf einen versicherungsförmigen Versorgungsträger mindestens der zum Ablösungsstichtag erdiente Besitzstand erhalten bleiben. Der Arbeitgeber ist damit entsprechend § 1 Abs. 1 S. 3 BetrAVG zur Ergänzung der sich aus der Versorgung durch eine Direktversicherung oder Pensionskasse ergebenden Versorgungsleistung verpflichtet.[197]

Wird die betriebliche Altersversorgung auf der Seite des Veräußerers bislang über eine Pensionskasse, eine Direktversicherung oder einen Pensionsfonds durchgeführt, kann der Betriebserwerber diese hingegen mit verhältnismäßig geringem Aufwand in ein in seinem Betrieb oder Unternehmen ebenfalls ver-

---

[195] *Andresen/Förster/Rößler/Rühmann*, Teil 12, Rn. 46; *Blomeyer*, BetrAV 1989, S. 29, 34.

[196] Voraussetzung für die versicherungsrechtliche Lösung ist u.a. jedoch, dass die Überschussanteile, die sich aus den bisherigen Beiträgen ergeben, zur Steigerung der Versorgungsleistung verwendet werden und der Arbeitnehmer die Möglichkeit der Fortsetzung der Versicherung mit eigenen Beiträgen hat, vgl. § 2 Abs. 2 S. 2, Abs. 4 S. 2 BetrAVG.

[197] *Andresen/Förster/Rößler/Rühmann*, Teil 12, Rn. 47; *Blomeyer*, BetrAV 1989, S. 29, 34 f.

sicherungsförmig ausgeprägtes Versorgungssystem eingliedern. Zwar ist davon auszugehen, dass die Versorgungsbedingungen regelmäßig nicht übereinstimmen und so beispielsweise die Satzung einer Pensionskasse des Veräußerers von den Versicherungstarifen einer Direktversicherung im Betrieb des Erwerbers abweicht. Insofern kann aber über eine Vergleichsrechnung nach versicherungsmathematischen Grundsätzen sichergestellt werden, dass der Arbeitnehmer auch nach dem Betriebsübergang eine wertäquivalente Versorgungsleistung erhält.[198]

c. Steuerrechtliche Grundzüge

Bei einem Wechsel des Durchführungsweges werden schließlich steuerrechtliche Fragen insbesondere dann relevant, wenn sich durch den Wechsel auch der für die Besteuerung der für die Versorgung bestimmten Mittel relevante Zeitpunkt ändert. Dies kommt beim Übergang von einer nachgelagert besteuerten Versorgungsform wie der unmittelbaren Versorgungszusage oder der Unterstützungskasse auf einen Durchführungsweg, der wie die Pensionskasse oder die Direktversicherung herkömmlicherweise vorgelagert besteuert wird, in Betracht.[199] Da von der dem zum 1.1.2005 in Kraft getretenen Alterseinkünftegesetz zu Grunde liegenden Konzeption, einen dauerhaften Übergang zur nachgelagerten Besteuerung von gesetzlichen Renten, Pensionen und anderen Alterseinkünften herbeizuführen, auch die betriebliche Altersversorgung betroffen ist, werden sich die in dieser Hinsicht bestehenden steuerrechtlichen Besonderheiten langfristig vereinheitlichen.[200] So sind Beiträge zu den Durchführungswegen der Direktversicherung, des Pensionsfonds und der Pensionskasse, die traditionell vorgelagert besteuert wurden, in den Grenzen von § 3 Nr. 63 EStG steuerfrei, soweit die Versorgungszusage nach dem 1.1.2005 abgegeben wurde.[201] Für Altzusagen ist diese Problematik aber durchaus noch von Bedeutung.

Insbesondere beim Wechsel von einem Versorgungsweg, der nach alter Rechtslage vorgelagert besteuert wurde, zu einer Versorgung durch eine Direktzusage oder eine Unterstützungskasse können sich für die Arbeitnehmer zusätzliche steuerliche Belastungen bei Auszahlung der Renten-

---

[198] *Andresen/Förster/Rößler/Rühmann*, Teil 14 B, Rn. 430 f.; Picot-*Heubeck*, Unternehmenskauf, Teil IV, Rn. 100; *Picot/Schnitker*, Arbeitsrecht, Teil VI, Rn. 81.

[199] *Andresen/Förster/Rößler/Rühmann*, Teil 12, Rn. 67.

[200] *Meier/Bätzel*, DB 2004, S. 1437, 1439.

[201] Gemäß § 3 Nr. 63 EStG sind Beiträge zu den genannten Versorgungsträgern in Höhe von 4 % der Beitragsbemessungsgrundlage in der gesetzlichen Rentenversicherung (derzeit – 2005 – 2.496 €) und ein zusätzlicher Fixbetrag in Höhe von 1.800 € jährlich steuerfrei. Vgl. *Niermann*, DB 2004, S. 1449 ff.; Preis-*Tenbrock*, Innovative Arbeitsformen, S. 453 ff.

leistung ergeben.[202] Wenn beim Wechsel des Durchführungswegs der Dotierungsrahmen gewahrt bleibt, ist der Arbeitgeber aus der Versorgungszusage aber nicht verpflichtet, weitere Mittel zum Ausgleich steuerlicher Nachteile der Arbeitnehmer bereitzustellen.[203] Gleichwohl ist es dem Arbeitgeber aber unbenommen, den steuerlichen Mehraufwand der Arbeitnehmer etwa aus personalpolitischen Erwägungen freiwillig zu tragen.[204] Wenn den Arbeitnehmern aber durch den Übergang zu einer nachgelagert besteuerten Versorgungsart steuerliche Nachteile erwachsen, die nicht durch den Arbeitgeber kompensiert werden, kann ein derartiger Wechsel nur mit der Zustimmung der betroffenen Arbeitnehmer oder durch eine Kollektivvereinbarung mit dem Betriebsrat herbeigeführt werden.

Wird die Altersversorgung bislang über den Versorgungsweg der Direktzusage oder der Unterstützungskasse durchgeführt, die jeweils in vollem Umfang nachgelagert besteuert werden, und beabsichtigt der Betriebserwerber nunmehr eine Durchführung über eine Pensionskasse oder eine Direktversicherung, so ist der infolge der Übertragung des Deckungsstocks einer Unterstützungskasse bzw. der Auflösung und Übertragung der für eine Direktzusage gebildeten Pensionsrückstellungen dem neuen Versorgungsträger zufließende Betrag als Arbeitslohn zu versteuern.[205] Durch die sofortige Lohnsteuerpflicht kann dem Arbeitnehmer so ein erheblicher Mehraufwand entstehen, so dass auch in diesen Fallgruppen ein Zustimmungserfordernis der betroffenen Arbeitnehmer zum Wechsel der Durchführungsform besteht. Eine vollständige Übertragung der Altersversorgung von einer internen Versorgung auf die genannten Versorgungsträger ist daher regelmäßig nicht zu realisieren. Etwas anderes gilt aber beim Wechsel von einer Versorgung über eine Direktzusage oder eine Unterstützungskasse auf den Durchführungsweg des Pensionsfonds. Die Auslagerung von Versorgungsverpflichtungen auf diesen Durchführungsweg ist gemäß § 3 Nr. 66 EStG steuerbegünstigt, so dass in diesem Fall die Ablösungszahlung an den Pensionsfonds steuerfrei ist.[206]

---

[202] *Andresen/Förster/Rößler/Rühmann*, Teil 12, Rn. 62; Picot-*Heubeck*, Unternehmenskauf, Teil IV Rn. 30.

[203] So zutreffend *Andresen/Förster/Rößler/Rühmann*, Teil 12, Rn. 65.

[204] *Andresen/Förster/Rößler/Rühmann*, Teil 12, Rn. 66; Picot-*Heubeck*, Unternehmenskauf, Teil IV Rn. 30.

[205] *Blomeyer/Otto*, BetrAVG, StR D Rn. 63, 71 f.; *Meier/Bätzel*, DB 2004, S. 1437, 1438 f. Der sich aus § 3 Nr. 63 EStG ergebende Jahresfreibetrag kann dabei ausgeschöpft, dürfte aber regelmäßig überschritten werden. In Betracht kommt aber eine Tarifvergünstigung bei Vergütung einer mehrjährigen Tätigkeit nach § 34 Abs. 1 EStG, vgl. Schmidt-*Seeger*, EStG, § 34 Rn. 45.

[206] *Höfer*, ART Rn. 1294; *Blomeyer/Otto*, BetrAVG, StR C Rn. 75. Vgl. zur Auslage-

Demgegenüber verhält sich der Wechsel von einem internen Versorgungsträger – Direktzusage oder Unterstützungskasse – auf einen anderen internen Versorgungsträger sowie der Wechsel von einem versicherungsförmigen Durchführungsweg – Pensionskasse, Direktversicherung und Pensionsfonds – auf einen anderen versicherungsförmigen Durchführungsweg regelmäßig lohnsteuerlich neutral.[207] Dies wird für die Übertragung von Versorgungsanwartschaften und -leistungen auf einen anderen Arbeitgeber gemäß des durch das Alterseinkünftegesetz neu gefassten § 4 BetrAVG durch die diese Norm flankierende Neuregelung des § 3 Nr. 55 EStG verdeutlicht: Danach bleibt der vom alten Arbeitgeber an den neuen Arbeitgeber zu zahlende Übertragungswert lohnsteuerfrei, wenn eine Übertragung ausschließlich zwischen versicherungsförmigen bzw. internen Durchführungswegen vorgenommen wird.[208] Diese Regelung kann auch beim Wechsel des Durchführungsweges, bei dem wie bei der Übertragung nach § 4 BetrAVG ein Wechsel auf der Arbeitgeberseite gerade nicht gegeben ist, entsprechend herangezogen werden.

d. Ergebnis

Auf Grund der Vielzahl der einen Wechsel des Durchführungsweges bestimmenden rechtlichen und tatsächlichen Faktoren sowie der Ausgestaltung der einzelnen Versorgungswerke, die regelmäßig auf die Anforderungen des jeweiligen Betriebes zugeschnitten sind, kann die Eingliederung einer Versorgungszusage, die vom Veräußerer auf den Erwerber übergeht, in eine beim Erwerber bestehende betriebliche Altersversorgung nur unter Berücksichtigung aller Umstände des Einzelfalles erfolgen. Dies erfordert regelmäßig ein hohes Maß an Kooperationsbereitschaft der betroffenen Arbeitnehmer, der beteiligten Versorgungsträger sowie dem Veräußerer und dem Erwerber als Parteien des dem Betriebsübergang zu Grunde liegenden Rechtsgeschäftes.[209]

Grundlegend bestehen Fallkonstellationen, in denen sich aus rechtlicher Hinsicht eine Vereinheitlichung von Versorgungsbedingungen durch einen Wechsel des Durchführungsweges mit verhältnismäßig geringem Aufwand betreiben lässt. Dies betrifft insbesondere den Wechsel von dem internen Versorgungsweg einer Direktzusage auf eine Unterstützungskasse und umgekehrt, sowie einen Wechsel innerhalb der versicherungsförmigen Durchführungswege Pensionskasse, Unterstützungskasse und Pensionsfonds. Gleiches gilt ausnahmsweise beim Wechsel von einem internen Versorgungs-

---

rung von Versorgungsverpflichtungen auf einen Pensionsfonds oben S. 133 ff.

[207] *Meier/Bätzel*, DB 2004, S. 1437, 1438 f.; *Blomeyer/Otto*, BetrAVG, StrD Rn. 22 f., 50.

[208] *May*, BetrAV 2004, S. 704, 707 f.; *Niermann*, DB 2004, S. 1449, 1457 f.

[209] Vgl. Picot-*Heubeck*, Unternehmenskauf, Teil IV, Rn. 94.

weg auf einen Pensionsfonds, da dieser gemäß § 3 Abs. 66 EStG steuerbefreit erfolgen kann.

Abgesehen von der Auslagerung von Versorgungsverbindlichkeiten auf einen Pensionsfonds gilt aber, dass ein ungleich höherer Harmonisierungsbedarf besteht, wenn der Wechsel von einem internen Versorgungsträger auf einen versicherungsförmigen Durchführungsweg und umgekehrt beabsichtigt wird. Dies ergibt sich zum einen aus den unterschiedlichen Bewertungsgrundsätzen der vom Versorgungsträger zu erbringenden Versorgungsleistung und zum anderen auf Grund der divergierenden steuerrechtlichen Rahmenbedingungen. So ist davon auszugehen, dass ein derartiger Wechsel regelmäßig nicht ohne die Zustimmung des Arbeitnehmers durchgeführt werden kann.

II. Abweichende kollektivrechtliche Versorgungszusage beim Erwerber

1. Auflösung der Konkurrenz

Führt der Erwerber eine eigene betriebliche Altersversorgung auf der Grundlage einer kollektivrechtlichen Regelung durch, können auch die im Wege eines Betriebsübergangs übergeleiteten Arbeitsverhältnisse von ihrer Wirkung erfasst werden. So findet eine Betriebsvereinbarung auch für neu eintretende Arbeitnehmer grundsätzlich Anwendung, da diese nunmehr dem Betrieb des Erwerbers und damit dem Geltungsbereich der Betriebsvereinbarung angehören.[210] Ein im Betrieb des Erwerbers normativ wirkender Tarifvertrag kann Anwendung finden, wenn auch der Arbeitnehmer entsprechend tarifgebunden ist. Da gemäß § 613a Abs. 1 S. 1 BGB das Arbeitsverhältnis eines vom Betriebsübergang betroffenen Arbeitnehmers aber in dem Umfang auf den neuen Betriebsinhaber übergeht, wie es zum Zeitpunkt des Betriebsübergangs Bestand hat, muss dem Arbeitnehmer eine individualrechtliche Versorgungszusage, die günstiger als die beim Erwerber praktizierte kollektivrechtliche Regelung ist, erhalten bleiben. Damit ist zur Auflösung der Normenkonkurrenz nach dem Regelungsinhalt zu unterscheiden: Ist die vom Veräußerer zugesagte Versorgungsordnung für den Arbeitnehmer günstiger als die beim Erwerber auf kollektivrechtlicher Grundlage praktizierte betriebliche Altersversorgung, so findet die bisherige Versorgungsordnung auch gegenüber dem neuen Betriebsinhaber weiterhin auf einzelvertraglicher Grundlage Anwendung. Erweist sich demgegenüber die kollektivrechtliche Regelung des Betriebserwerbers als die günstigere Versorgungsform, hat grundsätzlich auch der Arbeitnehmer, dessen Arbeitsverhältnis gemäß § 613a BGB auf den neu

---

[210] Willemsen-*Doetsch/Rühmann*, Umstrukturierung, Rn. J 112.

en Betriebsinhaber übergegangen ist, wie jeder neu in den Betrieb eintretende Arbeitnehmer auch an der normativ wirkenden Versorgungsordnung teil.[211]

Der Erwerber, der vermeiden will, dass auch die infolge eines Betriebsübergangs betriebszugehörigen Arbeitnehmer in die betriebliche Versorgungsordnung eintreten, kann dies durch einen entsprechenden Vorbehalt bei der Ausgestaltung des Regelungswerks erreichen.[212] Jedenfalls ist es zulässig, bei der Bestimmung der Versorgungsleistung, die auf Grund einer bereits beim Erwerber bestehenden günstigeren Versorgungsregelung erbracht wird, nur die beim Betriebserwerber erbrachte Betriebszugehörigkeit zu berücksichtigen. Diese Versorgungsleistung ist dann zusätzlich zu der sich aus der Zusage des Veräußerers unter Berücksichtigung der beim Veräußerer bis zum Betriebsübergang erbrachten Betriebstreue ergebenden Versorgungsleistung zu gewähren. § 613a Abs. 1 BGB bezweckt nämlich nur, eine Verschlechterung der bisherigen Arbeitsbedingungen zu vermeiden. Eine Besserstellung der Arbeitnehmer ist vom Gesetzeszweck hingegen nicht umfasst. Damit findet eine günstigere Versorgungsordnung des Erwerbers grundsätzlich nur ab dem Zeitpunkt des Betriebsübergangs Anwendung. Der Erwerber kann sich aber eine Anrechnung auch der Vorbeschäftigungszeiten für sein Versorgungswerk ausdrücklich oder konkludent etwa durch einen in der Versorgungsordnung enthaltenen pauschalen Verweis auf jegliche Betriebszugehörigkeit vorbehalten.[213]

Für den Fall, dass beim Betriebsübergang eine individualrechtliche Regelung mit Kollektivbezug, wie etwa eine Gesamtzusage oder eine vertraglich Einheitsregelung, auf eine im Betrieb des Erwerbers geltende Betriebsvereinbarung trifft, wird vereinzelt eine analoge Anwendung von § 613a Abs. 1 S. 3 BGB gefordert, so dass die Versorgungsordnung des Erwerbers die des Veräußerers unabhängig von ihrer Günstigkeit verdrängen würde.[214] Die europarechtliche Vorgabe der Betriebsübergangsrichtlinie habe den Bereich individualrechtlicher Normen mit kollektivem Bezug ungeregelt gelassen. Der Schutzzweck der Vorschrift – das Vereinheitlichungsinteresse des Erwerbers und der nur eingeschränkte Bestandsschutz der betroffenen Arbeitsverhältnisse, der Kollektivregelungen ausnimmt – rechtfertige eine Übertragung des § 613a Abs. 1 S. 3 BGB im Wege einer „teleologischen Interpretation“ auf in-

---

[211] *Andresen/Förster/Rößler/Rühmann*, Teil 14 B Rn. 466 f.; *Blomeyer/Otto*, BetrAVG Anh § 1 Rn. 303; *Lindemann/Simon*, BB 2003, S. 2510; *Gaul*, Arbeitsrecht, § 36 Rn. 86; Moll-*Rengier*, MAH Arbeitsrecht, § 36 Rn. 10. Vgl. auch die Übersicht bei Willemsen-*Doetsch/Rühmann*, Umstrukturierung, Rn. J 106.

[212] *Höfer*, BetrAVG, ART Rn. 1243, 1256.

[213] Willemsen-*Doetsch/Rühmann*, Umstrukturierung, J 113; *Andresen/Förster/Rößler/Rühmann*, Teil 14 B, Rn. 466.

[214] *Feudner*, DB 2001, S. 1250, 1252 f.; Erman-*Edenfeld*, BGB, § 613a Rn. 92.

dividualrechtliche Regelungen, die einen das einzelne Arbeitsverhältnis übersteigenden kollektiven Bezug aufweisen. Für diese Regelungen sei bei einem Betriebsübergang das das Tarif- und Betriebsverfassungsrecht bestimmende Günstigkeitsprinzip durch das Ablösungsprinzip verdrängt, zumal der Betriebserwerber die übergegangenen Versorgungszusagen regelmäßig nur mit den wenig geeigneten individualrechtlichen Regelungsinstrumenten abändern kann.[215] Diese Ansicht ist aber abzulehnen, da sie mit dem Wortlaut des § 613a Abs. 1 S. 3 BGB nicht zu vereinbaren ist.[216] Überdies besteht kein Bedürfnis für eine analoge Anwendung, da dem Betriebserwerber mit der Möglichkeit einer ablösenden bzw. umstrukturierenden Betriebsvereinbarung auch kollektivrechtliche Regelungsinstrumente zur Verfügung stehen, so dass sein Interesse an der Vereinheitlichung von Arbeitsbedingungen ausreichend berücksichtigt worden ist.[217] Zudem müssen auch bei der Anwendung des § 613a Abs. 1 S. 3 BGB im Bereich der betrieblichen Altersversorgung Besitzstandsgesichtspunkte berücksichtigt werden, so dass im Ergebnis eine analoge Anwendung des § 613a Abs. 1 S. 3 BGB für den Betriebserwerber keinen Vorteil mit sich bringen würde.[218]

Vergleichbares gilt schließlich für tarifliche Regelungen: Soweit eine beiderseitige Tarifbindung von Arbeitnehmer und Betriebserwerber besteht, findet der im Betrieb des Erwerbers geltende Tarifvertrag auch für tarifgebundene Arbeitnehmer des veräußerten Betriebs oder Betriebsteils Anwendung und verdrängt insoweit die beim Veräußerer bestehende einzelvertragliche Regelung.[219] Hat der Veräußerer diesen Arbeitnehmern aber eine im Vergleich zum Tarifvertrag günstigere einzelvertragliche Versorgungszusage abgegeben, so findet diese auch nach dem Betriebsübergang nicht nur auf Grund der in § 613a Abs. 1 S. 1 BGB angeordneten Rechtsfolge, sondern auch wegen des in § 4 Abs. 5 TVG normierten Günstigkeitsprinzips Anwendung.

2. Abänderungsmöglichkeiten

Hinsichtlich der Mittel, die Versorgungsregelungen in Hinsicht auf eine Harmonisierung der betrieblichen Versorgungsbedingungen abzuändern, muss nach der Rechtsqualität der anzuändernden Regelung unterschieden werden. Gilt die günstigere Versorgungszusage des Veräußerers individualrechtlich

---

[215] *Feudner*, DB 2001, S. 1250, 1252 f.

[216] *Gaul/Kühnreich*, NZA 2002, S. 495; Staudinger-*Richardi/Annuß*, BGB, § 613a Rn. 189.

[217] Zur Möglichkeit der Ablösung von Individualregelungen mit Kollektivbezug durch eine Betriebsvereinbarung vgl. oben S. 215 ff.

[218] Vgl. zur Problematik der Bestandsschutzwahrung bei der Anwendung von § 613a Abs. 1 S. 3 BGB unten S. 298 ff.

[219] Willemsen-*Doetsch/Rühmann*, Umstrukturierung, Rn. J 112.

fort, stehen zur Harmonisierung die bereits erwähnten individualrechtlichen Instrumente sowie der Abschluss einer ablösenden Betriebsvereinbarung, die dann einheitlich für alle Arbeitsverhältnisse im Betrieb des Erwerbers Anwendung findet, zur Verfügung.[220] Soweit eine bereits im Erwerberbetrieb bestehende Kollektivregelung auch für die übergegangenen Arbeitsverhältnisse Anwendung findet, besteht zwar kein Harmonisierungsinteresse, da von einer betriebseinheitlichen Versorgungsordnung ausgegangen werden kann, dennoch kann der Wunsch des Arbeitgebers nach Abänderung bestehen. Hierfür kommen kollektivrechtliche Regelungsinstrumente, wie insbesondere die Kündigung der Betriebsvereinbarung oder der Abschluss einer nachfolgenden Kollektivvereinbarung unter Berücksichtigung der vom BAG entwickelten Rechtskontrolle erdienter Besitzstände in Betracht.[221]

C. Veräußerer mit kollektivrechtlicher Versorgungszusage

I. Abweichende individualrechtliche Versorgungszusage beim Erwerber

1. Auflösung der Konkurrenz

Soweit die kollektivrechtliche Versorgungszusage des Veräußerers nicht originär, etwa durch Wahrung der Betriebsidentität oder durch fortbestehende Tarifbindung von Arbeitnehmer und Erwerber, normativ weitergilt, werden die in der Kollektivregelung enthaltenen Rechte und Pflichten gemäß § 613a Abs. 1 S. 2 BGB Bestandteile der Einzelarbeitsverhältnisse.[222] Diese auf individualrechtliche Ebene transformierte Regelung bleibt ebenso wie eine ggf. kollektivrechtlich fortgeltende Versorgungsregelung des Veräußerers neben einer im Betrieb des Erwerbers bestehenden individualrechtlich abgegebenen Versorgungszusage bestehen.[223]

2. Abänderungsmöglichkeiten

Zur Vereinheitlichung der Versorgungsbedingungen nach dem Betriebsübergang kommen für die Versorgungsregelung im Erwerberbetrieb ausschließlich die Regelungsinstrumente zur Ablösung individualvertraglicher Regelungen in Betracht.[224] Inwieweit die ursprüngliche Versorgungsregelung des Veräußerers einer Abänderung durch den Erwerber zur Angleichung der Versor-

---

[220] Vgl. hierzu oben S. 202 ff.
[221] Dazu unten S. 252 ff.
[222] Vgl. dazu oben S. 166 ff.
[223] *Picot/Schnitker*, Arbeitsrecht, Teil VI, Rn. 57; *Höfer*, BetrAVG, ART Rn. 1249.
[224] Dazu oben S. 202 ff.

gungsbedingungen zugänglich ist, hängt maßgeblich von der Rechtsnatur ab, die diese nach dem Betriebsübergang aufweist. Hinsichtlich der möglichen Änderungsinstrumente ist daher zwischen der kollektivrechtlichen Weitergeltung der Versorgungszusage und ihrer Transformation nach § 613a Abs. 1 S. 2 BGB zu differenzieren.[225]

a. Kollektivrechtliche Fortgeltung

Als kollektivrechtliches Änderungsmittel kommt die Ersetzung der bestehenden Betriebsvereinbarung durch eine nachfolgende Betriebsvereinbarung oder Kündigung der bestehenden Betriebsvereinbarung.

aa. Nachfolgende Betriebsvereinbarung

Im Verhältnis zeitlich aufeinander folgender Betriebsvereinbarungen findet das Ordnungs- oder Ablösungsprinzip Anwendung. Nach dem hierin enthaltenen Grundsatz *lex posterior derogat lege priori* verdrängt die jüngere Regelung die ältere ersatzlos.[226]

(1) Grundsatz der Besitzstandswahrung

Im Bereich der betrieblichen Altersversorgung kann diese Kollisionsregel jedoch nicht uneingeschränkt Anwendung finden: Die vom Arbeitgeber erteilte Versorgungszusage ist regelmäßig Vergütung für die vom Arbeitnehmer im Idealfall bis zum Bezug der Altersrente erbrachte Betriebstreue und daher Arbeitsentgelt.[227] Der Arbeitnehmer ist zum Zeitpunkt der Änderung der Versorgungsordnung durch die bereits erbrachte Betriebstreue in Vorleistung getreten, so dass Verschlechterungen der Versorgungszusage den Grundsätzen des Vertrauensschutzes und der Verhältnismäßigkeit genügen müssen. Daher unterzieht die Rechtsprechung die nachfolgende Betriebsvereinbarung zum Schutz der Besitzstände der Arbeitnehmer einer Rechtskontrolle und hat hierzu ein „dreiteiliges Prüfungsraster"[228] entwickelt, in dem Eingriffsobjekt und Eingriffsvoraussetzungen abgestuft gegenüber gestellt werden. Danach sind an die Gründe, die den Eingriff rechtfertigen können, um so höhere Anfor-

[225] Vgl. *Gaul*, Arbeitsrecht, § 35 Rn. 87 ff.

[226] *Höfer*, BetrAVG, ART Rn. 372; FESTL, BetrVG, § 77 Rn. 192; BAG, Urteil vom 17.3.1987, AP Nr. 9 zu § 1 BetrAVG Ablösung = NZA 1987, S. 855, 856 f.; Urteil vom 3.9.1991, AP Nr. 3 zu § 1 BetrAVG Überversorgung = NZA 1992, S. 515, 517; Urteil vom 18.2.2003, AP Nr. 38 zu § 1 BetrAVG Ablösung = NZA 2004, S. 98, 99 f.

[227] BAG, Urteil vom 17.4.1985, AP Nr. 4 zu § 1 BetrAVG Unterstützungskassen = NZA 1986, S. 57, 59; *Blomeyer/Otto*, BetrAVG, Anh § 1 Rn. 513; *von Hoyningen-Huene*, BB 1992, S. 1640, 1644; HWK-*Schipp*, Vorb. BetrAVG, Rn. 150.

[228] So der 3. Senat, der dieses Prüfverfahren maßgeblich gestaltet hat, in BAG, Urteil vom 29.7.2003, AP Nr. 45 zu § 1 BetrAVG Ablösung, unter B.I.2.a) der Gründe.

derungen zu stellen, je stärker der Besitzstand der betroffenen Versorgungsrechte ausgeprägt ist. So sind Eingriffe

- in den erdienten Teilbetrag aus zwingenden Gründen,
- in die erdiente Dynamik aus triftigen Gründen, und
- in zukünftige Steigerungsbeträge aus sachlich-proportionalen Gründen

zulässig.[229] Dabei kann, wenn die Eingriffsvoraussetzungen für eine Stufe gegeben sind, auch in den Besitzstand der nachfolgenden, weniger geschützten Besitzstandsstufe eingegriffen werden. So ist beispielsweise bei Vorliegen zwingender Gründe auch eine Kürzung der erdienten Dynamik zulässig.[230] Dieser von der Rechtsprechung entwickelte abgestufte Besitzstandsschutz als wesentlicher Bestandteil der Inhaltskontrolle ablösender Betriebsvereinbarungen wird im Grundsatz vom weitaus überwiegenden Teil der arbeitsrechtlichen Literatur übernommen.[231] Lediglich hinsichtlich einiger Einzelfragen,

---

[229] Ständige Rechtsprechung des BAG, grundlegend Urteil vom 17.4.1985, AP Nr. 4 zu § 1 BetrAVG Unterstützungskassen = NZA 1986, S. 57 ff.; weiterhin Urteil vom 17.3.1987, AP Nr. 9 zu § 1 BetrAVG Ablösung = NZA 1987, S. 855, 856 f.; Urteil vom 18.4.1989, AP Nr. 23 zu § 1 BetrAVG Unterstützungskassen = NZA 1989, S. 847; Urteil vom 11.9.1990, AP Nr. 8 zu § 1 BetrAVG Besitzstand = NZA 1991, S. 176, 177; Urteil vom 23.10.1990, AP Nr. 13 zu § 1 BetrAVG Ablösung = NZA 1991, S. 242 f.; Urteil vom 9.4.1991, AP Nr. 15 zu § 1 BetrAVG Ablösung = NZA 1991, S. 730, 732 f.; BAG, Urteil vom 3.9.1991, AP Nr. 3 zu § 1 BetrAVG Überversorgung = NZA 1992, S. 515, 517; Urteil vom 17.11.1992, AP Nr. 13 zu § 1 BetrAVG Besitzstand = NZA 1993, S. 938, 940 f.; Urteil vom 16.7.1996, AP Nr. 21 zu § 1 BetrAVG Ablösung = NZA 1997, S. 533, 534; Urteil vom 11.5.1999, AP Nr. 6 zu § 1 BetrAVG Betriebsvereinbarung = NZA 2000, S. 323, 325; Beschluss vom 17.8.1999, AP Nr. 79 zu § 77 BetrVG = NZA 2000, S. 498, 501 f.; Urteil vom 18.9.2001, AP Nr. 34 zu § 1 BetrAVG = NZA 2002, S. 1164, 1168; Urteil vom 23.10.2001, AP Nr. 33 zu § 1 BetrAVG Ablösung = NZA 2003, S. 986, 990; Urteil vom 11.12.2001, AP Nr. 43 zu § 1 BetrAVG Unterstützungskassen = NZA 2003, S. 1407, 1410; Urteil vom 11.12.2001, AP Nr. 36 zu § 1 BetrAVG Ablösung = NZA 2003, S. 1414, 1416 f.; Urteil vom 10.9.2002, AP Nr. 37 zu § 1 BetrAVG Ablösung, unter II.1. der Gründe = NZA 2004, S. 231; Urteil vom 18.2.2003, AP Nr. 38 zu § 1 BetrAVG Ablösung = NZA 2004, S. 98, 100; Urteil vom 18.3.2003, AP Nr. 41 zu § 1 BetrAVG Ablösung = NZA 2004, S. 1099, 1102; Urteil vom 29.7.2003, AP Nr. 45 zu § 1 BetrAVG Ablösung, unter B.I.2.a) der Gründe.

[230] *Höfer*, BetrAVG, ART Rn. 586; BAG, Urteil vom 3.9.1991, AP Nr. 3 zu § 1 BetrAVG Überversorgung = NZA 1992, S. 515, 518. Für einen Eingriff in zukünftige Steigerungsbeträge aus triftigen Gründen vgl. BAG, Urteil vom 18.9.2001, AP Nr. 34 zu § 1 BetrAVG Ablösung = NZA 2002, S. 1164, 1168.

[231] *Andresen/Förster/Rößler/Rühmann*, Teil 12, Rn. 667; *Balze/Rebel/Schuck*, Outsourcing, Rn. 671; Willemsen-*Doetsch/Rühmann*, Umstrukturierung, Rn. J 175 ff.; *Gaul*, Arbeitsrecht, § 35 Rn. 89, *Heither*, RdA 1994, S. 363, 367; *Henssler*, NZA 1994, S. 913, 920; Picot-*Heubeck*, Unternehmenskauf, Teil IV, Rn. 66 ff.; *von Hoyningen-Huene*, BB 1992, S. 1640, 1644; *Langohr-Plato*, BetrAV 2000, S. 544, 546 f.; *Moll*, NZA Beilage 1/1988, S. 17, 25 f.; *Picot/Schnitker*, Arbeitsrecht, Teil VI, Rn. 105; *Richardi*, GS Blomeyer,

die vor allem die Einteilung der Besitzstandsstufen oder die Konkretisierung der Eingriffsgründe betreffen, werden teilweise noch zu erörternde Abweichungen von der Rechtsprechung vertreten.

Das BAG verwendet für den zur Wertermittlung des zu schützenden Besitzstandes maßgeblichen Zeitpunkt den Begriff des „Ablösungsstichtags".[232] Entscheidender Beurteilungszeitpunkt ist damit regelmäßig der Zeitpunkt des Wirksamwerdens der abändernden Betriebsvereinbarung. Nur wenn das Vertrauen der Arbeitnehmer nicht mehr schützenswert ist, kann auf einen früheren Zeitpunkt abgestellt werden. Dies ist beispielsweise anzunehmen, wenn der Arbeitgeber oder der Betriebsrat die Belegschaft im Vorfeld bereits umfangreich über anstehende Verhandlungen oder ein laufendes Einigungsstellenverfahren in Bezug auf die Einschränkung der betrieblichen Altersversorgung informiert hat. Da so ein schutzwürdiges Vertrauen der Arbeitnehmer auf den Fortbestand der Versorgungszusage beseitigt wird, können diese in der Folgezeit keine zu sichernden Besitzstände mehr erwerben.[233] Außerdem wird so der Gefahr entgegen gewirkt, dass von Arbeitnehmerseite nach Bekanntwerden drohender Einschnitte in das Versorgungssystem die nötigen Verhandlungen verzögert werden, um so den individuellen Besitzstand zu verbessern.[234]

(a) Erste Stufe – Erdienter Teilbetrag

(aa) Eingriffsobjekt

Gegenüber Eingriffen am stärksten geschützt ist der von den versorgungsberechtigten Arbeitnehmern bereits durch ihre Betriebstreue erdiente Teilbetrag des Versorgungsanspruchs, der nach den Vorschriften über den Wert unverfallbarer Versorgungsanwartschaften gemäß § 2 BetrAVG zu ermitteln ist. Dabei handelt es sich um den Anteil der gesamten Versorgungszusage, welcher der bis zum Zeitpunkt der Änderung bei bestehender Zusage erbrachten Betriebszugehörigkeit des Arbeitnehmers im Verhältnis zu der bei einer Fort-

---

S. 299, S. 311 f.; Moll-*Rengier*, MAH Arbeitsrecht, § 37 Rn. 45; HWK-*Schipp*, Vorb. BetrAVG Rn. 150 ff.; *Schumann*, FS Ahrend, S. 221, 230 f.; ErfK-*Steinmeyer*, Vorbem. BetrAVG Rn. 25 ff.

[232] So BAG, Urteil vom 10.9.2002, AP Nr. 37 zu § 1 BetrAVG Ablösung = NZA 2004, S. 231; Urteil vom 11.12.2001, AP Nr. 43 zu § 1 BetrAVG Unterstützungskassen = NZA 2003, S. 1407, jeweils bereits im Leitsatz; ähnlich *Blomeyer/Otto*, BetrAVG, Anh § 1 Rn. 514, die von „Änderungsstichtag" sprechen.

[233] BAG, Urteil vom 11.12.2001, AP Nr. 43 zu § 1 BetrAVG Unterstützungskassen = NZA 2003, S. 1407, 1413; Urteil vom 11.12.2001, AP Nr. 36 zu § 1 BetrAVG Ablösung = NZA 2003, S. 1414, 1417; *Andresen/Förster/Rößler/Rühmann*, Teil 12, Rn. 712.

[234] *Höfer*, BetrAVG, ART Rn. 604.

setzung des Arbeitsverhältnisses bis zum Eintritt des Versorgungsfalles höchstmöglich zu erreichenden Betriebszugehörigkeit entspricht („*pro rata temporis*").[235] Der erdiente Teilbetrag einer Versorgungszusage ist somit Gegenleistung für die vom Arbeitnehmer bereits erbrachte Betriebstreue, der – soweit er unverfallbar wird – unter dem besonderen Schutz des Betriebsrentenrechts steht.[236] Gleichwohl unterscheidet das BAG hinsichtlich des schützenswerten Besitzstandes nicht zwischen unverfallbaren und verfallbaren Anwartschaften: Wenn sich allein durch weitere Betriebszugehörigkeit auch ohne Fortbestehen der Versorgungszusage eine unverfallbare Versorgungsanwartschaft herausbilden kann, besteht ein mit der unverfallbaren Anwartschaft vergleichbarer Schutz, der erhöhte Anforderung an den Eingriffsgrund rechtfertigt.[237] Zudem ergibt sich die erhöhte Schutzwürdigkeit auch der verfallbaren Versorgungsanwartschaft aus der vom Arbeitnehmer in Form der Betriebstreue bereits erbrachten Vorleistung.[238] Bedenken bestehen jedoch in Hinsicht auf den wesentlich geringer ausgeprägten allgemeinen gesetzlichen Schutz einer nur verfallbaren Versorgungsanwartschaft. Wie schon begrifflich impliziert, bleibt dieser bereits durch Betriebstreue abgegoltene Teil der Versorgungszusage dem Arbeitnehmer nicht notwendigerweise erhalten. So kann dem Arbeitnehmer die Anwartschaft bei Beendigung des Arbeitsverhältnis vor Eintritt der Unverfallbarkeitsvoraussetzungen etwa durch Ausscheiden des Arbeitnehmers oder infolge Insolvenz des Arbeitgebers noch entzogen werden, so dass eine Gleichstellung von unverfallbarer und verfallbarer Versorgungsanwartschaft hinsichtlich des Bestandsschutzes zumindest nicht zwingend ist.[239] Die vom BAG praktizierte Gleichstellung muss im Lichte der Altregelung des § 1b Abs. 1 BetrAVG a.F. gesehen werden, nach dem bei der Feststellung der Unverfallbarkeit neben der Zusagedauer auch die Betriebszugehörigkeit des Arbeitnehmers Berücksichtigung finden konnte: In einem vom BAG entschiedenen Fall konnten Arbeitnehmer, denen im Änderungszeitpunkt bereits für mindestens drei Jahre eine Versorgungszusage er-

---

[235] *Höfer*, BetrAVG, ART Rn. 573; BAG, Urteil vom 23.10.1990, AP Nr. 13 zu § 1 BetrAVG Ablösung = NZA 1991, S. 242, 243.

[236] Eine unverfallbare Anwartschaft kann dem Arbeitnehmer grundsätzlich nicht mehr entzogen werden, § 1b Abs. 1 S. 1 BetrAVG, und ist gegen eine mögliche Insolvenz des Arbeitgebers abgesichert, § 7 Abs. 2 S. 1 BetrAVG.

[237] BAG, Beschluss vom 17.8.1999, AP Nr. 79 zu § 77 BetrVG 1972 = NZA 2000, S. 498, 502; Beschluss vom 21.8.2001, AP Nr. 8 zu § 1 BetrAVG Betriebsvereinbarung = NZA 2002, S. 575, 578 f.

[238] BAG, Beschluss vom 8.12.1981, AP Nr. 1 zu § 1 BetrAVG Unterstützungskassen = DB 1982, S. 50, 51; *Blomeyer/Otto*, BetrAVG, Anh § 1 Rn. 514; *Neef*, FS 50 Jahre BAG, S. 81, 84; *Schumann*, DB 1990, S. 2165; ähnlich *Andresen/Förster/Rößler/Rühmann*, Teil 12, Rn. 700.

[239] *Höfer*, BetrAVG, ART Rn. 575; *Andresen/Förster/Rößler/Rühmann*, Teil 12, Rn. 700.

teilt war, eine Unverfallbarkeit noch herbeiführen, wenn sie in der Folgezeit eine Gesamtbeschäftigungsdauer von zwölf Jahren erreichen.[240] Da nach neuer Rechtslage die Unverfallbarkeit im Wesentlichen allein von der Zusagedauer abhängt, besteht die Möglichkeit, die Unverfallbarkeit nach Rücknahme der Zusage herbeizuführen, nur noch sehr eingeschränkt. So ist allein der Fall denkbar, dass einem Arbeitnehmer vor Vollendung des 30. Lebensjahres bereits für mindestens fünf Jahre eine Versorgungszusage erteilt wurde, die gemäß § 1 Abs. 1 S. 1 BetrAVG mit Vollendung des 30. Lebensjahres unverfallbar wird. Daneben können Arbeitnehmer und Arbeitgeber auch vom Gesetz abweichende günstigere Bedingungen der Unverfallbarkeit vereinbart haben, die beispielsweise kürzere Zusagefristen vorsehen oder weiterhin an die Betriebszugehörigkeit anknüpfen. Wenn jedenfalls die begründete Aussicht besteht, dass nach dem Änderungszeitpunkt Unverfallbarkeit noch eintreten kann, ist das Vertrauen des Arbeitnehmers in das Bestehen der noch verfallbaren Anwartschaft in gleicher Weise wie in das Bestehen einer unverfallbaren Versorgungsanwartschaft schützenswert. In allen anderen Fällen stellt eine nur verfallbare Versorgungsanwartschaft keinen schützenswerten Besitzstand im Sinne eines erdienten Teilbetrages dar, da dies zu Wertungswidersprüchen mit den betriebsrentenrechtlichen Regelungen zur Unverfallbarkeit und zum Insolvenzschutz steht.

(bb) Eingriffsgrund

Der erdiente Teilbetrag stellt die höchstmögliche Besitzstandsstufe dar, die nur in seltenen Ausnahmefällen eingeschränkt werden kann, und bildet so den „Sockel aller denkbaren Besitzstände".[241] Ein Eingriff würde die in Form der Betriebstreue erbrachte Vorleistung des Arbeitnehmers nachträglich schmälern und sein Vertrauen in die Versorgungszusage des Arbeitgebers enttäuschen. Das BAG weist dem erdienten Teilbetrag einen eigentumsähnlichen Charakter zu, so dass eine nachträgliche Verschlechterung einer entschädigungslosen Enteignung gleichkommt und damit regelmäßig unverhältnismäßig ist.[242] Damit ist eine Kürzung des erdienten Teilbetrags nur in den Fällen möglich, in denen der Arbeitgeber nach allgemeinen Grundsätzen, d.h.

[240] Vgl. BAG, Beschluss vom 17.8.1999, AP Nr. 79 zu § 77 BetrVG 1972 = NZA 2000, S. 498, 502, zur Rechtslage nach § 1b Abs. 1 BetrAVG a.F.; ähnlich BAG, Beschluss vom 21.8.2001, AP Nr. 8 zu § 1 BetrAVG Betriebsvereinbarung = NZA 2002, S. 575, 578 f.

[241] So BAG, Urteil vom 17.4.1985, AP Nr. 4 zu § 1 BetrAVG Unterstützungskassen = NZA 1986, S. 57, 58. Weiterhin BAG, Urteil vom 17.3.1987, AP Nr. 9 zu § 1 BetrAVG Ablösung = NZA 1987, S. 855, 857; Urteil vom 23.10.1990, AP Nr. 13 zu § 1 BetrAVG Ablösung = NZA 1991, S. 242, 243.

[242] BAG, Urteil vom 17.4.1985, AP Nr. 4 zu § 1 BetrAVG Unterstützungskassen = NZA 1986, S. 57, 59; ebenso *Blomeyer/Otto*, BetrAVG, Anh § 1 Rn. 513; *Balze/Rebel/Schuck*, Outsourcing, Rn. 671; *Schumann*, DB 1990, S. 2165.

insbesondere beim Wegfall der Geschäftsgrundlage, zum Widerruf der Versorgungszusage berechtigt ist.[243] Ein Eingriff in eine erdiente Versorgungszusage ist danach vor allem bei Abbau einer bestehenden Überversorgung zulässig. Soweit eine Versorgungszusage darauf gerichtet ist, dem ausscheidenden Arbeitnehmern den im aktiven Arbeitsverhältnis erreichten Lebensstandard zu erhalten, ist das Vertrauen des Arbeitnehmers in den Fortbestand einer Überversorgung nicht schutzwürdig, so dass eine Begrenzung der Versorgungszusage auf das vom Betriebsrentner zuletzt erzielte Arbeitseinkommen nicht gegen den Grundsatz der Verhältnismäßigkeit verstößt.[244] Daneben kann von den anerkannten Widerrufsgründen lediglich die Anpassungsbedürftigkeit der Versorgungsregelung an geänderte rechtliche oder tatsächliche Rahmenbedingungen als Fall der schweren Äquivalenzstörung den Eingriff in eine bereits erdiente Versorgungsanwartschaft rechtfertigen.[245] Eine Verschlechterung bestehender Versorgungszusagen kann zwar durch eine schwere Treuepflichtverletzung gerechtfertigt sein, da regelmäßig aber ein individuelles Fehlverhalten des Arbeitnehmers sanktioniert wird, eignet sich diese Fallgruppe nicht für den Abschluss einer kollektiven Regelung. Mit Aufhebung des Sicherungsfalls der wirtschaftlichen Notlagen nach § 7 Abs. 1 S. 3 Nr. 5 BetrAVG a.F., der eine Eintrittspflicht des PSVaG ausgelöst hat, ist dieser Widerrufsgrund nicht mehr gegeben, so dass ein Eingriff in den erdienten Teilwert einer Versorgungszusage nicht auf wirtschaftliche Gründe gestützt werden kann.[246] Auch kann allein zur Angleichung unterschiedlicher

---

[243] BAG, Urteil vom 16.7.1996, AP Nr. 21 zu § 1 BetrAVG = NZA 1997, S. 533, 534; Urteil vom 11.12.2001, AP Nr. 43 zu § 1 BetrAVG Unterstützungskassen = NZA 2003, S. 1409, 1410; Urteil vom 11.12.2001, AP Nr. 36 zu § 1 BetrAVG Ablösung = NZA 2003, S. 1414, 1416; *Andresen/Förster/Rößler/Rühmann*, Teil 12, Rn. 700; *Blomeyer/ Otto*, BetrAVG, Anh § 1 Rn. 514; *Gaul*, Arbeitsrecht, § 35 Rn. 89; HWK-*Schipp*, Vorb. BetrAVG, Rn. 152; vgl. zu den Voraussetzungen eine Widerrufs von Versorgungszusagen oben S. 207 ff.

[244] BAG, Urteil vom 17.3.1987, NZA 1987, S. 855, 857; Urteil vom 23.10.1990, AP Nr. 13 zu § 1 BetrAVG Ablösung = NZA 1991, S. 242, 243; Urteil vom 9.4.1991, AP Nr. 15 zu § 1 BetrAVG Ablösung = NZA 1991, S. 730, 731; Urteil vom 16.7.1996, AP Nr. 21 zu § 1 BetrAVG Ablösung = NZA 1997, S. 533, 535; Urteil vom 28.7.1998, AP Nr. 9 zu § 79 LPVG Baden-Württemberg = NZA 1999, S. 780, 784; Willemsen-*Doetsch/ Rühmann*, Umstrukturierung, Rn. J 176.

[245] *Höfer*, BetrAVG, ART Rn. 577; BAG, Urteil vom 11.12.2001, AP Nr. 36 zu § 1 BetrAVG Ablösung = NZA 2003, S. 1414, 1416 f. („nicht vorhersehbare, außergewöhnliche Mehrbelastung"). Zum Widerrufsgrund der Äquivalenzstörung siehe auch Nachweise in Fn. 42, S. 208.

[246] Willemsen-*Doetsch/Rühmann*, Umstrukturierung, Rn. J 175; HWK-*Schipp*, Vorb. BetrAVG Rn. 152; BAG, Urteil vom 11.12.2001, AP Nr. 36 zu § 1 BetrAVG Ablösung = NZA 2003, S. 1414, 1417; und ausdrücklich für die wirtschaftliche Notlage als Fallgruppe des Wegfalls der Geschäftsgrundlage BAG, Urteil vom 17.6.2003, AP Nr. 24 zu § 7 BetrAVG = DB 2004, S. 324. *Andresen/Förster/Rößler/Rühmann*, Teil 12, Rn. 700, und *Höfer*, BetrAVG, ART Rn. 577, nehmen noch einen Eingriffsgrund der wirtschaftlichen

Arbeitsbedingungen, die nach einem Betriebsübergang im Betrieb oder Unternehmen des Erwerbers bestehen, ein Eingriff in bereits erdiente Versorgungsanwartschaften aber nicht vorgenommen werden.[247]

(b) Zweite Stufe – Erdiente Dynamik

(aa) Eingriffsobjekt

Die zweite Stufe des Besitzstandsschutzes umfasst die vom BAG so bezeichnete „erdiente Dynamik". Hierunter fallen solche dynamischen Berechnungsfaktoren, die, wie vor allen Dingen künftige Gehaltssteigerungen oder die Entwicklung der Lebenshaltungskosten, den Wert der Versorgungszusage während der Zusagedauer erhöhen, um so den im Zeitpunkt des Versorgungsfalls bestehenden Versorgungsbedarf flexibel erfassen und an den allgemeinen Lebensstandard anpassen zu können. An dieser dynamischen Entwicklung nehmen auch bereits erdiente Teilbeträge der Versorgungszusage teil.[248] Der Arbeitnehmer hat damit die konkrete Aussicht, dass sich der zum Änderungszeitpunkt bestehende Wert der Versorgungsanwartschaft, der anhand der gegenwärtigen Berechnungsfaktoren bestimmt wird, bis zum Eintritt in den Ruhestand unabhängig vom Fortbestand des Arbeitsverhältnisses noch steigern wird. Damit hat der Arbeitnehmer für die Dynamik, die auf den auf der ersten Besitzstandsstufe bereits erdienten Teilwert der Versorgungszusage entfällt, bereits eine Gegenleistung in Form von Betriebstreue erbracht, die das besondere Schutzbedürfnis des Arbeitnehmers und die Existenz dieser gesonderten Besitzstandsstufe begründet.[249] Auf der anderen Seite sind diese

---

Grundlage an, was jedoch mit der gesetzlichen Wertung des BetrAVG nicht mehr zu vereinbaren ist.

[247] So auch BAG, Urteil vom 8.12.1981, AP Nr. 1 zu § 1 BetrAVG Ablösung = DB 1982, S. 46, 49.

[248] BAG, Urteil vom 17.4.1985, AP Nr. 4 zu § 1 BetrAVG Unterstützungskassen = NZA 1986, S. 57, 58 f.; Urteil vom 18.4.1989, AP Nr. 23 zu § 1 BetrAVG Unterstützungskassen = NZA 1989, S. 845, 847; Urteil vom 10.9.2002, AP Nr. 37 zu § 1 BetrAVG Ablösung, unter II.1. der Gründe = NZA 2004, S. 231; *Neef*, FS 50 Jahre BAG, S. 81, 85 f.; HWK-*Schipp*, BetrAVG, Vorb. Rn. 154; *Andresen/Förster/Rößler/Rühmann*, Teil 12, Rn. 710. Daher kann in einem rein statischen System, in dem die Versorgungszusage unabhängig von einer künftigen Entwicklung dynamischer Faktoren bestimmt wird, die „erdiente Dynamik" als eigene Besitzstandsstufe nicht vorkommen, so dass insoweit nur von einem zweistufigen Besitzstandsschutzsystem auszugehen ist, vgl. *Höfer*, BetrAVG, ART Rn. 597; *Blomeyer/Otto*, BetrAVG, Anh § 1 Rn. 518.

[249] BAG, Urteil vom 17.4.1985, AP Nr. 4 zu § 1 BetrAVG Unterstützungskassen = NZA 1986, S. 57, 59; Urteil vom 17.3.1987, AP Nr. 9 zu § 1 BetrAVG Ablösung = NZA 1987, S. 855, 857; Urteil vom 18.4.1989, AP Nr. 23 zu § 1 BetrAVG Unterstützungskassen = NZA 1989, S. 845, 847; Urteil vom 11.9.1990, AP Nr. 8 zu § 1 BetrAVG Besitzstand = NZA 1991, S. 176, 177; Urteil vom 17.11.1992, AP Nr. 13 zu § 1 BetrAVG Besitzstand = NZA 1993, S. 938, 941; Urteil vom 11.12.2001, AP Nr. 36 zu § 1 BetrAVG Ablösung =

dienstzeitunabhängigen Steigerungsfaktoren weniger geschützt als die erdiente Anwartschaft selbst, die unverfallbar werden kann und dann insolvenzgesichert ist. So bleiben gemäß §§ 2 Abs. 5, 7 Abs. 2 S. 3 BetrAVG bei der Ermittlung des Wertes einer unverfallbaren Anwartschaft bzw. des im Insolvenzfall gesicherten Versorgungsanspruchs „Veränderungen... der Bemessungsgrundlagen für die Leistung der betrieblichen Altersversorgung, die nach dem Ausscheiden des Arbeitnehmers eintreten, außer Betracht.“ Zukünftige Wertsteigerungen, auch wenn sie sich auf schon erdiente Teilwerte beziehen, werden damit nicht von der Unverfallbarkeitswirkung und dem Insolvenzschutz von Versorgungsanwartschaften umfasst.[250]

Vereinzelt wird bezüglich der Besitzstandsstufe der erdienten Dynamik kritisiert, dass sie sich auf wertsteigernde Faktoren stützt, die sich wie etwa Lohnerhöhungen erst für die Zukunft auf die Versorgungszusage auswirken und damit nicht durch eine Betriebstreue in der Vergangenheit erdient werden können.[251] Vielmehr wird der erreichte Besitzstand erst durch eine zusätzliche, zukünftig zu erbringende Arbeitsleistung des Arbeitnehmers, die ggf. eine Gehaltssteigerung bewirkt, dynamisiert.[252] Diese Ansicht verkennt allerdings, dass dem Arbeitnehmer in einem dynamischen Versorgungssystem regelmäßig eine gehaltsabhängige Zusage erteilt wird. Da er die bezüglich des erdienten Teilbetrags erbrachte Betriebstreue mit der Erwartung verknüpft, die als Gegenleistung erdiente Versorgungsanwartschaft werde von dieser Dynamik erfasst, erwirbt der Arbeitnehmer ein im Vergleich zu Steigerungsraten, die erst durch künftige Betriebstreue begründet werden, schützenswerteres Vertrauen.[253] Dass sich der Wert einer Anwartschaft unabhängig von einer arbeitsvertraglichen Bindung steigern kann, zeigt sich im Übrigen bei dynamischen Versorgungssystemen, die nicht an das individuelle Gehalt, sondern an andere dynamische Berechnungsfaktoren wie etwa die Entwicklung der allgemeinen Lebenshaltungskosten, von Tariflöhnen oder des gesetzlichen Rentenniveaus gekoppelt sind. Gleichzeitig begrenzen diese abstrakten Bewertungskriterien auch den Umfang der erdienten Dynamik. Soweit der Zweck der Dynamisierung die Anpassung der Versorgungsanwartschaft an

---

NZA 2003, S. 1414, 1417; HWK-*Schipp*, BetrAVG Vorb. Rn. 155.

[250] *Andresen/Förster/Rößler/Rühmann*, Teil 12, Rn. 710; BAG, Urteil vom 11.12.2001, AP Nr. 36 zu § 1 BetrAVG Ablösung = NZA 2003, S. 1414, 1417; Urteil vom 10.9.2002, AP Nr. 37 zu § 1 BetrAVG Ablösung, unter II.2.b) der Gründe = NZA 2004, S. 231.

[251] *Blomeyer/Otto*, BetrAVG, Anh § 1 Rn. 518; *Schumann*, FS Ahrend, S. 221, 224 f.; *ders.*, DB 1990, S. 2165, 2166; *Neef*, FS 50 Jahre BAG, S. 81, 86 f.; ErfK-*Steinmeyer*, Vorbem. BetrAVG Rn. 25b; *Vienken*, SAE 2004, S. 35, 38.

[252] *Neef*, FS 50 Jahre BAG, S. 81, 87.

[253] *Hanau/Preis*, RdA 1988, S. 65, 79; BAG, Urteil vom 18.4.1989, AP Nr. 23 zu § 1 BetrAVG Unterstützungskassen = NZA 1989, S. 845, 847; Urteil vom 11.12.2001, AP Nr. 36 zu § 1 BetrAVG Ablösung = NZA 2003, S. 1414, 1417.

den allgemeinen Lebensstandard übersteigt, ist sie in der Regel nicht von der bereits abgeleisteten Betriebstreue umfasst, wie auch eine Parallele zur für die Anpassung von Betriebsrenten relevanten Vorschrift des § 16 BetrAVG zeigt, die sich auf einen festgelegten, nicht mehr abänderbaren beruflichen Status des Arbeitnehmers bezieht.[254] Der Gegenauffassung des Bundesarbeitsgerichtes, das ausdrücklich über den Ausgleich der Kaufkraftentwicklung hinaus insbesondere die persönliche berufliche Entwicklung des Arbeitnehmers berücksichtigen will,[255] ist entgegen zu halten, dass Lohnerhöhungen, die auf einer besonderen Arbeitsleistung im Zuge der persönlichen beruflichen Karriere beruhen, zum Zeitpunkt der Änderung der Versorgungsordnung noch nicht absehbar und somit nicht durch eine in der Vergangenheit erbrachte Betriebstreue erdient sind.[256] Auch wenn sich hieraus im Einzelfall praktische Abgrenzungsschwierigkeiten ergeben können, ist eine Differenzierung dynamischer Steigerungsraten anhand des ihnen zu Grunde liegenden Zweckes geboten, so dass nur die von der weiteren beruflichen Entwicklung unabhängige Dynamik im Gegensatz zur noch leistungsabhängigen Steigerung eines zur Bestimmung der Betriebsrentenhöhe maßgeblichen Endgehalts einen erhöhten Besitzstandsschutz begründen kann.[257] Damit kann eine endgehaltbezogene Versorgungsordnung ohne Minderung der erdienten Dynamik abgeändert werden, wenn der Wert der bestehenden Anwartschaften gemäß § 2 Abs. 1 u. 5 BetrAVG anhand des derzeit bestehenden Gehalts festgeschrieben wird und – unabhängig von der individuellen Gehalts- und insbesondere Gehaltsstufenentwicklung des Arbeitnehmers – bis zum Versorgungsfall entsprechend der Reallohnentwicklung angepasst wird.

Wird demgegenüber eine dynamische Versorgungszusage nur unter Wahrung der bis zum Änderungszeitpunkt erdienten Versorgungsanwartschaften aufrechterhalten und etwaige Steigerungsraten ersatzlos gestrichen, ist ein Eingriff in die erdiente Dynamik eindeutig gegeben. Als weitaus schwieriger erweist sich aber der Nachweis einer Beeinträchtigung der erdienten Dynamik, wenn in der Neuregelung die Bindung an dynamische Berechnungsfaktoren zu Gunsten anderer wertbildender Faktoren wie beispielsweise Festbeträge oder die Abgabe einer Beitragszusage aufgegeben wird. Denn wenn die Aufgabe der Dynamik durch statische Faktoren wertentsprechend aufgefangen wird, ist ein Besitzstandsschutz des Arbeitnehmers hinreichend gewährleistet.

---

[254] *Hanau/Preis*, RdA 1988, S. 65, 79 f.

[255] BAG, Urteil vom 10.9.2002, AP Nr. 37 zu § 1 BetrAVG Ablösung = NZA 2004, S. 231; Urteil vom 18.4.1989, AP Nr. 23 zu § 1 BetrAVG Unterstützungskassen = NAZ 1989, S. 845, 847.

[256] *Hanau/Preis*, RdA 1988, S. 65, 79; *Höfer*, BetrAVG, ART Rn. 582; ebenso *Neef*, FS 50 Jahre BAG, S. 81, 87.

[257] *Höfer*, BetrAVG, ART Rn. 582; *Hanau/Preis*, RdA 1988, S. 65, 80.

Erhält der versorgungsberechtigte Arbeitnehmer auf Grund der Zuwächse aus der neuen Versorgungsordnung zumindest die Versorgungsleistung, die er bei Fortsetzung der dynamischen Wertsteigerung der zum Änderungszeitpunkt festgeschriebenen Versorgungsanwartschaft hätte beanspruchen können, ist kein schützenswertes Arbeitnehmervertrauen verletzt. Da sich aber die Entwicklung der dynamischen Steigerungsfaktoren – erst recht angesichts der regelmäßig langjährigen Laufzeit einer Versorgungszusage – nur sehr schwer prognostizieren lässt, kann eine sichere Feststellung, ob der Besitzstand der erdienten Dynamik durch die Neuregelung gewahrt bleibt, rückblickend erst bei Eintritt des Versorgungsfalls getroffen werden.[258] Nach Ansicht des BAG ist in diesem Fall konsequent im Wege einer „ergebnisbezogenen Betrachtungsweise" erst im Zeitpunkt des Versorgungsfalls durch Vergleich der dynamischen und der neu geregelten Versorgungsordnung zu ermitteln, ob der Arbeitnehmer wenigstens den bis zum Änderungszeitpunkt erdienten Teilwert und die hierauf entfallende erdiente Dynamik erhält.[259] Gegen diese Betrachtungsweise wird vorgebracht, dass sie Arbeitnehmer, die im Änderungszeitpunkt bereits einen hohen Besitzstand erdient haben, benachteilige, da sie die bestehende Versorgungsanwartschaft nicht in dem Maße steigern können, wie dies nach dem Änderungszeitpunkt eintretenden Arbeitnehmern nach der geänderten Versorgungsordnung regelmäßig möglich ist.[260] Dies verstoße zum einen gegen den Gleichbehandlungsgrundsatz, zum anderen würde die Betriebstreue als Gegenleistung der Versorgungszusage und damit der Entgeltcharakter der betrieblichen Altersversorgung nicht angemessen berücksichtigt.[261] Vielmehr seien die erdienten Besitzstände und die Steigerungsra-

---

[258] Vgl. BAG, Urteil vom 11.12.2001, AP Nr. 43 zu § 1 BetrAVG Unterstützungskassen = NZA 2003, S. 1407, 1410; Urteil vom 11.12.2001, AP Nr. 36 zu § 1 BetrAVG Ablösung = NZA 2003, S. 1414, 1417 f.; Urteil vom 10.9.2002, AP Nr. 37 zu § 1 BerAVG Ablösung, unter III.3.b)aa) der Gründe = NZA 2004, S. 231; HWK-*Schipp*, BetrAVG Vorb. Rn. 156; *Andresen/Förster/Rößler/Rühmann*, Teil 12, Rn. 710.1.

[259] BAG, Urteil vom 11.12.2001, AP Nr. 43 zu § 1 BetrAVG Unterstützungskassen = NZA 2003, S. 1407, 1410 f.; Urteil vom 10.9.2002, AP Nr. 37 zu § 1 BerAVG Ablösung, unter III.3.b) der Gründe = NZA 2004, S. 231; Urteil vom 18.2.2003, AP Nr. 38 zu § 1 BetrAVG Ablösung = NZA 2004, S. 98, 101; *Andresen/Förster/Rößler/Rühmann*, Teil 12, Rn. 710.1.

[260] Dies ist Folge der Ablösung der dynamischen Versorgungsordnung durch feste Zuwachsraten. So können Arbeitnehmer, die noch von der Altregelung betroffen waren, ihre Versorgungsanwartschaft nach Ansicht des BAG erst steigern, wenn diese die den auf Grund der erdienten Dynamik zu ermittelnden Wertzuwachs übersteigen. Demgegenüber erwerben neu eintretende Arbeitnehmer mit jeder gewährten statischen Zuwachsrate originären Besitzstand bezüglich ihrer Versorgungszusage. Vgl. auch das Rechenbeispiel bei *Vienken*, SAE 2004, S. 35, 37.

[261] *Vienken*, SAE 2004, S. 35, 37; *Schumann*, EWiR 2003, S. 305, 306; *ders.*, DB 2003, S. 1527, 1528.

ten nach der neuen Versorgungsordnung zu addieren.[262] Eine Addition der erdienten Besitzstände einschließlich der Dynamik führt aber im Ergebnis zu einer Besserstellung des Arbeitnehmers, die vom Besitzstandsschutz nicht mehr umfasst[263] und daher abzulehnen ist. Hierin ist kein Verstoß gegen das Gleichbehandlungsgebot zu sehen. Zum einen ist schon fraglich, ob überhaupt eine Ungleichbehandlung gegeben ist, da die Arbeitnehmer, die schon von der alten Versorgungsordnung umfasst wurden, auch nach der Neuregelung eine Versorgungsleistung erhalten, die in der Höhe mindestens der Leistung entspricht, die einem Arbeitnehmer bei vergleichbarer Betriebszugehörigkeit ausschließlich nach der neuen Versorgungszusage gewährt wird. Sollte dennoch eine Ungleichbehandlung anzunehmen sein, da einzelne Dienstzeiten der Arbeitnehmer wegen der verschiedenen Versorgungssysteme unterschiedlich bewertet werden, sind diese jedenfalls sachlich gerechtfertigt, da im Bereich der betrieblichen Altersversorgung als freiwillige Arbeitgeberleistung eine Differenzierung zwischen Arbeitnehmergruppen anhand des Eintrittsdatums in den Betrieb zulässig ist.

Gegen die vom BAG entwickelte „ergebnisorientierte Betrachtungsweise" kann aber vorgebracht werden, dass angesichts der hohen Bindungsdauer einer betrieblichen Versorgungszusage der Zeitpunkt, zu dem festgestellt werden kann, ob eine Versorgungsordnung rechtswirksam umgestaltet worden ist, weit hinter den Änderungszeitpunkt verlagert werden muss. Überdies muss regelmäßig für jeden Betriebsrentner besonders festgestellt werden, ob ein Rentenanspruch nach der neuen Versorgungsordnung hinter dem zum Änderungszeitpunkt erdienten Besitzstand zurückbleibt.[264] Letztlich lässt sich aber eine rückblickende Betrachtungsweise angesichts der individuellen Erwerbs-

---

[262] *Schumann*, EWiR 2003, S. 305, 306; *ders.*, DB 2003, S. 1527, 1528; ebenso *Vienken*, SAE 2004, S. 35, 38, der die Steigerungsraten nach der neuen Versorgungsregelung ratierlich entsprechend der nach dem Änderungszeitpunkt abgeleisteten Betriebszugehörigkeit berücksichtigt wissen will, was im Ergebnis auch zur Addition dynamischer und statischer Steigerungsbeträge führt.

[263] So zutreffend das BAG, Urteil vom 11.12.2001, AP Nr. 43 zu § 1 BetrAVG Unterstützungskassen = NZA 2003, S. 1407, 1411: Besitzstandswahrung bedeutet nur, „dass der Arbeitnehmer mit seiner Versorgungsanwartschaft insgesamt nicht hinter den höchsten Anwartschaftswert zurückfallen darf, auf den er während seines Arbeitsverhältnisses einmal vertrauen durfte." Insoweit ist nach der Regelung des BAG sogar eine Meistbegünstigung des Arbeitnehmers gegeben, so dass auch vor diesem Gesichtspunkt ein hinreichender Vertrauensschutz anzunehmen ist.

[264] Bei der Ablösung dynamischer durch statische Steigerungsfaktoren ist insbesondere die Betriebszugehörigkeit des Arbeitnehmers zur Bestimmung des jeweils höheren Versorgungsanspruchs maßgeblich. So wird bei fortschreitender Betriebszugehörigkeit regelmäßig der aufrechtzuerhaltende dynamische Bestandteil des Besitzstandes durch den statischen Zuwachs überschritten. Siehe hierzu auch das Rechenbeispiel bei *Vienken*, SAE 2004, S. 35, 37.

biographie jedes Arbeitnehmers und der nicht zu prognostizierenden Entwicklung dynamischer Faktoren nicht vermeiden, um eine Wahrung der erdienten Dynamik sicher feststellen zu können. Damit ist der Arbeitgeber nach entsprechender Änderung einer dynamischen Versorgungsordnung gehalten, im Versorgungsfall durch eine Vergleichsrechnung den jeweils günstigsten Versorgungsanspruch des Betriebsrentners zu ermitteln, und muss zudem die Gefahr einer gerichtlichen Überprüfung der Höhe der Rentenzahlung durch den Arbeitnehmer. Dieses mit der Abkopplung dynamischer Faktoren von einem bestehenden Versorgungssystem verbundene Risiko muss der Arbeitgeber tragen oder durch entsprechende Gestaltung der Neuregelung, etwa durch den Beibehalt dynamischer Faktoren für Altzusagen, ausschließen.

(bb) Eingriffsgrund

Ein Eingriff in die erdiente Dynamik ist nur bei Vorliegen triftiger Gründe zulässig.[265] Ein wirtschaftlich motivierter Eingriff kommt dabei in Betracht, wenn der unveränderte Fortbestand der Versorgungsordnung langfristig die Substanz des Unternehmens gefährdet. Soweit die Unternehmenserträge und etwaige Wertzuwächse aus dem Unternehmensvermögen nicht ausreichen, um den dienstzeitunabhängigen Steigerungsbeträgen des erdienten Teilwerts nachzukommen, kann der Arbeitgeber die Dynamik mindern.[266] Die Anforderungen an den triftigen Grund knüpfen an die von der Rechtsprechung entwickelten Grundsätze an, nach denen der Arbeitgeber aus wirtschaftlichen Gründen die Anpassung laufender Betriebsrenten nach § 16 Abs. 1 BetrAVG verweigern kann. Obschon beide Tatbestände den Teuerungsausgleich von Versorgungsleistungen betreffen, zieht das BAG diese Grundsätze bei der Prüfung der Besitzstandswahrung aber lediglich als „Orientierungsmaßstab" heran, ohne sie schematisch zu übertragen.[267] Einer deckungsgleichen Übertragung würde nämlich entgegen stehen, dass künftige Steigerungsbeträge einer Versorgungsanwartschaft anders als die Anpassung laufender Betriebsrenten die Unternehmenssubstanz allenfalls langfristig beeinflussen.[268] Daher

---

[265] Grundlegend BAG, Urteil vom 17.4.1985, AP Nr. 4 zu § 1 BetrAVG Unterstützungskassen = NZA 1986, S. 57, 59.

[266] BAG, Urteil vom 18.4.1989, AP Nr. 23 zu § 1 BetrAVG Unterstützungskassen = NZA 1989, S. 844, 847; Urteil vom 3.9.1991, AP Nr. 3 zu § 1 BetrAVG Überversorgung = NZA 1992, S. 515, 518; Urteil vom 17.11.1992, AP Nr. 13 zu § 1 BetrAVG Besitzstand = NZA 1993, S. 938, 940 f.; Urteil vom 11.12.2001, AP Nr. 36 zu § 1 BetrAVG Ablösung = NZA 2003, S. 1414, 1418; Urteil vom 10.9.2002, AP Nr. 37 zu § 1 BetrAVG Ablösung unter III.3.d)dd) = NZA 2004, S. 231.

[267] BAG, Urteil vom 18.4.1989, AP Nr. 23 zu § 1 BetrAVG Unterstützungskassen = NZA 1989, S. 845, 847; Urteil vom 17.11.1992, AP Nr. 13 zu § 1 BetrAVG Besitzstand = NZA 1993, S. 938, 941.

[268] *Andresen/Förster/Rößler/Rühmann*, Teil 12, Rn. 613, und *Schumann*, FS Ahrend, S. 221, 225 f.; *ders.*, DB 1990, S. 2165, 2166, der daher zur Beurteilung der Zulässigkeit

verlagert sich die Prüfung vielmehr hin zu einer „sachkundig erstellten Prognose“ unter Berücksichtigung der zum Änderungszeitpunkt geltenden Versorgungsordnung unter vertretbaren und nachvollziehbaren Annahmen für die Zukunft, die regelmäßig die Einschaltung eines sachverständigen Drittens erfordert: Ein triftiger Grund zum Eingriff in die erdiente Dynamik setzt voraus, dass der Arbeitgeber erst durch die Einschränkung künftiger Belastungen in Form von dynamischen Steigerungsbeträgen eine gesunde wirtschaftliche Entwicklung seines Unternehmens für die Zukunft sicherstellen kann.[269] Im Fall eines gewerkschaftlichen Dachverbandes, der eine Umstrukturierung seines Versorgungswerkes beabsichtigte, hat das BAG auf Grund eines Vergleichs des prognostizierten künftigen Beitragsaufkommens als im wesentlichen alleinige Einnahmequelle des Verbandes mit dem prognostizierten künftigen Versorgungsbedarf einen triftigen Grund angenommen, da das auch in Zukunft weitgehend konstante Beitragsaufkommen nicht ausreichen würde, den bei unveränderten Fortbestand des Versorgungswerkes zu erwartenden Steigerungen der Versorgungsverbindlichkeiten nachzukommen, so dass ein Rückgriff auf die Vermögenssubstanz des Gewerkschaftsverbandes unvermeidlich werden würde.[270]

Daneben kann ein Eingriff in die erdiente Dynamik ausnahmsweise auch aus nichtwirtschaftlichen Gründen zulässig sein. Als solche sind insbesondere dringende betriebliche Bedürfnisse in Form einer „Verzerrung des Leistungsgefüges“ anzusehen. Diese rechtfertigen einen Eingriff, wenn durch sie bedingte Leistungskürzungen ohne Schmälerung des Gesamtaufwands auf der anderen Seite durch Leistungssteigerungen ausgeglichen werden.[271] Dringende betriebliche Bedürfnisse kommen dabei in Betracht, wenn die Versorgungsregelung in der Gesamtschau zu einer unausgewogenen und als ungerecht empfundenen Zusammensetzung der betrieblichen Versorgungsleistun-

---

eines Eingriffs eine Interessenabwägung zwischen der Belastbarkeit des Unternehmens und dem Vertrauensschutz des Anwartschaftsberechtigten vornimmt, die sich aber im Ergebnis nicht wesentlich von dem vom BAG entwickelten Verfahren unterscheidet.

[269] BAG, Urteil vom 10.9.2002, AP Nr. 37 zu § 1 BetrAVG Ablösung, unter III.3.d)aa) der Gründe = NZA 2004, S. 231; Urteil vom 11.12.2001, AP Nr. 43 zu § 1 BetrAVG Unterstützungskassen = NZA 2003, S. 1407, 1412; Urteil vom 11.12.2001, AP Nr. 36 zu § 1 BetrAVG Ablösung = NZA 2003, S. 1414, 1418; Urteil vom 21.8.2001, AP Nr. 8 zu § 1 BetrAVG Betriebsvereinbarung = NZA 2002, S. 575, 579.

[270] BAG, Urteil vom 11.12.2001, AP Nr. 43 zu § 1 BetrAVG Unterstützungskassen = NZA 2003, S. 1407, 1412; Urteil vom 11.12.2001, AP Nr. 36 zu § 1 BetrAVG Ablösung = NZA 2003, S. 1414, 1418 f.

[271] *Blomeyer/Otto*, BetrAVG, Anh § 1 Rn. 521; *Höfer*, BetrAVG, ART Rn. 586; *Andresen/Förster/Rößler/Rühmann*, Teil 12, Rn. 617; BAG, Urteil vom 10.9.2002, AP Nr. 37 zu § 1 BetrAVG Ablösung, unter III.3.d)aa) der Gründe = NZA 2004, S. 231; Urteil vom 7.7.1992, AP Nr. 11 zu § 1 BetrAVG Besitzstand = NZA 1993, S. 179, 180 f.; Urteil vom 11.9.1990, AP Nr. 8 zu § 1 BetrAVG Besitzstand = NZA 1991, S. 176, 177.

gen führt.[272] Außerdem kann das Bedürfnis zur Vereinheitlichung zahlreicher in einem Unternehmen oder Konzern geltender Versorgungsordnungen, um die interne Mobilität der Arbeitnehmer zu verbessern oder möglicher, aus den unterschiedlichen Versorgungsbedingungen resultierender Spannungen in der Belegschaft entgegen zu wirken, einen Eingriff in die erdiente Dynamik rechtfertigen, soweit der Gesamtaufwand der Versorgungsordnung nicht verringert wird.[273] Auf diese Weise kann so auch eine Harmonisierung nach einem Betriebsübergang differierender Versorgungsordnungen durchgeführt werden, so dass dieser Sachverhalt einen triftigen Grund für den Eingriff in die erdiente Dynamik darstellt, so lange der gemeinsame Gesamtaufwand der Versorgungsordnungen nicht gemindert wird. Der Betriebserwerber kann so unter Aufrechterhaltung der bestehenden Versorgungsanwartschaften der Arbeitnehmer die abweichenden Regelungssysteme zur Steigerung des Anwartschaftswertes aufheben, um eine Gesamtversorgungsordnung mit einheitlichen – dynamischen oder statischen – Steigerungsraten zu schaffen. Der Eingriffsgrund der „Verzerrung des Leistungsgefüges" weist auf Grund der Begrenzung der Änderungskompetenz auf den Gesamtaufwand strukturelle Ähnlichkeit mit den Zulässigkeitsvoraussetzungen einer umstrukturierenden Betriebsvereinbarung auf, die auf die Wahrung des Dotierungsrahmens abstellt.[274] Gemeinsam ist beiden rechtlichen Konstrukten, das die Zulässigkeit eines Eingriffs in die erdiente Dynamik wie auch die Zulässigkeit der umstrukturierenden Betriebsvereinbarung durch einen Vergleich des jeweiligen Dotierungsrahmen vor und nach der Durchführung der entsprechenden Maßnahme festgestellt werden muss. Die rechtliche Möglichkeit, durch eine umstrukturierende Betriebsvereinbarung Versorgungsordnungen zu ändern, wird aber durch den Besitzstandsschutz weiter eingeschränkt, da für den Eingriff in eine erdiente Dynamik nunmehr das Vorliegen eines Eingriffszwecks, wie ein unausgewogenes Leistungsgefüge oder ein Vereinheitlichungsinteresse, erforderlich ist.

---

[272] BAG, Urteil vom 7.7.1992, AP Nr. 11 zu § 1 BetrAVG Besitzstand = NZA 1993, S. 179, 180 f. In dem vom BAG zu entscheidenden Fall bezog ein Großteil der Belegschaft trotz langer Betriebszugehörigkeit nur die in der Versorgungsregelung vorgesehene Mindestrente, wohingegen speziell Mitarbeitern im oberen Gehaltsbereich schon bei wesentlich kürzerer Betriebszugehörigkeit die höchsten im Betrieb bezogenen Ruhegelder gewährt wurden.

[273] BAG, Urteil vom 7.7.1992, AP Nr. 11 zu § 1 BetrAVG Besitzstand = NZA 1993, S. 179, 180 f.

[274] Siehe zu den Voraussetzungen des kollektiven Günstigkeitsvergleichs oben S. 218 ff.

(c) Dritte Stufe – Zukünftige Steigerungsbeträge

(aa) Eingriffsobjekt

Von der dritten Besitzstandsstufe werden schließlich alle für die Zukunft noch zu erwartenden Zuwachsraten umfasst, die nicht zu den bereits erläuterten Besitzstandsstufen zählen und für die insbesondere der Arbeitnehmer noch keine Betriebstreue als Gegenleistung der Versorgungszusage erbracht hat.[275] Dies beinhaltet die Steigerungen der Anwartschaft, mit denen der Arbeitnehmer auf Grund des bisherigen Leistungsplans bei planmäßigem Verlauf des Arbeitsverhältnisses bis zum Erreichen der Altersgrenze noch rechnen kann.[276] Hierzu zählen beispielsweise dynamische oder feste Steigerungsbeträge, die für den Arbeitnehmer nach dem Änderungszeitpunkt zu Versorgungszwecken vom Arbeitgeber bereit gestellt werden, die mit ihnen zu erzielenden Erträge oder andere in der Versorgungszusage enthaltene Leistungen, die den Aufbau der betrieblichen Altersversorgung des Arbeitnehmers fördern sollen. Auch diese Bestandteile einer Versorgungsregelung begründen einen speziellen Besitzstand, in den nur beim Vorliegen eines sachlich-proportionalen Grundes eingegriffen werden kann.[277] Nach Ansicht *von Hoyningen-Huenes* verdrängt eine nachfolgende Betriebsvereinbarung den noch nicht erdienten Versorgungsbesitzstand unabhängig vom Vorliegen eines sachlichen Grundes. Da der Arbeitnehmer noch kein schützenswertes Vertrauen begründet habe, könne die Entstehung zusätzlicher Versorgungsrechte für die Zukunft stets ausgeschlossen werden. Dies ergebe sich aus einer uneingeschränkten Anwendung des Ordnungsprinzips.[278] Zuzugeben ist dieser Ansicht, dass sich ein Vertrauen des Arbeitnehmers noch nicht in Form erbrachter Betriebstreue als Gegenleistung zur Versorgungszusage manifestiert hat. Dennoch hat der Arbeitnehmer zwar weitaus geringeres, aber dennoch schützenswertes Vertrauen erworben, indem ihm gegenüber durch den Arbeitgeber eine solche Zusage abgeben wurde, mit deren Bestand der Arbeitnehmer auch für die Zukunft rechnen konnte. Daher können einem Arbeitnehmer auch zukünftige Steigerungsbeträge nur aus sachlich-proportionalen Gründen entzogen werden.

---

[275] BAG, AP Nr. 4 zu § 1 BetrAVG Unterstützungskassen = NZA 1986, S. 57, 58 f.; HWK-*Schipp*, BetrAVG Vorb. Rn. 158; *Höfer*, BetrAVG, ART Rn. 588.

[276] *Hilger/Stumpf*, BB 1990, S. 929, 931.

[277] BAG, Urteil vom 18.9.2001, AP Nr. 34 zu § 1 BetrAVG Ablösung = NZA 2002, S. 1164, 1168; Urteil vom 21.8.2001, AP Nr. 8 zu § 1 BetrAVG Betriebsvereinbarung = NZA 2002, S. 575, 579; Urteil vom 11.5.1999, AP Nr. 6 zu § 1 BetrAVG Betriebsvereinbarung = NZA 2000, S. 322, 325; Urteil vom 17.4.1985, AP Nr. 4 zu § 1 BetrAVG Unterstützungskassen = NZA 1986, S. 57, 58 f.; *Blomeyer/Otto*, BetrAVG, Anh § 1 Rn. 525; *Andresen/Förster/Rößler/Rühmann*, Teil 12, Rn. 720.

[278] *Von Hoyningen-Huene*, BB 1992, S. 1640, 1644.

(bb) Eingriffsgrund

Nach Rechtsprechung des BAG handelt es sich dabei um willkürfreie, nachvollziehbare und anerkennenswerte Gründe, die sich beispielsweise aus einer wirtschaftlich ungünstigen Entwicklung des Unternehmens oder einer Fehlentwicklung der betrieblichen Altersversorgung ergeben können.[279] Da die Rechtsprechung auf dieser Eingriffsebene sachlich-*proportionale* Gründe fordert, betont sie besonders den dem Besitzstandsschutz zu Grunde liegenden Verhältnismäßigkeitsgrundsatz, was sowohl bezüglich des Eingriffsobjekts als auch der den Eingriff rechtfertigenden Gründe geboten ist: Da die Besitzstandsstufe der zukünftigen Zuwächse einen subsidiären Charakter hat, weist die denkbare Eingriffsintensität in tatsächlicher Hinsicht eine große Schwankungsbreite auf. So würde beispielsweise durch die vollständige Kürzung jeglichen künftigen Zuwachses gleichermaßen in diese Besitzstandsstufe eingegriffen wie durch die Änderung des Verwendungszwecks der Erträge aus den für die Versorgung der Arbeitnehmer bereitgestellten Mittel für versorgungsfremde Zwecke.

Da es sich bei den künftigen Steigerungsraten um den am schwächsten geschützten Besitzstand handelt, besteht naturgemäß außerdem eine größere Bandbreite an möglichen rechtfertigenden Eingriffsgründen. Auf Ausmaß des Eingriffs und Qualität des Eingriffsgrundes ist daher besonders zu achten: je schwerwiegender die Einschnitte in dienstzeitabhängige Steigerungsbeträge, umso höher sind die Anforderungen an den sachlichen Grund.[280] Für die Geltendmachung des sachlich-proportionalen Grundes reicht die plausible und nachvollziehbare Erklärung durch den Arbeitgeber aus. Eine weitergehende und insbesondere formalisierte Darlegung etwa durch einen Sachverständigen oder durch die Vorlage eines ausgewogenen Sanierungsplans sind nicht erforderlich.[281] Da die Willkürfreiheit des Eingriffs sichergestellt werden muss, genügt aber ein allgemeiner Hinweis etwa auf wirtschaftliche Schwierigkeiten regelmäßig nicht aus. Wenn der Arbeitnehmer zukünftige Zuwachsraten aus wirtschaftlichen Gründen einschränken will, muss er so

[279] BAG, Urteil vom 18.9.2001, AP Nr. 34 zu § 1 BetrAVG Ablösung = NZA 2002, S. 1164, 1168; Urteil vom 11.5.1999, AP Nr. 6 zu § 1 BetrAVG Betriebsvereinbarung = NZA 2000, S. 322, 325; Urteil vom 27.8.1996, AP Nr. 22 zu § 1 BetrAVG = NZA 1997, S. 535, 541.

[280] *Höfer*, BetrAVG, ART Rn. 595; *Blomeyer/Otto*, BetrAVG, Anh § 1 Rn. 527.

[281] BAG, Urteil vom 18.9.2001, AP Nr. 34 zu § 1 BetrAVG Ablösung = NZA 2002, S. 1164, 1168; Urteil vom 11.12.2001, AP Nr. 43 zu § 1 BetrAVG Unterstützungskassen = NZA 2003, S. 1407, 1410; Urteil vom 10.9.2002, AP Nr. 37 zu § 1 BetrAVG Ablösung, unter III.2.c) der Gründe = NZA 2004, S. 231; *Andresen/Förster/Rößler/ Rühmann*, Teil 12, Rn. 722. Andere Auffassung: Kort, NZA 2004, S. 889, 891, der die Feststellungen eines unabhängigen Sachverständigen fordert.

beispielsweise nachweisen, inwieweit Einschnitte der Versorgungsordnungen die wirtschaftliche Situation des Unternehmens verbessern können oder warum anderweitige Sanierungsmaßnahmen unterlassen worden sind.[282]

Neben wirtschaftlichen Gründen kann auf dieser Besitzstandsstufe wiederum das Interesse des Arbeitgebers an der Vereinheitlichung der Altersversorgung mehrerer Betriebe oder Unternehmen sowie an der Optimierung der innerbetrieblichen Verteilungsgerechtigkeit als rechtfertigender Eingriffsgrund qualifiziert werden.[283] Dieses Regelungsziel kann dabei sogar im kollektiven Interesse der Gesamtbelegschaft liegen, wenn Arbeitnehmergruppen, denen bislang keine oder eine schlechtere Altersversorgung gewährt wurde, in eine einheitliche Versorgungsordnung einbezogen werden.[284] Das BAG zieht zur Begründung dieses sachlichen Eingriffsgrundes die gesetzliche Wertung des § 613a Abs. 1 S. 3 BGB heran, nach dem das Ordnungsinteresse des neuen Betriebsinhabers die Interessen der Arbeitnehmer an der Beibehaltung der bisherigen Regelungen überwiegt.[285] Wenn die gesetzliche Wertung bei der Übertragung auf einen ähnlichen Sachverhalt schon für eine Eingriffsbefugnis spricht, so muss dies erst recht gelten, wenn ein Sachverhalt in tatsächlicher Hinsicht den Tatbestand der Norm ausfüllt.

Damit rechtfertigen auch die in Folge eines Betriebsübergangs abweichenden Versorgungsbedingungen eine Minderung dienstzeitabhängiger Steigerungsraten. Dies ergibt sich ebenso bereits aus allgemeinen Erwägungen, da das Vereinheitlichungsinteresse nach einem Betriebsübergang auch als triftiger Grund auf der Besitzstandsstufe der erdienten Dynamik qualifiziert werden kann.[286] Regelmäßig kann aber das Vereinheitlichungsinteresse alleine schon von seiner Zweckrichtung her Verschlechterungen künftiger Zuwachsraten

---

[282] BAG, Urteil vom 18.9.2001, AP Nr. 34 zu § 1 BetrAVG Ablösung = NZA 2002, S. 1164, 1169; Beschluss vom 17.8.1999, AP Nr. 79 zu § 77 BetrVG 1972 = NZA 2000, S. 499, 502; Beschluss vom 21.8.2001, AP Nr. 8 zu § 1 BetrAVG Betriebsvereinbarung = NZA 2002, S. 575, 579.

[283] BAG, Urteil vom 29.7.2003, AP Nr. 45 zu § 1 BetrAVG Ablösung, unter B.I.2.b)bb) der Gründe; Urteil vom 18.3.2003, AP Nr. 41 zu § 1 BetrAVG Ablösung = NZA 2004, S. 1099, 1102; Urteil vom 19.11.2002, AP Nr. 40 zu § 1 BetrAVG Ablösung = NZA 2004, S. 264, 267; Urteil vom 27.8.1996, AP Nr. 22 zu § 1 BetrAVG = NZA 1997, S. 535, 541; Urteil vom 8.12.1981, AP Nr. 1 zu § 1 BetrAVG Ablösung = DB 1982, S. 46; *Henssler*, NZA 1994, S. 913, 920; *Blomeyer/Otto*, BetrAVG, Anh § 1 Rn. 528; Moll-*Rengier*, MAH Arbeitsrecht, § 37 Rn. 57.

[284] BAG, Urteil vom 8.12.1981, AP Nr. 1 zu § 1 BetrAVG Ablösung = DB 1982, S. 46, 49.

[285] BAG, Urteil vom 29.7.2003, AP Nr. 45 zu § 1 BetrAVG Ablösung, unter B.I.2.b)bb) der Gründe; Urteil vom 19.11.2002, AP Nr. 40 zu § 1 BetrAVG Ablösung = NZA 2004, S. 264, 267.

[286] Siehe oben S. 265 f.

nur begründen, wenn dem hinreichende Verbesserungen gegenüber stehen. Ausschlaggebend sind auch hier wieder die Dotierungsrahmen der anzugleichenden Versorgungswerke.[287] Gerade bei auf Grund eines Betriebsübergangs abweichenden Versorgungsordnungen kann das Interesse des Arbeitgebers an der Harmonisierung der betrieblichen Versorgungsbedingungen die lediglich einseitige Kürzung der dienstzeitabhängigen Steigerungsraten des günstigeren der beiden Versorgungssysteme nicht rechtfertigen, da der Schutzzweck des § 613a Abs. 1 BGB gerade auf den Erhalt der Arbeitsbedingungen der mit dem Veräußerer begründeten Arbeitsverhältnisse gerichtet ist.[288] Überdies würde dies zu einem Zirkelschluss führen, da die „Vereinheitlichungsnotwendigkeit" der unterschiedlichen Versorgungsordnungen unvermeidbare Konsequenz des Betriebsübergangs ist.[289] Einschnitte in den Gesamtversorgungsaufwand lassen sich aus diesem sachlichen Grund nur dann rechtfertigen, wenn sie sich als Folge der Zusammenführung der Versorgungswerke systemimmanent nicht vermeiden lassen, und dürften daher allenfalls in geringem Ausmaße zulässig sein. Für weitergehende Eingriffe in die Versorgungsregelungen muss sich der Arbeitgeber auf zusätzliche, insbesondere wirtschaftliche Gründe berufen können.

(2) Zusammenfassung und Übersicht

Der vom BAG entwickelte abgestufte Besitzstandsschutz ist, wie das Gericht mehrfach betont hat, Konkretisierung des Verhältnismäßigkeitsgrundsatzes, um diesen für die Bedürfnisse der Praxis handhabbar zu machen.[290] Die Anwendung dieses dreistufigen Prüfverfahrens bedeutet damit schlichtweg nur, Eingriffsintensität und Eingriffsgrund gegeneinander abzuwägen und zu einem möglichst schonenden Ausgleich zu bringen. Diese Erkenntnis gibt An-

---

[287] BAG, Urteil vom 8.12.1981, AP Nr. 1 zu § 1 BetrAVG Ablösung = DB 1982, S. 46, 49; *Blomeyer/Otto*, BetrAVG, Anh § 1 Rn. 528; *Hilger/Stumpf*, BB 1990, S. 929, 934. Offen gelassen von BAG, Urteil vom 27.8.1996, AP Nr. 22 zu § 1 BetrAVG = NZA 1997, S. 535, 541. Andere Auffassung *Lindemann/Simon*, BB 2003, S. 2510, 2516; *Gaul*, Arbeitsrecht, § 35 Rn. 102, die das Vereinheitlichungsinteresse als sachlichen Grund für Verschlechterungen der Versorgungsbedingungen ansehen, dazu unten S. 308 ff.

[288] *Kemper*, BB 1990, S. 785, 787.

[289] *Kemper*, BB 1990, S. 785, 786 f. *Kemper* verkennt aber, dass der Betriebsübergang sachlicher Grund für Änderungen der zukünftigen Steigerungsbeträge innerhalb der bestehenden Dotierungsrahmen ist. Der Dotierungsrahmen umfasst so grundsätzlich auch den zukünftigen, nach dem Zeitpunkt des Betriebsübergangs noch zu erbringenden voraussichtlichen Finanzierungsbedarf für die betriebliche Altersversorgung.

[290] BAG, Urteil vom 10.9.2002, AP Nr. 37 zu § 1 BetrAVG Ablösung, unter II.3. der Gründe = NZA 2004, S. 231; Urteil vom 27.8.1996, AP Nr. 22 zu § 1 BetrAVG Ablösung = NZA 1997, S. 535, 540 f.; Urteil vom 17.11.1992, AP Nr. 13 zu § 1 BetrAVG Besitzstand = NZA 1993, S. 938, 940 f.; Urteil vom 11.9.1990, AP Nr. 8 zu § 1 BetrAVG Besitzstand = NZA 1991, S. 176 f.

lass zu zwei entscheidenden Überlegungen: Obschon die Zuordnung der tatsächlichen Gegebenheiten in eine der genannten Kategorien die rechtliche Würdigung (scheinbar) erleichtert, entbindet dies den Rechtsanwender nicht von der Pflicht, im Rahmen einer Verhältnismäßigkeitsprüfung die Besonderheiten des Einzelfalles zu berücksichtigen und ein für die Betroffenen interessengerechtes Abwägungsergebnis zu finden.[291] Außerdem relativieren sich dogmatische Differenzen über den Umfang der einzelnen Besitzstandsstufen und der möglichen Eingriffsgründe, da sich das Ausmaß eines Eingriffs stets auf die Anforderungen an die Qualität des rechtfertigenden Grundes im Abwägungsprozess unabhängig von der Zuordnung des Eingriffsobjekts auswirkt. So ist im Ergebnis – auch für den Betroffenen – unerheblich, ob ein Eingriff in eine erdiente Dynamik, der erhebliche Auswirkungen für die versorgungsberechtigten Arbeitnehmer haben kann, durch einen triftigen oder einen gewichtigen sachlich-proportionalen Grund gerechtfertigt ist.

	Besitzstand	Eingriffsvoraussetzungen
1. Stufe	**Erdienter Teilwert:** • Unverfallbare Anwartschaften • Verfallbare Anwartschaften nur, wenn Unverfallbarkeit noch herbeigeführt werden kann	**Zwingende Gründe** = Wegfall der Geschäftsgrundlage: • Äquivalenzstörung • Überversorgung • Nicht: wirtschaftliche Notlage
2. Stufe	**Erdiente Dynamik:** • Leistungs- und Dienstzeit-unabhängige Steigerungsraten des erdienten Teilwerts zur Anpassung an den allgemeinen Lebensstandard • Nicht: arbeitsleistungsbezogene Steigerungsraten, die sich erst nach dem Änderungszeitpunkt ergeben	**Triftige Gründe:** • Aus wirtschaftlichen Gründen bei langfristiger Substanzgefährdung des Unternehmens (entsprechend § 16 BetrAVG) • Zur Vereinheitlichung abweichender Versorgungsordnungen oder eines „verzerrten Leistungsgefüges" unter Wahrung des Gesamtaufwands
3. Stufe	**Dienstzeitabhängige Steigerungsraten:** Zukünftige Zuwächse der Versorgungs-anwartschaft, die nicht von der ersten oder zweiten Besitzstandsstufe umfasst sind	**Sachlich-proportionale Gründe** = willkürfreie, nachvollziehbare und anerkennenswerte Gründe, z.B.: • wirtschaftliche Gründe • Vereinheitlichungsinteresse des Arbeitgebers unter Wahrung des Gesamtaufwands

Die hier relevante Fallgruppe der Abänderung unterschiedlicher Versorgungszusagen nach einem Betriebsübergang und insbesondere ihre Vereinheitlichung kann dabei einen Eingriff auf der Stufe der erdienten Dynamik und

[291] Dies ist gerade vor dem Hintergrund bedeutsam, dass eine Schematisierung dazu verleitet, „der Formel zuliebe Besonderheiten zu vernachlässigen und den Zugang zu einem dem Einzelfall besser gerecht werdenden Vorgehen zu versperren", so Picot-*Heubeck*, Unternehmenskauf, Teil IV, Rn. 33. Vgl. auch *Hilger/Stumpf*, BB 1990, S. 929, 934.

auf der Stufe der dienstzeitabhängigen Steigerungsraten selbstständig rechtfertigen. Bei der Angleichung der Versorgungsbedingungen ist aber zu berücksichtigen, dass dieser Grund alleine den Betriebspartnern regelmäßig keine Verschlechterungsbefugnisse einräumt und so durch die Änderung der Versorgungsordnungen ihr Gesamtaufwand bzw. ihre gemeinsamen Dotierungsrahmen nicht verringert werden kann. Den Eingriffen müssen also äquivalente Verbesserungen gegenüberstehen.

bb. Kündigung der Betriebsvereinbarung

Weiterhin kann der Arbeitgeber die Wirkung einer Betriebsvereinbarung durch Kündigung beseitigen. Dies ist nach Maßgabe von § 77 Abs. 5 BetrVG mit einer Frist von drei Monaten zulässig, soweit die Betriebspartner keine abweichenden Vereinbarungen getroffen und so beispielsweise andere Kündigungsfristen vereinbart oder das (ordentliche) Kündigungsrecht gänzlich ausgeschlossen haben.[292] Wird eine Betriebsvereinbarung gekündigt, richten sich ihre Rechtswirkungen nach § 77 Abs. 6 BetrVG: Danach entwickelt eine Betriebsvereinbarung über mitbestimmungspflichtige Angelegenheiten nach dem Kündigungszeitpunkt Nachwirkung, bis sie durch eine andere Abmachung ersetzt wird. Eine Betriebsvereinbarung über eine freiwillige Angelegenheit verliert hingegen mit Ablauf der Kündigungsfrist grundsätzlich ihre Wirkung.[293]

(1) Auffassung des BAG

Von diesen Grundsätzen ist auch der 3. Senat des BAG bei der Beurteilung der Zulässigkeit einer Kündigung von Betriebsvereinbarungen über eine betriebliche Altersversorgung ausgegangen. Derartige Betriebsvereinbarungen sind, vorbehaltlich abweichender Vereinbarungen zwischen Arbeitgeber und Betriebsrat, frei kündbar.[294] Eine Nachwirkung der Betriebsvereinbarung nach Ablauf der Kündigungsfrist ist regelmäßig ausgeschlossen, da die Gewährung

---

[292] FESTL, BetrVG, § 77 Rn. 145; DKK-*Berg*, BetrVG, § 77 Rn. 53b; GK-*Kreutz*, BetrVG, § 77 Rn. 363; HWK-*Gaul*, § 77 BetrVG Rn. 35; *Heither*, RdA 1994, S. 363, 367 f.

[293] BAG, Beschluss vom 21.8.1990, AP Nr. 5 zu § 77 BetrVG 1972 Nachwirkung = NZA 1991, S. 190, 191 f.; DKK-*Berg*, BetrVG, § 77 Rn. 58 f.; FESTL, BetrVG, § 77 Rn. 178; GK-*Kreutz*, BetrVG, § 77 Rn. 400 u. 403;

[294] BAG, Urteil vom 18.4.1989, AP Nr. 2 zu § 1 BetrAVG = NZA 1990, S. 67 f.; Urteil vom 10.3.1992, AP Nr. 5 zu § 1 BetrAVG Betriebsvereinbarung = NZA 1993, S. 234, 235 f.; Urteil vom 11.5.1999, AP Nr. 6 zu § 1 BetrAVG Betriebsvereinbarung = NZA 2003, S. 322, 323 f.; Beschluss vom 21.8.2001, AP Nr. 8 zu § 1 BetrAVG Betriebsvereinbarung = NZA 2002, S. 575, 577; Urteil vom 18.9.2001, AP Nr. 34 zu § 1 BetrAVG Ablösung = NZA 2002, S. 1164, 1167; ebenso GK-*Kreutz*, BetrVG, § 77 Rn. 361; *Kort*, NZA 2004, S. 889, 890; *Heither*, BB 1992, S. 145, 148 f.

einer betrieblichen Altersversorgung als freie Arbeitgeberentscheidung nicht der Mitbestimmung des Betriebsrats untersteht.[295] Die Annahme einer Nachwirkung von Betriebsvereinbarungen über betriebliche Altersversorgung würde auch zu Wertungswidersprüchen in Bezug auf andere freiwillige Sozialleistungen führen. So könnte der Arbeitgeber bei der Kündigung einer Betriebsvereinbarung, die beispielsweise die Einrichtung eines Werkkindergartens oder einer Werkskantine vorsieht, nur die neu eintretenden Arbeitnehmer von der Nutzung ausschließen, müsste aber für die bestehende Belegschaft den Betrieb aufrecht erhalten.[296] Eine Nachwirkung ist grundsätzlich auch für teilmitbestimmte Betriebsvereinbarungen ausgeschlossen. Eine Ausnahme ergibt sich nach der Rechtsprechung des 1. Senates, wenn der Arbeitgeber mit der Kürzung der mitbestimmungsfreien Sozialleistung gleichzeitig eine Neuregelung des mitbestimmungspflichtigen Teils der Betriebsvereinbarung, insbesondere hinsichtlich der Ausgestaltung der Verteilungsgrundsätze, herbeiführen möchte. In diesem Fall entwickelt die gesamte Betriebsvereinbarung und damit auch der mitbestimmungsfreie Teil Nachwirkung.[297] Inwieweit diese Entscheidung für den Bereich der betrieblichen Altersversorgung übertragbar ist, hat der 3. Senat aber bis lang mehrfach offengelassen.[298]

Von der Frage der Kündbarkeit und der Nachwirkung einer Betriebsvereinbarung über eine betriebliche Altersversorgung trennt das BAG in dem grundlegenden Urteil vom 18.4.1989 die Frage nach den Auswirkungen einer Kündigung für die auf Grund der Betriebsvereinbarung entstandenen Versorgungsbesitzstände.[299] In späteren Entscheidungen unterscheidet der 3. Senat in diesem Zusammenhang schlagwortartig nur noch zwischen der Wirksamkeit

---

[295] BAG, Urteil vom 18.4.1989, AP Nr. 2 zu § 1 BetrAVG = NZA 1990, S. 67 f.; Urteil vom 11.5.1999, AP Nr. 6 zu § 1 BetrAVG = NZA 2000, S. 322, 324; Beschluss vom 17.8.1999, AP Nr. 79 zu § 77 BetrVG 1972 = NZA 2000, S. 498, 500; Urteil vom 18.9.2001, AP Nr. 34 zu § 1 BetrAVG Ablösung = NZA 2002, S. 1164, 1167; Beschluss vom 21.8.2001, AP Nr. 8 zu § 1 BetrAVG Betriebsvereinbarung = NZA 2002, S. 575, 578.

[296] BAG, Urteil vom 18.4.1989, AP Nr. 2 zu § 1 BetrAVG = NZA 1990, S. 67 f.; ähnlich *Blomeyer/Vienken*, RdA 2000, S. 370. Hiergegen wenden sich aber zutreffend *Hanau/Preis*, NZA 1991, S. 81, 85: Eine derartige Vereinbarung ist als eine durch Betriebsvereinbarung geregelte Betriebsnorm zu qualifizieren, deren Kündigung im mitbestimmungsfreien Bereich keine Nachwirkung entfaltet.

[297] BAG, Urteil vom 26.10.1993, AP Nr. 6 zu § 77 BetrVG 1972 Nachwirkung = NZA 1994, S. 572, 574. Nach *Blomeyer/Vienken*, RdA 2000, S. 370, 371, ist dies aber bedenklich, da der Eintritt der Nachwirkung von der Absicht des Arbeitgebers abhängt und damit subjektiviert wird.

[298] BAG, Urteil vom 11.5.1999, AP Nr. 6 zu § 1 BetrAVG = NZA 2000, S. 322, 326; Beschluss vom 17.8.1999, AP Nr. 79 zu § 77 BetrVG 1972 = NZA 2000, S. 498, 500 f.; Urteil vom 18.9.2001, AP Nr. 34 zu § 1 BetrAVG Ablösung = NZA 2002, S. 1164, 1167 f.

[299] BAG, Urteil vom 18.4.1989, AP Nr. 2 zu § 1 BetrAVG = NZA 1990, S. 67, 68; ebenso der 1. Senat, Beschluss vom 21.8.1990, AP Nr. 5 zu § 77 BetrVG 1972 Nachwirkung = NZA 1991, S. 190, 193.

und den Rechtsfolgen der Kündigung einer Betriebsvereinbarung.[300] Dieser Differenzierung liegt die Überlegung zu Grunde, dass den Arbeitnehmern durch Wegfall der Betriebsvereinbarung schützenswerte Rechtspositionen entzogen würden. Da ein Arbeitnehmer durch bereits erbrachte Betriebstreue bzw. der Arbeitgeber durch Abgabe der Versorgungszusage Vertrauen in den dauerhaften Bestand der Versorgungsordnung begründet hat, besteht eine mit der Ablösung einer Betriebsvereinbarung durch eine zeitlich nachfolgende Betriebsvereinbarung vergleichbare Interessenlage.[301] Die Gestaltungsbefugnis der Betriebspartner ist aber beim Abschluss einer nachfolgenden Betriebsvereinbarung durch die Grundsätze des Vertrauensschutzes und der Verhältnismäßigkeit in der Ausprägung des vom BAG entwickelten abgestuften Besitzstandsschutzes begrenzt. Wenn aber schon die Änderung einer Betriebsvereinbarung durch eine zeitlich nachfolgende, im Einvernehmen der Betriebspartner abgeschlossene Betriebsvereinbarung diesen Grundsätzen unterliegt, müssen diese erst recht gelten, wenn sich der Arbeitgeber des einseitigen Lösungsmittels der Kündigung bedient.[302] Damit müssen auch bei der Kündigung einer Betriebsvereinbarung über betriebliche Altersversorgung die Versorgungsbesitzstände der Arbeitnehmer gegen die möglichen Eingriffsgründe des Arbeitgebers unter Berücksichtigung des dreistufigen Prüfschemas abgewogen und gegebenenfalls aufrecht erhalten werden.[303] In dem Umfang, in dem die Kündigungswirkung zur Wahrung der Besitzstände eingeschränkt ist, wirkt die Betriebsvereinbarung auf kollektivrechtlicher Grundlage weiter. Dies berücksichtige die Entscheidung der Betriebspartner, die bei der Ausgestaltung der Altersversorgung ein kollektivrechtliches Regelungsmittel gewählt haben. Damit unterfällt auch die nach der Kündigung noch aufrechtzuerhaltende Versorgungsordnung der gemeinsamen betriebsverfassungsrecht-

---

[300] BAG, Beschluss vom 10.3.1992, AP Nr. 5 zu § 1 BetrAVG Betriebsvereinbarung = NZA 1993, S. 234, 236; Urteil vom 11.5.1999, AP Nr. 6 zu § 1 BetrAVG Betriebsvereinbarung = NZA 2000, S. 323, 324; Beschluss vom 17.8.1999, AP Nr. 79 zu § 77 BetrVG 1972 = NZA 2000, S. 498, 500; Beschluss vom 21.8.2001, AP Nr. 8 zu § 1 BetrAVG Betriebsvereinbarung = NZA 2002, S. 575, 578.

[301] BAG, Urteil vom 18.4.1989, AP Nr. 2 zu § 1 BetrAVG = NZA 1990, S. 67, 68; Urteil vom 10.3.1992, AP Nr. 5 zu § 1 BetrAVG Betriebsvereinbarung = NZA 1993, S. 234, 236.

[302] BAG, Urteil vom 18.4.1989, AP Nr. 2 zu § 1 BetrAVG = NZA 1990, S. 67, 68; Urteil vom 11.5.1999, AP Nr. 6 zu § 1 BetrAVG Betriebsvereinbarung = NZA 2000, S. 322, 324 f.; Beschluss vom 21.8.2002, AP Nr. 8 zu § 1 BetrAVG Betriebsvereinbarung = NZA 2002, S. 575, 578.

[303] BAG, Urteil vom 18.4.1989, AP Nr. 2 zu § 1 BetrAVG = NZA 1990, S. 67, 69; Urteil vom 11.5.1999, AP Nr. 6 zu § 1 BetrAVG = NZA 2000, S. 322, 325; Beschluss vom 17.8.1999, AP Nr. 79 zu § 77 BetrVG 1972 = NZA 2000, S. 498, 501; Urteil vom 18.9.2001, AP Nr. 34 zu § 1 BetrAVG Ablösung = NZA 2002, S. 1164, 1168; Beschluss vom 21.8.2002, AP Nr. 8 zu § 1 BetrAVG Betriebsvereinbarung = NZA 2002, S. 575, 578; BAG, Urteil vom 25.05.2004, EzA Nr. 21 zu § 2 BetrAVG.

lichen Regelungsbefugnis von Arbeitgeber und Betriebsrat und kann so insbesondere durch eine nachfolgende Betriebsvereinbarung noch verändert werden.[304] Zudem kommt eine individualrechtliche Weitergeltung nicht in Betracht, da für die Transformation in einen schuldrechtlichen Versorgungsanspruch eine dem § 613a Abs. 1 S. 2 BGB vergleichbare Rechtsgrundlage fehlt.[305] Die gekündigte Betriebsvereinbarung findet damit keine Anwendung mehr auf Arbeitnehmer, die noch keinen schützenswerten Versorgungsbesitzstand erworben haben, sowie auf Arbeitnehmer, die erst nach der Kündigung in den Betrieb eingetreten sind.[306]

Das BAG hat nicht verkannt, dass diese eingeschränkte Kündigungswirkung zu Rechtsunsicherheiten führen kann, wenn der Umfang des nach der Kündigung aufrecht zu erhaltenen Besitzstandes im Streit steht. Daher wird die Kündigung einer Betriebsvereinbarung aus praktischen Gründen – ohne jedoch freilich hieraus eine rechtliche Konsequenz abzuleiten – als letztes Mittel zur Neugestaltung einer betrieblichen Versorgungsordnung gesehen und den Betriebspartnern insbesondere der Abschluss einer nachfolgenden Betriebsvereinbarung nahe gelegt.[307] Außerdem sind die Betriebspartner berechtigt, den Umfang der Kündigungswirkung, der angesichts der Prüfung der schützenswerten Besitzstände nicht von vornherein offensichtlich ist, im Beschlussverfahren mit Bindungswirkung für die Individualrechtsverhältnisse zwischen Arbeitgeber und Arbeitnehmer gerichtlich feststellen zu lassen.[308]

---

304 BAG, Urteil vom 11.5.1999, AP Nr. 6 zu § 1 BetrAVG Betriebsvereinbarung = NZA 2000, S. 322, 325; Beschluss vom 17.8.1999, AP Nr. 79 zu § 77 BetrVG 1972 = NZA 2000, S. 498, 501.

305 BAG, Urteil vom 11.5.1999, AP Nr. 6 zu § 1 BetrAVG Betriebsvereinbarung = NZA 2000, S. 322, 324; Beschluss vom 17.8.1999, AP Nr. 79 zu § 77 BetrVG 1972 = NZA 2000, S. 498, 501. Insoweit sei die Situation auch nicht mit dem Ausscheiden des Arbeitnehers aus dem Arbeitsverhältnis im Versorgungsfall, für das der Große Senat im Bechluss vom 16.3.1956, AP Nr. 1 zu § 57 BetrVG 1952 = DB 1956, S. 573, eine Umwandlung des in der Betriebsvereinbarung verankerten Versorgungsanspruchs in einen selbstständigen schuldechtlichen Anspruchs annimmt, vergleichbar, da der Arbeitnehmer nach Kündigung der Betriebsvereinbarung noch in einem laufenden Arbeitsverhältnis steht. Vgl. zur Rechtsprechung des Großen Senats zur persönlichen Regelungsbefugnis der Betriebspartner ausführlich oben S. 15 ff.

306 BAG, Urteil vom 11.5.1999, AP Nr. 6 zu § 1 BetrAVG Betriebsvereinbarung = NZA 2000, S. 322, 324; Beschluss vom 18.9.2001, AP Nr. 34 zu § 1 BetrAVG Ablösung = NZA 2002, S. 1164, 1167.

307 BAG, Beschluss vom 10.3.1992, AP Nr. 5 zu § 1 BetrAVG Betriebsvereinbarung = NZA 1993, S. 234, 236.

308 BAG, Urteil vom 11.5.1999, AP Nr. 6 zu § 1 BetrAVG Betriebsvereinbarung = NZA 2000, S. 322, 325; Beschluss vom 17.8.1999, AP Nr. 79 zu § 77 BetrVG 1972 = NZA 2000, S. 498, 501 f.

(2) Kritik und Lösungsansätze der Literatur

An dieser Rechtsprechung des BAG ist von der Literatur vielfach Kritik geäußert worden. Durch die Kündigung soll die Wirkung der Betriebsvereinbarung und damit ein mitbestimmungspflichtiger Regelungsgegenstand entfallen. Gleichzeitig führt das BAG aber eine Rechtskontrolle durch, inwieweit die Versorgungsbesitzstände aufrecht erhalten bleiben. Damit nimmt das BAG im Ergebnis doch, entgegen der eigenen Argumentation und § 77 Abs. 6 BetrVG, eine Nachwirkung der Betriebsvereinbarung an.[309] Weiterhin verstoße die Rechtskontrolle gegen das in § 77 Abs. 5 BetrVG vorgesehene Prinzip der freien Kündbarkeit einer Betriebsvereinbarung, da durch die Prüfung des Bestandsschutzes inhaltliche Anforderungen an die Kündigung gestellt werden.[310] Überdies zeige der 3. Senat ein fehlerhaftes Verständnis der Kündigungswirkung, wenn er mit der Kündigung die Anspruchsgrundlage eines Versorgungsanspruches in Frage stellt: die Kündigung kann aber die Geltung einer Betriebsvereinbarung nur ab dem Kündigungszeitpunkt und damit mit *ex nunc*-Wirkung entfallen lassen.[311] Daneben werden die mit der Ungewissheit über den Umfang der Kündigungswirkung verbundenen Verfahrensunsicherheiten für Arbeitnehmer, Arbeitgeber und Betriebsrat gleichermaßen als unbefriedigend empfunden.[312] Ein rechtssicheres Verfahren ist aber nötig, um den Betriebspartnern die Betriebsvereinbarung als verlässliches Gestaltungsmittel zu erhalten, was aber auch durch eine freie Kündbarkeit von Betriebsvereinbarungen gefährdet wird.[313] Daher wird dem Arbeitgeber empfohlen, dem Betriebsrat und den Arbeitnehmern bei Aussprache der Kündigung mitzuteilen, in welchem Umfang er die Altersversorgung aufrecht erhalten möchte.[314] Da das BAG in diesem Zusammenhang eine Kündigung unter Widerruf „künftiger Leistungen im rechtlich zulässigen Rahmen" für möglich hält[315], bietet dieses Verfahren keine interessengerechte Lösung, da durch eine Kündigung die Versorgungsordnung auf den mindestens zu schützenden Besitzstand reduziert wird, auch wenn der Arbeitgeber diese weitgehende

---

[309] *Hanau/Preis*, NZA 1991, S. 81, 83; *Blomeyer*, DB 1990, S. 173, 174; *Henssler*, NZA 1994, S. 913, 920; *Blomeyer/Vienken*, RdA 2000, S. 370, 371.

[310] *Käppler*, AP Nr. 6 zu § 1 BetrAVG Betriebsvereinbarung, Bl. 7, 12; *Neef*, FS 50 Jahre BAG, S. 81, 94; *Strick*, ZIP 2000, S. 855, 856; *Reichold*, GS Blomeyer, S. 275, 288.

[311] *Käppler*, AP Nr. 6 zu § 1 BetrAVG Betriebsvereinbarung, Bl. 7, 10; *Roßmanith*, DB 1999, S. 634, 636; *Blomeyer/Vienken*, RdA 2000, S. 370; *Waltermann*, GS Heinze, S. 1021, 1028 f.

[312] Picot-*Heubeck*, Unternehmenskauf, Teil IV, Rn. 63; *Blomeyer*, DB 1990, S. 173, 174; *Blomeyer/Vienken*, RdA 2000, S. 370, 372.

[313] *Hanau/Preis*, NZA 1991, S. 81, 84.

[314] *Picot/Schnitker*, Arbeitsrecht, Teil VI, Rn. 104.

[315] Vgl. BAG, Beschluss vom 17.8.1999, AP Nr. 79 zu § 77 BetrVG 1972 = NZA 2000, S. 499, 500.

Rechtswirkung nicht beabsichtigt hat.[316] Zudem verleitet diese „salvatorische" Kündigungserklärung dazu, die Betriebsvereinbarung zu kündigen, ohne dass die Betriebspartner zuvor die tatsächlichen und rechtlichen Möglichkeiten einer Änderung der betrieblichen Versorgungsordnung ausgelotet haben.

Daher schränkt eine Ansicht zur Wahrung der Versorgungsbesitzstände die Möglichkeit der Kündigung der Betriebsvereinbarung durch den Arbeitgeber ein.[317] *Schaub* überträgt hierzu die Grundsätze der Änderungskündigung auf die kollektivrechtliche Ebene: Auch für Betriebsvereinbarungen ergebe sich ein begrenzter Kündigungsschutz insbesondere aus dem allgemeinen Rechtsgrundsatz der Verhältnismäßigkeit. Immer dann, wenn der Arbeitnehmer schützenswertes Vertrauen in den Bestand der Betriebsvereinbarung begründet hat, ist ihre Kündigung durch den Arbeitgeber, ohne dass dieser zuvor dem Betriebsrat ein zumutbares Änderungsangebot gemacht hat, unverhältnismäßig und damit unwirksam.[318] Nach Ansicht von *Hilger* und *Stumpf* muss der Arbeitgeber bei Kündigung der Betriebsvereinbarung die ihn hierzu bewegenden Gründe offen legen.[319] Die Rechtmäßigkeit der Beweggründe kann von den Betriebspartnern in einem Beschlussverfahren insbesondere unter Abwägung von Besitzstand und Eingriffsgründen überprüft werden. Reicht der Änderungsgrund nicht aus, entwickelt die Kündigung der Betriebsvereinbarung keine Wirksamkeit gegenüber dem einzelnen Arbeitnehmer, der nach wie vor seine Rechte auf die Betriebsvereinbarung stützen kann. Daher wird dem Arbeitgeber empfohlen, vor Aussprache einer Kündigung eine Einigung mit dem Betriebsrat über eine Änderung der Versorgungsordnung herbeizuführen.[320] Begründet wird diese Auffassung mit dem nach § 75 Abs. 1 BetrVG auch die Betriebspartner bindenden Grundsatz des Vertrauensschutzes, der das Verbot der unechten Rückwirkung, d.h. das Verbot der Veränderung eines laufenden Rechtsverhältnisses ohne die Wahrung schutzwürdigen Vertrauens, beinhaltet.[321] Ausgehend von den Prämissen, dass durch die Gestaltung von Arbeitsbedingungen durch eine Betriebsvereinbarung ein auf individualrechtlicher Ebene bestehender Kündigungsschutz nicht umgangen werden kann und dass die Betriebsvereinbarung auf Grund ihres besonderen Charakters als privatrechtlicher Kollektivvertrag einer Rechtskontrolle unter Berücksichtigung insbesondere der Grundsätze des Vertrauensschutzes und der Verhältnismäßigkeit zugänglich sein muss, nehmen *Hanau* und *Preis* eine

[316] *Strick*, ZIP 2000, S. 855, 857.
[317] *Schaub*, BB 1990, S. 289; *Hilger/Stumpf*, BB 1990, S. 929; *Hanau/Preis*, NZA 1991, S. 81.
[318] *Schaub*, BB 1990, S. 289, 290 f.
[319] *Hilger/Stumpf*, BB 1990, S. 929, 931.
[320] *Hilger/Stumpf*, BB 1990, S. 929, 935.
[321] *Hilger/Stumpf*, BB 1990, S. 929, 932 f.

Einschränkung der Kündbarkeit von Betriebsvereinbarungen über Versorgungsleistungen an, deren Umfang durch Auslegung des vereinbarten Inhalts zu bestimmen ist. Wird in der Betriebsvereinbarung ein uneingeschränkter Rechtsanspruch auf eine Leistung begründet, ist diesem regelmäßig immanent, dass er nicht grundlos entzogen werden kann. Aber auch die Vereinbarung eines eingeschränkten Widerrufsvorbehalts, der regelmäßig in Betriebsvereinbarungen über betriebliche Altersversorgung enthalten ist, begründet bei dem Arbeitnehmer das Vertrauen, dass der Anspruch nur noch aus den genannten Gründen entfallen oder geschmälert werden kann.[322] Da die Kündigung einer kollektivrechtlichen Betriebsvereinbarung die gleiche Wirkung wie ein individualrechtlicher Widerruf von Arbeitsbedingungen bzw. die Teilkündigung des Arbeitsverhältnisses hat, wirkt sich die Einschränkung des individualrechtlichen Regelungsmittels auch auf der kollektivrechtlichen Ebene aus.[323] Der Umfang, in dem der durch die Betriebsvereinbarung gewährte Leistungsanspruch auf individualrechtlicher Ebene aufrecht zu erhalten wäre und der sich für Versorgungsansprüche nach dem bekannten Besitzstandsmodell des BAG bemisst, begrenzt gleichzeitig die kollektivrechtliche Kündigungsmöglichkeit einer freiwilligen Betriebsvereinbarung.[324]

Nach anderer Auffassung entwickelt die gekündigte Betriebsvereinbarung über eine freiwillige Versorgungsleistung auch über den Zeitpunkt ihrer Kündigung hinaus noch Wirksamkeit, so weit dies zum Schutze der durch sie begründeten Versorgungsbesitzstände erforderlich ist.[325] Dies wird zum einen mit einer analogen Anwendung des § 4 Abs. 5 TVG begründet. Der aus § 77 Abs. 6 BetrVG gezogene Umkehrschluss, die Nachwirkung einer Betriebsvereinbarung sei für alle nicht in dieser Norm geregelten Fälle ausgeschlossen, ist nicht zwingend. Da § 77 Abs. 6 BetrVG allein auf die Durchsetzung der Mitbestimmungsrechte des Betriebsrates gerichtet ist, kann dem BetrVG bezüglich der Frage, inwieweit Normen einer Betriebsvereinbarung auch nach ihrer Beendigung auf das Einzelarbeitsverhältnis einwirken, eine Regelung als Kollisionsnorm zwischen kollektiv- und individualrechtlicher Ebene nicht entnommen werden. Eine Nachwirkung bzw. „Weitergeltung" der Betriebsvereinbarung in Analogie zu § 4 Abs. 5 TVG verhindert so, dass das Arbeitsverhältnis bei Fortfall der Betriebsvereinbarung gleichsam „inhaltsleer" wird.[326] Diese Nachwirkung ist aber regelmäßig bei fehlendem Zukunftsbezug

---

[322] *Hanau/Preis*, NZA 1991, S. 81, 86 f.
[323] *Hanau/Preis*, NZA 1991, S. 81, 85 f.
[324] *Hanau/Preis*, NZA 1991, S. 81, 88, 91 f.
[325] *Roßmanith*, DB 1999, S. 634; *Blomeyer*, DB 1990, S. 173; *Schumann*, DB 1990, S. 2165, 2169 f.; *Richardi*, BetrVG, § 77 Rn. 170; *Blomeyer/Vienken*, RdA 2000, S. 370, 372 f.
[326] *Blomeyer*, DB 1990, S. 173, 174 ff.; *Schumann*, DB 1990, S. 2165, 2169 f.;

der versprochenen Leistung, wie etwa bei Sonderzahlungen oder übertariflichen Leistungen, konkludent ausgeschlossen, da sie – anders als Leistungen der betrieblichen Altersversorgung – nicht auf Dauer erbracht werden sollen.[327] Auch *Richardi* differenziert zwischen einer Weitergeltung der Betriebsvereinbarung zur Absicherung der Beteiligungsrechte des Betriebsrates nach § 77 Abs. 6 BetrVG und der Nachwirkung im allgemeinen Verhältnis zwischen Arbeitsvertrag und Betriebsvereinbarung, lehnt aber ausdrücklich die analoge Anwendung von § 4 Abs. 5 TVG ab.[328] Dennoch nimmt er eine Nachwirkung der Betriebsvereinbarung ausnahmsweise in dem Umfang an, wie dies die Grundsätze der Verhältnismäßigkeit und des Vertrauensschutzes zur Bestandssicherung erfordern.[329] Daneben wird eine Fortwirkung der Betriebsvereinbarung auch unmittelbar auf § 77 Abs. 6 BetrVG gestützt. Da Versorgungsanwartschaften der Arbeitnehmer nur nach dem Drei-Stufen-Modell eingeschränkt werden können, bleibt, soweit nicht ausnahmsweise alle Anwartschaften gänzlich entfallen, bei Reduzierung der Betriebsvereinbarung auf den schützenswerten Besitzstand ein zu verteilendes Leistungsvolumen, das einer Mitbestimmung des Betriebsrats unterliegt und so zu einer Nachwirkung der gekündigten Betriebsvereinbarung führt.[330] Da die Entscheidung über die Gewährung der Versorgungszusage mitbestimmungsfrei ist, enthält die Betriebsvereinbarung als ausdrückliche Regelung nur die mitbestimmungspflichtigen Aspekte der Sozialleistung. Dadurch werden sämtliche Ansprüche und Anwartschaften, die sich aus der Betriebsvereinbarung ableiten lassen, von der Nachwirkung umfasst.[331] Da zudem die Kündigung der Betriebsvereinbarung für die Zukunft wirkt und bereits begründete und eingeräumte Anwartschaften und Ansprüche nicht berührt, richtet sich auch die Möglichkeit der Steigerung einer Versorgungsanwartschaft unabhängig von der Weitergeltung einer Betriebsvereinbarung nach den in ihr enthaltenen Bedingungen.[332]

Eine weitere Ansicht schließt aus der Überlegung, die Kündigung einer Betriebsvereinbarung entfalte nur *ex nunc*-Wirkung, dass lediglich die bereits erdienten Besitzstände, d.h. Teilwert und Dynamik, aufrecht erhalten bleiben, zukünftige Steigerungsbeträge unabhängig vom Bestehen eines sachlich-proportionalen Grunds hingegen nicht mehr auf Grundlage der Betriebsvereinba-

---

[327] *Blomeyer*, DB 1990, S. 173, 175.
[328] *Richardi*, BetrVG, § 77 Rn. 165.
[329] *Richardi*, BetrVG, § 77 Rn. 170.
[330] *Roßmanith*, DB 1999, S. 634, 635. So mittlerweile auch *Blomeyer/Vienken*, RdA 2000, S. 370, 371 f.
[331] *Blomeyer/Vienken*, RdA 2000, S. 370, 371.
[332] *Roßmanith*, DB 1999, S. 634, 636 f.

rung erdient werden können.[333] Die Betriebsvereinbarung stellt ein Dauerrechtsverhältnis dar, das nach einer Kündigung als Abwicklungsverhältnis bezeichnet werden kann. In ihm zum Kündigungszeitpunkt bereits begründete Verpflichtungen werden nicht aufgehoben. Ausgeschlossen ist jedoch die Möglichkeit, dass neue Leistungspflichten entstehen oder bestehende weiter anwachsen.[334] Für eine in der Betriebsvereinbarung enthaltene Zusage auf betriebliche Altersversorgung bedeutet dies, dass ihre Kündigung bereits entstandene Versorgungsansprüche und -anwartschaften, für die der Arbeitnehmer eine Vorleistung erbracht hat und die mit Eintritt des Versorgungsfalls zu einem wirksamen und durchsetzbaren Anspruch „erstarken", nicht berührt.[335] Bezogen auf die vom 3. Senat entwickelten Besitzstandsstufen bleibt dem Arbeitnehmer somit der erdiente Teilwert und die erdiente Dynamik erhalten. Zukünftige dienstzeitabhängige Steigerungsbeträge werden hingegen von der Kündigungswirkung umfasst, da es sich um reine Erwerbschancen handelt.[336] Die hieraus entstehende Divergenz zur bestehenden Rechtsprechung des BAG bezüglich der Ablösung von Betriebsvereinbarungen, die einen Eingriff in zukünftige Zuwachsraten nur aus sachlich-proportionalen Gründen ermöglicht, muss als Bruch im Drei-Stufen-Modell bewertet[337] bzw. mit der Möglichkeit der Korrektur über das Rechtsinstitut des Wegfalls der Geschäftsgrundlage als Konsequenz der freien Kündbarkeit der Betriebsvereinbarung hingenommen werden.[338]

Demgegenüber gibt es natürlich auch zahlreiche Stimmen in der Literatur, die die Auffasung des BAG teilen.[339] Begrüßt wird, dass durch die Möglichkeit

---

[333] ErfK-*Steinmeyer*, Vorbem. BetrAVG Rn. 23; *Strick*, ZIP 2000, S. 855, 858 f.; *Käppler*, AP Nr. 6 zu § 1 BetrAVG Betriebsvereinbarung, Bl. 7 ff.; *Blomeyer/Otto*, BetrAVG, Anh § 1 Rn. 543; Reichold, GS Blomeyer, S. 275, 295 f.; *Waltermann*, GS Heinze, S. 1021, 1035.

[334] *Käppler*, AP Nr. 6 zu § 1 BetrAVG Betriebsvereinbarung, Bl. 7, 9 f.; *Strick*, ZIP 2000, S. 855, 858; *Waltermann*, GS Heinze, S. 1021, 1028 f.

[335] ErfK-*Steinmeyer*, Vorbem. BetrAVG Rn. 23; *Käppler*, AP Nr. 6 zu § 1 BetrAVG Betriebsvereinbarung, Bl. 7, 11 f.; *Strick*, ZIP 2000, S. 855, 858; *Waltermann*, GS Heinze, S. 1021, 1032.

[336] *Käppler*, AP Nr. 6 zu § BetrAVG Betriebsvereinbarung, Bl. 7, 13 f.; *Strick*, ZIP 2000, S. 855, 858 f.; *Blomeyer/Otto*, BetrAVG, Anh § 1 Rn. 543; *Waltermann*, GS Heinze, S. 1021, 1033; *Reichold*, GS Blomeyer, S. 275, 296; ähnlich ErfK-*Steinmeyer*, Vorbem. BetrAVG Rn. 23, der freilich keinen eigenständigen Besitzstand der erdienten Dynamik annimmt.

[337] *Käppler*, AP Nr. 6 zu § 1 BetrAVG Betriebsvereinbarung, Bl. 7, 14.

[338] *Strick*, ZIP 2000, S. 855, 859; *Blomeyer/Otto*, BetrAVG, Anh § 1 Rn. 543.

[339] FESTL, BetrVG, § 77 Rn. 149; GK-*Kreutz*, BetrVG, § 77 Rn. 361; DKK-*Berg*, BetrVG, § 77 Rn. 53b; *Gaul*, Arbeitsrecht, § 35 Rn. 92 f.; HWK-*Schipp*, BetrAVG Vorb. Rn. 145; *Schoden*, AiB 2000, S. 515; Moll-*Rengier*, MAH Arbeitsrecht, § 37 Rn. 13; *Ahrend/Förster/Rühmann*, BetrAVG, § 1 Rn. 177; *Andresen/Förster/Rößler/Rühmann*, Teil 12, Rn. 870 f.; *Höfer*, BetrAVG, ART Rn. 393 f.; *Preis*, Kollektivarbeitsrecht,

der gerichtlichen Überprüfung des Umfangs der Kündigungswirkung im Beschlussverfahren und durch die Anbindung an den dreistufigen Besitzstandsschutz ein für die Praxis handhabbares Verfahren geschaffen wird, das die Rechtssicherheit erhöht.[340] Zudem werden die berechtigten Interessen der Arbeitnehmer an der Wahrung der versorgungsrechtlichen Besitzstände genügend berücksichtigt, ohne dass die von den Betriebspartnern zur Gestaltung der Versorgungsbedingungen gewählte Regelungsebene der Betriebsvereinbarung verlassen wird und so einvernehmliche kollektivrechtliche Änderungen weiterhin möglich sind.[341]

(3) Stellungnahme

Bei der Beurteilung der Streitfrage über die Zulässigkeit und Auswirkungen der Kündigung einer Betriebsvereinbarung über betriebliche Altersversorgung können bereits die gewählten Begrifflichkeiten irritieren: So differenziert das BAG wiederholt zwischen der Wirksamkeit der Kündigung und ihren Rechtsfolgen, diskutiert aber die Nachwirkung einer Betriebsvereinbarung nach § 77 Abs. 6 BetrVG nicht in diesem Zusammenhang, obschon sie auch zu den Rechtsfolgen einer Kündigung zu zählen ist. Daneben werden durch die insbesondere von *Richardi* in Anknüpfung an den Gesetzeswortlaut vorgenommene Unterscheidung zwischen „Weitergeltung" im Sinne von § 77 Abs. 6 BetrVG und „Nachwirkung" im Sinne von § 4 Abs. 5 TVG[342], die von *Blomeyer* und *Vienken* noch um den Begriff der „Fortwirkung" erweitert wird[343], verschiedenartige Kategorien geschaffen, um die Wirksamkeit der Betriebsvereinbarung nach einer Kündigung je nach dem der Vereinbarung zu Grunde liegenden Zweck beschreiben zu können, obschon sich die rechtliche Wirkung unabhängig von der Kategorisierung nicht unterscheidet. Dies verdeutlicht den in dogmatischer Hinsicht bestehenden Konflikt bei der Kündigung einer Betriebsvereinbarung über eine betriebliche Altersversorgung aufeinander treffender betriebsverfassungs- und betriebsrentenrechtlicher Grundsätze, der mit den gegebenen Begrifflichkeiten anscheinend nicht zu bewältigen ist: Der freien Kündbarkeit einer Betriebsvereinbarung und dem Ausschluss der Nachwirkung von Betriebsvereinbarungen über freiwillige Ange-

---

§ 152 I 4.; *Langohr-Plato*, BetrAV, Rn. 1389; *Griebeling*, FS Ahrend, S. 208, 213 f.; *Heither*, RdA 1994, S. 363, 367 f.; *Kort*, NZA 2004, S. 889, 891.

[340] *Schoden*, AiB 2000, S. 515 f.; *Höfer*, BetrAVG, ART Rn. 393 f.; *Griebeling*, FS Ahrend, S. 208, 214.

[341] *Höfer*, BetrAVG, ART Rn. 393 f.; *Griebeling*, FS Ahrend, S. 208, 213 f.

[342] Vgl. *Richardi*, BetrVG, § 77 Rn. 164 f.

[343] Vgl. *Blomeyer/Vienken*, RdA 2000, S. 370, die unter dem Begriff der „Fortwirkung" die vom BAG nach einer Kündigung vorgesehene Wirkweise beschreiben, die sich weder unter den Begriff der „Weitergeltung" noch unter den Begriff der „Nachwirkung" fassen lässt.

legenheiten steht der vom BAG entwickelte und von der Literatur weitgehend akzeptierte dreigestufte Besitzstandsschutz als Ausdruck der Grundsätze der Verhältnismäßigkeit und des Vertrauensschutzes gegenüber.

Angesichts der gesetzlichen Vorgaben des BetrVG räumt die vom BAG entwickelte Lösung den betriebsverfassungsrechtlichen Grundsätzen zunächst Vorrang ein. Gegen eine Einschränkung der freien Kündbarkeit einer Betriebsvereinbarung spricht schon der klare Wortlaut des § 77 Abs. 5 BetrVG. Daneben ergibt sich dies auch aus der Rechtsnatur der Betriebsvereinbarung, die – soweit sie nicht lediglich eine einmalige Leistung gewährt – als ein privatrechtliches Dauerrechtsverhältnis zu qualifizieren ist. Da – mit Ausnahme des nunmehr in § 314 BGB normierten Kündigungsrechts aus wichtigem Grund – die Ausgestaltung der Beendigungstatbestände eines Dauerrechtsverhältnisses der freien Dispositionsbefugnis der Vertragsparteien unterliegt, kann ein bestehendes ordentliches Kündigungsrecht grundsätzlich einschränkungslos ausgeübt werden. Insbesondere in Dauerschuldverhältnissen, in denen auf Grund eines sozialen Ungleichgewichts eine der Vertragsparteien eines besonderen Schutzes bedarf, wie etwa im Miet- oder Arbeitsverhältnis, stellt das Gesetz aber bestimmte Mindestanforderungen an die Ausübung des ordentlichen Kündigungsrechtes.[344] Bei der Betriebsvereinbarung stehen sich Arbeitgeber und Betriebsrat als abschließende Parteien gegenüber. Dabei besteht auf Seiten des Betriebsrates ein besonderes Schutzbedürfnis hinsichtlich erzwingbarer Mitbestimmungsrechte, dem aber mit § 77 Abs. 6 BetrVG hinreichend Rechnung getragen worden ist. Durch die Nachwirkung wird verhindert, dass sich der Arbeitgeber einer Bindung an Vereinbarungen, die einer zwingenden Mitwirkung des Betriebsrats bedürfen, nicht durch Kündigung entziehen kann.[345] Darüber hinaus ist aber, vorbehaltlich abweichender Vereinbarungen der Betriebspartner, eine Betriebsvereinbarung insbesondere über freiwillige Angelegenheiten, die einer Mitbestimmung des Betriebsrates nicht unterliegen, frei kündbar. Ein Rechtsverhältnis, in dem eine Leistung freiwillig erbracht wird, kann grundsätzlich nicht die Bindungswirkung entwickeln, die einem Rechtsverhältnis zukommt, das den Begünstigten einen Anspruch auf die Leistung einräumt.[346] Ansätze, die mittels des Verhältnismäßigkeitsgrundsatzes das Kündigungsrecht durch den Vorrang einer Änderungskündigung einschränken wollen, schaffen kein zufriedenstellendes Ergebnis. Die Frage der Wirksamkeit einer Kündigung zur

---

[344] MüKo-*Kramer*, BGB, Einl. Schuldrecht Allgemeiner Teil, Rn. 99 f.; *Käppler*, AP Nr. 6 zu § 1 BetrAVG Betriebsvereinbarung, Bl. 7 f.

[345] Vgl. BAG, Beschluss vom 21.8.1990, AP Nr. 5 zu § 77 BetrVG 1972 Nachwirkung = NZA 1991, S. 190, 192; Urteil vom 26.4.1990, AP Nr. 4 zu § 77 BetrVG 1972 Nachwirkung = NZA 1990, S. 814, 816.

[346] *Käppler*, AP Nr. 6 zu § 1 BetrAVG Betriebsvereinbarung, Bl. 7 f.

Beendigung der Betriebsvereinbarung würde dadurch in die Hände des Betriebsrates gelegt, der über die Annahme des Änderungsangebots zu entscheiden hat.[347] Im Vergleich zur Lösung des BAG kann so dieses Verfahren auch keine höhere Rechtssicherheit schaffen, zumal ein Interesse der betroffenen Arbeitnehmer an der Wahrung ihrer Besitzstände unabhängig von der Entscheidung des Betriebsrates besteht.

Auch kann zur Absicherung des Bestandsschutzes eine Nachwirkung der gekündigten Betriebsvereinbarung nach § 77 Abs. 6 BetrVG nicht angenommen werden, da diese Norm der Sicherstellung der Mitbestimmungsrechte des Betriebsrates dient. Dass mit der Aufrechterhaltung der Betriebsvereinbarung entsprechend des schützenswerten Versorgungsbesitzstandes ggf. ebenso ein zu verteilendes Leistungsvolumen verbleibt, das einer Mitbestimmung des Betriebsrates unterliegt, ist Konsequenz der Besitzstandswahrung und nicht Rechtsfolge der Kündigung. Hierdurch kann eine Nachwirkung originär nicht begründet werden, da die hinsichtlich der betrieblichen Altersversorgung bestehenden Mitbestimmungsrechte des Betriebsrates durch die freie Arbeitgeberentscheidung über die mit einer Kündigung verbundene Reduzierung des Dotierungsrahmens begrenzt werden.[348] Außerdem ist die in § 77 Abs. 6 BetrVG normierte Nachwirkung nicht geeignet, einen hinreichenden Besitzstandsschutz zu gewährleisten, da Arbeitgeber und Betriebsrat die Nachwirkung einer Betriebsvereinbarung bereits bei ihrem Abschluss vorab vollständig ausschließen können.[349] Dann würde aber auf Grund einer Entscheidung der Betriebspartner der Anknüpfungspunkt einer ggf. erforderlichen Besitzstandswahrung entfallen. Eine Nachwirkung der Betriebsvereinbarung kann auch nicht durch eine analoge Anwendung des § 4 Abs. 5 TVG herbeigeführt werden. Hiergegen spricht zum einen der Wortlaut und die Entstehungsgeschichte des § 77 Abs. 6 BetrVG, dem eine völlig andere Schutzrichtung als § 4 Abs. 5 TVG beigemessen worden ist. Eine analoge Anwendung dieser Vorschrift würde so der Entscheidung des Gesetzgebers, eine Weitergeltung beendeter Betriebsvereinbarung nicht dem Vorbild des Tarifrechtes nachzubilden, widersprechen.[350] Die Nachwirkung einer Betriebsvereinbarung

---

[347] Eine Übertragung individualrechtlicher Grundsätze auf die kollektive Ebene scheitert so auch an der unterschiedlichen Interessenlage der privatautonom handelnden Arbeitsvertragsparteien und der heteronom handelnden Betriebspartner, vgl. *Reichold*, GS Blomeyer, S. 275, 285 f.

[348] So auch *Hilger/Stumpf*, BB 1990, S. 929, 930.

[349] Vgl. BAG, Beschluss vom 9.2.1984, AP Nr. 9 zu § 77 BetrVG 1972 = NZA 1984, S. 96 f.; FESTL, BetrVG, § 77 Rn. 180; GK-*Kreutz*, BetrVG, § 77 Rn. 415; *Löwisch/Kaiser*, BetrVG, § 77 Rn. 49.

[350] Vgl. *Käppler*, AP Nr. 6 zu § 1 BetrAVG Betriebsvereinbarung, Bl. 7, 8; *Reichold*, GS Blomeyer, S. 275, 293; *Richardi*, BetrVG, § 77 Rn. 165. Zudem würde die Gestaltungsfreiheit des Arbeitgebers hinsichtlich der Gewährung freiwilliger Leistungen „konter-

würde so zum Regelfall, was im Widerspruch zu Wortlaut und Konzeption des § 77 Abs. 6 BetrVG steht, und daher dogmatischen Bedenken hinsichtlich der Vereinbarkeit des Analogieschlusses mit den Grenzen gesetzesimmanenter Rechtsfortbildung bestehen. In praktischer Hinsicht dürfte sich überdies der unbedarfte Rechtsanwender, dem sich die Nachwirkung aus dem Gesetzeswortlaut nicht erschließen würde, unerwarteten und unliebsamen Rechtsfolgen einer Kündigung gegenüber gestellt sehen.[351] Schließlich würde die gekündigte Betriebsvereinbarung entsprechend § 4 Abs. 5 TVG unabhängig vom Besitzstand vollständig – etwa auch gegenüber neu eintretenden Arbeitnehmern – fortwirken, so dass mögliche Eingriffsgründe des Arbeitgebers, der so stets zum Abschluss einer ablösenden Betriebsvereinbarung gezwungen ist, nicht berücksichtigt werden.

Die konsequente Anwendung dieser betriebsverfassungsrechtlichen Grundsätze führt aber zu erheblichen Wertungswidersprüchen, die vor allem *Hanau* und *Preis* umfassend darstellen.[352] So kann die Wirkung einer Betriebsvereinbarung über betriebliche Altersversorgung durch eine Kündigung als einseitige Maßnahme des Arbeitgebers wesentlich leichter beseitigt werden als durch eine kollektivrechtliche Änderung mittels nachfolgender Betriebsvereinbarung bzw. als eine vergleichbare Regelung auf individualrechtlicher Ebene, die nur sehr eingeschränkt widerrufen werden kann. Diese Wertungswidersprüche werden auch durch die Annahme eines lediglich zweistufigen Besitzstandes, der die Ebene der zukünftigen Steigerungsbeträge der freien Kündbarkeit durch den Arbeitgeber zugänglich, nicht beseitigt. Neben der nur eingeschränkten Berücksichtigung der individuellen Versorgungsrechte der Arbeitnehmer würde so auch die Betriebsvereinbarung als effektives Gestaltungsmittel betrieblicher Regelungen entwertet: Der Arbeitgeber wird eher eine bestehende Betriebsvereinbarung kündigen als eine ablösende Betriebsvereinbarung abzuschließen; der Betriebsrat wird eher davon absehen, der erstmaligen Durchführung einer betrieblichen Altersversorgung durch den Abschluss einer Betriebsvereinbarung zuzustimmen, da der Arbeitgeber durch die Betriebsvereinbarung weit weniger an die abgegebene Versorgungszusage gebunden wäre als durch andere, insbesondere individualrechtliche Gestaltungsmittel. Dies kann auf der anderen Seite aber nicht zu einer Aushöhlung des nach dem BetrVG bestehenden Kündigungsrechts des Arbeitgebers führen, indem entgegen § 77 Abs. 5 BetrVG die freie Kündbarkeit eingeschränkt bzw. entgegen § 77 Abs. 6 BetrVG eine umfassende Nachwirkung auch für Betriebsvereinbarungen über freiwillige Angelegenheiten angenommen wird.

---

karriert“.

351 So *Strick*, ZIP 2000, S. 855, 856, die vom „Pferdefuß“ der Nachwirkung spricht.

352 Vgl. *Hanau/Preis*, NZA 1991, S. 81, 82 f. Ebenso *Hilger/Stumpf*, BB 1990, S. 929 f.; *Blomeyer*, DB 1990, S. 173, 174; *Strick*, ZIP 2000, S. 855, 856.

Dem Arbeitgeber muss die Möglichkeit gegeben sein, sich von der zugesagten freiwilligen Leistung unter bestimmten Umständen lösen zu können. Ansonsten könnte er den Betriebsrat auch nicht zum Abschluss einer abändernden Betriebsvereinbarung bewegen.

Diese Differenzen zwischen den Voraussetzungen der kollektivrechtlichen Regelungsinstrumente Kündigung und ablösende Betriebsvereinbarung einerseits sowie zwischen Voraussetzungen und Reichweite von kollektiven- und individualrechtlichen Regelungsinstrumenten andererseits, die zusätzlich durch das Erfordernis der Berücksichtigung individuell schützenswerten Vertrauens der Arbeitnehmer in den Bestand der Versorgungszusage noch verschärft werden, zeigen, dass zur Lösung dieser vielschichtigen Interessenlage eine pauschale Regelung, wie etwa die Annahme einer umfassenden Nachwirkung, nicht geeignet ist. Vielmehr liegt ein an dem vom Bundesarbeitsgericht und der überwiegenden Literaturansicht praktizierten abgestuften Abwägungsprozess zwischen Eingriffsgrund und Eingriffsobjekt orientierter Ausgleich der betroffenen Interessen nahe. Das BAG zeigt dabei in seiner Rechtsprechung, dass es der Verwirklichung der diesem Ausgleich zu Grunde liegenden Zielsetzung, die Kündigungswirkung und die Besitzstände der Arbeitnehmer zur optimalen Entfaltung zu bringen, mehr Bedeutung beimisst als hierfür eine dogmatisch stringente Grundlage zu finden. Da nur über die bekannte Abwägung im dreistufigen Prüfverfahren eine hinreichende Besitzstandswahrung gewährleistet werden kann, ist der Lösung der Rechtsprechung insoweit zuzustimmen.

(4) Ergebnis

Die kollektive Wirkung der Betriebsvereinbarung ist damit nach dem Grundsatz der Verhältnismäßigkeit so weit aufrecht zu erhalten, wie dies zur Wahrung der Besitzstände der Arbeitnehmer erforderlich ist. Im Ergebnis ist dabei unerheblich, ob dieser Abwägungsvorgang das Kündigungsrecht des Arbeitgebers einschränkt oder die Nachwirkung einer Betriebsvereinbarung teilweise auf freiwillige Angelegenheiten ausdehnt. Wegen der konzeptionellen Unterschiede der betriebsverfassungsrechtlichen Nachwirkung zur in § 4 Abs. 5 TVG angeordneten tariflichen Nachwirkung ist aus systematischen Gründen eine teleologische Reduktion des § 77 Abs. 5 BetrVG anzunehmen.

Damit bleiben die Grundsätze der freien Kündbarkeit einer Betriebsvereinbarung und des Ausschlusses der Nachwirkung einer freiwilligen Betriebsvereinbarung unangetastet, soweit die Kündigung nicht ohne entsprechenden Eingriffsgrund bestehende Versorgungsbesitzstände einschließlich zukünftiger, dienstzeitabhängiger Steigerungsraten reduzieren würde. Bei Anwendung des dreistufigen Besitzstandes auch für die Kündigung einer Betriebsvereinbarung kann überdies eine weitgehend einheitliche Handhabung der kollektiv- und individualrechtlichen Änderungsinstrumente betrieblicher Versorgungsordnungen erreicht werden und dürfte damit für die Praxis Rechtssicherheit herbeiführen.[353]

cc. Nachfolgender Tarifvertrag oder Kündigung des Versorgungstarifvertrages

Auch im Verhältnis zweier Tarifverträge gilt die Zeitkollisionsregel, so dass ein bestehender Tarifvertrag von einem später abgeschlossenen verdrängt wird.[354] Zur Wahrung der Besitzstände der Arbeitnehmer kann aber das im Rahmen der Rechtskontrolle abändernder Betriebsvereinbarungen verwendete dreistufige Prüfungsschema in derselben Weise für Tarifverträge Anwendung finden, so dass ein einheitlicher Prüfungsmaßstab für alle Änderungen betrieblicher Versorgungsregelungen angewendet wird.[355]

Zwar kann nach der Rechtsprechung des BAG das Prüfungsschema nicht „unbesehen" auf Tarifverträge übertragen werden, da Tarifverträge wegen des Beurteilungs- und Ermessensspielraums der Tarifvertragsparteien grundsätzlich nur einer eingeschränkten Inhaltskontrolle unterliegen.[356] Gleichwohl sind die Tarifvertragsparteien an die Rechtsgrundsätze des Vertrauensschutzes und der Verhältnismäßigkeit gebunden, so dass diese als tragende Grundsätze des Arbeitsrechtes in den zulässigen Prüfungsrahmen von Tarifverträgen einfließen und so ein Eingriff in die Versorgungsbesitzstände der Arbeitnehmer an diesen Grundsätzen zu messen ist.[357] Dies führt aber im Ergebnis zu einer Übertragung des vom 3. Senat zur nachfolgenden Betriebsvereinbarung entwickelte Besitzstandsschutz auf das Tarifvertragsrecht. So kann nach Auffassung des BAG ein Eingriff, der nicht in den erdienten Besitzstand erfolgt und zu keinem schwerwiegenden Nachteil für die betroffenen Versorgungsberechtigten führt, aus sachlichem Grund, wie z.B. der

---

[353] *Langohr-Plato*, AP Nr. 24 zu § 7 BetrAVG Widerruf, Bl. 7, 10; *Höfer*, BetrAVG, ART Rn. 393; vgl. zum Harmonisierungsbedürfnis der Regelungsinstrumente *Hanau/ Preis*, NZA 1991, S. 81, 90 ff.

[354] *Höfer*, ART, BetrAVG, Rn. 367; BAG, Urteil vom 14.12.1982, AP Nr. 1 zu § 1 BetrAVG Besitzstand = DB 1983, S. 944, 945.

[355] *Höfer*, BetrAVG, ART Rn. 567 f.; *Blomeyer/Otto*, BetrAVG, Anh § 1 Rn. 552; ErfK-*Steinmeyer*, Vorbem. BetrAVG Rn.24.

[356] BAG, Urteil vom 28.7.2005 – 3 AZR 14/05, unter II.1.a) der Gründe; Urteil vom 25.5.2004 – 3 AZR 123/03, unter B.I.4.b)bb) (2) der Gründe; Urteil vom 20.2.2001, NZA 2002, S. 54.

[357] BAG, Urteil vom 14.12.1982, AP Nr. 1 zu § 1 BetrAVG Besitzstand = DB 1983, S. 944, 945; Urteil vom 24.8.1993, AP Nr. 19 zu § 1 BetrAVG Ablösung = NZA 1994, S. 807, 808; BAG, Urteil vom 28.7.2005 – 3 AZR 14/05, unter II.1.a) der Gründe; Urteil vom 25.5.2004, unter B.I.4.b)bb) (2) der Gründe; Urteil vom 20.2.2001, NZA 2002, S. 54.

Überversorgung, veränderten Gerechtigkeitsvorstellungen der Tarifvertragsparteien oder Veränderungen im Sozialversicherungsrecht, erfolgen.[358] Unter der Voraussetzung, dass der erdiente Besitzstand neben dem erdienten Teilwert auch die erdiente Dynamik umfasst, wird eine inhaltliche Veränderung des dreigestuften Versorgungsbesitzstand in Bezug auf ablösende Tarifverträge aber nicht vorgenommen. Daneben fordert auch der allgemeine Gleichheitssatz des Art. 3 Abs. 1 GG einen Schutz von Besitzständen bei der Neuregelung tariflicher Versorgungsordnungen, da insbesondere bei Änderungen der Bewertungsgrundlagen einer Versorgungszusage bereits versorgungsberechtigte Arbeitnehmer, die einen Teil dieser Zusage durch ihre Betriebszugehörigkeit erdient haben, und Arbeitnehmer, denen gegenüber erst nach der tariflichen Änderung – etwa auf Grund Neueintritts in das Unternehmen – eine Versorgungszusage abgegeben wird, gleichbehandelt würden, obschon eine Differenzierung nach dem Gleichheitssatz anhand der bestehenden Besitzstände geboten ist. Daher sind die Arbeitsgerichte gehalten, soweit im Tarifvertrag keine zur Wahrung der Besitzstände erforderliche Regelung enthalten ist, diese Lücke im Wege richterlicher Rechtsfortbildung, die sich im Ergebnis weitgehend den Grundsätzen zur Ablösbarkeit versorgungsrechtlicher Betriebsvereinbarungen annähert, zu schließen.[359]

Daneben kann der Tarifvertrag auch durch Kündigung beendet werden. Die Frage nach dem Umfang der Besitzstandswahrung stellt sich dabei nicht, da die Rechtsnormen eines gekündigten Tarifvertrages gemäß § 4 Abs. 5 TVG stets Nachwirkung entwickeln, bis sie durch eine andere Abmachung ersetzt werden. Bei der Ausgestaltung dieser die Regelung des Tarifvertrags ersetzenden Vereinbarung muss aber entsprechend den aufgezeigten Grundsätzen ein ggf. bestehender Besitzstandsschutz berücksichtigt werden.

b. Einzelvertraglich fortgeltende Normen

Wird die im Veräußererbetrieb bestehende kollektivrechtliche Versorgungsregelung gemäß § 613a Abs. 1 S. 2 BGB in die übergehenden Einzelarbeitsverhältnisse transformiert, kann sie mit der ebenfalls individualrechtlich begründeten Versorgungszusage des Erwerbers durch die Regelungsmittel zur Abänderung von Individualarbeitsverträgen, d.h. durch eine Änderungsvereinbarung, einen Widerruf oder eine Kündigung auf individualrechtlicher Ebene[360]

[358] BAG, Urteil vom 28.7.2005 – 3 AZR 14/05, unter II.1.a) der Gründe.

[359] *Höfer*, BetrAVG, ART Rn. 567 f., BAG, Urteil vom 4.12.1982, AP Nr. 1 zu § 1 BetrAVG Besitzstand = DB 1983, S. 944, 945 f.

[360] Vgl. zu den individualrechtlichen Änderungsmitteln S. 203 ff.

sowie durch eine ablösende Betriebsvereinbarung auf kollektivrechtlicher Ebene[361] vereinheitlicht werden.

aa. Abänderungssperre nach § 613a Abs. 1 S. 2 BGB

Zum Schutz der kollektivrechtlich begründeten Rechte der Arbeitnehmer können gemäß § 613a Abs. 1 S. 2 BGB die transformierten Regelungen vor Ablauf eines Jahres nach dem Zeitpunkt des Übergangs nicht zum Nachteil der Arbeitnehmer geändert werden. Unter Berücksichtigung der in § 613a Abs. 1 S. 3 BGB enthaltenen Regelung, die einen Vorrang von im Betrieb des Erwerbers bestehenden bzw. nach dem Übergang abgeschlossenen Kollektivregelungen anordnet, bezieht sich die Veränderungssperre des Abs. 1 S. 2 nur auf individualrechtliche Änderungsmittel.[362] Nach Ablauf der Jahresfrist können die nach dem Betriebsübergang auf einzelvertraglicher Ebene fortbestehenden Kollektivnormen daher mit individualrechtlichen Änderungsmitteln unter Berücksichtigung der jeweiligen Wirksamkeitsvoraussetzungen verschlechtert werden. Dabei berechtigen auf Grund eines Betriebsübergangs abweichende Versorgungsbedingungen den Arbeitgeber aber regelmäßig nicht zum Widerruf oder zur Kündigung einer bestehenden Versorgungszusage.[363]

Demgegenüber vertritt *Schiefer* die Ansicht, dass nach Ablauf der Abänderungssperre die Möglichkeit, die unterschiedlichen Arbeitsbedingungen durch Aussprache einer Änderungskündigung zu vereinheitlichen, erleichtert sei.[364] Das Vereinheitlichungsinteresse des Betriebserwerbers könne unter bestimmten Umständen zu einer Änderungskündigung berechtigen, wodurch seiner unternehmerischen Freiheit Rechnung getragen werde. Beispielsweise könne die erhebliche Störung des Betriebsfriedens auf Grund entstandener Ungleichbehandlung oder die Unvereinbarkeit des Vertragsstatus der übernommenen Arbeitnehmer mit dem unternehmerischen Konzept für die Führung des Betriebs eine betriebsbedingte Änderungskündigung sozial rechtfertigen.[365] Dieser Ansicht kann jedoch nicht zugestimmt werden, da sie mit der gesetzlichen Konzeption von Betriebsübergang und Änderungskündigung nicht zu vereinbaren ist. So würde die in § 613a Abs. 1 S. 2 BGB enthaltene gesetzliche Wertung, den Arbeitnehmern durch die Anordnung der Transformation kollektivrechtlich begründete Rechte zu erhalten, ausgehöhlt, wenn sie im

---

[361] Vgl. zur ablösenden Betriebsvereinbarung S. 215 ff.

[362] HWK-*Willemsen/Müller-Bonanni*, § 613a BGB Rn. 266; *Gaul*, Arbeitsrecht, § 21 Rn. 6, § 35 Rn. 97; *Schiefer*, FS 50 Jahre BAG, S. 859, 865; *Heinze*, DB 1998, S. 1861, 1864.

[363] Vgl. für den Widerruf oben S. 207 ff.; für die Kündigung S. 211 ff.

[364] *Schiefer*, FS 50 Jahre BAG, S. 859, 865; *ders.*, DB 2003, S. 390, 392 f.

[365] *Schiefer*, FS 50 Jahre BAG, S. 859, 865; *ders.*, DB 2003, S. 390, 392 f. mit Verweis auf ArbG Köln, Urteil vom 31.10.2002 – 8 Ca 4829/99, n.v.

Gegenzug einer erleichterten Abänderbarkeit durch eine Änderungskündigung unterliegen würden.[366] Zudem ist nicht einsichtlich, warum die Änderungskündigung von nach § 613a Abs. 1 S. 2 BGB transformierter Kollektivnormen anderen Wirksamkeitsvoraussetzungen unterliegen soll wie die Kündigung von nach S. 1 fortwirkenden individualrechtlichen Regelungen. Außerdem begründet *Schiefer* seine Auffassung damit, die Entscheidung des Erwerbers, die in seinem Betrieb bestehenden Strukturen auch für die vom Veräußerer übergehenden Arbeitsverhältnisse zu übernehmen, halte der im Kündigungsschutzprozess nur eingeschränkten Kontrolle auf ihre Willkürfreiheit statt, weil sie auf einer Kostenkalkulation im Rahmen eines unternehmerischen Gesamtkonzeptes beruhe. So sei die ausschließliche Anwendung der Arbeitsbedingungen des Erwerberbetriebs weder unsachlich noch unvernünftig, da sie der Rentabilität des Betriebes diene. Außerdem könne der Erwerber seine Kosten denen seiner Wettbewerber anpassen und so seine Chancen am Markt wahren.[367] Diese von *Schiefer* genannten Faktoren sind aber ausschließlich zum Bereich des wirtschaftlichen Risikos des Unternehmers zu zählen und können so ein dringendes betriebliches Erfordernis für eine Änderungskündigung erst begründen, wenn sonst ein Verlust von Arbeitsplätzen oder die Stillegung des Betriebes droht.[368] Daher muss die Zulässigkeit auch einer Änderungskündigung zur Verschlechterung nach § 613a Abs. 1 S. 2 BGB individualrechtlich fortgeltender Kollektivnormen den allgemeinen Anforderungen der §§ 2, 1 Abs. 2 KSchG genügen.[369]

bb. Ausnahmen von der Abänderungssperre

§ 613a Abs. 1 S. 4 BGB normiert Ausnahmetatbestände, in denen vor Ablauf der einjährigen Abänderungssperre die Möglichkeit besteht, vormals nachwirkende Betriebsvereinbarungen oder Tarifverträge abzuändern. Nach S. 4, 1. Alt. der Vorschrift kann der Erwerber die transformierte Kollektivvereinbarung abändern, wenn sie beim alten Arbeitgeber „nicht mehr gilt", d.h. wenn sie etwa durch Befristung oder Kündigung zumindest keine zwingende Wir-

---

[366] Zudem könnte nach der Lösung *Schiefers* (Fn. 364) die Anwendbarkeit eines im Betrieb des Erwerbers geltenden Tarifvertrages, der nach Ansicht des BAG und der überwiegenden Auffassung mangels kongruenter Tarifbindung ausgeschlossen wäre, über den Umweg einer Änderungskündigung herbeigeführt werden. Dadurch würde aber die Vorschrift des § 613a Abs. 1 S. 3 BGB umgangen und im Ergebnis ein allgemeiner Anwendungsvorrang von im Betrieb des Erwerbers geltenden Tarifnormen geschaffen. Vgl. zur Fortgeltung von Tarifverträgen oben S. 195 ff.

[367] *Schiefer*, DB 2003, S. 390, 392 f.

[368] Vgl. oben S. 211 ff.

[369] So zutreffend Preis/Willemsen-*Moll*, Umstrukturierung, Rn. E 32. Danach wirkt sich der Betriebsübergang auf die Möglichkeit der Änderungskündigung „nach Ablauf der Jahresfrist weder erleichternd noch erschwerend aus."

kung mehr entwickelt. Dann ist sie, wie auch eine nur nachwirkende Betriebsvereinbarung bzw. tarifliche Regelung, einer individualrechtlichen Abänderung zugänglich. Nach einer insbesondere von *Hanau* vertretenen Ansicht[370] entfällt die individualrechtliche Fortgeltung der transformierten Kollektivnorm unmittelbar, wenn die entsprechende Betriebsvereinbarung oder tarifliche Vereinbarung im Veräußererbetrieb ohne Nachwirkung ersatzlos wegfällt, so dass eine einzelvertragliche Änderungsvereinbarung im Erwerberbetrieb entbehrlich ist. Insoweit könne die individualrechtliche Fortgeltung gemäß § 613a Abs. 1 S. 2 BGB nicht weiter gehen als bei einer ohne den Betriebsübergang fortbestehenden normativen Bindung.[371] Dagegen wird jedoch zutreffend eingewandt, dass der Wortlaut des § 613a Abs. 1 S. 4, 1. Alt. BGB an das Entfallen der Geltung einer Kollektivvereinbarung beim alten Arbeitgeber lediglich die Änderungsmöglichkeit und nicht das Entfallen der Fortgeltung knüpft, so dass die transformierte Regelung zunächst weiterbesteht.[372] Überdies wirkt die Transformation nach überwiegender Ansicht statisch, so dass sich nach dem Betriebsübergang ergebende Änderungen der Versorgungszusage nicht mehr auf die transformierte Versorgungszusage auswirken können.[373] Im Einzelfall kann, etwa wenn der Fortfall der Kollektivregelung im Veräußererbetrieb auf einer Kündigung des Veräußerers beruht, die Beibehaltung der transformierten Regelung im Erwerberbetrieb sogar erwünscht sein, so dass auch aus diesem Grund ein Fortfall der einzelvertraglichen Regelung ohne die Ausübung eines Änderungsmittels nicht fingiert werden kann.

Nach § 613a Abs. 1 S. 4, Alt. 2 BGB kann eine individualrechtlich fortgeltende Kollektivnorm innerhalb der Veränderungssperre auch dann abgeändert werden, wenn die nicht tarifgebundenen Arbeitsvertragsparteien im Geltungsbereich eines Tarifvertrages dessen Anwendung durch einzelvertragliche Inbezugnahme des gesamten Tarifwerks vereinbaren. Nach überwiegender An-

---

[370] *Hanau/Vossen*, FS Hilger/Stumpf, S. 271, 280; Erman[10]-*Hanau*, BGB, § 613a Rn. 93; Willemsen-*Hohenstatt*, Umstrukturierung, Rn. E 122; MüKo-*Müller-Glöge*, BGB, § 613a Rn. 137. Nach Ansicht von *Richardi* und *Annuß*, Staudinger, BGB, § 613a Rn. 197, können Bestimmungen des Kollektivvertrages im Erwerberbetrieb nur fortfallen, wenn ihre Beendigung schon bei Betriebsübergang, etwa durch Befristung oder Kündigung vor Betriebsübergang, feststeht. Nach dem Betriebsübergang liegende Ereignisse, die zur Beendigung der Normwirkung führen, können so nicht berücksichtigt werden. In ähnlicher Weise nehmen *Bauer* und *von Steinau-Steinrück*, NZA 2000, S. 505, 507, an, dass bei Kündigung einer freiwilligen Betriebsvereinbarung vor Betriebsübergang mit Ablauf der Kündigungsfrist nach Betriebsübergang die nunmehr individualrechtlich fortgeltendenden Normen der Betriebsvereinbarung ersatzlos wegfallen.

[371] Erman[10]-*Hanau*, BGB, § 613a Rn. 93; Willemsen-*Hohenstatt*, Umstrukturierung, Rn. E 122.

[372] *Moll*, RdA 1996, S. 275, 284; ErfK-*Preis*, § 613a BGB, Rn. 117; FESTL, BetrVG, § 1 Rn. 140; *Schiefer*, NJW 1998, S. 1817, 1820.

[373] So auch *Bauer/von Steinau-Steinrück*, NZA 2000, S. 505, 506.

sicht besteht diese Abänderungsmöglichkeit auch für den Fall, dass nur eine der Arbeitsvertragsparteien keiner tarifschließenden Organisation angehört. Dies ergibt sich aus dem Wortlaut, da für eine „fehlende beiderseitige Tarifgebundenheit" ausreicht, dass die Tarifbindung nur auf einer Seite nicht besteht.[374]

Weitere Ausnahmen von der Abänderungssperre ergeben sich unter Berücksichtigung der besonderen Rechtsnatur der transformierten Regelung als ehemalige Kollektivnorm. Die einjährige Veränderungssperre betrifft nur solche Verschlechterungen der Arbeitsbedingungen, die auf einzelvertraglicher Grundlage beruhen. Eine spätere Änderung durch eine gleichrangige kollektivrechtliche Regelung ist daher zulässig.[375] Diese ungeschriebene Ausnahme des Abänderungsverbots ergibt sich aus einer teleologischen Reduktion des § 613a Abs. 1 S. 2 BGB.[376] Wenn die ursprünglich auf kollektivrechtlicher

---

[374] Staudinger-*Richardi/Annuß*, BGB, § 613a Rn. 199; RGRK-*Ascheid*, BGB, § 613a Rn. 232; Erman-*Edenfeld*, BGB, § 613a Rn. 93; ErfK-*Preis*, § 613a BGB Rn. 118. Daneben ist dies Konsequenz des überwiegenden Verständnisses von § 613a Abs. 1 S. 3 BGB, nach dem für den Ausschluss der Transformationswirkung von S. 2 durch einen im Erwerberbetrieb geltenden Tarifvertrag beiderseitige Tarifbindung verlangt wird, dazu unten ausführlich 315 ff. Dem Erwerber soll hierdurch ermöglicht werden, zur Vereinheitlichung der betrieblichen Arbeitsbedingungen einen in seinem Betrieb einschlägigen Tarifvertrag einzelvertraglich in Bezug nehmen zu können. Dementsprechend kann nach der Gegenansicht, die im Rahmen von § 613a Abs. 1 S. 3 BGB nur auf die Tarifbindung des Arbeitgebers abstellt, eine Ablösung transformierter Kollektivvertragsnormen nach S. 4 ausschließlich nur dann erfolgen, wenn beide Arbeitsvertragsparteien nicht tarifgebunden sind, so *Moll*, RdA 1996, S. 275, 284; *Zöllner*, DB 1995, S. 1401, 1404.

[375] BAG, Urteil vom 14.8.2001, AP Nr. 85 zu § 77 BetrVG 1972 = NZA 2002, S. 276, 278 f.; Urteil vom 29.7.2003, AP Nr. 45 zu § 1 BetrAVG Ablösung, unter B.I.1.c)bb) der Gründe; *Hergenröder*, AR-Blattei-ES, Betriebsinhaberwechsel, Nr. 168, S. 10, 12 ff.; *Reichold*, SAE 2002, S. 268, 269 ff.; *Moll/Leisbrock*, RdA 2003, S. 301 f.; DKK-*Berg*, BetrVG, § 77 Rn. 51; HWK-*Willemsen/Müller-Bonanni*, § 613a BGB Rn. 269; MüKo-*Müller-Glöge*, BGB, § 613a Rn. 158; GK-*Kreutz*, BetrVG, § 77 Rn. 391; FESTL, BetrVG, § 77 Rn. 170; *Henssler*, NZA 1994, S. 913, 919, der jedoch „einen erkennbaren zeitlichen Zusammenhang zum Betriebsübergang" fordert; *Schiefer*, NJW 1998, S. 1817, 1820; *ders.*, FS 50 Jahre BAG, S. 859, 873 f.; *Gaul*, NZA 1995, S. 717, 724; ähnlich BAG, Urteil vom 19.3.1986, AP Nr. 49 zu § 613a BGB = NZA 1986, S. 687 f.; Urteil vom 16.5.1995, AP Nr. 135 zu § 613a BGB = NZA 1995, S. 1166, 1167 f.; Urteil vom 29.8.2001, AP Nr. 17 zu § 1 TVG Bezugnahme auf Tarifvertrag = NZA 2002, S. 513, 515 f., jeweils zur Weitergeltung von Tarifverträgen.

[376] BAG, Urteil vom 14.8.2001, AP Nr. 85 zu § 77 BetrVG 1972 = NZA 2002, S. 276, 278 f.; *Hergenröder*, AR-Blattei-ES, Betriebsinhaberwechsel, Nr. 168, S. 10, 12 f.; *Moll/Leisbrock*, RdA 2003, S. 301, und *Raab*, AP Nr. 85 zu § 77 BetrVG 1972, Bl. 6, 14, bezweifeln die Erforderlichkeit einer teleologischen Reduktion und stützen sich auf eine teleologischen Auslegung des § 613a Abs. 1 S. 3 BGB. Dem Ansatz des BAG ist indes zuzugestehen, dass einer Abänderung der transformierten Regelungen innerhalb der Jahresfrist durch eine ablösende Betriebsvereinbarung der Wortlaut des § 613a Abs. 1 S. 2 BGB entgegensteht, so dass der Anwendungsbereich für eine teleologische Reduktion eröffnet ist.

Grundlage beruhenden Arbeitsbedingungen im Erwerberbetrieb einer Veränderung durch nachfolgende Betriebsvereinbarungen nicht zugänglich wären, würden die vom Betriebsübergang betroffenen Arbeitnehmer auf diese Weise besser gestellt als die Arbeitnehmer, deren Arbeitsverhältnisse unverändert zu demselben Arbeitgeber bestehen.[377] Der mit § 613a BGB bezweckte Bestandsschutz einer kollektivrechtlichen Regelung kann aber nicht weiterreichen als bei Fortbestehen der Betriebsidentität.[378] Mit der gleichen Begründung können im Zeitpunkt des Betriebsübergangs nachwirkende Normen einer gekündigten Betriebsvereinbarung, die auf die individualrechtliche Ebene umgewandelt werden, innerhalb des Jahreszeitraum zum Nachteil der Arbeitnehmer abgeändert werden.[379] Bei der Änderung der transformierten Regelung sind allerdings die Wirksamkeitsvoraussetzungen des jeweiligen Gestaltungsinstrumentes zu berücksichtigen. Insbesondere muss eine nachfolgende Betriebsvereinbarung den Anforderungen des abgestuften Besitzstandsschutzes anhand des vom BAG entwickelten Prüfrasters entsprechen.[380]

Ebenso kann eine in den Einzelarbeitsvertrag transformierte freiwillige Betriebsvereinbarung vor Ablauf der Veränderungssperre abgeändert werden. Da eine gekündigte freiwillige Betriebsvereinbarung keine Nachwirkung entwickelt, wie ein Umkehrschluss aus § 77 Abs. 6 BetrVG zeigt, musste der Arbeitnehmer vor dem Betriebsübergang jederzeit mit ihrer ersatzlosen Aufhebung rechnen. Insoweit setzt sich der in § 77 Abs. 5 BetrVG enthaltene Grundsatz der freien Kündbarkeit einer Betriebsvereinbarung auf der individualrechtlichen Ebene fort.[381] Da die Kündigung einer freiwilligen Betriebsvereinbarung vor dem Betriebsübergang allein an den Wirksamkeitsvoraussetzungen der Betriebsverfassung zu messen war, unterliegt eine Kündigung

---

[377] *Schiefer*, NJW 1998, S. 1817, 1820.

[378] BAG, Urteil vom 14.8.2001, AP Nr. 85 zu § 77 BetrVG 1972 = NZA 2002, S. 276, 278; Urteil vom 29.7.2003, AP Nr. 45 zu § 1 BetrAVG Ablösung, unter B.I.1.c)bb) der Gründe.

[379] BAG, Urteil vom 1.8.2001, AP Nr. 225 zu § 613a BGB = NZA 2002, S. 41, 42 f.; Urteil vom 27.11.1991, AP Nr. 22 zu § 4 TVG Nachwirkung = NZA 1992, S. 800, 801; ErfK-*Preis*, § 613a BGB Rn. 113; *Moll*, RdA 1996, S. 275, 278; Picot-*Picot/ Schnitker*, Unternehmenskauf, Teil III, Rn. 56; *Preis/Steffan*, FS Kraft, S. 477; 482; Tschöpe-*Bopp*, Teil 2 G, Rn. 179; *Schiefer*, FS 50 Jahre BAG, S. 859, 863.

[380] *Gaul*, NZA 1995, S. 717, 724; *Kort*, GS Blomeyer, S. 199, 207 f.; *Moll*, NJW 1993, S. 2016, 2020. Vgl. zu den Voraussetzungen der nachfolgenden Betriebsvereinbarung S. 253 ff.

[381] *Henssler*, NZA 1994, S. 913, 919; *Hanau/Vossen*, FS Hilger/Stumpf, S. 271, 284; LAG Köln, Urteil vom 8.4.2003, NZA-RR 2003, S. 657, 658 f. Entgegen der Auffassung von *Bauer/von Steinau-Steinrück*, NZA 2000, S. 505, 508 f., ist damit eine freie Kündbarkeit ausgeschlossen, wenn die Betriebspartner die Nachwirkung einer freiwilligen Betriebsvereinbarung vereinbart haben, da die Arbeitnehmer insoweit auf den Bestand der Betriebsvereinbarung vertrauen konnten, vgl. *Gaul*, Arbeitsrecht, § 25 Rn. 135.

der transformierten Betriebsvereinbarung durch den Arbeitgeber ausnahmsweise nicht den Anforderungen des Individualarbeitsrechtes. Insbesondere finden die Voraussetzungen einer Änderungskündigung nach §§ 2, 1 Abs. 2 KSchG keine Berücksichtigung.[382] Der Betriebserwerber kann die in der transformierten freiwilligen Betriebsvereinbarung enthaltene Versorgungszusage, die nunmehr Bestandteil des Einzelarbeitsvertrages ist, grundsätzlich frei kündigen. Dabei handelt es sich um eine in diesem Fall ausnahmsweise zulässige Teilkündigung. Zu berücksichtigen hat der Betriebserwerber beim Ausspruch der Kündigung allerdings einen ggf. schützenswerten Versorgungsbesitzstand, der auch auf kollektivrechtlicher Ebene das freie Kündigungsrecht einer freiwilligen Betriebsvereinbarung über eine betriebliche Altersversorgung einschränken würde.[383] Da Betriebsvereinbarungen über die Gewährung einer betrieblichen Altersversorgung hinsichtlich wesentlicher Grundentscheidungen des Arbeitgebers insbesondere über ihre Einführung an sich und die Höhe der Versorgungszusage mitbestimmungsfrei sind, kann eine transformierte Betriebsvereinbarung regelmäßig innerhalb der einjährigen Abänderungssperre durch Kündigung des Betriebserwerbers abgeändert werden. Die Abänderungssperre des § 613a Abs. 1 S. 2 BGB entwickelt damit bei auf Grundlage einer Betriebsvereinbarung beruhender betrieblicher Altersversorgung nur dann Bedeutung, wenn mitbestimmungspflichtige Gegenstände einer Betriebsvereinbarung betroffen sind.

3. Ergebnis

Bei der Kollision einer kollektivrechtlichen Versorgungsregelung des Veräußerers mit einer individualrechtlichen Versorgungszusage des Erwerbers gilt die Regelung des Veräußerers bei Wahrung der Betriebsidentität oder bei fortbestehender Tarifbindung normativ fort. Subsidiär werden die in der Kollektivregelung enthaltenen Rechte und Pflichten gemäß § 613a Abs. 1 S. 2 BGB in die Einzelarbeitsverhältnisse der übergehenden Arbeitnehmer transformiert. In beiden Fällen findet die Versorgungsordnung des Veräußerers und die im Betrieb des Erwerbers geltende individualrechtliche Zusage nebeneinander Anwendung.

Nach einem Betriebsübergang kollektivvertraglich weitergeltende Versorgungsregelungen können durch eine ablösende kollektivrechtliche Regelung oder durch Kündigung unter Wahrung des Besitzstandes abgeändert werden. Eine Harmonisierung mit der individualrechtlichen Versorgungsordnung des

---

[382] *Gaul*, Arbeitsrecht, § 25 Rn. 135; *Bauer/von Steinau-Steinrück*, NZA 2000, S. 505, 508; *Moll/Leisbrock*, RdA 2003, S. 301, 302.

[383] *Gaul*, Arbeitsrecht, § 25 Rn. 135. Vgl. zum Besitzstandsschutz bei der Kündigung einer freiwilligen Betriebsvereinbarung oben S. 271 ff.

Erwerbers kann aber nur durch den Abschluss einer ablösenden Betriebsvereinbarung erreicht werden. Von den einzelvertraglichen Regelungsinstrumenten Kündigung, Widerruf und Änderungsvereinbarung kann die Kollektivnorm nicht erfasst werden. Umgekehrt hat die Kündigung einer Betriebsvereinbarung für die bereits im Betrieb des Erwerbers bestehende Versorgungszusage keine Auswirkung, kann aber als Mittel zur Durchsetzung des Abschlusses einer nachfolgenden Betriebsvereinbarung eingesetzt werden. Vergleichbares gilt für eine tarifliche Regelung: auch hier hat die Kündigung keine Auswirkung auf andere, nicht von der Normativwirkung erfasste Rechtsverhältnisse auf individualrechtlicher Ebene.

Vormals auf kollektivrechtlicher Grundlage bestehende Versorgungsregelungen des Veräußerers, die nunmehr gemäß § 613a Abs. 1 S. 2 BGB Bestandteil der auf den Erwerber übergegangenen Arbeitsverhältnisse sind, können innerhalb der einjährigen Abänderungssperre nicht zu Lasten der Arbeitnehmer verschlechtert werden. Ausnahmen bestehen nur bei den in § 613a Abs. 1 S. 4 BGB vorgesehenen Fällen oder in dem Umfang, in dem die Kollektivregelung vor dem Betriebsübergang einer Abänderung insbesondere durch eine nachfolgende Betriebsvereinbarung bzw. einen nachfolgenden Tarifvertrag zugänglich war. Zur Vereinheitlichung mit den auf individualrechtlicher Grundlage im Erwerberbetrieb bereits bestehenden Versorgungsregelungen ist damit auch hier insbesondere der Abschluss einer ablösenden Betriebsvereinbarung möglich.

II. Abweichende kollektivrechtliche Versorgungszusage beim Erwerber

1. Auflösung der Konkurrenz

Für den Fall des Aufeinandertreffens konkurrierender kollektivrechtlicher Regelungen in Folge eines Betriebsübergangs enthält § 613a Abs. 1 BGB eine Kollisionsregelung: So werden gemäß S. 3 die im Veräußererbetrieb geltenden Betriebsvereinbarungen oder Tarifverträge nicht in die Individualarbeitsverhältnisse transformiert, sondern vielmehr von den im Betrieb des Erwerbers geltenden Rechtsnormen eines Tarifvertrages oder einer Betriebsvereinbarung über einen identischen Regelungsgegenstand verdrängt.[384] Die für die Transformation kollektivrechtlicher Normen maßgebliche Vorschrift des S. 2 wird dabei ausdrücklich als nicht anwendbar erklärt. § 613a Abs. 1 S. 3 BGB umfasst aber auch Kollektivregelungen, die ohnehin schon bei Vorliegen der

[384] ErfK-*Preis*, § 613a BGB Rn. 107; *Schiefer*, FS 50 Jahre BAG, S. 859, 873; BAG, Urteil vom 1.8.2001, AP Nr. 225 zu § 613a BGB = NZA 2002, S. 41, 43; Urteil vom 20.4.1994, AP Nr. 108 zu § 613a BGB = NZA 1994, S. 1140, 1142.

erforderlichen Voraussetzungen mit normativer Wirkung weitergelten.[385] Im Grundsatz ist damit die normative Weitergeltung einer Betriebsvereinbarung oder eines Tarifvertrages ausgeschlossen, wenn im aufnehmenden Betrieb bereits ein anderer Tarifvertrag bzw. eine andere Betriebsvereinbarung gilt.

Damit schafft § 613a Abs. 1 S. 2 und 3 BGB für den Fall abweichender kollektivrechtlicher Versorgungszusagen beim Erwerber eine scheinbar eindeutige Regelung, um dem Interesse des Betriebserwerbers an der Vereinheitlichung von betriebs- oder unternehmensweiten Arbeitsbedingungen nachzukommen.[386] Dennoch bestehen zum einen speziell für die betriebliche Altersversorgung in Bezug auf den Umfang der Geltungsanordnung der im Erwerberbetrieb anwendbaren Kollektivregelung Anwendungsschwierigkeiten, die hier am Beispiel kollidierender Betriebsvereinbarungen zunächst dargestellt werden. Daneben sind die Voraussetzungen des § 613a Abs. 1 S. 3 BGB umstritten, wenn im Erwerberbetrieb bzw. –unternehmen ein Tarifvertrag oder eine Gesamtbetriebsvereinbarung besteht, was im Anschluss erörtert wird.

a. Betriebsvereinbarungen

Gemäß § 613a Abs. 1 S. 3 BGB verdrängt die bestehende Betriebsvereinbarung über eine Versorgungsordnung des Erwerbers eine vom Betriebsveräußerer durch eine Betriebsvereinbarung abgegebene Versorgungszusage ungeachtet ihrer Günstigkeit und unabhängig davon, ob sie originär kollektivrechtlich fortgilt oder auf die individualrechtliche Ebene transformiert wird. Insbesondere von *Schaub* wird diese Konzeption des Gesetzgebers mit der Überlegung kritisiert, dass der Betriebserwerber, der bislang keine Versorgungszusage abgegeben hat, in vollem Umfang in eine bestehende kollektivrechtliche Versorgungszusage des Veräußerers eintreten muss, wohingegen ein Betriebserwerber, der eine geringwertigere betriebliche Altersversorgung durch Betriebsvereinbarung gewährt, nur in dem Umfang verpflichtet ist, der dem der von ihm bereits abgegebenen Versorgungszusage entspricht.[387]

---

[385] Erman-*Edenfeld*, BGB, § 613a Rn. 87; MüKo-*Müller-Glöge*, BGB, § 613a Rn 158.

[386] Vgl. *Preis/Steffan*, FS Kraft, S. 477, 485.

[387] MüKo^3-*Schaub*, BGB, § 613a Rn. 192; *Schaub*, ArbR-Hb, § 231 Rn. 14; MünchHb-*Förster/Rühmann*, § 106 Rn. 54; *Kort*, GS Blomeyer, S. 199, 202; *Andresen/Förster/Rößler/Rühmann*, Teil 14 B, Rn. 500 f.; *Kemper*, BB 1990, S. 785, 789; *Hanau/Vossen*, FS Hilger/Stumpf, S. 271, 277; *Pauly*, FS Heubeck, S. 107, 115 f.

Dieses „Paradoxon“[388] ist aber keine spezifische Frage der betrieblichen Altersversorgung im Betriebsübergang, da die gesetzliche Regelung des § 613a Abs. 1 S. 2 und 3 BGB gleichermaßen alle kollektivrechtlich regelbaren Inhalte von Arbeitsverhältnissen, die Gegenstand eines Betriebsübergangs sind, betrifft.[389] Sagt der Veräußerer auf Grund einer Betriebsvereinbarung beispielsweise die Zahlung eines jährlichen Weihnachtsgelds in Höhe von einem Monatsgehalt zu, so ist ein Erwerber, der kein Weihnachtsgeld gewährt, nach einem Betriebsübergang an die Zusage des Veräußerers gebunden; ein Erwerber der bislang auf Grund einer Betriebsvereinbarung ein Weihnachtsgeld von nur 80 % eines Monatsgehalt zahlt, ist auch den vom Betriebsübergang betroffenen Arbeitnehmern nur in dieser Höhe verpflichtet. § 613a Abs. 1 S. 3 BGB räumt damit dem Harmonisierungsinteresse des Betriebserwerbers gegenüber dem Interesse der Arbeitnehmer an der Beibehaltung der kollektivrechtlichen Arbeitsbedingungen auf individualrechtlicher Ebene den Vorrang ein, so dass im Verhältnis der aufeinander treffenden Regelungen das Ordnungsprinzip Anwendung findet.[390] Obschon hierin ein vermeintlicher Widerspruch mit der Schutzfunktion des § 613a BGB gesehen werden kann, wird das Vertrauen der Arbeitnehmer in den Bestand der im Betrieb des Veräußerers durch Betriebsvereinbarung geregelten Arbeitsbedingungen nicht unangemessen beeinträchtigt. Die Bindungswirkung einer nach dem Betriebsübergang nur noch individualrechtlich fortgeltenden Betriebsvereinbarung kann nicht weiterreichen als im Fall ihrer kollektivrechtlichen Weitergeltung bei Wahrung der Betriebsidentität. Dann jedenfalls wäre die Betriebsvereinbarung aber einer Ablösung durch Betriebsvereinbarung zugänglich.[391] Ebenso wenig wird der Betriebserwerber benachteiligt, da ihm konsequenterweise die Möglichkeit eingeräumt werden muss, die individualrechtlich weitergeltenden Arbeitsbedingungen durch eine Betriebsvereinbarung abzuändern.[392] Im Beispiel könnte der Betriebserwerber ohne Weihnachtsgeldregelung so durch Abschluss einer abändernden Betriebsvereinbarung die Weihnachtsgeldzahlung auf 80 % eines Monatsgehalts begrenzen.

Vielmehr sind es die Besonderheiten einer durch Betriebsvereinbarung geregelten betrieblichen Altersversorgung, die im Falle eines Betriebsübergangs bei Anwendung des § 613a Abs. 1 S. 1 und 3 BGB zu Wertungswidersprü-

---

[388] *Andresen/Förster/Rößler/Rühmann*, Teil 14 B, Rn. 501; MünchHb-*Förster/Rühmann*, § 106 Rn. 54; *Hanau/Vossen*, FS Hilger/Stumpf, S. 271, 277; *Junker*, RdA 1993, S. 203, 207.

[389] *Kort*, GS Blomeyer, S. 199, 202.

[390] *Andresen/Förster/Rößler/Rühmann*, Teil 14 B, Rn. 501; *Schiefer*, FS 50 Jahre BAG, S. 859, 874; *Pauly*, FS Heubeck, S. 107, 114 f.

[391] *Schiefer*, FS 50 Jahre BAG, S. 859, 874.

[392] So auch BAG, Urteil vom 14.8.2001, AP Nr. 85 zu § 77 BetrVG 1972 = NZA 2002, S. 276, 278 f. Siehe auch oben S. 289 ff.

chen führen können. Anders als etwa die Zahlung eines jährlichen Weihnachtsgeldes wird mit der Zahlung eines betrieblichen Ruhegeldes über einen langen Zeitraum erbrachte Betriebstreue vergütet, so dass Zusagen auf betriebliche Altersversorgung eine entsprechend lange Laufzeit aufweisen, ehe sie durch Auszahlung realisiert werden. Überdies sind sie regelmäßig individuell auf die im Betrieb bestehenden Bedürfnisse des Arbeitgebers und der Belegschaft zugeschnitten. So treffen auch beim Betriebsübergang verschiedene kollektivrechtliche Regelungen mit in der Regel unterschiedlichen Versorgungssystemen aufeinander, bei deren Angleichung sich das Interesse des Arbeitnehmers an der Wahrung durch Betriebstreue bereits erdienter Versorgungsansprüche und –anwartschaften nur schwer mit dem Vereinheitlichungsinteresse des Betriebserwerbers vereinbaren lässt.[393] Damit ist der Frage nachzugehen, ob dieser Interessenkonflikt mit der gesetzlichen Kollisionsnorm des § 613a Abs. 1 S. 3 BGB und dem in ihr enthaltenen Ordnungsprinzip zufriedenstellend gelöst werden kann.[394]

aa. Lösungsansätze

(1) Strikte Anwendung von § 613a Abs. 1 S. 3 BGB

Nach einer älteren Auffassung in der Literatur findet § 613a Abs. 1 S. 3 BGB uneingeschränkt Anwendung, so dass die im Erwerberbetrieb geltende Betriebsvereinbarung auch auf die Arbeitsverhältnisse der übergehenden Arbeitnehmer unabhängig davon, ob sie günstiger oder ungünstiger als die bisherige Regelung ist, normativ einwirkt.[395] Auch das Günstigkeitsprinzip kann im Verhältnis der beim Veräußerer und beim Erwerber bestehenden Regelungen keine Anwendung finden, da es sich bei den kollidierenden Normen um echte Kollektivvereinbarungen handelt.[396] Bei konsequenter Übertragung dieser, von den Autoren freilich allgemein aufgestellten Grundsätze auf Betriebsvereinbarungen über betriebliche Altersversorgung würde so die Betriebsvereinbarung des Veräußerers ersatzlos durch die im Erwerberbetrieb geltende Betriebsvereinbarung verdrängt, ohne dass die bislang von den Arbeitnehmern erdienten Versorgungsanwartschaften Berücksichtigung finden würden. Der Umfang der Versorgungsleistung müsste so ausschließlich nach der vom Erwerber abgegebenen Zusage bestimmt werden, wobei allerdings die

---

[393] Vgl. *Höfer*, BetrAVG, ART Rn. 1258; Staudinger-*Richardi/Annuß*, BGB, § 613a Rn. 195.

[394] Vgl. auch *Kort*, GS Blomeyer, S. 199, 200, nach dem zur Wahrung des Besitzstandes das „Recht der betrieblichen Altersversorgung und das Recht des Betriebsübergangs... in Einklang zu bringen [sind]."

[395] *Lorenz*, DB 1980, S. 1745, 1747 f.; *Seiter* DB 1980, S. 877, 878.

[396] *Lorenz*, DB 1980, S. 1745, 1748.

im Betrieb des Veräußerers erbrachte Betriebszugehörigkeit bei der Bestimmung hinzuziehen ist.

(2) Unanwendbarkeit von § 613a Abs. 1 S. 3 BGB

Vereinzelt wird vertreten, dass § 613a Abs. 1 S. 3 BGB für den Bereich der betrieblichen Altersversorgung keine Anwendung findet, da der Gesetzgeber die mit der betrieblichen Altersversorgung beim Betriebsübergang einhergehenden Probleme abweichender kollektivrechtlicher Versorgungszusagen im Veräußerer- und Erwerberbetrieb erkennbar nicht gesehen habe.[397] Vielmehr sei beim Betriebsübergang allein S. 2 anwendbar, so dass die Betriebsvereinbarung des Veräußerers zunächst in eine betriebsvereinbarungsoffene Individualregelung transformiert wird. Diese sei dann nach Ablauf der einjährigen Abänderungssperre des Betriebserwerbers einer verschlechternden Betriebsvereinbarung zugänglich.[398] Da durch diese Lösung mögliche Eingriffsgründe des Betriebserwerbers, die nicht allein auf dem Betriebsübergang beruhen, berücksichtigt werden müssen, können durch diese Lösung sachgerechte Ergebnisse erzielt werden. Es widerspreche dem Zweck des § 613a BGB, wenn je nach Ausgestaltung der Versorgungsordnung beim Erwerber die Versorgungszusage des übergehenden Arbeitnehmers nur auf Grund des Betriebsübergangs verschlechtert oder verbessert werde.[399]

(3) Besitzstandswahrung nach den Grundsätzen der ablösenden Betriebsvereinbarung

(aa) Urteil des BAG vom 24.7.2001

Nach Auffassung des BAG sind die bei der Ablösung von Betriebsvereinbarungen anwendbaren Grundsätze der Besitzstandswahrung auf die in § 613a Abs. 1 S. 3 BGB geregelte Fallkonstellation zu übertragen.[400] Das BAG hatte in dem grundlegenden Urteil vom 24.7.2001 über die Fortgeltung einer auf der Basis einer Betriebsvereinbarung zugesagten Versorgungsordnung nach einem Betriebsübergang zu entscheiden. Dabei war dem übergehenden Arbeitnehmer eine dienstzeitabhängige Versorgungszusage erteilt worden, die im Vergleich zu der beim Erwerber geltenden Zusage wesentlich geringer war.[401] In der Entscheidungsbegründung hat das BAG das in § 613a Abs. 1

---

[397] *Kemper*, BB 1990, S. 785, 789.

[398] *Kemper*, BB 1990, S. 785, 790.

[399] *Kemper*, BB 1990, S. 785, 789 f.

[400] BAG, Urteil vom 24.7.2001, AP Nr. 18 zu § 1 BetrAVG Betriebsveräußerung = NZA 2002, S. 520.

[401] BAG, Urteil vom 24.7.2001, AP Nr. 18 zu § 1 BetrAVG Betriebsveräußerung = NZA 2002, S. 520. Im Betrieb des Veräußerers war so eine monatliche Versorgungsleis-

S. 3 BGB enthaltene Ordnungsprinzip in Bezug auf Betriebsvereinbarungen mit einer betrieblichen Altersversorgung eingeschränkt: Da durch diese Vorschrift nur sichergestellt werden soll, dass der Arbeitnehmer so behandelt wird, als ob das Arbeitsverhältnis mit dem bisherigen Arbeitgeber fortbesteht, kann eine in einer Betriebsvereinbarung enthaltene Versorgungsordnung des Veräußerers nur in dem Umfang durch eine im Erwerberbetrieb geltende Betriebsvereinbarung ersetzt werden, wie diese Versorgungsordnung bei Fortbestand des Arbeitsverhältnisses durch den Betriebsveräußerer im Wege einer ablösenden Betriebsvereinbarung abgeändert werden könnte. Da nach überwiegender Literaturansicht und Rechtsprechung des BAG bei der Ablösung einer Betriebsvereinbarung durch eine zeitlich nachfolgende Betriebsvereinbarung der bis zum Ablösungsstichtag individuell erdiente Versorgungsbesitzstand des Arbeitnehmers grundsätzlich aufrecht zu erhalten ist,[402] kann für die Geltungserstreckung einer Betriebsvereinbarung des Erwerbers infolge eines Betriebsübergangs nichts anderes gelten.[403]

Das Gebot der Besitzstandswahrung reicht aber nicht weiter als das schützenswerte Vertrauen des Arbeitnehmers in den Bestand der erdienten Versorgungsanwartschaft und der abgegebenen Versorgungszusage. Der Arbeitnehmer kann also bei Eintritt des Versorgungsfalles nur damit rechnen, mindetens die vom Veräußerer zugesagte Versorgungsleistung zu erhalten. Nach Ansicht des BAG bedeutet Besitzstandswahrung aber nicht, dass dem Arbeitnehmer das bis zum Zeitpunkt des Betriebsübergangs auf Grundlage der ursprünglichen Regelung einmal Erdiente erhalten bleibt und in der Folgezeit ein zusätzlicher Besitzstand nach der neuen Versorgungsordnung aufgebaut wird. Im Gegenteil kann dies mit der vom Betriebsübergang bezweckten Kontinuität des Arbeitsverhältnisses nicht vereinbart werden, da der Arbeitnehmer bei Addition der Versorgungsbesitzstände besser gestellt wäre als derjenige Arbeitnehmer, dessen Versorgungszusage bei fortbestehendem Arbeitsverhältnis einer Ablösung durch Betriebsvereinbarung zugänglich ist.

Damit wird im Versorgungsfall der bis zum Betriebsübergang erdiente Besitzstand auf die vom Erwerber abgegebene Versorgungszusage angerechnet, so dass sich ein diese Zusage übersteigender Versorgungsanspruch nur ergeben kann, wenn der Anspruch im Versorgungsfall hinter dem zurückbleibt, was

---

tung von höchstens 100 DM, im Betrieb des Erwerbers demgegenüber eine monatliche Leistung von höchstens 600 DM jeweils dienstzeitabhängig vereinbart worden.

[402] Vgl. zum Umfang des Besitzstandsschutzes bei zeitlich nachfolgenden Betriebsvereinbarungen oben S. 253 ff.

[403] BAG, Urteil vom 24.7.2001, AP Nr. 18 zu § 1 BetrAVG Betriebsveräußerung = NZA 2002, S. 520, 522.

dem betroffenen Arbeitnehmer bis zum Zeitpunkt des Betriebsübergangs bereits vom Veräußerer zugesagt worden war.[404]

(bb) Zustimmende Literatur

Ein Teil der Lehre ist der Rechtsprechung des BAG zumindest im Ergebnis gefolgt und wendet die Grundsätze zur ablösenden Betriebsvereinbarung auch auf den Fall der Ersetzung einer Betriebsvereinbarung in Zusammenhang mit einem Betriebsübergang nach § 613a Abs. 1 S. 3 BGB an. Dies beinhaltet konsequenterweise die Prüfung, ob durch die Neuregelung der Altersversorgung die Versorgungsbesitzstände der übergehenden Arbeitnehmer nach dem dreistufigen Prüfraster hinreichend gewahrt bleiben.[405] Der Umfang des Besitzstandsschutzes wird aber vom BAG nicht näher ausgeführt, so dass hierzu verschiedene Ansichten vertreten werden.

So wird teilweise angenommen, dass nur der nach § 2 BetrAVG zu bestimmende erdiente Teilwert der Versorgungszusage nicht von der im Erwerberbetrieb Anwendung findenden Betriebsvereinbarung umfasst wird. Danach richten sich dienstzeitunabhängige Zuwächse der erdienten Versorgungsanwartschaften sowie künftige dienstzeitabhängige Steigerungsraten allein nach der Betriebsvereinbarung des Erwerbers.[406] Aus dem Vertrauensschutzprinzip und dem allgemeinen Verhältnismäßigkeitsgrundsatz folge nur, dass die beim Veräußerer erdienten Versorgungsanwartschaften aufrecht zu erhalten sind. Die vom Veräußerer abgegebene Versorgungszusage ist aber für die Steigerung der garantierten Versorgungsanwartschaften nicht mehr maßgeblich. Künftige Zuwächse richten sich allein nach der Versorgungsordnung im Erwerberbetrieb, auch wenn diese für die übergegangenen Arbeitnehmer ungünstiger ist. Der Erwerber kann in seiner Versorgungsregelung ohne Verstoß gegen den Gleichbehandlungsgrundsatz zumindest für eine begrenzte Zeit sogar Sonderregelungen vorsehen, die die Steigerungsmöglichkeiten der Versorgungsanwartschaften der übergegangenen Arbeitnehmer einschränken oder

---

[404] BAG, Urteil vom 24.7.2001, AP Nr. 18 zu § 1 BetrAVG Betriebsveräußerung = NZA 2002, S. 520, 522 f.

[405] *Andresen/Förster/Rößler/Rühmann*, Teil 14 B, Rn. 502 ff.; *Blomeyer/Otto*, BetrAVG, Anh § 1 Rn. 304; *Gaul*, Arbeitsrecht, § 35 Rn. 102; *Gaul/Kühnreich*, NZA 2002, S. 495, 497 f.; *Ahrend/Förster/Rühmann*, BetrAVG, § 1 Rn. 130; *Lindemann/Simon*, BB 2003, S. 2510, 2516; *Matthießen*, EWiR 2002, S. 663, 664; *Richardi*, GS Blomeyer, S. 299, 313 ff.; MüKo-*Müller-Glöge*, BGB, § 613a Rn 158; ebenso *Junker*, RdA 1993, S. 203, 207 f.; *Pauly*, FS Heubeck, S. 107, 115 ff.; *Lambrich/Trappehl*, Tarifflucht, S. 193; *Hanau/Vossen*, FS Hilger/Stumpf, S. 271, 278 f.; *Hamisch*, AuA 2005, S. 594, 596; Picot-*Heubeck*, Unternehmenskauf, Teil IV, Rn. 86 ff.; Staudinger-*Richardi/Annuß*, BGB, § 613a Rn. 195; ähnlich *Kort*, SAE 2003, S. 27, 29 f.; *ders.*, GS Blomeyer, S. 199, 210 f.

[406] *Blomeyer/Otto*, BetrAVG, Anh § 1 Rn. 304 f.; im Ergebnis auch *Kort*, GS Blomeyer, S. 199, 211 ff.

ausschließen.[407] Auch *Kort* nimmt im Ergebnis wie das BAG an, dass jedenfalls der Versorgungsbesitzstand der betroffenen Arbeitnehmer im Betriebsübergang zu wahren ist, aber nicht zusätzlich neben einer ggf. nach der Versorgungsordnung des Erwerbers höheren Rentenleistung zur Auszahlung kommt.[408] Schützenswert sind aber allein die nach § 2 BetrAVG zu bestimmenden und damit nur die den erdienten Teilwert betreffenden Versorgungsanwartschaften.[409] Anders als das BAG sieht *Kort* hierin aber nicht eine Übertragung der Grundsätze der ablösenden Betriebsvereinbarung. Im Gegenteil finde beim Betriebsübergang als Ablösung einer Betriebsvereinbarung kraft Gesetz eine Billigkeitskontrolle wie bei der vertraglichen Ablösung durch Abschluss einer nachfolgenden Betriebsvereinbarung gerade nicht statt. Da der Betriebserwerber nicht in dem Maße wie der Betriebsveräußerer an die ursprüngliche Betriebsvereinbarung gebunden ist, müsse ihre Ersetzung durch die beim Erwerber bestehende Betriebsvereinbarung nicht an den Grundsätzen der Verhältnismäßigkeit und des Vertrauensschutzes gemessen werden.[410] Der Bestandsschutz erdienter Versorgungsanwartschaften lasse sich allein aus der Eigentumsgarantie und aus den das Betriebsrentenrecht kennzeichnenden Vertrauensschutzgesichtspunkten ableiten.[411]

Demgegenüber bezieht eine andere Literaturansicht auch künftige Steigerungsraten in die Besitzstandswahrung beim Betriebsübergang mit ein.[412] Das in § 613a Abs. 1 S. 3 BGB enthaltene Ordnungsprinzip wird den Besonderheiten der betrieblichen Altersversorgung nicht gerecht, die durch die üblicherweise sehr lange Laufzeit einer betrieblichen Versorgungszusage gekennzeichnet sind. Durch eine strikte Anwendung des Ablösungsprinzips kann das Austauschverhältnis zwischen der Betriebstreue des Arbeitnehmers

---

[407] *Blomeyer/Otto*, BetrAVG, Anh § 1 Rn. 305. Diese Sonderregelung könne aber höchstens für einen Zeitraum von zehn Jahren bestehen. Dann kann eine Differenzierung nicht mehr allein auf den Betriebsübergang gestützt werden, so dass eine Verletzung des Gleichbehandlungsgrundsatz vorliege.

[408] *Kort*, GS Blomeyer, S. 199, 210 f.

[409] *Kort*, GS Blomeyer, S. 199, 211 f.

[410] *Kort*, GS Blomeyer, S. 199, 213 f. Dies ist freilich auf *Korts* Verständnis der ablösenden Betriebsvereinbarung zurückzuführen, nach der zur Bestimmung der Versorgungsleistung die vor und nach dem Ablösungszeitpunkt erdienten Versorgungsanwartschaften anteilig zu addieren sind. Eine Übertragung dieser Grundsätze würde aber der noch zu erörternden Gegenauffassung entsprechen, die insbesondere von *Höfer*, BetrAVG, ART Rn. 1264 ff., vertreten wird.

[411] *Kort*, GS Blomeyer, S. 199, 215.

[412] *Andresen/Förster/Rößler/Rühmann*, Teil 14 B Rn. 502 ff.; *Gaul*, Arbeitsrecht, § 35 Rn. 98 ff.; *Lindemann/Simon*, BB 2003, S. 2510, 2516; ErfK-*Preis*, § 613a BGB Rn. 121; Picot-*Heubeck*, Unternehmenskauf, Teil IV, Rn. 86 ff.; Willemsen-*Doetsch/Rühmann*, Umstrukturierung, Rn. J 105; Staudinger-*Richardi/Annuß*, BGB, § 613a Rn. 195; *Junker*, RdA 1993, S. 203, 208 f.

und ihrer Abgeltung durch die vom Arbeitgeber zugesagte Versorgungsleistung und damit die vom Arbeitnehmer begründeten Versorgungserwartungen beeinträchtigt werden.[413] Außerdem erfolgt die Ablösung der Betriebsvereinbarung des Betriebsveräußerers kraft Gesetz und damit ohne die Mitwirkung eines die Arbeitnehmer repräsentierenden Vertretungsorgans als zusätzliche "Kontrollinstanz", so dass beim Betriebsübergang ein erhöhtes Schutzbedürfnis der betroffenen Arbeitnehmer bestehe.[414] Daher ist auch bei den Ablösungsfällen nach § 613a Abs. 1 S. 3 BGB anhand des vom BAG entwickelten dreistufigen Prüfschemas festzustellen, ob bei einem etwaigen Eingriff in den Versorgungsbesitzstand die Grundsätze des Vertrauensschutzes und der Verhältnismäßigkeit gewahrt bleiben.[415] Regelmäßig sind damit Teilwert und eine ggf. bestehende Dynamik, die der Arbeitnehmer durch die Zugehörigkeit zum Veräußererbetrieb bereits erdient hat, als Mindestversorgungsleistung zu wahren.[416] Überwiegend wird aber das Interesse des Betriebserwerbers an der Vereinheitlichung der in Folge des Betriebsübergangs abweichenden Arbeitsbedingungen als sachlicher Grund qualifiziert, der somit einen Eingriff in zukünftige Steigerungsbeträge unabhängig von der Wahrung des Dotierungsrahmens begründen kann. Damit kann eine ungünstigere Versorgungszusage im Erwerberbetrieb die Versorgungszusage im Veräußererbetrieb für die Zukunft ersetzen.[417]

Eine ältere Auffassung in der Literatur nimmt ebenso wie die Rechtsprechung bei nach einem Betriebsübergang aufeinander treffenden Betriebsvereinbarungen eine „Billigkeitskontrolle" entsprechend der Grundsätze zur Ablösung von Betriebsvereinbarungen vor, ohne jedoch die starre Dreiteilung des bekannten Prüfschemas anzuwenden.[418] Vielmehr ist im Wege eines „weichen Übergangs" zwischen den Versorgungssystemen zu verhindern, dass bestehende Rechtsstellungen insbesondere durch eine neue, ungünstigere Versor-

---

[413] Staudinger-*Richardi/Annuß*, BGB, § 613a Rn. 195; *Lindemann/Simon*, BB 2003, S. 2510, 2515; *Andresen/Förster/Rößler/Rühmann*, Teil 14 B, Rn. 501.

[414] *Junker*, RdA 1993, S. 203, 208

[415] *Lindemann/Simon*, BB 2003, S. 2510, 2516; Staudinger-*Richardi/Annuß*, BGB, § 613a Rn. 195; *Gaul*, Arbeitsrecht, § 35 Rn. 101; Picot-*Heubeck*, Unternehmenskauf, Teil IV, Rn. 86; *Lambrich/Trappehl*, Tarifflucht, S. 193 f.

[416] *Lindemann/Simon*, BB 2003, S. 2510, 2516; *Gaul*, Arbeitsrecht, § 35 Rn. 102; Picot-*Heubeck*, Unternehmenskauf, Teil IV, Rn. 86 f. *Heubeck* merkt hierzu zutreffend an, dass ein am Kauf interessiertes Unternehmen, das aus wirtschaftlichen Gründen nicht in der Lage ist, die erdienten Anwartschaften zu übernehmen, kaum als Käufer geeignet ist.

[417] *Gaul*, Arbeitsrecht, § 35 Rn. 102; *Lindemann/Simon*, BB 2003, S. 2510, 2516; Staudinger-*Richardi/Annuß*, BGB, § 613a Rn. 195; *Junker*, RdA 1993, S. 203, 209; Picot-*Heubeck*, Unternehmenskauf, Teil IV, Rn. 89; andere Auffassung: *Kemper*, BB 1990, S. 785, 787, demzufolge eine Änderung der Versorgungsordnung nach einem Betriebsübergang nur beim Vorliegen weiterer Änderungsgründe zulässig ist.

[418] *Pauly*, FS Heubeck, S. 107, 116 f.; *Haunau/Vossen*, FS Hilger/Stumpf, S. 271, 278 f.

gungsordnung des Erwerbers unbillig beeinträchtigt werden.[419] Dies gebietet aber im Gegenzug nicht, dass eine etwaige günstigere Versorgungsordnung schematisch auf die nach § 613a Abs. 1 BGB übernommenen Arbeitnehmer ausgedehnt werden kann. Zur Vereinheitlichung der Versorgungssysteme sind daher auch Anpassungen nach unten umfasst, um so eine „Aufblähung" des Dotierungsrahmens zu verhindern.[420]

(4) Anteilige Addition der Versorgungsbesitzstände

Die dem grundlegenden Urteil des BAG vom 24.7.2001 vorhergehende Instanz des LAG Baden-Württemberg und ein Teil der Literatur nehmen zwar auch eine Wahrung der Versorgungsbesitzstände der betroffenen Arbeitnehmer an; der bis zum Betriebsübergang erdiente Besitzstand erhöht aber zusätzlich die nach diesem Zeitpunkt unter der Versorgungsordnung des Erwerbers erdienten Versorgungsanwartschaften.[421] Der Auffassung des BAG sei darin zuzustimmen, dass durch die strikte Anwendung des Ordnungsprinzips und die hiermit verbundene vollständige Ablösung der bisherigen Versorgungszusage durch die im Erwerberbetrieb geltende Versorgungsordnung die bis zum Betriebsübergang bereits erdienten Anwartschaften nicht angemessen berücksichtigt werden.[422] Allerdings stelle die vom BAG vorgeschlagene Lösung zur Berechnung der endgültigen Versorgungsleistung und des zu wahrenden Besitzstandes einen im Wege des Betriebsübergangs übernommenen Arbeitnehmer schlechter als einen Arbeitnehmer, der zum Zeitpunkt des Betriebsübergangs neu in den Betrieb eintreten würde. Letzterer behält die beim ursprünglichen Arbeitnehmer erworbene Anwartschaft, soweit diese unverfallbar wird, und kann beim neuen Arbeitgeber eine neue Versorgungsanwartschaft begründen. Demgegenüber kann der im Wege des Betriebsübergangs übernommene Arbeitnehmer zusätzliche Versorgungsrechte erst erwerben, wenn die beim Betriebserwerber erworbene Anwartschaft den beim Veräußerer erdienten Besitzstand übersteigt.[423] *Höfer* gibt hierfür ein Rechenbeispiel, bei dem eine statische Versorgungszusage des Veräußerers durch eine identische Versorgungszusage des Erwerbers abgelöst wird. Nach der Lösung

[419] *Hanau/Vossen*, FS Hilger/Stumpf, S. 271, 278 f.; *Pauly*, FS Heubeck, S. 107, 116.

[420] *Pauly*, FS Heubeck, S. 107, 116 f.

[421] LAG Baden-Württemberg, Urteil vom 29.8.2000 – 18 Sa 17/00, n.v.; *Höfer*, BetrAVG, ART Rn. 1264; *Langohr-Plato*, BetrAV, Rn. 1531; *Balze/Rebel/Schuck*, Outsourcing, Rn. 672 ff.; MünchHb-*Förster/Rühmann*, § 106 Rn. 54; Moll-*Rengier*, MAH Arbeitsrecht, § 36 Rn. 14; *Falkenberg*, BB 1987, S 328, 329; *Paulus-Kamp*, NZA 1999, S. 245, 246; *Kaiser/Gradel*, DB 1996, S. 1621, 1623; *Fuchs*, Sozialleistungen, S. 168 f.

[422] *Höfer*, BetrAVG, ART Rn. 1262. So auch: LAG Baden-Württemberg, Urteil vom 30.6.2000 – 18 Sa 17/00, n.v., unter A.II.2.b) der Gründe; *Kaiser/Gradel*, DB 1996, S. 1621, 1623; *Fuchs*, Sozialleistungen, S. 168.

[423] *Höfer*, BetrAVG, ART Rn. 1262.

des BAG würde der Arbeitnehmer erst eine erhöhte Versorgungsleistung erhalten, wenn die Betriebszugehörigkeit im Erwerberbetrieb die Betriebszugehörigkeit im Veräußererbetrieb übersteigt. Dies führe zu unangemessenen Ergebnissen, wenn der Arbeitnehmer bereits lange Zeit für den Veräußerer gearbeitet hat und damit nach dem Betriebsübergang seine Versorgungsanwartschaft nicht mehr weiter steigern kann.[424]

Daher kann das in § 613a Abs. 1 S. 3 BGB enthaltene Ablösungsprinzip nur eingeschränkt zur Anwendung kommen. Da sich der Regelung des § 613a Abs. 1 S. 3 BGB eine rückwirkende Regelung in der Vergangenheit liegender Tatbestände nicht entnehmen lässt, findet bis zum Übernahmezeitpunkt die alte Regelung des Veräußerers Anwendung. Der bis zu diesem Zeitpunkt erdiente Besitzstand des Arbeitnehmers ist nach § 2 BetrAVG zu ermitteln. Nach dem Betriebsübergang findet allein die Versorgungsregelung des Erwerbers mit *ex nunc*-Wirkung Anwendung. Auch die während der Zugehörigkeit zum Erwerberbetrieb erworbene Versorgungsanwartschaft ist nach § 2 BetrAVG zu bestimmen und ergibt zusammen mit der bereits beim Veräußerer erdienten Anwartschaft die vom Betriebserwerber geschuldete Versorgungsleistung.[425] Damit ist sichergestellt, dass im Fall einer verschlechternden Regelung beim Erwerber dem Arbeitnehmer wenigstens der bis zum Betriebsübergang erdiente Besitzstand erhalten bleibt.[426]

bb. Diskussion und Stellungnahme

(1) Anwendbarkeit des abgestuften Besitzstandsschutzes

Weitgehend besteht Übereinstimmung, dass § 613a Abs. 1 S. 3 BGB einer Einschränkung bedarf, da durch die strikte Anwendbarkeit des Ordnungsprin-

---

[424] *Höfer*, BetrAVG, ART Rn. 1263. Im Beispiel war dem Arbeitnehmer vom Veräußerer und vom Erwerber eine Versorgungsleistung von jeweils 5 € pro Betriebsjahr auf Grundlage einer Betriebsvereinbarung zugesagt worden. Nach einer Zugehörigkeit des Arbeitnehmers zum Betrieb des Veräußerers von 20 Jahren geht der Betrieb auf den Erwerber über, für den der Arbeitnehmer bis zum Eintritt in den Ruhestand weitere 20 Dienstjahre erbringt. *Höfer* beziffert den bis zum Betriebsübergang erbrach und nach der Lösung des BAG mindestens zu wahrenden Besitzstand mit 100 € (20 x 5 €). Da der Besitzstand, den der Arbeitnehmer unter der Versorgungsordnung des Erwerbers erworben hat, ebenfalls 100 € beträgt, würde ihm nach Ansicht *Höfers* im Versorgungsfall trotz 40 Jahren Betriebszugehörigkeit so nur eine Betriebsrente von 100 € ausgezahlt. Zur Kritik am Rechenbeispiel siehe S. 307, Fn. 436.

[425] *Kaiser/Gradel*, DB 1996, S. 1621, 1623; *Paulus-Kamp*, NZA 1999, S. 245, 246; *Falkenberg*, BB 1987, S 328, 329; *Hambach*, NZA 2000, S. 291 f.; MünchHb-*Förster/Rühmann*, § 106 Rn. 54; LAG Baden-Württemberg, Urteil vom 30.6.2000 – 18 Sa 17/00, n.v., unter A.II.2.b) der Gründe.

[426] *Falkenberg*, BB 1987, S 328, 329; *Balze/Rebel/Schuck*, Outsourcing, Rn. 673; *Fuchs*, Sozialleistungen, S. 169.

zips in bereits erdiente Versorgungsrechte eingegriffen würde. Da die Arbeitnehmer durch die erbrachte Betriebstreue bereits in Vorleistung getreten sind, haben Versorgungsanwartschaften eigentumsähnlichen Charakter.[427] In diese Anwartschaftsrechte würde bei ersatzloser Ablösung der im Veräußererbetrieb bestehenden Versorgungsordnung durch gesetzliche Anordnung eingegriffen, so dass die uneingeschränkte Anwendung des § 613a Abs. 1 S. 3 BGB verfassungsrechtlichen Bedenken begegnet.[428] Hieraus kann aber nicht die Unanwendbarkeit von § 613a Abs. 1 S. 3 BGB gefolgert werden, wie dies *Kemper* annimmt.[429] Dies ist schon nicht mit dem Gesetzeswortlaut zu vereinbaren.[430] Außerdem hätte dies nach Ansicht von *Kemper* allein die Anwendung von § 613a Abs. 1 S. 2 BGB zur Folge, so dass die beim Veräußerer normativ wirkende Versorgungsregelung in die Einzelarbeitsverhältnisse transformiert wird, aber innerhalb der Jahresfrist des S. 4 einer ablösenden kollektivrechtlichen Regelung zugänglich ist.[431] Damit würde diese Lösung den Arbeitnehmern keinen weiterreichenden Schutz als die vom BAG vertretene Übertragung der Grundsätze der Besitzstandswahrung bieten, so dass auch von den Rechtsfolgen her die Nichtanwendung des § 613a Abs. 1 S. 3 BGB nicht geboten ist.

Da die Interessenlage der betroffenen Arbeitnehmer bezüglich der Aufrechterhaltung ihrer bestehenden Versorgungsbesitzstände bei der im Rahmen des Betriebsübergangs vorgesehenen „Ablösung kraft Gesetz" mit der bei der Ablösung einer Versorgungsordnung durch den Abschluss einer nachfolgenden Betriebsvereinbarung bestehenden Interessenlage vergleichbar ist, liegt es nahe, die Grundsätze der ablösenden Betriebsvereinbarung auch beim Betriebsübergang anzuwenden. Das dem § 613a Abs. 1 S. 3 BGB zu Grunde liegende besondere Harmonisierungsbedürfnis des Betriebserwerbers ist nicht so schwerwiegend, dass ihm ein grundsätzlicher Vorrang vor dem Besitzstandsschutz der Arbeitnehmer eingeräumt werden kann. Zu Gunsten des Arbeitgebers können aber ggf. im übergehenden Betrieb oder Betriebsteil des Ver-

---

[427] BAG, Urteil vom 17.4.1985, AP Nr. 4 zu § 1 BetrAVG Unterstützungskassen = NZA 1986, S. 57, 59; ebenso *Blomeyer/Otto*, BetrAVG, Anh § 1 Rn. 513; *Balze/Rebel/Schuck*, Outsourcing, Rn. 671.

[428] *Kort*, SAE 2003, S. 27, 30. Zurecht gesteht *Kort* der „abweichenden Ansicht" von *Lorenz* und *Seiter* (S. 297, Fn. 395) zu, dass sie die uneingeschränkte Anwendung des Ordnungsprinzips im Rahmen der allgemeinen Novellierung des § 613a BGB durch das EG-Anpassungsgesetz vom 13.8.1980 erörtern, ohne dass spezielle betriebsrentenrechtliche Fraugen aufgeworfen werden.

[429] *Kemper*, BB 1990, S. 785, 790.

[430] *Lindemann/Simon*, BB 2003, S. 2510, 2516; *Balze/Rebel/Schuck*, Outsourcing, Rn. 674; *Fuchs*, Sozialleistungen, S. 167 f.

[431] Vgl. BAG, Urteil vom 1.8.2001, AP Nr. 225 zu § 613a BGB = NZA 2002, S. 41, 42 f.; dazu oben S. 289 f.

äußerers begründete Besitzstände bei der Kaufpreisfindung einkalkuliert werden oder das nach dem Betriebsübergang bestehende Vereinheitlichungsinteresse des Arbeitgebers bei den zu einem Eingriff in Besitzstände berechtigenden Gründen berücksichtigt werden. Bei der Übertragung der Grundsätze der ablösenden Betriebsvereinbarung ist mit Hilfe des vom BAG entwickelten dreistufigen Prüfrasters der Umfang der Besitzstandswahrung festzustellen.

Da hierbei das Vertrauen des Arbeitnehmers nur soweit schützenswert ist, als dass ihm im Versorgungsfall nur der im Ablösungszeitpunkt erdiente Besitzstand als Mindestleistung zu Gute kommt, hat das BAG zurecht eine Addition der zeitanteilig bis zum Betriebsübergang erdienten und der darauf folgenden Versorgungsanwartschaften abgelehnt. Wie das BAG schon bei seiner Rechtsprechung zur rechtsgeschäftlichen Ablösung von Betriebsvereinbarungen ausgeführt hat, bedeutet Besitzstandswahrung nur,

> „dass ein begünstigter Arbeitnehmer mit seinem Versorgungsanspruch nicht hinter den höchsten Anwartschaftswert zurückfallen darf, auf den er während seines Arbeitsverhältnisses einmal vertraut hat. Einen Anspruch darauf, dass der im Ablösungszeitraum erdiente Besitzstand und die Steigerungsbeiträge aus der neuen Versorgungsordnung addiert werden, hat er nicht.“[432]

Hierin liegt kein Verstoß gegen das Gleichbehandlungsgebot; im Gegenteil würde die zusätzliche Berücksichtigung der bis zum Betriebsübergang erdienten Versorgungsanwartschaft zu einer Besserstellung des Arbeitnehmers führen, der vom Besitzstandsschutz nicht mehr umfasst ist.[433] Wenn, wie im vom BAG mit Urteil vom 24.7.2001 entschiedenen Fall[434], die vom Veräußerer abgegebene Versorgungszusage auf eine Versorgungszusage des Erwerbers trifft, die diese – und damit jeglichen bis zum Betriebsübergang erworbenen Besitzstand einschließlich zukünftiger dienstzeitabhängiger Steigerungsraten – im Versorgungsfall sogar übersteigt, können die Grundsätze des Vertrauensschutzes und der Verhältnismäßigkeit eine anteilige Berücksichtigung der vom Veräußerer zugesagten Versorgungsleistung zusätzlich zu der vom Erwerber letztlich gewährten nicht begründen. Im umgekehrten Fall, der Ablö-

---

[432] BAG, Urteil vom 11.12.2001, AP Nr. 43 zu § 1 BetrAVG Unterstützungskassen = NZA 2003, S. 1407, Orientierungssatz 3.b) und S. 1410 f.; ebenso Urteil vom 11.12.2001, AP Nr. 36 zu § 1 BetrAVG Ablösung = NZA 2003, S. 1414, 1417 f.; Urteil vom 10.9.2002, AP Nr. 37 zu § 1 BerAVG Ablösung, unter III.3.b)aa) der Gründe = NZA 2004, S. 231.

[433] BAG, Urteil vom 11.12.2001, AP Nr. 43 zu § 1 BetrAVG Unterstützungskassen = NZA 2003, S. 1407, 1411; vgl. dazu oben S. 261 f.

[434] BAG, Urteil vom 24.7.2001, AP Nr. 18 zu § 1 BetrAVG Betriebsveräußerung = NZA 2002, S. 520.

sung durch eine ungünstigere Betriebsvereinbarung des Erwerbers, folgt aus dem Besitzstandsschutz bei Ablösung der Betriebsvereinbarung des Veräußerers durch eine ungünstigere Versorgungsregelung des Erwerbers, dass dem Arbeitnehmer die vom Veräußerer abgegebene Versorgungszusage grundsätzlich im vollen Umfang erhalten bleibt, da, soweit nicht der Erwerber einen entsprechenden Grund zur Kürzung der jeweiligen Besitzstandsstufe hat, auch künftige Steigerungsbeträge geschützt sind. Dass der zu wahrende Versorgungsbesitzstand auch die zukünftigen, dienstzeitabhängigen Steigerungsraten beinhaltet, wird aber in dem von *Höfer* gegebenen Rechenbeispiel nicht berücksichtigt.[435] Die Ablösung einer Betriebsvereinbarung über Versorgungsleistungen durch eine inhaltsgleiche Betriebsvereinbarung kann sich so nicht nachteilig für den Arbeitnehmer auswirken, da die Zusage des Erwerbers den zukünftigen, dienstzeitabhängigen Steigerungsbeträgen, die als dritte Stufe des Besitzstandes aus der Zusage des Veräußerers resultieren, entspricht.[436]

Gegen eine Addition der zeitanteilig erdienten Besitzstände spricht auch die in § 613a Abs. 1 BGB enthaltene und vom BAG mit dem Schlagwort der „Kontinuität des Arbeitsverhältnisses“ umschriebene Konzeption, durch den Betriebsübergang das bestehende Arbeitsverhältnis unberührt zu lassen und lediglich auf Arbeitgeberseite die Partei des Arbeitsvertrages auszuwechseln.[437] Der Arbeitnehmer ist daher so zu behandeln, als bestehe das Arbeitsverhältnis unverändert fort, und nicht so, als würde er aus dem Arbeitsverhältnis ausscheiden und nunmehr eine neue Versorgungszusage erhalten. Würde in einem bestehenden Arbeitsverhältnis die Zusage einer Versorgungsleistung erhöht, würde der vor der Erhöhung zugesagte Versorgungsbesitzstand ebenso wenig mit der erhöhten Versorgungsleistung addiert. Dies stellt auch keinen Nachteil gegenüber einem zum Änderungszeitpunkt neu eintretenden Arbeitnehmer dar, da beide nach derselben Versorgungsordnung entsprechend ihrer Betriebszugehörigkeit Versorgungsanwartschaften erwerben können und daher gleich behandelt werden.[438] Die Versorgungsanwartschaft, die der neu

---

[435] Vgl. *Höfer*, BetrAVG, ART Rn. 1263.

[436] In dem von *Höfer*, aaO., gegebenen Rechenbeispiel muss der Wert des im Betriebsübergang zu schützenden Besitzstandes und der daraus resultierenden Versorgungsleistung höher angesetzt werden und beträgt so zum Zeitpunkt des Betriebsübergangs einschließlich der künftig bis zum Renteneintritt zu erwartenden Steigerungen 200 €, was auch der im Versorgungsfall zur Auszahlung kommenden Ruhegeldleistung entsprechen würde, vgl. S. 304, Fn. 424.

[437] BAG, Urteil vom 24.7.2001, AP Nr. 18 zu § 1 BetrAVG Betriebsveräußerung = NZA 2002, S. 520, 523; MüKo-*Müller-Glöge*, BGB, § 613a Rn. 77; Erman-*Edenfeld*, BGB, § 613a Rn. 58 ff.

[438] So aber *Höfer*, BetrAVG, ART Rn. 1262.

eintretende Arbeitnehmer vorher beim alten Arbeitgeber erdient hat, ist für die Bewertung der betriebsinternen Versorgungsordnung unerheblich.

Wenn *Kort* annimmt, dass bei der rechtsgeschäftlichen Ablösung von Betriebsvereinbarungen zur Wahrung des Versorgungsbesitzstandes eine anteilige Addition der erdienten Versorgungsanwartschaften vorzunehmen ist,[439] geht er von einem abweichenden und abzulehnenden Verständnis der Grundsätze der ablösenden Betriebsvereinbarung aus. Daher ist auch, entgegen der Auffassung von *Kort*, die Ersetzung einer im Veräußererbetrieb geltenden Betriebsvereinbarung über eine betriebliche Altersversorgung durch eine Betriebsvereinbarung des Erwerbers in Folge eines Betriebsübergangs nach § 613a Abs. 1 S. 3 BGB an den Grundsätzen der Verhältnismäßigkeit und des Vertrauensschutzes insbesondere unter Berücksichtigung des dreistufigen Prüfrasters zur Besitzstandswahrung zu messen.

(2) Vereinheitlichungsinteresse als sachlicher Eingriffsgrund?

Fraglich ist, ob dieser Prüfrahmen durch die Besonderheit des Betriebsübergangs modifiziert werden kann. So könnte das Interesse des Betriebserwerbers an der Vereinheitlichung abweichender Arbeitsbedingungen als besonderer Eingriffsgrund zumindest in die Besitzstandsstufe der zukünftigen, dienstzeitunabhängigen Steigerungsraten qualifiziert werden.[440] Entgegen der Ansicht der Literatur, die diese Frage auch unter Bezugnahme auf die Rechtsprechung bejaht, hat das BAG das Vereinheitlichungsinteresse des Arbeitgebers nur dann als Grund für den Eingriff jedenfalls in die erdiente Dynamik angesehen, wenn Änderungen der Versorgungsordnung den Gesamtaufwand, den der Arbeitgeber für die Versorgungsleistung zur Verfügung stellt, nicht beeinträchtigen.[441] Auch für dienstzeitabhängige Steigerungsraten hat das BAG bereits entschieden, dass diese zur Vereinheitlichung von Versorgungssystemen gesenkt werden können, wenn dies im kollektiven Interesse der Gesamtbelegschaft liegt und der Dotierungsrahmen nicht eingeschränkt wird.[442] Allein von

---

[439] So *Kort*, GS Blomeyer, S. 199, 213.

[440] So für einen Eingriff in künftige Steigerungsbeträge: *Gaul*, Arbeitsrecht, § 35 Rn. 102; *Gaul/Kühnreich*, NZA 2002, S. 495, 499; *Hamisch*, AuA 2005, S. 594, 597; *Lindemann/Simon*, BB 2003, S. 2510, 2516; Staudinger-*Richardi/Annuß*, BGB, § 613a Rn. 195; *Junker*, RdA 1993, S. 203, 209; Picot-*Heubeck*, Unternehmenskauf, Teil IV, Rn. 89. *Fuchs*, Sozialleistungen, S. 169, nimmt an, dass das Vereinheitlichungsinteresse des Arbeitgebers einen Eingriff auch in die bereits erdiente Dynamik rechtfertigen kann.

[441] Vgl. BAG, Urteil vom 10.9.2002, AP Nr. 37 zu § 1 BetrAVG Ablösung, unter III.3.d)aa) der Gründe = NZA 2004, S. 231; Urteil vom 7.7.1992, AP Nr. 11 zu § 1 BetrAVG Besitzstand = NZA 1993, S. 179, 180 f.; Urteil vom 11.9.1990, AP Nr. 8 zu § 1 BetrAVG Besitzstand = NZA 1991, S. 176, 177.

[442] BAG, Urteil vom 8.12.1981, AP Nr. 1 zu § 1 BetrAVG Ablösung = DB 1982, S. 46, 49 f.; offen gelassen von BAG, Urteil vom 27.8.1996, AP Nr. 22 zu § 1 BetrAVG = NZA

seiner Zweckrichtung her wird dem Harmonisierungsinteresse des Erwerbers Genüge getan, wenn infolge von Umstrukturierungen die abweichenden Versorgungsbedingungen unter Wahrung des für die Versorgung erforderlichen Gesamtaufwands angeglichen werden. Zur Verwirklichung dieses Interesses sind damit Kürzungen des Dotierungsrahmens, die sich etwa daraus ergeben, dass eine Versorgungszusage des Veräußerers durch eine ungünstigere des Erwerbers mit dem Zeitpunkt des Betriebsübergangs abgelöst wird, nicht erforderlich.

Die Annahme, dass die Ablösungswirkung einer im Betrieb des Erwerbers geltenden Betriebsvereinbarung auch die Aufhebung der zukünftigen Steigerungsbeträge umfasst, führt zudem im Ergebnis zu Unstimmigkeiten: Dass die dem übergehenden Arbeitnehmer vom Veräußerer zugesagte Versorgungsleistung tatsächlich zur Auszahlung kommt, hängt von der – letztlich zufälligen – Tatsache ab, ob im Erwerberbetrieb eine höhere Zusage besteht oder nicht. Trifft die Versorgungsregelung des Veräußerers auf eine ungünstigere des Erwerbers, wird sie abgeändert und verschlechtert; trifft sie auf eine günstigere, bleibt sie bestehen und wird sogar auf die vom Erwerber zugesagte Höhe aufgestockt.[443] Außerdem würde nach dieser Auffassung ein Betriebsübergang stets zu einem Eingriff in dienstzeitabhängige Steigerungsraten berechtigen, da abweichende Arbeitsbedingungen und damit ein Interesse des Betriebserwerbers an der Vereinheitlichung dieser Bedingungen dem Betriebsübergang immanent sind. Hinsichtlich dieser Besitzstandsstufe würde

---

1997, S. 535, 541. Auch das von *Lindemann* und *Simon*, BB 2003, S. 2510, 2516, aufgeführte Urteil des BAG vom 19.11.2002, AP Nr. 40 zu § 1 BetrAVG Ablösung = NZA 2004, S. 264, kann einen sachlichen Grund für Eingriffe außerhalb des Dotierungsrahmens nicht begründen: Zum einen betrifft das Urteil gerade nicht die Überleitung eines Arbeitsverhältnisses im Wege des Betriebsübergangs nach § 613a BGB sondern den speziellen Fall der Übernahme eines Arbeitsverhältnisses auf Grund einer rechtsgeschäftlichen Vereinbarung im Rahmen der gesetzlichen Überleitung der Betriebsprüfungspflicht der Krankenkassen auf die Träger der Rentenversicherung durch das Dritte Gesetz zur Änderung des Sozialgesetzbuchs (3. SGBÄndG) vom 30.6.1995, vgl. BAG, aaO., unter B.I.1. der Gründe. Zum anderen bestätigt das BAG nur, dass ein Vereinheitlichungsinteresse des Arbeitgebers zwar zum Eingriff in dienstzeitabhängige Zuwächse berechtigt, ohne jedoch den Umfang der Eingriffsmöglichkeit zu bestimmen, BAG, aaO., unter B.I.3.a) der Gründe. Überdies hat das BAG einen konkreten Eingriff in diese Besitzstandsstufe nicht festgestellt. Vielmehr dürfte im Fall sogar davon auszugehen sein, dass die ursprüngliche Versorgungsordnung der Krankenkasse durch eine günstigere des Rentenversicherungsträgers abgelöst worden ist, BAG, aaO., B.I.3.b)bb) der Gründe. In dem entschiedenen Fall konnte sich ein Eingriff in künftige Steigerungsbeträge noch daraus ergeben, dass eine am Bruttoendgehalt orientierte Versorgung durch eine nettoentgeltbezogene Gesamtversorgungsobergrenze „gedeckelt" wurde, was aber unter dem Gesichtspunkt der Überversorgung sogar einen Eingriff in erdiente Besitzstände rechtfertigen würde, BAG, aaO., unter B.I.3.c) der Gründe.

[443] Ähnlich *Kaiser/Gardel*, DB 1996, S. 1621, 1623.

damit im Ergebnis eine Einschränkung § 613a Abs. 1 S. 3 BGB nicht vorgenommen.[444] Demgegenüber berücksichtigt das Verständnis des „Vereinheitlichungsinteresses“ des Betriebserwerbers als ein nur zur Änderung der künftigen Steigerungsraten unter Wahrung des Gesamtdotierungsrahmens berechtigender sachlicher Grund nicht nur einseitig das Vertrauen der Arbeitnehmer in die vom Veräußerer abgegebene Ruhegeldzusage, sondern kann auch dem Erwerber zu Gute kommen, der etwa eine wesentlich günstigere Altersversorgung durchführt. Um so einer nicht gewünschten „Aufblähung“ des Dotierungsrahmens entgegenzuwirken, ist es dem übernehmenden Arbeitgeber möglich, das Leistungsniveau der bisherigen Versorgungsordnung abzusenken, um so mit den Versorgungszusagen der übernommenen Arbeitnehmer, die diesem Niveau angeglichen werden, eine einheitliche Versorgungsregelung zu schaffen.[445]

Dabei ist § 613a Abs. 1 S. 3 BGB aber nicht nur im Hinblick auf den Versorgungsbesitzstand der Arbeitnehmer teleologisch zu reduzieren. Besteht im Betrieb des Erwerbers eine günstigere Versorgungsordnung als im Veräußererbetrieb und würden die vom Veräußerer übernommenen Arbeitnehmer von dieser erfasst, bestehen im Betrieb des Erwerbers einheitliche Arbeitsbedingungen und damit gerade kein Vereinheitlichungsinteresse. Dies ergibt sich aus einer unmittelbaren Anwendung von § 613a Abs. 1 S. 3 BGB ohne Berücksichtigung von Besitzstandsgesichtspunkten. Aber auch in diesem Fall muss dem Erwerber ein sachlicher Grund für die Vereinheitlichung der Versorgungsordnungen innerhalb des Gesamtversorgungsaufwands oder des Gesamtdotierungsrahmens, der sich aus dem Dotierungsrahmen, der allein die Versorgungszusagen der vom Betriebsübergang betroffenen Arbeitnehmer des Veräußerers umfasst, und dem Dotierungsrahmen bezüglich der bislang beim Erwerber geführten Altersversorgung ergibt, eingeräumt werden. Ansonsten würde es zu einer Meistbegünstigung der übergehenden Arbeitnehmer kommen, die von § 613a BGB nicht bezweckt ist.

Damit können Eingriffe in dienstzeitabhängige Steigerungsraten, die den Gesamtversorgungsaufwand senken, nur durchgeführt werden, wenn hierfür ein weiterer sachlicher Änderungsgrund insbesondere wirtschaftlicher Art gegeben ist. Das Interesse des Arbeitgebers an der Vereinheitlichung der Versorgungsbedingungen nach einem Betriebsübergang kann Änderungen nur rechtfertigen, wenn durch diese der Gesamtdotierungsrahmen gewahrt wird und so Verschlechterungen der einen Versorgungsordnung Verbesserungen der anderen gegenüber stehen. Dabei berechtigt der Eingriffsgrund des „Vereinheitlichungsinteresses“ innerhalb der aufgezeigten Grenzen nicht nur Abänderun-

---

[444] Ähnlich *Kemper*, BB 1990, S. 785, 786 f., 789.
[445] So auch *Pauly*, FS Heubeck, S. 107, 116 f.

gen in Bezug auf künftige dienstzeitabhängige Steigerungsraten, sondern auch hinsichtlich der zweiten Besitzstandsstufe der erdienten Dynamik. Das Interesse des Betriebserwerbers, die Versorgungszusagen der vom Veräußerer übergehenden Arbeitnehmer und der in seinem Unternehmen oder Betrieb bereits beschäftigten Arbeitnehmer zu harmonisieren, ist daher als triftiger Grund zu qualifizieren.

cc. Ergebnis

Treffen bei einem Betriebsübergang unterschiedliche Betriebsvereinbarungen über den identischen Regelungsgegenstand der betrieblichen Altersversorgung aufeinander, muss § 613a Abs. 1 S. 3 zur Wahrung des Versorgungsbesitzstands teleologisch reduziert werden. Die Normenkollision wird daher wie folgt aufgelöst: Die Versorgungsordnung des Veräußerers wird durch die entsprechende Regelung des Erwerbers gemäß § 613a Abs. 1 S. 3 BGB ersetzt. Die Versorgungsbesitzstände der betroffenen Arbeitnehmer sind nach den Grundsätzen der Verhältnismäßigkeit und des Vertrauensschutzes, die durch das vom BAG entwickelte dreigestufte Prüfraster konkretisiert sind, aufrechtzuerhalten.[446] Dies führt im Ergebnis zu einem Fortbestand der Versorgungszusage des Veräußerers, wenn im aufnehmenden Betrieb eine ungünstigere Versorgungsordnung besteht. Dabei kann, vergleichbar mit der zur Besitzstandswahrung erforderlichen Fortgeltung einer gekündigten Betriebsvereinbarung[447], eine kollektivrechtliche Weitergeltung der Betriebsvereinbarung entsprechend des zu wahrenden Besitzstandes angenommen werden. An einer günstigeren Versorgungszusage des Erwerbers haben hingegen auch die übernommenen Arbeitnehmer teil, so dass in diesem Fall regelmäßig ein Vertrauen der Arbeitnehmer in die ursprüngliche Ruhegeldzusage nicht enttäuscht wird.

Der Betriebserwerber kann aber durch den Abschluss einer Betriebsvereinbarung Änderungen der Versorgungsordnung vornehmen, wenn hierbei der Gesamtdotierungsrahmen gewahrt bleibt. Dabei kann der Betriebserwerber auch eine in seinem Betrieb oder Unternehmen bestehende betriebliche Altersversorgung, die günstiger als die beim Veräußerer bestehende Versorgungsvereinbarung ist, zur Angleichung mit den Versorgungsbedingungen der übernommenen Arbeitnehmer verschlechtern. Im Rahmen eines unternehmerischen Gesamtkonzepts, das der Veräußerung des Betriebs oder Betriebsteils zu Grunde liegt, kann dies ggf. schon vor dem Betriebsübergang erfolgen. Wenn der Betriebserwerber entsprechende Eingriffsgründe vorweisen kann, sind auch Kürzungen der jeweiligen Besitzstandsstufe und eine Reduzierung

---

[446] Zum Umfang dieses Prüfraster vgl. oben S. 253 ff.
[447] Siehe oben S. 285.

des Gesamtdotierungsrahmens zulässig. Kommt der Neuabschluss einer Betriebsvereinbarung nicht zu Stande, bleibt dem Arbeitgeber die Möglichkeit der Kündigung der bestehenden Betriebsvereinbarung und der ggf. teilweise fortwirkenden Betriebsvereinbarung des Veräußerers. Da mit dem Vereinheitlichungsinteresse ein triftiger Grund besteht, kann er den Umfang der Kündigungswirkung festlegen und so ein vereinheitlichtes Versorgungswerk durchsetzen.

b. Kollision von Gesamtbetriebsvereinbarungen

Normenkonkurrenzen können sich nicht nur beim Aufeinandertreffen von Einzelbetriebsvereinbarungen ergeben, sondern auch, wenn auf der Seite des Veräußerers und/oder der Seite des Erwerbers eine betriebliche Altersversorgung auf der Grundlage einer Gesamtbetriebsvereinbarung durchgeführt wird.

aa. Gesamtbetriebsvereinbarung auf der Seite des Veräußerers

Besteht im Unternehmen des Veräußerers eine Gesamtbetriebsvereinbarung, so kann diese nach der hier vertretenen Auffassung grundsätzlich nur normativ weitergelten, wenn alle Betriebe des Unternehmens auf einen neuen Rechtsträger übertragen werden.[448] Bei der Übertragung nur einzelner Betriebe werden die Regelungen der Gesamtbetriebsvereinbarung daher in die Einzelarbeitsverhältnisse transformiert. Eine Kollision von Gesamtbetriebsvereinbarungen auf kollektivrechtlicher Ebene kommt damit nur in Betracht, wenn die Übertragung sämtlicher Betriebe eines Unternehmens auf einen anderen Rechtsträger mit eigener Unternehmensstruktur erfolgt. Die Kollision normativ wirkender Gesamtbetriebsvereinbarungen ist zumindest in entsprechender Anwendung von § 613a Abs. 1 S. 3 BGB zu Gunsten der im Unternehmen des Erwerbers geltenden Gesamtbetriebsvereinbarung aufzulösen.[449] Auch wenn eine auf einzelvertraglicher Ebene transformierte Gesamtbetriebsvereinbarung auf eine im Unternehmen des Erwerbers geltende Gesamtbetriebsvereinbarung trifft, wird die Vereinbarung des Veräußerers von der des Erwerbers gemäß § 613a Abs. 1 S. 3 BGB ersetzt. Gleiches gilt, wenn aus dem Unternehmen des Veräußerers Betriebe oder Betriebsteile abgetrennt werden und in einen Einzelbetrieb des Erwerbers eingegliedert werden. Auch

---

[448] Vgl. dazu oben S. 189 ff.

[449] *Grobys*, BB 2003, S. 1390, 1391; *Wahlig/Witteler*, AuA Nr. 2/2004, S. 14, 18; *Gaul*, Arbeitsrecht, § 25 Rn. 212; *Röder/Haußmann*, DB 1999, S. 1754, 1758; FESTL, BetrVG, § 77 Rn. 169; Moll-*Cohnen/Tepass*, MAH Arbeitsrecht, § 51 Rn. 52. Eine direkte Anwendung von § 613a Abs. 1 S. 3 BGB käme dabei durchaus in Betracht, da die Funktion dieser Vorschrift der Auflösung von kollektivrechtlichen Normenkollisionen dient, wie sich insbesondere bei Zusammentreffen von jeweils normativ anwendbaren Tarifverträgen zeigt, vgl. dazu unten S. 318 ff.

in dieser Fallkonstellation ist eine Transformation der Gesamtbetriebsvereinbarung gemäß § 613a Abs. 1 S. 3 BGB zu Gunsten einer normativen Anwendbarkeit der im Betrieb des Erwerbers geltenden Einzelbetriebsvereinbarung ausgeschlossen.[450]

Im übrigen ergibt sich auch bei einem abweichenden Verständnis der normativen Fortwirkung von Gesamtbetriebsvereinbarungen kein anderes Ergebnis: Würde die Gesamtbetriebsvereinbarung schon bei der Übertragung einzelner Betriebe des Unternehmens als Einzelbetriebsvereinbarung normativ weitergelten, wie dies insbesondere vom BAG[451] vertreten wird, wird sie von einer im Unternehmen des Erwerbers geltenden Gesamtbetriebsvereinbarung schon nach allgemeinen betriebsverfassungsrechtlichen Grundsätzen bzw. einer entsprechenden Anwendung von § 613a Abs. 1 S. 3 BGB abgelöst.[452]

bb. Gesamtbetriebsvereinbarung auf der Seite des Erwerbers

Wenn nur ein Einzelbetrieb oder Betriebsteil ohne übergeordnete Unternehmensstruktur auf Veräußererseite in das Unternehmen des neuen Betriebsinhabers eingegliedert wird, kann eine Einzelbetriebsvereinbarung des Veräußerers auf eine Gesamtbetriebsvereinbarung im Erwerberunternehmen treffen. Bei dieser Konstellation wird vereinzelt vertreten, dass eine Ablösung der Einzelbetriebsvereinbarung durch die Gesamtbetriebsvereinbarung generell ausgeschlossen sei.[453] Dies ergebe sich aus einem „Legitimationsdefizit" des Gesamtbetriebsrats. Dieser könne nur Regelungen mit Wirkung für die Betriebe schaffen, die zum Zeitpunkt des Abschlusses einer Gesamtbetriebsvereinbarung durch Mitglieder ihres Einzelbetriebsrates im Gesamtbetriebsrat vertreten waren.[454] Aus diesem Grund bestehe bei der Eingliederung weiterer Betriebe mit eigenständigen Betriebsvereinbarungen in das Unternehmen schon keine Normenkonkurrenz. Vielmehr können die kollektivrechtlichen Regelungswerke nebeneinander für ihren jeweiligen Geltungsbereich Anwendung finden.[455] Gegen diese Auffassung spricht aber die Regelung des § 50 Abs. 1 S. 1, 2. Hs. BetrVG, nach dem der Gesamtbetriebsrat auch zum Abschluss

---

[450] *Gaul*, Arbeitsrecht, § 25 Rn. 226; *Röder/Haußmann*, DB 1999, S. 1754, 1758; *Lindemann/Simon*, BB 2003, S. 2510, 2512.

[451] Vgl. BAG, Beschluss vom 18.9.2002, AP Nr. 93 zu § 77 BetrVG 1972 = NZA 2003, S. 670.

[452] *Grobys*, BB 2003, S. 1390, 1391; *Wahlig/Witteler*, AuA Nr. 2/2004, S. 14, 18; *Bachner*, NJW 2003, S. 2861, 2864 f.; *Lindemann/Simon*, BB 2003, S. 2510, 2513 f.

[453] *Sowka/Weiss*, DB 1991, S. 1518; MünchHb-*Joost*, § 313 Rn. 49; HSWG-*Glock*, BetrVG, § 50 Rn. 51.

[454] *Sowka/Weiss*, DB 1991, S. 1518 f.; MünchHb-*Joost*, § 313 Rn. 49; HSWG-*Glock*, BetrVG, § 50 Rn. 51.

[455] *Sowka/Weiss*, DB 1991, S. 1518, 1520.

von Betriebsvereinbarungen mit Wirkung für betriebsratslose Betriebe in seinem Zuständigkeitsbereich legitimiert ist. Darüber hinaus kann sich zwar im Einzelfall ergeben, dass eine Gesamtbetriebsvereinbarung inhaltlich nur auf die zum Zeitpunkt des Abschlusses zum Unternehmen zu zählenden Betriebe ausgerichtet ist und sich so ihr Geltungsbereich nicht auf neu hinzutretende Betriebe erstrecken kann. Dies ist jedoch durch Auslegung der jeweiligen Vereinbarung zu ermitteln und kann die Anwendbarkeit für Betriebe, die erst nach dem Abschluss der Gesamtbetriebsvereinbarung in den Unternehmensverbund aufgenommen werden, nicht grundsätzlich ausgeschlossen werden.[456] Überdies ließe sich eine derart weitgehende Beschränkung des Anwendungsbereich einer Gesamtbetriebsvereinbarung nur schwer mit ihrer Funktion und dem Interesse des Arbeitgebers, jeweils unternehmenseinheitliche Arbeitsbedingungen zu schaffen, vereinbaren.[457] Die dem entgegenstehende einschränkende Ansicht ist damit abzulehnen.

Eine auf Grund der Wahrung der Betriebsidentität nach dem Betriebsübergang normativ fortgeltende Einzelbetriebsvereinbarung nach dem Betriebsübergang kann somit durch eine Gesamtbetriebsvereinbarung auf Erwerberseite gemäß § 613a Abs. 1 S. 3 BGB ersetzt werden.[458] Die Ablösung der Einzelbetriebsvereinbarung durch eine Gesamtbetriebsvereinbarung ergibt sich darüber hinaus auch nach der allgemeinen gesetzlichen Zuständigkeitsabgrenzung.[459] Gleiches gilt bei der Übertragung nur eines Betriebsteils oder der Eingliederung eines Betriebes in das Unternehmen des Erwerbers jeweils unter Verlust der betrieblichen Identität: Die Transformationswirkung des § 613a Abs. 1 S. 2 BGB ist gemäß S. 3 ausgeschlossen, wenn im Unternehmen des Erwerbers eine Gesamtbetriebsvereinbarung über einen identischen Regelungsgegenstand besteht, die nach dem Betriebsübergang auch für den übertragenen Betrieb oder Betriebsteil normativ Anwendung findet.[460]

---

[456] *Picot/Schnitker*, Arbeitsrecht, Teil I, Rn. 291; *Gaul*, Arbeitsrecht, § 25 Rn. 55; HWK-*Willemsen/Müller-Bonanni*, § 613a BGB Rn. 268; *Röder/Haußmann*, DB 1999, S. 1754, 1757 f.

[457] *Picot/Schnitker*, Arbeitsrecht, Teil I, Rn. 291.

[458] MüKo-*Müller-Glöge*, BGB, § 613a Rn. 151; *Picot/Schnitker*, Arbeitsrecht, Teil I, Rn. 290; *Gaul*, Arbeitsrecht, § 25 Rn. 53; *Willemsen/Müller-Bonanni*, § 613a BGB Rn. 268; *Henssler*, NZA 1994, S. 913, 918; Moll-*Cohnen/Tepass*, MAH Arbeitsrecht, § 51 Rn. 67; *Hanau/Vossen*, FS Hilger/Stumpf, S. 271, 277.

[459] *Kreutz*, FS 50 Jahre BAG, S. 993, 995; *Lindemann/Simon*, BB 2003, S. 2510, 2513; *Meyer*, DB 2000, S. 1174, 1176.

[460] Willemsen-*Hohenstatt*, Umstrukturierung, Rn. E 39; *Picot/Schnitker*, Arbeitsrecht, Teil I, Rn. 292; *Gaul*, Arbeitsrecht, § 25 Rn. 139 u. 171; *Henssler*, NZA 1994, S. 913, 918; *Hanau/Vossen*, FS Hilger/Stumpf, S. 271, 277.

cc. Ergebnis

Treffen infolge eines Betriebsübergangs Gesamt- oder Einzelbetriebsvereinbarungen des Veräußerers auf eine Gesamtbetriebsvereinbarung des Erwerbers mit identischem Regelungsgegenstand wird die in den zu übertragenden Betrieben oder Betriebsteilen bestehende Regelung regelmäßig von der Gesamtbetriebsvereinbarung des Erwerbers abgelöst. Etwas anderes gilt ausnahmsweise dann, wenn die Gesamtbetriebsvereinbarung des Erwerbers von ihrem Geltungsbereich her nicht auf die Aufnahme weiterer Betriebe ausgerichtet ist, was durch Auslegung zu ermitteln ist. Auch bei der Ablösung einer Gesamtbetriebsvereinbarung bzw. durch eine Gesamtbetriebsvereinbarung sind die zum Besitzstandsschutz entwickelten Grundsätze, die den Anwendungsbereich von § 613a Abs. 1 S. 3 BGB einschränken zu berücksichtigen. Eingriffe in den schützenswerten Versorgungsbesitzstand der vom Betriebsübergang erfassten Arbeitnehmer sind nur bei Vorliegen eines Eingriffsgrundes nach Maßgabe des vom BAG entwickelten abgestuften Besitzstandsschutzes zulässig.[461]

c. Tarifverträge

aa. Anwendungsvoraussetzungen von § 613a Abs. 1 S. 3 BGB

Fraglich ist, unter welchen Voraussetzungen ein im Betrieb des Erwerbers bestehender Tarifvertrag gemäß § 613a Abs. 1 S. 3 BGB die nach S. 2 angeordnete Transformation eines im Veräußererbetrieb geltenden Tarifvertrags ausschließen kann. Die Anwendung von § 613a Abs. 1 S. 2-4 BGB setzt grundsätzlich voraus, dass der Arbeitnehmer beim alten Betriebsinhaber bereits tarifgebunden war, da ansonsten lediglich eine individualrechtliche Fortgeltung nach § 613a Abs. 1 S. 1 BGB in Betracht kommt.[462]

(1) Problematik der kongruenten Tarifbindung

Nach der Rechtsprechung des BAG und der überwiegenden Literaturansicht ist darüber hinaus für die Anwendung des § 613a Abs. 1 S. 3 BGB erforderlich, dass sowohl der den Betrieb erwerbende Arbeitgeber als auch die übergehenden Arbeitnehmer nach dem Betriebsübergang an den beim Erwerber geltenden Tarifvertrag gebunden sind.[463] Das BAG begründet seine Auffas-

---

[461] *Bachner*, NJW 2003, S. 2861, 2864; ähnlich *Hanau/Vossen*, FS Hilger/Stumpf, S. 271, 277 f., die freilich noch von einer „Billigkeitskontrolle" sprechen.

[462] ErfK-*Preis*, § 613a BGB Rn. 119; *Preis/Steffan*, FS Kraft, S. 477, 485; BAG, Urteil vom 21.2.2001, AP Nr. 20 zu § 4 TVG = NZA 2001, S. 1318, 1323.

[463] BAG, Urteil vom 21.2.2001, AP Nr. 20 zu § 4 TVG = NZA 2001, S. 1318 ff.; Urteil vom 30.8.2000, AP Nr. 12 zu § 1 TVG Bezugnahme auf Tarifvertrag = NZA 2001, S. 510,

sung mit der Gesetzessystematik und dem Gesetzeswortlaut des § 613a Abs. 1 S. 2-4 BGB. Da S. 2 der Vorschrift von der normativen Geltung eines Tarifvertrages und damit von einer beiderseitigen Tarifbindung ausgeht, muss gleiches für S. 3 gelten: Letzterer bezweckt die Auflösung einer möglichen Kollision von vor und nach dem Betriebsübergang normativ wirkenden Tarifverträgen. Diese Kollisionslage kann aber nur eintreten, wenn jeweils vor und nach dem Betriebsübergang beiderseitige Tarifgebundenheit vorliegt.[464] Zudem verwendet der Gesetzgeber mit den Formulierungen „sind ... geregelt" (S. 2) bzw. „geregelt werden" (S. 3) einen (nahezu) identischen Wortlaut, so dass auch von einer einheitlichen Wortbedeutung auszugehen ist.[465] Schließlich würde der Anwendungsbereich des S. 4, 2. Alt., erheblich reduziert, wenn bereits allein die Tarifbindung des Erwerbers die Transformationswirkung des S. 2 ausschließen würde. So könnte die Anwendung eines Tarifvertrages zur Änderung einer transformierten Regelung vor Ablauf der Abänderungssperre nach § 613a Abs. 1 S. 4, 2. Alt. BGB nur vereinbart werden, wenn weder der Betriebserwerber noch der Arbeitnehmer tarifgebunden sind.[466]

Nach anderer Auffassung tritt die Rechtsfolge des § 613a Abs. 1 S. 3 BGB bereits dann ein, wenn allein der Betriebserwerber an einen einschlägigen Tarifvertrag gebunden ist.[467] In diesem Fall wird ein im Veräußererbetrieb

---

512; Urteil vom 19.11.1996, AP Nr. 153 zu § 613a BGB = NZA 1997, S. 890, 891; Urteil vom 20.4.1994, AP Nr. 108 zu § 613a BGB = NZA 1994, S. 1140, 1142; ErfK-*Preis*, § 613a BGB Rn. 119; HWK-*Willemsen/Müller-Bonanni*, § 613a BGB Rn. 267; Erman-*Edenfeld*, BGB, § 613a Rn. 89; Staudinger-*Richardi/Annuß*, BGB, § 613a Rn. 193; MüKo-*Müller-Glöge*, BGB, § 613a Rn. 139; Wiedemann-*Oetker*, TVG, § 3 Rn. 199; Moll-*Cohnen/Tepass*, MAH Arbeitsrecht, § 51 Rn. 92 ff.; *Blomeyer/Otto*, BetrAVG, Anh § 1 Rn. 303; *Höfer*, BetrAVG, ART Rn. 1254; *Gaul*, Arbeitsrecht, § 24 Rn. 42; *Picot/Schnitker*, Arbeitsrecht, Teil V, Rn. 253; *Lambrich/Trappehl*, Tarifflucht, S. 171 f.; Tschöpe-*Bopp*, Teil 2 G, Rn. 153; *Preis*, Individualarbeitsrecht, § 73 III 3.b); *Preis/Steffan*, FS Kraft, S. 477, 485 f.; *Lindemann/Simon*, BB 2003, S. 2510, 2515. Kritisch, aber im Ergebnis aus praktischen Erwägungen zustimmend *Schiefer*, FS 50 Jahre BAG, S. 859, 866 f.; *ders.*, DB 2003, S. 390, 391; Willemsen-*Hohenstatt*, Umstrukturierung, E 136 ff., insb. E 160.

464 BAG, Urteil vom 21.2.2001, AP Nr. 20 zu § 4 TVG = NZA 2001, S. 1318, 1321 f.

465 BAG, Urteil vom 21.2.2001, AP Nr. 20 zu § 4 TVG = NZA 2001, S. 1318, 1321; *Gaul*, Arbeitsrecht, § 24 Rn. 44; Wiedemann-*Oetker*, TVG, § 3 Rn. 199; Staudinger-*Richardi/Annuß*, BGB, § 613a Rn. 193.

466 *Gaul*, Arbeitsrecht, § 24 Rn. 44; Wiedemann-*Oetker*, TVG, § 3 Rn. 199; *Preis/Steffan*, FS Kraft, S. 477, 486; Erman-*Edenfeld*, BGB, § 613a Rn. 89. Ähnlich BAG, Urteil vom 21.2.2001, AP Nr. 20 zu § 4 TVG = NZA 2001, S. 1318, 1321, das aber einräumt, dass auch bei Annahme der nur einseitigen Tarifgebundenheit als Tatbestandsvoraussetzung die Sätze 3 und 4 dann einen stimmigen Regelungszusammenhang bilden, so dass dem Verhältnis dieser Regelungen für die Streitfrage keine entscheidende Bedeutung zukommt.

467 Preis/Willemsen-*Moll*, Umstrukturierung, Rn. E 38 ff.; *ders.*, RdA 1996, S. 275, 280 ff.; *Zöllner*, DB 1995, S. 1401, 1403 ff.; *Henssler*, FS Schaub, S. 311, 319 f.; *Hromad-*

normativ anwendbarer Tarifvertrag nicht auf die einzelvertragliche Ebene umgewandelt. Vielmehr richten sich die Arbeitsbedingungen der Arbeitnehmer, die nicht normativ von dem im Betrieb des Erwerbers anwendbaren Tarifvertrag erfasst werden, nach allgemeinen Regeln, wie etwa gesetzlichen Vorschriften wie vor allem § 612 Abs. 2 BGB oder dem Gleichbehandlungsgrundsatz.[468] Zur Begründung dieser Ansicht wird auf das Vereinheitlichungsinteresse des Betriebserwerbers abgestellt, das auch ausweislich der Entstehungsgeschichte des Gesetzes der Regelung des § 613a Abs. 1 S. 3 BGB zu Grunde liegt.[469] Die vom BAG vorgenommene Auslegung dieser Norm würde dazu führen, dass unterschiedliche tarifliche Regelungen im Betrieb des Erwerbers Anwendung finden würden. Dies stehe nicht mit den allgemeinen Regelungen zur Auflösung einer Tarifkonkurrenz nach dem Grundsatz der Tarifeinheit im Einklang und führe zudem auch zu praktischen Schwierigkeiten, wenn die Arbeitsbedingungen durch fachlich nicht einschlägige Tarifverträge geregelt werden, die nicht auf die Besonderheiten der Branche abgestimmt sind.[470] Bei Beschränkung auf eine kongruente Tarifbindung hätte § 613a Abs. 1 S. 3 BGB zudem kaum einen eigenständigen Anwendungsbereich, da bei beiderseitiger Tarifgebundenheit ein Tarifvertrag ohnehin schon normativ gilt.[471] Der Wortlaut des § 613a Abs. 1 S. 3 BGB stellt zudem auf eine „bei dem neuen Inhaber" bestehende Regelung ab. Eine solche Regelung besteht aber bei dem Betriebserwerber auch dann, wenn einzelne Arbeitnehmer nicht tarifgebunden sind.[472] Schließlich ist der von der Gegenauffassung aufgeführten Regelung des S. 4, 1. Alt., ein Rückschluss auf die Anwendungsvoraussetzungen des S. 3 nicht zu entnehmen, da die Vorschrift des S. 4 von ihrem Sinn und Zweck her den Regelungen der Sätze 2 und 3 nachgelagert ist. Die Möglichkeit der Abänderung von nach § 613a Abs. 1 S. 2 BGB transformierten Kollektivvereinbarungen durch Inbezugnahme eines Tarifvertrages be

---

ka, DB 1996, S. 1872, 1875 f.; *Heinze*, DB 1998, S. 1861, 1866; *ders.*, FS Schaub, S. 275, 290 f.; *Seitz/Werner*, NZA 2000, S. 1257, 1267 f.; *Bauer*, FS Schaub, S. 19, 39.

[468] Preis/Willemsen-*Moll*, Umstrukturierung, Rn. E 45; *ders.*, RdA 1996, S. 275, 282; *Zöllner*, DB 1995, S. 1401, 1405; *Hromadka*, DB 1996, S. 1872, 1876; Willemsen-*Hohenstatt*, Umstrukturierung, Rn. E 145 f.; *Bauer*, FS Schaub, S. 19, 39 f.

[469] Preis/Willemsen-*Moll*, Umstrukturierung, Rn. E 42; *ders.*, RdA 1996, S. 275, 280; Willemsen-*Hohenstatt*, Umstrukturierung, Rn. E 141; *Henssler*, FS Schaub, S. 311, 319 f.; *Seitz/Werner*, NZA 2000, S. 1257, 1267; *Bauer*, FS Schaub, S. 19, 39.

[470] *Moll*, RdA 1996, S. 275, 280 f.; Willemsen-*Hohenstatt*, Umstrukturierung, Rn. E 141.

[471] *Zöllner*, DB 1995, S. 1401, 1404; *Seitz/Werner*, NZA 2000, S. 1257, 1267.

[472] Preis/Willemsen-*Moll*, Umstrukturierung, Rn. E 41; *ders.*, RdA 1996, S. 275, 280; *Zöllner*, DB 1995, S. 1401, 1404; *Henssler*, FS Schaub, S. 311, 320.

steht aber unabhängig davon, ob eine Tarifbindung nur bei einer der Arbeitsvertragsparteien gegeben ist oder vollständig fehlt.[473]

Nach einer vermittelnden, von *Hanau* und *Kania* vertretenen Ansicht ist die Transformationswirkung des § 613a Abs. 1 S. 2 BGB bei nur einseitiger Tarifbindung des Arbeitgebers dann ausgeschlossen, wenn die beim Veräußerer und beim Erwerber geltenden Tarifverträge jeweils in den Zuständigkeitsbereich einer DGB-Gewerkschaft fallen.[474] Dies ergibt sich aus dem die Organisationsstruktur des DGB und seiner Mitgliedsgewerkschaften bestimmenden Industrieverbandsprinzip, nach dem in jeder Branche nur ein Tarifvertrag gelten soll. Dieses Prinzip wird beispielsweise durch Satzungsbestimmungen der Einzelgewerkschaften verdeutlicht, die ihren Mitgliedern bei Ausscheiden aus dem Organisationsbereich der Gewerkschaft den Übertritt in die fachlich zuständige nahe legen.[475] Besteht in einem Betrieb oder Unternehmen Tarifpluralität, da beispielsweise nach einem Branchenwechsel zwei Tarifverträge von DGB-Gewerkschaften mit fachlich unterschiedlichen Geltungsbereichen anwendbar sind, kann diese Konkurrenz so zu Gunsten der fachlich einschlägigen Regelung aufgelöst werden. Dieses Vorrangverhältnis besteht aber auch bei nach einem Betriebsübergang konkurrierenden Tarifverträgen von DGB-Mitgliedsgewerkschaften, da § 613a Abs. 1 BGB ein „Sondertarifrecht" für den Betriebsübergang nicht zu entnehmen ist. Bei Tarifbindung zumindest des Erwerbers an einen DGB-Tarifvertrag ist daher die Transformation eines im Veräußererbetrieb anwendbaren DGB-Tarifvertrages, der regelmäßig weniger speziell ist, ausgeschlossen. In Ermangelung anderer Regelungen kann dann für die hiervon betroffenen Arbeitnehmer § 612 Abs. 2 BGB Anwendung finden, so dass sich die Entgeltbedingungen nach der „üblichen Vergütung" und damit in der Regel nach den im Betrieb des Erwerbers geltenden Tarifverträgen richten.[476]

(2) Stellungnahme

Zur Lösung dieser Problematik kann dem Wortlaut und der Systematik des § 613a Abs. 1 BGB eine zweifelsfreie Regelung nicht entnommen werden. Sowohl das BAG und die ihm folgenden Stimmen in der Literatur als auch die Gegenauffassung können berechtigterweise der Norm jeweils ihre Ansicht stützende textliche und systematische Erwägungen entnehmen.[477] Wenn für

---

[473] Preis/Willemsen-*Moll*, Umstrukturierung, Rn. E 44; *ders.*, RdA 1996, S. 275, 281 f.

[474] *Kania*, DB 1996, S. 1921, 1923; *Hanau*, RdA 1998, S. 65, 69 f.; *Hanau/Kania*, FS Schaub, S. 239, 256; LAG Köln, Urteil vom 30.9.1999, NZA-RR 2000, S. 179, 180 f.

[475] *Kania*, DB 1996, S. 1921 f.

[476] *Kania*, DB 1996, S. 1921, 1923; LAG Köln, Urteil vom 30.9.1999, NZA-RR 2000, S. 179, 180 f.

[477] Vgl. Willemsen-*Hohenstatt*, Umstrukturierung, Rn. E 140 u. E 143.

die Anwendung des § 613a Abs. 1 S. 3 BGB allein auf die Tarifgebundenheit des neuen Betriebsinhabers abgestellt wird, würde einzelnen Arbeitnehmern aber der Kollektivschutz des im Veräußerbetrieb bestehenden Tarifvertrags entzogen, ohne dass sie im Gegenzug wegen fehlender Tarifgebundenheit dem Geltungsbereich des Erwerbertarifvertrags unterfallen würden.[478] Damit bliebe diese Lesart des § 613a Abs. 1 S. 3 BGB hinter den europarechtlichen Vorgaben des Art. 3 Abs. 3 der Richtlinie 2001/23/EG vom 12.3.2001 zurück, der die Anwendbarkeit entweder des Veräußerer- oder des Erwerbertarifvertrags voraussetzt. Nach dieser Ansicht bleibt zudem unklar, welche Normen anstelle des nicht mehr geltenden Tarifvertrages des Veräußerers für die Arbeitnehmer, die nicht Mitglied der beim neuen Arbeitgeber zuständigen Gewerkschaft sind, Anwendung finden sollen. Auch die Regelung des § 612 Abs. 2 BGB kann hier nicht weiterhelfen, da sie nur die Höhe der Vergütung und damit nicht alle der tariflichen Gestaltungsmacht zugänglichen Arbeitsbedingungen betrifft.[479] Die umfassende Anwendung dieser Norm auf tarifliche Arbeitsbedingungen käme einer generellen Geltungserstreckung des Tarifvertrages auf Nicht- oder Anderstarifgebundene gleich, die vom Gesetzgeber nicht beabsichtigt war und wegen der möglichen Beeinträchtigung der negativen Koalitionsfreiheit der betroffenen Arbeitnehmer verfassungsrechtlichen Bedenken begegnet.[480] Die Ansicht, die für die Anwendung von § 613a Abs. 1 S. 3 BGB lediglich die Tarifbindung des Betriebserwerbers voraussetzt, ist damit abzulehnen.

Auch dem vermittelnden Ansatz, die Rechtsfolge des § 613a Abs. 1 S. 2 BGB bei nur einseitiger Tarifbindung des Erwerbers auszuschließen, wenn die vor und nach dem Betriebsübergang geltenden Tarifverträge jeweils von DGB-Mitgliedsgewerkschaften abgeschlossen wurden, kann nicht gefolgt werden. Den übergehenden Arbeitnehmern ist es – auch nach den Satzungen der meisten Einzelgewerkschaften[481] – freigestellt, die Tarifbindung nach dem Betriebsübergang durch einen Wechsel der Gewerkschaftsmitgliedschaft herbeizuführen. Dieser Entscheidungsspielraum des Arbeitnehmers unterfällt, auch wenn er innerhalb eines Dachverbandes wie dem DGB als übergeordneter Organisationsstruktur ausgeübt wird, dem Schutz der individuellen Koalitionsfreiheit des Arbeitnehmers. Entscheidet sich der Arbeitnehmer dazu, der im Betrieb des Erwerbers vertretenen Gewerkschaft fernzubleiben, verletzt der

[478] BAG, Urteil vom 21.2.2001, AP Nr. 20 zu § 4 TVG = NZA 2001, S. 1318, 1322 f.; Staudinger-*Richardi/Annuß*, BGB, § 613a Rn. 193; ErfK-*Preis*, § 613a BGB Rn. 119.

[479] BAG, Urteil vom 21.2.2001, AP Nr. 20 zu § 4 TVG = NZA 2001, S. 1318, 1322 f.; *Lindemann/Simon*, BB 2003, S. 2510, 2515.

[480] BAG, Urteil vom 21.2.2001, AP Nr. 20 zu § 4 TVG = NZA 2001, S. 1318, 1323; *Gaul*, Arbeitsrecht, § 24 Rn. 43; *Preis/Steffan*, FS Kraft, S. 477, 486.

[481] Vgl. *Hromadka*, DB 1996, S. 1872, 1875.

Entzug einer bestehenden Tarifbindung bzw. die Erstreckung einer neuen Tarifbindung durch Anwendung des § 612 Abs. 2 BGB die negative Koalitionsfreiheit des Arbeitnehmers.[482] Außerdem spricht gegen diese Auffassung, dass internes Satzungsrecht der Gewerkschaften als eine privatautonome Vereinbarung den gesetzlichen Anwendungsbereich des § 613a Abs. 1 S. 3 BGB bestimmen und so Rechtsbeziehungen dritter Personen gestalten würde.[483]

Damit ist mit dem BAG und dem überwiegenden Teil der Literatur davon auszugehen, dass § 613a Abs. 1 S. 3 BGB nur bei kongruenter Tarifbindung von Arbeitnehmer und Betriebserwerber entweder durch Mitgliedschaft im jeweils tarifschließenden Verband oder durch Allgemeinverbindlicherklärung des Tarifvertrags nach § 5 Abs. 1 TVG Anwendung findet. Der Anwendungsbereich der Vorschrift beschränkt sich so auf die Fälle, in denen der übergehende Betrieb oder Betriebsteil nach dem Betriebsübergang in einen anderen tariflichen Geltungsbereich fällt und es so zu einer Konkurrenz der jeweils normativ wirkenden Tarifverträge des Veräußerers und des Erwerbers kommt.[484] Durch den Zusammenschluss verschiedener Einzelgewerkschaften zur Dienstleistungsgewerkschaft ver.di, die damit für Tarifabschlüsse in einer Vielzahl verschiedener Fachbereiche zuständig ist, wird sich die Zahl der Anwendungsfälle des § 613a Abs. 1 S. 3 BGB voraussichtlich erhöhen, was zudem die Akzeptanz und Praktikabilität der vom BAG vertretenen Auslegung dieser Vorschrift steigern dürfte.[485]

Im Bereich der betrieblichen Altersversorgung ist aber auch bei der Ablösung von Tarifverträgen im Betriebsübergang ein ggf. zu wahrender Versorgungsbesitzstand der betroffenen Arbeitnehmer zu berücksichtigen.[486] Hierzu sind die zur Ablösung von Betriebsvereinbarungen entwickelten Grundsätze heranzuziehen, so dass § 613a Abs. 1 S. 3 BGB auch in Bezug auf Tarifverträge einer Einschränkung dahingehend bedarf, dass Eingriffe in schützenswerte Besitzstände eines entsprechenden Eingriffsgrundes bedürfen.[487]

---

[482] BAG, Urteil vom 21.2.2001, AP Nr. 20 zu § 4 TVG = NZA 2001, S. 1318, 1323; *Gaul*, Arbeitsrecht, § 24 Rn. 49; MüKo-*Müller-Glöge*, BGB, § 613a Rn. 140. Vgl. auch Willemsen-*Hohenstatt*, Umstrukturierung, Rn. E 159.

[483] *Gaul*, Arbeitsrecht, § 24 Rn. 49; *Seitz/Werner*, NZA 2000, S. 1257, 1268.

[484] ErfK-*Preis*, § 613a BGB Rn. 119.

[485] MüKo-*Müller-Glöge*, BGB, § 613a Rn. 139; *Schiefer*, FS 50 Jahre BAG, S. 859, 867 f.; *ders.*, DB 2003, S. 390, 391 f.; Moll-*Cohnen/Tepass*, MAH Arbeitsrecht, § 51 Rn. 94.

[486] *Gaul*, Arbeitsrecht, § 24 Rn. 38; *Blomeyer/Otto*, BetrAVG, Anh § 1 Rn. 304 f.

[487] Vgl. hierzu oben S. 304 ff.

bb. Individualvertragliche Bezugnahmeklauseln

Wird ein Tarifvertrag lediglich in den Einzelarbeitsverträgen in Bezug genommen, ohne dass die betroffenen Arbeitnehmer an den Tarifvertrag normativ gebunden sind, erübrigt sich die Frage nach einer normativen Fortgeltung. Die tarifliche Regelung ist durch Verweisung individualrechtlicher Bestandteil des Arbeitsverhältnisses, so dass der neue Arbeitgeber nach § 613a Abs. 1 S. 1 BGB einzelvertraglich an die tariflichen Bestimmungen und die Verweisungsklausel gebunden ist.[488] Aber auch nach dem Betriebsübergang kann der durch die Bezugnahme bestimmte Vertragsinhalt noch Änderungen unterliegen. Dies ist z.B. denkbar, wenn sich der Inhalt des Tarifvertrages, auf den verwiesen wird, nach dem Betriebsübergang ändert oder der Betriebserwerber an einen anderen, möglicherweise aus einem fachlich abweichenden Geltungsbereich stammenden Tarifvertrag gebunden ist. Inwieweit der Inhalt des Arbeitsvertrags an diesen Änderungen teilhat, wird durch den Umfang der Verweisungsklausel festgelegt. Dieser Umfang ist durch Auslegung der Klausel gemäß §§ 133, 157 BGB zu ermitteln.[489]

(1) Arten von Bezugnahmeklauseln

Bei der Auslegung von Bezugnahmeklauseln ist besonders auf den ihr zu Grunde liegenden Zweck abzustellen, der maßgeblich auf ihre Wirkweise Einfluss nimmt. Verweist ein tarifgebundener Arbeitgeber in den Arbeitsverträgen mit den bei ihm beschäftigten Arbeitnehmern auf die für seinen Betrieb einschlägigen Tarifverträge, so ist hierin typischerweise eine Gleichstellungsabrede zu sehen.[490] Durch diese soll erreicht werden, dass sich die Arbeitsbedingungen tarifgebundener und nicht tarifgebundener Arbeitnehmer entsprechen. Da der Arbeitgeber regelmäßig bei der Einstellung nicht weiß, ob

---

488 *Gaul*, Arbeitsrecht, § 24 Rn. 74; *ders.*, BB 2000, S. 1086 f.; MüKo-*Müller-Glöge*, BGB, § 613a Rn. 144; ErfK-*Preis*, § 613a BGB Rn. 123; Tschöpe-*Bopp*, Teil 2 G, Rn. 158; Staudinger-*Richardi/Annuß*, BGB, § 613a Rn. 200; Willemsen-*Hohenstatt*, Umstrukturierungen, Rn. E 174; *Hanau/Kania*, FS Schaub, S. 239, 256 f.

489 MüKo-*Müller-Glöge*, BGB, § 613a Rn. 144; ErfK-*Preis*, § 613a BGB Rn. 123.

490 BAG, Urteil vom 26.9.2001, AP Nr. 21 zu § 1 TVG Bezugnahme auf Tarifvertrag = NZA 2002, S. 634, 635; Urteil vom 20.2.2002, EzA Nr. 20 zu § 3 TVG Bezugnahme auf Tarifvertrag = NZA 2003, S. 933, 934; Urteil vom 21.8.2002, AP Nr. 21 zu § 157 BGB = NZA 2003, S. 442, 443; Urteil vom 16.10.2002, AP Nr. 22 zu § 1 TVG Bezugnahme auf Tarifvertrag = NZA 2003, S. 390, 391; Urteil vom 19.3.2003, AP Nr. 33 zu § 1 TVG Bezugnahme auf Tarifvertrag = NZA 2003, S. 1207 f. ErfK-*Preis*, § 613a BGB Rn. 123; Moll-*Hamacher*, MAH Arbeitsrecht, § 65 Rn. 64. Das BAG bewertete so beispielweise folgende Klauseln als Gleichstellungsabreden: „Im Übrigen gelten die tarifvertraglichen Bestimmungen für die Angestellten in der Wohnungswirtschaft“ (NZA 2002, S. 634) oder „Ergänzend gelten die Bestimmungen der Tarifverträge in der Metallindustrie in Nordwürttemberg/Nordbaden ... in der jeweils gültigen Fassung“ (NZA 2003, S. 442, 443).

der Arbeitnehmer durch Mitgliedschaft in der Gewerkschaft tarifgebunden ist oder nicht, und ihm ein diesbezügliches Fragerecht aus rechtlichen Gründen verwehrt ist, kann er durch diesen Verweis die Anwendung einheitlicher Arbeits- und Entgeltbedingungen für den gesamten Betrieb erreichen.[491] Überdies gibt der Arbeitgeber den beschäftigten Arbeitnehmern so keinen Anreiz, sich gewerkschaftlich zu organisieren.[492] Diese Interessenlage ist einem verständigen Arbeitnehmer regelmäßig erkennbar, so dass vom objektiven Empfängerhorizont aus eine Gleichstellungsabrede anzunehmen ist.[493] Eine Gleichstellungsabrede, die sich auf Tarifverträge eines fachlichen Geltungsbereichs beschränkt, wirkt als sog. kleine dynamische Verweisung auf den in Bezug genommenen Tarifvertrag in seiner jeweils geltenden Fassung.[494]

Von einer reinen Gleichstellungsabrede sind jedoch regelmäßig nicht Tarifverträge außerhalb der für den Arbeitgeber bestehenden fachlichen Tarifzuständigkeit umfasst. Sollen bei einem Branchenwechsel auch die nicht tarifgebundenen Arbeitnehmer durch arbeitsvertragliche Bezugnahme von den jeweils unmittelbar und zwingend geltenden Tarifverträge erfasst werden, muss sich dies der Bezugnahmeklausel ausdrücklich etwa durch einen Pauschalverweis entnehmen lassen.[495] Das BAG hat dies etwa für die Formulierung „Im Übrigen gelten ... die Bedingungen des jeweils gültigen Tarifvertrages" angenommen.[496] Wenn sich die Bezugnahmeklausel hingegen auf einen namentlich genannten Tarifvertrag oder einen bestimmten fachlichen Geltungsbe-

---

[491] BAG, Urteil vom 21.8.2002, AP Nr. 21 zu § 157 BGB = NZA 2003, S. 442, 443 f.; Urteil vom 26.9.2001, AP Nr. 21 zu § 1 TVG Bezugnahme auf Tarifvertrag = NZA 2002, S. 634, 635; Urteil vom 19.3.2003, AP Nr. 33 zu § 1 TVG Bezugnahme auf Tarifvertrag = NZA 2003, S. 1207, 1208; MüKo-*Müller-Glöge*, BGB, § 613a Rn. 145.

[492] BAG, Urteil vom 21.8.2002, AP Nr. 21 zu § 157 BGB = NZA 2003, S. 442, 443; Urteil vom 26.9.2001, AP Nr. 21 zu § 1 TVG Bezugnahme auf Tarifvertrag = NZA 2002, S. 634, 636.

[493] BAG, Urteil vom 21.8.2002, AP Nr. 21 zu § 157 BGB = NZA 2003, S. 442, 444; Urteil vom 26.9.2001, AP Nr. 21 zu § 1 TVG Bezugnahme auf Tarifvertrag = NZA 2002, S. 634, 636.

[494] BAG, Urteil vom 26.9.2001, AP Nr. 21 zu § 1 TVG Bezugnahme auf Tarifvertrag = NZA 2002, S. 634, 635; Willemsen-*Hohenstatt*, Umstrukturierung, Rn. 169; *Seitz/ Werner*, NZA 2000, S. 1257, 1259.

[495] BAG, Urteil vom 16.10.2002, AP Nr. 22 zu § 1 TVG Bezugnahme auf Tarifvertrag = NZA 2003, S. 390, 392; MüKo-*Müller-Glöge*, BGB, § 613a Rn. 144; ErfK-*Preis*, § 613a BGB Rn. 123.

[496] BAG, Urteil vom 16.10.2002, AP Nr. 22 zu § 1 TVG Bezugnahme auf Tarifvertrag = NZA 2003, S. 390, 392. *Preis*, Arbeitsvertrag, II V 40, Rn. 16, empfiehlt folgende Formulierung: „Auf das Arbeitsverhältnis sind die betrieblich und fachlich jeweils einschlägigen Tarifverträge in ihrer jeweils gültigen Fassung anzuwenden, soweit in diesem Vertrag nichts anderes vereinbart ist. Dies sind zur Zeit (Zeitpunkt des Vertragsschlusses) die von der X-Gewerkschaft mit dem Y-Arbeitgeberverband für das Tarifgebiet Z abgeschlossenen Tarifverträge für die A-Branche."

reich bezieht, kann auch ihr Zweck als Gleichstellungsabrede einen Tarifwechsel nur herbeiführen, wenn weitere Umstände hinzutreten, aus denen sich ein entsprechender Parteiwille ergibt.[497] Zeigt sich bei der Auslegung der Verweisungsklausel, dass die Anwendung des jeweils fachlich einschlägigen Tarifvertrages beabsichtigt ist, wird die Verweisung auch als Tarifwechselklausel oder große dynamische Verweisung bezeichnet.[498]

Daneben besteht die Möglichkeit, dass die Verweisung rein statisch wirkt und so lediglich einen bestimmten Tarifvertrag in einer zu einem festen Zeitpunkt geltenden Fassung in Bezug nimmt. Diese Variante der Bezugnahmeklausel ist eher selten verbreitet, da sie dem im Arbeitsverhältnis als Dauerschuldverhältnis enthaltenem Anpassungsbedarf nur schwer nachkommen kann.[499] Daher müssen bei der Auslegung der Verweisungsklausel entsprechende Anhaltspunkte für die Beschränkung des Parteiwillens auf eine statische Verweisung, wie beispielsweise die Nennung einer dem Datum nach bestimmten Fassung des Tarifvertrages oder ein Hinweis auf die Unbeachtlichkeit späterer Änderungen, ersichtlich sein.[500] Im Zweifel haben die Parteien aber eine dynamische Verweisungsklausel vereinbart.[501] Der durch die Verweisungsklausel bestimmte Inhalt des Arbeitsvertrages ist von der nachfolgenden Tarifentwicklung abgekoppelt. Die in Bezug genommenen tariflichen Bestimmungen bleiben damit auch nach einem Betriebsübergang gemäß § 613a Abs. 1 S. 1 BGB statischer Bestandteil der einzelnen Arbeitsverhältnisse.[502]

Schließlich kann auch der nicht tarifgebundene Arbeitgeber Interesse daran haben, durch eine entsprechende Verweisung die Anwendbarkeit eines bestimmten Tarifvertrages unter Berücksichtigung seiner zukünftigen Entwick-

---

[497] BAG, Urteil vom 30.8.2000, AP Nr. 12 zu § 1 TVG Bezugnahme auf Tarifvertrag = NZA 2001, S. 510, 511; Urteil vom 25.10.2000, AP Nr. 13 zu § 1 TVG Bezugnahme auf Tarifvertrag = NZA 2002, S. 100, 103; Urteil vom 25.9.2002, AP Nr. 26 zu § 1 TVG Bezugnahme auf Tarifvertrag = NZA 2003, S. 807, 808; MüKo-*Müller-Glöge*, BGB, § 613a Rn. 145; ErfK-*Preis*, § 613a BGB Rn. 123.

[498] Willemsen-*Hohenstatt*, Umstrukturierung, Rn. E 170 f.; MüKo-*Müller-Glöge*, BGB, § 613a Rn. 147; *Seitz/Werner*, NZA 2000, S. 1257, 1259.

[499] HWK-*Willemsen/Müller-Bonanni*, § 613a BGB Rn. 275; Willemsen-*Hohenstatt*, Umstrukturierung, Rn. E 168.

[500] *Preis*, Arbeitsvertrag, II V 40, Rn. 10; *Seitz/Werner*, NZA 2000, S. 1257, 1259; Moll-*Hamacher*, MAH Arbeitsrecht, § 65 Rn. 95.

[501] BAG, Urteil vom 26.9.2001, AP Nr. 21 zu § 1 TVG Bezugnahme auf Tarifvertrag = NZA 2002, S. 634, 635; *Gaul*, Arbeitsrecht, § 24 Rn. 68; Willemsen-*Hohenstatt*, Umstrukturierung, Rn. E 168; *Seitz/Werner*, NZA 2000, S. 1257, 1259; *Meyer*, NZA 2003, S. 1126, 1127.

[502] *Preis*, Arbeitsvertrag, II V 40, Rn. 88; *Thüsing/Lambrich*, RdA 2002, S. 193, 211; Moll-*Cohnen/Tepass*, MAH Arbeitsrecht, § 51 Rn. 117.

lung für die Einzelarbeitsverhältnisse zu vereinbaren.[503] Dies ist insbesondere dann anzunehmen, wenn ein Tarifvertrag in Bezug genommen wird, der von seinem fachlichen oder räumlichen Geltungsbereich her für den Arbeitgeber auch bei Tarifbindung keine Anwendung finden würde.[504] Eine solche Klausel wirkt auch nach einem Betriebsübergang als konstitutive dynamische Verweisung, da der Veräußerer nicht tarifgebunden ist und die Klausel somit gemäß § 613a Abs. 1 S. 1 BGB inhaltsgleich mit den Einzelarbeitsverhältnissen auf den Betriebserwerber übertragen wird. Auch spielen Gesichtspunkte der Gleichstellung nicht organisierter und tarifgebundener Arbeitnehmer, die bei der Vereinbarung einer Gleichstellungsabrede die Wirkweise einer Bezugnahmeklausel im Betriebsübergang beeinflussen können, wegen der fehlenden Tarifbindung des Arbeitgebers keine Rolle.[505]

(2) Rechtsfolgen beim Betriebsübergang bei Tarifgebundenheit des Veräußerers

Gerade diese Erwägungen müssen aber bei einem Betriebsübergang berücksichtigt werden, wenn der tarifgebundene Betriebsveräußerer mit den bei ihm beschäftigten Arbeitnehmern eine Bezugnahmeklausel vereinbart hat. Der dieser Klausel regelmäßig zu Grunde liegende Gleichstellungszweck beeinflusst je nach Tarifgebundenheit des Erwerbers maßgeblich ihre Wirkweise und die Anwendbarkeit der jeweils einschlägigen tariflichen Regelungen.

(a) Mindestens fachlich identische Tarifbindung des Erwerbers

Bleibt beim Betriebsübergang für den übergehenden Betrieb oder Betriebsteil der fachliche Geltungsbereich sowie die Tarifbindung auf Arbeitgeberseite erhalten, findet der bislang beim Veräußerer geltende Tarifvertrag auch nach dem Übergang weiter Anwendung, soweit in den Arbeitsverhältnissen der nicht tarifgebundenen Arbeitnehmer eine Gleichstellungsabrede enthalten ist. Die Arbeitsverhältnisse der tarifgebundenen Arbeitnehmer werden bereits nach §§ 4 Abs. 1, 3 Abs. 1 TVG von der normativen Wirkung des Tarifvertrags erfasst. Für die nicht tarifgebundenen Arbeitnehmer gehen die Bestim-

---

[503] BAG, Urteil vom 25.9.2002, AP Nr. 26 zu § 1 TVG Bezugnahme auf Tarifvertrag = NZA 2003, S. 807, 809; Urteil vom 19.3.2003, AP Nr. 33 zu § 1 TVG Bezugnahme auf Tarifvertrag = NZA 2003, S. 1207, 1208; *Meyer*, NZA 2003, S. 1126, 1127.

[504] BAG, Urteil vom 25.10.2000, AP Nr. 13 zu § 1 TVG Bezugnahme auf Tarifvertrag = NZA 2002, S. 100, 103; Willemsen-*Hohenstatt*, Umstrukturierung, Rn. E 173; *Raab*, AP Nr. 85 zu § 77 BetrVG, Bl. 6, 7 f.

[505] BAG, Urteil vom 25.9.2002, AP Nr. 26 zu § 1 TVG Bezugnahme auf Tarifvertrag = NZA 2003, S. 807, 809; *Preis*, Arbeitsvertrag, II V 40, Rn. 90; *Gaul*, Arbeitsrecht, § 24 Rn. 132; *Meyer*, NZA 2003, S. 1126, 1127; MüKo-*Müller-Glöge*, BGB, § 613a Rn. 146; Willemsen-*Hohenstatt*, Umstrukturierung, Rn. E 173; Moll-*Cohnen/Tepass*, MAH Arbeitsrecht, § 51 Rn. 117.

mungen des Tarifvertrages und die Bezugnahmeklausel nach § 613a Abs. 1 S. 1 BGB mit den Arbeitsverhältnissen auf den neuen Betriebsinhaber über. Die in der Bezugnahmeklausel enthaltene Gleichstellungsabrede bezweckt, dass die Arbeitsverhältnisse auch der nicht organisierten Arbeitnehmer an der weiteren Tarifentwicklung teilhaben.[506]

Ähnliches gilt, wenn der neue Betriebsinhaber an einen anderen Tarifvertrag gebunden ist, der aber von der gleichen Gewerkschaft abgeschlossen wurde. Dies kommt beispielsweise beim Wechsel von einem Verbands- zu einem Firmentarifvertrag in Betracht. Für die tarifgebundenen Arbeitnehmer findet der im Erwerberbetrieb geltende Tarifvertrag gemäß § 613a Abs. 1 S. 3 BGB Anwendung. Soweit dieser Tarifwechsel neben der Gleichstellung von der arbeitsvertraglichen Verweisungsklausel bezweckt ist, werden auch die nicht tarifgebundenen Arbeitnehmer nach dem Betriebsübergang vom neuen Tarifvertrag und seiner Entwicklung erfasst.[507] Dem steht auch nicht entgegen, dass ein möglicherweise günstigerer Tarifvertrag des Veräußerers über eine konstitutiv wirkende Bezugnahmeklausel gemäß §§ 613a Abs. 1 S. 1 BGB i.V.m. § 4 Abs. 3 TVG die Anwendung des im Erwerberbetriebs geltenden Tarifvertrags für die tarifgebundenen Arbeitnehmer nach dem Günstigkeitsprinzip ausschließen würde. Da eine Gleichstellungsabrede nur den Rechtszustand herstellen soll, der tarifrechtlich gilt, ist eine derartige Auslegung dieser Klausel nicht mehr von dem ihr zu Grunde liegenden Zweck umfasst.[508]

(b) Fehlende Tarifbindung des Erwerbers

Ist der neue Arbeitgeber im Gegensatz zum alten Arbeitgeber nicht tarifgebunden, besteht Uneinigkeit über den Umfang der Weitergeltung des Tarifvertrages insbesondere hinsichtlich der Berücksichtigung zukünftiger Tarifänderungen. Nach einer Ansicht führt die fehlende Tarifbindung des Betriebserwerbers dazu, dass der vor dem Betriebsübergang anwendbare Tarifvertrag nur noch statisch fortgilt.[509] So kann eine Bezugnahmeklausel, die als Gleich-

---

[506] Willemsen-*Hohenstatt*, Umstrukturierung, Rn. E 179; *Seitz/Werner*, NZA 2000, S. 1257, 1265; Moll-*Cohnen/Tepass*, MAH Arbeitsrecht, § 51 Rn. 102.

[507] BAG, Urteil vom 16.10.2002, AP Nr. 22 zu § 1 TVG Bezugnahme auf Tarifvertrag = NZA 2003, S. 390, 392; Erman-*Edenfeld*, BGB, § 613a Rn. 94; *Seitz/Werner*, NZA 2000, S. 1257, 1266; *Meyer*, NZA 2000, S. 1126, 1128; *Picot/Schnitker*, Arbeitsrecht, Teil I, Rn. 336; *Gaul*, Arbeitsrecht, § 24 Rn. 109; *Raab*, AP Nr. 85 zu § 77 BetrVG, Bl. 6, 7 f.; Moll-*Cohnen/Tepass*, MAH Arbeitsrecht, § 51 Rn. 112.

[508] *Picot/Schnitker*, Arbeitsrecht, Teil I, Rn. 336.

[509] BAG, Urteil vom 4.8.1999, AP Nr. 14 zu § 1 TVG Tarifverträge: Papierindustrie = NZA 2000, S. 154, 155; Urteil vom 29.8.2001, AP Nr. 17 zu § 1 TVG Bezugnahme auf Tarifvertrag = NZA 2002, S. 513, 516; Urteil vom 21.8.2002, AP Nr. 21 zu § 157 BGB = NZA 2003, S. 442, 444; *Gaul*, Arbeitsrecht, § 24 Rn. 89; *ders.*, BB 2000, S. 1086, 1087 f.; *Seitz/Werner*, NZA 2000, S. 1257, 1265; MüKo-*Müller-Glöge*, BGB, § 613a Rn. 146;

stellungsabrede konzipiert ist, nach dem Betriebsübergang keine Wirksamkeit mehr entfalten. Da die Bezugnahmeklausel die Gleichstellung der nicht organisierten und der tarifgebundenen Arbeitnehmer bezweckt, ersetzt sie die fehlende Mitgliedschaft des Arbeitnehmers in der tarifschließenden Gewerkschaft und führt so die Anwendbarkeit des Tarifvertrages herbei. Damit hat die Bezugnahmeklausel keinerlei materiellrechtliche Bedeutung mehr, wenn der Arbeitgeber selber nicht mehr tarifgebunden ist. Im Falle der Übertragung eines Betriebes oder Betriebsteils auf einen nicht tarifgebundenen Erwerber geht die Gleichstellungsabrede damit ins Leere, so dass der Tarifvertrag des Veräußerers für die nicht tarifgebundenen Arbeitnehmer nach § 613a Abs. 1 S. 1 BGB bzw. für die tarifgebundenen Arbeitnehmer nach S. 2 auf individualrechtlicher Ebene statisch fortwirkt.[510] Gegen diese vor allem vom BAG vertretene Begründung wendet sich *Gaul* mit der Überlegung, eine Gleichstellungsabrede habe auch nach der Übertragung des Betriebs oder Betriebsteils auf einen nicht tarifgebundenen Arbeitgeber noch einen Anwendungsbereich, da mit ihr weiterhin eine Vereinheitlichung der Arbeitsbedingungen nicht organisierter und tarifgebundener Arbeitnehmer bezweckt ist. Da aber für die tarifgebundenen Arbeitnehmer der im Betrieb des veräußernden Arbeitgebers bestehende Tarifvertrag gemäß § 613a Abs. 1 S. 2 BGB nur statisch fortgilt, entfällt auch für die nicht tarifgebundenen Arbeitnehmer im Ergebnis eine Anpassung an die weitere Tarifentwicklung.[511]

Nach einer auch im Ergebnis abweichenden Ansicht unterliegen die Arbeitsverhältnisse sowohl der tarifgebundenen als auch der nicht tarifgebundenen Arbeitnehmer nach einem Betriebsübergang weiterhin den künftigen Änderungen des in Bezug genommenen Tarifvertrages. Die in der Gleichstellungsabrede enthaltene dynamische Verweisung wirkt regelmäßig konstitutiv, so dass auch bei fehlender Tarifgebundenheit der in Bezug genommene Tarifvertrag in der jeweils geltenden Fassung anwendbar ist.[512] Wenn ein tarifgebundener Arbeitgeber durch eine Bezugnahmeklausel die einheitliche Anwendung eines Tarifvertrages erreichen will, ist regelmäßig davon auszugehen, dass diese Klausel konstitutiv wirkt. Für nicht organisierte Arbeitnehmer ist dies unerlässliche Voraussetzung für die Anwendbarkeit des Tarifvertrages. Aber auch für tarifgebundene Arbeitnehmer wirken Verweisungsklauseln

---

Preis/Willemsen-*Moll*, Umstrukturierung, Rn. E 59; Moll-*Cohnen/Tepass*, MAH Arbeitsrecht, § 51 Rn. 103 ff.

[510] BAG, Urteil vom 4.8.1999, AP Nr. 14 zu § 1 TVG Tarifverträge: Papierindustrie = NZA 2000, S. 154, 155; Preis/Willemsen-*Moll*, Umstrukturierung, Rn. E 59.

[511] *Gaul*, Arbeitsrecht, § 24 Rn. 95; *ders.*, BB 2000, S. 1086, 1087 f.; ähnlich *Seitz/Werner*, NZA 2000, S. 1257, 1265.

[512] *Picot/Schnitker*, Arbeitsrecht, Teil I, Rn. 333 f.; Willemsen-*Hohenstatt*, Umstrukturierung, Rn. E 178; *Thüsing/Lambrich*, RdA 2002, S. 193, 211.

konstitutiv, da der Arbeitgeber diese verwendet, ohne Kenntnis von einer ggf. bestehenden Gewerkschaftszugehörigkeit des Arbeitnehmers zu haben. Dieser Rechtsbindungswille besteht damit unabhängig davon, ob sich zumindest für eine bestimmte Zeit dieselbe Rechtsfolge auch aus dem Gesetz ergibt.[513] Außerdem besteht das Interesse des Arbeitgebers an betriebseinheitlichen Arbeitsbedingungen auch dann, wenn sich ein vormals tarifgebundener Arbeitnehmer durch Verbandsaustritt seiner Tarifbindung entzieht. Eine einheitliche Tarifanwendung kann damit nur erreicht werden, wenn der Verweisungsklausel in diesen Fällen auch eine konstitutive Wirkung zukommt.[514]

Gegen das letztgenannte Verständnis einer Bezugnahmeklausel spricht aber das Interesse des Betriebserwerbers, der so an der Entwicklung eines Tarifvertrages teilhaben würde, an den er nicht normativ gebunden ist. Da die Anwendbarkeit eines Tarifvertrages auch bei Verwirklichung des einer Bezugnahmeklausel als Gleichstellungsabrede zu Grunde liegenden Zwecks, eine Tarifbindung des Arbeitnehmers zu fingieren, nicht herbeigeführt werden könnte, scheidet eine dynamische Verweisung auf diesen Tarifvertrag aus. Insoweit ist auch die konstitutive Wirkung einer Bezugnahmeklausel von den im Erwerberbetrieb bestehenden tarifrechtlichen Rahmenbedingungen eingeschränkt. Dem Betriebserwerber steht es zudem regelmäßig frei, eine Dynamisierung der Arbeitsbedingungen durch Verbandseintritt zu erreichen, so dass auch die Gleichstellungsabrede in den Arbeitsverträgen der nicht tarifgebundenen Arbeitnehmer wieder Anwendung finden kann.[515]

(c) Fachlich abweichende Tarifbindung des Erwerbers

Umstritten ist auch der Umfang der Weitergeltung eines einzelvertraglich in Bezug genommenen Tarifvertrags, wenn sich mit dem Übergang des Betriebs oder Betriebsteils die Tarifzuständigkeit auf Arbeitgeberseite ändert, so dass der Betriebserwerber normativ an einen durch eine andere Gewerkschaft abgeschlossenen Tarifvertrag gebunden ist. Weitgehend einheitlich wird die Rechtslage beurteilt, wenn in den Arbeitsverträgen eine Tarifwechselklausel als große dynamische Verweisung auf den fachlich einschlägigen Tarifvertrag in seiner jeweils geltenden Fassung enthalten ist. In diesem Fall findet der im

---

513 *Picot/Schnitker*, Arbeitsrecht, Teil I, Rn. 333; Willemsen-*Hohenstatt*, Umstrukturierung, Rn. E 178.

514 Willemsen-*Hohenstatt*, Umstrukturierung, Rn. E 165.

515 Vgl. BAG, Urteil vom 16.10.2002, AP Nr. 22 zu § 1 TVG Bezugnahme auf Tarifvertrag = NZA 2003, S. 390, 392, das die Anwendung eines Tarifvertrags kraft arbeitsrechtlicher Verweisung im Zeitpunkt eines dem Betriebsübergang zeitlich nachfolgenden Verbandseintritt des Betriebserwerbers annimmt. Dass Tarifvertrag und Bezugnahmeklausel in der Zwischenzeit statisch gewirkt haben, schadet somit einer späteren Dynamisierung nicht.

Betrieb oder Unternehmen des Erwerbers geltende Tarifvertrag sowohl für die nicht tarifgebundenen als auch für die tarifgebundenen Arbeitnehmer kraft einzelvertraglicher Bezugnahme Anwendung.[516] Die hierin enthaltene tarifliche Dynamik kann nicht gegen die ggf. zu Gunsten der im Veräußererbetrieb tarifgebundenen Arbeitnehmer bestehenden einjährigen Abänderungssperre des § 613a Abs. 1 S. 2 BGB verstoßen. Die Bezugnahmeklausel kann als antizipierte Vereinbarung der Anwendung eines Tarifvertrages als ein auch zur Verschlechterung der transformierten tariflichen Arbeitsbedingungen innerhalb der Jahresfrist berechtigender Ausnahmetatbestand entsprechend § 613a Abs. 1 S. 4, 2. Alt. BGB qualifiziert werden.[517]

Ist hingegen ein Tarifwechsel von der arbeitsvertraglichen Bezugnahmeklausel nicht mehr umfasst, findet der im Betrieb des Erwerbers geltende Tarifvertrag nach einer Auffassung für die übergegangenen Arbeitnehmer regelmäßig keine Anwendung.[518] Für nicht tarifgebundene Arbeitnehmer ist der Tarifvertrag Bestandteil des Einzelarbeitsverhältnisses, das nach § 613a Abs. 1 S. 1 BGB auf den Betriebserwerber übergeht, und von der weiteren tariflichen Entwicklung abgekoppelt wird.[519] Für die tarifgebundenen Arbeitnehmer gilt der Tarifvertrag des Veräußerers gemäß § 613a Abs. 1 S. 2 BGB auf einzelvertraglicher Grundlage statisch fort. Soweit ausnahmsweise einzelne tarifgebundene Arbeitnehmer, etwa durch einen nachträglichen Verbandseintritt oder Doppelmitgliedschaft bei beiden tarifschließenden Gewerkschaften, auch an den Erwerbertarifvertrag gebunden sind, findet dieser gemäß § 613a Abs. 1 S. 3 BGB wegen kongruenter Tarifbindung normativ Anwendung.[520] Obschon damit der Anwendungsbereich einer Gleichstellungsabrede von dem ihr zu Grunde liegenden Zweck her wegen der im Betrieb bestehenden normativen Tarifbindung wieder eröffnet wäre, ändert sich für die übrigen Arbeitnehmer nichts. Eine reine Gleichstellungsabrede, die nur eine Verweisung auf einen bestimmten fachlich nach dem Betriebsübergang nicht mehr einschlägigen Tarifvertrag enthält, kann – auch wenn dies zur Gleichstellung nicht organi

---

[516] BAG, Urteil vom 30.8.2000, AP Nr. 12 zu § 1 TVG Bezugnahme auf Tarifvertrag = NZA 2001, S. 510, 511; *Picot/Schnitker*, Arbeitsrecht, Teil I, Rn. 338; Willemsen-*Hohenstatt*, Umstrukturierung, Rn. E 188 f.; MüKo-*Müller-Glöge*, BGB, § 613a Rn. 144; *Moll*, RdA 1996, S. 275, 286; *Meyer*, NZA 2003, S. 1129; *Hanau/Vossen*, FS Hilger/Stumpf, S. 273, 294 f.; Moll-*Cohnen/Tepass*, MAH Arbeitsrecht, § 51 Rn. 116.

[517] Hohenstatt-*Willemsen*, Umstrukturierung, Rn. E 187; Staudinger-*Richardi/Annuß*, BGB, § 613a Rn. 205; Moll-*Cohnen/Tepass*, MAH Arbeitsrecht, § 51 Rn. 116.

[518] *Picot/Schnitker*, Arbeitsrecht, Teil I, Rn. 339 f.

[519] BAG, Urteil vom 16.10.2002, AP Nr. 22 zu § 1 TVG Bezugnahme auf Tarifvertrag = NZA 2003, S. 390, 392; Urteil vom 30.8.2000, AP Nr. 12 zu § 1 TVG Bezugnahme auf Tarifvertrag = NZA 2001, S. 510, 511.

[520] Vgl. zu den Anwendungsvoraussetzungen von § 613a Abs. 1 S. 3 BGB oben S. 315 ff.

sierter und tarifgebundener Arbeitnehmer geboten erscheint – sich nicht auf einen Tarifvertrag außerhalb des Verweisungsumfangs beziehen.

Nach anderer Auffassung muss die Verweisungsklausel im Arbeitsvertrag so ausgelegt werden, dass sie die Anwendbarkeit des im Erwerberbetrieb geltenden Tarifvertrages umfasst.[521] Da nach dieser Auffassung zur Anwendbarkeit des § 613a Abs. 1 S. 3 BGB die Tarifbindung nur des Erwerbers ausreicht, würde der Tarifvertrag des Veräußerers nicht nach S. 2 in die Arbeitsverhältnisse der tarifgebundenen Arbeitnehmer transformiert. Um so einen tariflosen Zustand zu verhindern, müsse eine arbeitsvertragliche Bezugnahmeklausel auch einen Tarifwechsel umfassen. Für die nicht tarifgebundenen Arbeitnehmer ergibt sich die Anwendung der im Betrieb des Erwerbers geltenden Tarifnormen dann ebenfalls aus der so auszulegenden Verweisungsklausel.[522] Diese Auffassung lässt sich aber schon wegen des Verständnisses der Anwendungsvoraussetzungen des § 613a Abs. 1 S. 3 BGB nicht mit dem Schutzzweck der Norm vereinbaren.[523] Zudem würde nach dieser Ansicht ein tarifloser Zustand als Grundlage der Auslegung nicht eintreten: Da bei einer reinen Gleichstellungsabrede als kleine dynamische Verweisung eine konstitutive Wirkung hinsichtlich der Anwendung des in Bezug genommenen Tarifvertrags des Veräußerers auch bei fehlender Tarifbindung des Erwerbers angenommen wird[524], müsste konsequenterweise auch bei nur einseitiger, anderweitiger Tarifbindung auf der Seite des Erwerbers dieser Tarifvertrag kraft einzelvertraglicher Bezugnahme anzuwenden sein.[525] Daher kann der im Betrieb des Erwerbers geltende, branchenfremde Tarifvertrag nach einem Betriebsübergang nur allgemeine Anwendung für die übernommenen Arbeitnehmer finden, wenn in den Einzelarbeitsverhältnissen eine Tarifwechselklausel als große dynamische Verweisung enthalten ist. Ansonsten wirkt regelmäßig der ursprünglich beim Veräußerer geltende Tarifvertrag in der zum Zeitpunkt des Betriebsübergangs geltenden Fassung statisch und auf einzelvertraglicher Ebene fort. In diesem Fall können im Betrieb des Erwerbers

---

[521] Willemsen-*Hohenstatt*, Umstrukturierung, Rn. E 185; *Seitz/Werner*, NZA 2000, S. 1257, 1268, die subsidiär noch auf § 612 Abs. 2 BGB abstellen; ähnlich *Gaul*, Arbeitsrecht, § 24 Rn. 110 ff., nach dem Verweisungsklauseln auch bei Bezug auf branchenmäßig bestimmte Tarifverträge weit auszulegen sind und so regelmäßig Tarifwechsel innerhalb des Zuständigkeitsbereichs von DGB-Gewerkschaften umfassen.

[522] Willemsen-*Hohenstatt*, Umstrukturierung, Rn. E 185; *Seitz/Werner*, NZA 2000, S. 1257, 1268.

[523] Vgl. hierzu oben S. 318 ff.

[524] Vgl. Willemsen-*Hohenstatt*, Umstrukturierung, Rn. E 178.

[525] So *Thüsing/Lambrich*, RdA 2002, S. 193, 210 f. Dies würde aber im Erwerberbetrieb zur dynamischen Anwendung eines fachlich nicht einschlägigen Tarifvertrags führen. Auch aus diesem Gesichtspunkt ist daher die Annahme einer rein statischen Fortwirkung vorzuziehen.

verschiedene Tarifverträge nebeneinander zur Anwendung kommen. Der Betriebserwerber kann aber mittels einer Vereinbarung nach § 613a Abs. 1 S. 4, 2. Alt. BGB betriebseinheitliche Arbeitsbedingungen herbeiführen.[526]

cc. Ergebnis

Finden bei einem Betriebsübergang sowohl im Betrieb des Veräußerers als auch im Betrieb des Erwerbers Tarifverträge normativ Anwendung, kann der im Betrieb des Erwerbers geltende Tarifvertrag nur bei beiderseitiger Tarifgebundenheit Anwendung finden. Eine sich hieraus ergebende Kollision von Tarifverträgen wird gemäß § 613 Abs. 1 S. 3 BGB zu Gunsten des Erwerbertarifvertrages aufgelöst. Ist der bislang tarifgebundene Arbeitnehmer nicht an den im Betrieb des Erwerbers anwendbaren Tarifvertrag gebunden, gilt der vor dem Betriebsübergang normativ wirkende Tarifvertrag des Veräußerers gemäß § 613a Abs. 1 S. 2 BGB auf individualrechtlicher Grundlage weiter. Dabei kann es im Erwerberbetrieb zur Anwendung unterschiedlicher Tarifverträge kommen. Etwas anderes kann sich ggf. aus einer im Arbeitsvertrag des übergehenden Arbeitnehmers enthaltenen Bezugnahmeklausel auf tarifliche Regelungen ergeben. Ergibt eine Auslegung, dass der im Betrieb jeweils geltende Tarifvertrag im Wege einer Tarifwechselklausel in Bezug genommen wird, so findet der im Betrieb des Erwerbers geltende Tarifvertrag kraft Bezugnahme auch für diese Arbeitsverhältnisse Anwendung. Bei der Ablösung tarifvertraglich begründeter Versorgungszusagen ist der Versorgungsbesitzstand der betroffenen Arbeitnehmer – unabhängig davon, ob ein Tarifvertrag des Erwerbers normativ oder kraft einzelvertraglicher Bezugnahme Anwendung findet – entsprechend den Grundsätzen der Ablösung von Betriebsvereinbarungen zu wahren.

d. Überkreuzablösungen

Schließlich kann eine im Veräußererbetrieb auf kollektivrechtlicher Grundlage geregelte betriebliche Altersversorgung auf eine Versorgungsordnung beim Erwerber treffen, die auf einer Kollektivregelung mit andersartiger Normqualität beruht. Beispielsweise könnte so eine Betriebsvereinbarung des Veräußerers mit einem beim Erwerber geltenden Haus- oder Verbandstarifvertrag konkurrieren.

Die in § 613a Abs. 1 BGB enthaltenen Regelungen zur Auflösung einer Kollision kollektivrechtlicher Normen differenzieren grundsätzlich nicht nach der Art der eine Ablösung herbeiführenden Kollektivnorm. Der Wortlaut des S. 3 geht so beispielsweise davon aus, dass die Transformationswirkung des S. 2

---

[526] *Picot/Schnitker*, Arbeitsrecht, Teil I, Rn. 342.

bei der Anwendbarkeit durch inhaltsgleiche „Rechtsnormen eines anderen Tarifvertrags *oder* durch eine andere Betriebsvereinbarung“ ausgeschlossen werden kann. Der Wortlaut und die Systematik des § 613a Abs. 1 BGB beschränken somit die Ablösbarkeit einer Kollektivregelung im Betriebsübergang nicht auf Normen gleicher Rechtsqualität.[527] Dieses Ergebnis wird durch die Entstehungsgeschichte des § 613a BGB bestätigt. Die europarechtliche Vorgabe des Art. 3 Abs. 3 Richtlinie 2001/23/EG vom 12.3.2001 unterscheidet nicht zwischen Tarifvertrag und Betriebsvereinbarung, sondern fordert allgemein lediglich die Aufrechterhaltung von der „in einem *Kollektivvertrag* vereinbarten Arbeitsbedingungen.“[528]

Auch der der gesetzlichen Regelung zu Grunde liegende Zweck der Harmonisierung der Arbeitsbedingungen im Erwerberbetrieb spricht für eine freie Ablösbarkeit.[529] Bei der Konkurrenz von Kollektivnormen unterschiedlicher Rechtsqualität ist eine sog. Überkreuzablösung durch die jeweils andere Norm durch § 613a Abs. 1 S. 3 BGB nicht ausgeschlossen.[530]

Für die Ablösung einer Betriebsvereinbarung des Veräußerers durch eine tarifliche Norm entspricht dies auch dem allgemeinen Grundsatz des Tarifvorrangs, der gesetzlich in §§ 77 Abs. 3, 87 Abs. 1, 1. Hs. BetrVG ausgeprägt ist. Danach verdrängt ein Tarifvertrag eine in seinem Geltungsbereich bestehende Betriebsvereinbarung über einen inhaltlich gleichen Regelungsgegenstand.[531] Bei einem Betriebsübergang kann ein im Betrieb des Erwerbers geltender Tarifvertrag eine Betriebsvereinbarung des Veräußerers nach § 613a Abs. 1 S. 3 BGB nur für tarifgebundene Arbeitnehmer verdrängen, da auch in diesem Fall die beiderseitige Tarifgebundenheit Voraussetzung ist.[532] Für die übrigen

---

[527] *Moll*, RdA 1996, S. 275, 283; *Zöllner*, DB 1995, S. 1401, 1405; *Kania*, DB 1995, S. 625, 626; *Henssler*, FS Schaub, S. 311, 321; anders *Hanau/Vossen*, FS Hilger/Stumpf, S. 275, 281 f. Auch Staudinger-*Richardi/Annuß*, BGB, § 613a Rn. 185, entnehmen dem Wortlaut eine Beschränkung des Ablösungsprinzips jeweils nur auf Kollektivnormen gleicher Art und folgern daraus die Unzulässigkeit von Überkreuzablösungen. Eine derartige Auslegung findet aber im – zumindest offenen – Wortlaut des S. 3 keine Stütze und ist daher abzulehnen.

[528] *Kania*, DB 1995, S. 625, 626; *Hanau/Vossen*, FS Hilger/Stumpf, S. 271, 282; *Meyer*, NZA 2001, S. 751; *Henssler*, FS Schaub, S. 311, 321.

[529] *Schiefer*, FS 50 Jahre BAG, S. 859, 869; *Moll*, RdA 1996, S. 275, 283; *Gaul*, Arbeitsrecht, § 25 Rn. 147, *Meyer*, NZA 2001, S. 751; *Henssler*, FS Schaub, S. 311, 321.

[530] *Moll*, RdA 1996, S. 275, 283; *Zöllner*, DB 1995, S. 1401, 1405 f.; *Kania*, DB 1995, S. 625, 626; *Hanau/Vossen*, FS Hilger/Stumpf, S. 275, 281 f., 293. Ausdrücklich offen gelassen von BAG, Urteil vom 1.8.2001, AP Nr. 225 zu § 613a BGB = NZA 2002, S. 41, 43, da nicht entscheidungserheblich.

[531] *Moll*, RdA 1996, S. 275, 283; *Meyer*, DB 2000, S. 1174, 1179.

[532] *Meyer*, DB 2000, S. 1174, 1179; *Hanau/Vossen*, FS Hilger/Stumpf, S. 271, 282. Vgl. zu den Anwendungsvoraussetzungen von § 613a Abs. 1 S. 3 BGB in Bezug auf Tarifverträge oben S. 315 ff.

Arbeitnehmer muss hinsichtlich der Weitergeltung der Betriebsvereinbarung differenziert werden: Bei Übertragung des Betriebs oder Betriebsteils unter Verlust der Betriebsidentität gilt die Betriebsvereinbarung nach § 613a Abs. 1 S. 2 BGB individualrechtlich fort.[533] Bei Wahrung der Betriebsidentität müsste die Betriebsvereinbarung hingegen kollektivrechtlich weitergelten, so dass es zu einem Nebeneinander zweier unterschiedlicher Kollektivnormen mit abweichendem persönlichen Geltungsbereich auf betrieblicher Ebene kommen würde. Dies ist aber mit § 77 Abs. 3 BetrVG bzw.– soweit Betriebsvereinbarung und Tarifvertrag mitbestimmungspflichtige Fragen wie etwa den Leistungsplan der Altersversorgung betreffen – mit § 87 Abs. 1, 1. Hs. BetrVG und dem Grundsatz des Tarifvorrangs nicht zu vereinbaren. Daher ist in diesem Fall trotz einer identitätswahrenden Übertragung des Betriebs ausnahmsweise eine Transformation der Betriebsvereinbarung entsprechend § 613a Abs. 1 S. 2 BGB anzunehmen, was im übrigen der Funktion dieser Vorschrift als gesetzliche Auffangregelung entspricht.[534]

Konsequenterweise müsste sich auch die Ablösung eines in dem übertragenen Betrieb oder Betriebsteil bestehenden Tarifvertrages durch eine Betriebsvereinbarung des Erwerbers auf § 613a Abs. 1 S. 3 BGB stützen lassen. Fraglich ist jedoch, inwieweit diese Ablösung durch das zwischen Tarifvertrag und Betriebsvereinbarung bestehende Rangverhältnis eingeschränkt ist. Die hierzu bestehende Streitfrage, ob § 613a Abs. 1 S. 3 BGB verdrängende Sonderregelung zum Grundsatz des Tarifvorrangs ist[535] oder die diesen Grundsatz bestimmenden Regelungen der §§ 77 Abs. 3, 87 Abs. 1, 2. Hs. BetrVG weiterhin anwendbar sind[536], muss aber nicht entschieden werden. Da eine Betriebsvereinbarung, die mit Regelungen eines bestehenden Tarifvertrages in Widerspruch steht, nach § 134 BGB i.V.m. § 77 Abs. 3 BetrVG unwirksam ist, kann der Grundsatz des Tarifvorrangs bei der Ablösung eines Tarifvertrags bei einem Betriebsübergang nicht verletzt werden. Wenn eine Betriebsvereinbarung im Erwerberbetrieb ohne Verstoß gegen den Tarifvorrang wirksam zustande gekommen ist, spricht nichts dagegen, dass sie einen Tarifvertrag des Veräußerers gemäß § 613a Abs. 1 S. 3 BGB ablösen kann.[537] Gleichzeitig

---

[533] *Hanau/Vossen*, FS Hilger/Stumpf, S. 271, 282.

[534] Aus diesem Grund nehmen *Lindemann/Simon*, BB 2003, S. 2510, 2514 f., auch eine direkte Anwendung des § 613a Abs. 1 S. 3 BGB an.

[535] So *Moll*, RdA 1996, S. 275, 283; *Zöllner*, DB 1995, S. 1401, 1405 f.; *Meyer*, NZA 2001, S. 751, 752 f.

[536] So *Gaul*, Arbeitsrecht, § 24 Rn. 58; HWK-*Willemsen/Müller-Bonanni*, § 613a BGB Rn. 272.

[537] MüKo-*Müller-Glöge*, BGB, § 613a Rn. 143; *Henssler*, FS Schaub, S. 311, 322 f.; *Schiefer*, FS 50 Jahre BAG, S. 859, 869 f.; *Kania*, DB 1995, S. 625, 626; im Ergebnis ebenso *Höfer*, BetrAVG, ART Rn. 1255; ErfK-*Preis*, § 613a BGB Rn. 122; Erman-*Edenfeld*, BGB, § 613a Rn. 87; *Bauer*, FS Schaub, S. 19, 38; *Lambrich/Trappehl*, Tarif-

wird durch dieses Rangverhältnis die Zahl der Anwendungsfälle, in denen in praktischer Hinsicht eine Überkreuzablösung überhaupt in Betracht kommt, erheblich eingeschränkt.[538] Denkbar ist beispielsweise die Ablösung eines Verbandstarifvertrages bei Betriebsübertragung in einen anderen fachlichen Geltungsbereich oder eines Haustarifvertrages durch eine Betriebsvereinbarung des Erwerbers (und umgekehrt). Da die Betriebsvereinbarung außerhalb des Geltungsbereichs der Tarifverträge bestehen würde, wäre ihre Wirksamkeit durch den Grundsatz des Tarifvorrangs nicht beeinträchtigt.

Damit wird auch die Konkurrenz von Tarifvertrag und Betriebsvereinbarung bei einem Betriebsübergang nach Maßgabe von § 613a Abs. 1 S. 3 BGB unter Berücksichtigung eines bestehenden Versorgungsbesitzstandes aufgelöst. Trifft eine Betriebsvereinbarung des Veräußerers auf einen Tarifvertrag des Erwerbers, findet der Tarifvertrag für die tarifgebundenen Arbeitnehmer Anwendung. Für die übrigen Arbeitnehmer werden – vorbehaltlich einer arbeitsvertraglichen Bezugnahmeklausel auf die tarifliche Regelung – die Normen der Betriebsvereinbarung gemäß § 613a Abs. 1 S. 2 BGB Bestandteil der Einzelarbeitsverhältnisse. Soweit eine Betriebsvereinbarung im Betrieb des Erwerbers ohne Verstoß gegen den Grundsatz des Tarifvorrangs abgeschlossen wurde, kann sie einen beim Veräußerer bestehenden Tarifvertrag ablösen.

2. Abänderungsmöglichkeiten

Das Zusammentreffen konkurrierender kollektivrechtlicher Versorgungszusagen ist anhand der Kollisionsregelung des § 613a Abs. 1 S. 2 und 3 BGB aufzulösen. Dabei findet eine im Betrieb oder Unternehmen des Erwerbers geltende Betriebsvereinbarung regelmäßig für die vom Veräußerer übergehenden Arbeitsverhältnisse normativ Anwendung. Für einen Tarifvertrag des Erwerbers gilt dies nur bei kongruenter Tarifbindung von Arbeitnehmer und Erwerber. Die Anwendung des § 613a Abs. 1 S. 3 BGB ist zu Gunsten der Wahrung der Besitzstände der übergehenden Arbeitnehmer teleologisch zu reduzieren. Die kollektivrechtliche Versorgungsordnung des Veräußerers ist daher in dem Umfang mit normativer Wirkung aufrechtzuerhalten, wie dies zur Besitzstandswahrung erforderlich ist.

Zur Vereinheitlichung der Versorgungsbedingungen kann der Erwerber die Versorgungsordnung durch Abschluss einer nachfolgenden Kollektivvereinbarung oder durch Kündigung ändern. Dabei ist das Vereinheitlichungsinteresse des Erwerbers als triftiger Grund zu qualifizieren, der Eingriffe in zukünftige dienstzeitunabhängige und sonstige zukünftige Zuwächse rechtferti-

---

flucht, S. 171 f.

[538] Vgl. Willemsen-*Hohenstatt*, Umstrukturierung, Rn. E 46 f.

gen kann, soweit die Änderungen innerhalb des Gesamtdotierungsrahmens der anzugleichenden Versorgungswerke bleiben. Zur Harmonisierung der Versorgungsbedingungen kann der Erwerber auch eine bei ihm bestehende günstigere Versorgungsordnung reduzieren, wenn er bei den Versorgungszusagen der vom Betriebsübergang betroffenen Arbeitnehmern des Veräußerers entsprechende Verbesserungen einräumt.

D. Zusammenfassung und Ergebnis

Die Auflösung der möglichen Regelungskonkurrenzen infolge eines Betriebsüberganges kollidierender Versorgungszusagen ist schematisch in folgender Tabelle zusammengefasst. Gleichzeitig sind die möglichen Regelungsinstrumente, mit denen eine Abänderung der Versorgungsregelungen nach dem Betriebsübergang in Betracht kommt, dargestellt:

Versorgungszusage beim		**Auflösung der Regelungskonkurrenz**	**Abänderung der Versorgungsregelung**
Veräußerer	**Erwerber**		
Individualrechtlich	Individualrechtlich	• Regelungen bestehen nebeneinander • Keine Harmonisierung aus dem Gleichbehandlungsgrundsatz	• allgemeine individualrechtliche Mittel (Vereinbarung, Widerruf und Kündigung) • ablösende Betriebsvereinbarung mit kollektivem Günstigkeitsvergleich
Individualrechtlich	Kollektivrechtlich	• Regelmäßig Eintritt in günstigere Versorgungsregelung des Erwerbers • Aufrechterhaltung einer günstigeren Versorgungszusage des Veräußerers	• Individualrechtlich: wie oben • Kollektivrechtlich: Kündigung, nachfolgende Betriebsvereinbarung
Kollektivrechtlich	Individualrechtlich	• Originäre kollektivrechtliche Fortwirkung bei Wahrung der Betriebsidentität bzw. beiderseitiger Tarifgebundenheit • Subsidiär Transformation nach § 613a Abs. 1 S. 2 BGB • Regelungen bestehen nebeneinander • Keine Harmonisierung aus dem Gleichbehandlungsgrundsatz	• <u>Kollektivrechtliche Fortgeltung:</u> Abänderung durch Kündigung, Vereinheitlichung durch ablösende Kollektivregelung • <u>Individualrechtliche Fortgeltung:</u> Einjährige Abänderungssperre bzgl. individualrechtlicher Änderungsmittel; Abänderbarkeit durch kollektivrechtliche Regelungsmittel in dem Umfang zulässig, in dem die transformierte Regelung vor dem Betriebsübergang einer Abänderung zugänglich war

Versorgungszusage beim Veräußerer	**Erwerber**	**Auflösung der Regelungskonkurrenz**	**Abänderung der Versorgungsregelung**
Kollektiv-rechtlich	Kollektiv-rechtlich	• Bei Betriebsvereinbarungen: Teleologische Reduktion des § 613a Abs. 1 S. 3 BGB zu Gunsten der Wahrung des Versorgungsbesitzstands • Bei Tarifverträgen zusätzlich: Tarifvertrag im Betrieb des Erwerbers findet nur bei kongruenter Tarifbindung Anwendung, subsidiär Transformation nach § 613a Abs. 1 S. 2 BGB	• Kollektivrechtliche Änderungsmittel mit Möglichkeit des Eingriffs in zukünftige Steigerungsraten innerhalb der Dotierungsrahmen (Vereinheitlichungsinteresse als triftiger Grund)

Bei der Kollision von konkurrierenden Versorgungszusagen kann eine Versorgungszusage des Veräußerers grundsätzlich unabhängig von ihrer Rechtsgrundlage auch nach einem Betriebsübergang weiter Anwendung finden. Besteht sie im Betrieb oder Betriebsteil des Veräußerers auf kollektivrechtlicher Grundlage ist ihre Fortgeltung ausgeschlossen, wenn beim Erwerber eine Betriebsvereinbarung oder ein Tarifvertrag besteht, der die Regelung des Veräußerers nach Maßgabe von § 613a Abs. 1 S. 3 BGB verdrängt. Eine auf individualrechtlicher Grundlage zugesagte Versorgungsanwartschaft besteht nach dem Betriebsübergang fort, kann aber ggf. von einer günstigeren, kollektivrechtlichen Versorgungszusage des Erwerbers erfasst werden. Soweit die Normenkonkurrenz nicht zu Gunsten der Versorgungsregelung des Erwerbers aufgelöst wird, können beide Versorgungsordnungen im Betrieb oder Unternehmen des Erwerbers nebeneinander Anwendung finden. Insbesondere spielen hierbei Gleichbehandlungsgesichtspunkte keine Rolle. Aus der Bestandsschutzfunktion des § 613a BGB ergibt sich ein sachlicher Differenzierungsgrund, der das Fortbestehen abweichender Arbeitsbedingungen rechtfertigt.

Zur Harmonisierung der Versorgungsbedingungen beim Erwerber kommen zunächst entsprechend der Rechtsnatur der zu vereinheitlichenden Versorgungsordnungen unterschiedliche Regelungsinstrumente in Betracht. Dabei erweisen sich jedoch individualrechtliche Änderungsmittel zur Vereinheitlichung der Arbeitsbedingungen regelmäßig als ungeeignet: Nach einem Betriebsübergang abweichende Versorgungszusagen allein berechtigen den Arbeitgeber nicht zur Kündigung oder zum Widerruf der Versorgungszusage. Der Abschluss einer Änderungsvereinbarung erfordert das Einverständnis des Arbeitnehmers und ist daher insbesondere bei der Schaffung einer betriebseinheitlichen Lösung durch einvernehmliche Abänderung einer Vielzahl von Versorgungszusagen praktisch kaum durchführbar. Eine individualrechtliche Versorgungszusage kann aber im Wege einer ablösenden Betriebsvereinbarung bzw. durch Abschluss eines Tarifvertrages abgeändert werden und mit einer beim Erwerber bestehenden Zusage vereinheitlicht werden. Dabei ist bei der Vereinheitlichung zweier Versorgungsordnungen nach einem Betriebsübergang ein seltener Anwendungsfall einer umstrukturierenden Betriebsvereinbarung gegeben. Beruhen die Versorgungszusagen jeweils auf Individualvereinbarungen mit Kollektivbezug können sie so unter Wahrung des kollektiven Günstigkeitsvergleichs abgeändert werden.

Gilt die Versorgungsordnung kollektivrechtlich fort, so kann sie durch Kündigung oder den Abschluss einer nachfolgenden Kollektivregelung abgeändert werden. Im Bereich der betrieblichen Altersversorgung ist dabei entsprechend des vom BAG entwickelten abgestuften Besitzstandschutzes ein ggf. bestehender Versorgungsbesitzstand zu berücksichtigen. Bei der Anpassung der Versorgungsregelungen sind Eingriffe in dienstzeitabhängige und dienstzeitunabhängige Steigerungsraten durch das Vereinheitlichungsinteresse des Arbeitgebers als triftiger Grund gerechtfertigt, wenn sie den Gesamtdotierungsrahmen der zu vereinheitlichenden Versorgungssysteme nicht verringern.

Als taugliches Regelungsinstrument zur Harmonisierung der Versorgungsbedingungen kommt damit nur der Abschluss einer Kollektivvereinbarung in Betracht, die die bisherigen Regelungen ersetzt. Auf Grund ihres hohen Verbreitungsgrades im Bereich der betrieblichen Altersversorgung wird eine Abänderung der Versorgungszusagen überwiegend durch den Abschluss einer nachfolgenden oder ablösenden Betriebsvereinbarung erfolgen. Dieses Regelungsmittel bietet im Vergleich zu einzelvertraglichen Regelungsinstrumenten und zum Abschluss eines Tarifvertrages eine Reihe von Vorteilen: So können von der Betriebsvereinbarung alle betroffenen Versorgungsberechtigten, d.h. aktive und bereits ausgeschiedene Arbeitnehmer sowie Betriebsrentner, erfasst werden und nicht, wie beim Tarifvertrag nur die tarifgebundenen Arbeitnehmer. Eine Regelung kann darüber hinaus auf der betriebsverfassungsrechtlichen Organisationsebene – Betrieb, Unternehmen oder Konzern – getroffen werden, auf der sie zur Gewährleistung einheitlicher Arbeitsbedingungen erforderlich ist. Schließlich kann die Betriebsvereinbarung die nach dem Betriebsübergang anwendbaren Versorgungsregelungen unabhängig von ihrer Rechtsqualität und damit insbesondere auch auf einzelvertraglicher Grundlage beruhende Versorgungsverhältnisse erfassen und ablösen.

Schlussthesen

I. Innerhalb der gesetzlichen Grenzen insbesondere des BetrAVG kann eine Zusage auf eine betriebliche Altersversorgung durch die einschlägigen individual- und kollektivvertraglichen Regelungsinstrumente erteilt werden. Überwiegend werden Versorgungszusagen auf Grundlage einer Betriebsvereinbarung erteilt. Einer individualrechtliche Zusage stehen zwingende Mitwirkungsrechte des Betriebsrat bei der Ausgestaltung der betrieblichen Altersversorgung entgegen. Tarifverträge sind regelmäßig nicht geeignet, den besonderen Gegebenheiten der betrieblichen Ebene nachzukommen. Mit der Einführung eines gesetzlichen Anspruchs auf Entgeltumwandlung zum Aufbau einer arbeitnehmerfinanzierten Altersversorgung hat aber die Verbreitung tariflicher Regelungen zugenommen und dürfte auch für die Zukunft weiter steigen.

II. Die Einführung und Ausgestaltung einer betrieblichen Altersversorgung gehört zum klassischen Regelungsbereich von Betriebsvereinbarungen und zum Kernbereich der sachlichen Betriebsautonomie. Die personelle Regelungsbefugnis der Betriebspartner erstreckt sich durch teleologische Extension der §§ 77 Abs. 4, 88 BetrVG auch auf nicht mehr betriebsangehörige Versorgungsberechtigte. Der Arbeitgeber kann mitbestimmungsfrei über die Einführung, den Dotierungsrahmen, den Durchführungsweg und den begünstigten Personenkreis einer betrieblichen Altersversorgung entscheiden. Bei der Ausgestaltung hat der Betriebsrat Mitbestimmungsrechte nach § 87 Abs. 1 Nr. 8 u. 10 BetrVG. Damit kann der Arbeitgeber ebenso wenig wie der Betriebsrat gegen den Willen des jeweils anderen Betriebspartner die Einführung und Ausgestaltung einer betrieblichen Altersversorgung durchsetzen.

III. Bei einem Betriebsübergang werden die Versorgungsverhältnisse bereits ausgeschiedener Arbeitnehmer und Betriebsrentner nicht von den Rechtsfolgen des § 613a Abs. 1 BGB erfasst und bleiben daher beim Veräußerer bestehen. Auch beim Zusammentreffen von Betriebsübergang mit einer handelsrechtlichen Firmenfortführung bzw. der Einbringung eines Handelsgeschäfts in eine Personengesellschaft werden die Versorgungsverhältnisse nicht auf den Erwerber übergeleitet. §§ 26, 28 HGB sind zum Schutz der Versorgungsgläubiger teleologisch einzuschränken: Der Veräußerer wird für bestehende Versorgungsverbindlichkeiten nicht enthaftet.

IV. Die schuldbefreiende Übertragung der bestehenden Versorgungsverpflichtungen vom Veräußerer auf einen anderen Versorgungsschuldner bedarf regelmäßig der Zustimmung des Versorgungsberechtigten und des PSVaG. § 4 Abs. 2 BetrAVG in der ab dem 1.1.2005 geltenden Fassung kann im Rahmen eines Betriebsübergangs keine Anwendung finden, da der Betriebserwerber nicht Folgearbeitgeber eines bereits ausgeschiedenen Arbeitnehmers ist. Abweichende Gestaltungsmöglichkeiten kommen insbesondere in Gestalt eines Schuldbeitritts, der Gründung einer Versorgungsgesellschaft oder der Auslagerung auf einen externen Versorgungsträger, insbesondere auf einen Pensionsfonds, in Betracht.

V. Individualrechtlich begründete Versorgungszusagen gehen gemäß § 613a Abs. 1 S. 1 BGB inhaltsgleich mit den Arbeitsverhältnissen der vom Betriebsübergang betroffenen Arbeitnehmer auf den Erwerber über. Dieser steht gemäß § 1 Abs. 1 S. 3 BetrAVG auch für die Erfüllung der Versorgungszusagen ein, wenn die Durchführung der Altersversorgung nicht unmittelbar über ihn erfolgt. Hat der Veräußerer die Altersversorgung über einen mittelbaren Versorgungsträger durchgeführt, geht das Versicherungsverhältnis zwischen Veräußerer und Versorgungsträger nicht durch den Betriebsübergang auf den Erwerber über. Die Fortführung einer mittelbaren Versorgung kann regelmäßig nur im Einvernehmen mit den beteiligten Versorgungsträgern herbeigeführt werden.

VI. Wenn die Voraussetzungen der normativen Wirkung einer kollektivrechtlichen Versorgungszusage auch nach dem Betriebsübergang noch gegeben sind, wirkt diese originär normativ fort. Für Betriebsvereinbarungen ist hierzu die Übertragung des Betriebes unter Wahrung seiner Identität erforderlich. Für Gesamtbetriebsvereinbarungen kommt eine kollektivrechtliche Fortgeltung nur bei der Übertragung des gesamten Unternehmens in Betracht. Verbandstarifverträge gelten bei beiderseitiger Tarifgebundenheit von Erwerber und Arbeitnehmer normativ fort. Die normative Weitergeltung eines Firmentarifvertrags erfordert eine Übernahmevereinbarung mit der abschließenden Gewerkschaft oder die Übertragung des Betriebes im Wege einer Gesamtrechtsnachfolge. Liegen die Voraussetzungen für eine normative Wirkung nach dem Betriebsübergang nicht mehr vor, wird die Versorgungszusage gemäß § 613a Abs. 1 S. 3 BGB Inhalt der Einzelarbeitsverhältnisse der übergehenden Arbeitnehmer.

VII. Trifft eine individualrechtliche Versorgungsregelung des Veräußerers auf eine individualrechtliche Versorgungsregelungen des Erwerbers bleiben diese nach dem Betriebsübergang grundsätzlich nebeneinander bestehen. Eine Harmonisierung durch den Gleichbehandlungsgrundsatz ist nicht geboten. Gleiches gilt für das Aufeinandertreffen von individual- und kollektivrechtlichen Versorgungsregelungen. Eine im Betrieb des Erwerbers bestehende kollektivrechtliche Versorgungsregelung, die günstiger als die individualrechtliche Regelung des Veräußerers ist, kann regelmäßig die Veräußererregelung ersetzen, soweit sie auch für Neuzugänge offen steht.

VIII. Zur Angleichung nach einem Betriebsübergang abweichender Versorgungszusagen sind individualrechtliche Regelungsinstrumente ungeeignet. Unterschiedliche Arbeitsbedingungen allein berechtigen den Arbeitgeber nicht zur Kündigung oder zum Widerruf der Versorgungszusage. Der Abschluss einer Änderungsvereinbarung erfordert das Einverständnis des Arbeitnehmers und ist daher zur Schaffung einer betriebseinheitlichen Lösung durch einvernehmliche Abänderung einer Vielzahl von Versorgungszusagen nicht praktikabel.

IX. Zur Vereinheitlichung von Versorgungsbedingungen, die auf einer einzelvertraglichen Vereinbarung beruhen, ist eine ablösende Betriebsvereinbarung ein geeignetes Regelungsinstrument. Eine wirksame Ablösung erfordert zum einen entweder die Betriebsvereinbarungsoffenheit oder einen Kollektivbezug der einzelvertraglichen Regelung. Eine Individualregelung mit Kollektivbezug – vertragliche Einheitsregelung, Gesamtzusage oder betriebliche Übung – kann nur durch eine Umstrukturierung unter Wahrung der Dotierungsrahmen der anzugleichenden Versorgungssysteme (kollektiver Günstigkeitsvergleich) abgelöst werden. Zum anderen muss die ablösende Betriebsvereinbarung den Grundsätzen der Verhältnismäßigkeit und des Vertrauensschutzes in Form des vom BAG entwickelten abgestuften Besitzstandsschutzes genügen.

X. Bei kollidierenden kollektivrechtlichen Versorgungsregelungen muss zur Wahrung des Versorgungsbesitzstandes § 613a Abs. 1 S. 3 BGB teleologisch reduziert werden: Eine im Betrieb oder Unternehmen des Erwerbers geltende Betriebsvereinbarung findet grundsätzlich für die vom Veräußerer übergehenden Arbeitsverhältnisse normativ Anwendung und verdrängt die ursprünglich geltende Betriebsvereinbarung. Für einen Tarifvertrag des Erwerbers gilt dies nur bei kongruenter Tarifbindung von Arbeitnehmer und Erwerber. Die kollektivrechtliche Versorgungsordnung des Veräußerers ist aber in dem Umfang mit normativer Wirkung aufrechtzuerhalten, wie dies zur Besitzstandswahrung erforderlich ist.

XI. Zur Vereinheitlichung der Versorgungsbedingungen kann der Erwerber die Versorgungsordnung durch Abschluss einer nachfolgenden Kollektivvereinbarung oder durch Kündigung ändern. Dabei ist das Vereinheitlichungsinteresse des Erwerbers als triftiger Grund zu qualifizieren, der Eingriffe in zukünftige dienstzeitunabhängige und sonstige zukünftige

Zuwächse rechtfertigen kann, soweit die Änderungen innerhalb des Gesamtdotierungsrahmens der anzugleichenden Versorgungswerke bleiben. Zur Harmonisierung der Versorgungsbedingungen kann der Erwerber auch eine bei ihm bestehende günstigere Versorgungsordnung reduzieren, wenn er bei den Versorgungszusagen der vom Betriebsübergang betroffenen Arbeitnehmern des Veräußerers entsprechende Verbesserungen einräumt.

Literaturverzeichnis

aba Arbeitsgemeinschaft für betriebliche Altersversorgung e.V. (Hrsg.) — Handbuch der betrieblichen Altersversorgung H-BetrAV, Loseblatt, Stand: Dezember 2003 (zitiert: H-BetrAV-*Bearbeiter*);

Ahrend, Peter; Dernberger, Matthias; Rößler, Norbert — Der Dotierungsrahmen im Beschluss des Großen Senats des BAG zur ablösenden Betriebsvereinbarung, in: BB 1988, S. 333;

Ahrend, Peter; Förster, Wolfgang; Rühmann, Jochen; Schumann, Hans-Heinrich — Gesetz zur Verbesserung der betrieblichen Altersversorgung, Kommentar, 9. Auflage, München 2003 (zitiert: *Ahrend/Förster/Rühmann*, BetrAVG);

Andresen, Boy-Jürgen; Förster, Wolfgang; Rößler, Norbert; Rühmann, Jochen — Arbeitsrecht der betrieblichen Altersversorgung mit sozialversicherungsrechtlicher Grundlage, Loseblatt, Köln 1999, Stand: Juni 2003 (zitiert: *Andresen/Förster/Rößler/Rühmann*);

Annuß, Georg — Der Betriebsübergang nach „Ayse Süzen", in: NZA 1998, S. 70;

Der Eingriff in den Arbeitsvertrag durch Betriebsvereinbarung, in: NZA 2001, S. 756;

Ascheid, Reiner; Preis, Ulrich; Schmidt, Ingrid (Hrsg.) — Großkommentar zum Kündigungsrecht, 2. Auflage, München 2004 (zitiert: APS-*Bearbeiter*);

Bachner, Michael — Individualarbeits- und kollektivrechtliche Auswirkungen des neuen Umwandlungsgesetzes, in: NJW 1995, S. 2881;

Fortgeltung von Gesamt- und Einzelbetriebsvereinbarungen nach Betriebsübergang, in: NJW 2003, S. 2861;

Bader, Peter — Das Gesetz zu Reformen am Arbeitsmarkt: Neues im Kündigungsschutzrecht und im Befristungsrecht, in: NZA 2004, S. 65;

Balze, Wolfgang; Rebel, Wolfgang; Schuck, Peter — Outsourcing und Arbeitsrecht, 2. Auflage, Heidelberg 2002, (zitiert: *Balze/Rebel/Schuck*, Outsourcing);

Bauer, Jobst-Hubertus — Die Zuordnung von Arbeitsverhältnissen beim Betriebsübergang, in: DB 1983, S. 1097;

Flucht aus Tarifverträgen: Königs- oder Irrweg?, in: Festschrift für Günter Schaub, München 1998, S. 19 (zitiert: *Bauer*, FS Schaub);

Christel Schmidt lässt grüßen: Neue Hürden des EuGH für Auftragsvergabe, in: NZA 2004, S. 14;

Bauer, Jobst-Hubertus; Lingemann, Stefan; Diller, Martin; Haußmann, Katrin — Anwalts-Formularhandbuch Arbeitsrecht, 2. Auflage, Köln 2004 (zitiert: Bauer/Lingemann/Diller/Haußmann-*Bearbeiter*);

Bauer, Jobst-Hubertus; Steinau-Steinrück, Robert von — Das Schicksal freiwilliger Betriebsvereinbarungen beim Betriebsübergang, in: NZA 2000, S. 505;

Neuregelung des Betriebsübergangs: Erhebliche Risiken und viel mehr Bürokratie!, in: ZIP 2002, S. 457;

Baumbach, Adolf; Hopt, Klaus J.; Merkt, Hanno — Handelsgesetzbuch, 31. Auflage, München 2003 (zitiert: Baumbach/Hopt-*Bearbeiter*, HGB);

Baumeister, Frank — Neuregelungen in der betrieblichen Altersversorgung durch das Alterseinkünftegesetz, DAngVers 2004, S. 361;

Becker, Friedrich; Etzel, Gerhard; Bader, Peter u.a. — Gemeinschaftskommentar zu Kündigungsschutzgesetz und sonstigen kündigungsschutzrechtlichen Vorschriften, 7. Auflage, Neuwied Kriftel 2004 (zitiert: KR-*Bearbeiter*);

Birk, Ulrich-Arthur — Die Mitbestimmung des Betriebsrats bei der betrieblichen Altersversorgung, Köln 1983 (zitiert: *Birk*, Mitbestimmung);

Blomeyer, Wolfgang — Der Interessenkonflikt zwischen Arbeitnehmer und Betriebsrat bei Individualmaßnahmen, in: Gedächtnisschrift für Rolf Dietz, München 1973, S. 147 (*Blomeyer*, GS Dietz);

Der Betriebsrentner im Spannungsfeld zwischen Arbeitgeber, Unternehmen, Belegschaft und Insolvenzsicherung, in: RdA 1977, S. 1;

Betriebliche Altersversorgung und Unterstützungskasse, in: BB 1980, S. 789;

Anmerkung zu BAG, Urteil vom 8.2.1983 – 3 AZR 229/81, in: AP Nr. 35 zu § 613a BGB, Bl. 3;

Anmerkung zu BAG, Urteil vom 29.10.1985 – 3 AZR 485/83, AP Nr. 4 zu § 1 BetrAVG Betriebsveräußerung, Bl. 7;

Das kollektive Günstigkeitsprinzip – Bemerkungen zum Beschluss des Großen Senats des Bundesarbeitsgerichtes vom 16.9.1986, in: DB 1987, S. 634;

Arbeits- und insolvenzsicherungsrechtliche Probleme der ablösenden Direktversicherung, in: BetrAV 1989, S. 29;

Nachwirkung und Weitergeltung abgelaufener Betriebsvereinbarungen über „freiwillige“ Sozialleistungen, in: DB 1990, S. 173;

Anmerkung zu BAG, Urteil vom 28.7.1998 – 3 AZR 357/97, in: AP Nr. 9 zu § 79 LPVG Baden-Württemberg, Bl. 7;

Blomeyer, Wolfgang; Huep, Tobias — Anmerkung zu BAG, Urteil vom 13.5.1997 – 1 AZR 75/97, in: SAE 1999, S. 75;

Blomeyer, Wolfgang; Otto, Klaus — Gesetz zur Verbesserung der betrieblichen Altersversorgung, Kommentar, 2. Auflage, München 1998 (zitiert: *Blomeyer/Otto*², BetrAVG);

Gesetz zur Verbesserung der betrieblichen Altersversorgung, Kommentar, 3. Auflage, München 2004 (zitiert: *Blomeyer/Otto*, BetrAVG);

Blomeyer, Wolfgang; Vienken, Ulrich — Anmerkung zu BAG, Urteil vom 11.5.1999 – 3 AZR 21/98, in: RdA 2000, S. 370;

Blumenstein, Meike — Änderung des Gesetzes zur Verbesserung der betrieblichen Altersversorgung im Rahmen des Entwurfs eines Alterseinkünftegesetz, in: BetrAV 2004, S. 236;

Boecken, Winfried — Unternehmensumwandlungen und Arbeitsrecht, Köln 1996 (zitiert: *Boecken*, Unternehmensumwandlungen);

Buchner, Herbert — Verlagerung von Versorgungsverpflichtungen bei Unternehmensumstrukturierung – Zur Möglichkeit der Abspaltung einer Rentnergesellschaft, in: Gedenkschrift für Wolfgang Blomeyer, München 2003, S. 33 (zitiert: *Buchner*, GS Blomeyer, S. 33);

Bütefisch, Wilka — Die Sozialauswahl, Köln 2000;

Canaris, Claus-Wilhelm — Funktionelle und inhaltliche Grenzen kollektiver Gestaltungsmacht bei der Betriebsvereinbarung, in: AuR 1966, S. 129;

Die Feststellung von Lücken im Gesetz, 2. Auflage, Berlin 1983 (zitiert: *Canaris*, Feststellung von Lücken);

Handelsrecht, 23. Auflage, München 2000;

Däubler, Wolfgang — Tarifvertragsrecht, 3. Auflage, Baden-Baden 1993 (zitiert: *Däubler*, Tarifvertragsrecht);

Das Arbeitsrecht im neuen Umwandlungsgesetz, in: RdA 1995, S. 136;

Neues zur betriebsbedingten Kündigung, in: NZA 2004, S. 177;

Anmerkung zu BAG, Beschluss vom 17.6.2003 – 3 ABR 43/02, in: RdA 2005, S. 305;

Däubler, Wolfgang; Kittner, Michael; Klebe, Thomas — BetrVG, Betriebsverfassungsgesetz mit Wahlordnung, §§ 121–128 InsO und EBR-Gesetz, 9. Auflage, Frankfurt 2004 (zitiert: DKK-*Bearbeiter*, BetrVG);

Dieterich, Thomas — Betriebsverfassungsrecht und betriebliche Altersversorgung, in: NZA 1984, S. 273;

Dieterich, Thomas; Müller-Glöge, Rudi; Preis, Ulrich; Schaub, Günter — Erfurter Kommentar zum Arbeitsrecht, 6. Auflage, München 2006 (zitiert: ErfK-*Bearbeiter*);

Dieterich, Thomas; Neef, Klaus; Schwab, Brent — Arbeitsrecht-Blattei, Systematische Darstellungen, Loseblatt, Heidelberg 2004, Stand: Dezember 2004 (zitiert: *Bearbeiter*, AR-Blattei-SD);

Dietz, Rolf; Richardi, Reinhard — Betriebsverfassungsgesetz, Kommentar
Band 2: §§ 74 – Schluss, 6. Auflage, München 1982
(zitiert: *Dietz/Richardi*, BetrVG);

Diller, Martin — Insolvenzvermeidung durch außergerichtliche Übernahme von Betriebsrenten durch den PSV, in: ZIP 1997, S. 765;

Dorndorf, Eberhard; Weller, Bernhard; Hauck, Friedrich u.a. — Heidelberger Kommentar zum Kündigungsschutzgesetz, 4. Auflage, Heidelberg 2001 (zitiert: Heidelberger Kommentar-*Bearbeiter*, KSchG);

Dörner, Klemens; Luczak, Stefan; Wildschütz, Martin — Handbuch Arbeitsrecht, 4. Auflage, München 2004 (zitiert: DLW-*Bearbeiter*);

Düwell, Franz Josef — Betriebsverfassungsgesetz Handkommentar, Baden Baden 2002 (zitiert: HaKo-*Bearbeiter*);

Erman, Walter — Bürgerliches Gesetzbuch – Handkommentar
Band 1: §§ 1 – 853, HausTWG, ProdHaftG, SchuldRAnpG, VerbrKrG, 10. Auflage, Köln 2000 (zitiert: Erman[10]-*Bearbeiter*, BGB)
Band 1: §§ 1 – 811, UKlaG, 11. Auflage, Köln 2004
(zitiert: Erman-*Bearbeiter*, BGB);

Estelmann, Martin — Rechtlich selbstständige Sozialeinrichtungen, Heidelberg 1994 (zitiert: *Estelmann*, Sozialeinrichtungen);

Etzel, Gerhard — Betriebsverfassungsrecht, 8. Auflage, Neuwied Kriftel 2002;

Falkenberg, Rolf-Dieter — Der rechtsgeschäftliche Betriebsübergang und seine Auswirkungen für die betriebliche Altersversorgung, in: BB 1987, S. 328;

Fastrich, Lorenz — Betriebsvereinbarung und Privatautonomie, in: RdA 1994, S. 129;

Feudner, Bernd W. — Ablösung kollektiver Regelungen bei Betriebsübergang, in: DB 2001, S. 1250;

Zur Mitbestimmung bei der Durchführung des Altersvermögensgesetzes („Riester-Rente"), DB 2001, S. 2047;

Fitting, Karl; Engels, Gerd; Schmidt, Ingrid; Trebinger, Yvonne; Linsenmaier, Wolfgang — Betriebsverfassungsgesetz: Handkommentar, 22. Auflage, München 2004
(zitiert: FESTL, BetrVG);

Förster, Wolfgang — Ausgliederung von Pensionsverpflichtungen auf eine Pensionsgesellschaft, in: BetrAV 2001, S. 133;

Friedrich, Klaus; Weigel, Hanns-Jürgen — Übertragung von Pensionsverpflichtungen auf einen Pensionsfonds, in: DB 2003, 2564;

Fuchs, Bernhard — Betriebliche Sozialleistungen beim Betriebsübergang, Köln 2000
(zitiert: *Fuchs*, Sozialleistungen);

Furier, Manfred-Theo — Mitbestimmung bei der betrieblichen Altersversorgung, in: AiB 1999, S. 197;

Galperin, Hans; Löwisch, Manfred — Kommentar zum Betriebsverfassungsgesetz
Band I: Organisation der Betriebsverfassung (§§ 1 – 73), 6. Auflage, Heidelberg 1982
Band II: Regelung der Mitbestimmung (§§ 74 – 132), 6. Auflage, Heidelberg 1982
(zitiert: *Galperin/Löwisch*, BetrVG);

Gamillscheg, Franz — Arbeitsrecht
Band I: Arbeitsvertrags- und Arbeitsschutzrecht, 8. Aufl., München 2000
(zitiert: *Gamillscheg*, Arbeitsrecht);

Gaul, Björn — Das Schicksal von Tarifverträgen und Betriebsvereinbarungen bei der Umwandlung von Unternehmen, in: NZA 1995, S. 717;

Die neue EG-Richtlinie zum Betriebs- und Unternehmensübergang, in BB 1999, S. 526 (1. Teil), S. 582 (2. Teil);

Einzelvertragliche Bezugnahmeklausel beim Übergang des Arbeitsverhältnisses auf nicht tarifgebundene Arbeitgeber, in: BB 2000, S. 1086;

Das Arbeitsrecht der Betriebs- und Unternehmensspaltung, Köln 2002
(zitiert: *Gaul*, Arbeitsrecht);

Sozialauswahl nach Widerspruch gegen Betriebsübergang, in: NZA 2005, S. 730;

Gaul, Björn; Kühnreich, Matthias — Änderung von Versorgungszusagen nach Betriebsübergang bzw. Umwandlung, in: NZA 2002, S. 495;

Gaul, Björn; Otto, Björn — Unterrichtungsanspruch und Widerspruchsrecht bei Betriebsübergang und Umwandlung, in: DB 2002, S. 634;

Gaul, Dieter — Die kollektivrechtlichen Auswirkungen eines rechtsgeschäftlich begründeten Betriebsüberganges, in: ZTR 1989, S. 432;

Die rechtsgeschäftliche Grundlage eines Betriebsübergangs nach § 613a BGB, in: ZIP 1989, S. 757;

Glaubrecht, Helmut; Halberstadt, Gerhard; Zander, Ernst — Betriebsverfassung in Recht und Praxis, Loseblatt, Freiburg 1977, Stand: Juni 2004 (zitiert: *Bearbeiter*, BV);

Griebeling, Gert — Arbeits- und insolvenzrechtliche Fragen zur Unterstützungskasse, DB 1991, S. 2336;

Bestandsschutz und Billigkeitskontrolle in der betrieblichen Altersversorgung aus der Sicht des Bundesarbeitsgerichtes, in: Festschrift für Peter Ahrend, Köln 1992, S. 208 (zitiert: *Griebeling*, FS Ahrend);

Griebeling, Gert; Griebeling, Stefan — Betriebliche Altersversorgung, 2. Auflage, München 2003, (zitiert: *Griebeling/Griebeling*, BetrAV);

Griebeling, Gert; Bepler, Klaus — Zur Anpassungspflicht von Rentnergesellschaften, in: Gedenkschrift für Wolfgang Blomeyer, München 2003, S. 99 (zitiert: *Griebeling/Bepler*, GS Blomeyer);

Grobys, Marcel — Die Neuregelung des Betriebsübergangs in § 613a BGB, in: BB 2002, S. 726;

BB-Kommentar zu BAG, Beschluss vom 18.9.2002 – 1 ABR 54/01, in: BB 2003, S. 1391;

Gussen, Heinz; Dauck, Andreas — Die Weitergeltung von Betriebsvereinbarungen und Tarifverträgen bei Betriebsübergang und Umwandlung, 2. Auflage, Berlin 1997 (zitiert: *Gussen/Dauck*, Weitergeltung);

Haag, Oliver G. — Umstrukturierung und Betriebsverfassung, Konstanz 1996 (zitiert: *Haag*, Umstrukturierung);

Hambach, Matthias — Gesetzliche Unverfallbarkeit von Versorgungsanwartschaften und Betriebsübergang, in: NZA 2000, S. 291;

Hamisch, Ann-Christine — Betriebliche Altersversorgung im Betriebsübergang, AuA 2005, S. 594;

Hanau, Peter — Neuerungen in der Mitbestimmung über Sozialeinrichtungen, insbesondere der Altersversorgung, in: BB 1973, S. 1274;

Probleme der Mitbestimmung des Betriebsrats über den Sozialplan, in: ZfA 1974, S. 89;

Anmerkung zu BAG, Beschluss vom 18.3.1976 – 3 ABR 32/75, in: AP Nr. 4 zu § 87 BetrVG 1972 Altersversorgung, Bl. 4;

Hanau, Peter — Anmerkung zu BAG, Beschluss vom 13.7.1978 – 3 ABR 108/77, AP Nr. 5 zu § 87 BetrVG 1972 Altersversorgung, Bl. 4;

Anmerkung zu BAG, Beschluss vom 13.2.1979 – 1 ABR 80/77, in: Arbeitsrechts-Blattei (1980), Betriebsverfassung XIV B, Nr. 40, Bl. 9;

Der Tarifvertrag in der Krise, in: RdA 1998, S. 65;

Hanau, Peter; Preis, Ulrich — Der Übergang der Gesamtversorgung zu einer von der Sozialversicherung abgekoppelten Betriebsrente, in: RdA 1988, S. 65;

Die Kündigung von Betriebsvereinbarungen, in: NZA 1991, S. 81;

Betriebsvereinbarungsoffene betriebliche Altersversorgung, in: Festschrift für Peter Ahrend, Köln 1992, S. 235 (zitiert: *Preis/Hanau*, FS Ahrend);

Hanau, Peter; Vossen, Reinhard — Die Auswirkungen des Betriebsinhaberwechsels auf Betriebsvereinbarungen und Tarifverträge, in: Festschrift für Marie Luise Hilger und Hermann Stumpf, München 1983, S. 270 (zitiert: *Hanau/Vossen*, FS Hilger/Stumpf, S. 270);

Hanau, Peter; Kania, Thomas — Die Bezugnahme auf Tarifverträge durch Arbeitsvertrag und betriebliche Übung, in: Festschrift für Günter Schaub, München 1998, S. 239 (zitiert: *Hanau/Kania*, FS Schaub);

Heinze, Meinard — Ausgewählte Rechtsfragen zu § 613a BGB, in: Festschrift für Günter Schaub, München 1998, S. 275 (zitiert: *Heinze*, FS Schaub);

Arbeitsrechtliche Probleme bei der Umstrukturierung von Unternehmen, in: DB 1998, S. 1861;

Heither, Friedrich — Möglichkeiten und Grenzen der Änderung von Zusagen auf betriebliche Altersversorgung, in: BB 1992, S. 145;

Bestandsschutz und Billigkeitskontrolle in der betrieblichen Altersversorgung, RdA 1993, S. 72;

40 Jahre Rechtsprechung zur betrieblichen Altersversorgung, in: RdA 1994, S. 363;

Die Regelungskompetenz der Betriebsparteien für Versorgungsansprüche der Betriebsrentner, in: Festschrift für Wolfgang Förster, Köln 2001, S. 149 (zitiert: *Heither*, FS Förster);

Hennerkes, Brun-Hagen; Binz, Mark Karlheinz; Rauser, Klaus Dieter — Zur Übernahme von Ruhegeldverbindlichkeiten bei Unternehmensveräußerung und Betriebsaufspaltung, in: BB 1982, S. 930;

Henssler, Martin — Aktuelle Rechtsprobleme des Betriebsübergangs, in: NZA 1994, S. 913;

Unternehmensumstrukturierung und Tarifrecht, in: Festschrift für Günter Schaub, München 1998, S. 311 (zitiert: *Henssler*, FS Schaub);

Henssler, Martin; Willemsen, Heinz Josef; Kalb, Heinz-Jürgen — Arbeitsrecht Kommentar, Köln 2004 (zitiert: HWK-*Bearbeiter*);

Herbst, Jens — Umfang des Mitbestimmungsrechts bei freiwilligen übertariflichen Zulagen, in: DB 1987, S. 738;

Herbst, Jens; Scholl, Annette — Kantine: Hier kocht der Chef nicht allein, in: AiB 1990, S. 119;

Hergenröder, Curt Wolfgang — Anmerkung zu BAG, Urteil vom 14.8.2001 – 1 AZR 619/00, in: AR-Blattei-ES, Betriebsinhaberwechsel, Nr. 168, S. 10;

Anmerkung zu BAG, Beschluss vom 18.9.2002 – 1 ABR 54/01, in: AP Nr. 7 zu § 77 BetrVG 1972 Betriebsvereinbarung, Bl. 8;

Herrmann, Eva — Kollektivautonomie contra Privatautonomie: Arbeitsvertrag, Betriebsvereinbarung und Mitbestimmung, in: NZA 2000, Beilage zu Heft 3, S. 14;

Herschel, Wilhelm — Der Pensionär in der Betriebsverfassung, in: Festschrift für Marie Luise Hilger und Hermann Stumpf, München 1983, S. 311 (zitiert: *Herschel*, FS Hilger/Stumpf);

Hess, Harald; Schlochauer, Ursula; Worzalla, Michael; Glock, Dirk — Kommentar zum Betriebsverfassungsgesetz, 6. Auflage, München 2003 (zitiert: HSWG-*Bearbeiter*, BetrVG);

Heubeck, Klaus — Zum „Dotierungsrahmen" für die betriebliche Altersversorgung, in: BetrAV 1985, S. 189;

Heubeck, Klaus; Höhne, Gerhard; Paulsdorff, Jürgen; Weinert, Wolfgang — Kommentar zum Betriebsrentengesetz
Band I: Arbeitsrechtliche Vorschriften (§§ 1 – 18 und Anhang), 2. Auflage, Heidelberg 1982
(zitiert: *Heubeck/Höhne/Paulsdorff/Weinert*, BetrAVG);

Hilger, Marie Luise; Stumpf, Herman — Kündigungsfreiheit und Vertrauensschutz im Recht der betrieblichen Altersversorgung, in: BB 1990, S. 929;

Hill, Ulrike — Betriebliche Altersversorgung im Betriebsübergang aus arbeits-, handels- und steuerrechtlicher Sicht, in: BetrAV 1993, S. 133;

Das neue Umwandlungsrecht und seine Auswirkungen auf die betriebliche Altersversorgung, in: BetrAV 1995, S. 114;

Hirte, Heribert — Anmerkung zu BAG, Urteil vom 24.3.1987 – 3 AZR 384/85, in: AP Nr. 1 zu § 26 HGB;

Höfer, Reinhold; Kisters-Kölkes, Margret; Küpper, Peter — Betriebliche Altersversorgung und die Entscheidung des Großen Senats des BAG zur ablösenden Betriebsvereinbarung, in: DB 1987, S. 1585;

Höfer, Reinhold; Küpper, Peter — Die Änderung genereller betrieblicher Versorgungszusagen durch Betriebsvereinbarungen, in: BB 1982, S. 565;

Höfer, Reinhold; Oppermann, Dieter — Änderung des IAS 19 für den Bilanzausweis von Betriebsrenten, in: DB 2000, S. 1039;

Höfer, Reinhold — Das neue Betriebsrentenrecht, München 2003 (zitiert: *Höfer*, Betriebsrentenrecht);

Die Neuregelung des Betriebsrentengesetzes durch das Alterseinkünftegesetz, in: DB 2004, S. 1426;

Gesetz zur Verbesserung der betrieblichen Altersversorgung
Band I: Arbeitsrecht, Loseblatt, München 2004, Stand September 2003
(zitiert: *Höfer*, BetrAVG);

Hohenstatt, Klaus-Stefan; Müller-Bonanni, Thomas — Auswirkungen eines Betriebsinhaberwechsels auf Gesamtbetriebsrat und Gesamtbetriebsvereinbarungen, in: NZA 2003, S. 766;

Hopfner, Sebastian — Schon wieder Neuregelungen in § 1 BetrAVG?, in: DB 2002, S. 1050;

Hoyningen-Huene, Gerrick von — Ablösende Betriebsvereinbarungen für ausgeschiedene Arbeitnehmer, Pensionäre und leitende Angestellte, in: RdA 1983, S. 225;

Die Inhaltskontrolle von Betriebsvereinbarungen der betrieblichen Altersversorgung, in: BB 1992, S. 1640;

Anmerkung zu BAG, Beschluss vom 5.6.2002 – 7 ABR 17/01, in: AP Nr. 11 zu § 47 BetrVG 1972, Bl. 3;

Betriebsverfassungsrecht, 5. Auflage, München 2002;

Hromadka, Wolfgang — Sprecherausschussgesetz – Kommentar, Neuwied Frankfurt 1991 (zitiert: *Hromadka*, SprAuG);

Änderung von Arbeitsbedingungen, in: RdA 1992, S. 234;

Tarifvertrag und Arbeitsvertrag bei der Ausgründung von Betriebsteilen, in: DB 1996, S. 1872;

Hueck, Alfred; Nipperdey, Hans Carl — Lehrbuch des Arbeitsrechts,
Band II: Kollektives Arbeitsrecht, 2. Halbband
7. Auflage, Berlin Frankfurt/M. 1970
(zitiert: *Hueck/Nipperdey*, Arbeitsrecht);

Huke, Rainer; Lepping, Christian — Die Folgen eines Betriebsübergangs auf betriebliche Interessenvertretungen, in: FA 2004, S. 136;

Hümmerich, Klaus — Arbeitsrecht: Schriftsätze, Verträge, Erläuterungen, 2. Auflage, Bonn 1999 (zitiert: *Hümmerich*, Arbeitsrecht);

Ingelfinger, Helmar — Widerspruch des Arbeitnehmers beim Betriebsübergang und Sozialauswahl bei anschließender betriebsbedingter Kündigung, in: ZfA 1996, S. 591;

Jaeger, Georg; Röder, Gerhard; Heckelmann, Günther — Praxishandbuch Betriebsverfassungsrecht, München 2003 (zitiert: Jaeger/Röder/Heckelmann-*Bearbeiter*);

Jahnke, Volker — Die Mitbestimmung auf dem Gebiet der betrieblichen Sozialleistungen, in: ZfA 1980, S. 863;

Joost, Detlev — Ablösende Betriebsvereinbarungen und allgemeine Arbeitsbedingungen, in: RdA 1989, S. 7;

Junker, Michael — Die auf einer Betriebsvereinbarung beruhende Altersversorgung beim Betriebsübergang, in: RdA 1993, S. 203;

Kaiser, Gerhard J.; Gradel, Christian — Betriebliche Altersversorgung bei Unternehmenskäufen, in: DB 1996, S. 1621;

Kallmeyer, Harald — Umwandlungsgesetz, 2. Aufl., Köln 2001 (zitiert: Kallmeyer-*Bearbeiter*, UmwG);

Kania, Thomas — Tarifeinheit bei Betriebsübergang?, in: DB 1994, S. 529;

Tarifbindung bei Ausgliederung und Aufspaltung eines Betriebs, in: DB 1995, S. 625;

Tarifpluralität und Industrieverbandsprinzip, in: DB 1996, S. 1921;

Käppler, Renate — Anmerkung zu BAG, Urteil vom 11.5.1999 – 3 AZR 21/98, in: AP Nr. 6 zu § 1 BetrAVG Betriebsvereinbarung, Bl. 7;

Kempen, Otto Ernst — Betriebsübergang und Tarifvertrag, in: BB 1991, S. 2006;

Kemper, Kurt — Zur Zulässigkeit verschlechternder Betriebsvereinbarungen kraft Vorbehalts der betrieblichen Altersversorgung, in: DB 1987, S. 986;

Zusammentreffen unterschiedlicher Versorgungsregelungen anlässlich eines Betriebsübergangs, in: BB 1990, S. 785;

Liquidation und betriebliche Altersversorgung, in: DB 1995, S. 373;

Entgeltumwandlung und erzwingbare Mitbestimmung, in: Festschrift für Wolfgang Förster, Köln 2001, S. 207 (zitiert: *Kemper*, FS Förster);

Kittner, Michael; Zwanziger, Bertram	Arbeitsrecht, Handbuch für die Praxis, 2. Auflage, Frankfurt 2003 (zitiert: Kittner/Zwanziger-*Bearbeiter*);
Kittner, Michael; Däubler, Wolfgang; Zwanziger, Bertram	KSchR – Kündigungsschutzrecht, Kommentar für die Praxis, 5. Auflage, Frankfurt/M. 2001 (zitiert: Kittner/Däubler/Zwanziger-*Bearbeiter*, KSchR);
Klemm, Bernd	Fragen der Entgeltumwandlung nach dem Altersvermögensgesetz, NZA 2002, S. 1123;
Klemm, Bernd; Hamisch, Ann-Christine	Das BAG ebnet den Weg für „Rentner-GmbHs", in: BB 2005, S. 2409;
Knortz, Günther	Auslagerung von Pensionsverpflichtungen aus der Bilanz, in: DB 2003, S. 2399;
Koller, Ingo; Roth, Wulf-Henning; Morck, Winfried	Handelsgesetzbuch, Kommentar, 4. Auflage, München 2003 (zitiert: Koller/Roth/Morck-*Bearbeiter*, HGB);
Konzen, Horst	Arbeitnehmerschutz im Konzern, in: RdA 1984, S. 65;
Konzen, Horst; Jacobs, Matthias	Betriebsvereinbarung und Ruhestandsverhältnis, in: Festschrift für Thomas Dieterich, München 1999, S. 297 (zitiert: *Konzen/Jacobs*, FS Dieterich);
Kort, Michael	Anmerkung zu BAG, Urteil vom 24.7.2001 – 3 AZR 660/00, in: SAE 2003, S. 27;
	Bestandssicherung betrieblicher Altersversorgung, in: Gedenkschrift für Wolfgang Blomeyer, München 2003, S. 199 (zitiert: *Kort*, GS Blomeyer);
	Die Kündigung von Betriebsvereinbarungen über Betriebsrenten, in: NZA 2004, S. 889;
Kraft, Alfons	Fragen zur betriebsverfassungsrechtlichen Stellung von Leiharbeitnehmern, in: Festschrift für Klemens Pleyer, Köln Berlin Bonn München 1986, S. 383 (zitiert: *Kraft*, FS Pleyer);
Kraft, Alfons; Wiese, Günther; Kreutz, Peter; Oetker, Hartmut; Raab, Thomas; Weber, Christoph; Franzen, Martin (Hrsg.)	Betriebsverfassungsgesetz: Gemeinschaftskommentar, Band I: §§ 1–73b mit Wahlordnungen, Band II: §§ 74–132 mit Kommentierung des BetrVG 1952, 8. Auflage, Neuwied Kriftel 2005 (zitiert: GK-*Bearbeiter*);
Kramer, Ernst A.	Juristische Methodenlehre, Bern 1998 (zitiert: *Kramer*, Methodenlehre);
Krause, Rüdiger	Die Änderungskündigung zum Zwecke der Entgeltreduzierung, in: DB 1995, S. 574;

Kreitner, Jochen — Die Zuordnung von Arbeitsverhältnissen beim Betriebsinhaberwechsel, in: NZA 1990, S. 429;

Kreßel, Eckhard — Arbeitsrechtliche Aspekte des neuen Umwandlungsbereinigungsgesetz, in: BB 1995, S. 925;

Kreutz, Peter — Die Grenzen der Betriebsautonomie, München 1979 (zitiert: *Kreutz*, Betriebsautonomie);

Gestaltungsaufgabe und Beendigung von Betriebsvereinbarungen, in: Festschrift für Alfons Kraft, Neuwied Kriftel 1998, S. 323 (zitiert: *Kreutz*, FS Kraft);

Normative Fortgeltung von Betriebsvereinbarungen nach einem Betriebsteilübergang, in: Festschrift 50 Jahre Bundesarbeitsgericht, München 2004, S. 993 (zitiert: *Kreutz*, FS 50 Jahre BAG);

Küttner, Wolfdieter — Personalhandbuch, 12. Auflage München 2005 (zitiert: Küttner-*Bearbeiter*);

Lambrich, Thomas; Trappehl, Bernard — Tarifflucht, Frankfurt/M. 2002;

Langohr-Plato, Uwe — Neue haftungsrechtliche Aspekte in der betrieblichen Altersversorgung, in: BetrAV 1996, S. 81;

Kündigung von Betriebsvereinbarungen über betriebliche Altersversorgung, in: BetrAV 2000, S. 544;

Die rechtlichen Rahmenbedingungen bei der Anpassungsprüfung laufender Betriebsrenten nach § 16 BetrAVG, in: BB 2002, S. 406;

Anmerkung zu BAG, Urteil vom 17.6.2003 – 3 AZR 396/02, in: AP Nr. 24 zu § 7 BetrAVG Widerruf, Bl. 7;

Rechtshandbuch Betriebliche Altersversorgung, 3. Auflage, Kevelaer 2005 (zitiert: *Langohr-Plato*, BetrAV);

Larenz, Karl — Methodenlehre der Rechtswissenschaft, 4. Auflage, Berlin Heidelberg New York 1979 (zitiert: *Larenz*, Methodenlehre);

Larenz, Karl; Canaris, Claus-Wilhelm — Methodenlehre der Rechtswissenschaft, 3. Auflage, Berlin Heidelberg New York 1995 (zitiert: *Larenz/Canaris*, Methodenlehre);

Lieb, Manfred — Betriebs-(Teil-)Übergang bei zentraler Unternehmensorganisation, in: ZfA 1994, S. 229;

„Haftungsklarheit für den Mittelstand"?, in: GmbHR 1994, S. 658;

Arbeitsrecht, 7. Auflage, Heidelberg 2000;

Lindemann, Achim; Simon, Oliver — Ablösung und Bestandsschutz von Altersversorgungsregelungen beim Betriebsübergang, in: BB 2003, S. 2510;

Lipinski, Wolfgang	Reichweite der Kündigungskontrolle durch § 613a Abs. 4 S. 1 BGB, in: NZA 2002, S. 75;
Lorenz, Martin	Gesetz über die Gleichbehandlung von Männern und Frauen am Arbeitsplatz und über die Erhaltung von Ansprüchen bei Betriebsübergang, in: DB 1980, S. 1745;
Löwisch, Manfred	Die Verschlechterung von Individualansprüchen durch Betriebsvereinbarung, in: DB 1983, S. 1709;
	Die Änderung von Arbeitsbedingungen auf individualrechtlichem Wege, insbesondere durch Änderungskündigung, in: NZA 1988, S. 633;
Löwisch, Manfred; Kaiser, Dagmar	Betriebsverfassungsgesetz Kommentar, 5. Auflage, Heidelberg 2002 (zitiert: *Löwisch/Kaiser*, BetrVG);
Lunk, Stefan	Widerspruch gegen Betriebsübergang und Sozialauswahl, in: NZA 1995, S. 711;
Lunk, Stefan; Möller, Berenice	Folgeprobleme nach Widerspruch gegen einen Betriebsteilübergang, in: NZA 2004, S. 9;
Lutter, Marcus	Umwandlungsgesetz Band I: §§ 1 – 151, 2. Auflage, Köln 2000 (zitiert: Lutter-*Bearbeiter*, UmwG);
Matthießen, Volker	Anmerkung zu BAG, Urteil vom 24.7.2001 - 3 AZR 660/00, in: EWiR 2002, S. 663;
May, Gerhard H.	Die Portabilität von Betriebsrenten, in: BetrAV 2004, S. 704;
Meier, Karin; Bätzel, Martina	Auslagerung von Pensionsrückstellungen auf einen Pensionsfonds, in: DB 2004, S. 1437;
Merten, Philip W.	Die Regelungsbefugnisse der Betriebspartner erörtert am Beispiel der ablösenden Betriebsvereinbarung, Lohmar Köln 2000 (zitiert: *Merten*, Regelungsbefugnisse);
Meyer, Cord	Ablösung von Betriebs-, Gesamt- und Konzernbetriebsvereinbarungen beim Betriebsübergang, in: DB 2000, S. 1174;
	Modifikation von Tarifrecht durch Betriebsvereinbarungen beim Betriebsübergang in: NZA 2001, S. 751;
	Anmerkung zu BAG, Beschluss vom 18.9.2002 - 1 ABR 54/01, in: SAE 2003, S. 310;
	Bezugnahme-Klauseln und neues Tarifwechsel-Konzept des BAG, in: NZA 2003, S. 1126;
Molkenbur, Josef; Roßmanith, Günther	Mitbestimmung des Betriebsrats und Betriebsvereinbarungen in der betrieblichen Altersversorgung, in: AuR 1990, S. 333;

Moll, Wilhelm — Die Mitbestimmung des Betriebsrats beim Entgelt, Berlin 1977
(zitiert: *Moll*, Mitbestimmung);

Der Ablösungsgedanke zwischen Vertragsregelung und Betriebsvereinbarung, in: NZA Beilage 1/1988, S. 17;

Altersversorgung in Form von Direktzusagen als Sozialeinrichtung?, in: BB 1988, S. 400;

Die Rechtsstellung des Arbeitnehmers nach einem Betriebsübergang, in: NJW 1993, S. 2016, 2020;

Kollektivvertragliche Arbeitsbedingungen nach einem Betriebsübergang, in: RdA 1996, S. 275;

Bedeutung und Voraussetzung des Betriebsübergangs im Wandel, in: RdA 1999, S. 233;

Betriebsübergang und Nebenleistungen, in: Festschrift 50 Jahre Bundesarbeitsgericht, München 2004, S. 59
(zitiert: *Moll*, FS 50 Jahre BAG, S. 59);

Münchener AnwaltsHandbuch Arbeitsrecht, München 2005
(zitiert: Moll-*Bearbeiter*, MAH Arbeitsrecht);

Moll, Wilhelm; Leisbrock, Thorsten — Anmerkung zu BAG, Urteil vom 14.9.2001 - 1 AZR 619/00, in: RdA 2003, S. 301;

Mues, Werner — Bestandsschutz und Änderbarkeit von Betriebsvereinbarungen nach Betriebsübergang und Betriebsteilübergang, in: DB 2003, S. 1273;

Müller, Thomas — Umwandlung des Unternehmensträgers und Betriebsvereinbarung, in: RdA 1996, S. 287;

Müller, Thomas; Thüsing, Gregor — Die Zuordnung von Arbeitsverhältnissen beim Betriebsübergang, in: ZIP 1997, S. 1869;

Münchener Kommentar — zum Bürgerlichen Gesetzbuch,
Band 4: Schuldrecht – Besonderer Teil II, §§ 607 – 704, 3. Aufl., München 1997
(zitiert: MüKo³-*Bearbeiter*, BGB)
Band 2a: Schuldrecht – Allgemeiner Teil, §§ 241 – 432, 4. Auflage, München 2003
Band 4: Schuldrecht – Besonderer Teil II, §§ 607 – 704, EFZG, TzBfG, KSchG 4. Auflage, München 2005
(zitiert: MüKo-*Bearbeiter*, BGB);

Münchener Kommentar — zum Handelsgesetzbuch
Band 1: Erstes Buch – Handelsstand, §§ 1 – 104, München 1996
Band 2: Zweites Buch – Handelsgesellschaften und stil le Gesellschaft, Erster Abschnitt – Offene Han delsgesellschaft, §§ 105 – 160, München 2004
(zitiert: MüKo-*Bearbeiter*, HGB);

Neef, Klaus	Der Besitzstand in der betrieblichen Altersversorgung, in: Festschrift 50 Jahre Bundesarbeitsgericht, München 2004, S. 81 (zitiert: *Neef*, FS 50 Jahre BAG, S. 81);
Niermann, Walter	Alterseinkünftegesetz – Die steuerlichen Änderungen in der betrieblichen Altersversorgung, in: DB 2004, S. 1449;
Nitsche, Christian	Das neue Nachhaftungsbegrenzungsgesetz – Vertragsübergang kraft Gesetzes?, in: ZIP 1994, S. 1919;
Oetker, Hartmut	Das Widerspruchsrecht der Arbeitnehmer beim Betriebsübergang zwischen Freiheitsschutz und Bestandsschutz, in: DZWir 1993, S. 136;
Osburg, Josef	Zur Übertragung von Direktversicherungen bei Arbeitgeberwechsel, in: BetrAV 1981, S. 89;
Otto, Hansjörg	Anmerkung zu BAG, Beschluss vom 16.2.1993 – 3 ABR 29/92, in: EWiR 1993, S. 949;
Palandt, Otto	Bürgerliches Gesetzbuch, 64. Auflage, München 2005 (zitiert: Palandt-*Bearbeiter*, BGB);
Paulweber, Michael; Wurzberger, Rainer	Muss ein Unternehmen verschiedene Versorgungsordnungen angleichen?, in: BB 2005, S. 325;
Paulus-Kamp, Anja	Fachtagung betriebliche Altersversorgung am 16./17.11. 1998 in Kassel, in: NZA 1999, S. 245;
Pauly, Hans-Joachim	Die Behandlung von Versorgungsansprüchen und –anwartschaften beim Betriebsübergang nach § 613a BGB unter besonderer Berücksichtigung der Rechtsprechung des Bundesarbeitsgerichtes, in: Festschrift für Georg Heubeck, Stuttgart 1986, S. 107 (zitiert: *Pauly*, FS Heubeck);
Pfarr, Heide	Mitbestimmung bei der Ablösung und Verschlechterung allgemeiner von Arbeitsbedingungen, in: DB 1983, S. 2001;
Picot, Gerhard	Unternehmenskauf und Restrukturierung, 3. Auflage, München 2004 (zitiert: Picot-*Bearbeiter*, Unternehmenskauf);
Picot, Gerhard Schnitker, Elmar	Arbeitsrecht bei Unternehmenskauf und Restrukturierung, München 2001 (zitiert: *Picot/Schnitker*, Arbeitsrecht);
Preis, Ulrich	Arbeitsrecht, Praxis-Lehrbuch zum Individualarbeitsrecht, 2. Auflage, Köln 2003 (zitiert: *Preis*, Individualarbeitsrecht);
	Arbeitsrecht, Praxis-Lehrbuch zum Kollektivarbeitsrecht, Köln 2003 (zitiert: *Preis*, Kollektivarbeitsrecht);
	Der Arbeitsvertrag, 2. Auflage, Köln 2005 (zitiert: Preis-*Bearbeiter*, Arbeitsvertrag);

Preis, Ulrich — Innovative Arbeitsformen, Köln 2005
(zitiert: Preis-*Bearbeiter*, Innovative Arbeitsformen);

Preis, Ulrich; Steffan, Ralf — Anmerkung zu BAG, Urteil vom 7.4.1993 – 2 AZR 449/91 (B), in: EzA Nr. 30 zu § 1 KSchG Soziale Auswahl, S. 13;

Zum Schicksal kollektivrechtlicher Regelungen beim Betriebsübergang, in: Festschrift für Alfons Kraft, Neuwied Kriftel 1998, S. 477
(zitiert: *Preis/Steffan*, FS Kraft);

Preis, Ulrich; Richter, Markus — Grenzen der normativen Fortgeltung von Betriebsvereinbarungen beim Betriebsübergang, in: ZIP 2004, S. 925;

Preis, Ulrich; Willemsen, Heinz-Josef — Umstrukturierung von Betrieb und Unternehmen im Arbeitsrecht, Köln 1999
(zitiert: Preis/Willemsen-*Bearbeiter*, Umstrukturierung);

Prölss, Jürgen; Martin, Anton — Versicherungsvertragsgesetz, Kommentar, 27. Auflage, München 2004
(zitiert: Prölss/Martin-*Bearbeiter*, VVG);

Raab, Thomas — Anmerkung zu BAG, Urteil vom 14.8.2001 – 1 AZR 619/00, in: AP Nr. 85 zu § 77 BetrVG, Bl. 6;

Reichold, Hermann — § 26 HGB – Verjährungs- oder Enthaftungsnorm?, in : ZIP 1988, S. 551;

Anmerkung zu BAG, Beschluss vom 25.2.1997 – 1 ABR 69/96, in: SAE 1998, S. 44;

Anmerkung zu BAG, Urteil vom 1.8.2002 – 1 AZR 619/00, in: SAE 2002, S. 268;

Metamorphosen der gekündigten Betriebsvereinbarung, in: Gedenkschrift für Wolfgang Blomeyer, München 2003, S. 275
(zitiert: *Reichold*, GS Blomeyer);

Reinecke, Gerhard — 30 Jahre Betriebsrentengesetz - Gesetzes- und Richterrecht in der betrieblichen Altersversorgung, in: NZA 2004, S. 753;

Renaud, Werner; Markert, Thomas — Keine Enthaftung des Unternehmensveräußerers für Verbindlichkeiten aus Dauerschuldverhältnissen trotz Firmenfortführung durch den Unternehmenserwerber?, in: DB 1988, S. 2358;

RGRK — Das Bürgerliche Gesetzbuch unter besonderer Berücksichtigung des Reichsgerichts und des Bundesgerichtshofs, Kommentar
Band 2: Teil 3/1, §§ 611 – 620
12. Auflage, Berlin New York 1997
(zitiert: RGRK-*Bearbeiter*, BGB);

Richardi, Reinhard — Kollektivgewalt und Individualwille bei der Gestaltung von Arbeitsverhältnissen, München 1968
(zitiert: *Richardi*, Kollektivgewalt);

Richardi, Reinhard	Bestandssicherung und Mitbestimmung in der betrieblichen Altersversorgung, in: Gedenkschrift für Wolfgang Blomeyer, S. 299, München 2003 (zitiert: *Richardi*, GS Blomeyer, S. 299);
	Betriebsverfassungsgesetz mit Wahlordnung, 10. Auflage, München 2006 (Richardi-*Bearbeiter*, BetrVG);
Richardi, Reinhard; Wlotzke, Otfried	Münchener Handbuch zum Arbeitsrecht Band 1: §§ 1 – 113, Individualarbeitsrecht I, 2. Auflage, München 2000 Band 2: §§ 114 – 239, Individualarbeitsrecht II, 2. Auflage, München 2000 Band 3: §§ 240 – 394, Kollektives Arbeitsrecht 2. Auflage, München 2000 (zitiert als: MünchHb-*Bearbeiter*);
Rieble, Volker; Gutzeit, Martin	Betriebsvereinbarungen nach Unternehmensumstrukturierungen, in: NZA 2003, S. 233;
Röder, Gerhard; Haußmann, Katrin	Die Geltung von Gesamtbetriebsvereinbarungen nach einer Umwandlung, in: DB 1999, S. 1754;
Roßmanith, Günther	Die Kündigung von Betriebsvereinbarungen über betriebliche Altersversorgung, in: DB 1999, S. 634;
Rüthers, Bernd	Betriebsverfassungsrechtliches Mitbestimmungsrecht und Individualbereich, in: Zwei Arbeitsrechtliche Vorträge (*Rüthers/Boldt*), München 1970, S. 7 (zitiert: *Rüthers*, Mitbestimmungsrecht);
Rüthers, Bernd; Bakker, Rainer	Anmerkung zu BAG, Urteil vom 25.10.1988 – 3 AZR 483/86, in: EzA Nr. 26 zu § 77 BetrVG 1972, S. 9;
Säcker, Franz-Jürgen	Gruppenautonomie und Übermachtkontrolle im Arbeitsrecht, Berlin 1972 (zitiert: *Säcker*, Gruppenautonomie);
Säcker, Franz-Jürgen; Joost, Detlev	Auswirkungen eines Betriebsübergangs auf Ruhestandsverhältnisse, DB 1978, S. 1030 (Teil I), S. 1078 (Teil II);
Schaub, Günter	Änderungskündigung und Kündigungsschutz bei Betriebsvereinbarungen, in: BB 1990, S. 289;
Schaub, Günter	Die Mitbestimmung des Betriebsrats in der betrieblichen Altersversorgung, AuR 1992, S. 193;
	Betriebliche Altersversorgung im Konzern, in: Festschrift für Wolfgang Förster, Köln 2001, S. 269 (zitiert: *Schaub*, FS Förster, S. 269);
	Arbeitsrecht-Handbuch, 10. Auflage, München 2002 (zitiert: Schaub-*Bearbeiter*, ArbR-Hb);
Schiefer, Bernd	Rechtsfolgen des Betriebsübergangs nach § 613a BGB, in: NJW 1998, S. 1817;

Schiefer, Bernd — Tarifvertragswechsel nach Betriebsübergang – neue Möglichkeiten?, in: DB 2003, S. 390;

Fortgeltung kollektivrechtlicher Regelungen im Falle des Betriebsübergangs gemäß § 613a BGB, in: Festschrift 50 Jahre BAG, München 2004, S. 859
(zitiert: *Schiefer*, FS 50 Jahre BAG, S. 859);

Schirge, Barbara; Trittin, Wolfgang — Übertarifliche Zulagen, in: AiB 1990, S. 227;

Schlachter, Monika — Die Rechtsstellung des widersprechenden Arbeitnehmers beim Betriebsübergang, in: NZA 1995, S. 705;

Schmidt, Karsten — Handelsrecht, 5. Auflage, Köln Berlin Bonn München 1999;

Schmidt, Ludwig — Einkommenssteuergesetz, 23. Auflage, München 2004
(zitiert: Schmidt-*Bearbeiter*, EStG);

Schmitt, Joachim; Hörtnagl, Robert; Stratz, Rolf-Christian — Umwandlungsgesetz, Umwandlungssteuergesetz, 3. Auflage, München 2001
(zitiert: Schmitt/Hörtnagl/Stratz-*Bearbeiter*)

Schmitt-Rolfes, Günter — Unterstützungskassen und Betriebsübergang, in: BetrAV 1981, S. 123;

Schnitker, Elmar; Grau, Timon — Mitbestimmungsrechte des Betriebsrats bei der Einführung einer betrieblichen Altersversorgung im Wege der Entgeltumwandlung nach § 1a BetrAVG, in: BB 2003, S. 1061;

BB-Kommentar zu EuGH vom 20.11.2003 – *Abler*, in: BB 2004, S. 275;

Schoden, Michael — Anmerkung zu BAG, Urteil vom 11.5.1999 – 3 AZR 21/98, in: AiB 2000, S. 515;

Betriebliche Altersversorgung – Kommentar für die Praxis, 2. Auflage, Frankfurt/M. 2003
(zitiert: *Schoden*, BetrAV);

Schulin, Bertram — Die Rechtsprechung des Bundesarbeitsgerichtes im Jahre 1980, in: ZfA 1981, S. 577;

Schumann, Hans-Heinrich — Wie sicher ist die Betriebsrente?, in: DB 1990, S. 2118 (Teil I), S. 2165 (Teil II);

Unbegrenzter Schutz vor Eingriffen in die zeitanteilig erdiente Dynamik von Versorgungszusagen, in: Festschrift für Peter Ahrend, Köln 1992, S. 221
(zitiert: *Schumann*, FS Ahrend);

Anmerkung zu BAG, Urteil vom 11.12.2001 – 3 AZR 128/01, in: EWiR 2003, S. 305;

Anmerkung zu BAG, Urteil vom 10.9.2002 – 3 AZR 635/01, in: DB 2003, S. 1527;

Schwerdtner, Peter — Die Änderung kollektivrechtlich begründeter Ruhegeldberechtigungen, in: ZfA 1975, S. 171;

Schwind, Joachim — Die Deckungsmittel der betrieblichen Altersversorgung in 2002, in: BetrAV 2004, S. 469;

Schwind, Joachim; Jürgens, Ulrich — Praxisbeispiele zur Umsetzung von Modellen der tariflichen Altersversorgung, in: BetrAV 2001, S. 741;

Seiter, Hugo — Tarifverträge und Betriebsvereinbarungen beim Betriebsinhaberwechsel, in: DB 1980, S. 877;

Betriebsinhaberwechsel, Stuttgart Wiesbaden 1980;

Seitz, Stefan; Werner, Marc — Arbeitsvertragliche Bezugnahme bei Unternehmensumstrukturierungen, in: NZA 2000, S. 1257;

Semler, Johannes; Stengel, Arndt — Umwandlungsgesetz, München 2003 (zitiert: Semler/Stengel-*Bearbeiter*, UmwG);

Sieber, Roland — Der mitbestimmungsfreie Dotierungsrahmen der betrieblichen Altersversorgung, in: BB 1976, S. 367;

Sieger, Jürgen; Aleth, Franz — Die Ausgliederung von Pensionsverpflichtungen auf eine Pensionsgesellschaft, in: DB 2002, S. 1487;

Soergel, Hans Theodor — Bürgerliches Gesetzbuch mit Einführungsgesetz und Nebengesetzen
Band 4/1: Schuldrecht III/1 (§§ 516 – 651), MietHG, VerbrKrG
12. Auflage, Stuttgart Berlin Köln 1997
(zitiert: Soergel-*Bearbeiter*, BGB);

Söllner, Alfred; Waltermann, Raimund — Grundriss des Arbeitsrechts, 13. Auflage, München 2003 (zitiert: *Söllner/Waltermann*);

Sowka, Hans-Harald; Weiss, Hans-Michael — Gesamtbetriebsvereinbarung und Tarifvertrag bei Aufnahme eines neuen Betriebs in das Unternehmen, in: DB 1991, S. 1518;

Sowka, Hans-Harald; Schiefer, Bernd; Heise, Dietmar — Kündigungsschutzrecht, Kölner Praxiskommentar zum Kündigungsschutzgesetz und zu sonstigen kündigungsrechtlichen Vorschriften, 3. Auflage, Düsseldorf 2004 (zitiert: KPK-*Bearbeiter*);

Stahlhacke, Eugen; Preis, Ulrich; Vossen, Reinhard — Kündigung und Kündigungsschutz im Arbeitsverhältnis, 8. Auflage, München 2002 (zitiert: Stahlhacke-*Bearbeiter*, Kündigung);

Staub, Hermann — Handelsgesetzbuch, Großkommentar
Band 1: Einleitung, §§ 1 – 104
4. Auflage, Berlin New York 1995
(zitiert: Staub-*Bearbeiter*, HGB);

Staudinger, Julius von — Kommentar zum Bürgerlichen Gesetzbuch mit Einführungsgesetz und Nebengesetzen
Einleitung zum Bürgerlichen Gesetzbuch, Erstes Buch: Allgemeiner Teil, §§ 1 – 14; Verschollenheitsgesetz, Neubearbeitung, Berlin 2004
Zweites Buch: Recht der Schuldverhältnisse,
§§ 255 – 314, Neubearbeitung, Berlin 2001
§§ 611 – 615, 13. Bearbeitung, Berlin 1999
(zitiert: Staudinger-*Bearbeiter*, BGB);

Steffan, Ralf — Der Betriebsteil als „wirtschaftliche Einheit", in: NZA 2000, S. 687;

Strick, Kerstin — Anmerkung zu BAG, Beschluss vom 17.8.1999 – 3 ABR 55/98, in: ZIP 2000, S. 855;

Thüsing, Gregor — Folgen einer Umstrukturierung für Betriebsrat und Betriebsvereinbarung, in: DB 2004, S. 2474;

Thüsing, Gregor; Lambrich, Thomas — Arbeitsvertragliche Bezugnahme auf Tarifnormen, in: RdA 2002, S. 193;

Travlos-Tsanetatos, Dimitrios — Die Regelungsbefugnis der Betriebspartner und ihre Grenzen zum Einzelarbeitsverhältnis, Berlin 1974
(zitiert: *Travlos-Tsanetatos*, Regelungsbefugnis);

Trittin, Wolfgang — Anmerkung zu BAG, Beschluss vom 18.9.2002 – 1 ABR 54/01, in: AiB 2004, S. 43;

Tschöpe, Ulrich — Der räumliche Geltungsbereich des arbeitsrechtlichen Gleichbehandlungsgrundsatzes, in: DB 1994, S. 40;

Anwalts-Handbuch Arbeitsrecht, 4. Auflage Köln 2005
(zitiert: Tschöpe-*Bearbeiter*);

Veit, Barbara — Die funktionelle Zuständigkeit des Betriebsrates, München 1998
(Zitiert: *Veit*, Zuständigkeit);

Vienken, Ulrich — Anmerkung zu BAG, Urteil vom 10.9.2002 – 3 AZR 635/01, in: SAE 2004, S. 35;

Wahlig, Thomas; Witteler, Michael — Betriebsübergang – Was wird aus Gesamtbetriebsvereinbarungen?, in: AuA Nr. 2/2004, S. 14;

Waltermann, Raimund — Rechtsetzung durch Betriebsvereinbarung zwischen Privatautonomie und Tarifautonomie, Tübingen 1996
(zitiert: *Waltermann*, Rechtsetzung);

Gestaltung von Arbeitsbedingungen durch Vereinbarung mit dem Betriebsrat, in: NZA 1996, S. 357;

Ablösende Betriebsvereinbarung für Ruheständler?, in: NZA 1998, S. 505;

Waltermann, Raimund	Zur Kündigung der freiwilligen Betriebsvereinbarung, in: Gedächtnisschrift für Meinard Heinze, München 2005, S. 1021 (zitiert: *Waltermann*, GS Heinze);
Wank, Rolf	Die Geltung von Kollektivvereinbarungen nach einem Betriebsübergang, in: NZA 1987, S. 505;
	Die Auslegung von Gesetzen, Köln Berlin Bonn München 1987 (zitiert: *Wank*, Auslegung);
Wank, Rolf; Börgmann, Udo	Der Übergang „durch Rechtsgeschäft" beim Betriebsübergang, in: DB 1997, S. 1229;
Weber, Ulrich; Ehrich, Christian; Hörchens, Angela; Oberthür, Nathalie	Handbuch zum Betriebsverfassungsrecht, 2. Auflage, Köln 2003 (zitiert: Weber/Ehrich/Hörchens/Oberthür);
Wiedemann, Herbert; Müller, Thomas	Anmerkung zu BAG, Urteil vom 5.10.1993 – 3 AZR 586/92, in: AP Nr. 42 zu § 1 BetrAVG Zusatzversorgungskassen, Bl. 5;
Wiedemann, Herbert	Arbeitsrechtliche Probleme der Betriebsausgliederung, in: Festschrift für Hans-Joachim Fleck, Berlin New York 1988 (zitiert: *Wiedemann*, FS Fleck);
	Tarifvertragsgesetz, 6. Auflage, München 1999 (zitiert: Wiedemann-*Bearbeiter*, TVG);
Wiese, Günther	Zum Zweck des Betriebsverfassungsrechts im Rahmen der Entwicklung des Arbeitsrechts, in: Festschrift für Otto Rudolf Kissel, München 1994, S. 1269 (zitiert: *Wiese*, FS Kissel);
	Schutz und Teilhabe als Zwecke notwendiger Mitbestimmung in sozialen Angelegenheiten und deren Rangverhältnis, in: ZfA 2000, S. 117;
Wiese, Ursula-Eva	Das Ruhestandsverhältnis, Berlin 1990;
Wiesner, Georg Dieter	Betriebsvereinbarungen bei Betriebsübergang, in: BB 1986, S. 1636;
Willemsen, Heinz Josef	Die Kündigung wegen Betriebsübergangs, in: ZIP 1983, S. 411;
	Aufhebung und Änderung von Versorgungszusagen aus Anlass eines Betriebsübergangs, in: RdA 1987, S. 327;
	Arbeitsrecht im Umwandlungsgesetz – Zehn Fragen aus der Sicht der Praxis, in: NZA 1996, S. 791;
Willemsen, Heinz Josef; Annuß, Georg	Neue Betriebsübergangsrichtlinie – Anpassungsbedarf im deutschen Recht?, in: NJW 1999, S. 2073;

Willemsen, Heinz Josef; Annuß, Georg — Auftragsnachfolge – jetzt doch ein Betriebsübergang?, in: DB 2004, S. 134;

Willemsen, Heinz Josef; Hohenstatt, Klaus-Stefan; Schweibert, Ulrike; Seibt, Christoph H. — Umstrukturierung und Übertragung von Unternehmen – Arbeitsrechtliches Handbuch –, 2. Auflage, München 2003 (Zitiert als: Willemsen-*Bearbeiter*, Umstrukturierung);

Wlotzke, Otfried — Betriebsverfassungsgesetz, 2. Auflage, München 1992 (zitiert: *Wlotzke*, BetrVG);

Worzalla, Michael — Neue Spielregeln bei Betriebsübergang – Die Änderungen des § 613a BGB, in: NZA 2002, S. 353;

Zöllner, Wolfgang — Veränderung und Angleichung tarifvertraglich geregelter Arbeitsbedingungen nach Betriebsübergang, in: DB 1995, S. 1401.

Schriften zum Deutschen und Europäischen Arbeits- und Sozialrecht

Herausgegeben von Ulrich Preis

Band 1 Ulrich Preis / Felipe Temming: Die Urlaubs- und Lohnausgleichskasse im Kontext des Gemeinschaftsrechts. 2006.

Band 2 Einiko B. Franz: Der Abschluss eines Aufhebungsvertrags. Schutz des Arbeitnehmer-Verbrauchers und seine Grenzen. Insbesondere das Widerrufsrecht gem. §§ 312, 355 BGB. 2006.

Band 3 Klaus Tenbrock: Die betriebliche Altersversorgung im Betriebsübergang bei konkurrierenden Versorgungszusagen. 2006.

www.peterlang.de

FSC
www.fsc.org
MIX
Papier | Fördert
gute Waldnutzung
FSC® C083411

Kolibri 360 GmbH
Ferdinand-Jühlke-Straße 7
99095 Erfurt, Deutschland
produktsicherheit@kolibri360.de

Druck:
CPI Druckdienstleistungen GmbH
im Auftrag der
Kolibri 360 GmbH
Ferdinand-Jühlke-Str. 7
99095 Erfurt